데이터변환기 및 PLL 설계

센서 및 시스템 응용

저자 윤광섭 | 송민규 | 노정진 | 이강윤

홍릉과학출판사

PREFACE ::

머리말

항상 많은 변화를 가져오던 전자산업은 최근 들어서 각종 스마트폰 등 휴대용 기기의 급격한 발전에 따라 더욱 큰 산업전반 및 사회적인 변화를 가져오고 있습니다. 또한 최근에는 자동차 산업에도 이와 유사한 큰 변화가 일어나고 있습니다. 기존의 기계공학적인 시스템이던 자동차는 이제는 전자시스템화하고 있습니다. 자동차의 각종 제어는 이제 전자적으로 동작하고 있고, 이러한 동작을 위해 자동차의 속도, 차간 거리, 급제동에 의한 가속도, 타이어 압력 등을 감지하고 차량 내 통신에 의해 감지된 신호가 CPU로 전달되고 피드백되고 있습니다. 이러한 전자시스템에서 가장 핵심적인 부품은 반도체가 됩니다. 반도체 내부는 다양한 디지털 및 아날로그 회로로 구성이 됩니다. 아날로그 신호를 감지하고 또한 피드백을 전달하는 가장 기본적이고 핵심적인 회로는 Analog-to-Digital Converter(ADC)와 Digital-to-Analog Converter(DAC)가 됩니다. 또한 이러한 회로의 기본 주파수 및 clock 발생을 위한 Phase-Locked Loop(PLL)의 정확한 설계가 중요하게 됩니다.

본 교재는 크게 4개 분야로 나누어집니다. 먼저 다양한 속도의 응용 시스템에 핵심 회로로 사용되는 Nyquist-rate ADC와 DAC에 대해 구체적으로 기술되어 있습니다. 그후 고 정밀도 데이터 변환 및 감지를 위해 사용되는 oversampling 방식의 시그마-델타 변환기에 대한 설명이 나옵니다. 마지막으로 모든 시스템에 필수적으로 필요한 PLL 설계에 대한 내용이 서술됩니다. 각 분야는 별도로 읽어도 큰 무리가 없도록 가급적 독립적으로 작성되었으므로 독자들이 본 교재를 볼 때는 필요한 부분을 먼저 참고할 수 있습니다. 또한 4개 분야별로 각각 4장씩으로 구성되어서 총 16개 장으로 구성되면, 세부적인 내용을 구분해서 참고할 수 있도록 했습니다.

본 교재는 IDEC Platform Center(IPC)의 지원에 의해 해당 분야에서 각 저자들이 10년, 20년 이상을 산업체와 학계에서 연구해온 결과를 바탕으로 저술한 책입니다. 학부 수준의 전자회로에 대한 지식을 갖춘 독자를 대상으로 하고 있고, 가급적 쉽게 풀어 쓰려고 노력했습니다. 그러나 각 전문 분야로 깊이 들어가는 내용상 일부 쉽지 않게 느껴지는 부분도 있을 수 있으리라 봅니다. 따라서 각 장별로 참고서적 및 논문을 정리해 놓았으니 함께 보면 더 큰 도움이 될 수 있으리라 봅니다.

본 교재의 완성을 위해 도와주신 여러 IPC, 출판사 관계자 분들과 교재작성을 위해 많은 지원을 해준 대학원생들에게 다시 한 번 깊은 감사의 말씀을 드립니다.

저자 : 윤광섭, 송민규, 노정진, 이강윤 일동

CONTENTS ::

목 차

CONTENTS ::

CONTENTS ::

CONTENTS ::

제16장 Sigma-Delta PLL 및 설계 사례

01

DAC 개요

본 장에서는 자동차 센서 시스템을 1.1절에서 다루면서 시스템 내 DAC의 역할에 대해서 설명하였다. 1.2절에서는 DAC 표기법을 기술하였으며, DAC의 정적/동적 성능변수는 1.3절에서 다루었다. 1.4절에서는 DAC 2900 모델의 데이터 시트(data sheet)를 예로서 리뷰하여서 데이터 시트를 이해하는 방법을 소개하였으며, 응용분야에 대해서 살펴보았고, 1.5절에서는 DAC 구조에 대해서 다루었다.

1.1 자동차 센서 시스템

자동차는 우리에게 일상생활에서 교통을 제공해주는 수단이다. 교통수단으로 자동차를 사용할 때 운전자의 운전 편의성을 제공해주기 위해서 자동차에는 여러 자동차 전장 시스템이 설치되어 있다. 자동차 내 전장 시스템의 일반적인 구조를 살펴보면 그림 1.1.1과 같다[1]. 설치된 전장 시스템은 자동차 운영 시 센서를 통해서 비전기 신호를 전기신호로 변환시켜서 전달하게 된다. 전기신호로 변환된 신호는 증폭기, 필터, ADC(Analog to Digital Converter)로 구성된 전단 신호처리 회로(Preprocessor)를 거친다. 전단 신호처리 회로에서 발생된 디지털 신호는 디지털 신호 처리부(Digital Signal Processor)로 입력되어서 디지털 연산처리가 이루어지며, 연산된 디지털 신호는 후단 신호처리 회로(Postprocessor)에 입력되어서 DAC(Digital to Analog Converter), 필터, 증폭기를 거쳐서 사용자에게 정보가 전달된다. 자동차에서 주로 사용되는 센서[2]의 종류를 분류하면 온도 센서, 압력 센서, 속도 센서, 광 센서 등 4가지 종류로 구분할 수 있다.

예를 들어서 그림 1.1.2와 같이 자동차 엔진의 과열을 방지하기 위하여 라디에이터(Radiator) 내 냉각수의 온도를 측정하는 온도 센서가 장착되어 있다. 냉각수의 온도는 온도 센서에 의해서 온도 값에 반비례하는 전압 신호를 감지하게 된다. 감지된 전압 신호는 전단 신호처리 회로를 거쳐서 ECU(Electronic Control Unit)에 입력되며, ECU에서는 디지털

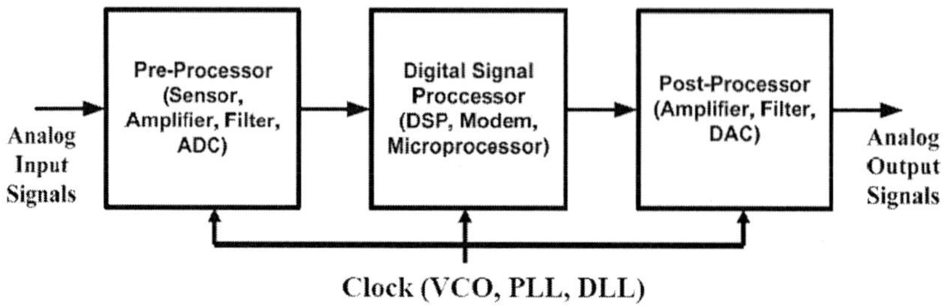

그림 1.1.1 자동차 내 전장 시스템의 일반적인 구조

연산 작업을 거쳐서 디지털 신호를 후단 신호처리 회로에 보낸다. 디지털 신호를 받은 후단 신호처리단에서는 DAC를 통해서 아날로그 신호를 출력시킨다. 이렇게 후단 신호처리된 아날로그 신호는 엔진 내 연료 대비 공기 혼합률을 이상적인 혼합률인 14.7:1로 연료를 분사하도록 연료 분사장치를 제어하게 되며, 제어된 연료 분사장치에 의해서 연료 혼합률이 조정되면 엔진의 회전 속도가 제어된다. 엔진의 회전 속도가 제어되면 냉각수의 온도가 조절될 수 있다. 그 이외 자동차에 장착된 센서들은 그림 1.1.3과 같다. 즉, 속도 센서, 가속도 센서, 토크 센서, 조향각 센서, 압력 센서가 각 자동차 엔진 및 바퀴 부품에 장착되어 있어서 자동차의 속도 및 방향을 제어한다.

최근 대부분 자동차에는 그림 1.1.4와 같은 LED(Light Emitting Diode) 조명기구를 장착하고 있다. LED 조명기구를 이용하여서 실내조명 및 운전석 대시보드(dash-board), 외부 전조등 및 후진등을 사용하고 있다. LED 조명기구의 경우 LED를 여러 개 직렬연결해서

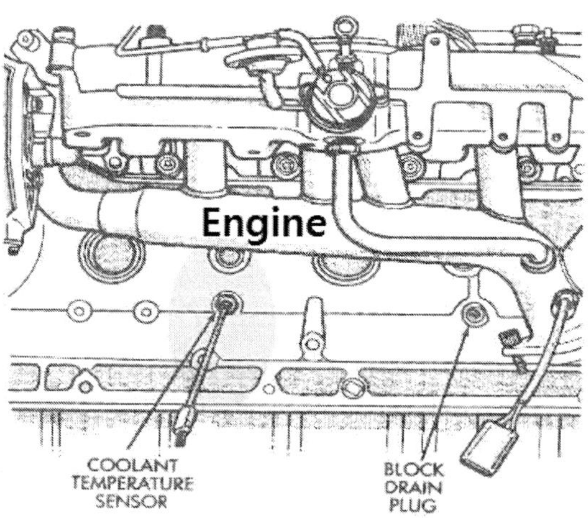

그림 1.1.2 자동차 라디에이터의 냉각수 온도 센서

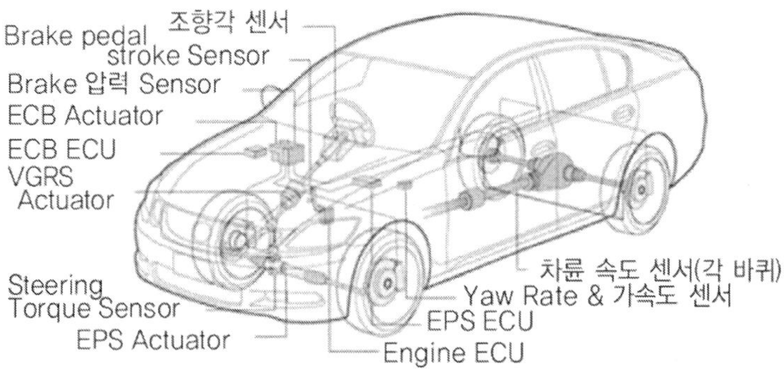

그림 1.1.3 자동차 센서 시스템

사용하게 되며, LED 1개의 도통전압이 3 V ~ 3.5 V 정도되므로 고전압이 필요하다. 따라서 그림 1.1.5와 같이 LED 구동 회로, 부스트 회로(boost circuit)와 LED에 전류를 흘려서 밝기를 조절하게 되므로 전류 구동 DAC 회로가 필요하다.

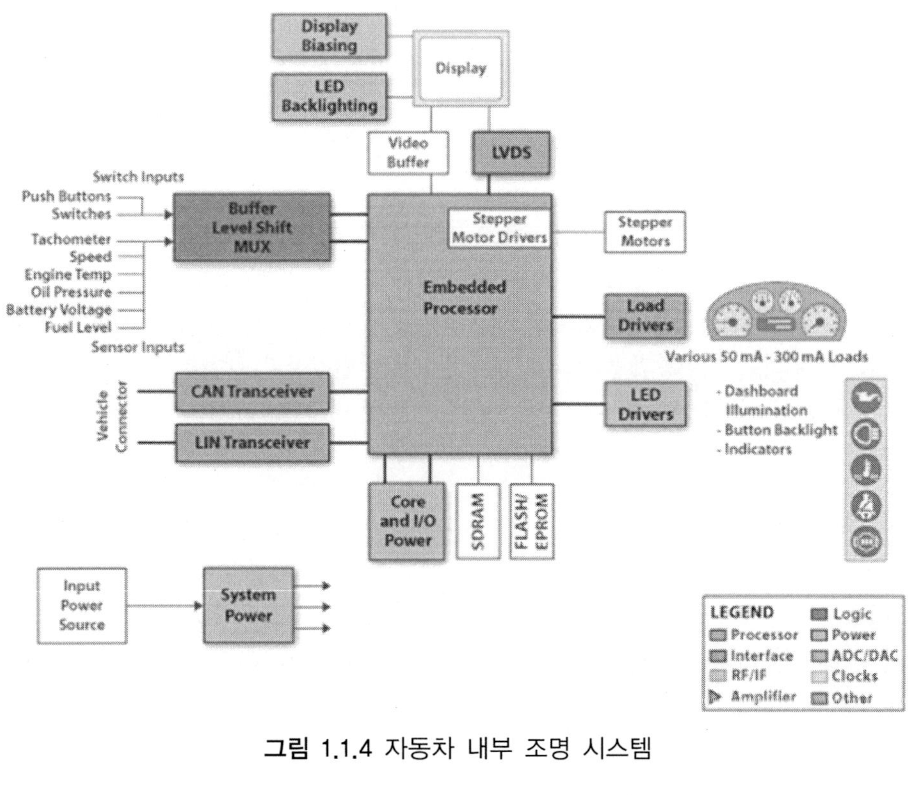

그림 1.1.4 자동차 내부 조명 시스템

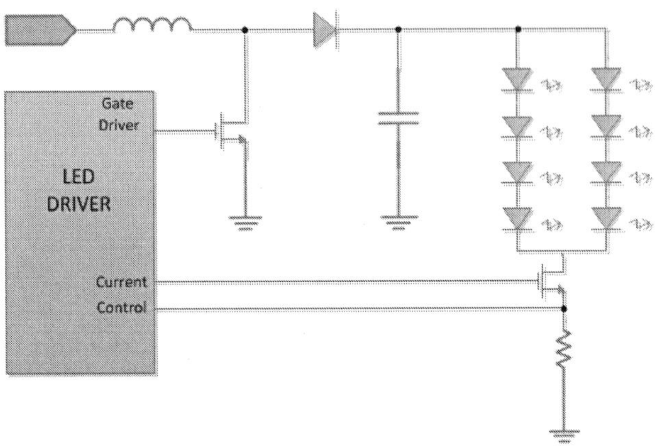

그림 1.1.5 LED 조명기구 회로도

1.2 DAC 표기법

DAC는 디지털 이진코드를 받아서 이에 해당되는 아날로그 신호(전압 또는 전류)를 발생시키는 장치이다. DAC의 표기법은 그림 1.2.1과 같다. 즉, 입력은 디지털 이진코드로서 D0, D1, …, DN-1로 구성된다. DN-1은 MSB(Most Significant Bit)이며, D0은 LSB(Least Significant Bit)이다. VDD는 공급전원이며, V_{REF}는 밴드갭 레퍼런스 회로에서 발생되는 기준전압이며, CLK는 신호동기를 위한 클록신호를 나타내고, Vout_bar는 아날로그 차동 출력 전압 신호를 나타낸다.

즉, 디지털 이진코드 신호(D0, D1, …, DN-1)가 디지털-아날로그 변환기에 입력되면 아날로그 차동 출력 전압 신호(Vout, Vout_bar)가 그림 1.2.1과 같이 발생된다. 발생된 아날로그 차동 출력 전압 신호 파형은 고조파 성분을 포함하고 있게 되므로, 고조파 성분을 제거시키기 위하여 저역통과필터(Low Pass Filter)를 연결시켜야 한다.

N비트의 입력신호가 들어오고, DAC에 의해서 변환된 아날로그 신호는 식 (1.2.1)에 의해서 결정된다.

$$V_{OUT} = \frac{D}{2^N} V_{REF} \tag{1.2.1}$$

여기서 N은 변환기의 비트수, D는 디지털 이진코드 신호에 해당되는 십진수, V_{REF}는 기준전압이다. 디지털 이진코드 신호에 해당되는 십진수, D는 식 (1.2.2)에 의해서 계산될 수 있다.

$$D = D_0 2^0 + D_1 2^1 + D_2 2^2 + \ldots + D_{N-1} 2^{N-1} \tag{1.2.2}$$

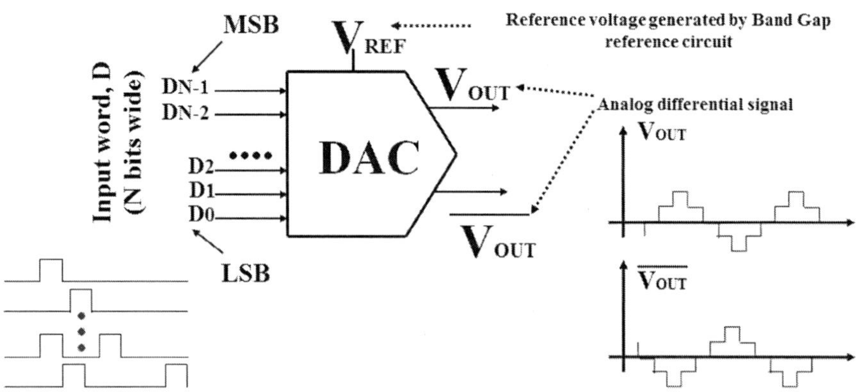

그림 1.2.1 *N*비트 DAC의 표기법

예 1.2.1

8비트 DAC의 디지털 이진코드는 10001011이며, 기준전압은 1.2 V일 때 아날로그 전압 신호를 계산하라.

풀이 디지털 이진코드는 10001011이므로 이에 해당되는 십진수를 식 (1.2.2)에 의해서 계산하면 $D=1\times2^0+1\times2^1+1\times2^3+1\times2^7=1+2+8+128=139$이다. 식 (1.2.2)에서 구해진 139를 식 (1.2.1)에 대입해서 출력 아날로그 전압 신호를 계산하면

$$V_{OUT}=\frac{D}{2^N}V_{REF}=\frac{139}{2^8}1.2\text{ V}=\frac{139}{256}1.2\text{ V}=0.6516\text{ V}$$

이다.

1.3 DAC 성능 변수

DAC의 성능은 정적 성능 변수와 동적 성능 변수로 결정할 수 있다. 정적 성능 변수에는 DNL(Differential Non-Linearity), INL(Integral Non-Linearity), 단조증가성(Monotonicity)이 있으며, 동적 성능 변수에는 글리치 에너지(Glitch energy), SFDR(Suprious Free Dynamic Range), SNR(Signal to Noise Ratio), 그리고 유효비트수(ENOB: Effective Number Of Bit)가 있다. 먼저 정적 성능 변수부터 살펴보기로 한다.

이상적인 3비트 디지털-아날로그 변환기(DAC)의 전달특성 곡선은 그림 1.3.1과 같다. 그림 1.3.1에 나타난 그래프의 수평축은 디지털 입력 코드, D이며, 수직축은 아날로그 출력 전압을 기준 전압으로 나눈 정규화된 출력신호 값(Vout/VREF)이다. 디지털 입력 코드가

1LSB만큼 증가할 때마다 정규화된 출력신호는 1/8만큼 증가한다. 그러나 실제적인 디지털-아날로그 변환기의 전달특성 곡선에서 나타난 성능은 이상적인 특성과 다르다. 즉, 디지털 입력 코드가 1LSB만큼 증가할 때마다, 정규화된 출력신호는 정확하게 1/8만큼 증가하는 상태에서 벗어나게 된다. 따라서 디지털-아날로그 변환기의 정적 특성을 측정하기 위해서 DNL, INL, 단조증가성으로 구분한다. DNL은 인접 코드(i번째 코드와 $i-1$번째 코드)에서 발생하는 상대 오차를 나타내며, INL은 각 코드에서 발생하는 절대 오차를 나타낸다. 이것을 수식으로 표시하면 각각 식 (1.3.1)과 (1.3.2)와 같다.

$$DNL = \frac{V_i - V_{i-1}}{V_i} - 1 \tag{1.3.1}$$

$$INL = \frac{V_i - V_{i,ideal}}{V_{i,ideal}} \tag{1.3.2}$$

여기서 V_i는 i번째 측정된 출력전압 값을 나타내며, $V_{i,\ ideal}$은 i번째 이상적인 출력전압 값을 나타낸다. 이상적인 디지털-아날로그 변환기의 DNL과 INL은 ±0.5 LSB 내에 존재해야 한다.

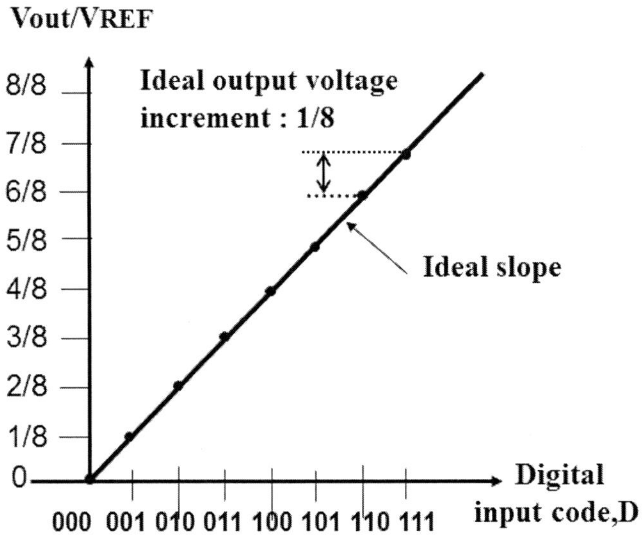

그림 1.3.1 3비트 DAC의 이상적인 전달특성 곡선

예 1.3.1

3비트 DAC의 디지털 이진코드(D)와 정규화된 출력신호가 표 1.3.1과 같이 주어졌을 때, 3비트 DAC의 정적 성능 변수인 DNL과 INL을 계산하라. 또한, 계산된 DNL과 INL을 수직축으로 하고, 디지털 이진코드인 D를 수평축으로 하여서 그래프로 표시하라. 또한, 계산된 결과를 이상적인 변환기의 특성과 비교 분석하라.

표 1.3.1 3비트 DAC의 디지털 이진코드(D)와 정규화된 출력신호

디지털 이진코드 (D)	정규화된 출력신호 (V_{out}/V_{REF})
000	0.00000
001	0.12500
010	0.25000
011	0.50000
100	0.56250
101	0.59375
110	0.81250
111	0.93750

풀이 표 1.3.1에 주어진 값을 식 (1.3.1)과 식 (1.3.2)에 대입해서 모든 디지털 이진코드(D)에 대해서 DNL과 INL을 각각 계산하면 표 1.3.2와 같다. DNL의 경우 디지털 이진코드가 011, 101, 110 인 경우 각각 +1.00 LSB, −0.75 LSB, −0.75 LSB로서 이상적인 상태인 ±0.5 LSB보다 큰 경우이며, INL의 경우 디지털 이진코드가 011인 경우 +1.00 LSB로서 이상적인 상태인 ±0.5 LSB보다 크게 나타났다.

표 1.3.2 3비트 DAC의 디지털 이진코드(D)와 DNL 및 INL

디지털 이진코드 (D)	V_{out}/V_{REF}	DNL (LSB)	INL (LSB)
000	0.00000	+0.00	+0.00
001	0.12500	+0.00	+0.00
010	0.25000	+0.00	+0.00
011	0.50000	+1.00	+1.00
100	0.56250	−0.50	+0.50
101	0.59375	−0.75	−0.25
110	0.81250	+0.75	+0.50
111	0.93750	+0.00	+0.50

표 1.3.2의 DNL과 INL을 그래프로 표시하면 각각 그림 1.3.2와 그림 1.3.3과 같다.

단조증가성은 디지털-아날로그 변환기의 출력 인접 데이터 간 미싱코드(missing code)가 없는 것으로 정의하며, INL이 ±1.0 LSB보다 커지면 미싱코드가 발생한 것이므로 단조증가성이 유지되지 않는다고 볼 수 있다. 그림 1.3.4는 3비트 디지털-아날로그 변환기의 전달특성 곡선 그래프이다. 입력코드가 010에서 011, 011에서 100로 변하는 경우, INL이 각각 2.5 LSB, 1.5 LSB로 1 LSB보다 크므로 미싱코드가 발생한 것을 확인할 수 있다.

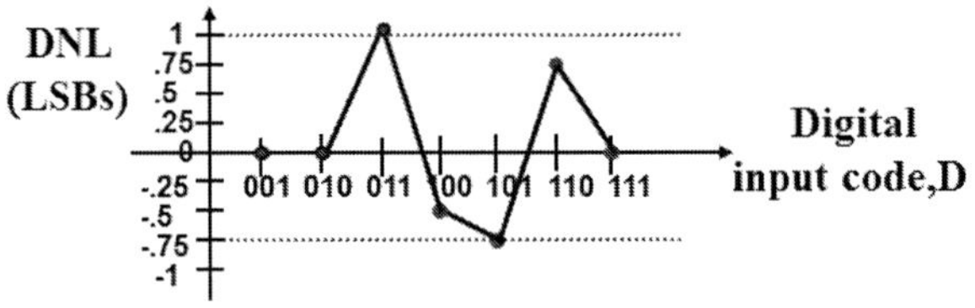

그림 1.3.2 표 1.3.2에서 주어진 3비트 DAC의 전달특성 곡선에 대한 DNL 그래프

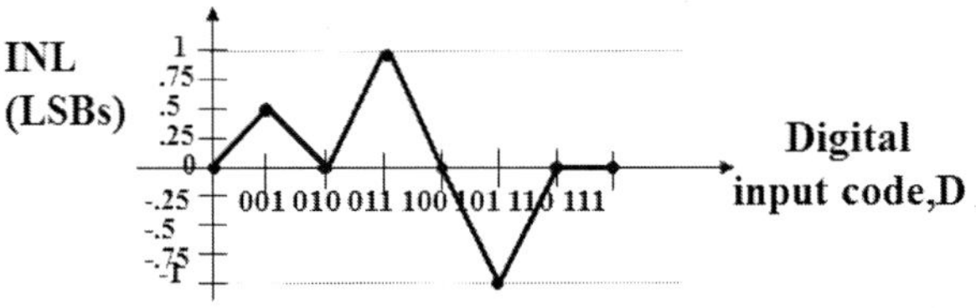

그림 1.3.3 표 1.3.2에서 주어진 3비트 DAC의 전달특성 곡선에 대한 INL 그래프

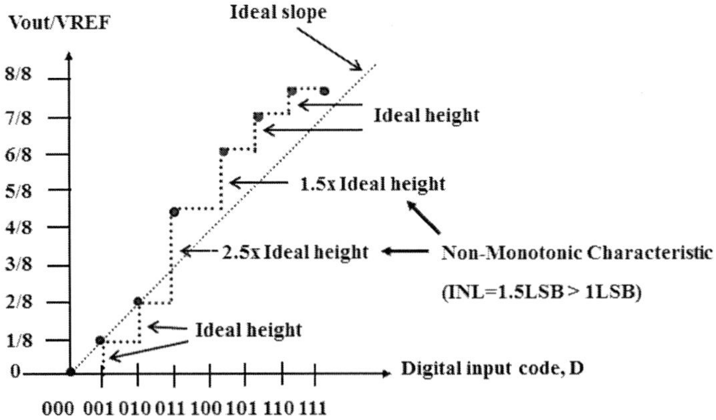

그림 1.3.4 3비트 DAC의 단조증가성을 판단하는 전달특성 곡선 그래프

예 1.3.2

3비트 DAC의 디지털 이진코드(D)와 정규화된 출력신호가 표 1.3.3과 같이 주어졌을 때, 3비트 DAC의 단조증가성에 대해서 평가하라.

표 1.3.3 3비트 DAC의 디지털 이진코드(D)와 정규화된 출력신호

디지털 이진코드 (D)	정규화된 출력신호 (V_{out}/V_{REF})
000	0
001	1/8
010	2/8
011	4.5/8
100	4.7/8
101	6.2/8
110	6.5/8
111	7/8

풀이 표 1.3.3에 주어진 값을 식 (1.3.2)에 대입해서 모든 디지털 이진코드(D)에 대해서 INL을 계산하면 표 1.3.4와 같다. INL이 1 LSB보다 크게 나타난 출력신호에 해당되는 디지털 입력 이진코드는 011과 101인 경우이다. 따라서 표 1.3.4의 특성을 나타내는 3비트 DAC는 단조증가성을 가지고 있지 않다.

표 1.3.4 3비트 DAC의 디지털 이진코드(D), 정규화된 출력신호 및 INL

디지털 이진코드 (D)	이상적인 출력신호	정규화된 출력신호 (V_{out}/V_{REF})	INL (LSB)
000	0	0	0
001	1/8	1/8	0
010	2/8	2/8	0
011	3/8	4.5/8	1.5
100	4/8	4.7/8	0.7
101	5/8	6.2/8	1.2
110	6/8	6.5/8	0.5
111	7/8	7/8	0

또 다른 디지털-아날로그 변환기의 정적 성능 변수에는 오프셋 오차(offset error)와 이득 오차(gain error)가 있다. 디지털 이진코드가 모두 0일 때, 출력신호가 0이 아닌 값이 나타난다면 이 값이 오프셋 오차이다. 그림 1.3.5에서 입력 이진코드가 모두 0일 때, 오프셋 오차는 +1 LSB이다. 그림 1.3.6에서는 이상적인 전달특성 곡선의 기울기와 실제 측정된 전달특성 곡선의 기울기가 차이가 나는 것을 확인할 수 있다. 두 곡선 기울기의 차이를 이득 오차라고 한다. 일반적으로 오프셋 오차와 이득 오차는 INL과 DNL에 포함되어서 디지털-아날로그 변환기의 정적 성능을 나타낸다.

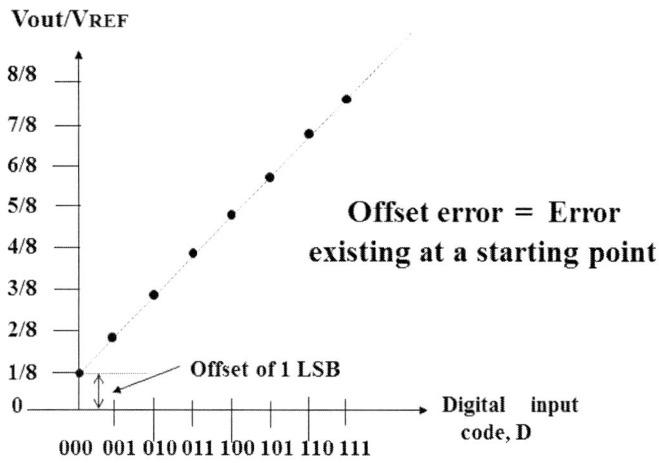

그림 1.3.5 3비트 DAC의 오프셋 오차를 나타내는 전달특성 곡선 그래프

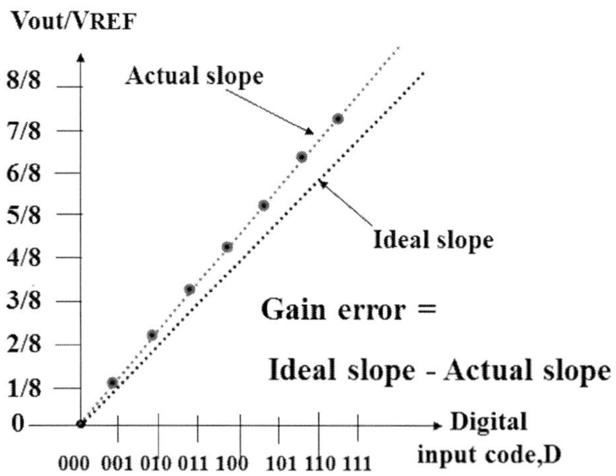

그림 1.3.6 3비트 DAC의 오프셋 오차를 나타내는 전달특성 곡선 그래프

다음에는 동적 성능 변수 중에서 글리치(glitch) 에너지, SNR, 유효비트수, 평가지수(Figure of Merit) 순으로 살펴보기로 한다. 디지털-아날로그 변환기에서 클록신호가 변환기 내 여러 스위치들을 동기화시키지 못할 때 변환기의 출력에서 글리치가 발생하게 된다. 발생된 글리치는 글리치 에너지로 측정할 수 있다. 그림 1.3.7은 2비트 DAC를 나타내며, 두 개 전류원 I_1(MSB 전류원)과 I_2(LSB 전류원), 두 개 스위치인 MSB와 LSB, 전류-전압 변환기(op-amp와 피드백 저항, RF)로 구성되어 있다. MSB 전류원의 크기, I_1은 LSB 전류원의 크기, I_2의 2배이다. 전류-전압 변환기에 나타나는 전압의 크기는 식 (1.3.3)과 같다.

$$V_{out} = R_F(I_1 \cdot MSB + I_2 \cdot LSB) \tag{1.3.3}$$

그림 1.3.7의 오른쪽에서 보는 바와 같이 MSB 스위치 신호는 '0'에서 '1'로 변하며, LSB 스위치 신호는 '1'에서 '0'으로 변할 때, 신호가 동기화되지 못하므로 두 신호의 겹치는 시간영역이 발생하게 된다. 즉, MSB 스위치 신호와 LSB 스위치 신호가 동시에 '1'이 발생되는 시간영역에서 전류-전압 변환기의 피드백 저항에 흐르는 전류는 $I_1 + I_2$가 되며, 나타나는 출력전압(V_{out})은 $R_F(I_1 + I_2)$로 증가하게 된다. 이렇게 증가한 출력전압 신호가 글리치이다. 글리치의 형태는 그림 1.3.7에서 나타난 바와 같이 인접 코드가 동시에 '1'인 경우와 '0'인 경우로 구분될 수 있다. 글리치 에너지를 측정하는 방법은 글리치 신호가 차지하는 면적을 계산하는 것이다. 그림 1.3.8에서 알 수 있듯이 글리치 신호 크기는 이등변 삼각형 면적을 계산하면 되므로 식 (1.3.4)로 표시할 수 있다.

$$\text{글리치 에너지} = \frac{\Delta V_{out} \Delta T}{2} \tag{1.3.4}$$

여기서 ΔV_{out}과 ΔT는 각각 글리치 출력전압 신호 크기 및 시간을 나타낸다.

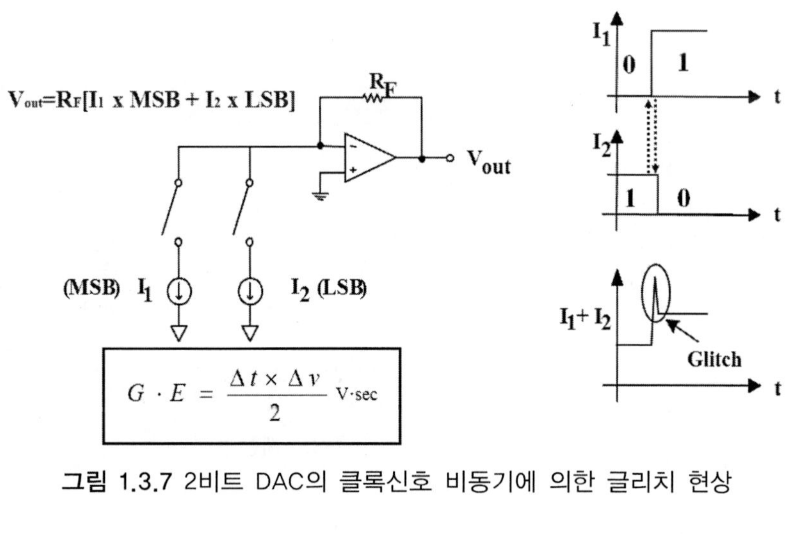

그림 1.3.7 2비트 DAC의 클록신호 비동기에 의한 글리치 현상

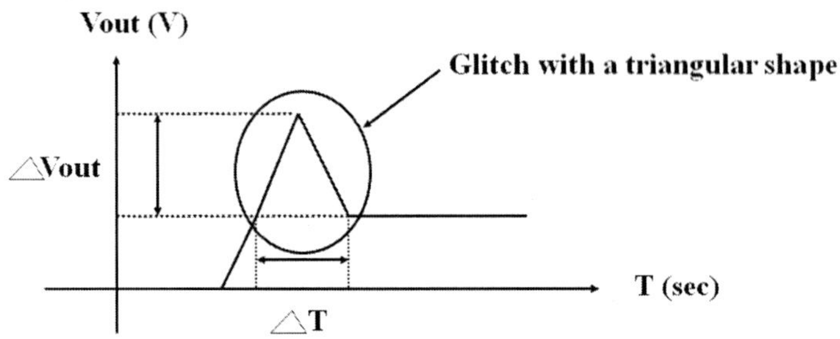

그림 1.3.8 글리치 에너지 계산

예 1.3.3

그림 1.3.8의 2비트 DAC에서 측정된 글리치는 $\triangle V_{out} = 100\,\mathrm{mV}$, $\triangle T = 100\,\mathrm{ps}$ 이다. 이 경우 글리치 에너지를 계산하라.

풀이 글리치 에너지를 계산하는 식 (1.3.4)를 이용하면,

$$\text{글리치 에너지} = \frac{\triangle V_{out} \triangle T}{2} = \frac{100\,\mathrm{mV} \cdot 100\,\mathrm{ps}}{2} = 5\,\mathrm{pVsec}\text{이다.}$$

신호대 잡음비(SNR)는 신호 크기와 양자화 잡음의 비로써 정의하며 식 (1.3.5)와 같다.

$$SNR = 20\log\frac{V_{in,\max}}{V_{noise}} \tag{1.3.5}$$

여기서 $V_{in,\max}$와 V_{noise}는 각각 RMS 입력신호와 잡음신호이다.

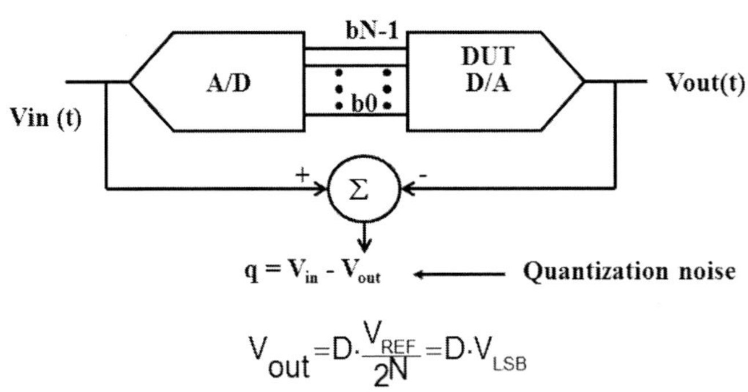

그림 1.3.9 SNR 계산

그림 1.3.9에서 보는 바와 같이 입력신호 V_in(t) $V_{in}(t)$를 ADC(Analog to Digital Converter)에 인가하며, ADC에서 출력된 이진 디지털 N비트 코드를 DAC의 디지털 N비트 코드에 연결시킨다. DAC의 아날로그 출력신호 $V_{out}(t)$는 식 (1.3.6)과 같이 표현된다.

$$V_{out}(t) = \frac{D}{2^N} V_{REF} = D\, V_{LSB} \tag{1.3.6}$$

여기서, D는 이진 디지털 코드에 해당되는 10진수이다.

특히, ADC의 해상도는 DAC의 해상도보다 최소한 2비트 이상 높아야 한다. 왜냐하면 측정하고자 하는 DAC의 SNR이 ADC의 양자화 잡음에 의한 영향을 최소화하기 위해서이다. 이렇게 ADC와 DAC의 해상도 차이가 있는 경우, ADC의 상위 N비트와 DAC N비트를 연결하면 된다. RMS 입력신호와 잡음신호를 각각 구하면 식 (1.3.7), 식 (1.3.8)과 같다.

$$V_{in,\max} = \frac{V_{REF}}{2\sqrt{2}} = \frac{2^N V_{LSB}}{2\sqrt{2}} \tag{1.3.7}$$

$$V_{noise} - \frac{V_{LSB}}{\sqrt{12}} \tag{1.3.8}$$

따라서 신호대 잡음비는 식 (1.3.9)와 같다.

$$SNR = 20\log\frac{V_{in,\max}}{V_{noise}} = 20\log\frac{\dfrac{2^N V_{LSB}}{2\sqrt{2}}}{\dfrac{V_{LSB}}{\sqrt{12}}} = 20\log\frac{2^N\sqrt{3}}{\sqrt{2}} = 6N + 1.76\,(\mathrm{dB}) \tag{1.3.9}$$

식 (1.3.9)에서 알 수 있듯이 해상도가 1비트 증가할 때마다 SNR은 6 dB씩 증가한다. 또한, SNR을 측정한 경우 N 값을 계산할 수 있으며, 이렇게 계산된 값인 N은 유효비트수(Effective Number of Bit: ENOB)이며, 식 (1.3.10)과 같다.

$$N = \frac{SNR - 1.76}{6} \tag{1.3.10}$$

평가지수는 ADC 및 DAC의 동적 특성을 총체적으로 평가할 수 있는 식으로 식 (1.3.11)과 같이 나타낼 수 있다.

$$Figure\,of\,Merit = \frac{P_D}{2^N \cdot f_s} \tag{1.3.11}$$

여기서, P_D는 전력소모이며, N은 유효비트수이며, f_s는 샘플링 주파수이다.

예 1.3.4

SNR이 98 dB인 DAC의 유효비트를 계산하라.

풀이 SNR=98dB를 식 (1.3.10)에 대입하면 유효비트(ENOB)를 다음과 같이 계산할 수 있다.

$$ENOB = \frac{SNR - 1.76}{6} = \frac{98 - 1.76}{6} = \frac{96.24}{6} = 16 \text{ bit}$$

예 1.3.5

ENOB = 16비트, PD = 10 mW, fs = 20 KHz인 DAC의 평가지수(Figure of Merit)를 계산하라.

풀이 평가지수 식 (1.3.11)에 문제에서 주어진 값들을 대입하면,

$$Figure\ of\ Merit = \frac{P_D}{2^N \cdot f_s} = \frac{10\,\text{mW}}{2^{16} \cdot 20\,\text{KHz}} = 7.6\,\text{pJ/step}$$ 이 된다.

측정된 신호 스펙트럼을 분석하면 DAC의 정적 성능 변수를 계산할 수 있다. SFDR은 기저대역 신호(fundamental frequency)와 가장 신호 크기가 큰 고조파(harmonic frequency) 사이의 차이로서 정의된다. SNR은 기저대역 신호의 에너지와 플로 잡음(floor noise) 에너지의 비로서 계산될 수 있으며, 식 (1.3.12)와 같다.

$$SNR(\text{dB}) = 20\log\frac{E_F}{E_N} \tag{1.3.12}$$

여기서, E_F 및 E_N는 각각 기저대역 신호 에너지와 플로 잡음 에너지를 나타낸다.

총 고조파 왜곡도(THD: Total Harmonic Distortion)는 고조파 신호 에너지의 rms 값과 기저대역 신호 에너지의 비로 계산될 수 있으며, 식 (1.3.13)과 같다.

$$THD(\text{dB}) = 20\log\frac{\sqrt{E_{H2}^2 + E_{H3}^2 + \cdot\cdot\cdot\cdot + E_{H9}^2}}{E_F} \tag{1.3.13}$$

총 고조파 왜곡도 식에 플로 잡음 에너지를 포함시키면 (1.3.14)와 같다.

$$THD(\text{dB}) = 20\log\frac{\sqrt{E_{H2}^2 + E_{H3}^2 + \cdot\cdot\cdot\cdot + E_{H9}^2 + E_N^2}}{E_F} \tag{1.3.14}$$

신호대 잡음비 식에 왜곡률을 포함시키면 SNDR(Signal to Noise with Distortion)이 되며, 식 (1.3.15)와 같다.

$$THD(\text{dB}) = \frac{Signal + THD + N}{THD + N}$$

$$= 20\log\frac{\sqrt{E_{H1}^2 + E_{H2}^2 + E_{H3}^2 + \cdot\cdot\cdot + E_{H9}^2 + E_N^2}}{\sqrt{E_{H2}^2 + E_{H3}^2 + \cdot\cdot\cdot + E_{H9}^2 + E_N^2}} \qquad (1.3.15)$$

1.4 DAC 데이터 시트 리뷰

그림 1.4.1에서 보는 바와 같이 데이터 시트의 표지 위편에는 설계 회로 이름과 브랜드 로고와 반도체 칩 모델 번호(DAC 2900)가 표시되어 있다. 표지 중앙에는 칩 이름과 사양이 'Dual, 10비트, 125MSPS DIGITAL-TO-ANALOG CONVERTER'로 제시되어 있는데, 이 이름을 통해서 칩 내에는 DAC가 2개이며, 10비트 해상도를 가지며, 샘플링 주파수가 125 MHz인 것을 알 수 있다. 칩 이름 아래 칩의 특징(Features)과 응용분야(Applications)가 소개되어 있다.

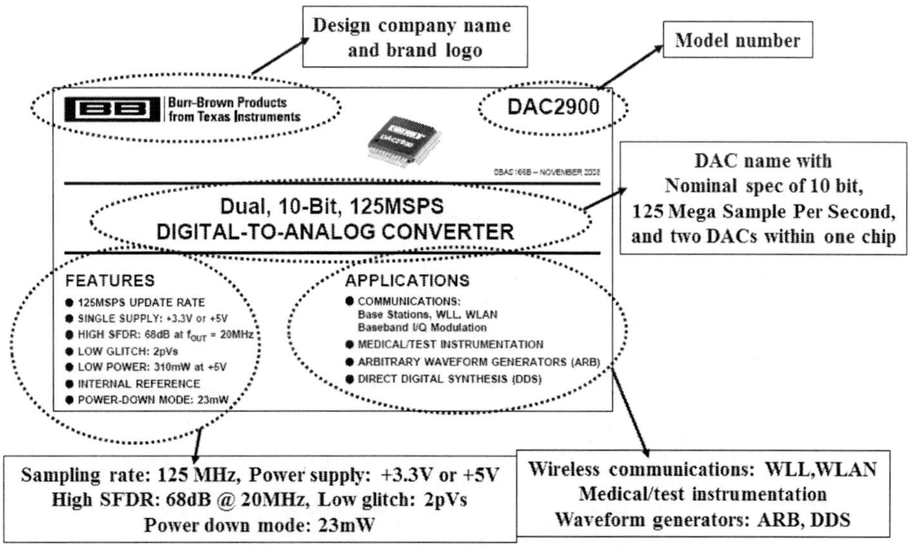

그림 1.4.1 DAC 데이터 시트 표지

칩의 특징은 아래와 같다.

- 125MSPS UPDATE RATE: 샘플링 주파수가 125 MHz이다.
- SINGLE SUPPLY: +3.3 V or +5 V: 공급전원은 +3.3 V 또는 +5 V이다.

- HIGH SFDR: 68 dB at fout=20 MHz: 20 MHz 출력주파수에서 68 dB의 높은 SFDR을 나타낸다.
- LOW GLITCH: 2 pVs: 작은 글리치(2 pVs)를 나타낸다.
- LOW POWER: 31 mW at +5 V: +5 V에서 31 mW의 저전력이다.
- INTERNAL REFERENCE: 내부 밴드갭 기준전압 공급.
- POWER-DOWN MODE: 23 mW: 입력신호가 없을 때(파워다운모드) 23 mW 저전력 소모를 나타낸다.

칩 응용분야

- COMMUNICATIONS: 통신(기지국, WLL, WLAN) Base Stations, WLL, WLAN
- MEDICAL/TEST INSTRUMENTATION: 의학/계측 장비
- ARBITRARY WAVEFORM GENERATORS(ARB): 임의파형 발생기
- DIRECT DIGITAL SYNTHESIS(DDS): 직접 디지털 합성기

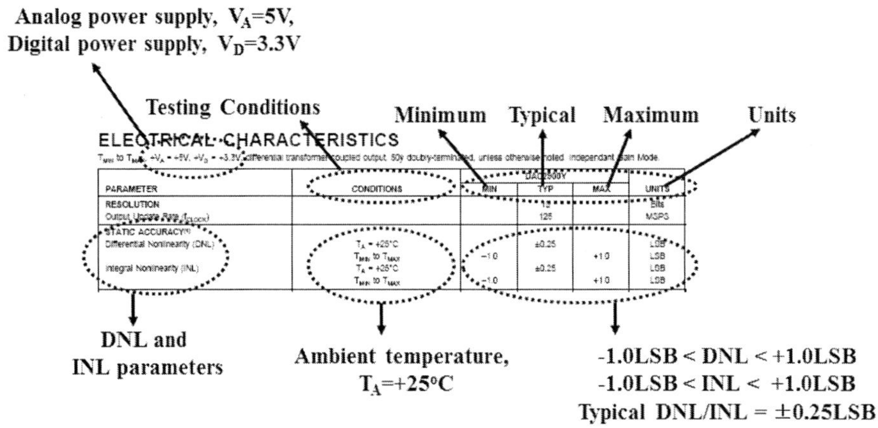

그림 1.4.2 DAC 데이터 시트 정적 특성

그림 1.4.2는 DAC의 정적 특성을 나타내는 표이다. 표 위에는 아날로그 전원전압(VA = 5 V)과 디지털 전원전압(VD = 3.3 V)이 표시되어 있다. 또한, 표는 네 칸으로 구분되어 있으며, 첫째 칸은 변수 종류(parameter), 둘째 칸은 측정 조건(Testing conditions), 셋째 칸은 측정결과가 세 가지(MIN, TYP, MAX)로 구분되는데, MIN은 최소값, TYP은 평균값, MAX은 최대값을 표시한다. 네 번째 칸은 측정 변수의 단위(units)를 나타낸다. 첫 번째 줄의 변수는 해상도(resolution)이며, 해상도 평균값은 10이고, 단위는 비트(bits)이다. 두 번째 줄의 변수는 샘플링 속도(Output Upgrade Rate)이며, 샘플링 속도의 평균값은 125이고, 단위는 MSPS이다. 세 번째 줄의 변수는 DNL이며, 측정조건에서 실내온도는 섭씨 25도

(TA=+25°C), 평균값은 ±0.25 LSB이며, 최소 온도와 최대 온도에서 DNL의 최소값은 -1 LSB, DNL의 최대값은 +1 LSB이다.

이와 마찬가지로 네 번째 줄의 변수는 INL이며, 측정조건에서 실내온도는 섭씨 25도 (TA=+25°C), 평균값은 ±0.25 LSB이며, 최소 온도와 최대 온도에서 INL의 최소값은 -1 LSB, DNL의 최대값은 +1 LSB이다.

DNL과 INL은 그림 1.4.3에서 입력 디지털 코드의 함수로 나타나고 있다. 그림 1.4.3(a)는 DNL이 입력 디지털 코드의 함수로 표시되어 있으며, 대부분 DNL은 ±0.1 LSB 내에 존재하며, 최소값은 -0.2 LSB, 최대값은 +0.3 LSB인 것을 알 수 있다. 그림 1.4.3(b)는 INL이 입력 디지털 코드의 함수로 표시되어 있으며, INL의 최소값은 입력코드가 0에서 300 사이에 존재하며, 최대값은 입력코드가 600에서 700 사이에 존재하는 것을 확인할 수 있다. 그러나 INL은 ±0.3 LSB 내에 존재한다. 따라서 DNL과 INL 모두 ±0.3 LSB 이내에 존재하므로 이상적인 특성인 ±0.5 LSB 보다 작으며, 주어진 제품의 정적 특성은 우수하다고 평가할 수 있다.

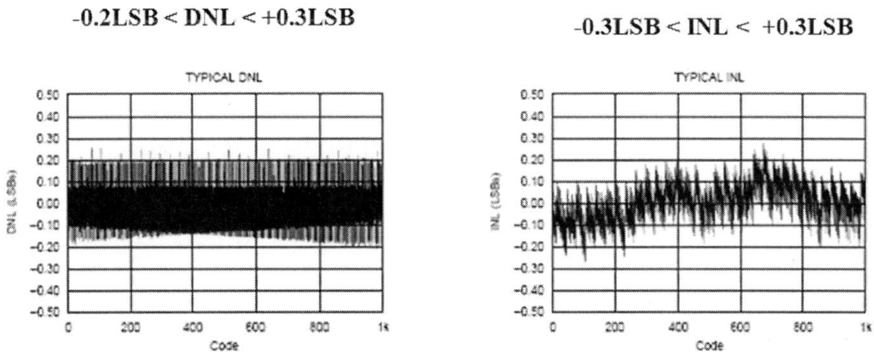

(a) (b)

그림 1.4.3 DAC 데이터 시트의 (a) DNL 정적 특성과 (b) INL 정적 특성

그림 1.4.4에 나타난 표는 DAC의 정적 특성 중 이득 오차와 오프셋 오차를 나타내고 있다. 표의 첫 번째 줄은 풀 스케일 범위(FSR: Full Scale Range)로서 최소 2 mA에서 최대 20 mA까지 아날로그 출력 전류를 흘릴 수 있다. 두 번째에서는 내부 기준 전압원을 사용할 때 이득 오차는 ±5% FSR이며, 세 번째 줄에서는 외부 기준 전압원을 사용할 때 이득 오차는 ±2.5% FSR로서 내부 기준 전압원을 사용하는 경우보다 이득오차가 작다. 평균 이득 오차는 ±1% FSR이다. 이득 정합 특성은 네 번째 줄에 ±2% FSR로 나타낸다. 다섯 번째 줄에서는 이득 표류(gain drift) 특성이 ±50 ppm FSR/℃이므로 섭씨 1도 증가하면 50 ppm FSR 값만큼 표류되는 것을 알 수 있다. 오프셋 오차는 ±0.02% FSR로서 여섯 번째 줄에

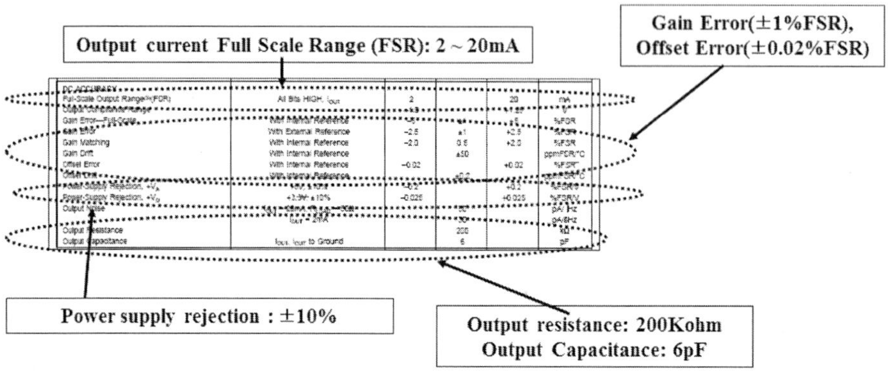

그림 1.4.4 DAC 데이터 시트 정적 특성(FSR)

있으며, 오프셋 표류 특성은 일곱 번째 줄에 ±0.2 ppm FSR/℃이다. 아날로그 전원전압의 전원전압거부 특성(Power-Supply Rejection)은 여덟 번째 줄에 +5V±10% 전압변동률에 대해서 −0.2% FSR/V에서 +0.2% FSR/V 범위로 나타나 있으며, 디지털 전원전압의 전원전압거부 특성은 아홉 번째 줄에 +3V±10% 전압변동률에 대해서 −0.2% FSR/V로 나타나 있다. 열 번째 줄은 부하가 50 Ω이며, 25 mA 출력 전류가 흐를 때 출력잡음은 50 pV/ $\sqrt{\mathrm{Hz}}$ 이고, 열한 번째 줄에서는 2 mA 출력 전류가 흐를 때 출력잡음은 30 pV/ $\sqrt{\mathrm{Hz}}$ 임을 알 수 있다. 출력저항과 출력 커패시턴스는 각각 열두 번째, 열세 번째 줄에서 200 kΩ, 6 pF으로 나타나 있다.

그림 1.4.5에서 첫 번째 줄에서 아날로그 전원전압의 최소, 평균, 최대 전압은 +3.0 V, +5 V, +5.5 V이며, 두 번째 줄에서 디지털 전원전압의 최소, 평균, 최대 전압은 +3.0 V, +3.3

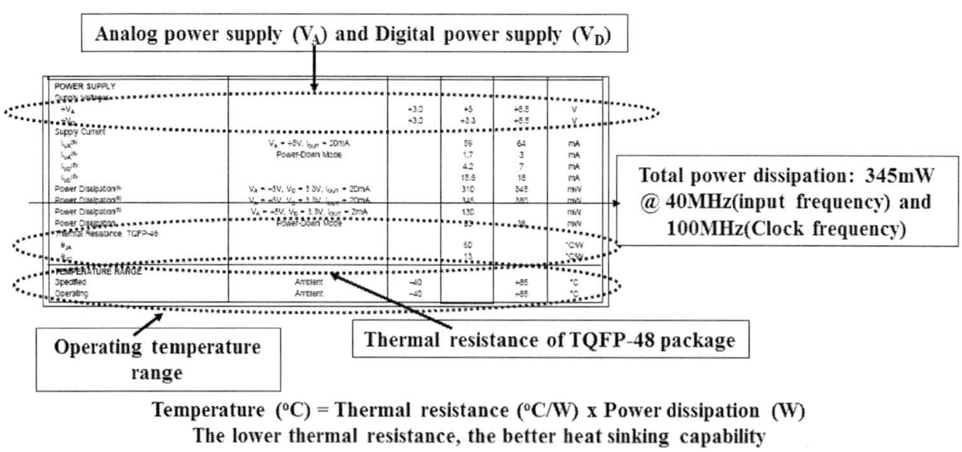

그림 1.4.5 DAC 전력소모 및 열저항

V, +5.5 V이다. 세 번째 줄에서는 아날로그 전원전압에서 흐르는 전류를 나타낸다. 이때 아날로그 전원전압이 +5 V이며, 출력 전류가 20 mA일 때 아날로그 전원전압에서 흐르는 평균전류와 최대전류는 각각 59 mA, 64 mA이다. 파워다운 모드에서 아날로그 전원전압에서 흐르는 평균전류와 최대전류는 각각 1.7 mA, 3 mA로 네 번째 줄에 표시되어 있다. 파워다운 모드에서 디지털 전원전압에서 흐르는 평균전류와 최대전류는 각각 4.2 mA, 7 mA로 다섯 번째 줄에 표시되어 있다. 또한 아날로그 전원전압(VA)이 +5 V, 디지털 전원전압(VD)이 +3.3 V, 출력 전류가 20 mA이며, 입력주파수가 40 MHz, 클록주파수가 100 MHz일 때 평균 전력소모 및 최대 전력소모는 각각 310 mW, 345 mW로서 여섯 번째 줄에 나타나 있다. 아날로그 전원전압(VA)이 +5 V, 디지털 전원전압(VD)이 +3.3 V, 출력 전류가 2 mA일 때 평균 전력소모는 각각 130 mW로서 일곱 번째 줄에 나타나 있다. 여덟 번째 줄에서는 파워 다운 모드의 경우 평균 및 최대 소모 전력이 각각 23 mW, 38 mW이다. TQFP 패키지의 열저항에는 두 가지 종류, ΘJA, ΘJC가 있다. ΘJA는 외부환경과 칩 접합면까지 전체 열저항을 의미하며, ΘJC는 접합면부터 패키지까지 열저항을 의미한다. 평균 ΘJA, ΘJC는 각각 아홉 번째, 열 번째 줄에 60°C/W, 13°C/W이다. 칩의 동작온도 범위는 섭씨 −45도에서 섭씨 +85도로 열한 번째 줄에 표시되어 있다.

DAC 전류 구동 범위는 그림 1.4.6에 나타나 있다. 차동 전류 구동 범위는 0에서 20 mA이므로 입력 디지털 코드가 모두 '0000 0000'이면 0 mA와 20 mA의 차동 출력 전류가 흐른다. 입력 디지털 코드가 '1000 0000'이면 차동 출력 전류는 모두 10 mA, 10 mA가 된다. 또한, 입력 디지털 코드가 모두 1, 즉 '1111 1111'이면 차동 출력 전류는 모두 20 mA, 0

Digital Code versus Output Current

Input Code (D9 ~ D0)	I_{OUT}	$I_{\overline{OUT}}$
11 1111 1111	20mA	0mA
10 0000 0000	10mA	10mA
00 0000 0000	0mA	20mA

LSB Current : 20uA(=20mA/1,024)

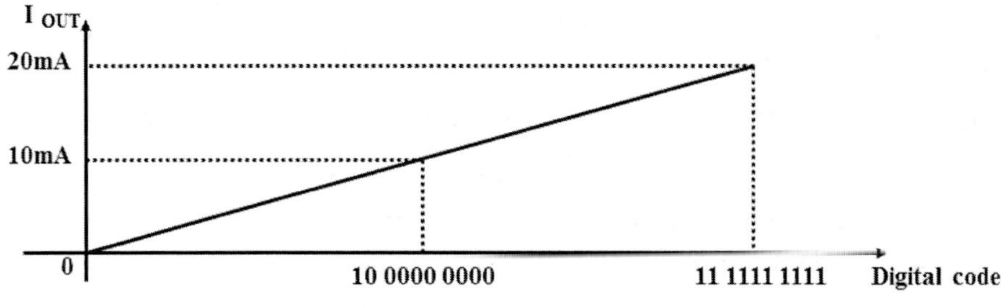

그림 1.4.6 DAC의 전류 구동 범위

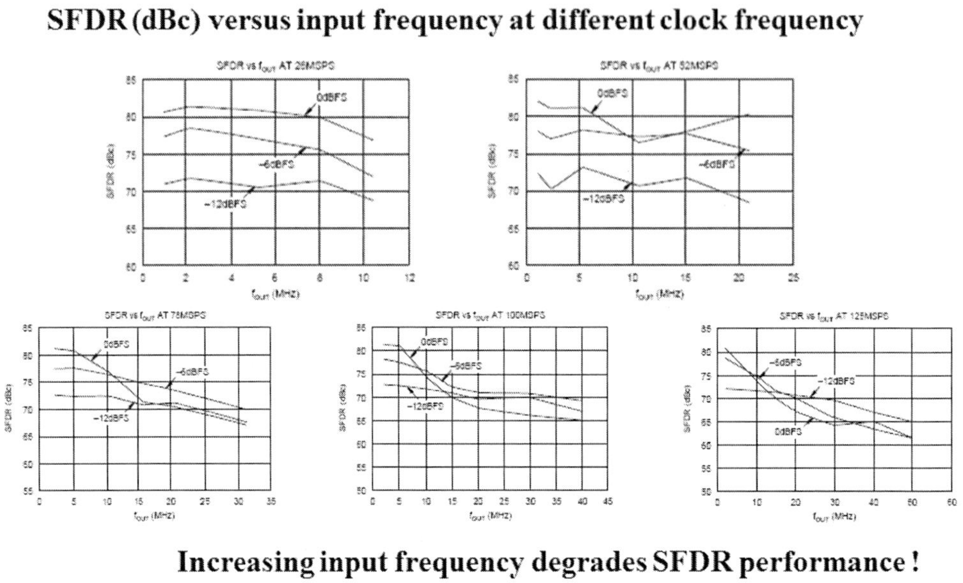

그림 1.4.7 입력주파수 변화에 따른 DAC의 SFDR 그래프

mA가 된다. 이것은 그림 1.4.6 아래 부분에 위치한 그래프에 나타나있다. 그러므로 LSB 전류는 20 mA/256으로서 78.125 μA가 된다.

입력주파수의 변화에 따른 SFDR(dBc)을 3개 서로 다른 입력신호 크기(0 dBFS, -6 dBFS, -12 dBFS)에 측정한 결과를 그림 1.4.7에서 제시하고 있다. 다섯 개 서로 다른 클록 주파수인 25, 52, 78, 100, 125 MSPS에 대해서 5개 그래프이다. 전체적으로 입력주파수가 증가하면 SFDR이 감소하며, 입력신호 크기가 감소하여도 SFDR이 감소하는 것을 확인할 수 있다. 특히, 입력주파수가 10 MHz까지는 SFDR 신호가 거의 일정하게 유지되며, 10 MHz 이상이 되면서 SFDR이 급격히 감소하는 것을 알 수 있으므로, 이 상용칩 DAC를 사용할 때는 가급적 입력주파수가 10 MHz 보다 작은 신호를 처리할 때 사용하는 것이 바람직함을 알 수 있다.

입력주파수와 클록주파수 변화에 따른 SFDR 값을 그림 1.4.8에 제시하였다. 첫 번째 줄을 살펴보면 입력신호 크기가 0 dBFS, 입력주파수와 클록주파수가 각각 1 MHz, 50 MSPS일 때, SFDR의 최소값과 평균값은 각각 70 dBc와 80 dBc이다. 입력신호 크기가 -6 dBFS, -12 dBFS일 때, SFDR은 각각 75 dBc와 70 dBc로 감소한다. 또한, 입력주파수가 1 MHz에서 40 MHz까지 증가할 때, SFDR은 80 dBc에서 56 dBc까지 감소하는 것을 알 수 있다. 입력주파수가 1 MHz, 클록주파수가 50 MSPS일 때, THD의 최소값과 평균값은 각각 -77, -68 dBc이며, 클록주파수가 -125 MSPS로 증가하면 THD가 -70 dBc로 증가하는 것을 확인할 수 있다.

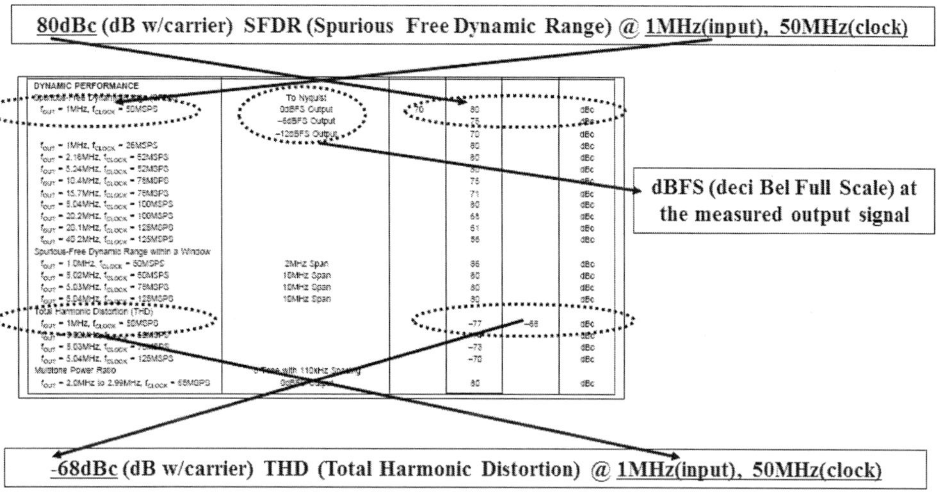

그림 1.4.8 DAC 데이터 시트 동적 특성 표

싱글톤(single tone) 성능 테스트는 그림 1.4.9에 나타나 있다.

입력신호 크기는 0 dBFS, 입력주파수는 5.23 MHz, 클록주파수는 52 MHz일 때, SFDR은 −75 dBc이다. 또한, 입력신호 크기는 0 dBFS, 입력주파수는 20.2 MHz, 클록주파수는 100 MHz일 때, SFDR은 −70 dBc이다. 따라서 입력주파수가 증가하면 싱글톤 SFDR 성능이 저하되는 것을 알 수 있다. 멀티톤(multi-tone) 성능을 측정하면 더욱 SFDR이 감소하는 것을 예측할 수 있다. 그림 1.4.10에서는 온도가 −40도에서 +85도로 증가함에 따라서 SFDR이 감소하는 것을 나타낸다. 그러나 입력주파수가 2 MHz와 10 MHz에서는 온도 변

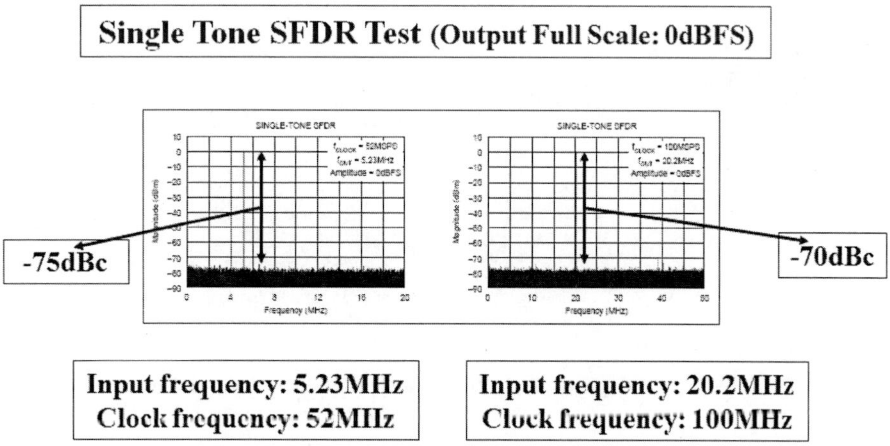

그림 1.4.9 DAC SFDR 싱글톤 테스트 그래프

화특성에 영향을 받지 않는 것을 알 수 있다. 이와 반면에 입력주파수가 20 MHz와 40 MHz인 경우에는 온도가 증가함에 따라서 SFDR이 감소함으로써 온도 변화에 영향을 받는다.

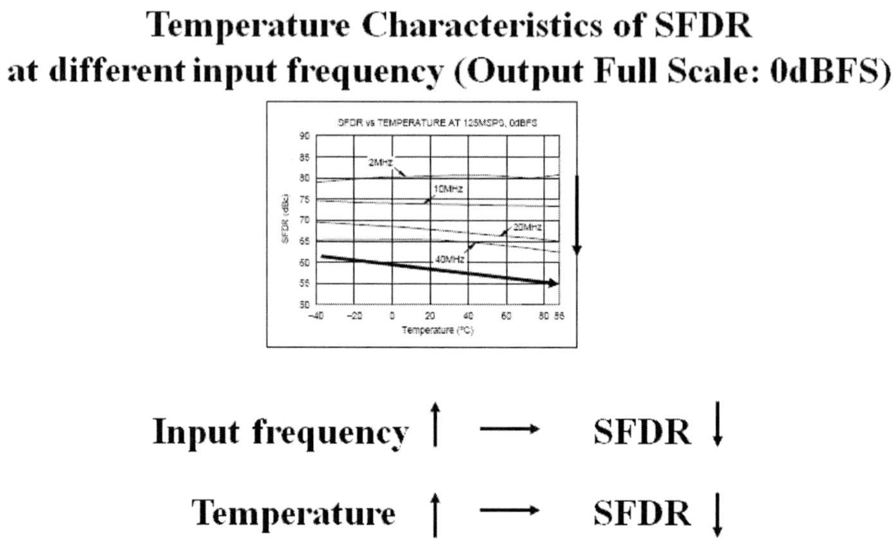

그림 1.4.10 온도에 관한 DAC 동적 특성 그래프

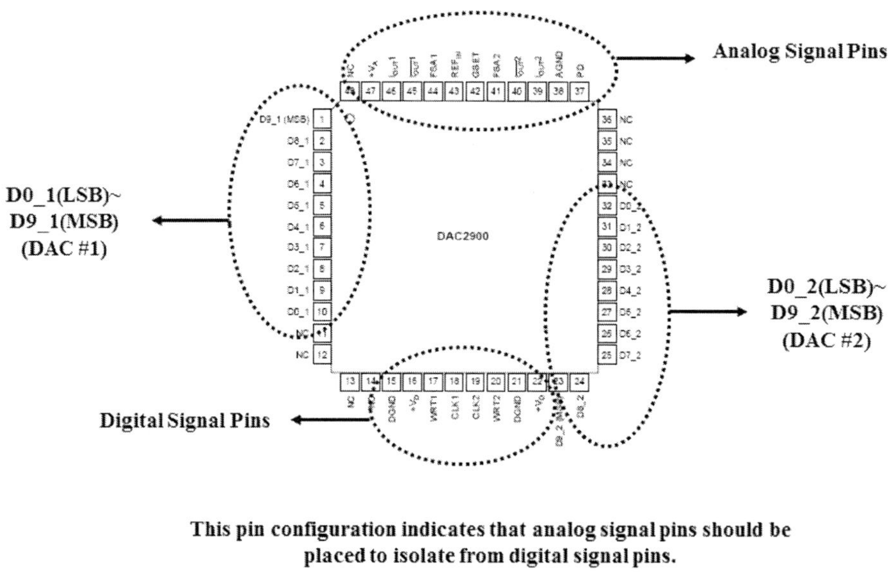

그림 1.4.11 DAC 패키지 레이아웃

DAC 패키지 레이아웃은 그림 1.4.11에 제시되어 있다. 레이아웃을 살펴보면 왼쪽 12개 핀과 오른쪽 12개 핀은 듀얼 DAC의 디지털 입력 핀으로 배열되어 있다. 레이아웃의 아래쪽 12개 핀은 클록신호, 디지털 쓰기 신호 등 디지털 제어 신호를 인가하는 핀으로 배치되어 있다. 레이아웃의 위쪽은 아날로그 차동 출력 신호, 아날로그 공급전원 등 아날로그 신호의 입출력 핀들이 배치되어서 디지털 신호 핀과 분리되어 있는 것을 알 수 있다.

그림 1.4.12는 그림 1.4.11의 레이아웃에 의한 핀 정보를 보다 구체적으로 제시하고 있다. 즉, 핀 1번부터 10번까지는 DAC1의 디지털 입력코드 핀(D[9:0]_1)이며, 11번~14번, 33번~35번, 48번 핀들은 신호가 배치되어 있지 않은 NC(No Connection) 핀이다. 15번 및 21번 핀(DGND)은 디지털 신호 접지이며, 16번 및 22번 핀(+VD)은 디지털 공급전원으로 +3 V~+5.5 V이다. 17번 핀(WRT1)은 DAC1 입력 래치회로에 쓰기 신호를 보내는 단자이며, 18번 핀은 DAC1의 클록신호 단자(CLK1)이며, 19번 핀은 DAC2의 클록신호 단자(CLK2)이다. 20번 핀(WRT2)은 DAC2 입력 래치회로에 쓰기 신호를 보내는 단자이며, 23번부터 32번 핀은 DAC2의 디지털 입력코드 핀(D[9:0]_1)이다. 37번 핀(PD)는 파워-다운 기능제어 단자로서 "H"신호가 입력되면 파워-다운 모드가 시작되며, "L"신호가 입력되면 정상적 동작을 하게 된다. 칩이 처음 동작할 때는 내부적으로 "L" 신호가 발생되면서 정상적 동삭을 하게 된다. 38번 핀(AGND)은 아날로그 신호 접지단자이며, 39번 단자(IOUT2)는 DAC2 회로의 아날로그 전류 출력신호 핀이며, 40번 단자($\overline{I_{OUT}}^{2}$)는 39번 단자에서 발생되는 아날로그 전류 출력신호의 차동신호이다. 41번 단자(FSA2)는 DAC2에서 아날로그 전류 출력신호 최대 크기(Full scale adjust)를 조절하는 핀으로서 외부 저항(RSET)을 연결하면서 가능하다. 42번 핀(GSET)은 이득을 결정하는 핀으로서 저항을 연결한다. 43번 단자(REFIN)는 내부 기준전압이 발생되는 핀이며, 또한 외부 기준전압을 입력시킬 수 있다. 이 경우 본 단자와 AGND 단자 사이에 0.1 μF 바이패스 커패시터를 연결해서 잡음이 입력

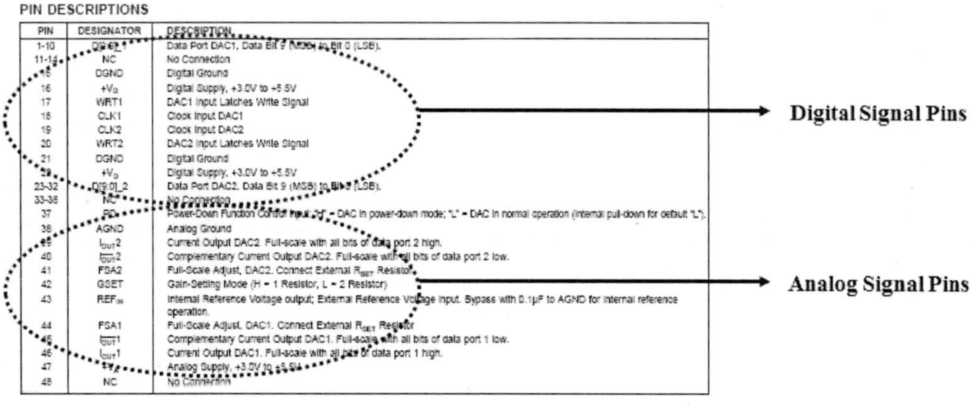

PIN DESCRIPTIONS

PIN	DESIGNATOR	DESCRIPTION
1-10	D[9:0]_1	Data Port DAC1, Data Bit 9 (MSB) to Bit 0 (LSB).
11-14	NC	No Connection
15	DGND	Digital Ground
16	$+V_D$	Digital Supply, +3.0V to +5.5V
17	WRT1	DAC1 Input Latches Write Signal
18	CLK1	Clock Input DAC1
19	CLK2	Clock Input DAC2
20	WRT2	DAC2 Input Latches Write Signal
21	DGND	Digital Ground
22	$+V_D$	Digital Supply, +3.0V to +5.5V
23-32	D[9:0]_2	Data Port DAC2, Data Bit 9 (MSB) to Bit 0 (LSB).
33-36	NC	No Connection
37	PD	Power-Down Function Control Input; "H" = DAC in power-down mode; "L" = DAC in normal operation (internal pull-down for default "L").
38	AGND	Analog Ground
39	$I_{OUT}2$	Current Output DAC2. Full-scale with all bits of data port 2 high.
40	$\overline{I_{OUT}}2$	Complementary Current Output DAC2. Full-scale with all bits of data port 2 low.
41	FSA2	Full-Scale Adjust, DAC2. Connect External R_{SET} Resistor.
42	GSET	Gain-Setting Mode (H = 1 Resistor, L = 2 Resistor)
43	REF_{IN}	Internal Reference Voltage output; External Reference Voltage Input. Bypass with 0.1μF to AGND for internal reference operation.
44	FSA1	Full-Scale Adjust, DAC1. Connect External R_{SET} Resistor
45	$\overline{I_{OUT}}1$	Complementary Current Output DAC1. Full-scale with all bits of data port 1 low.
46	$I_{OUT}1$	Current Output DAC1. Full-scale with all bits of data port 1 high.
47	$+V_A$	Analog Supply, +3.0V to +5.5V
48	NC	No Connection

그림 1.4.12 DAC 패키지 핀 정보

되는 것을 방지할 수 있다. 44번 단자(FSA1)는 DAC1에서 아날로그 전류 출력신호 최대 크기(Full scale adjust)를 조절하는 핀으로서 외부 저항(RSET)을 연결하면서 가능하다. 46번 단자(IOUT1)는 DAC1 회로의 아날로그 전류 출력신호 핀이며, 45번 단자($\overline{I_{OUT}}^{1}$)는 46번 단자에서 발생되는 아날로그 전류 출력신호의 차동신호이다. 47번 단자는 아날로그 공급전원으로 +3 V ~ +5.5 V이다.

그림 1.4.13은 DAC의 클록 타이밍 그래프를 나타낸다. 시간 t_D와 t_N은 각각 입력 셋업 시간(2 ns)과 입력 폴드 시간(1.5 ns)으로서 입력 디지털 데이터를 입력시키는 시간 타이밍이다. 시간 t_{LPW}, t_{CPW}는 각각 래치/클록 펄스 폭 시간으로서 최소시간은 3.5 ns이며, 평균 시간은 4 ns이다. 시간 t_{CW}는 클록신호(CLK1, CLK2)의 상승시간과 쓰기 신호(WRT1, WRT2)의 상승시간 사이의 차이를 나타내며, 최대 지연시간 차이($t_{PW}-2$)는 1.5 ns에서 2 ns 사이로 제시되어 있다. 전파지연시간인 t_{PD}는 평균 1 ns이며, 0.1% 이내 평균 정착시간 t_{SET}는 30 ns이다.

듀얼 DAC의 내부 구조는 그림 1.4.14에 제시되어 있다. 내부 구조는 2개 DAC(DAC1, DAC2)가 중앙을 중심으로 대칭으로 배치되어 있다. 따라서 DAC1의 구조와 DAC2의 구조는 동일하므로 DAC2의 구조를 살펴보도록 한다. 디지털 입력코드인 D[9:0]_2가 입력 래치 1에 인가된다. 입력 래치 2 회로는 입력신호를 버퍼링하는 것이 주된 목적이므로 디지털 신호를 증폭하고, 신호를 동기화시켜주는 것이다. 입력 래치회로의 출력은 DAC 래치 2 입력과 연결되어 있으므로 다시 한 번 디지털 신호를 증폭, 동기화시킴으로써 DAC에 입력시킬 디지털 신호를 재조정하는 것이다. 이렇게 재조정된 디지털 입력코드 신호는 세그멘티

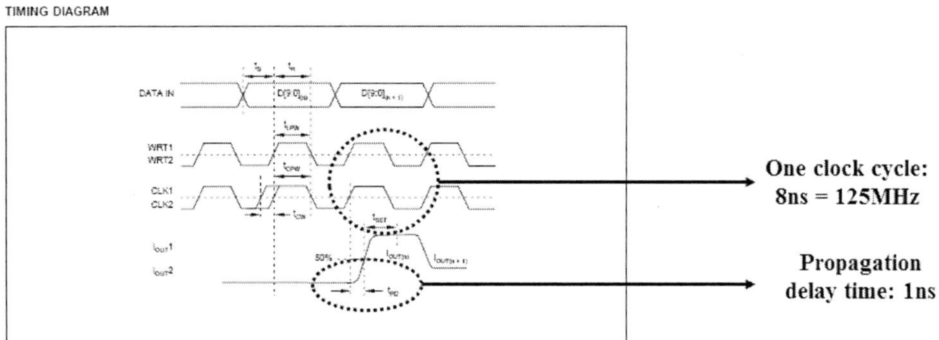

SYMBOL	DESCRIPTION	MIN	TYP	MAX	UNITS
t_S	Input Setup Time	2			ns
t_H	Input Hold Time	1.5			ns
t_{LPW}, t_{CPW}	Latch/Clock Pulsewidth	3.5	4		ns
t_{CW}	Delay Rising CLK Edge to Rising WRT Edge	0		$t_{PW}-2$	ns
t_{PD}	Propagation Delay		1		ns
t_{SET}	Settling Time (0.1%)		30		ns

그림 1.4.13 DAC 클록 타이밍 그래프

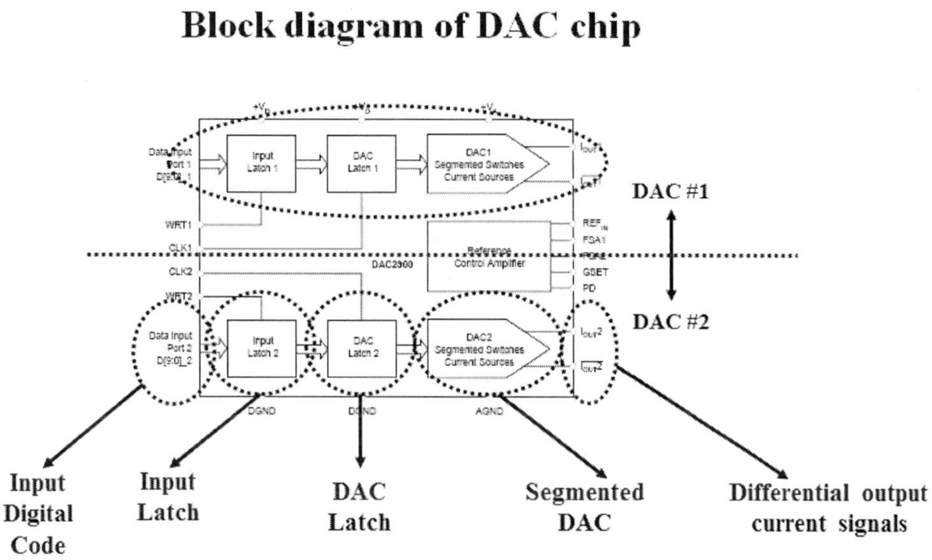

그림 1.4.14 듀얼 DAC의 내부 구조

드형 전류 구동 DAC2 회로를 구동하며, DAC2에서는 차동 출력 전류 신호($I_{OUT}{}^2$, $\overline{I_{OUT}}{}^2$)가 발생된다. 입력 래치 2 회로에는 쓰기 신호(WRT2), DAC 래치 2 회로에는 클록신호(CLK2)가 입력되는 것을 알 수 있다. 기준 제어 증폭기(Reference Control Amplifier)가 내장되어 있어서 DAC1과 DAC2 회로에 공용된다. 기준 제어 증폭기를 통하여서 내부 기준 전압 신호(REFIN), 출력신호 크기 조정(FSA1, FSA2), 이득 신호 조정(GSET), 파워-다운 기능(PD)을 할 수 있다.

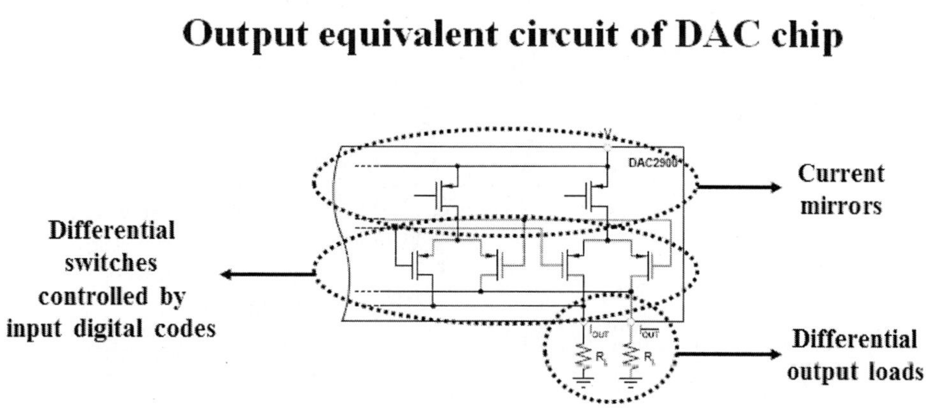

그림 1.4.15 DAC 출력 등가회로

DAC의 출력 등가회로는 그림 1.4.15와 같이 표시할 수 있다. DAC의 출력부분을 살펴보면 디지털 입력 코드 신호에 의해서 구동되는 차동 스위치 p 채널 트랜지스터가 있으며, 차동 스위치 위에는 p 채널 트랜지스터로 구성된 기본 전류미러 회로가 연결되어 있다. 차동 출력 전류(I_{OUT}, $\overline{I_{OUT}}$)는 차동 전압 신호로 변화시키기 위해서 외부 부하저항(R_L)을 연결시킬 수 있다. 외부 부하저항값은 DAC의 출력에 연결되는 회로의 내부 입력저항을 의미한다.

차동 출력 전류 신호(I_{OUT}, $\overline{I_{OUT}}$)를 단일 출력 전압 신호로 변환시키는 변환회로는 그림 1.4.16과 같다.

즉, 광대역 RF 변압기(1차 권선비와 2차 권선비가 1:1인 변압기)를 사용한다. 우선 DAC의 차동 출력 전류를 출력 전압 신호로 변환시키기 위해서 차동 출력 임피던스 정합 회로로서 2개 50Ω 부하저항을 각 차동 출력단자에 연결한다. 각 차동 출력단자는 RF 변압기의 1차 권선에 연결하며, 1차 권선의 중심 탭(center tap)은 DC 공통모드 전압을 조정할 수 있으며, 그림 1.4.16에서는 중심 탭을 접지에 연결함으로써 DC 공통모드 전압을 0 V로 조정한 것을 알 수 있다. RF 변압기의 2차 권선은 DAC의 출력을 사용할 회로의 내부저항(R_S)에 연결되어 있는 것을 볼 수 있다. 그림 1.4.16 회로는 주로 고속으로 동작하는 디지털 입력신호를 고속 아날로그 출력신호로 변환시키는 데 적합한 회로 구조이다. 이 경우 고속 아날로그 출력신호는 광대역인 반면에 신호 크기를 원하는 대로 조정하기 어렵다. 왜냐하면 RF 변압기는 수동소자이므로 이득이 1 이하이므로 신호의 손실이 발생할 수 있다.

따라서 출력신호를 증폭할 수 있는 회로는 그림 1.4.17과 같다. 그림 1.4.17의 왼쪽 회로를 살펴보면 DAC 2900 회로의 등가회로를 차동 전류원(I_{OUT}, $\overline{I_{OUT}}$)과 출력 커패시터(C_{D1}, C_{D2})의 병렬연결로 표시하고 있다. 차동 전류원에서 출력된 전류를 차동 출력 전압

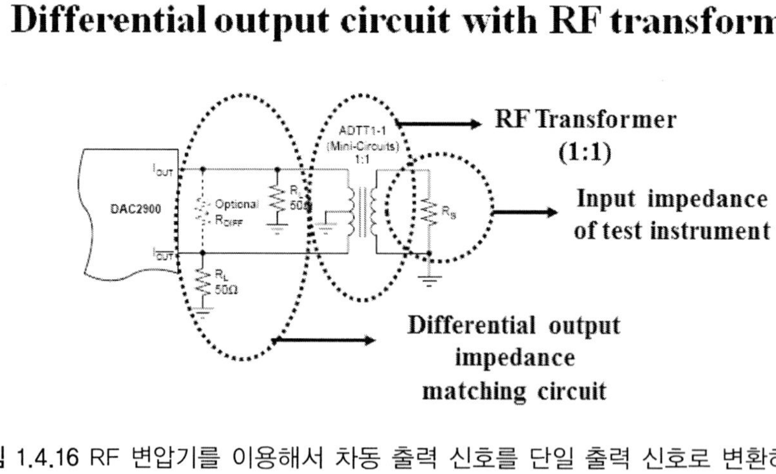

그림 1.4.16 RF 변압기를 이용해서 차동 출력 신호를 단일 출력 신호로 변환하는 회로

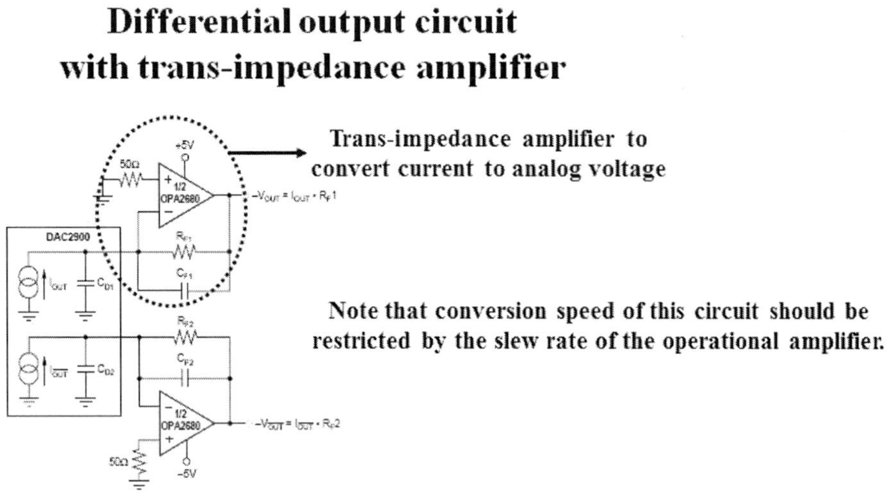

그림 1.4.17 op-amp를 이용한 $I-V$ 변환기 회로

으로 변환시키기 위해서 2개 상호-임피던스 증폭기를 이용할 수 있다. 차동 상호-임피던스 증폭기의 1/2 회로에 대해서 설명하면 다음과 같다. 즉, op-amp(OPA 2680)의 (-)입력단자와 출력단자 사이에 부귀환 회로(R_{F1}, C_{F1})를 연결하여서 반전증폭기를 구현할 수 있다. 그러므로 출력 전압 신호는 식 (1.4.1)과 같다.

$$-V_{OUT} = I_{OUT}R_{F1} \tag{1.4.1}$$

여기서 I_{OUT} 은 DAC의 출력 전류이다.

또한, 커패시터(C_{F1})은 극점주파수의 위치를 식 (1.4.2)와 같이 결정한다.

$$f_{3dB} = \frac{1}{2\pi R_{F1} C_{F1}} \tag{1.4.2}$$

op-amp의 (+) 단자에 50Ω이 연결된 것은 임피던스 정합을 하기 위한 것이다. 또 다른 1/2 회로의 출력 전압도 동일하게 이해할 수 있다. 즉, op-amp(OPA 2680)의 (-)입력단자와 출력단자 사이에 부귀환 회로(R_{F2}, C_{F2})를 연결하여서 반전증폭기를 구현할 수 있다. 그러므로 출력 전압 신호는 식 (1.4.3)과 같다.

$$-V_{OUT} = \overline{I_{OUT}}R_{F2} \tag{1.4.3}$$

여기서 $\overline{I_{OUT}}$ 은 DAC의 차동 출력 전류이다.

또한, 커패시터(C_{F2})는 극점주파수의 위치를 식 (1.4.4)와 같이 결정한다.

$$3f_{3dB} = \frac{1}{2\pi R_{F2} C_{F2}} \tag{1.4.4}$$

op-amp의 (+) 단자에 50 Ω이 연결된 것은 임피던스 정합을 하기 위한 것이다. 두 개 상호-임피던스 회로는 대칭이므로 피드백 저항과 커패시터는 동일해야 하므로 식 (1.4.5)와 같은 조건을 만족해야 한다.

$$R_{F1} = R_{F2}\,,\ \ C_{F1} = C_{F2} \tag{1.4.5}$$

이 경우 op-amp의 슬루율(또는 대역폭)에 의해서 출력신호의 대역폭이 제한받는다. 따라서 op-amp의 슬루율을 살펴보고 회로를 설계할 필요성이 있다. OPA 2680 op-amp는 빠른 슬루율(1800 V/μs)을 지니고 있으며, 넓은 대역폭(전압이득이 2일 때, 대역폭은 220 MHz)과 넓은 출력전압 스윙(±4 V)을 지닌다. 따라서 op-amp의 전압이득이 2인 경우 대역폭이 220 MHz이므로, DAC의 샘플링 주파수 120 MSPS보다 2배 이상되므로 op-amp의 대역폭이 데이터 변환율에 제한을 주지 않는다. 그림 1.4.17과 같이 2개의 op-amp를 사용하여서 차동 출력 전압 신호를 발생시킬 수 있으며, 그림 1.4.18과 같이 1개의 op-amp를 사용하여서 DAC의 차동신호를 단일 출력 신호로 발생시킬 수 있다.

단일 출력 op-amp를 이용한 $V-I$ 변환기 회로는 그림 1.4.18에서 나타나 있다. 변환기 회로의 구조는 DAC 2900에서 발생하는 차동 전류 신호가 임피던스 정합회로(R_L)에 연결되면서 차동 전압 신호로 변환된다. 변환된 차동 전압 신호는 전압이득이 2인 차동증폭기

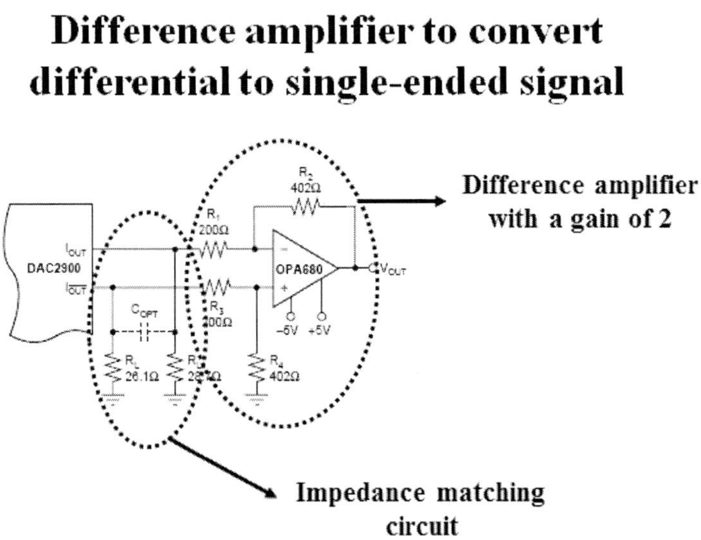

그림 1.4.18 단일 출력 op-amp를 이용한 $V-I$ 변환기 회로

를 통과하게 된다. 이 경우 입력저항은 R_1, R_3(200 Ω)이며, 피드백 저항은 R_2(402 Ω)이므로 식 (1.4.6)에 의해서 전압이득이 결정된다.

$$V_{OUT} = -\frac{402\Omega}{200\Omega}(V_+ - V_-)$$
$$A_V = \frac{V_{OUT}}{(V_+ - V_-)} = -\frac{402\Omega}{200\Omega} = -2 \tag{1.4.6}$$

차동증폭기 내 사용된 OPA 680은 그림 1.4.18에서 사용된 OPA 2680과 동일한 광대역 op-amp이다. DAC에서 차동 전류 신호가 출력되므로 전체 증폭기회로의 전압이득은 -4가 된다.

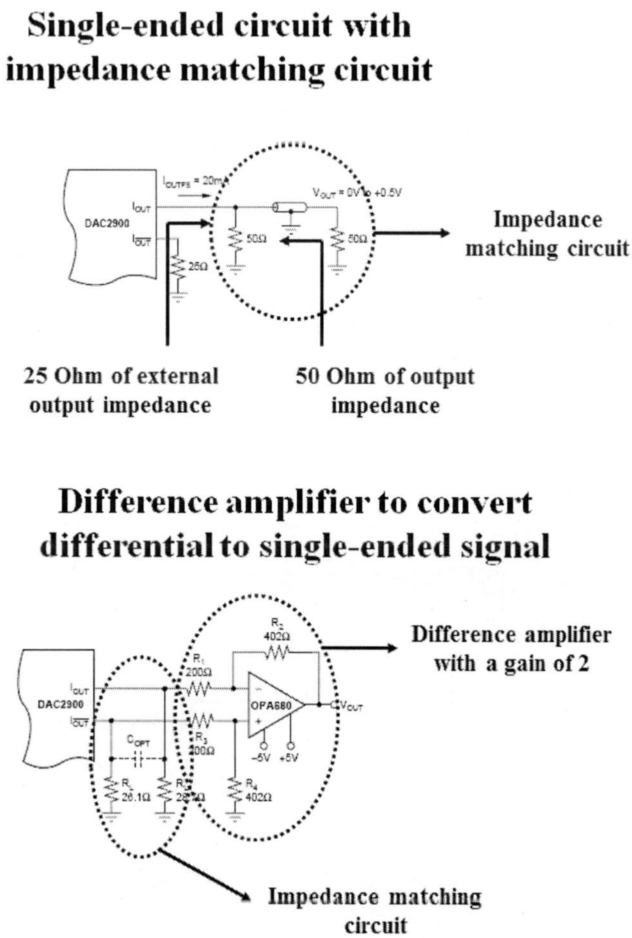

그림 1.4.19 DAC 임피던스 정합 회로

상호-임피던스 증폭기 회로를 사용하지 않고 임피던스 정합회로를 이용해서 DAC 출력전류 신호를 전압 신호로 그림 1.4.19와 같이 변환할 수 있다. 이 경우 DAC의 출력단자 $\overline{I_{OUT}}$ 에 연결된 저항은 25 Ω이며, 출력단자 I_{OUT} 에 연결된 저항은 50 Ω 임을 알 수 있다. 출력단자 I_{OUT} 에 연결된 저항이 50 Ω인 이유는 VOUT 단자에 연결된 부하저항이 50 Ω이므로 두 개의 50 Ω이 병렬 연결되므로 결과적인 저항은 25Ω이 된다. 따라서 임피던스 정합을 위해서 $\overline{I_{OUT}}$ 단자에 25 Ω 저항을 연결하게 되는 것이다. 이 경우 I_{OUT} 단자에 두개의 50 Ω 저항 사이에 신호선이 연결되어 있는데, 신호선에 의한 저항값이 작을수록 임피던스 정합에 바람직하다.

내부 밴드갭 기준회로를 이용하여서 기준전류를 공급하는 응용회로는 그림 1.4.20과 같다. 즉, DAC 2900 내에 기준제어 op-amp의 (-) 입력단자에 +1.24 V의 밴드갭 기준회로가 연결되어 있으며, 부귀환 연결이 되어 있으므로 가상접지 현상이 발생하므로, (+) 입력단자의 전위와 (-) 입력단자의 전위가 동일하게 된다. 따라서 (+) 입력단자(FSA)에 $R_{SET}=2$ KΩ이 연결되므로 R_SET에 흐르는 전류($I_{REF}=\frac{V_{REF}}{R_{SET}}=\frac{1.24\,V}{2K\Omega}$)는 0.62 mA가 된다. 풀 스케일 전류는 기준전류의 32배로서 20 mA가 되며, LSB 전류인 I_{LSB}는 20 mA/1,024로서 20 μA가 된다.

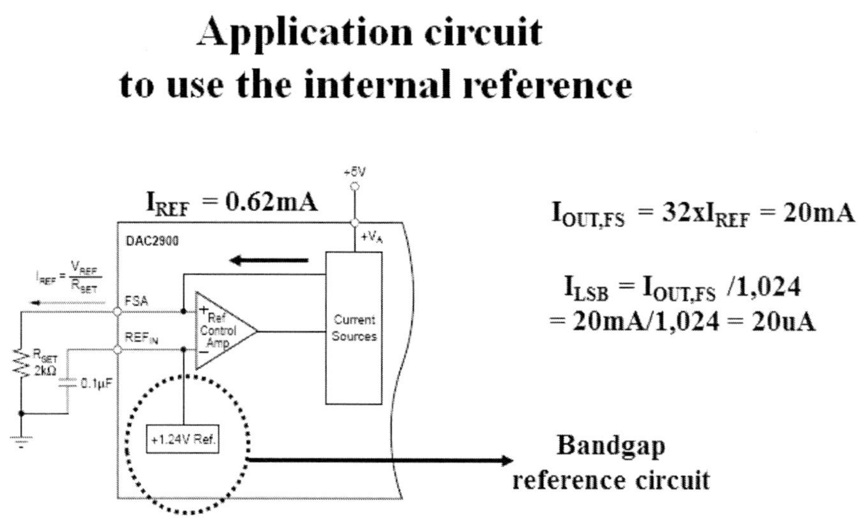

그림 1.4.20 내부 밴드갭 기준회로를 이용한 기준전류 공급회로

그림 1.4.21은 TQFP(Quad FlatPack) 패키지의 평면도와 단면도의 크기 정보를 나타내고 있다. 왼쪽 도면은 패키지의 평면도를 나타내는데, 아래 표에는 크기 정보를 구체적으로 제시하고 있다. 예를 들면, ‘A1’은 패키지 핀의 두께를 나타내며, 최소값 및 최대값은

0.002, 0.005인치이다. 'A, A2'는 패키지 전체 두께를 나타내며, 최소값과 최대값은 0.037, 0.041인치이다. 'b'는 핀의 폭을 나타내며, 최소값과 최대값은 0.007, 0.011인치이며, 'c'는 핀 다리 두께를 나타내며, 최소값과 최대값은 0.004, 0.008인치이다. 'D'는 패키지 핀의 끝과 끝까지 길이를 표시하며, 최소값은 0.354인치이다. 'D1'은 패키지의 양쪽 핀 길이를 제외하고 패키지 바디의 길이를 나타내며, 0.276인치이다. 'e'는 핀과 핀 간격인 피치를 나타내며, 최소값은 0.02인치이며, 'L'은 핀의 다리가 평면과 평행된 길이를 나타내며, 최소값과 최대값은 0.018, 0.030인치이다. 'L1'은 핀의 다리끝과 패키지 바디까지 길이를 나타내며, 최소값은 0.039인치이며, 'N'은 핀의 숫자로서 48개이다. 'R1, R2, S'는 핀 다리가 굽혀지는 부분의 곡선 반경을 나타내며, 최소값은 각각 0.003, 0.003, 0.008인치이다. 표의 오른쪽에는 주의사항이 표시되어 있다. 특히, 2번에서는 패키지의 윗 평면 크기가 바닥 평면 크기보다 0.006인치 정도 작을 수 있다고 알려주고 있다.

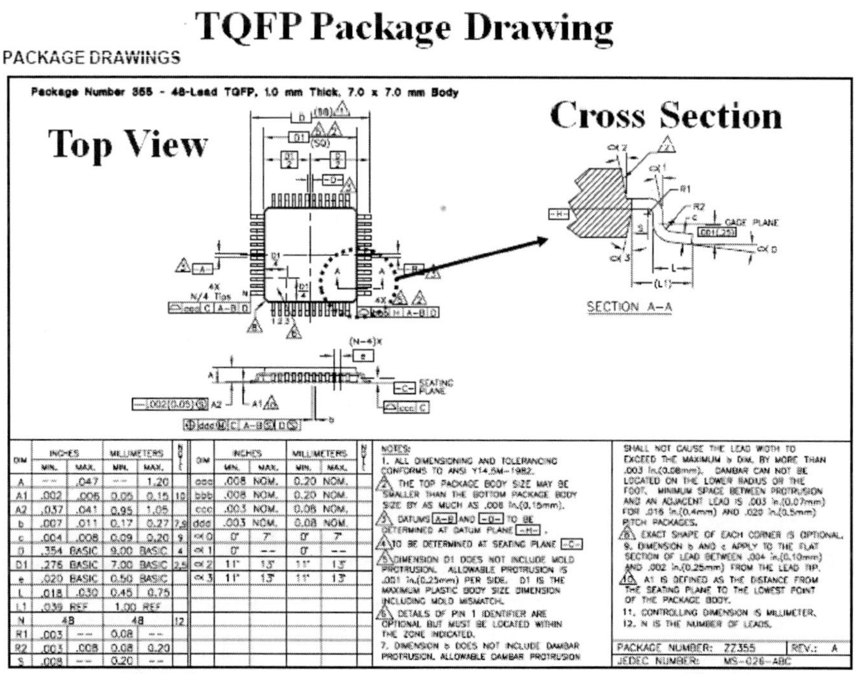

DIM	INCHES MIN.	INCHES MAX.	MILLIMETERS MIN.	MILLIMETERS MAX.	NOTE	DIM	INCHES MIN.	INCHES MAX.	MILLIMETERS MIN.	MILLIMETERS MAX.	NOTE
A	--	.047	--	1.20		aaa	.008 NOM.		0.20 NOM.		
A1	.002	.006	0.05	0.15	10	bbb	.008 NOM.		0.20 NOM.		
A2	.037	.041	0.95	1.05		ccc	.003 NOM.		0.08 NOM.		
b	.007	.011	0.17	0.27	7,9	ddd	.003 NOM.		0.08 NOM.		
c	.004	.008	0.09	0.20	9	α0	0°	7°	0°	7°	
D	.354 BASIC		9.00 BASIC		4	α1	0°	--	0°	--	
D1	.276 BASIC		7.00 BASIC		2,5	α2	11°	13°	11°	13°	
e	.020 BASIC		0.50 BASIC			α3	11°	13°	11°	13°	
L	.018	.030	0.45	0.75							
L1	.039 REF		1.00 REF								
N	48		48		12						
R1	.003	--	0.08	--							
R2	.003	.008	0.08	0.20							
S	.008	--	0.20	--							

그림 1.4.21 TQFP 패키지의 평면도와 단면도 크기 정보

S-PQFP(Surface-Plastic Quad FlatPack) 패키지의 평면도와 단면도 크기 정보가 그림 1.4.22에 제시되어 있다. 평면도에서 핀과 핀 간격인 피치는 0.5 mm, 핀의 폭은 0.27 mm이다. 1번 핀과 12번 핀사이의 간격 길이는 5.5 mm, 패키지의 몸체 길이는 7.2 mm, 패키지의 핀 다리 끝에서부터 다른 핀 다리 끝까지 길이는 9.2 mm이다. 또한 단면도에서 패키지의

최대 두께는 1.2 mm이며, 다리가 평면에 누어졌을 때 두께는 0.08 mm이고, 다리가 구부러진 두께는 0.13 mm이며, 구부러진 다리의 길이는 0.75 mm이다.

DAC 데이터 시트를 리뷰하였다. 데이터 시트의 커버 페이지는 주요 특성과 응용분야가 제시되어 있다. 즉, 회로 이름과 브랜드 로고와 반도체 칩 모델 번호(DAC 2900)가 표시되어 있다. 칩 이름과 사양은 'Dual, 10비트, 125 MSPS DIGITAL-TO-ANALOG CONVERTER'로 제시되어 있는데, 이 이름을 통해서 칩 내에는 DAC가 2개이며, 10비트 해상도를 가지며, 샘플링 주파수가 125 MHz인 것을 알 수 있다. 응용분야에는 통신(기지국, WLL, WLAN), 의학/계측 장비, 임의파형 발생기, 직접 디지털 합성기 등이 포함된다. 전기적 특성에는 정적 특성(INL/DNL)과 동적 특성(글리치, SFDR, 멀티톤 테스트)이 있으며, 칩 핀과 각 핀과 입출력 신호가 배치되어 있으며, 클록 타이밍(DAC1, DAC2에 인가되는 클록신호와 쓰기 신호)이 포함되어 있다. 또한, DAC에서 출력되는 차동 전류 신호를 차동 전압 신호 또는 단일 전압 신호로 변환시키는 응용회로가 포함되어 있다. 이 경우 RF 변환기를 사용하거나 광대역 op-amp를 사용하여서 응용회로를 구현할 수 있는 방법을 제시하였다. TQFP와 S-PQFP 패키지의 평면도와 단면도의 크기 정보가 포함되어 있어서 PCB를 통해서 시스템 제작을 용이하도록 하였다.

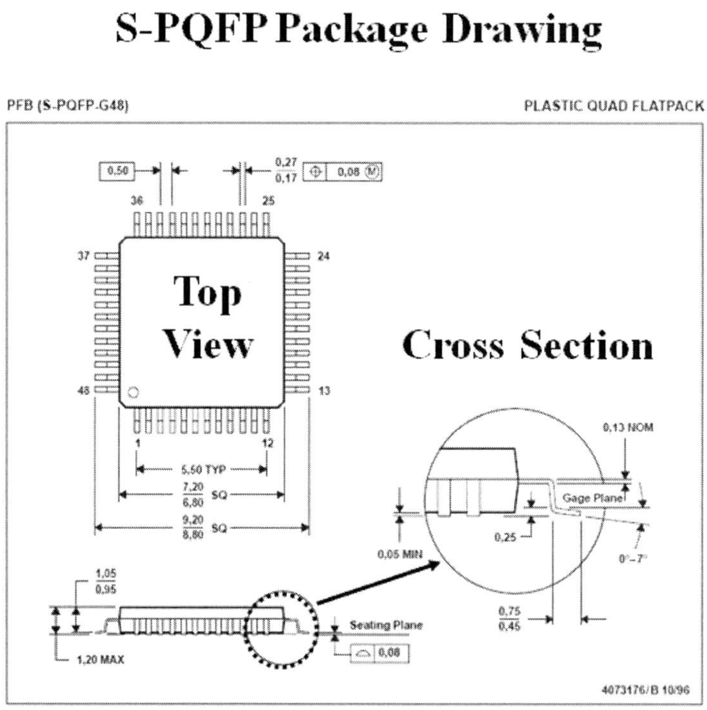

그림 1.4.22 S-TQFP 패키지의 평면도와 단면도 크기 정보

1.5 DAC 구조

세 가지 신호, 즉 전압, 전류, 전하 신호 처리에 따라서 DAC 회로를 그림 1.5.1과 같이 구분할 수 있다. 즉, 전압 구동 DAC, 전류 구동 DAC, 전하 구동 DAC로 구분된다. 전압 신호 구동 DAC는 회로 내 단자에서 바라본 임피던스가 크며, 높은 전원전압을 요구하므로 데이터 변환속도가 빠르며, 해상도가 높은 반면에 전력소모가 크므로 저전력 소모를 요구하는 휴대용 시스템에서 사용하기에는 부적합하다. 전류 신호 구동 DAC는 회로 내 각 단자에서 바라본 임피던스가 작다. 왜냐하면 전류는 저항이 작은 쪽으로 흐르기 때문이다. 따라서 시정수 값이 작게 되므로 데이터 변환속도가 빠르며, 해상도는 소자 부정합 특성에 영향을 많이 받게 되므로 낮은 편이다. 그러나 전류량을 제어할 수 있으므로 전력소모를 낮출 수 있는 장점이 있다. 그러므로 전류 구동 DAC는 저전력 소모를 요구하는 휴대용 시스템에서 사용하는 데 적합하다. 전하 신호 구동 DAC는 커패시터를 기반으로 하는 회로이므로 임피던스는 크다. 따라서 시정수 값이 크므로 데이터 변환속도는 느리다. 그러나 집적회로 내 커패시터의 정합 특성이 뛰어나므로 해상도가 높으며, 스위칭 전력소모만 존재하므로 전력소모가 작으므로 휴대용 시스템에 적합하다. 특히 USN(Ubiquitous Sensor Network) 시스템 사용에 보편적으로 활용된다.

DAC 회로는 구조에 따라서 그림 1.5.2와 같이 세 가지로 구분할 수 있다. 이중가중치형(Binary-weighted) DAC, 디코더 기준형(Decoder-based) DAC, 분할형(Segmented) DAC

Signal driven Comparison	Voltage Driven DAC	Current Driven DAC	Charge Driven DAC
Impedance	↑	↓	↑
Conversion Speed	↑	↑	↓
Resolution	↑	↓	↑
Power Dissipation	↑	↓	↓↓

그림 1.5.1 구동 신호에 따른 DAC 회로 구조 및 특성

Architecture Based Comparison	Binary-weighted DAC	Decoder-based DAC	Segmented DAC
Conversion Speed	↑	↓	↑
Resolution	↓	↑	↑↑
Power Dissipation	↓	↑	↑

그림 1.5.2 구조에 따른 DAC 성능 비교

등으로 분류할 수 있으며, 각 DAC의 특성은 다음과 같다. 이중가중치형 DAC는 회로가 가장 단순하므로 설계가 용이하며, 데이터 변환속도는 빠른 편이며, 전력소모가 작다. 그러나 소자 부정합 특성에 의해서 해상도가 영향을 많이 받기 때문에 해상도는 낮은 단점이 있다. 디코더 기준형 DAC는 디지털 논리회로가 부가되므로 데이터 변환속도가 느려지며, 전력소모가 증가하게 되는 반면에 해상도는 높일 수 있다. 분할형 DAC는 이중가중치형 DAC의 빠른 데이터 변환속도 장점과 디코더 기준형 DAC의 높은 해상도 장점을 혼합시킨 구조로서 높은 해상도와 빠른 데이터 변환속도를 구현할 수 있다. 그러나 회로 구조가 복잡해짐으로써 전력소모가 증가하는 단점이 있다. 그러므로 고해상도 고속 변환속도를 요구하는 혼성신호 시스템에는 적합하지만, 저전력 소모를 요구하는 시스템에는 적합하지 않을 수 있다.

1.5.1 DAC의 정적 및 동적 성능 사양

정적 성능 사양에는 DNL과 INL, 단조증가성 등이 있다. DNL은 인접 데이터 간의 상대오차를 나타내며, 이상적인 경우 ±0.5 LSB 내에 존재해야 한다. INL은 측정데이터와 이상데이터 간의 절대오차를 나타내며, 이상적인 경우 ±0.5 LSB 내에 존재해야 한다. 단조증가성 성능은 미싱코드(Missing code)를 점검하기 위한 성능이며, DNL과 INL이 ±0.5 LSB 이내에 존재하면, 단조증가성도 ±0.5 LSB 이내에서 나타나므로 상호간의 정적 성능 점검이 가능하다. 글리치의 경우 DAC 회로 내 스위치를 구동하는 클록신호의 비동기로 인해서 발생하는 성능으로서 10 pVsec 이하로 측정되면 저 글리치 성능을 갖는다고 판단할 수 있다.

연습문제

1.4.1 듀얼 DAC를 활용할 수 있는 주요 응용분야에 대해서 논의하라.

1.4.2 DAC를 대상으로 멀티톤 테스트 할 때, SFDR의 기본 규격은 얼마인가?

1.4.3 차동 출력 신호를 단일 출력신호로 변환시키는 기술에 대해서 논의하라.

1.4.4 신호의 대역폭이 10 MHz, 유효비트수가 9비트, 전력소모가 340 mW인 데이터 변환기의 평가지수(Figure of Merit)를 계산하라.

1.4.5 입력주파수가 각각 1, 5, 10, 20 MHz일 때, SNR이 각각 62 dB, 60 dB, 57 dB, 53 dB로 측정되었다. 이때 유효비트수를 입력주파수에 대한 함수로 계산하고, 그래프로 표시하라.

참고문헌

[1] Allen and Holberg, *CMOS Analog Circuit Design*, Oxford University Press, 2002.

[2] 최혁환, 정완영, 류지구, 최영식, 문광석, 「자동차 융합부품 및 시스템 공학」, GS인터비전, 2012.

02

이진가중치형 DAC

본 장의 2.1절에서는 단순 이진가중치형 DAC의 특성과 동작 원리에 관하여 다루었다. 2.2절에서는 단순 이진가중치형 DAC보다 회로가 단순하면서 동일한 성능을 지니는 R-2R 사다리형 이진가중치형 DAC 설계에 대해서 다루었다. 이진가중치 전하구동 DAC 회로는 2.3절에서 자세히 다루었으며, 2.4절에서는 고해상도 이진가중치 DAC 회로를 설명하였고, 2.5절에서는 고해상도 이진가중치 DAC 회로의 특성과 설계 방법에 대해서 다루었다.

2.1 단순 이진가중치형 DAC

이진가중치형 DAC는 회로구조가 단순하므로 데이터 변환속도가 빠른 장점이 있다. 그러나 소자 부정합 특성에 민감하므로 높은 해상도를 구현하기 어려운 단점이 있다. 4비트 단순 이진가중치형 DAC 회로도는 그림 2.1.1과 같다.

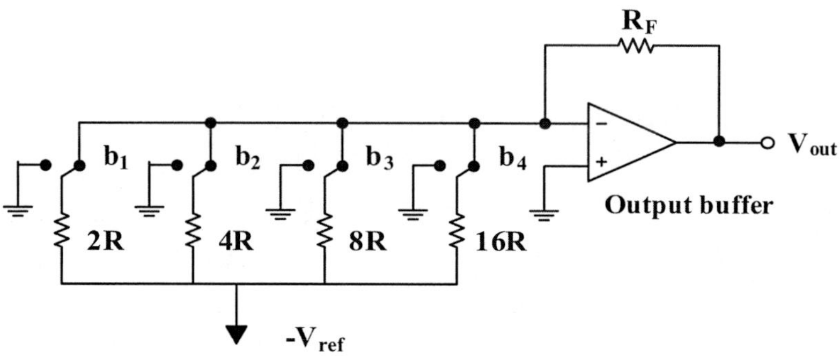

그림 2.1.1 4비트 단순 이진가중치형 DAC 회로도

회로는 이진가중치 저항열인 2R, 4R, 8R, 16R과 4비트 스위치(b_1, b_2, b_3, b_4), 기준전압원 V_{ref}, 출력버퍼와 피드백 저항(RF)으로 구성되어 있다. 여기서 기준전압원 V_{ref}은 밴드갭 레퍼런스(Band Gap Reference)에서 발생하는 온도변화와 전원전압 변동에 둔감한 전압이라고 가정한다. 4비트 스위치 중에서 b_1은 MSB 스위치에 해당되므로 가장 큰 전류가 흐르도록 설계되며, b_2는 LSB 스위치에 해당되므로 가장 작은 전류가 흐르도록 설계된다. 각 스위치는 SPDT(Single Pole Double Throw) 구조로서 차동스위치(differential switch)로 구현할 수 있다. SPDT 스위치는 그림 2.3.1에서 자세히 설명하기로 한다. 단순 이진가중치형 DAC의 동작 원리는 그림 2.1.2에서 설명할 수 있으며, 다음과 같다.

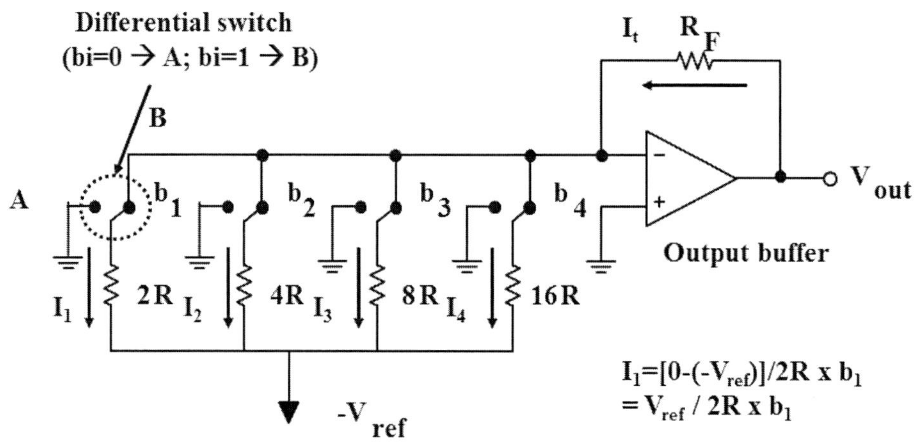

그림 2.1.2 4비트 단순 이진가중치형 DAC 회로의 아날로그 출력전압 계산

각 비트 스위치에 인가되는 디지털 입력코드(1 또는 0)에 따라서 스위치의 위치가 왼쪽 접지점 혹은 오른쪽 가상 접지점(virtual ground)에 연결될 수 있다. 즉, 비트 스위치에 인가되는 디지털 입력코드가 '0'이면 스위치가 왼쪽 접지점인 'A' 단자에 연결이 되며, 디지털 입력코드가 '1'이면 스위치가 오른쪽 가상 접지점인 'B'에 연결된다. 스위치가 'A' 또는 'B' 단자에 연결되거나 관계없이 스위치의 내부저항이 '0'이라고 가정한다면, 스위치의 전위는 0 V가 된다. 왜냐하면 'A' 또는 'B' 단자의 전위가 모두 0 V이기 때문이다. 'B' 단자가 가상접지로서 0 V인 이유는 출력 버퍼로서 사용되는 op-amp에 저항 R_F를 통하여서 부귀환(Negative feedback)이 인가되었기 때문이다. 이때 op-amp의 개방루프 이득(open loop gain)은 60 dB 이상이라고 가정한다. 이에 대한 자세한 설명은 그림 2.1.3에서 하기로 한다. 즉, op-amp의 출력단자와 (-) 입력단자가 피드백 저항 R_F로 연결되므로 부귀환이 인가되었고, 부귀환이 인가되면, 가상접지 현상이 발생한다. 다시 말하면, op-amp의 (-) 입

력단자와 (+) 입력단자의 전위가 동일해지는 것이다. 그림 2.1.2에서 op-amp의 (+) 입력단자가 접지에 연결되어 있으므로 (-) 입력단자의 전위도 가상접지 현상으로 인하여 0 V가 되는 것이다. 따라서 모든 스위치(b_1, b_2, b_3, b_4)의 전위는 디지털 입력코드 값에 관계없이 항상 0 V가 되는 것이다. 그러므로 MSB 스위치(b_1)에 흐르는 전류(I_1)는 옴의 법칙에 의하여 식 (2.1.1)과 같다.

$$I_1 = \frac{V_{ref}}{2R} b_1 \tag{2.1.1}$$

즉, MSB 저항 2R 양단자에 나타나는 전위차이는 기준전압 V_{ref}이므로 스위치 b_1 상태에 따라서 전류의 값 I_1이 결정되는 것이다. 즉, b_1이 '0'이면 전류는 접지로 흐르게 되므로 출력버퍼의 피드백 저항 R_F로 흐르는 전류는 0 A가 된다. 반면에 b_1이 '1'이면 전류는 가상접지로 흐르게 되므로 출력버퍼의 피드백 저항으로 흐르는 전류는 V_{ref}/2R가 된다.

같은 방식으로 저항 4R, 8R, 16R에 흐르는 전류(I_2, I_3, I_4)를 계산하면 식 (2.1.2), 식 (2.1.3), 식 (2.1.4)와 같게 되며, 각 스위치의 디지털 입력코드(b_2, b_3, b_4)에 따라서 피드백 저항 R_F에 흐르는 전류값이 결정된다.

$$I_2 = \frac{V_{ref}}{4R} b_2 \tag{2.1.2}$$

$$I_3 = \frac{V_{ref}}{8R} b_3 \tag{2.1.3}$$

$$I_4 = \frac{V_{ref}}{16R} b_4 \tag{2.1.4}$$

이렇게 결정된 전류값에 의해서 피드백에 흐르는 전체 전류값은 4개 전류값(I_1, I_2, I_3, I_4)의 합계로서 식 (2.1.5)와 같다.

$$I_t = I_1 + I_2 + I_3 + I_4 \tag{2.1.5}$$

출력버퍼인 op-amp의 아날로그 출력 전압값은 옴의 법칙에 의해서 결정되므로 식 (2.1.6)과 같다.

$$V_{out} = I_t R_F = (I_1 + I_2 + I_3 + I_4) R_F \tag{2.1.6}$$

식 (2.1.1), (2.1.2), (2.1.3), (2.1.4)를 식 (2.1.5)와 식 (2.1.6)에 대입하면 식 (2.1.7)과 같다.

$$V_{out} = \left(\frac{b_1}{2R} + \frac{b_2}{4R} + \frac{b_3}{8R} + \frac{b_4}{16R}\right) R_F\, V_{ref} \quad (2.1.7)$$

4비트 단순 이진가중치형 DAC 회로에서 요구되는 회로 요소를 살펴보면, 출력버퍼로 사용되는 op-amp 1개, 피드백 저항 1개, 스위치 4개, 동일한 저항 30개(2+4+8+16)이다. 이 중에서 동일한 저항 30개는 정합 특성[1], [2]이 우수해야 한다. 정합 특성이 우수하지 않으면 각 스위치에 흐르는 전류의 비율이 이진가중치가 되지 않게 되며, 이진가중치가 되지 않으면 아날로그 출력신호의 해상도가 떨어지게 된다. 저항의 부정합값을 $R + \triangle R$ 이라고 하면, 식 (2.1.7)을 식 (2.1.8)과 식 (2.1.9)와 같이 다시 쓸 수 있다.

$$V_{out} = \left(\frac{b_1}{2(R+\triangle R)} + \frac{b_2}{4(R+\triangle R)} + \frac{b_3}{8(R+\triangle R)} + \frac{b_4}{16(R+\triangle R)}\right) R_F\, V_{ref} \quad (2.1.8)$$

$$V_{out} = \left(\frac{b_1}{2} + \frac{b_2}{4} + \frac{b_3}{8} + \frac{b_4}{16}\right) \frac{R_F}{R\left(1+\dfrac{\triangle R}{R}\right)} V_{ref} \quad (2.1.9)$$

식 (2.1.9)에서 $\dfrac{\triangle R}{R}$ 값이 1보다 대단히 작다고 가정한다면, 식 (2.1.10)과 같이 표현할 수 있다.

$$V_{out} \approx \left(\frac{b_1}{2} + \frac{b_2}{4} + \frac{b_3}{8} + \frac{b_4}{16}\right) \frac{R_F}{R}\left(1 - \frac{\triangle R}{R}\right) V_{ref} \quad (2.1.10)$$

식 (2.1.10)에서 오차가 발생하는 아날로그 출력전압값, $\triangle V_{out}$은 식 (2.1.11)과 같다.

$$\triangle V_{out} \approx -\left(\frac{b_1}{2} + \frac{b_2}{4} + \frac{b_3}{8} + \frac{b_4}{16}\right) \frac{R_F}{R}\left(\frac{\triangle R}{R}\right) V_{ref} \quad (2.1.11)$$

따라서 $\triangle V_{out}$은 R^2에 반비례하고, $\triangle R$에 정비례한다. 만약 N비트 단순 이진가중치형 DAC를 구현한다고 하면, 필요한 저항의 개수는 $(2^1 + 2^2 + 2^3 + \cdots + 2^N)$개이다. 따라서 비트수가 증가하면 증가할수록 필요한 저항의 개수가 이진가중치로 증가하게 되고, 저항의 개수가 증가하게 되므로 저항 부정합 특성에 영향을 더 많이 받게 된다.

예 2.1.1

4비트 단순 이진가중치 DAC 회로에서 기준전압이 1 V, 피드백저항(R_F)이 1 KΩ, R=1 KΩ이라고 가정한다.

a) 4비트 스위치(b_1, b_2, b_3, b_4)의 상태가 (1, 1, 0, 1)일 때, 출력 아날로그 전압값을 계산하라.
b) 출력 아날로그 전압값이 0.8 V에 가장 가까운 4비트 스위치의 입력코드값을 제시하라.

풀이 a) 4비트 스위치 상태인 (1,1,0,1)을 식 (2.1.7)에 대입하면 식 (2.1.12)와 같다.

$$
\begin{aligned}
V_{out} &= \left(\frac{b_1}{2R}+\frac{b_2}{4R}+\frac{b_3}{8R}+\frac{b_4}{16R}\right)R_F V_{ref} \\
&= \left(\frac{1}{2}\cdot 1+\frac{1}{4}\cdot 1+\frac{1}{8}\cdot 0+\frac{1}{16}\cdot 1\right)\cdot 1\,\mathrm{V} = 0.875\,\mathrm{V}
\end{aligned} \tag{2.1.12}
$$

b) 출력 아날로그 전압값이 0.8 V에 가장 가까운 4비트 스위치의 입력코드값을 찾는 과정은 상위비트로 시작해서 순차적으로 내려가는 방법과 하위비트로 시작해서 순차적으로 올라가는 방법이 있다. 본 예제에서는 순차적으로 내려가는 방법으로 찾는 과정을 표 2.1.1과 같이 살펴본다. 우선 최상위비트(MSB) b_1이 '1'이고 나머지 비트 b_2, b_3, b_4가 '0' 인 경우를 살펴보면, 출력 아날로그 전압값이 0.5 V이므로 0.8 V보다 작다. 따라서 두 번째 과정으로 간다. 즉, MSB 상위 2 비트(b_1, b_2)가 모두 '1'이며, 나머지 하위 2비트(b_3, b_4)를 모두 '0'으로 하는 1100인 경우에는 출력값이 (0.5 V+0.25 V)이므로 0.75 V가 된다. 0.75 V는 0.8 V에 미치지 못하므로 세 번째 과정으로 간다. 즉, 상위 3비트(b_1, b_2, b_3)를 '1'로 하고, 최하위비트(b_4)를 '0'으로 하면 1110가 되고, (0.5 V+0.25 V+0.125 V)이므로 0.875 V가 되므로 0.8 V를 초과한다. 따라서 상위 2비트(b_1, b_2)는 '1'로 유지하고, 3번째 비트(b_3)는 '0'으로 하고, 4번째 비트(b_4)인 LSB 비트를 '1'로 해서 1101인 경우에 출력값을 재계산하면 (0.5 V+0.25 V+0.0625 V)이므로 0.8125 V가 된다. 따라서 3번째 단계의 출력값인 0.875 V와 4번째 단계의 출력값인 0.8125 V를 서로 비교해보면 4번째 단계의 1101 코드가 0.8 V에 보다 가깝다. 따라서 문제에서 요구하는 입력코드는 1101이다.

표 2.1.1 출력 아날로그 0.8 V에 가까운 디지털 이진코드 찾는 과정 표

단계	디지털 코드	계산 과정	출력신호(V_{out})
1	1000	0.5 V	0.5 V
2	1100	0.5 V + 0.25 V	0.75 V
3	1110	0.5 V + 0.25 V + 0.125 V	0.875 V
4	1101	0.5 V + 0.25 V + 0.0625 V	0.8125 V

예 2.1.2

4비트 단순 이진가중치 DAC 회로에서 모든 비트가 '1' 이며, 기준전압(V_{ref})이 1 V, 피드백저항(R_F)이 1 KΩ, R=1 KΩ, 부정합 비율$\left(\frac{\Delta R}{R}\right)$은 1%, 5%, 10%라고 가정한다. 이때 각 부정합 비율에 의해서 결정되는 출력저항값을 계산하고, 비교하라. 그리고 변환기의 출력이 1 LSB 이하의 오차를 유지하기 위해서 가져야 할 최대 부정합 비율을 계산하라.

풀이 식 (1.5.13)의 문제에서 주어진 기준전압(V_{ref})이 1 V, 피드백저항(R_F)이 1 KΩ, R=1 KΩ, 부정합 비율$\left(\frac{\Delta R}{R}\right)$은 1%, 5%, 10%를 대입하면 각각 식 (2.1.13), 식 (2.1.14), 식 (2.1.15)와 같다.

$$\begin{aligned}\Delta V_{out,1} &\approx -\left(\frac{1}{2}+\frac{1}{4}+\frac{1}{8}+\frac{1}{16}\right)\frac{\Delta R \cdot R_F}{R^2}V_{ref} \\ &= -(0.5+0.25+0.125+0.0625)\frac{0.01 \cdot 1\mathrm{K}\Omega}{1\mathrm{K}\Omega}1\mathrm{V} \\ &= -0.9375 \cdot 0.01\,V = -9.375\,\mathrm{mV}\end{aligned} \tag{2.1.13}$$

$$\begin{aligned}\Delta V_{out,2} &\approx -\left(\frac{1}{2}+\frac{1}{4}+\frac{1}{8}+\frac{1}{16}\right)\frac{\Delta R \cdot R_F}{R^2}V_{ref} \\ &= -(0.5+0.25+0.125+0.0625)\frac{0.05 \cdot 1\mathrm{K}\Omega}{1\mathrm{K}\Omega}1\mathrm{V} \\ &= -0.9375 \cdot 0.05\,V = -46.875\,\mathrm{mV}\end{aligned} \tag{2.1.14}$$

$$\begin{aligned}\Delta V_{out,3} &\approx -\left(\frac{1}{2}+\frac{1}{4}+\frac{1}{8}+\frac{1}{16}\right)\frac{\Delta R \cdot R_F}{R^2}V_{ref} \\ &= -(0.5+0.25+0.125+0.0625)\frac{0.1 \cdot 1\mathrm{K}\Omega}{1\mathrm{K}\Omega}1\mathrm{V} \\ &= -0.9375 \cdot 0.1\,V = -93.75\,\mathrm{mV}\end{aligned} \tag{2.1.15}$$

식 (2.1.13)과 식 (2.1.14)의 결과는 62.5 mV보다 작으므로 1 LSB 보다 작다. 그러나 식 (2.1.15)의 결과는 62.5 mV보다 큰 93.75 mV이므로 1 LSB보다 큰 오차를 나타낸다. 그러므로 부정합 비율이 1%, 5%는 허용될 수 있으나 10%는 허용될 수 없다. 따라서 4비트 단순 이진가중치 DAC 회로설계 시 저항의 부저항 비율은 5%를 초과해서는 안되는 것을 알 수 있다.

변환기의 아날로그 출력전압의 최대 오차를 1 LSB라고 한다면, 1 LSB에 해당하는 출력전압, ΔV_{out}은 62.5 mV이다. 식 (2.1.16)을 이용해서 최대 저항 부정합 비율을 계산할 수 있다.

$$\begin{aligned}\Delta V_{out} &= -62.5\,\mathrm{mV} = -\left(\frac{1}{2}+\frac{1}{4}+\frac{1}{8}+\frac{1}{16}\right)\frac{\Delta R \cdot R_F}{R^2}V_{ref} \\ &= -(0.5+0.25+0.125+0.0625)\frac{\Delta R \cdot 1\mathrm{K}\Omega}{R \cdot 1\mathrm{K}\Omega}1\mathrm{V} \\ &= -0.9375\,\mathrm{V} \cdot \frac{\Delta \mathrm{R}}{\mathrm{R}}\end{aligned} \tag{2.1.16}$$

식 (2.1.16)에서 저항 부정합 비율 $\frac{\Delta R}{R}$을 다시 쓰면 식 (2.1.17)과 같다.

$$\frac{\triangle R}{R} = \frac{0.0625}{0.9375} = 0.0667 \tag{2.1.17}$$

따라서 아날로그 출력전압의 최대 오차 1 LSB에 해당되는 최대 허용 저항 부정합 비율은 6.67%이다.

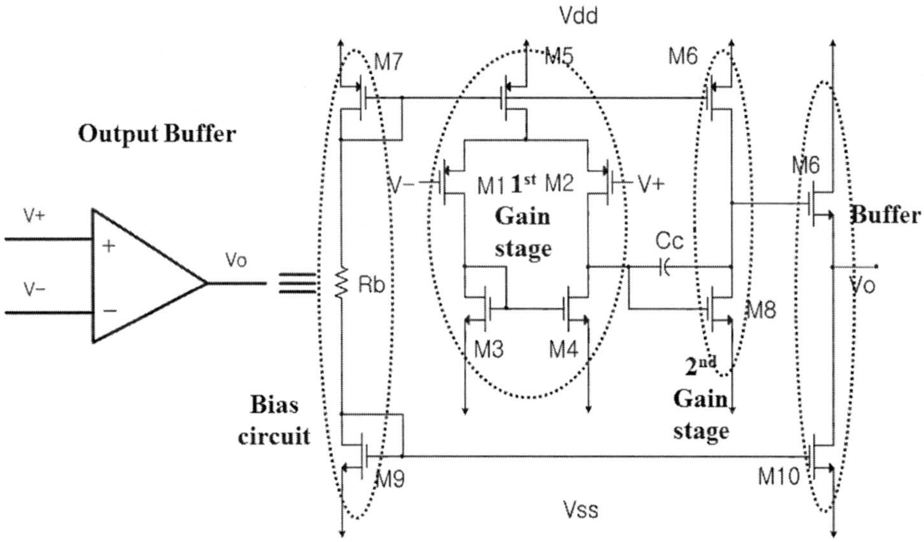

그림 2.1.3 단순 이진가중치형 DAC 회로 내 op-amp 회로도

단순 이진가중치형 DAC 회로 내 op-amp 회로도는 그림 2.1.3과 같다. 주어진 op-amp는 2단 증폭기와 버퍼, 그리고 주파수 보상회로를 가지고 있다. 제1증폭단은 차동증폭단으로서 트랜지스터 M1과 M2가 차동증폭단의 구동 트랜지스터이며, M3와 M4는 차동증폭단의 능동부하로서 단순 전류미러를 구성하고 있다. 제2증폭단은 공통소스 증폭기로서 트랜지스터 M6와 M8으로 구성되며, 트랜지스터 M8이 구동 트랜지스터이며, M6는 부하 트랜지스터이다. 버퍼 증폭단은 공통 드레인 증폭기로서 트랜지스터 M11과 M9으로 구성되며, 트랜지스터 M11이 구동 트랜지스터이며, M9은 부하 트랜지스터이다. 주어진 op-amp의 바이어스 회로는 모두 단순 전류미러이며, 트랜지스터 M5, M6, M7, M9, M10, Rb로 구성되어 있다. 또한, 주파수 보상회로는 커패시터 Cc이다. 주어진 op-amp에서 버퍼 증폭단이 포함된 것은 op-amp가 부하저항을 구동하기 때문에 op-amp의 출력저항이 작아야 한다. 만약 부하가 저항이 아니며, 커패시터인 경우는 op-amp 내 버퍼를 사용할 필요가 없다. 버퍼 증폭단을 포함시키는 경우 op-amp의 출력저항, R_{out}은 식 (2.1.18)과 같다.

$$R_{out} \approx \frac{1}{g_{m,11}} = \frac{1}{\sqrt{2K_n'\left(\frac{W}{L}\right)_{11} I_{D,11}}} \tag{2.1.18}$$

여기서 K_n'은 상호 컨덕턴스 변수, $\left(\frac{W}{L}\right)_{11}$은 트랜지스터 M11은 채널 폭과 채널 길이의 비율이며, $I_{D,11}$은 트랜지스터 M11에서 흐르는 드레인 포화전류이다.

DAC 변환기의 변환속도는 출력버퍼로 사용되는 op-amp의 과도기 응답 속도인 슬루율(SR: Slew Rate)에 의해서 제한받을 수 있다. op-amp의 슬루율은 식 (2.1.19)와 같다.

$$SR = \frac{\partial V_{out}}{\partial t} = \frac{I_{D5}}{C_c} \tag{2.1.19}$$

여기서 I_{D5}는 트랜지스터 M5의 드레인 전류이며, C_c는 주파수 보상 커패시터 용량이다. 따라서 op-amp의 슬루율은 변환기의 샘플링 속도보다 최소한 동일하거나 빨라야 한다. 다시 말해서 op-amp의 과도기 응답 최대 주파수는 변환기의 샘플링 최대 주파수보다 동일하거나 높아야 한다. op-amp의 입력신호를 식 (2.1.20)과 같다고 가정하고, 이에 대한 슬루율을 계산하기 위해서 식 (2.1.20)을 식 (2.1.19)에 대입하면 식 (2.1.21)이 된다.

$$V_{IN} = V_A \sin(2\pi f_{IN} t) = V_{out} \tag{2.1.20}$$

여기서 V_A, f_{IN}는 각각 입력신호의 최대값과 주파수를 의미한다.

$$SR = \frac{\partial V_{out}}{\partial t} = \frac{\partial(V_A \sin(2\pi f_{IN} t))}{\partial t} = 2\pi V_A f_{IN} \cos(2\pi f_{IN} t) \tag{2.1.21}$$

여기서 $\cos(2\pi f_{IN} t)=1$로 가정을 한다면, 식 (2.1.21)은 식 (2.1.22)와 같이 된다.

$$SR = \frac{\partial V_{out}}{\partial t} = \frac{I_{D5}}{C_c} = 2\pi V_A f_{IN,\max} \tag{2.1.22}$$

그러므로 입력신호의 최대 주파수는 식 (2.1.23)과 같이 구할 수 있다.

$$f_{IN,\max} = \frac{1}{2\pi V_A} \cdot SR = \frac{1}{2\pi V_A} \cdot \frac{I_{D5}}{C_c} \tag{2.1.23}$$

예 2.1.3

그림 2.1.3의 op-amp에서 트랜지스터 M5에 흐르는 드레인 전류가 100 μA, 보상 커패시터 용량이 1 pF일 때, 슬루율을 계산하라.

풀이 식 (2.1.19)에 $I_{D5}=100\,\mu\text{A}$, $C_c=1\,\text{pF}$을 대입하면 식 (2.1.24)와 같이 된다.

$$SR=\frac{\partial V_{out}}{\partial t}=\frac{I_{D5}}{C_c}=\frac{100\,\mu\text{A}}{1\,\text{pF}}=100\,\text{V}/\mu\cdot\text{sec} \tag{2.1.24}$$

따라서 슬루율은 100 V/μs가 된다.

예 2.1.4

단순 4비트 이진가중치형 DAC 회로의 출력에 op-amp를 버퍼로 사용하였다. 이때 샘플링 주파수가 100 MHz이며, 최대 입력신호 크기가 1 V, 주파수 보상 커패시터가 1 pF이며, 최대 입력주파수가 100 MHz가 되도록 트랜지스터 M5에 흐르는 전류값을 설계하라.

풀이 트랜지스터 M5에 흐르는 전류값을 설계하기 위해서 식 (2.1.23)을 다시 쓰면 식 (2.1.25)과 같이 된다.

$$I_{D5}=C_c\cdot SR=f_{IN,\max}\cdot 2\pi V_A C_c \tag{2.1.25}$$

식 (2.1.25)에 최대 입력주파수, $f_{IN,\max}=100$ MHz, $V_A=1\text{V}$, $C_c=1\text{pF}$을 대입하면 식 (2.1.26)과 같이 트랜지스터 M5에 흐르는 전류값을 계산하면 628 μA가 된다.

$$I_{D5}=f_{IN,\max}\cdot 2\pi V_A C_c=100\,\text{MHz}\cdot 2\pi\cdot(1\,\text{V}\cdot 1\,\text{pF})=628\,\mu\text{A} \tag{2.1.26}$$

예 2.1.5

op-amp의 출력저항이 50Ω이 되도록 트랜지스터 M11, M10, M9, R_b, M7, M5, M6, M8, M1, M2, M3, M4의 소자비($S=W/L$)를 설계하라. 단, 각 트랜지스터에 흐르는 전류는 표 2.1.2와 같이 주어진다. 또한, n-채널 트랜지스터의 공정변수는 $K_n'=100\,\mu\text{A/V}^2$, $Vton=+0.5\text{V}$, $\lambda n=0.01/\text{V}$이며, p-채널 트랜지스터의 공정변수는 $K_p=40\,\mu\text{A/V}^2$, $Vtop=-0.5\,\text{V}$, $\lambda p=0.01/\text{V}$이다.
공급전원은 $V_{dd}=+3\,\text{V}$, $V_{ss}=0\,\text{V}$이며, 트랜지스터 M7과 M9에 걸리는 전압은 각각 1 V라고 가정한다.

표 2.1.2 각 트랜지스터에 흐르는 전류 표

Mx	M1	M2	M3	M4	M5	M6	M7	M8	M9	M10	M11
전류(μA)	100	100	100	100	200	200	200	200	200	1,000	1,000

풀이 트랜지스터 M11에 의한 저항값은 50 Ω이므로 식 (2.1.18)을 이용하면 $S_{11}=(W/L)_{11}$을 계산할 수 있다. 식 (2.1.18)을 다시 쓰면, 식 (2.1.26)이 되며, 식 (2.1.26)을 이용해서 $S_{11}=(W/L)_{11}$을 계산하면 식 (2.1.28)과 같이 2,000이 된다.

$$R_{out} = 50\,\Omega \approx \frac{1}{\sqrt{2K_n'\left(\frac{W}{L}\right)_{11} I_{D,11}}} \tag{2.1.27}$$

$$\begin{aligned} S_{11} = \left(\frac{W}{L}\right)_{11} &\approx \frac{1}{2K_n' \cdot I_{D,11} \cdot T(50\,\Omega)^2} \\ &= \frac{1}{2 \cdot 100\mu \cdot 1000\mu \cdot (50\,\Omega)^2} = \frac{1}{5 \cdot 10^{-4}} = 2{,}000 \end{aligned} \tag{2.1.28}$$

n-채널 트랜지스터 M11과 n-채널 트랜지스터 M10에 흐르는 전류가 동일하게 1,000 μA이므로 M10의 소자비도 M11과 동일하게 2,000이 된다. n-채널 트랜지스터 M9과 n-채널 트랜지스터 M10은 단순 전류미러 회로를 구성하므로 각 트랜지스터에 흐르는 전류의 비율과 소자 비율은 정비례하는 식 (2.1.29)가 성립한다.

$$\frac{S_9}{S_{10}} = \frac{I_{D,9}}{I_{D,10}} \tag{2.1.29}$$

식 (2.1.29)를 다시 정리하면 식 (2.1.30)이 되므로 $S_9 = (W/L)_9$을 계산할 수 있다.

$$S_9 = \frac{I_{D,9}}{I_{D,10}} S_{10} = \frac{200}{1{,}000} \cdot 2{,}000 = 400 \tag{2.1.30}$$

또한, n-채널 트랜지스터 M9과 p-채널 트랜지스터 M7에 흐르는 전류가 동일하므로 식 (2.1.31)이 성립하며, 식 (2.1.31)을 다시 정리하면 식 (2.1.32)가 된다.

$$K_n' \cdot S_9 = K_p' \cdot S_7 \tag{2.1.31}$$

$$S_7 = \frac{K_n'}{K_p'} \cdot S_9 = \frac{100\mu}{40\mu} \cdot 400 = 1{,}000 \tag{2.1.32}$$

따라서 p-채널 트랜지스터 M7의 소자비는 1,000이다.
p-채널 트랜지스터 M5, M6, M7도 단순 전류미러 회로를 구성하므로 식 (2.1.33)이 성립한다. 표 2.1.2에 의하면 3개 트랜지스터에 흐르는 전류가 동일하므로 트랜지스터의 소자비도 동일하게 된다. 따라서 p-채널 트랜지스터 M5와 M6의 소자비도 1,000이 된다.

$$\frac{I_{D,5}}{S_5} = \frac{I_{D,6}}{S_6} = \frac{I_{D,7}}{S_7} \tag{2.1.33}$$

p-채널 트랜지스터 M6와 n-채널 트랜지스터 M8에 흐르는 전류가 동일하므로 식 (2.1.34)가 성립하며, 식 (2.1.34)를 다시 정리하면 식 (2.1.35)가 된다.

$$K_n' \cdot S_8 = K_p' \cdot S_6 \tag{2.1.34}$$

$$S_8 = \frac{K_p'}{K_n'} \cdot S_6 = \frac{40\mu}{100\mu} \cdot 1{,}000 = 400 \tag{2.1.35}$$

따라서 n-채널 트랜지스터 M8의 소자비는 400이다.

p-채널 트랜지스터 M1과 M2에 흐르는 전류는 p-채널 트랜지스터 M5에 흐르는 전류의 1/2인 100 μA이므로 소자비율도 1/2이 된다. 따라서 식 (2.1.36)에 의해서 p-채널 트랜지스터 M1과 M2의 소자비는 500이다.

$$S_1 = S_2 = \frac{1}{2} S_5 = \frac{1}{2} \cdot 1{,}000 = 500 \tag{2.1.36}$$

p-채널 트랜지스터 M1, M2와 n-채널 트랜지스터 M3, M4에 흐르는 전류가 동일하므로 식 (2.1.37)이 성립하며, 식 (2.1.36)과 유사하게 식 (2.1.37)을 유도할 수 있으므로 n-채널 트랜지스터 M3, M4의 소자비를 설계할 수 있다.

$$S_3 = S_4 = \frac{K_p'}{K_n'} \cdot S_1 = \frac{40\mu}{100\mu} \cdot 500 = 200 \tag{2.1.37}$$

바이어스 저항, R_b 양단에 걸리는 전압은 키르히호프 전압법칙에 의해서 식 (2.1.38)에서 계산할 수 있다.

$$V_{dd} - V_{ss} = V_{sd,7} + V_{rb} + V_{ds,9} \tag{2.1.38}$$

여기서 $V_{sd,\ 7}$과 $V_{ds,\ 9}$ 전압은 각각 p-채널 트랜지스터 M7과 n-채널 트랜지스터 M9에 걸리는 전압으로 1V이다. 따라서 바이어스 저항, Rb 양단에 걸리는 전압은 식 (2.1.39)에 의해서 1 V가 된다.

$$V_{rb} = V_{dd} - V_{ss} - V_{sd,7} - V_{ds,9} = 3\text{V} - 0\text{V} - 1\text{V} - 1\text{V} = 1\text{V} \tag{2.1.39}$$

그러므로 옴의 법칙에 의해서 바이어스 저항, R_b를 식 (2.1.40)에서 계산할 수 있다.

$$R_b = \frac{V_{rb}}{I_{rb}} = \frac{V_{rb}}{I_{D,9}} = \frac{1\text{V}}{200\,\mu\text{A}} = 5\text{K}\Omega \tag{2.1.40}$$

앞에서 설계한 각 트랜지스터의 소자비를 종합하면 표 2.1.3과 같다.

표 2.1.3 각 트랜지스터에 흐르는 전류와 소자비

Mx	M1	M2	M3	M4	M5	M6	M7	M8	M9	M10	M11
전류(μA)	100	100	100	100	200	200	200	200	200	1,000	1,000
소자비	500	500	200	200	1,000	1,000	1,000	400	400	2,000	2,000

예 2.1.2에서 보는 바와 같이 단순 이진가중치형 DAC에서 저항을 부하로 사용하는 경우에는 출력 버퍼를 설계 시 출력저항을 낮추는 공통-드레인 증폭기(또는 소스-폴로어 증폭기)를 사용해야 한다. 공통-드레인 증폭기의 출력저항을 낮추기 위해서는 증폭기에 흐르는 전류와 소자비를 크게 증가시켜야 하므로 출력 버퍼의 전력소모가 증가하고, 버퍼의 구동 트랜지스터 소자비가 증가하므로 레이아웃 시 칩 면적이 증가하는 단점이 있다. 따라서 저전력 데이터 변환기 설계 시 바람직하지 않으므로 가급적 부하는 저항보다는 커패시터를 구동하도록 설계하는 것이 바람직하다.

예 2.1.6

(예 2.1.5)에서 설계한 출력 버퍼인 op-amp의 소신호 전압이득, 슬루율, 3 dB 주파수를 각각 계산하라. 단, 부하 커패시터 용량은 10 pF이라고 가정한다.

풀이 주어진 2단 op-amp의 소신호 전압이득은 첫째 단과 둘째 단의 소신호 전압이득을 구해서 곱하면 된다. 따라서 첫째 단과 둘째 단의 소신호 전압이득인 A_{v1}, A_{v2}를 구하면 식 (2.1.41)과 식 (2.1.42)와 같다.

$$A_{V1} = g_{m2}(r_{02}//r_{04}) = \sqrt{2K_p' I_{D2} S_2} \cdot \left(\frac{1}{\lambda_{p2} I_{D2}} // \frac{1}{\lambda_{n4} I_{D4}}\right) \tag{2.1.41}$$

$$A_{V2} = g_{m8}(r_{08}//r_{06}) = \sqrt{2K_n' I_{D8} S_8} \cdot \left(\frac{1}{\lambda_{n8} I_{D8}} // \frac{1}{\lambda_{p6} I_{D6}}\right) \tag{2.1.42}$$

각 트랜지스터에 흐르는 전류와 트랜지스터의 소자비는 표 2.1.3에서 결정되었으므로, 표 2.1.3의 전류값(I_{D2}, I_{D4}, I_{D6}, I_{D8})을 식 (2.1.41)과 식 (2.1.42)에 대입하면 식 (2.1.43), 식 (2.1.44)가 된다.

$$\begin{aligned} A_{V1} &= \sqrt{2K_p' I_{D2} S_2} \cdot \left(\frac{1}{\lambda_{p2} I_{D2}} // \frac{1}{\lambda_{n4} I_{D4}}\right) \\ &= \sqrt{2(40\mu)(100\mu)500}\left(\frac{1}{0.01 \cdot 100\mu} // \frac{1}{0.01 \cdot 100\mu}\right) = 1{,}000 \end{aligned} \tag{2.1.43}$$

$$\begin{aligned} A_{V2} &= \sqrt{2K_n' I_{D8} S_8} \cdot \left(\frac{1}{\lambda_{n8} I_{D8}} // \frac{1}{\lambda_{p6} I_{D6}}\right) \\ &= \sqrt{2(100\mu)(200\mu)(400)} \cdot \left(\frac{1}{0.01 \cdot 200\mu} // \frac{1}{0.01 \cdot 200\mu}\right) = 1{,}000 \end{aligned} \tag{2.1.44}$$

따라서 op-amp의 소신호 전압이득은 120 dB이 된다.
보상 커패시터 용량이 1 pF이므로 식 (2.1.19)에 대입하면 슬루율은 식 (2.1.45)와 같아서 1 μsec 당 200 V를 구동시킬 수 있다.

$$SR = \frac{I_{D5}}{C_c} = \frac{200\mu\text{A}}{1p\text{F}} = 200\ V/\mu\text{sec} \tag{2.1.45}$$

op-amp의 단일이득 주파수, f_t는 식 (2.1.46)에서 계산할 수 있다.

$$f_t = \frac{g_{m1}}{2\pi C_L} = \frac{2m\Omega^{-1}}{2\pi(10\,p\text{F})} = 318\,\text{MHz} \tag{2.1.46}$$

따라서 이득-대역폭 곱은 일정한 식 (2.1.47)을 통하여서 대역폭인 3 dB 주파수를 식 (2.1.48)과 같이 계산할 수 있다.

$$f_t = 318\,\text{MHz} = A_V f_{3dB} \tag{2.1.47}$$

$$f_{3dB} = \frac{f_t}{A_V} = \frac{318\,\text{MHz}}{10^6} = 318\,\text{Hz} \tag{2.1.48}$$

2.2 R-2R 사다리형 이진가중치형 DAC

단순 이진가중치형 DAC 회로의 장점은 데이터 변환속도가 빠르나, 소자 부정합 특성으로 인하여 고해상도를 구현하기 어려운 단점이 있다. 이러한 소자 부정합 특성으로 인하여 고해상도를 구현하기 어려운 문제점을 해결하기 위해서 제시된 회로가 R-2R 사다리형 이진가중치형 DAC로서 그림 2.2.1과 같다.

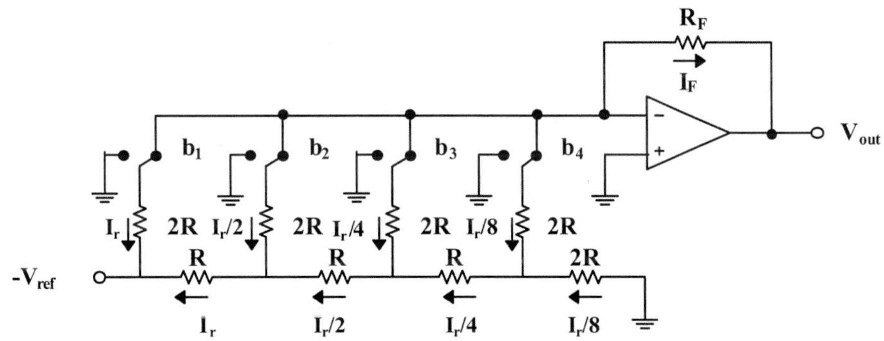

그림 2.2.1 이진가중치 사다리형 DAC 회로도

회로 구조를 살펴보면, 피드백 저항, R_F와 전류 신호를 전압 신호로 변환시키는 전류-전압 변환 버퍼 증폭기, 4비트 스위치, R-2R 사다리형 저항 회로로 구성된다. 여기서도 단순 이진가중치형 DAC 회로와 마찬가지로 모든 스위치(b_1, b_2, b_3, b_4)의 전위는 디지털 입력코드 값에 관계없이 항상 0 V가 되는 것이다. b_1은 최상위 비트 스위치이며, b_4는 최하위 비트 스위치이다. 단순 이진가중치형 DAC 회로 내 스위치 동작과 마찬가지로 스위치가 왼쪽 단자에 붙으면 실제 접지점에 연결이 되며, 스위치가 오른쪽 단자에 연결되면 가상 접지점에 연결되므로 항상 스위치의 전위는 0 V가 된다. 맨 오른쪽 저항에 흐르는 전류부터 살펴보면, $I_r/8$, $I_r/4$, $I_r/2$, I_r로서 이진가중치 비율을 알 수 있다. 여기서 I_r은 기준전류이다. 각 비트 스위치에 흐르는 전류값을 상세하게 계산하기 위해서 그림 2.2.2를 살펴보기로 한다.

전류 I_1을 구하기 위한 식은 식 (2.2.1)과 같다.

$$I_1 = \frac{V_A - 0\,\text{V}}{2R} = \frac{V_A}{2R} \tag{2.2.1}$$

여기서 V_A는 A 단자의 전위이다.

A 단자에서 오른쪽으로 바라본 저항과 위쪽으로 바라본 저항은 동일하게 2R이다. 따라

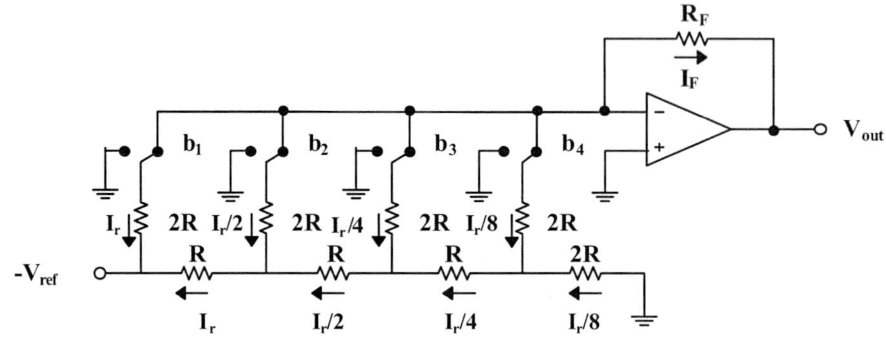

그림 2.2.2 이진가중치 사다리형 DAC 회로 내 전류값 구하기

서 A 단자의 오른쪽과 위쪽 저항에서 흐르는 전류는 동일하게 I_1이다. A 단자와 B 단자 사이에 흐르는 전류를 I_2라 하면, A 단자에 키르히호프 전류법칙을 적용시키면 식 (2.2.2)와 같아서 전류 I_2는 I_1의 2배가 된다. B 단자에서 오른쪽으로 바라본 저항과 위쪽으로 바라본 저항도 동일하게 2R이다. 따라서 B 단자의 오른쪽과 위쪽 저항에서 흐르는 전류는 동일하게 I_2이다.

$$I_2 = I_1 + I_1 = 2I_1 \tag{2.2.2}$$

마찬가지로 전류 I_3과 I_4를 구하면 식 (2.2.3)과 식 (2.2.4)와 같다.

$$I_3 = I_2 + I_2 = 2I_2 \tag{2.2.3}$$

$$I_4 = I_3 + I_3 = 2I_3 \tag{2.2.4}$$

그런데, 전류 I_4는 식 (2.2.5)와 같이 구할 수 있다.

$$I_4 = \frac{V_{ref} - 0\,\mathrm{V}}{2R} = \frac{V_{ref}}{2R} \tag{2.2.5}$$

여기서 V_{ref}는 밴드갭 기준회로에서 발생하는 기준전압을 의미한다.

따라서 식 (2.2.5)를 식 (2.2.4)에 대입하면 전류 I_3는 식 (2.2.6)과 같이 전류 I_4의 1/2배이다.

$$I_3 = \frac{I_4}{2} = \frac{V_{ref}}{4R} \tag{2.2.6}$$

동일한 방법으로 식 (2.2.6)을 식 (2.2.3)에 대입하면 전류 I_2는 식 (2.2.7)과 같이 전류

I_3의 1/2배가 된다.

$$I_2 = \frac{I_3}{2} = \frac{V_{ref}}{8R} \tag{2.2.7}$$

또한, 식 (2.2.7)을 식 (2.2.2)에 대입하면 전류 I_1은 식 (2.2.8)과 같이 전류 I_2의 1/2배이 된다.

$$I_1 = \frac{I_2}{2} = \frac{V_{ref}}{16R} \tag{2.2.8}$$

그러므로 전류 $I_1 : I_2 : I_3 : I_4$의 비율은 1 : 2 : 4 : 8이므로 이진가중치로 나타나며, 이것은 단순 이중 가중치 DAC의 결과로 동일하다.

또한, 단자 A, B, C, D에서 전압을 계산하면 각각 식 (2.2.9), 식 (2.2.10), 식 (2.2.11), 식 (2.2.12)와 같다.

$$V_A = \frac{V_{ref}}{8} \tag{2.2.9}$$

$$V_B = \frac{V_{ref}}{4} \tag{2.2.10}$$

$$V_C = \frac{V_{ref}}{2} \tag{2.2.11}$$

$$V_D = V_{ref} \tag{2.2.12}$$

4비트 R-2R 사다리형 DAC에서 필요한 저항 수는 (3×4+1)R=13R이다. 그러므로 N비트 해상도 DAC에서 요구되는 저항 수는 (3×N+1)R이다. 이 저항 수는 이진가중치 DAC에서 요구되는 저항 수인 $(2+2^2+2^3+ \cdots +2^N)$에 비하면 매우 작다. 따라서 R-2R 사다리형 DAC는 소자 부정합 특성에 덜 민감하게 되므로 고해상도를 구현할 수 있다. 4비트 R-2R 사다리형 DAC의 아날로그 출력전압을 구하면 식 (2.2.13)과 같다.

$$V_{out} = -I_F R_F = (b_1 I_1 + b_2 I_2 + b_3 I_3 + b_4 I_4) R_F \tag{2.2.13}$$

식 (2.2.13)에 식 (2.2.5), (2.2.6), (2.2.7), (2.2.8)을 대입하면 식 (2.2.14)가 된다.

$$V_{out} = (b_1 I_1 + b_2 I_2 + b_3 I_3 + b_4 I_4) R_F = \left(\frac{b_1}{2} + \frac{b_2}{4} + \frac{b_3}{8} + \frac{b_4}{16}\right) \frac{R_F}{R} V_{ref} \tag{2.2.14}$$

저항 부정합($R + \Delta R$)을 고려하여서 식 (2.2.14)를 다시 쓰면 식 (2.2.15)가 된다.

$$V_{out} = \left(\frac{b_1}{2} + \frac{b_2}{4} + \frac{b_3}{8} + \frac{b_4}{16}\right) \frac{R_F}{R\left(1 + \frac{\triangle R}{R}\right)} V_{ref} \tag{2.2.15}$$

$$V_{out} \approx \left(\frac{b_1}{2} + \frac{b_2}{4} + \frac{b_3}{8} + \frac{b_4}{16}\right) \frac{R_F}{R}\left(1 - \frac{\triangle R}{R}\right) V_{ref} \tag{2.2.16}$$

$$\begin{aligned} \triangle V_{out} &\approx V_{out} - \left(\frac{b_1}{2} + \frac{b_2}{4} + \frac{b_3}{8} + \frac{b_4}{16}\right) \frac{R_F}{R} V_{ref} \\ &\approx -\left(\frac{b_1}{2} + \frac{b_2}{4} + \frac{b_3}{8} + \frac{b_4}{16}\right) \frac{R_F}{R}\left(\frac{\triangle R}{R}\right) V_{ref} \end{aligned} \tag{2.2.17}$$

만약 저항 부정합 비율$\left(\frac{\triangle R}{R}\right)$이 1 보다 작다면 식 (2.2.15)는 식 (2.2.16)으로 간략화할 수 있다. 그러므로 저항 부정합에 의하여 발생되는 아날로그 출력전압 오차인 $\triangle V_{out}$은 식 (2.2.17)과 같다. 따라서 $\triangle V_{out}$은 R^2에 반비례하고, $\triangle R$에 정비례한다. 만약 N비트 R–2R 사다리형 이진가중치형 DAC를 구현한다고 하면, 필요한 저항의 개수는 ($3N$+1)개이다. 따라서 비트수가 1개 증가하면 증가할수록 필요한 저항의 개수는 3개 씩 증가하므로 단순 이진가중치형 DAC보다는 저항 부정합 특성에 영향을 더 작게 받게 된다.

예 2.2.1

4비트 R–2R 사다리형 이진가중치형 DAC 회로에서 기준전압이 1 V, 피드백저항이 1 KΩ, R=1 KΩ이라고 가정한다.

a) 4비트 스위치(b_1, b_2, b_3, b_4)의 상태가 (0, 1, 1, 1)일 때, 단자 A, B, C, D에 걸리는 전압과 전류 (I_1, I_2, I_3, I_4) 값을 계산하고, 출력 아날로그 전압값을 계산하라.
b) 4비트 스위치(b_1, b_2, b_3, b_4)의 상태가 (1,0,0,0)일 때, 단자 A, B, C, D에 걸리는 전압과 전류 (I_1, I_2, I_3, I_4) 값을 계산하고, 출력 아날로그 전압값을 계산하라.
c) 각 디지털 입력코드에 대해서 측정된 아날로그 출력값이 표 2.2.1과 같을 때, DNL과 INL을 디지털 입력코드에 계산하고, 그 결과에 대해서 이상적인 상태와 비교해서 설명하라.

표 2.2.1

디지털 입력코드	아날로그 출력전압(V)
0000	0.000
0001	0.075
0010	0.133
0011	0.205
0100	0.251
0101	0.295
0110	0.352
0111	0.437
1000	0.492
1001	0.568
1010	0.639
1011	0.713
1100	0.774
1101	0.856
1110	0.910
1111	0.952

풀이 a) 4비트 스위치 상태인 (0,1,1,1)을 식 (2.2.14)에 대입하면 식 (2.2.18)과 같다.

$$\begin{aligned} V_{out} &= \left(\frac{b_1}{2R} + \frac{b_2}{4R} + \frac{b_3}{8R} + \frac{b_4}{16R}\right) R_F\, V_{ref} \\ &= \left(\frac{1}{2} \cdot 0 + \frac{1}{4} \cdot 1 + \frac{1}{8} \cdot 1 + \frac{1}{16} \cdot 1\right) \cdot 1\,\text{V} = 0.4375\,\text{V} \end{aligned} \tag{2.2.18}$$

식 (2.2.9), (2.2.10), (2.2.11), (2.2.12)에 의해서 단자 A, B, C, D에 걸리는 전압은 다음과 같다.

$V_A = 0.125\,\text{V}$

$V_B = 0.25\,\text{V}$

$V_C = 0.5\,\text{V}$

$V_D = 1.0\,\text{V}$

또한, 각 저항에 흐르는 전류 (I_1, I_2, I_3, I_4)는 옴의 법칙에 의해서(0.0625 mA, 0.125 mA, 0.25 mA, 0.5 mA)가 된다.

b) 4비트 스위치(b_1, b_2, b_3, b_4)의 상태가 (1,0,0,0) 인 경우, (1,0,0,0)을 식 (2.2.14)에 대입하면 식 (2.2.19)와 같다.

$$\begin{aligned} V_{out} &= \left(\frac{b_1}{2R} + \frac{b_2}{4R} + \frac{b_3}{8R} + \frac{b_4}{16R} \right) R_F V_{ref} \\ &= \left(\frac{1}{2} \cdot 1 + \frac{1}{4} \cdot 0 + \frac{1}{8} \cdot 0 + \frac{1}{16} \cdot 0 \right) \cdot 1\,\mathrm{V} = 0.5\,\mathrm{V} \end{aligned} \tag{2.2.19}$$

각 단자와 저항에 흐르는 전류값은 (a)와 동일하다.

c) 표 2.2.1의 주어진 출력값을 DNL과 INL의 식에 대입해서 각 디지털 입력코드에 대하여 구하면 표 2.2.2와 같다.

표 2.2.2

디지털 입력코드	아날로그 출력전압(V)	DNL(LSB)	INL(LSB)
0000	0.000	+0.000	0
0001	0.075	+0.200	+0.200
0010	0.133	−0.072	+0.128
0011	0.205	+0.152	+0.280
0100	0.251	−0.264	+0.016
0101	0.295	−0.930	−0.280
0110	0.352	−0.088	−0.368
0111	0.437	+0.360	−0.008
1000	0.492	−0.120	−0.128
1001	0.568	+0.216	+0.088
1010	0.639	+0.136	+1.600
1011	0.713	+0.184	+0.408
1100	0.774	−0.024	−0.384
1101	0.856	+0.312	+0.696
1110	0.910	−0.136	−0.560
1111	0.952	−0.328	−0.232

DNL의 경우 0101 디지털 입력코드에서 −0.930 LSB으로서 0.5 LSB를 넘겼다. INL의 경우는 모든 입력코드에 대해서 0.5 LSB 이내에 모두 존재함으로써 이상적인 특성을 가졌다고 볼 수 있다.

2.3 이진가중치형 전류 구동 DAC

8비트 이진가중치형 전류 구동 DAC는 그림 2.3.1과 같이 전류 신호를 전압 신호로 변환시키는 버퍼(op-amp와 피드백 저항, R_F)와 이진가중치형 전류미러 (x1, x2, x4, ⋯, x128), SPDT 스위치로 구성되어 있다. 전류미러는 내부저항이 높은 캐스코드 전류미러를 사용하면 소자 부정합 특성이 향상되며, 신호 왜곡도가 감소되는 장점이 있으므로 바람직하다. 저전압에서 적합한 전류미러는 와이드 스윙 캐스코드 전류미러이다. 캐스코드 전류미러의 내부저항은 식 (2.3.1)과 같다.

$$R_{OUT} = g_m r_o^2 \tag{2.3.1}$$

g_m, r_o는 각각 전류미러 내 트랜지스터의 상호 컨덕턴스와 출력저항이다.

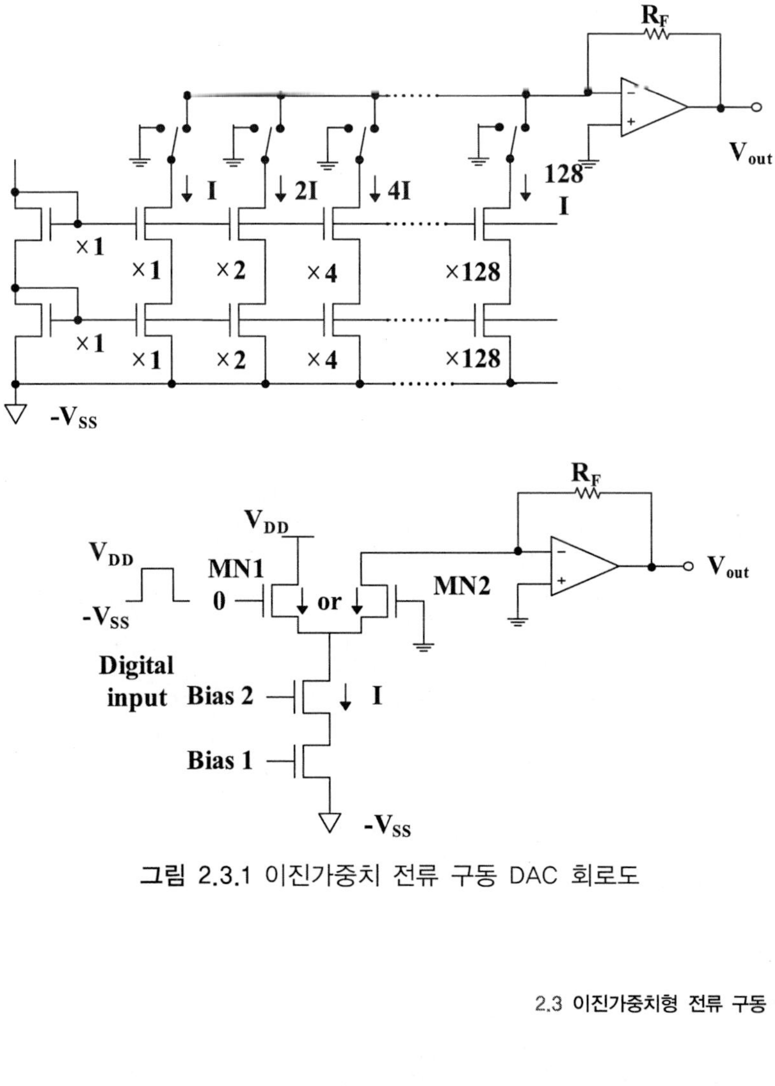

그림 2.3.1 이진가중치 전류 구동 DAC 회로도

SPDT 스위치는 그림 2.3.1에서 제시된 것과 같이 트랜지스터 MN1과 MN2로 구성된다. 트랜지스터 MN1의 게이트에는 디지털 입력코드가 인가되며, MN2의 게이트에는 공통모드 전압 신호가 인가된다. 따라서 MN1의 게이트에 인가되는 디지털 입력코드 전압 신호가 공통모드 전압 신호보다 작으면 트랜지스터 MN2가 도통되며, 트랜지스터 MN1은 차단된다. 따라서 버퍼 증폭기의 피드백 저항으로 전류가 흐르게 되어서 식 (2.3.2)와 같은 출력 전압이 발생한다.

$$V_{out} = R_F I \tag{2.3.2}$$

여기서 I는 트랜지스터 MN1, MN2의 바이어스 회로에 흐르는 전류이다. Bias 1과 Bias 2는 캐스코드 전류미러의 DC 바이어스 전압이며, 전류미러 내 트랜지스터가 항상 포화영역에서 동작시키도록 인가한다.

이진가중치 전류 구동 DAC의 해상도는 전류미러의 정합 특성에 의해서 결정된다. 전류미러의 정합 특성은 각 트랜지스터의 정합 특성에 의해서 결정되며, 각 트랜지스터의 정합 특성은 트랜지스터의 소자 변수인 문턱전압(V_{TH}) 정합 특성, 소자 채널의 폭과 길이 비율(W/L)의 정합 특성, 소자 컨덕턴스 (K') 정합 특성, 채널 길이 변조 효과(λ) 정합 특성에 의해서 결정된다. 전류미러 내 두 트랜지스터(M1, M2)에 흐르는 전류의 비(I_{D2}/I_{D1})를 식 (2.3.3)과 같이 표현할 수 있다[2].

$$\frac{I_{D2}}{I_{D1}} = \frac{\left(\frac{W}{L}\right)_2 K_2^{'}\,(V_{GS2} - V_{TH2})^2\,(1 + \lambda_2 V_{DS2})}{\left(\frac{W}{L}\right)_1 K_1^{'}\,(V_{GS1} - V_{TH1})^2\,(1 + \lambda_1 V_{DS1})} \tag{2.3.3}$$

여기서 두 트랜지스터의 게이트 전압(V_{GS1}, V_{GS2})은 동일하다. 따라서 4개의 소자 변수(W/L, K', V_{TH}, λ)의 정합 특성을 독립적으로 살펴보고, 각 소자 변수 정합 특성의 상관관계를 살펴보면 된다. 소자 채널의 폭과 길이 비율(W/L)의 정합 특성을 살펴보면 식 (2.3.4)와 같다.

$$\left(\frac{W}{L}\right)_2 = \left(\frac{W}{L}\right)_1 + \triangle\left(\frac{W}{L}\right) \tag{2.3.4}$$

식 (2.3.4) 양변을 $(W/L)_1$으로 나누면 식 (2.3.5)이 된다.

$$\frac{\left(\frac{W}{L}\right)_2}{\left(\frac{W}{L}\right)_1} = 1 + \frac{\triangle\left(\frac{W}{L}\right)}{\left(\frac{W}{L}\right)_1} \tag{2.3.5}$$

여기서 $\Delta\left(\frac{W}{L}\right)$은 소자 채널의 폭과 길이의 부정합을 나타내며, $\frac{\Delta\left(\frac{W}{L}\right)}{\left(\frac{W}{L}\right)_1}$은 부정합 비율을 의미한다. 일반적으로 채널 길이와 채널 폭이 크면 클수록 부정합 비율은 작아진다. 즉, 반비례 특성을 갖는 것이다. 소자 채널의 폭과 길이의 부정합을 최소화하려면 소자 채널 길이와 채널 폭을 증가시켜서 설계하면 된다.

두 번째는 소자 컨덕턴스(K') 정합 특성은 식 (2.3.6)으로 표시할 수 있다.

소자 컨덕턴스 변수는 캐리어의 이동도(carrier mobility)와 게이트 커패시터(gate capacitor)의 곱($K' = \mu_o C_{ox}$)으로 이루어진다.

$$\frac{K_2'}{K_1'} = \frac{(\mu_o C_{ox})_2}{(\mu_o C_{ox})_1} = \frac{(\mu_o C_{ox})_1 + \Delta(\mu_o C_{ox})}{(\mu_o C_{ox})_1} = 1 + \frac{\Delta(\mu_o C_{ox})}{(\mu_o C_{ox})_1} \tag{2.3.6}$$

따라서 소자 컨덕턴스 변수 부정합은 캐리어의 이동도의 부정합과 게이트 산화박막층 두께의 부정합에 의해서 결정될 수 있다. 일반적으로 집적회로 공정에서 캐리어의 이동도 부정합 비율은 게이트 산화박막층 두께의 부정합 비율보다 작아서 무시할 수 있다. 산화박막층 두께의 부정합 비율은 레이아웃에서 공통 중앙 레이아웃 기법(common centroid layout technique)을 사용하여서 최소화할 수 있다. 문턱전압의 부정합 특성은 트랜지스터의 채널 길이에 반비례한다. 즉, 채널 길이가 증가하면 정합 특성이 증가하며, 채널 길이가 감소하면 부정합 특성이 증가한다. 또한, 트랜지스터가 포화영역에서 동작할 때 문턱전압의 정합 특성(ΔV_{TH})은 트랜지스터의 상호 컨덕턴스(G_m) 값이 증가하면 비례해서 증가하므로 식 (2.3.7)과 같이 표시할 수 있다. 즉, 트랜지스터에 흐르는 전류(I_D)가 증가하면 ΔV_{TH} 값이 감소하며, 소자비율(W/L)이 증가하면 ΔV_{TH} 값이 감소한다.

$$\Delta V_{TH} = \frac{I_D}{G_m} \tag{2.3.7}$$

또한, 소자의 위치에 영향을 받는다. 즉, 두 개 트랜지스터의 거리가 가까우면 가까울수록 ΔV_{TH} 값이 감소한다. 두 개 트랜지스터의 문턱전압 정합 특성을 식 (2.3.8)로 표시할 수 있다. 식 (2.3.8)을 식 (2.3.3)에 대입해서 정리하면 식 (2.3.9)와 같다.

$$\frac{V_{TH2}}{V_{TH1}} = \frac{V_{TH1} + \Delta V_{TH}}{V_{TH1}} = 1 + \frac{\Delta V_{TH}}{V_{TH1}} \tag{2.3.8}$$

$$\begin{aligned}\frac{(V_{GS2}-V_{TH2})^2}{(V_{GS1}-V_{TH1})^2} &= \frac{(V_{GS1}-(V_{TH1}+\Delta V_{TH}))^2}{(V_{GS1}-V_{TH1})^2} \\ &= \frac{(V_{GS1}-V_{TH1}-\Delta V_{TH})^2}{(V_{GS1}-V_{TH1})^2} = \left(1-\frac{\Delta V_{TH}}{V_{GS1}-V_{TH1}}\right)^2\end{aligned} \tag{2.3.9}$$

따라서 식 (2.3.9)의 값을 최소화하려면 게이트 전압을 문턱전압보다 증가시키는 방법과 문턱전압 정합인 ΔV_{TH} 값을 감소시키는 방법을 고려할 수 있다. 즉, 게이트 전압을 증가시켜서 포화전류 값을 증가시키고, 채널 길이를 증가시키고, 두 트랜지스터의 간격을 작게 하고, 공통 중앙 레이아웃 기법을 사용해서 문턱전압 정합 특성을 증가시킬 수 있다.

채널 길이 변조 효과 변수(λ)는 식 (2.3.10)과 같이 채널 길이에 반비례한다.

$$\lambda \propto \frac{1}{L} \tag{2.3.10}$$

즉, 채널 길이가 증가하면 λ 값이 감소하며, 채널 길이가 감소하면 λ 값이 증가한다. 또한, 식 (2.3.10)에서 채널 길이 변조 효과는 두 트랜지스터의 드레인 전압(V_{DS1}, V_{DS2}) 차이와 밀접한 관계가 있다. 드레인 전압 차이가 커지면 커질수록 채널 길이 변조 효과에 의한 부정합 특성이 증가한다. 만약 드레인 전압 차이가 없다고 가정한다면, 트랜지스터의 정합 특성은 식 (2.3.11)과 같이 쓸 수 있다.

$$\frac{(1+\lambda_2 V_{DS2})}{(1+\lambda_1 V_{DS1})} = \frac{1+\lambda_2}{1+\lambda_1} = \frac{1+(\lambda_1+\Delta\lambda)}{1+\lambda_1} = 1+\frac{\Delta\lambda}{1+\lambda_1} \tag{2.3.11}$$

식 (2.3.11)에서 채널 길이 변조 효과 변수 λ 값이 1 보다 작으면 식 (2.3.12)와 같이 다시 쓸 수 있다.

$$\frac{(1+\lambda_2 V_{DS2})}{(1+\lambda_1 V_{DS1})} \approx 1+\frac{\Delta\lambda}{\lambda_1} \tag{2.3.12}$$

트랜지스터의 정합 특성을 종합하기 위해서 식 (2.3.3)에 식 (2.3.5), 식 (2.3.6), 식 (2.3.9), 식 (2.3.12)를 대입하면 식 (2.3.13)과 같이 표시될 수 있다.

$$\frac{I_{D2}}{I_{D1}} = \frac{\left(\frac{W}{L}\right)_2 K_2^{'} (V_{GS2} - V_{TH2})^2 (1 + \lambda_2 V_{DS2})}{\left(\frac{W}{L}\right)_1 K_1^{'} (V_{GS1} - V_{TH1})^2 (1 + \lambda_1 V_{DS1})}$$

$$= \left(1 + \frac{\Delta\left(\frac{W}{L}\right)}{\left(\frac{W}{L}\right)_1}\right)\left(1 + \frac{\Delta(\mu_o C_{ox})}{(\mu_o C_{ox})_1}\right)\left(1 - \frac{\Delta V_{TH}}{V_{GS1} - V_{TH1}}\right)^2 \left(1 + \frac{\Delta\lambda}{\lambda_1}\right) \qquad (2.3.13)$$

식 (2.3.13)에서 4개의 소자 변수($\Delta W/L$, $\Delta K'$, ΔV_{TH}, $\Delta\lambda$)의 정합 특성을 독립적 사건으로 살펴본다면, 종속계수가 0이므로 전류미러 정합 특성을 식 (2.3.14)와 같이 쓸 수 있다.

$$\Delta\frac{I_{D2}}{I_{D1}} = \sqrt{\left(\frac{\Delta\left(\frac{W}{L}\right)}{\left(\frac{W}{L}\right)_1}\right)^2 + \left(\frac{\Delta(\mu_o C_{ox})}{(\mu_o C_{ox})_1}\right)^2 + \left(\frac{\Delta V_{TH}}{V_{GS1} - V_{TH1}}\right)^2 + \left(\frac{\Delta\lambda}{\lambda_1}\right)^2} \qquad (2.3.14)$$

식 (2.3.14)에 의해서 전류 부정합을 최소화하기 위해서는 각각 4가지 부정합 특성을 최소화해야 한다. 부정합 특성을 최소화하기 위해서는 세 가지 방법을 사용하면 가능하다. 즉, 트랜지스터의 채널 길이를 증가시키는 것이며, 인접 트랜지스터들의 거리를 최소화하는 것이고, 공통 중앙 레이아웃 기법을 이용하여서 소자가 대칭이 되게 배치 레이아웃 하는 것이다.

예 2.3.1

이진가중치 전류 구동 DAC에서 $\frac{\Delta\left(\frac{W}{L}\right)}{\left(\frac{W}{L}\right)_1}$, $\left(\frac{\Delta(\mu_o C_{ox})}{(\mu_o C_{ox})_1}\right)$, $\left(\frac{\Delta V_{TH}}{V_{GS1} - V_{TH1}}\right)$, $\left(\frac{\Delta\lambda}{\lambda_1}\right)$의 비율은 각각 10%, 15%, 5%, 7%일 때, 전류 부정합 비율을 계산하라.

풀이 식 (2.3.14)에 주어진 비율을 대입하면 식 (2.3.15)와 같이 된다.

$$\Delta\frac{I_{D2}}{I_{D1}} = \sqrt{10^2 + 15^2 + 5^2 + 7^2} = 19.97\% \qquad (2.3.15)$$

따라서 전류 부정합 비율은 20%이다.

2.4 이진가중치 전하구동 DAC 회로

4비트 이진가중치 전하구동 DAC 회로도는 그림 2.4.1과 같으며, 출력 버퍼, 피드백 커패시터(16C), 입력 커패시터 어레이(8C, 4C, 2C, C), SPDT 4개 스위치, 비중첩 클록신호(ϕ_1, ϕ_2)로 구성된다. 특히, ϕ_1이 '1'이 되면(ϕ_2가 '0'이 됨), 출력 버퍼의 (-) 입력단자와 출력단자가 연결된다. 피드백 커패시터(16C)의 좌측 단자는 가상접지에 연결되고, 우측 단자는 접지에 연결되어서 피드백 커패시터에 있는 잔여전하(residual charge)가 방전된다. 입력 커패시터 어레이의 위 단자는 가상접지에 연결되어 있으며, 아래 단자는 모두 ϕ_1으로 인하여 접지에 연결되면서 잔여전하가 방전되면서 전하구동 DAC 회로가 데이터 변환하기 전에 리셋 모드로 동작하게 된다. ϕ_2가 '1'이 되면 데이터 변환이 시작이 되며, 디지털 입력 데이터가 '0'이면 SPDT 스위치가 접지에 연결되며, '1'이면 스위치가 기준전압원 '$-V_{ref}$'에 연결된다. 이 경우, op-amp의 부귀환으로 인하여 반전 증폭 동작이 이루어지게 된다. 따라서 식 (2.4.1)에 의해서 아날로그 출력전압이 결정된다.

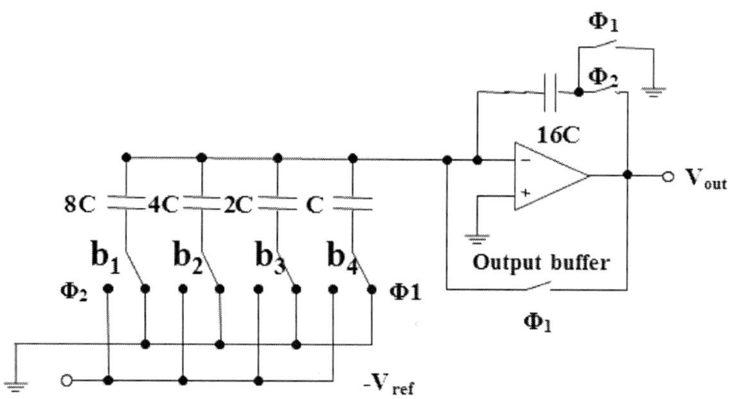

그림 2.4.1 이진가중치 전하구동 DAC 회로도

$$\begin{aligned} V_{out} &= \frac{-1}{16C}(8C \cdot b_1 + 4C \cdot b_2 + 2C \cdot b_3 + C \cdot b_4)(-V_{ref}) \\ &= \frac{V_{ref}}{16}(8 \cdot b_1 + 4 \cdot b_2 + 2 \cdot b_3 + 1 \cdot b_4) \\ &= V_{ref}(2^{-1} \cdot b_1 + 2^{-2} \cdot b_2 + 2^{-3} \cdot b_3 + 2^{-4} \cdot b_4) \end{aligned} \tag{2.4.1}$$

여기서 b_1은 MSB, b_4는 LSB이다.

2.5 고해상도 이진가중치 DAC 회로

고해상도 DAC 회로를 구현하기 위해서 이진가중치 회로 구조를 사용하기에는 소자 부정합 특성으로 인해서 제한을 받는다. 따라서 그림 2.5.1에 주어진 15비트 이진가중치 DAC 회로는 상위 8비트는 이진가중치 전하구동 DAC 회로이며, 하위 7비트는 온도계 디코더형 전압구동 DAC 회로로 구성되어 있다. 즉, 상위 8비트는 그림 2.5.1과 같이 동작하여서 ϕ_1이 '1'이 되면(ϕ_2가 '0'이 됨) 피드백 커패시터와 입력 커패시터 어레이에 있는 잔여전하가 방전되며, 데이터 변환하기 전에 리셋 모드로 동작하게 된다. ϕ_2가 '1'이 되면 데이터 변환이 시작된다.

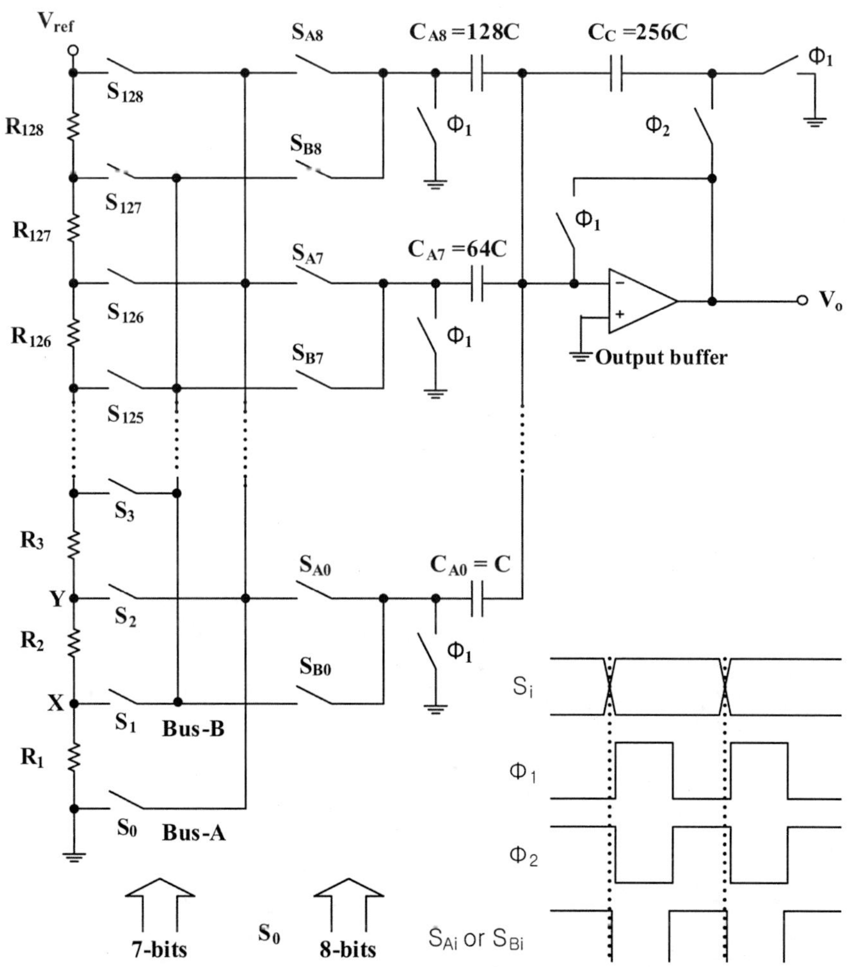

그림 2.5.1 이진가중치 R-C 세그멘티드 DAC 회로도

하위 7비트 전압구동 DAC는 하위 7비트 디지털 이진코드를 온도계 디코더 회로를 이용하여서 온도계 코드 128개로 변환한다. 변환된 온도계 코드 중 1개만 '1'이 발생되며, 나머지 온도계 코드는 '0'이 된다. 회로 왼쪽에는 128전압분배기가 기준 전압에 연결되어 있으며, 하위 7비트 디지털 이진코드에 따라서 하위 7비트 아날로그 전압, V_{LSB}이 식 (2.5.1)과 같이 결정된다.

$$V_{LSB} = \left(2^7 b_9 + 2^6 b_{10} + \ldots + 2^1 b_{15}\right) \cdot V_{ref} \tag{2.5.1}$$

또한, 상위 8비트 전하구동 DAC에 의해서 발생되는 아날로그 전압은 식 (2.5.2)와 같다.

$$V_{MSB} = \left(2^8 b_1 + 2^7 b_2 + \ldots + 2^1 b_8\right) \cdot V_{LSB} \tag{2.5.2}$$

V_{LSB}이 상위 8비트 전하구동 DAC에 연결되므로 결과적인 아날로그 출력 전압, V_{out}은 식 (2.5.1)을 식 (2.5.2)에 대입해서 구할 수 있으며, 식 (2.5.3)과 같다.

$$\begin{aligned} V_{out} &= \left(2^8 b_1 + 2^7 b_2 + \ldots + 2^1 b_8\right) \cdot V_{LSB} \\ &= \left(2^8 b_1 + 2^7 b_2 + \ldots + 2^1 b_8\right) \cdot \left(2^7 b_9 + 2^6 b_{10} + \ldots + 2^1 b_{15}\right) \cdot V_{ref} \end{aligned} \tag{2.5.3}$$

참고문헌

[1] Razavi, *Design of Analog Integrated Circuits,* McGraw-Hill Science, 2002.

[2] Allen and Holberg, *CMOS Analog Circuit Design,* Oxford University Press, 2002.

03 디코더형 및 세그멘티드 DAC

3장에서는 디코더 기반 DAC 회로와 세그멘티드 DAC 회로를 각각 3.1절과 3.2절에서 다룬다. 3.1절의 디코더 기반 DAC 회로에서는 저항열 트리 구조 전압구동 DAC 회로와 폴디드 저항열 DAC 회로, 보간법을 이용한 저항열 DAC, 그리고 온도계 디코더 기반형 DAC의 특성과 설계 방법론에 대해서 설명한다. 3.2절의 세그멘티드 DAC에서는 하위비트는 이진가중치형, 상위비트는 온도계 디코더 기반형 DAC로 구성된 회로 설계 방법을 다룬다.

3.1 디코더 기반 DAC 회로

이진가중치 DAC 회로의 장점은 회로가 단순하므로 회로 구현이 용이하며, 데이터 변환 속도가 빠르다. 그러므로 고속 동작에 적합하다. 그러나 디지털 입력코드가 동시에 모두 변할 때 스위치에 가해지는 신호가 동기되지 않으므로 글리치가 발생하는 단점이 있다. 따라서 글리치가 적게 발생하는 시스템에서는 이진가중치 DAC는 적합하지 못하다. 글리치가 적게 발생하도록 하기 위해서 고안된 회로가 디코더 기반 DAC 회로이다[1].

3.1.1 3비트 저항열 트리 구조 전압구동 DAC 회로

3비트 저항열 트리 구조 전압구동 DAC 회로는 기준전압원, V_{ref}, 8개의 저항열, 스위치(b_1; MSB, b_3; LSB)와 버퍼로 구성되며, 그림 3.1.1과 같다. 저항열에서 발생된 전압이 버퍼와 연결이 되기 위해서는 3개의 스위치를 지나야 한다. 이것을 수식으로 표시하면 식 (3.1.1)과 같다.

$$\begin{aligned} V_{out} = & \ b_1 \left[b_2 \left[b_3 V_7 + \overline{b_3} V_6 \right] + \overline{b_2} \left[b_3 V_5 + \overline{b_3} V_4 \right] \right] \\ & + \overline{b_1} \left[b_2 \left[b_3 V_3 + \overline{b_3} V_2 \right] + \overline{b_2} \left[b_3 V_1 + \overline{b_3} V_0 \right] \right] \end{aligned} \quad (3.1.1)$$

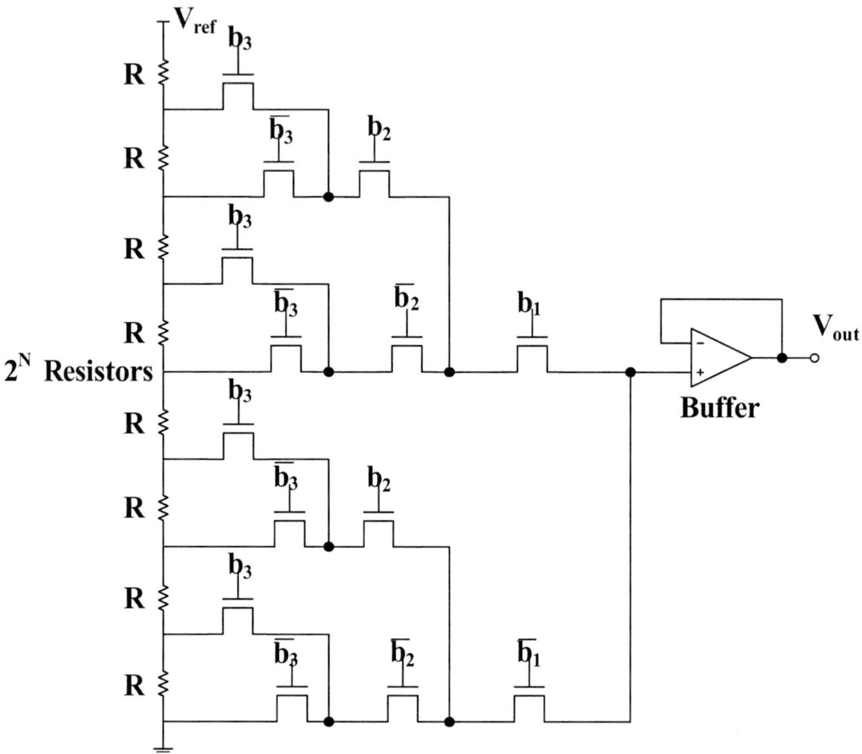

그림 3.1.1 3비트 저항열 트리 구조 전압구동 DAC 회로

저항열에서 발생된 전압 신호가 스위치를 통과해서 버퍼까지 도달하는 지연시간은 식 (3.1.2)와 같이, 해상도가 높아지면 높아질수록 길어진다.

$$\tau_{RC} = RC\frac{N(N+1)}{2} \tag{3.1.2}$$

여기서, R과 C는 각각 스위치 내부저항과 스위치 단자의 기생 커패시터를 의미하고, N은 DAC의 비트수를 나타낸다. 그림 3.1.1에서 나타난대로 패스 트랜지스터를 스위치로 사용하면 트랜지스터의 바디 효과로 인하여 R 값이 증가하며, 신호 감쇄가 더 증가하게 되는 단점이 있다. 따라서 패스 트랜지스터를 스위치로 사용하는 것보다 TG(Transmission Gate)를 스위치로 사용하면 내부 저항값이 50% 감소하여서 지연시간이 단축된다.

예 3.1.1

그림 3.1.1회로에서 기준전압이 $V_{ref}=5\text{V}$이며, 디지털 입력코드가 101일 때, 출력전압(V_{out})을 구하라.

풀이 디지털 입력코드가 101 이므로, 그림 3.1.2에서 출력버퍼는 b_1, $\overline{b_2}$, b_3에 해당되는 스위치가 온되어서 저항열 중에서 5번째 저항이 연결된다. 따라서 식 (3.1.3)에 의해서 출력전압이 결정된다.

$$V_{out}=\frac{5}{8}\cdot 5\text{V}=\frac{25}{8}\text{V}=3.125\text{V} \tag{3.1.3}$$

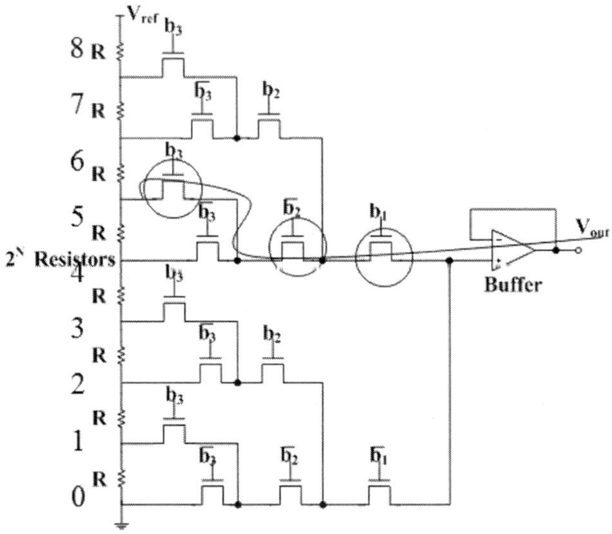

그림 3.1.2 디지털 입력코드 101의 경우 출력 전압

3.1.2 4비트 폴디드 저항열 DAC

그림 3.1.3에는 4비트 폴디드 저항열 DAC 회로도가 있다. 디지털 입력코드는 행 디코더와 열 디코더에 인가되며, 워드 라인 디코더와 비트 라인 디코더의 각각 4개 출력신호 중에서 2비트 디지털 입력코드에 해당되는 1개만 '1' 신호가 발생한다. 따라서 워드 라인 디코더의 출력신호는 해당되는 4개 스위치 트랜지스터의 게이트 단자에 인가되어서 스위치 트랜지스터를 온시키게 된다. 또한, 비트 라인 디코더의 출력신호 '1'과 만나는 단자가 출력전압을 결정하게 된다. 왜냐하면 저항 16개는 기준전압에 직렬연결되어 있어서 전압분배기 역할을 하기 때문이다.

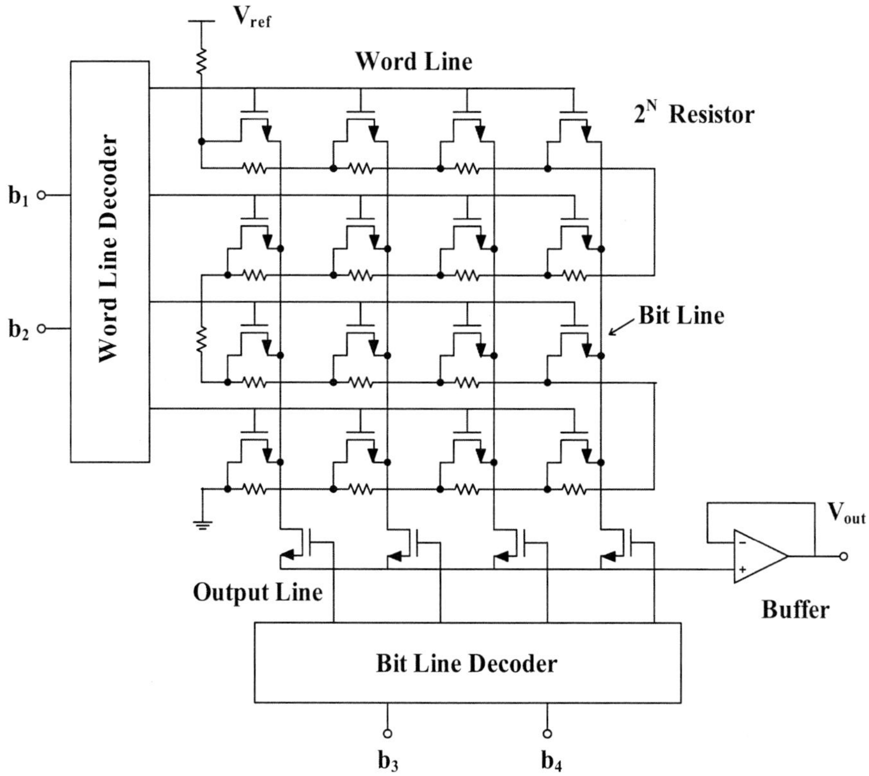

그림 3.1.3 4비트 폴디드 저항열 DAC

예 3.1.2

기준전압이 3 V, 디지털 입력코드가 0111인 경우 4비트 폴디드 저항열 DAC의 출력 전압값을 계산하라.

풀이 디지털 입력코드가 0111인 경우 4비트 폴디드 저항열 DAC는 그림 3.1.4와 같다. 즉, 워드 라인 디코드의 출력은 '0010', 비트 라인 디코더의 출력은 '1000'이다. 따라서 16개 저항열 중 7개 저항이 출력 버퍼와 연결되므로 식 (3.1.4)에 의해서 출력 전압이 결정된다.

$$V_{out} = \frac{7}{16} \cdot 3\,\text{V} = \frac{21\,\text{V}}{16} = 1.3125\,\text{V} \tag{3.1.4}$$

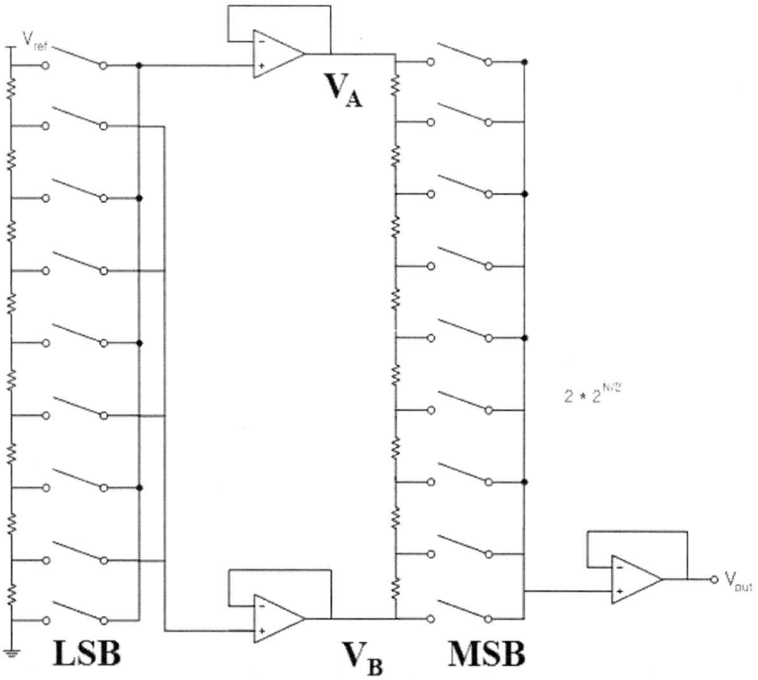

그림 3.1.4 0111인 경우의 4비트 폴디드 저항열 DAC 출력 전압

3.1.3 보간법을 이용한 저항열 DAC 회로

그림 3.1.5와 같이 고해상도 DAC를 구현하기 위하여서 LSB 비트와 MSB 비트로 구분하고, LSB에서 결정된 두 개 전압인 V_A, V_B는 MSB 비트에서 출력 전압을 결정하는 데 사용된다. 또한, 중간 버퍼를 사용해서 LSB 저항열이 MSB 저항열에 미치는 영향을 최소화시켰다. MSB 비트에 의해서 결정되는 출력 전압은 LSB에 의해서 결정된 두 개 전압(V_A, V_B)을 보간한 것이므로 식 (3.1.5)와 같이 쓸 수 있다.

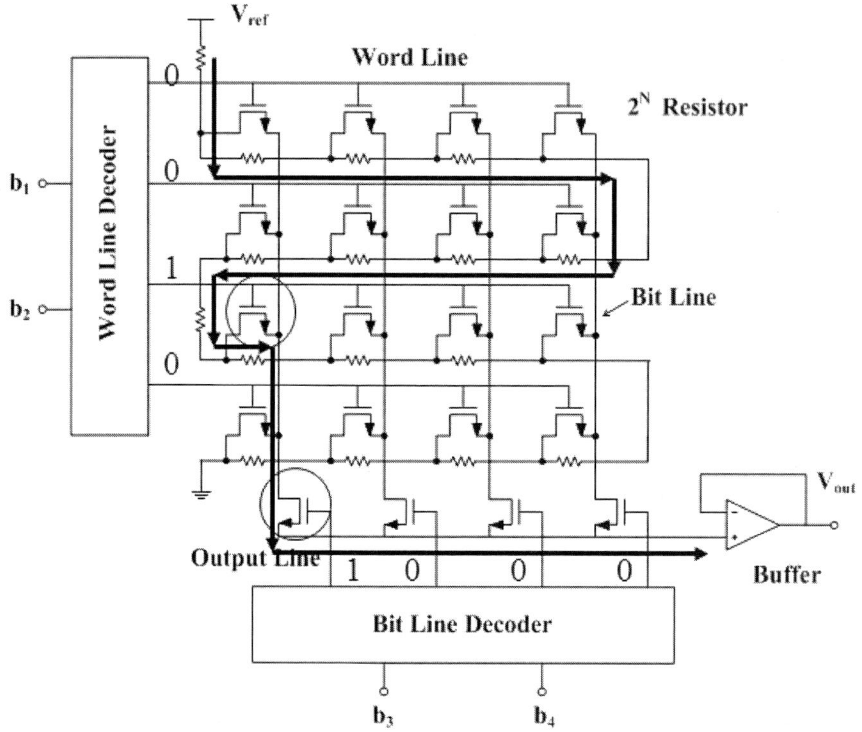

그림 3.1.5 보간법을 이용한 저항열 DAC 회로

$$V_{out} = MSB \cdot (V_A - V_B) \tag{3.1.5}$$

3.1.4 온도계 디코더 기반형 DAC

2비트 온도계 디코더 기반형 DAC 회로도는 그림 3.1.6과 같다. 입력 디지털 코드가 우선 온도계 디코더를 통해서 온도계 코드로 변환된다. 입력 디지털 코드와 온도계 코드 사이의 관계는 표 3.1.1과 같다. 즉, 디지털 입력 코드는 01에서 10로 바뀔 때, 온도계 코드는 001에서 011로 1개만 바뀌는 것이다. 따라서 스위치 비동기에 의한 글리치 발생현상을 최소화 할 수 있다. 표 3.1.1에서 주어진 디지털 코드와 온도계 코드 사이의 관계식을 부울대수로 다시 정리하면 식 (3.1.6)과 같다.

$$\begin{aligned} d_0 &= b_0 \cdot b_1 \\ d_1 &= b_0 \\ d_2 &= b_0 + b_1 \end{aligned} \tag{3.1.6}$$

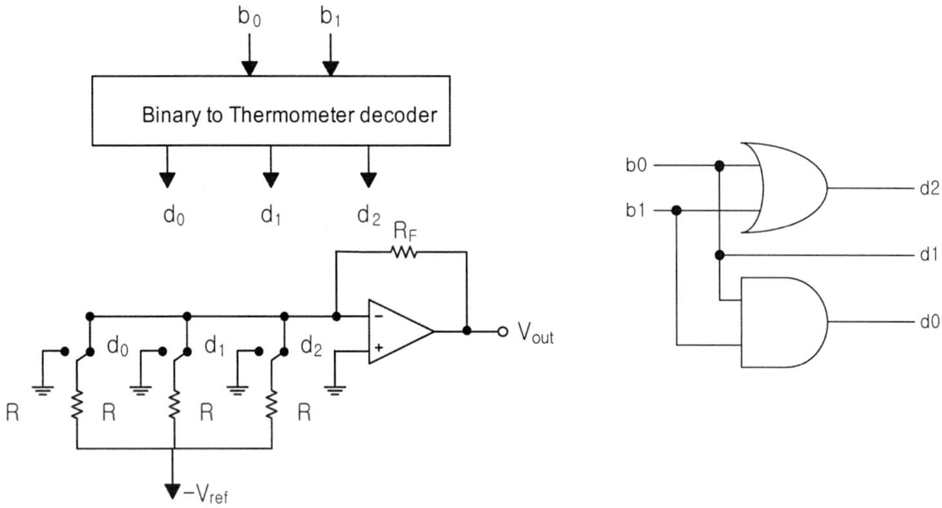

그림 3.1.6 디코더 기반형 2비트 DAC

표 3.1.1 디지털 이진코드와 온도계 코드 사이의 진리표

십진수	이진코드			온도계 코드	
	b0	b1	d0	d1	d2
0	0	0	0	0	0
1	0	1	0	0	1
2	1	0	0	1	1
3	1	1	1	1	1

식 (3.1.6)을 논리회로로 구현하면 그림 3.1.6의 오른쪽 논리회로와 같다. 이 경우 아날로그 출력전압은 식 (3.1.7)과 같이 나타낼 수 있다.

$$V_{out} = \frac{R_F}{R}\left(d_0 + d_1 + d_2\right) V_{ref} \tag{3.1.7}$$

3비트 온도계 디코더 기반형 DAC 회로도는 그림 3.1.7과 같다. 버퍼와 피드백 저항(RF), 7개의 SPDT 스위치와 저항(R), 기준전압원(Vref)으로 구성되어 있다. 입력 디지털 이진코드(bi)와 온도계 코드(di) 사이의 관계는 표 3.1.2와 같다. 표 3.1.2에서 디지털 이진코드(bi)와 온도계 코드(di) 사이에 부울대수 관계식을 정리하면 식 (3.1.8)과 같다.

$$d_1 = b_1 b_2 b_3\ ,\ d_2 = b_1 b_2\ ,\ d_3 = b_1 (b_2 + b_3),$$

$$d_4 = b_1\ ,\ d_5 = b_1 + \overline{b_1} b_2 b_3 \tag{3.1.8}$$

$$d_6 = b_1 + \overline{b_1} b_2\ ,\ d_7 = b_1 + \overline{b_1} (b_2 + b_3)$$

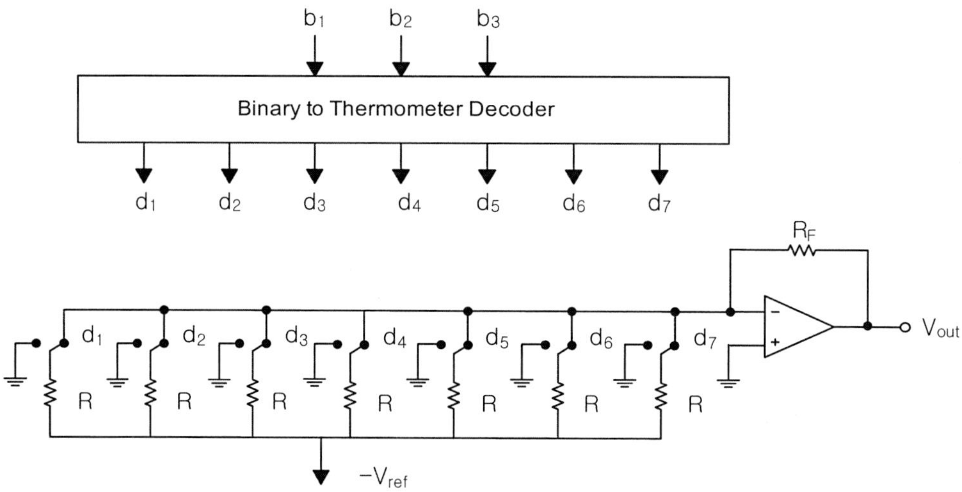

그림 3.1.7 3비트 온도계 디코더형 DAC 회로도

표 3.1.2 3비트 이진코드와 온도계 코드 진리표

Decimal number	Binary Code			온도계 코드						
	b_1	b_2	b_2	d_1	d_2	d_3	d_4	d_5	d_6	d_7
0	0	0	0	0	0	0	0	0	0	0
1	0	0	1	0	0	0	0	0	0	1
2	0	1	0	0	0	0	0	0	1	1
3	0	1	1	0	0	0	0	1	1	1
4	1	0	0	0	0	0	1	1	1	1
5	1	0	1	0	0	1	1	1	1	1
6	1	1	0	0	1	1	1	1	1	1
7	1	1	1	1	1	1	1	1	1	1

3.2 세그멘티드형 DAC

이진가중치형 DAC는 고속 데이터 변환 특성을 가지나, 해상도가 높지 못하며, 온도계 디코더 기반형 DAC는 고속 데이터 변환 특성을 가지지 못하나, 고해상도를 구현할 수 있다. 따라서 고속 데이터 변환속도의 이진가중치형 DAC와 고해상도의 디코더 기반형 DAC를 혼합시킴으로써 고속 고해상도 DAC를 설계할 수 있는데, 이렇게 두 가지 DAC 구조를 혼합시킨 DAC를 세그멘티드형 DAC라고 한다. 그림 3.2.1은 6비트 세그멘티드형 DAC를 보여주고 있다[2].

상위 2비트는 온도계 디코더 기반형 DAC, 하위 4비트는 R-2R 사다리형 이중가중치 DAC로 구성되어 있다. 즉, 상위 2비트는 온도계 디코더 기반형 DAC를 사용함으로써 글리치를 최소화하였으며, 하위 4비트는 R-2R 사다리형 이중가중치 DAC를 사용함으로써 고속 데이터 변환에 초점을 맞추어서 설계하였다. 하위 4비트 R-2R 사다리형 이중가중치 DAC의 맨 좌측 2R부터 각 2R에 흐르는 전류는 각각 I, $2I$, $4I$, $8I$로서 이중가중치 전류가 흐르며, 상위 2비트 온도계 디코더 기반형 DAC의 3개 전류미러 트랜지스터에는 각각 동일한 $16I$ 전류가 흐른다. op-amp의 부귀환에 의해서 결정되는 전류미러 트랜지스터 소스단자

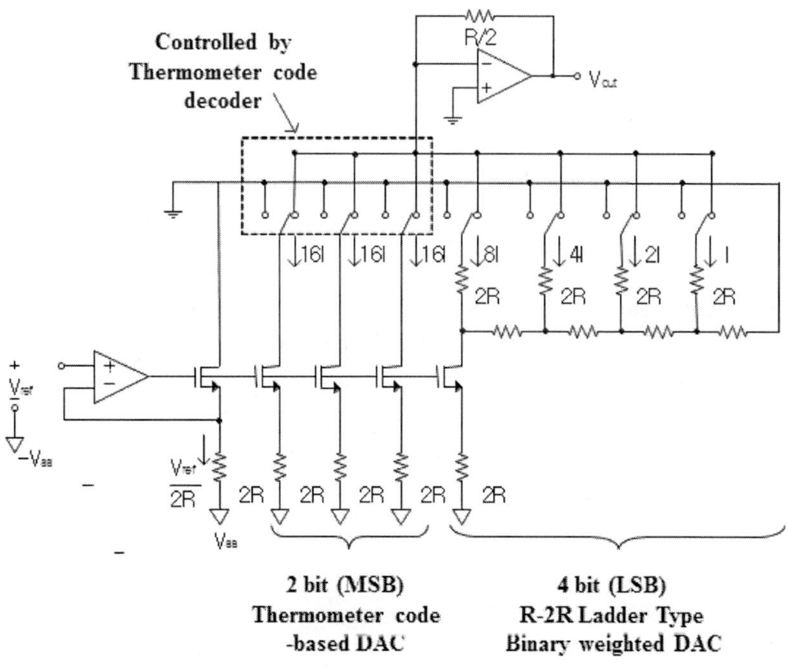

그림 3.2.1 6비트 세그멘티드 DAC

의 바이어스 전압은 기준전압(V_{ref})이므로 전류미러 트랜지스터에 흐르는 전류 $V_{ref}/2R$과 $16I$는 동일하게 되므로 식 (3.2.1)과 같다.

$$\frac{V_{ref}}{2R} = 16I \tag{3.2.1}$$

식 (3.2.1)에서 하위비트 전류인 I 값을 식 (3.2.2)와 같이 설계할 수 있다.

$$I = \frac{V_{ref}}{18R} \tag{3.2.2}$$

그러므로 버퍼에서 나타나는 아날로그 출력전압은 식 (3.2.3)과 같다.

$$V_{out} = \frac{R}{2}(32I \cdot b_6 + 16I \cdot b_5 + 8I \cdot b_4 + 4I \cdot b_3 + 2I \cdot b_2 + I \cdot b_1) \tag{3.2.3}$$

여기서 b_6는 상위비트이며, b_1은 하위비트이다.

식 (3.2.2)를 식 (3.2.3)에 대입해서 다시 정리하면 식 (3.2.4)가 된다.

$$\begin{aligned} V_{out} &= \frac{R}{2}(32I \cdot b_6 + 16I \cdot b_5 + 8I \cdot b_4 + 4I \cdot b_3 + 2I \cdot b_2 + I \cdot b_1) \\ &= \frac{R}{2}(32 \cdot b_6 + 16 \cdot b_5 + 8 \cdot b_4 + 4 \cdot b_3 + 2 \cdot b_2 + 1 \cdot b_1)\frac{V_{ref}}{18R} \\ &= V_{ref}(2^0 \cdot b_6 + 2^{-1} \cdot b_5 + 2^{-2} \cdot b_4 + 2^{-3} \cdot b_3 + 2^{-4} \cdot b_2 + 2^{-5} \cdot b_1) \end{aligned} \tag{3.2.4}$$

참고문헌

[1] Allen and Holberg, *CMOS Analog Circuit Design,* Oxford University Press, 2002.

[2] Maloberti, Franco, *Data Converters,* Springer Verlag 2007.

04 DAC 설계 사례

본 장에서는 4비트 이진가중치 전류 구동 DAC 설계 사례를 4.1절에서 소개한다. 4.2절에서는 4비트 온도계 코드 기반형 DAC 회로 설계 사례를 다루며, 4.3절에서는 8비트 온도계 코드 기반 DAC 회로 설계 사례를 설명한다. 4.4절에서는 10비트 세그멘티드형 DAC 설계 사례를 다루며, 4.5절에서는 듀얼 12비트 세그멘티드형 전류 구동 DAC 설계 사례를 설명한다. 4.6절에서는 12비트 이상의 해상도를 갖는 DAC 설계 시 사용되는 DAC 보정 회로 4가지 방법에 대해서 알아보기로 하고, 4.7절에서는 4비트 이진가중치 DAC 설계 실습 예제를 다룬다.

4.1 4비트 이진가중치 전류 구동 DAC 설계

그림 4.1.1에서 주어진 4비트 이진가중치 전류 구동 DAC 회로는 와이드스윙 캐스코드 전류미러 1x, 2x, 4x, 8x와 바이어스 회로, 래치 회로와 부하 저항으로 구성된다.

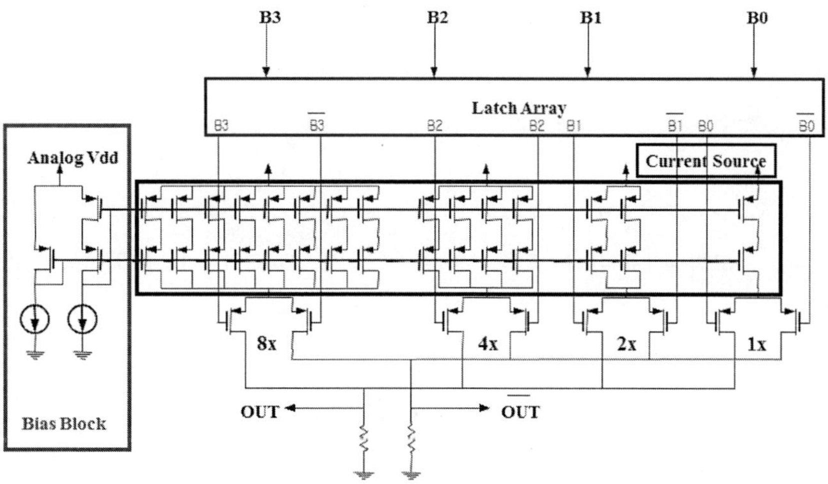

그림 4.1.1 4비트 이진가중치 전류 구동 DAC

DAC의 정적 특성을 모의실험한 결과는 그림 4.1.2와 같으며, 입력 디지털 코드가 모두 변하는 0111에서 1000로 변환할 때 가장 큰 글리치가 발생하는 것을 확인할 수 있다.

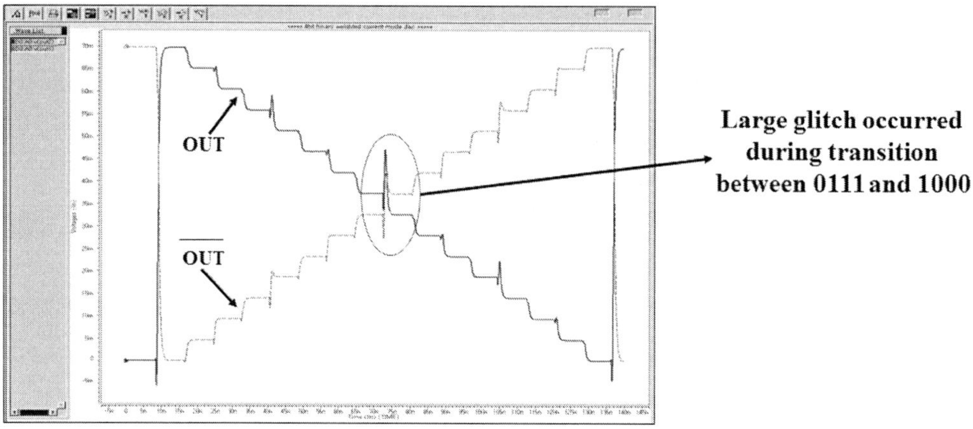

그림 4.1.2 4비트 이중가중치 전류 구동 DAC의 정적 모의실험 결과

동일한 회로를 대상으로 코너 모의실험한 결과는 그림 4.1.3과 같다.

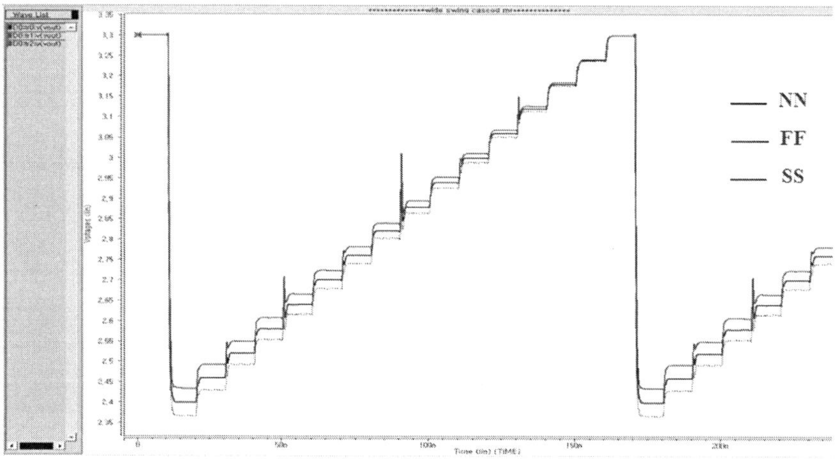

그림 4.1.3 4비트 이중가중치 전류 구동 DAC의 코너 모의실험 결과

즉, n-채널 트랜지스터와 p-채널 트랜지스터의 전류가 모두 가장 작으면 SS(slow-slow), 평균이면 NN(Nominal-nominal), 가장 많으면 FF(Fast-fast)로 모델링해서 모의실험한 결과이다. SS 모의실험 결과는 각 트랜지스터에 흐르는 전류량이 작으므로 전압스윙 범위가 가장 작으며, FF 실험결과는 각 트랜지스터에 흐르는 전류량이 가장 크므로 전압스윙 범위가 가장 크다. 설계된 DAC의 글리치를 측정하기 위해서 디지털 입력코드를 0111에서

1000로 변환시킬 때 출력전압을 살펴보면, 그림 4.1.4에서 가장 글리치가 많이 발생하는 부분의 이등변 삼각형 면적을 계산하면 되며, 모의실험 결과를 기초로 계산한 면적은 16.8 pVsec이다.

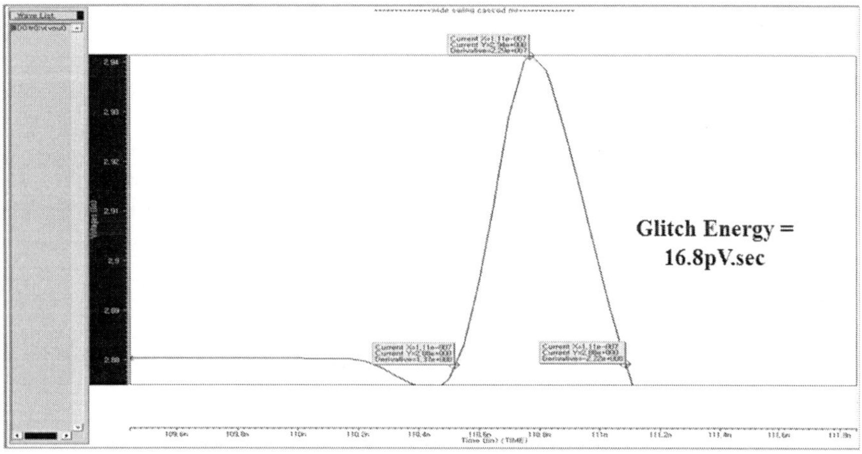

그림 4.1.4 4비트 이진가중치 전류 구동 DAC의 글리치 모의실험 결과

4비트 이진가중치 전류 구동 DAC 회로에 인가된 디지털 입력신호의 주파수는 5 MHz 이며, 클록주파수는 500 MHz일 때, 그림 4.1.5에서는 변환된 아날로그 출력신호와 스펙트럼을 나타내고 있다. 변환된 아날로그 출력신호는 한 주기당 16단계로 구분되는 것을 확인할 수 있으며, 특히 8번째 단계에서 글리치가 크게 발생하는 것을 알 수 있다.

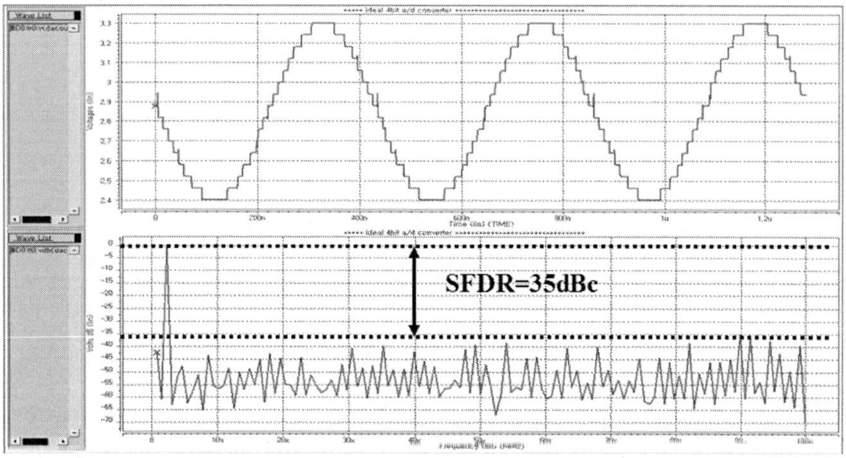

그림 4.1.5 4비트 이진가중치 전류 구동 DAC의 동적 모의실험 결과

주파수 스펙트럼에서는 SFDR이 35 dBc인 것을 알 수 있다. 설계된 회로의 레이아웃 플로플랜(Floor Plan)과 인쇄기판(PCB) 사진은 그림 4.1.6에 주어져 있다.

Floor Plan and PCB Photograph

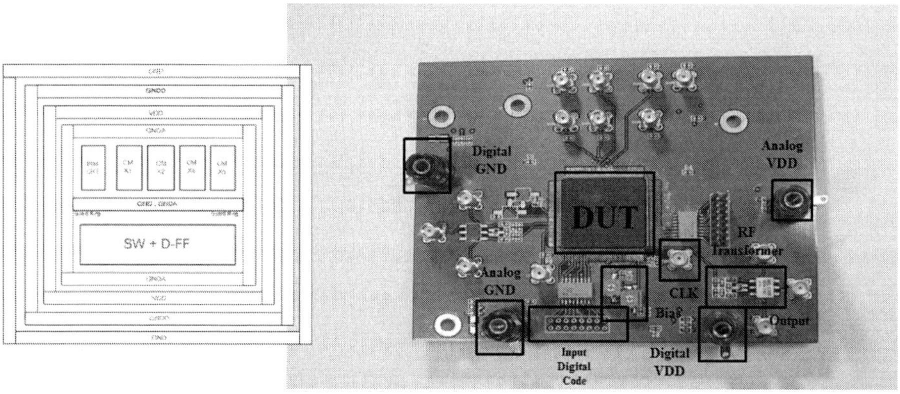

그림 4.1.6 4비트 이진가중치 전류 구동 DAC의 레이아웃 플로플랜과 PCB 사진

레이아웃 플로플랜을 살펴보면, 아날로그 핵심소자와 디지털 핵심소자는 구분하여서 배치되었으며, 아날로그 핵심소자와 디지털 핵심소자는 분리하여서 배치할 뿐만 아니라, 각 핵심소자 주위를 가드링(guard ring)으로 보호막을 세운 것을 볼 수 있다. 인쇄기판 사진 중앙에는 설계한 테스트 칩이 있으며, 입력부분에는 디지털 4비트를 받는 부분이 있고, 출력에는 차동 출력 신호를 단일 신호로 변환시키기 위한 변압기 회로가 배치되어 있다. 그

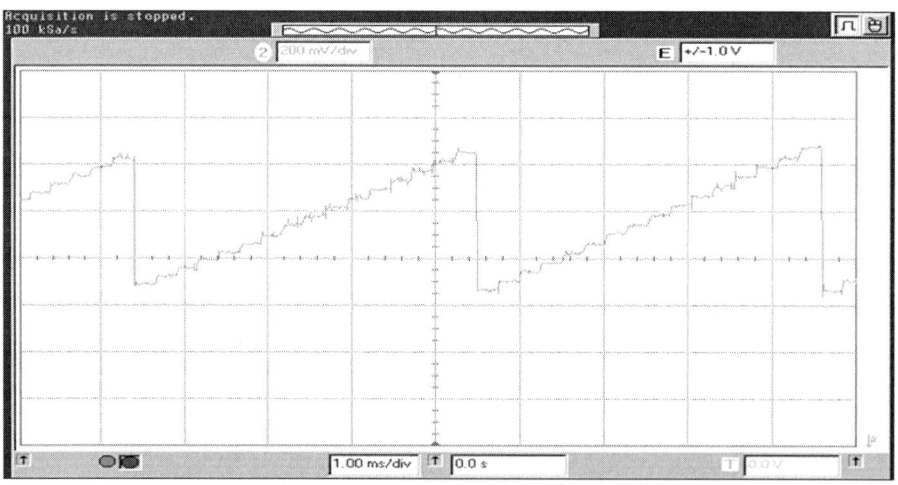

그림 4.1.7 4비트 이진가중치 전류 구동 DAC의 정적 측정 결과

리고 아날로그 공급전원과 디지털 공급전원이 분리되도록 하였다. 그림 4.1.7에서는 4비트 이중가중치 전류 구동 DAC의 단조증가성 정적 측정 결과를 나타낸다. 단조증가성 측정을 위해서 DAC의 디지털 입력단자에는 Up/down 카운터를 연결하였다. DAC의 동적 특성을 측정하기 위하여 DAC의 디지털 입력단자에는 8비트 고속 ADC를 연결하였으며, ADC 입력단자에는 정현파를 인가시켰다. 그림 4.1.8은 입력된 정현파를 복원한 복원파와 스펙트럼을 나타낸다. 측정된 스펙트럼의 SFDR은 25 dBc로서 모의실험 결과와 10 dBc 차이가 난다. 10 dBc 차이가 나는 이유는 DAC의 비선형성과 PCB와 계측기에서의 왜곡성 등이 포함되었기 때문이다.

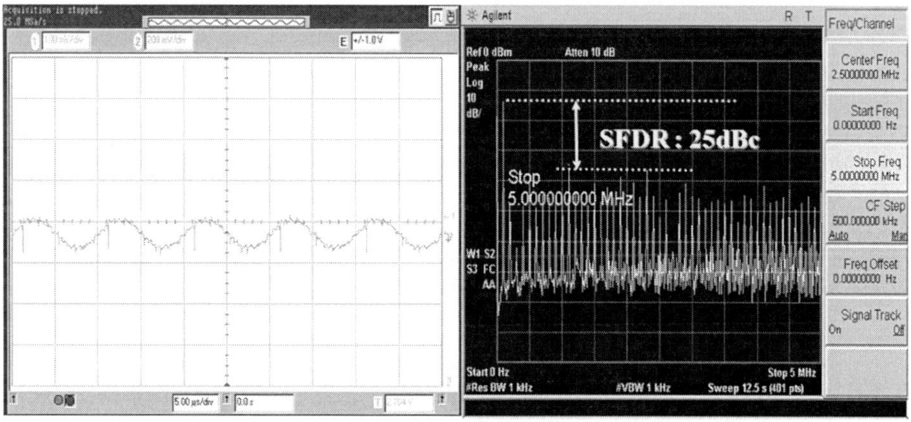

그림 4.1.8 4비트 이진가중치 전류 구동 DAC의 동적 측정 결과

4.2 4비트 온도계 코드 기반형 DAC 회로 설계

글리치를 최소화하기 위해서는 이진가중치 회로보다는 온도계 코드 기반형 회로를 채용하는 것이 바람직하다. 그림 4.2.1은 4비트 온도계 코드 기반형 DAC 회로의 블록도로서 4비트 온도계 코드 디코더 회로, 래치 회로와 15개 전류원, 부하저항으로 구성된다.

4비트 온도계 코드 디코더 회로는 4비트 이진 디지털 코드(B1, B2, B3, B4)를 받아서 15개 온도계 코드(T1, T2, ···, T15)로 변환시키는 회로로서 그림 4.2.2와 같다. 래치회로는 D-플립플롭(flip-flop) 15개로 구성되어서 전류원의 스위치를 제어하는 것이다. 래치회로의 출력이 전류원의 스위치를 제어함으로써 차동 출력전압이 결정되는 것이다.

디지털 입력코드가 0000 ~ 1111까지 1 LSB 만큼 변할 때, 이에 해당되는 DAC의 출력신호를 모의실험한 결과는 그림 4.2.3과 같다. 모든 디지털 입력코드가 모두 변하는 상태인

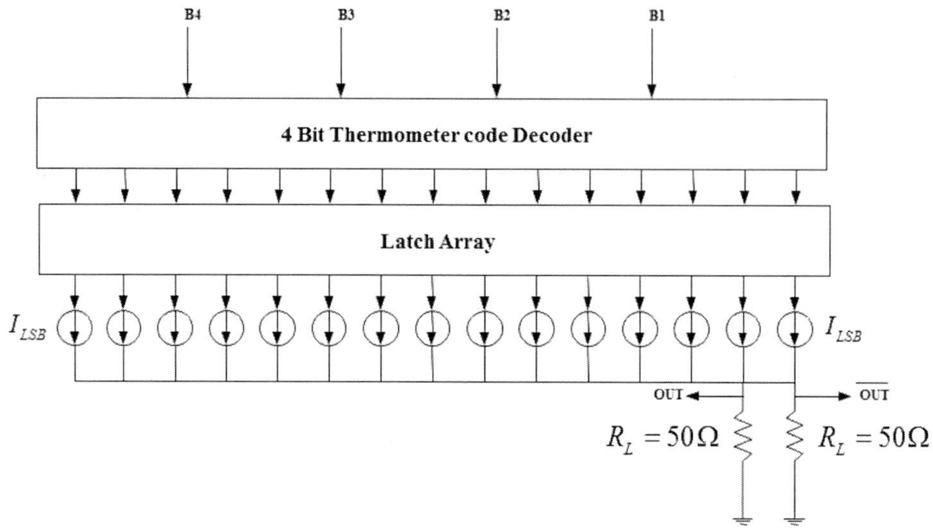

그림 4.2.1 4비트 온도계 코드 기반형 DAC 회로

0111에서 1000인 경우도 온도계 디코더 회로로 인하여 스위치가 1개만이 변하므로 글리치도 1개 변화에 해당되는 만큼 발생하게 된다. 따라서 이진가중치 DAC 회로보다 온도계 코드 기반 DAC 회로가 글리치가 훨씬 작게 발생함을 그림 4.2.3의 모의실험을 통해서도 확인할 수 있다.

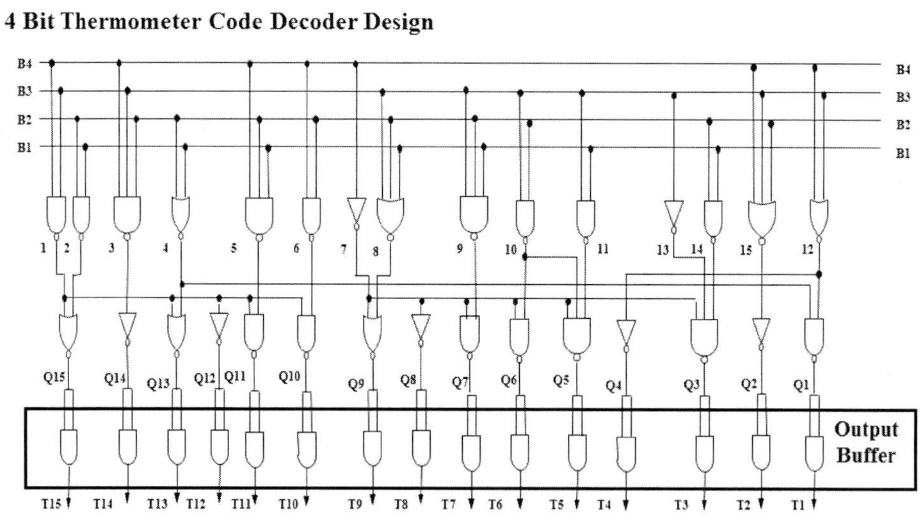

그림 4.2.2 4비트 온도계 디코더 회로

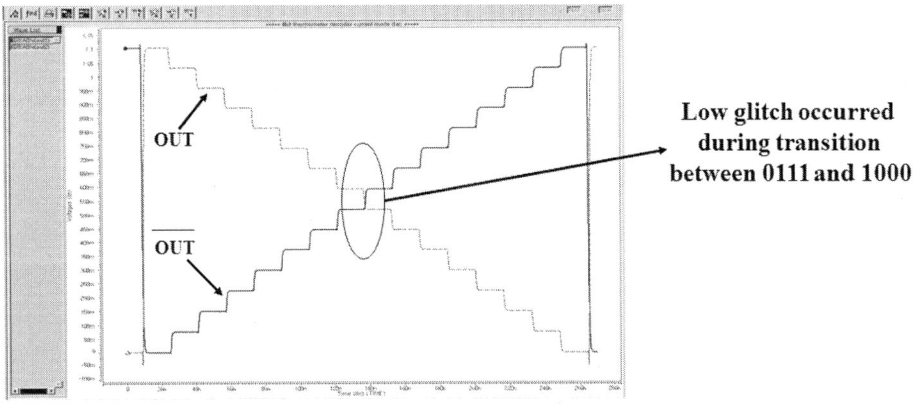

그림 4.2.3 4비트 온도계 코드 기반형 DAC 회로의 모의실험 정적 성능 결과

4.3 8비트 온도계 코드 기반 DAC 회로 설계

8비트 온도계 코드 기반 DAC를 그림 4.3.1에 나타내고 있다.

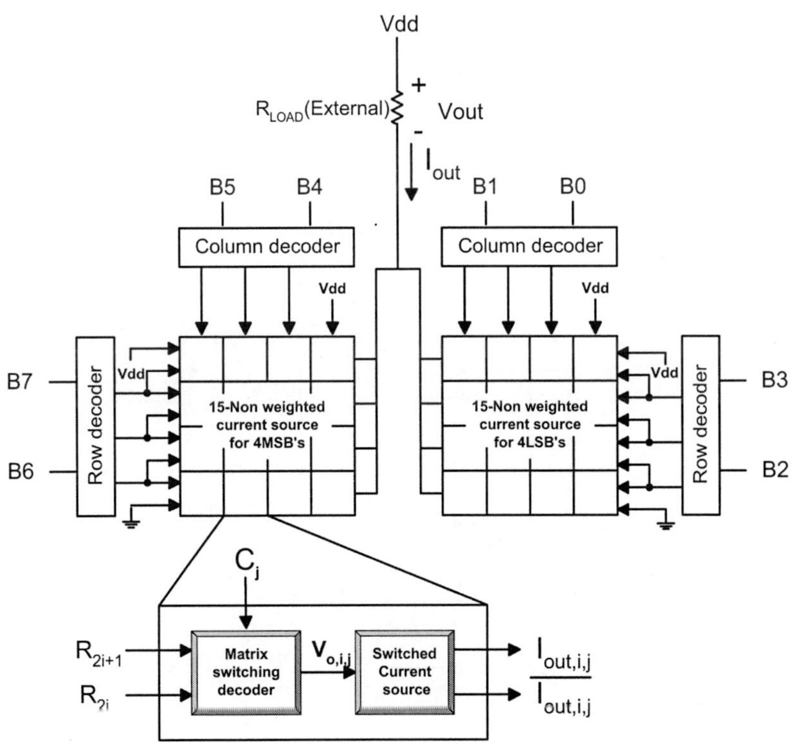

그림 4.3.1 8비트 온도계 코드 기반 DAC 회로

회로 구조를 살펴보면 상위 4비트와 하위 4비트로 구성되며, 각 상위 4비트와 하위 4비트 내 각 전류셀은 매트릭스 스위칭 디코더 회로와 스위칭 전류원으로 구성되었다. 각 매트릭스 스위칭 디코더 회로는 i열 디코더 회로의 R_{2i}, R_{2i+1}와 j행 디코더 회로의 C_j에 의해서 제어 받으며, 출력 전압 신호 $V_{o,i,j}$가 발생한다. 또한, 출력 전압 신호, $V_{o,i,j}$에 의

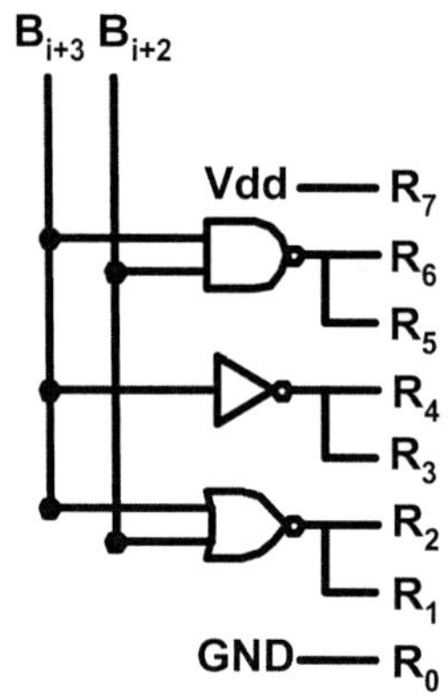

(a) 열 디코더 회로

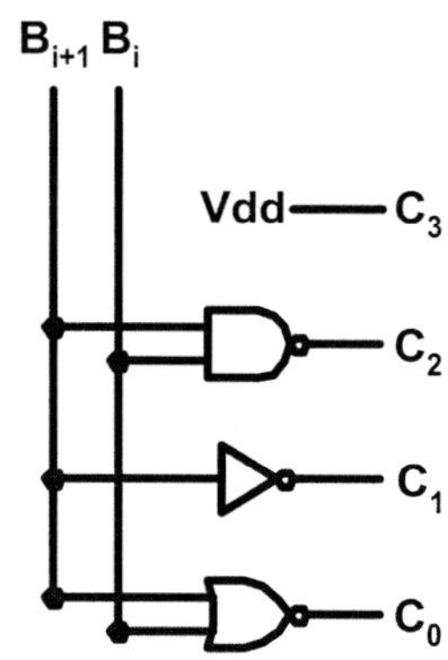

(b) 행 디코더 회로

그림 4.3.2 2비트 온도계

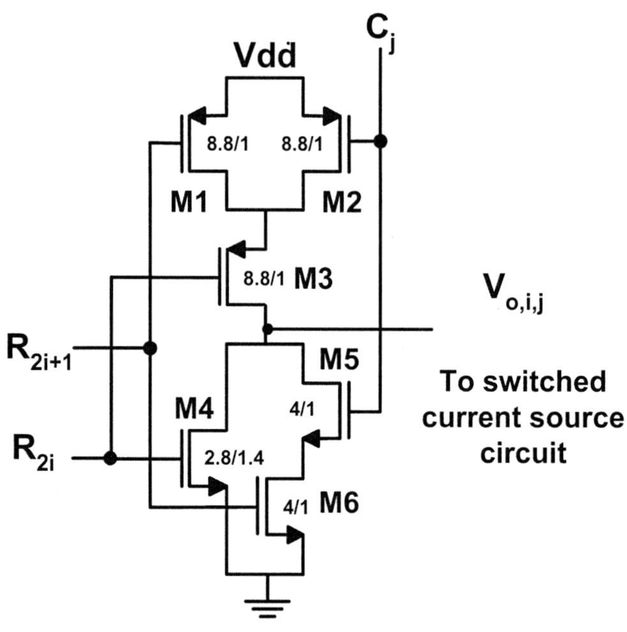

그림 4.3.3 매트릭스 스위칭 디코더 회로

해서 스위칭 전류원이 제어 받아서 차동 아날로그 출력 전류, $I_{out,i,j}$, $\overline{I_{out,i,j}}$ 가 발생된다. 디지털 이진코드(B_i, B_{i+1}, B_{i+2}, B_{i+3})가 입력되면 그림 4.3.2의 (a) 2비트 i 열 디코더 회로와 (b) 2비트 j행 디코더 회로에 의해서 디코더 신호 R_i와 C_j가 발생된다.

입력된 R_{2i}, R_{2i+1}, C_j로부터 제어 받은 매트릭스 스위칭 디코더의 출력 전압 신호, $V_{o,i,j}$를 발생시키는 회로는 그림 4.3.3에 제시된 매트릭스 스위칭 디코더 회로이다.

매트릭스 스위치 디코더 회로에서 발생된 출력 전압 신호, $V_{o,i,j}$는 그림 4.3.4의 최상위 비트 스위칭 전류원 회로와 그림 4.3.5의 최하위비트 스위칭 전류원 회로의 스위치 트랜지스터의 게이트에 인가되어서 차동 아날로그 출력 전류, $I_{out,i,j}$, $\overline{I_{out,i,j}}$ 가 결정된다.

주어진 DAC 회로를 이용하여서 시스템 모델링하기 위한 매크로 모델은 그림 4.3.6과 같다. 즉, 상위 4비트 매크로 모델과 하위 4비트 매크로 모델이 서로 병렬 연결되어 있다.

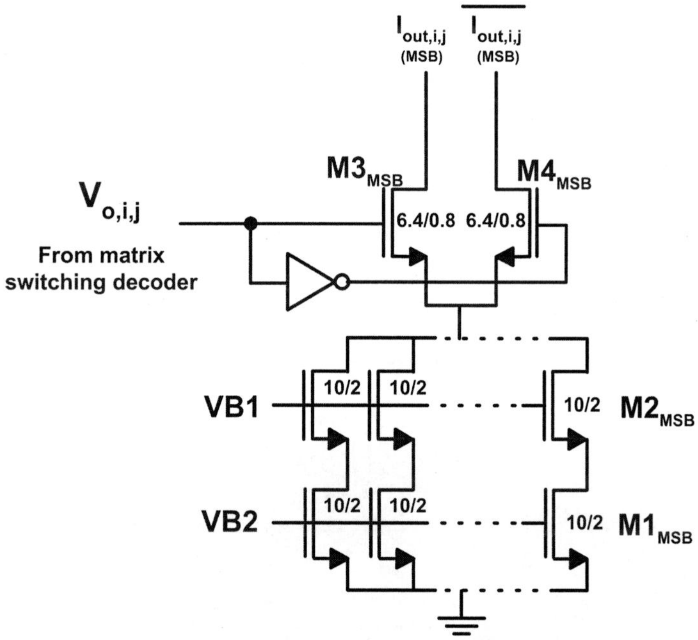

그림 4.3.4 최상위비트 스위칭 전류원 회로

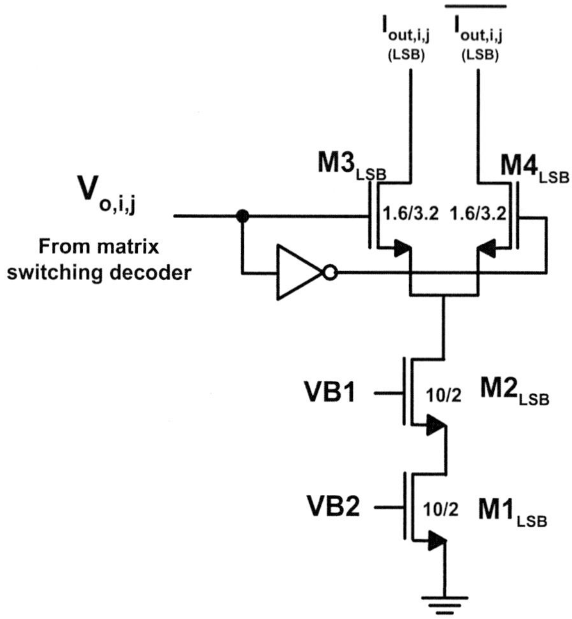

그림 4.3.5 최하위비트 스위칭 전류원 회로

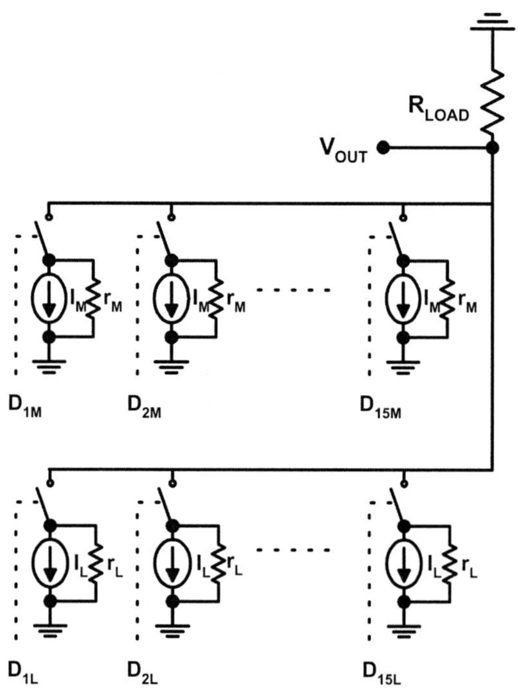

그림 4.3.6 8비트 온도계 코드 기반 DAC 회로의 매크로 모델

각 매크로 모델 내 전류원은 스위치와 이상 전류원과 전류원에 흐르는 전류량, I_M에 따른 내부저항, r_M이 병렬 연결되어 있다. 8비트 온도계 코드 기반 DAC 회로의 정적 특성을 모의실험한 결과는 그림 4.3.7과 같다.

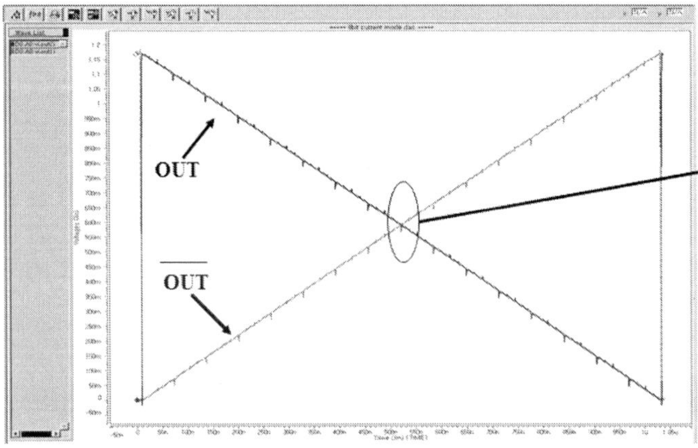

그림 4.3.7 8비트 온도계 코드 기반 DAC 회로의 정적 특성 모의실험 결과

설계된 회로가 2비트를 기반으로 구성되어 있기 때문에 2비트 디지털 신호마다 글리치가 15회 발생하는 것을 확인할 수 있으며, 온도계 코드 기반이므로 모든 디지털 코드가 변화하여도 (0111 111 → 1000 000) 다른 글리치 신호 크기가 동일한 결과로 모의실험된 것을 알 수 있다. 설계된 8비트 온도계 코드 기반 DAC 회로의 칩 레이아웃 사진은 그림 4.3.8과 같다.

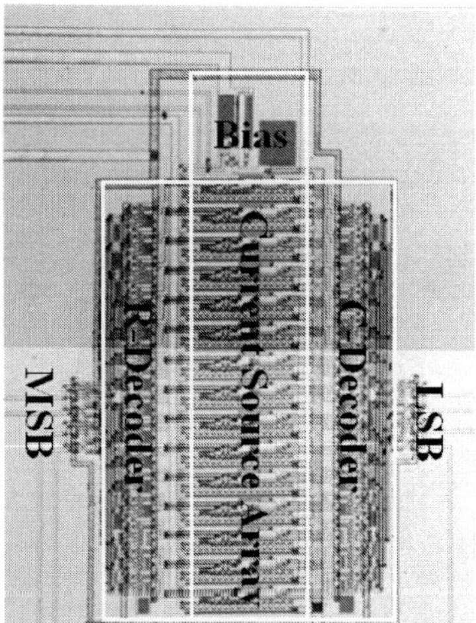

그림 4.3.8 8비트 온도계 코드 기반 DAC 회로의 칩 레이아웃 사진

레이아웃 배치를 살펴보면, 레이아웃의 왼쪽과 오른쪽에는 각각 상위 디지털 4비트와 하위 디지털 4비트 신호선이 들어간다. 이진 디지털 코드신호가 들어가면 열 디코더와 행 디코더를 거쳐서 전류원 어레이를 제어하게 된다. 전류원 어레이 윗부분에는 바이어스 회로가 배치되어 있다. 0.8 μm CMOS n-well 공정을 이용하여서 설계된 회로의 성능을 측정한 결과가 표 4.3.1에 요약되어 있다.

표 4.3.1 8비트 온도계 코드 디코더 기반형 DAC 회로의 성능 측정 결과 요약표

성능 변수	측정 결과
INL (LSB)	±0.8
DNL (LSB)	±0.75
상승 시간(nsec)	3.1
정착 시간(nsec)	15
출력 신호 스윙 범위(V)	0.85
전력소모(mW)	35
공정	0.8 μm CMOS n-well

즉, INL과 DNL은 각각 ± 0.8 LSB, ± 0.75 LSB이며, 상승시간 및 정착시간은 3.1, 15 nsec이다. 출력신호 스윙 범위는 0.85 V이며, 전력소모는 35 mW이다.

4.4 10비트 세그멘티드형 DAC 설계

8비트 이상 고해상도 DAC를 설계 시 이진가중치 DAC 구조나 디코더 기반 DAC 구조로는 구현하기 어려우므로 두 가지 구조를 혼합해서 구현하게 된다. 특히, LSB 부분은 고속 동작을 요구하는 이진가중치 DAC 구조를 사용하고, MSB 부분은 글리치를 최소화하는 디코더 기반 DAC 구조를 이용하는 것이 바람직하다. 따라서 그림 4.4.1은 10비트 DAC 블록 다이그램을 나타내며, 상위 6비트 DAC와 하위 4비트 DAC로 구성된다. 하위 4비트 DAC는 고속 동작을 위해서 이진가중치 구조를 활용했으며, 상위 6비트 DAC는 글리치를 최소화화는 디코더 기반 구조를 사용했다.

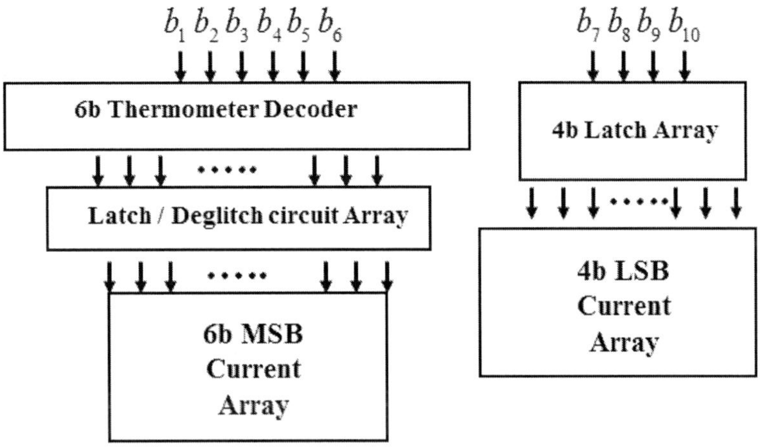

그림 4.4.1 10비트 세그멘티드 DAC 블록 다이어그램

그림 4.4.2는 6비트 온도계 코드 디코더 회로의 블록 다이어그램을 나타내고 있다.

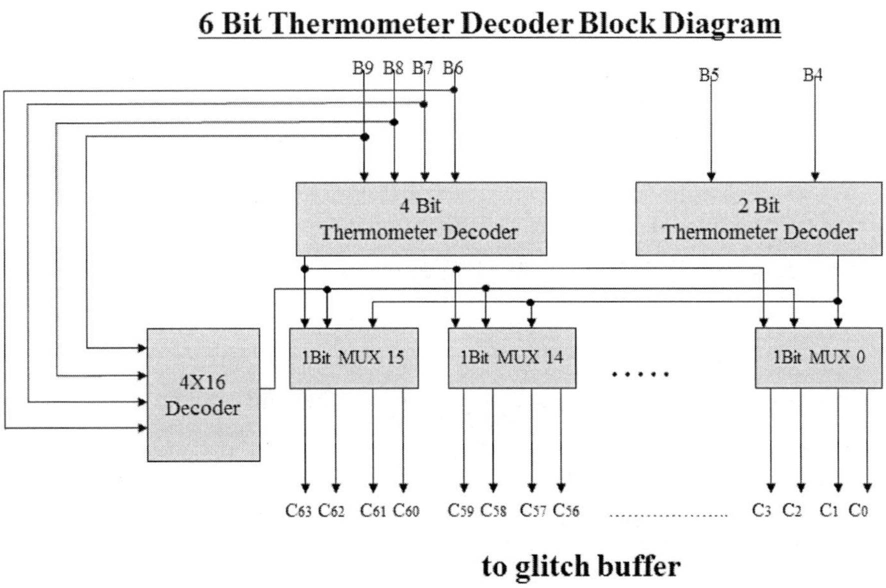

그림 4.4.2 6비트 온도계 코드 디코더 회로의 블록 다이어그램

6비트 온도계 코드 디코더 회로를 1개로 설계하기에는 너무 논리회로가 복잡하고 커지므로 4비트(B_6, B_7, B_8, B_9) 온도계 코드 디코더와 2비트(B_4, B_5) 온도계 코드 디코더로 설계하고, MUX로 연결하여서 64개의 온도계 코드(C_0, C_1, ⋯, C_{63})를 발생시킨다. 그림 4.4.3은 디글리치(deglitch) 회로도로서 스위치에 인가된 디지털 신호의 동기화를 위하여서 신호를 지연시키는 기능을 가진 회로이다.

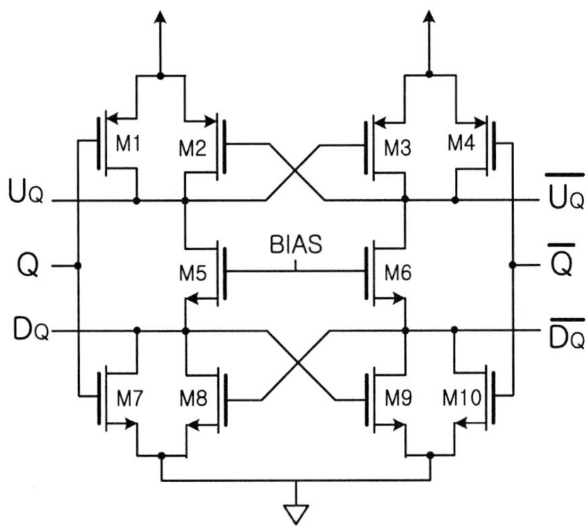

그림 4.4.3 디글리치 회로도

트랜지스터 M2와 M3는 p-채널 래치회로이며, 트랜지스터 M8과 M9는 n-채널 래치회로로서 신호를 저장한다. 트랜지스터 M1과 M7은 D-플립플롭의 출력신호 Q를 받는 인버터 회로이며, 트랜지스터 M4와 M10은 D-플립플롭의 출력신호 $\overline{Q}$를 받는 인버터 회로이다. 트랜지스터 M5와 M6는 선형영역에서 동작하게 게이트 바이어스 전압을 인가시켜서 저항으로 활용하게 된다. 저항값이 증가하면 신호 지연시간이 더 증가하게 된다. 즉, 트랜지스터 M5와 M6의 저항값은 식 (4.4.1)으로 나타낼 수 있다.

$$R_5 = R_6 = \frac{1}{\left(\frac{W}{L}\right)_5 K_n{'}\left(V_{bias} - V_{TH}\right)} \tag{4.4.1}$$

따라서 소자 비율$(W/L)_5$을 감소시키면 저항값이 증가하며, V_{bias} 전압을 증가시키면 저항값이 감소하게 된다. 그러므로 소자 비율과 바이어스 전압을 설계변수로 디글리치 회로의 신호 지연시간을 조절할 수 있다. 그림 4.4.4는 디글리치 회로의 모의실험 결과를 나타낸다.

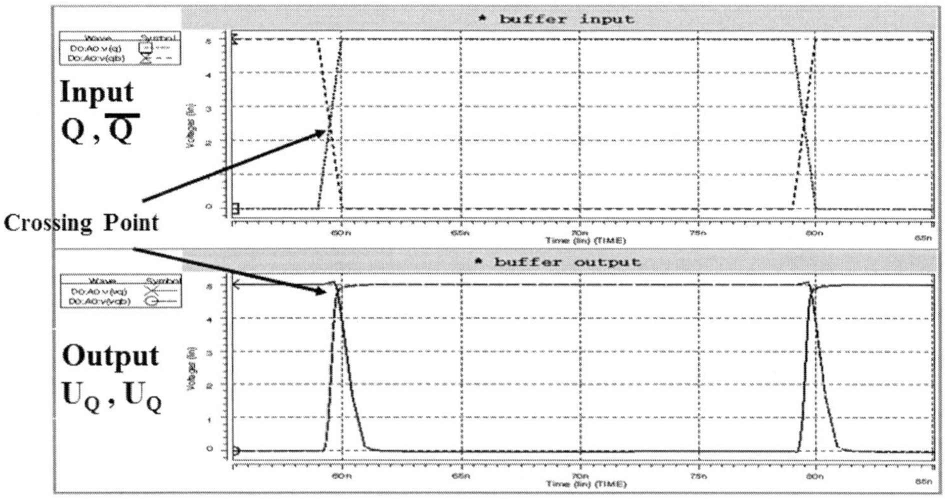

그림 4.4.4 디글리치 회로도의 모의실험 결과

D-플립플롭의 출력신호 Q, $\overline{Q}$가 디글리치 회로에 입력될 때, 두 디지털 신호의 만나는 점(crossing point)이 중간인 것을 볼 수 있다. 이 두 가지 신호가 디글리치 회로를 통해서 나오게 되면 출력신호, U_Q, $\overline{U_Q}$를 살펴보면, 두 신호가 지연회로를 통해서 만나는 점이 더 이상 중간이 아니며 V_{DD}에 가깝게 된다. 즉, 두 신호의 만나는 점을 조정함으로써 디지털 신호를 동기화시킬 수 있다. 그림 4.4.5는 상위 6비트 DAC 회로와 전체 10비트 DAC 회로의 정적 성능 모의실험 결과를 나타낸다.

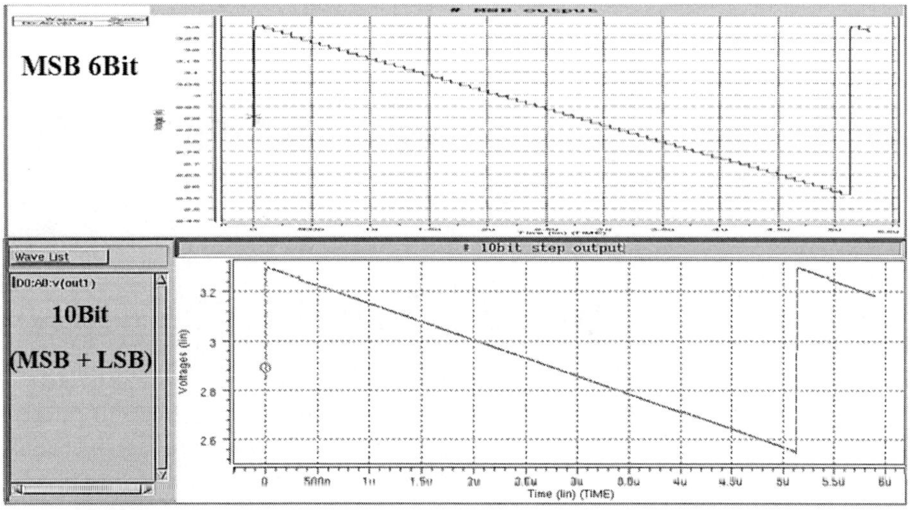

그림 4.4.5 상위 6비트와 10비트 DAC의 정적 성능 모의실험 결과

상위 6비트 DAC는 온도계 디코더 기반 회로이므로 글리치가 매우 작다. 온도계 디코더 기반 6비트 회로와 이진가중치 하위 4비트 회로를 합하여서 정적 성능 모의실험을 하게 되면, 글리치가 작게 된다. 왜냐하면 하위 4비트의 성능은 상위 6비트 성능에 의해서 작아지기 때문이다. 설계된 10비트 DAC의 최대 글리치를 측정하기 위해서 01111 11111 코드에서 10000 00000 코드로 변환시킬 때 모의실험 결과는 그림 4.4.6과 같다.

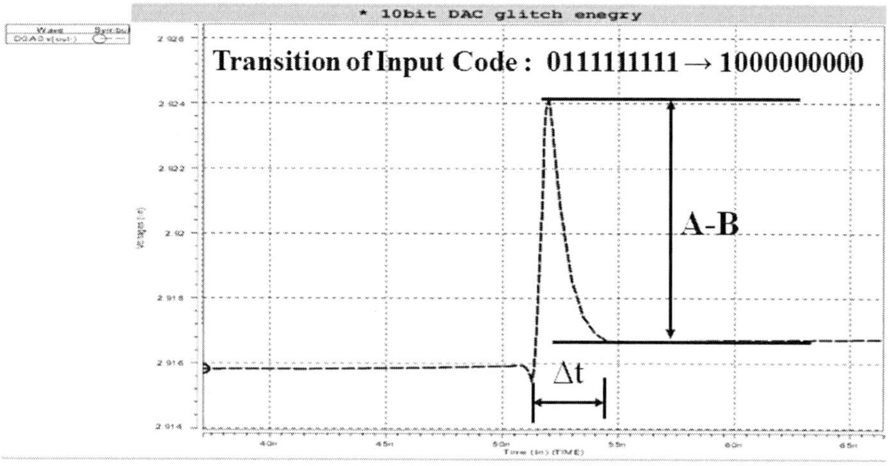

Glitch Energy = [(A-B) X Δt]/2 = 10.5pV•sec

그림 4.4.6 글리치 모의실험 결과

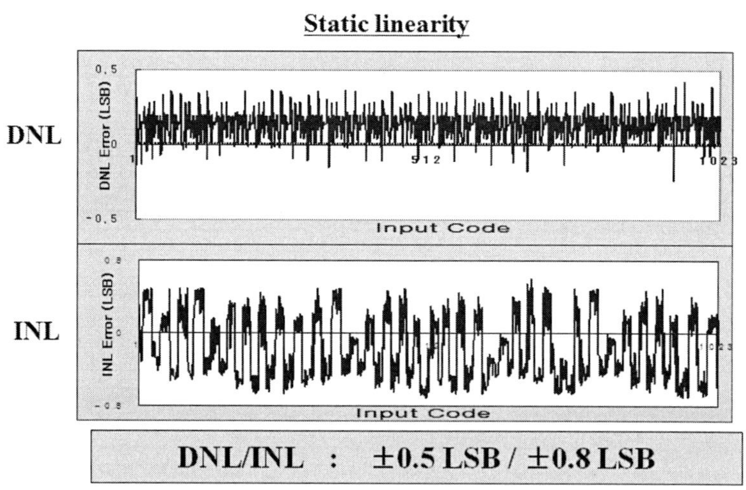

그림 4.4.7 DNL과 INL의 모의실험 결과

글리치가 차지하는 면적을 계산하면 10.5 pVsec이다. 또한, 설계된 10비트 DAC의 정적 선형성을 나타내는 DNL과 INL을 디지털 입력코드 0에서 1023까지 모의 실험한 결과는 그림 4.4.7과 같다. 즉, DNL은 ±0.5 LSB, INL은 ±0.8 LSB으로써 나타났다.

그림 4.4.8은 레이아웃 도면이다.

Layout

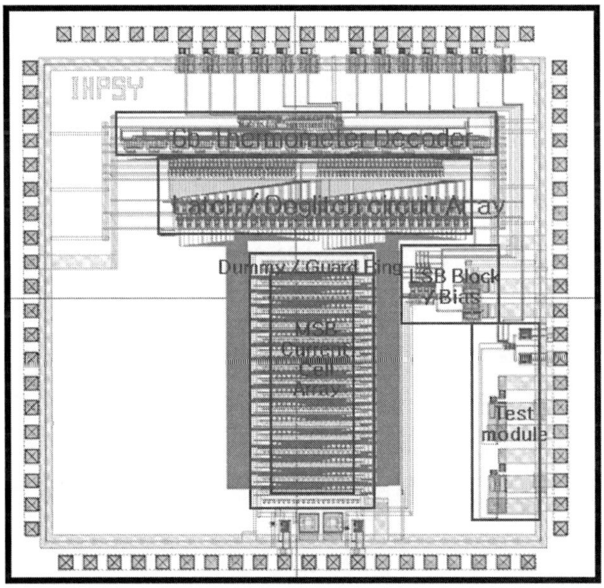

그림 4.4.8 10비트 세그멘티드 DAC의 레이아웃

상위 6비트 전류원 셀, 디글리치 회로 및 래치 회로, 그리고 6비트 온도계 디코더 레이아웃이 아래부터 위로 배치되어 있으며, 오른쪽에 이진가중치 하위 4비트 회로가 위치되어 있다. 즉, 아날로그 회로인 전류원 셀과 디지털 회로인 래치, 디글리치 회로, 디코더 회로가 분리되어 있는 것을 볼 수 있다. 아날로그 신호와 디지털 신호가 서로 분리되어서 신호처리하기 위함이다. 아날로그 신호 입장에서 디지털 신호를 보면, 스위칭 잡음신호이기 때문이다.

그림 4.4.9는 설계된 10비트 DAC의 글리치를 측정하기 위한 회로도이다. 즉, 상위 1비트에는 인버터를, 나머지 하위비트는 함께 연결하여서 클록신호 50 MHz를 인가하면 클록신호가 '1'에서 '0'이 되면 입력 디지털 코드는 01111 11111에서 10000 00000로 과도기 변환되는 것이다. 따라서 이때 최대 글리치를 측정할 수 있으며, 글리치를 측정해보면 그림 4.4.10과 같다.

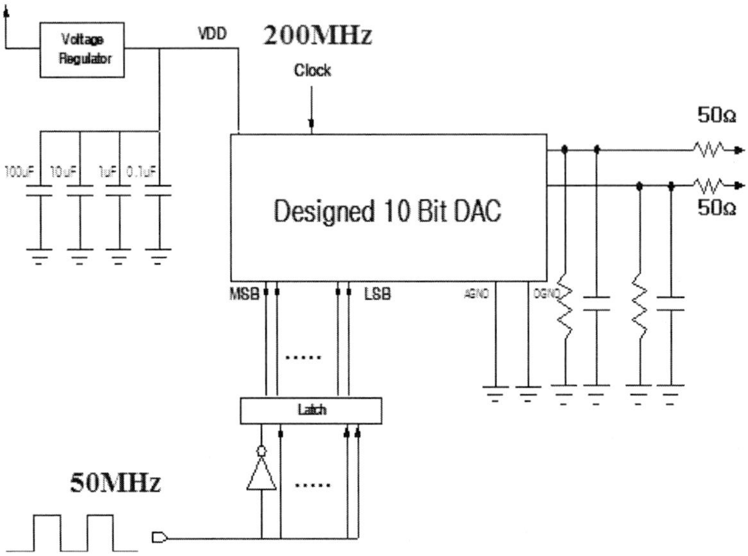

그림 4.4.9 10비트 세그멘티드 DAC의 글리치 측정 회로도

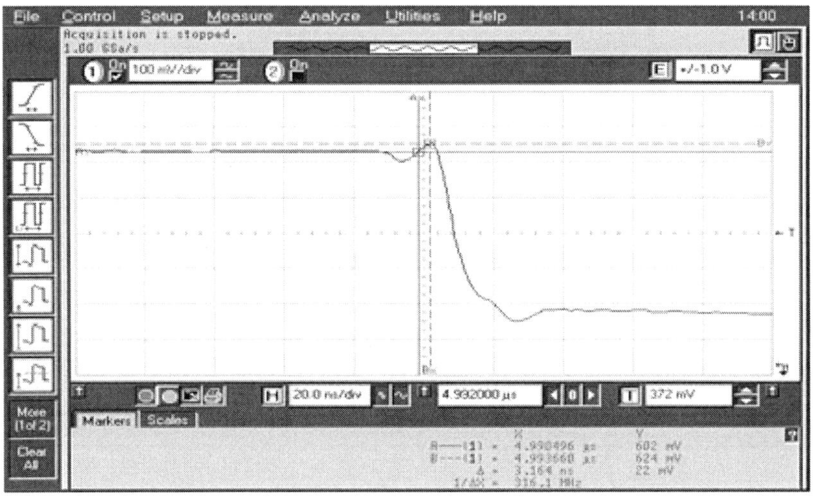

그림 4.4.10 10비트 세그멘티드 DAC의 글리치 측정 파형

측정된 파형에서 움푹 파여진 부분과 약간 튀어난 부분이 글리치를 나타내며, 이 글리치 면적을 계산하면 약 76 pVsec가 되어서 다소 큰 편에 속한다. 설계된 10비트 DAC의 동적 특성을 측정하기 위하여 그림 4.4.11과 같이 입력 정현파를 10비트 ADC에 입력시킨다.

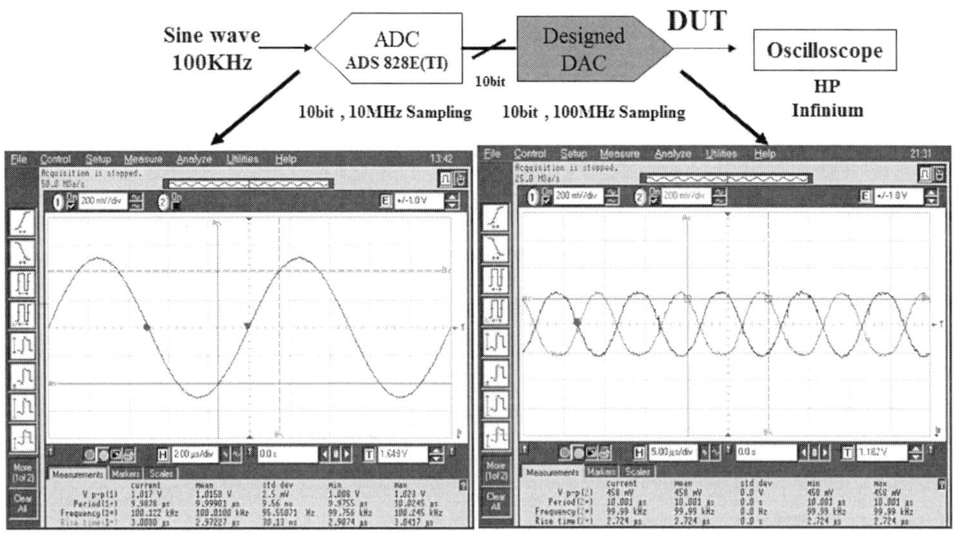

그림 4.4.11 10비트 세그멘티드 DAC의 입력신호와 출력신호 파형

이 경우 입력 정현파의 SNR은 65 dB이며, 10비트 ADC에서 나온 출력파형은 설계된 10비트 DAC에 입력시켜서 출력된 복원파형의 스펙트럼을 측정한 결과, 50 dB의 SNR이 측정되었다. 즉, 입력신호와 출력신호의 SNR 차이는 15 dB로 측정되었으므로 15 dB의 50%는 ADC의 양자화 잡음, 나머지 50%는 설계된 10비트 DAC의 양자화 잡음으로 추정할 수 있다. 표 4.4.1에서는 설계된 10비트 DAC의 회로 사양, 모의실험 결과 및 측정 결과를 비교하였다. 설계된 10비트 DAC는 TSMC 0.35 um 공정기술을 사용하였으며, 측정된 데이터 변환 속도는 200 MHz이며, 전력소모는 85 mW, DNL과 INL은 각각 ±0.7 LSB, ±1.1 LSB, SNR은 50 dB, 글리치는 76 pVsec이다. 따라서 Figure of Merit는 식 (4.4.2)와 같이 계산된다.

$$FoM = \frac{85\,\mathrm{mW}}{200\,\mathrm{MHz} \cdot 2^8} = 1.6 \times 10^{-12}\,\mathrm{J/conv-step} \tag{4.4.2}$$

표 4.4.1 설계된 10비트 세그멘티드 DAC의 성능, 모의실험 결과 및 측정 결과의 비교 표

	Spec	Simulation	Measurement
Resolution	10비트	10비트	10비트
Conversion raTE	100 MHz	500 MHz	200 MHz
power dissipation	150 mW	83 mW	85 mW
Glitch energy	15 pV · sec	7.5 pV · sec	76 pV · sec
DNL/INL	±0.5 LSB/±1.0 LSB	±6.5 LSB/±0.8 LSB	±0.7 LSB/±1.1 LSB
SNR	62 dB	–	50 dB
SFDR	–	–	53 dB

4.5 듀얼 12비트 세그멘티드형 전류 구동 DAC

디지털 무선통신 WLAN 용으로 설계된 듀얼 12비트 전류 구동 DAC의 블록 다이어그램과 4비트 온도계 코드 디코더 회로 블록 다이어그램이 그림 4.5.1에 나타나있다.

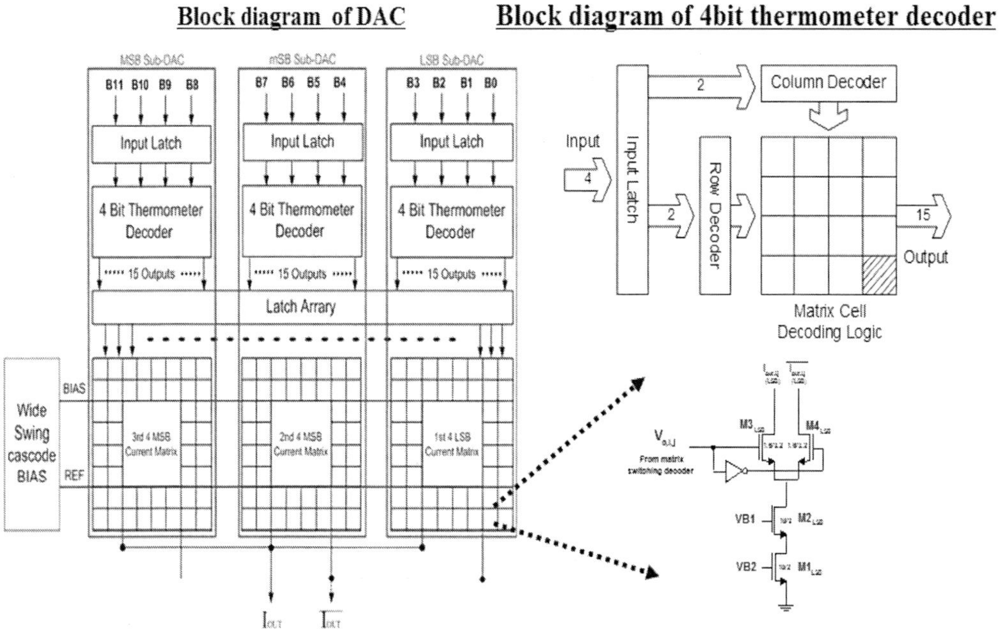

그림 4.5.1 12비트 세그멘티드 DAC와 4비트 온도계 코드 디코더의 블록 다이어그램

12비트 세그멘티드형 구조는 4비트 구조를 3개 이용하여서 최상위 4비트, 중간 4비트, 최하위 4비트 구성으로 설계되었다. 듀얼 12비트 세그멘티드형 전류 구동 DAC 회로의 레이아웃으로 위와 아래가 대칭으로 설계함으로써 신호처리 정합이 최대로 되도록 하였다. 각 12비트 세그멘티드형 전류 구동 DAC 회로의 중심에는 전류원 셀 매트릭스가 배치되며, 아날로그 스위치, 래치 및 디글리치 회로, 온도계 디코더 회로 및 입력 래치회로가 상단에 배치되어서 아날로그 회로와 디지털 회로를 분리시켰다. 설계 제작된 12비트 DAC의 동적 특성을 측정하기 위해서 14비트 ADC를 통해서 120 MHz 샘플링 신호와 1 MHz 입력 정현파 신호를 받고, 디지털 출력코드를 설계된 12비트 DAC에 연결하여서 신호를 복원하였으며, 스펙트럼 분석기로 스펙트럼을 측정하였다. 그림 4.5.2와 같이 측정된 싱글톤 테스트의 SFDR은 71.1 dB로 나타났다. 그림 4.5.3은 입력신호의 주파수가 각각 1 MHz, 1.1 MHz인

신호를 믹서를 통해서 14비트 ADC에 인가하였다.

이때 14비트 ADC와 12비트 DAC의 샘플링 주파수는 120 MHz로 동기시켰다. 12비트

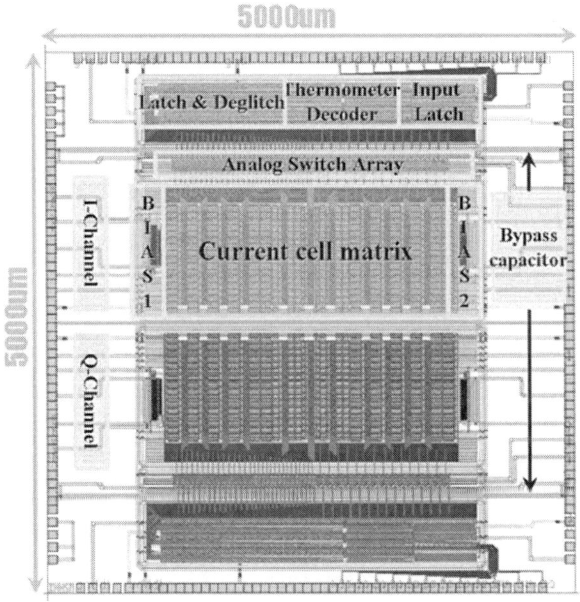

그림 4.5.2 듀얼 12비트 세그멘티드 DAC 레이아웃

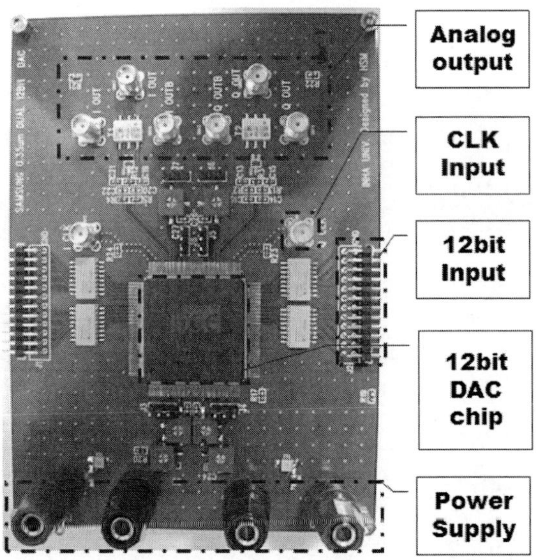

그림 4.5.3 듀얼 12비트 세그멘티드 DAC PCB 평가편 제작 사진

DAC에서 측정된 스펙트럼을 살펴보면 SFDR이 63.5 dBc로서 60 dBc를 넘게 측정되었으므로 디지털 통신의 사양인 60 dBc를 만족하였다. 싱글톤 테스트에서 SFDR이 71.1 dBc에서 듀얼톤 테스트 결과가 63.5 dBc로서 8 dBc가 감소하는 것을 알 수 있다. 그림 4.5.4는 입력주파수의 변화에 따른 DAC의 측정된 SFDR과 유효비트수 특성을 나타낸다.

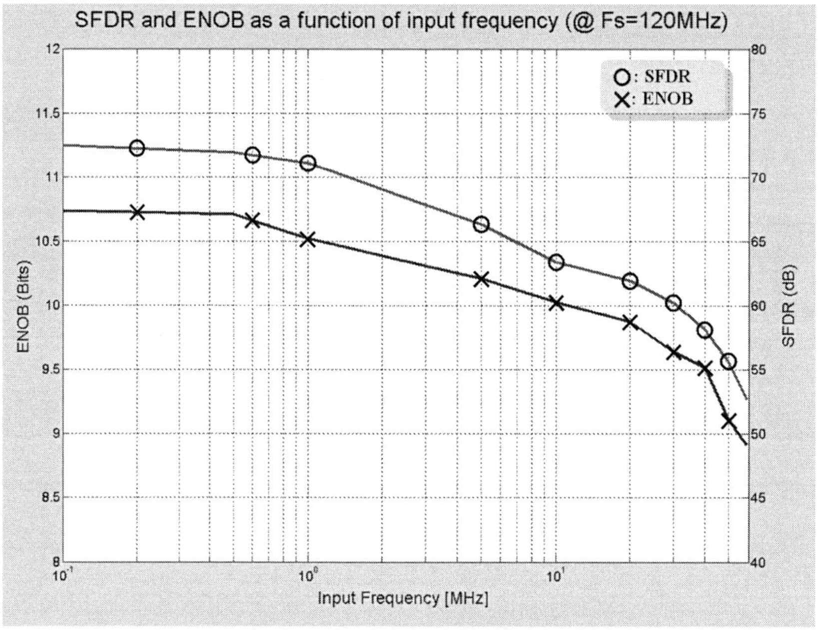

그림 4.5.4 듀얼 12비트 세그멘티드 DAC 성능 측정 계측기 배치

입력주파수가 1 MHz까지는 10.5비트의 유효비트수를 유지하다가 입력주파수가 증가하여서 나이퀴스트 주파수인 60 MHz가 되면 유효비트수가 9비트로 감소하는 것을 알 수 있다. 설계된 DAC의 선형성인 INL과 DNL 측정은 그림 4.5.5에 나타나고 있다.

INL과 DNL은 각각 ±1.6 LSB, ±1.3 LSB로 측정되었다. 또한, 측정된 글리치는 31 pVsec이다.

표 4.5.1에서는 설계된 듀얼 12비트 세그멘티드형 DAC의 모의실험 결과 및 측정결과를 비교하였다. 여기서 측정된 FoM은 604 fJ/conv-step으로서 모의실험 결과인 304 fJ/conv-step 보다 2배 크게 측정되었다. 이렇게 나타난 이유는 모의실험 결과의 유효비트수(11.3비트)와 측정결과의 유효비트수(10.5비트)가 1비트 차이가 나므로 FoM에서는 2배 차이가 난 것으로 해석할 수 있다.

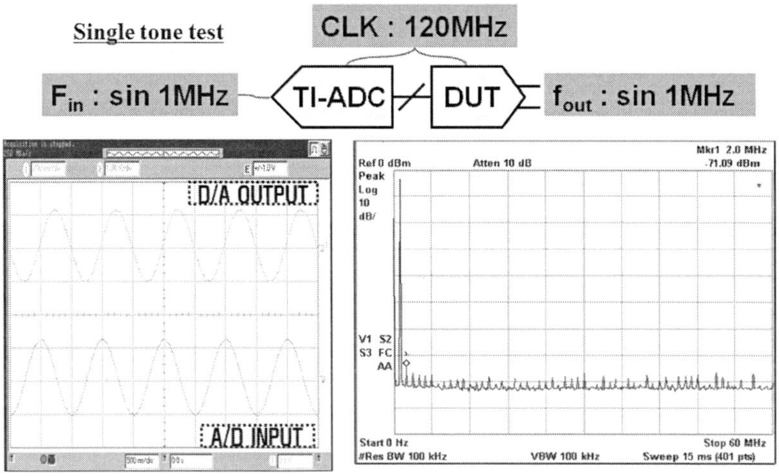

그림 4.5.5 듀얼 12비트 세그멘티드 DAC의 싱글톤 동적 특성 측정 결과

표 4.5.1 설계된 듀얼 12비트 세그멘티드 DAC의 모의실험 결과 및 측정결과의 비교 표

Parameter	Simulation	Measurement
Resolution/Supply	12 Bit , 3.3V	12 Bit , 3.3V
Conversion rate	120MHz	120 MHz
INL / DNL		± 1.6 LSB / ± 1.3 LSB
Glitch Energy	10.5 p·Vsec	31 p·Vsec
Single tone SFDR	82 dB (@ F_s=120MHz, F_{in}=1MHz)	71 dB (@ f_s=120MHz, f_{in}=1MHz)
Dual tone SFDR		64 dB (@ f_s=120MHz, f_{in}=1MHz, 1.1MHz)
ENOB	11.3 Bit (@ f_s=120MHz, f_{in}=1MHz)	10.5 Bit (@ f_s=120MHz, f_{in}=1MHz)
Power dissipation	103 mW	105 mW
Chip Area		11.35 mm^2
FoM	304 fJ /conv- step	604 fJ /conv- step

그림 4.5.6은 듀얼 12비트 DAC 측정 환경을 나타낸다.

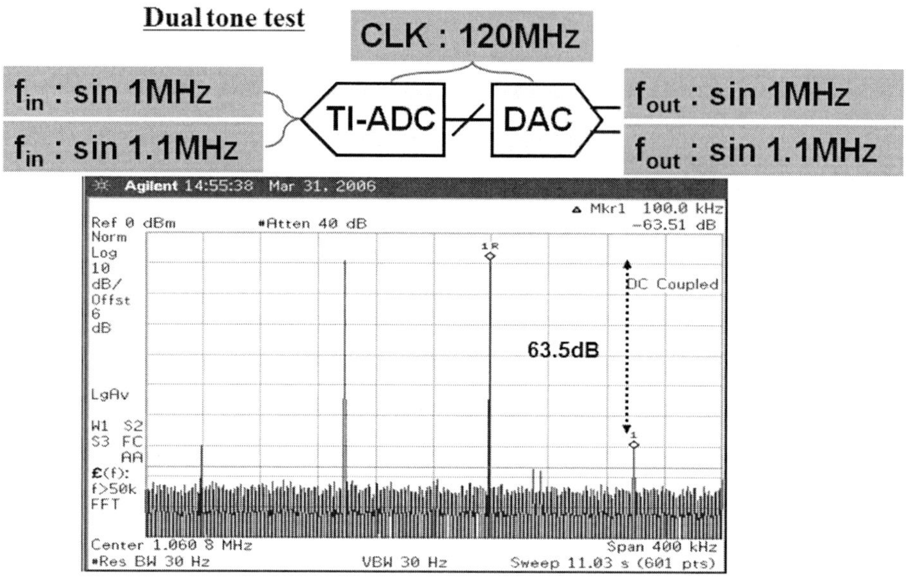

그림 4.5.6 듀얼 12비트 세그멘티드 DAC의 듀얼톤 동적 특성 측정 결과

즉, 측정용 평가판에는 스펙트럼 분석기, 입력신호 파형 발생기, 클록신호 발생기, 디지털 오실로스코프, 아날로그/디지털 전원공급기가 연결되어 있는 것을 알 수 있다.

4.6 DAC 보정 회로

12비트 이상의 해상도를 갖는 DAC를 설계하기 위해서는 보정회로(calibration)가 필요하다. 공통 중앙 레이아웃 기법과 스위칭 시퀀스 레이아웃 기법을 이용하여서 소자 정합 특성을 최대로 구현하여도 12비트 이상의 고해상도 DAC 특성을 구현하기에는 어렵기 때문이다. 또한, 전류 구동 DAC는 대부분 저전력 고속 성능을 요구시 사용되므로 전류원이 포함된다. 대부분의 전류원의 내부저항이 무한대가 아닌 유한한 저항값을 지니고 있다. 전류원의 유한한 내부 저항값은 고조파를 발생시키는 원인을 제공하며, 고조파가 발생하면 SFDR 성능이 저하된다. 12비트 이상의 경우 전류원의 숫자가 2^{12}개 이상이 되므로 전류원에서 발생되는 고조파를 무시할 수 없다. 또한, 전류원이 가지고 있는 기생 커패시터와 전류원과 전류원이 라우팅 선에 의해서 연결되므로 라우팅 선의 복잡성에 의한 정착시간 지연, 글리치 발생, 클록 피드스루 문제를 야기시키며, 이로써 더 많은 고조파가 발생될 수 있다. 또한, 외부에서 인가되는 클록신호의 지터 특성과 스큐 특성으로 인해서 동적 선형

특성이 저하되며, 이로 인해서 고조파가 발생하게 된다. 결론적으로 고조파 발생을 최소화하기 위해서는 DAC의 레이아웃 면적을 최소화하여서 소자 정합 특성을 최대화하는 것이 바람직하다.

4.6.1 전류원 내 V_{GS} 보정 기법

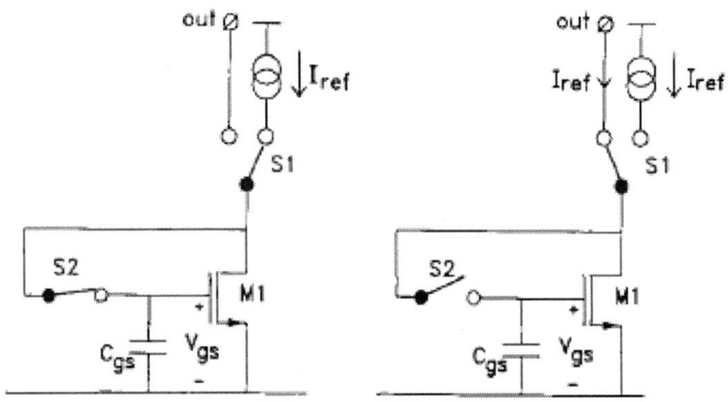

(a) (b)

Calibration principlc. (a) Calibration. (b) Operation.

그림 4.6.1 VGS 보정회로 기법

오디오 신호처리용 16비트 DAC [1] 설계 시 사용된 보정기법(Calibration technique)의 동작 원리는 그림 4.6.1(a)와 (b)에 잘 나타나있다. 그림 4.6.1(a)에서는 전류원 내 트랜지스터 M1의 게이트 단자와 드레인 단자를 스위치 S2를 이용하여서 연결한 후 스위치 S1과 기준전류원을 통해서 전류를 주입시키면 전류가 흐른 만큼 게이트-소스 단자에 존재하는 기생 커패시터 C_{GS}에 전압이 저장된다.

그림 4.6.1(b)와 같이 스위치 S2를 개방시키고, 스위치 S1을 출력단자에 연결시키면, 기생 커패시터 C_{GS}에 저장된 전압이 동일하게 유지되는 시간 동안에는 기준전류원의 전류량과 동일한 전류가 출력단자로 흘러가게 된다. 스위치 S2를 트랜지스터 M2로 대치한 회로도는 그림 4.6.2(a)와 같다.

이 경우 트랜지스터 M2의 소스 단자와 바디 단자 사이에 존재하는 다이오드 D1은 기생 커패시터 C_{GS}와 병렬 연결되어 있다. 따라서 트랜지스터 M1에 흐르는 전류는 식 (4.6.1)과 같다.

$$I_{ds1} = I_{ref} - g_m\left(\frac{I_{leak}}{C_{GS}}\right)t \tag{4.6.1}$$

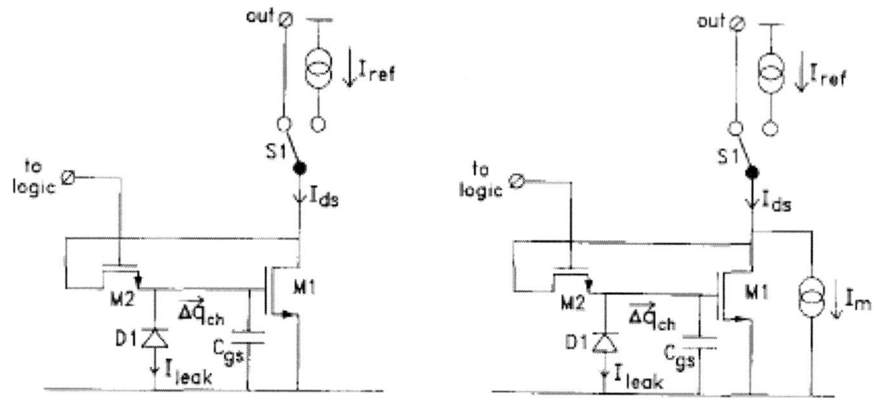

(a) Real calibration circuit. (b) Improved calibration circuit

그림 4.6.2 스위치 S2를 포함한 VGS 보정회로

식 (4.6.1)에서 2번째 항이 작을수록 좋으므로 트랜지스터의 상호컨덕턴스 값을 작게 하거나 다이오드의 용량이 작도록 하거나 M1의 C_{GS}를 크게 설계하면 된다. 트랜지스터 M1에 흐르는 전류의 80 ~ 90%가 흐르도록 전류원 I_m 에 흐르도록 설계하면 V_{GS}값의 변동에 의한 전류 변동률이 작게 되므로 보정 정확도가 높아질 수 있다. 그림 4.6.3에서는 스위치 S1, S2를 트랜지스터로 구현한 회로로서 스위치 S2를 트랜지스터 M2로 구현했을 때 발생하는 클록 피드스루 문제는 더미 트랜지스터인 M3를 이용한 것을 알 수 있다.

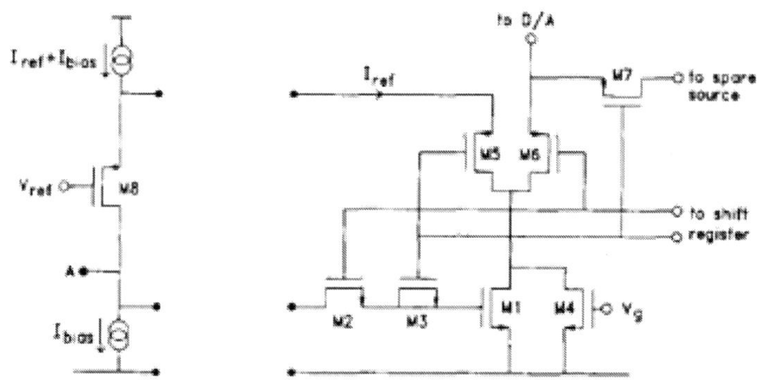

(a) Calibration circuitry. (b) Current cell.

그림 4.6.3 스위치 S1, S2를 포함한 VGS 보정회로

16비트 DAC의 구조는 하위 10비트 이진가중치 회로와 상위 6비트 온도계 코드 디코더 기반 회로인 세그멘티드형 회로로 그림 4.6.4와 같이 구성되며, 상위 6비트 전류원에 대해서 V_{GS} 보정 기법을 적용시킨 것을 볼 수 있다.

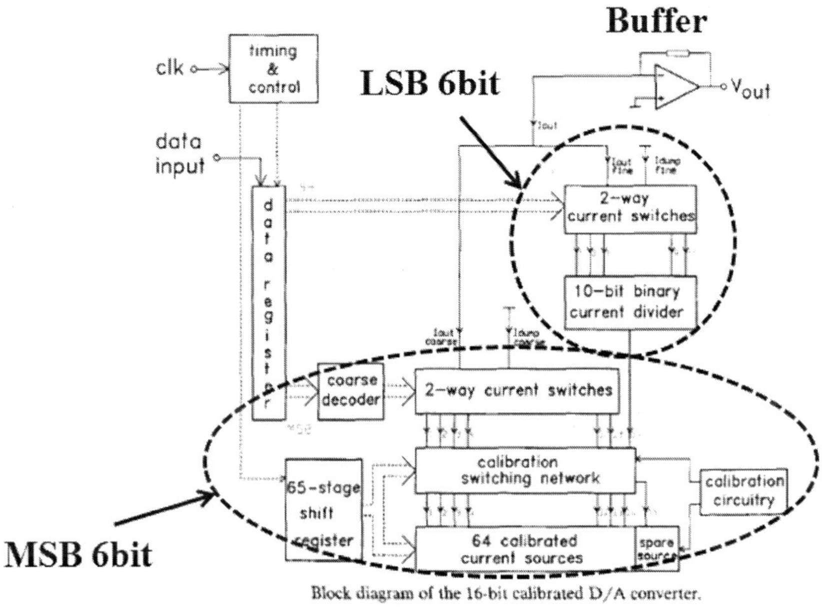

그림 4.6.4 MSB 6비트 보정회로를 이용한 DAC 회로도

4.6.2 op-amp를 이용한 V_{GS} 보정 기법

이 기법은 [2] 기본 동작 원리는 그림 4.6.5 회로와 동일하다. 그러나 op-amp와 스위치를 이용해서 구현했다는 측면에서 차이점을 생각할 수 있다.

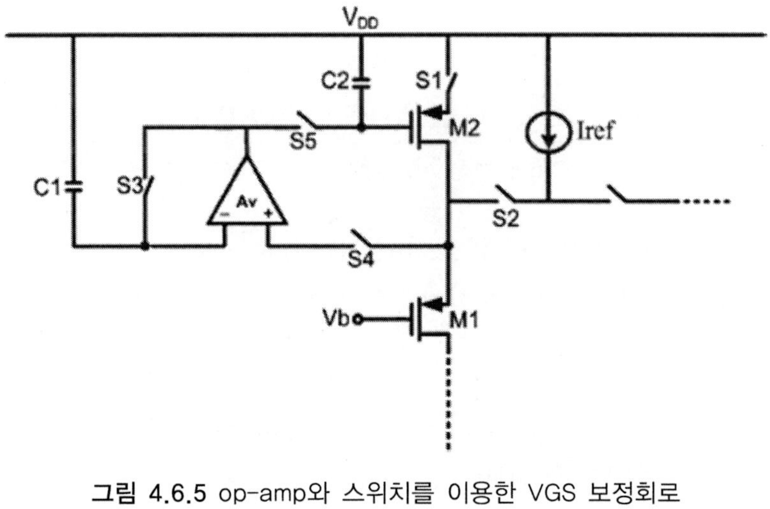

그림 4.6.5 op-amp와 스위치를 이용한 VGS 보정회로

첫 번째, 스위치 S2, S3, S4가 온되면서 op-amp에는 부귀환 특성이 나타나서 버퍼가 되며, 트랜지스터 M1의 소스 단자 전압, Vs1은 커패시터의 양단 전압 Vc1과 동일하게 된다. 두 번째, 스위치 S1, S3, S5가 온되면서 Vs1, Vc1 전압은 트랜지스터 M2의 게이트-소스 전압, V_{GS2}와 같아지게 되면서 기준전류원의 전류양에 의한 V_{GS2} 전압이 커패시터 C1에 저장되어진다. 세 번째, 스위치 S1만 도통시키고 나머지 스위치를 차단시키게 되면, 기준전류원의 전류, I_{ref}와 트랜지스터 M1과 M2에 흐르는 전류가 동일하게 되어서 4.6.1절에서 주어진 회로와 동일한 보정기능을 하게 된다. 이 경우도 스위치 S5에 의한 클록 피드스루 문제가 존재하게 되므로 더미 트랜지스터를 사용해서 문제점을 완화시킬 수 있다.

4.6.3 고해상도 보정 ADC와 보정 DAC를 이용한 보정 기법

고해상도 보정 ADC와 보정 DAC를 이용해서 14비트 세그멘티드형 DAC(6-4-4 구조)의 정적 및 동적 성능을 보정하는 기법[3]으로서 그림 4.6.6과 같다.

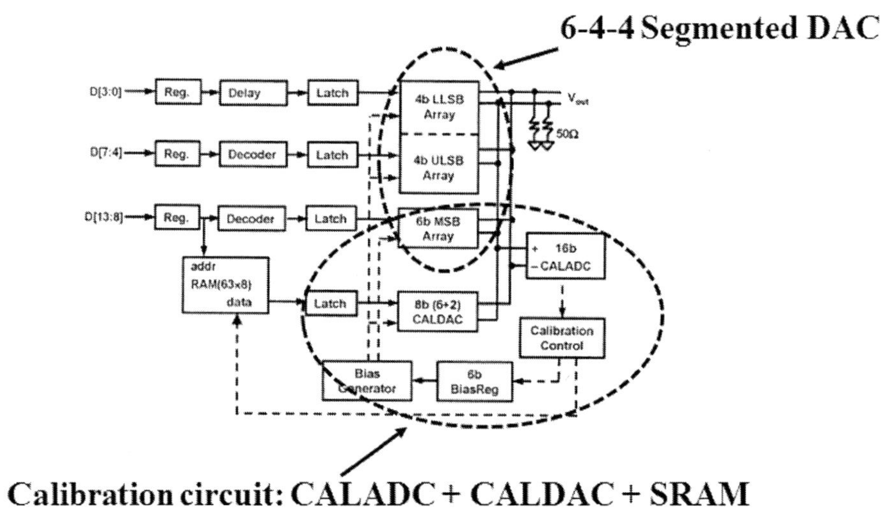

그림 4.6.6 보정 ADC와 DAC를 이용한 14비트 DAC

6비트 sub-DAC, 4비트 sub-DAC, 4비트 sub-DAC는 모두 온도계 코드 기반 DAC이다. 오차 보정은 상위 6비트 DAC를 대상으로 한다. 14비트 DAC 출력전압 신호를 16비트 보정 ADC로 데이터 변환한 후 상위 6비트 신호는 상위 6비트 DAC 회로의 바이어스를 보정하는 데 활용되며, 하위 10비트 신호는 하위 8비트 DAC의 바이어스를 보정하는 데 사용된다. 그림 4.6.7에서는 16비트 보정 ADC와 8비트 DAC를 이용한 보정 회로를 살펴볼 수 있다. 보정 과정은 다음과 같다.

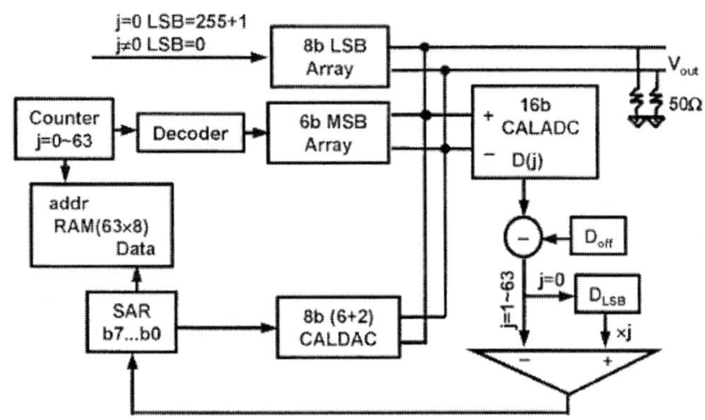

그림 4.6.7 16비트 보정 ADC와 8비트 DAC를 이용한 보정 회로

우선 16비트 보정 ADC 회로를 리셋시키고, 16비트 보정 ADC의 옵셋 전압을 측정해서 저장한다. 옵셋 전압을 저장한 후, 상위 6비트 DAC의 측정값과 메모리 장치에 저장되어 있는 이상적인 값과 옵셋 전압의 차이를 계산한다. 이렇게 계산된 오차 전압값이 보정 대상 전압이 된다. 따라서 보정 대상 전압값을 메모리에 저장시켜서 보정하게 된다. 그림 4.6.8에서는 보정 전 선형성 특성과 보정 후 선형성 특성을 측정해서 비교하였다.

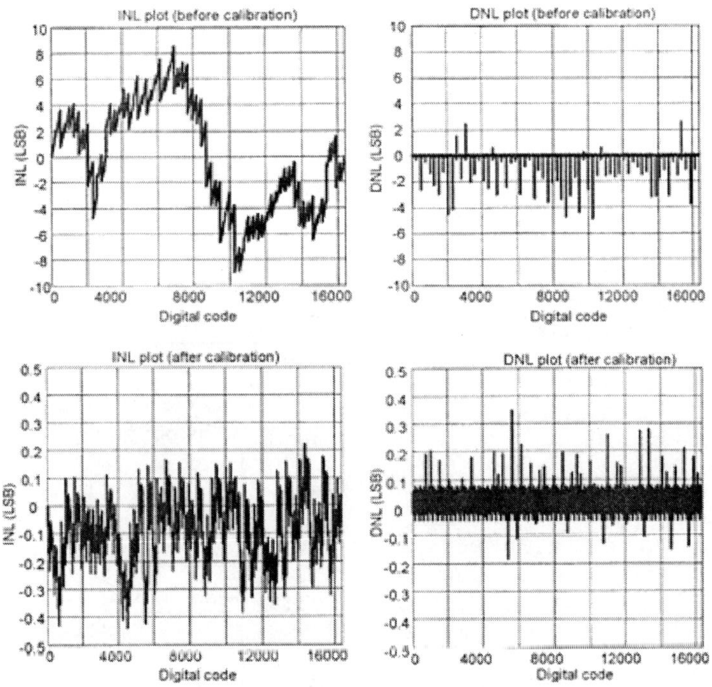

그림 4.6.8 보정 전과 보정 후 INL과 DNL 성능 비교

보정 전 INL과 DNL은 각각 ±8 LSB, ±5 LSB인 반면에, 보정 후 INL과 DNL은 각각 ±0.4 LSB, ±0.3 LSB로 감소하였다. 또한, 보정 전 회로의 동적 특성과 보정 후 회로의 동적 특성을 그림 4.6.9에서 비교할 수 있다.

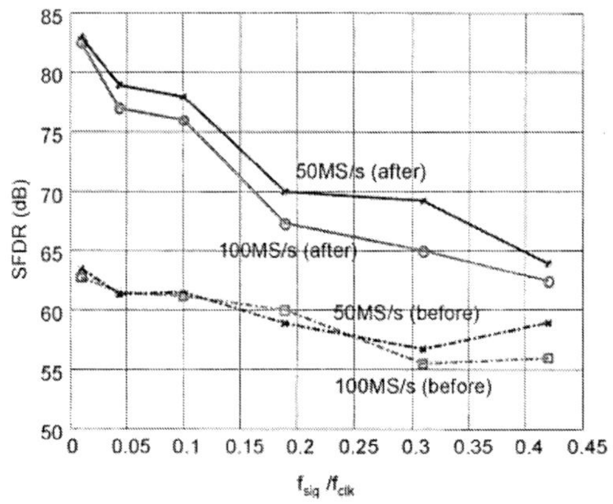

그림 4.6.9 보정 전과 보정 후 SFDR 성능 비교

즉, 보정 전 SFDR은 63 dBc인 반면에, 보정 후 SFDR은 83 dBc로 20 dBc 증가하였다. 입력주파수가 증가해도 보정 전과 보정 후의 SFDR 차이가 여전히 있음을 알 수 있어서 보정 기법이 유효함을 알 수 있다.

4.6.4 저해상도 보정 논리회로와 보정 DAC를 이용한 보정 기법

그림 4.6.10에 있는 저해상도 보정 ADC와 보정 DAC를 이용한 보정회로[4]의 동작 원리는 다음과 같다.

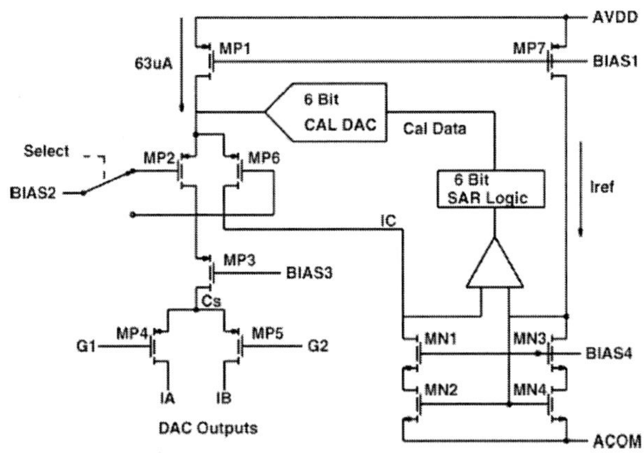

Static digital storage calibration circuitry.

그림 4.6.10 저해상도 보정 ADC와 DAC를 이용한 보정회로

우선 캐스코드 바이어스 전류미러 회로 내 트랜지스터 MN3, MN4에 흐르는 전류가 기준전류, I_{ref}가 되면서 트랜지스터 MP7에 흐르게 된다. 이때 트랜지스터 MN3의 드레인 단자 전압은 비교기의 기준 전압단자에 입력된다. 트랜지스터 MP7과 MP1에 의해서 미러된 기준전류는 트랜지스터 MP6를 통해서 트랜지스터 MN1과 MN2로 흘러 돌아오게 되며, 이때 트랜지스터 MN1의 드레인 단자 전압은 비교기의 비교 입력단자에 입력되어서 기준전압과 비교하게 되며, 비교 결과가 6비트 보정 SAR 논리회로의 디지털 코드내용을 변경시킨다. 보정 SAR 논리회로의 디지털 코드가 6비트 보정 DAC를 구동하면서 6비트 보정 DAC의 출력 전류량이 결정되고, 결정된 전류량이 트랜지스터 MP6, MN1, MN2의 전류양을 보정시키게 된다. 이 경우 보정 ADC와 DAC의 해상도가 6비트이므로 전체 DAC의 해상도를 8비트 이상 보정시키기는 어려운 단점이 있다.

4.7 4비트 이진가중치 DAC 설계 실습

그림 4.7.1의 4비트 이진가중치 DAC 블록 다이어그램을 설계 실습하고자 한다.

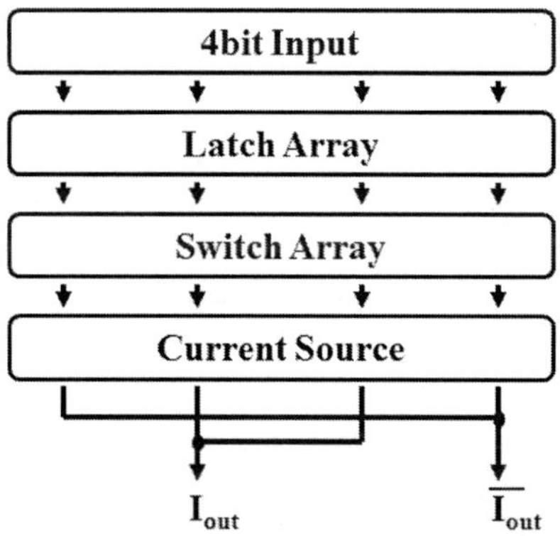

그림 4.7.1 4비트 이진가중치 전류 구동 회로의 블록 다이어그램

설계하고자 하는 DAC 회로의 사양은 변환속도가 200 MHz이며, 전력소모는 10 mW 이하이며, INL과 DNL은 ±0.5 LSB이며, 글리치는 200 pVsec 이하이며, 공급전원은 3.3 V를 사용한다. 그림 4.7.1의 블록 다이어그램에 해당되는 회로도는 그림 4.7.2와 같다.

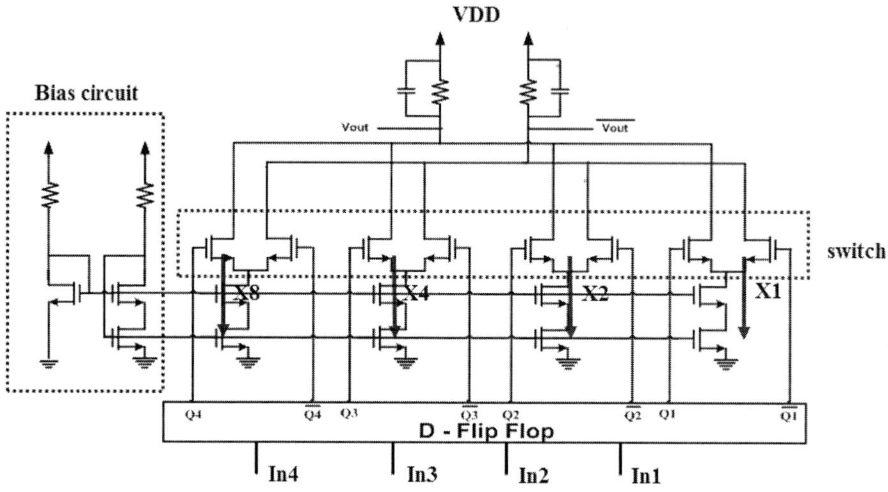

그림 4.7.2 4비트 이진가중치 전류 구동 회로도

In1(LSB), In2, In3, In4(MSB)는 디지털 입력신호를 나타내며, 입력신호는 D-플립플롭을 구동해서 신호를 동기화시키고, 각 D-플립플롭의 출력인 Q, $\overline{Q}$는 차동스위치를 구동한다. 차동스위치 아래에는 1X, 2X, 4X, 8X 전류미러 회로가 연결되어 있다. 차동스위치 윗부분에는 부하저항이 연결되어 있어서 아날로그 전압 신호를 출력시킨다. D-플립플롭 회로도는 그림 4.7.3과 같다.

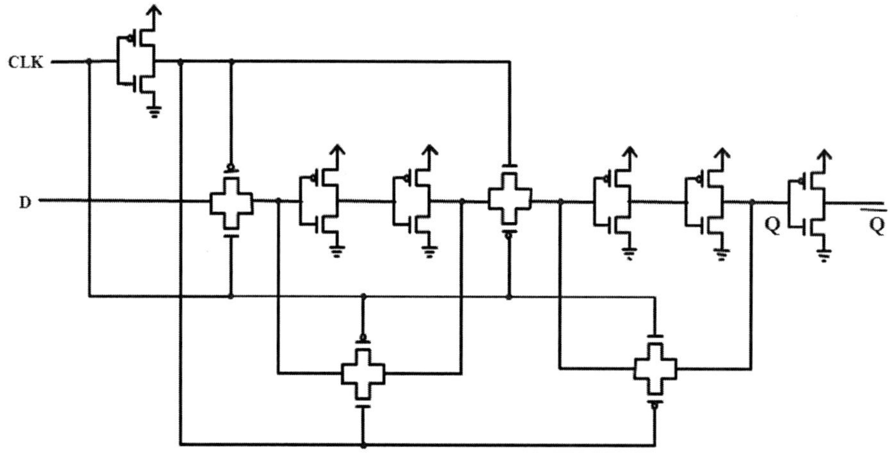

그림 4.7.3 D-플립플롭 회로도

설계된 회로를 모의실험하기 위하여서 그림 4.7.4, 4.7.5, 4.7.6, 4.7.7과 같이 넷 리스트를 작성하였다. 그림 4.7.4는 트랜지스터의 모델 변수와 입력 4비트 디지털 신호, 그림 4.7.5는

D-플립플롭에 사용되며 인버터 회로, 트랜스미션 게이트의 부분회로(sub circuit)의 넷 리

```
***** 4Bit Binary Weighted Current Mode DAC *****

*********************** Model Parameter ***********************
.model   NM   nmos wmin=1.0u  wmax=900u  lmin=0.25u  lmax=900u
level=49
+ version =  3.110000E+00
+ delvto  = '0.000000E+00 '
+ tox     = '8.340000E-09 '
+ lint    = '-3.928665E-11 '
+ wint    = '1.108251E-07 '
+ rsh     = '8.700000E+01 '
+ xj     =  2.200000E-07 nch    =  1.471843E+17 vth0   =
6.009030E-01
.
.
.
******************* End of Model Parameter *******************
.GLOBAL VDD GND
vdd  vdd gnd  3.3v

**************************************
*          input          *
**************************************
vin1 in1 gnd pulse(3.3 0 5n 0.01n 0.01n 10n 20.02n)
vin2 in2 gnd pulse(3.3 0 5n 0.01n 0.01n 20n 40.02n)
vin3 in3 gnd pulse(3.3 0 5n 0.01n 0.01n 40n 80.02n)
vin4 in4 gnd pulse(3.3 0 5n 0.01n 0.01n 80n 160.02n)
vclk clk gnd pulse(3.3 0 5n 0.01n 0.01n 4n 8.02n)
```

그림 4.7.4 모델 변수와 입력신호 넷 리스트

```
**************************************
*       sub - ckt                    *
**************************************
.subckt inverter in out
m1  out in vdd vdd  PM l=0.3u w=110u
m2  out in gnd gnd  NM l=0.25u w=40u
.ends inverter

.subckt tg d 1 clk 2
m1  d  1  2  2    PM  l=0.35u w=110u
m2  d  clk  2  2  NM  l=0.25u w=40u
.ends tg
**************************************
*         bias - ckt                 *
**************************************
r1 vdd 1 1k
r2 vdd 2 1.43k
m1 1 1 gnd gnd  NM  l=1u w=10u
m2 2 1 3 gnd  NM  l=1u w=50u
m3 3 2 gnd gnd  NM  l=1u w=50u
m4 22 1 23 gnd   NM l=1u w=400u
m5 23 2 gnd gnd  NM l=1u w=400u
m6 24 1 25 gnd   NM l=1u w=200u
m7 25 2 gnd gnd  NM l=1u w=200u
m8 26 1 27 gnd   NM l=1u w=100u
m9 27 2 gnd gnd  NM l=1u w=100u
m10 28 1 29 gnd NM l=1u w=50u
m11 29 2 gnd gnd NM l=1u w=50u
```

그림 4.7.5 인버터, 트랜스미션 게이트, 전류원 회로의 넷 리스트

스트와 1X, 2X, 4X, 8X 전류미러 회로의 넷 리스트가 포함되어 있다. D-플립플롭과 4비트 스위치 회로 넷 리스트는 그림 4.7.6에 포함되며, 아날로그 차동 출력신호 넷 리스트는 그림 4.7.7에 포함된다.

```
*************************************
*           dff-subckt          *
*************************************
.subckt dff clk d q q_b
x100 clk 100 inverter
x200 d 100 clk 200 tg
x300 200 300 inverter
x400 300 400 inverter
x500 200 clk 100 400 tg
x600 400 clk 100 500 tg
x700 500 600 inverter
x800 600 q inverter
x900 500 100 clk out tg
x1000 q q_b inverter
.ends dff
*************************************
*          switch-ckt           *
*************************************
m12 out 12 22 gnd NM l=1u w=400u
m13 out_b 13 22 gnd NM l=1u w=400u
m14 out 14 24 gnd NM l=1u w=400u
m15 out_b 15 24 gnd NM l=1u w=400u
m16 out 16 26 gnd NM l=1u w=400u
m17 out_b 17 26 gnd NM l=1u w=400u
m18 out 18 28 gnd NM l=1u w=400u
m19 out_b 19 28 gnd NM l=1u w=400u
x1 clk in4 12 13 dff
x2 clk in3 14 15 dff
x3 clk in2 16 17 dff
x4 clk in1 18 19 dff
*************************************
```

그림 4.7.6 D-플립플롭, 4비트 스위치 회로의 넷 리스트

```
*************************************
*            out             *
*************************************
rout1 vdd out 50
rout2 vdd out_b 50
cout1 vdd out 5p
cout2 vdd out_b 5p
.op
.probe
.tran 0.1n 170n
.option post=2
.end
```

그림 4.7.7 아날로그 출력 회로의 넷 리스트

그림 4.7.8은 디지털 입력 신호의 모의실험 파형으로서 In1은 최하위비트 신호이며, In4는 최상위비트 신호이다.

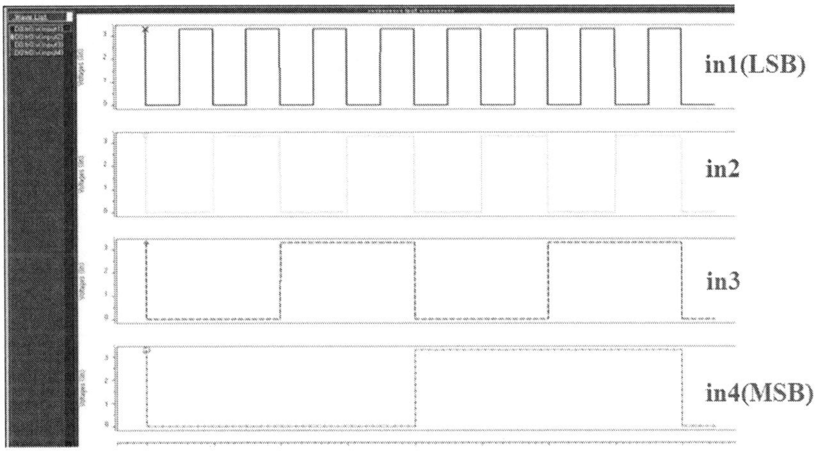

그림 4.7.8 4비트 디지털 입력 신호 파형

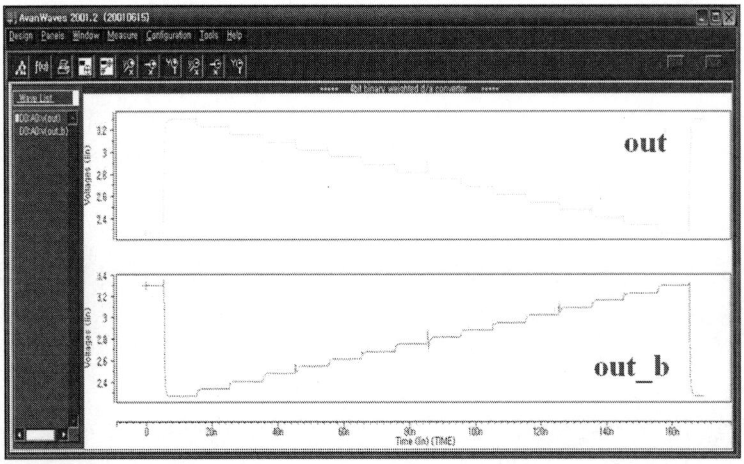

그림 4.7.9 4비트 DAC의 아날로그 차동 출력신호 모의실험 파형

4비트 DAC의 모의실험 아날로그 차동 출력신호는 그림 4.7.9에 나타나 있으며, 그림 4.7.10을 통해서 글리치를 계산할 수 있다.

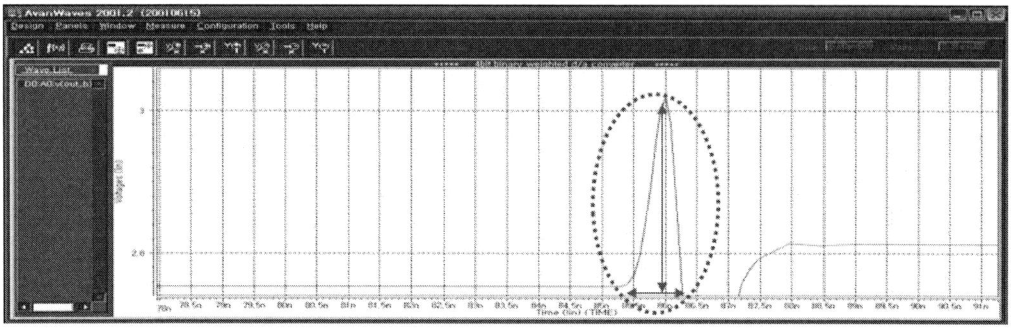

그림 4.7.10 4비트 DAC의 글리치 모의실험 파형

그림 4.7.9에 나타난 아날로그 출력신호값을 이용하여서 디지털 각 입력코드에 따라서 INL과 DNL을 계산할 수 있으며, 그림 4.7.11에서 이것을 나타낸다.

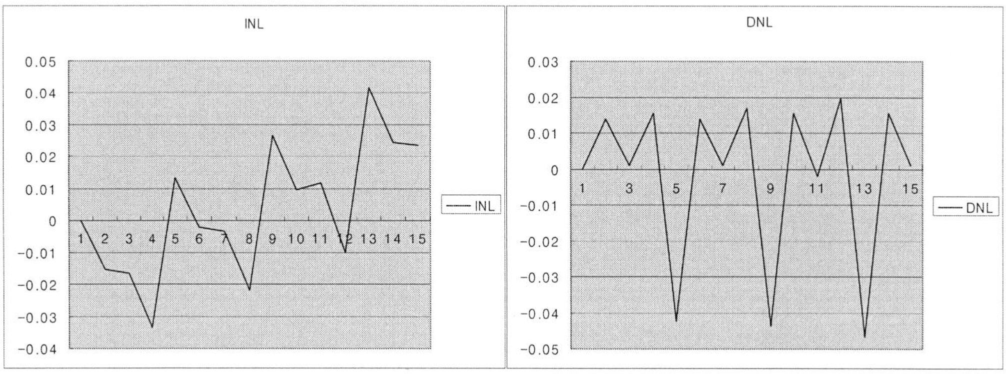

그림 4.7.11 4비트 DAC의 INL과 DNL 모의실험 파형

설계된 4비트 DAC의 동적 특성을 모의실험하기 위하여 그림 4.7.12와 같이 회로도를 셋업해서 입력 정현파의 주파수는 1 MHz, 클록주파수는 200 MHz를 인가하면 SFDR을 모의실험을 통해서 구할 수 있다.

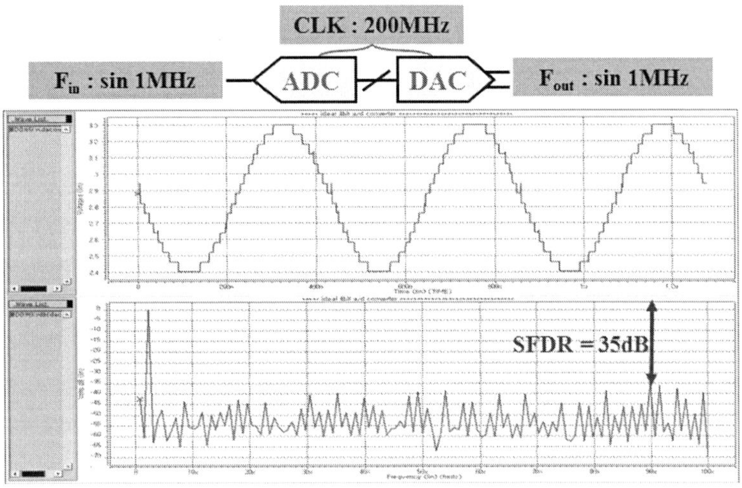

그림 4.7.12 4비트 DAC의 동적 모의실험 파형

그림 4.7.12의 4비트 ADC 회로는 그림 4.7.13의 샘플 앤드 홀드 회로 넷 리스트와 그림 4.7.14의 1비트 파이프라인 ADC 넷 리스트, 그림 4.7.15의 4비트 파이프라인 ADC 넷 리스트를 활용해서 모의실험할 수 있다.

```
****************************************************************
*                         Pipeline stage                        *
****************************************************************
.SUBCKT ADCBIT VDD VTRIP VCM VIN BITOUT VOUT
Gswithc3  VDD  BITOUT  Vcr pwl(1)    VIN    VCM  -
0.000000000001v  100t 0.000000000001v  1e-5
Gswitch4    0  BITOUT  Vcr  pwl(1)    VCM    VIN  -
0.000000000001v  100t 0.000000000001v  1e-5
Eouth    Vinh      0  VIN    VCM      2
Eoutl    Vinl      0  VIN      0      2
Gswitch5  Vinh   VOUT  Vcr  pwl(1)  BITOUT   VTRIP  -
0.000000000001v  100t   0.000000000001v   1e-5
Gswitch6  Vinl   VOUT  Vcr  pwl(1)   VTRIP    BITOUT  -
0.000000000001v  100t   0.000000000001v   1e-5
.ends

****************************************************************
*                       END ADC Subcircuit                      *
****************************************************************
```

그림 4.7.13 샘플 앤드 홀드 회로의 넷 리스트

```
****************************************************************
*                    Ideal sample & hold                       *
****************************************************************
XSH  VDD  VTRIP  VIN  OUTSH  CLOCK  SAMPHOLD

****************************************************************
*                        Level shift                           *
****************************************************************
EPIP  PIPIN  0  Vol='V(OUTSH)-V(VREFM)+((V(VREFP)-
V(VREFM))/(2*2*2*2*2))'

****************************************************************
*                    4-bit  pipeline ADC                       *
****************************************************************
X3000  VDD  VTRIP  VCM  PIPIN  Bit3 VOUT3 ADCBIT
X2000  VDD  VTRIP  VCM VOUT3 Bit2 VOUT2 ADCBIT
X1000  VDD  VTRIP  VCM VOUT2 Bit1 VOUT1 ADCBIT
X0     VDD  VTRIP  VCM VOUT1 Bit0 VOUT0 ADCBIT
.ends
```

그림 4.7.14 1비트 파이프라인 ADC 회로의 넷 리스트

```
****************************************************************
*                    Ideal sample & hold                       *
****************************************************************
XSH  VDD  VTRIP  VIN  OUTSH  CLOCK  SAMPHOLD

****************************************************************
*                        Level shift                           *
****************************************************************
EPIP  PIPIN  0  Vol='V(OUTSH)-V(VREFM)+((V(VREFP)-
V(VREFM))/(2*2*2*2*2))'

****************************************************************
*                    4-bit  pipeline ADC                       *
****************************************************************
X3000  VDD  VTRIP  VCM  PIPIN  Bit3 VOUT3 ADCBIT
X2000  VDD  VTRIP  VCM VOUT3 Bit2 VOUT2 ADCBIT
X1000  VDD  VTRIP  VCM VOUT2 Bit1 VOUT1 ADCBIT
X0     VDD  VTRIP  VCM VOUT1 Bit0 VOUT0 ADCBIT
.ends
```

그림 4.7.15 4비트 파이프라인 ADC 회로의 넷 리스트

참고문헌

[1] D. Wouter, J. Groeneveld, H. Schouwenaars, H. Terneer, and C. Bastiaansen, "A Self-Calibration Technique for Monolitkc High-Resolution D/A Converters", *IEEE J . Solid-State Circuits,* vol.24, no.6, pp.1517-1522, June 1989.

[2] S. Saeedi, S. Mehrmanesh and M. Atarodi, "A Low Voltage 14-Bit Self-Calibrated CMOS DAC with Enhanced Dynamic Linearity", *Analog Integrated Circuits and Signal Processing, vol.*43, no.2, pp.137-145, February 2005.

[3] Yonghua Cong and Randall L. Geiger, "A 1.5-V 14-Bit 100-MS/s Self-Calibrated DAC", *IEEE J. Solid-State Circuits,* vol.38, no.12, pp.2051-2060, December 2003.

[4] Douglas A. Mercer, "Low-Power Approaches to High-Speed Current-Steering Digital-to-Analog Converters in 0.18-um CMOS", *IEEE J. Solid-State Circuits,* vol.42, no.8 pp.1688-1699, August 2007.

05 나이퀴스트 A/D 변환기 개요

5.1 나이퀴스트 A/D 변환기의 개념 및 응용분야

인간이 보고 듣고 말하고 하는 모든 감각은 아날로그 신호이며, 자연계에 있는 모든 신호도 아날로그 신호라고 할 수 있다. 디지털 신호는 자연계에 존재하지 않지만, 인간이 인위적으로 만들어 낸 신호로서 디지털 신호처리가 아날로그 신호처리에 비해 간편하기 때문에 널리 사용되고 있다. 그림 5.1.1은 이러한 시스템을 간단히 도식화한 것이다. 따라서 자연계에 있는 아날로그 신호를 디지털 신호로 만들기 위해서는 맨 앞단에 아날로그 신호를 디지털 신호로 변환시켜 주는 아날로그-디지털 변환기(Analog-to-Digital Converter, A/D Converter, ADC)가 반드시 필요하다.

또한, 디지털 신호처리의 맨 마지막단에는 디지털 신호를 아날로그 신호로 변환시켜 주는 디지털-아날로그 변환기(Digital-to-Analog Converter, D/A Converter, DAC)도 반드시 필요하다. 제5장에서는 이러한 데이터 변환기 중에서 A/D 변환기의 개념에 대해 기술하고자 한다. 또한, 클록의 주파수가 최대 입력사인주파수에 비해 2배 높은 Nyquist A/D 변환기에 대해서만 논하며, 클록 주파수가 더 높은 다른 형태의 데이터변환기(시그마-델타 변환기 등)는 다른 장에서 다루기로 한다.

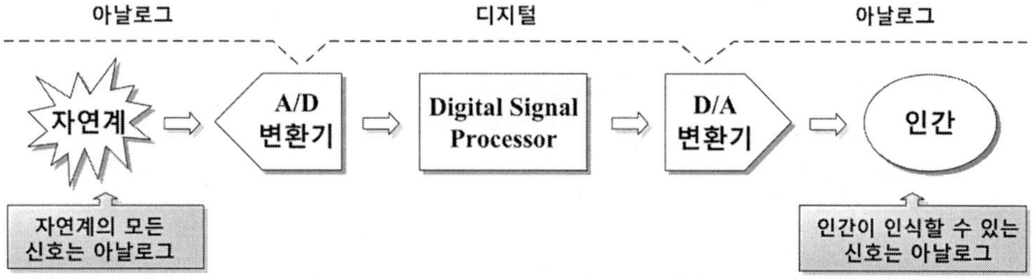

그림 5.1.1 아날로그 및 디지털 시스템의 개요

A/D 변환기를 설계하기 위해서는 먼저 연속적인 아날로그 신호를 샘플링하는 과정이 필요하다. 아날로그 신호는 연속적으로 계속 변하지만, 디지털 코드는 비연속적이다. 따라서 아날로그 신호를 순간적으로 dc 전압으로 샘플링한 다음에, 변환된 dc 전압에 맞는 디지털 코드를 할당하는 방법이 가장 일반적이다. 그림 5.1.2는 이러한 과정을 간단히 보여주고 있다. 연속적인 아날로그 신호를 이산적인(discrete) 샘플링 아날로그 신호로 만들어 준 다음에, 최종적으로 비연속적인 디지털 코드로 변환한다. 이러한 것이 가능한 이유는 Nyquist 이론에 의해 입력주파수가 클록주파수의 1/2을 넘지 않는 이상 복원이 가능하기 때문이다.

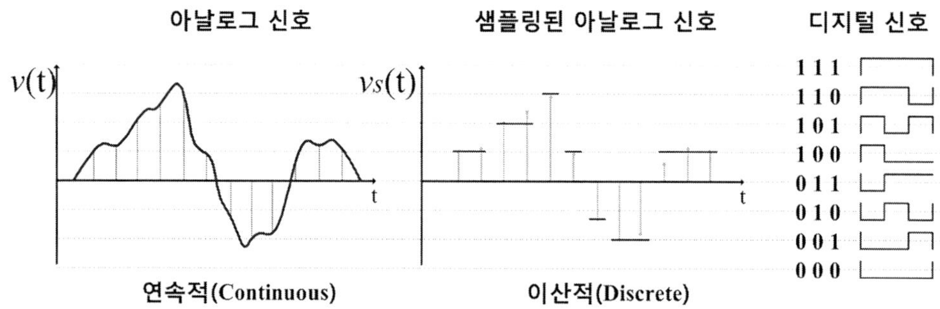

그림 5.1.2 아날로그 신호, 샘플링된 아날로그 신호, 디지털 신호

그림 5.1.3은 A/D 변환기가 사용된 가장 대표적인 시스템인 자동차용 Sensor에 대한 예제이다. 자동차에 사용되는 각종 센서들은 모두 아날로그 신호를 출력하며, 센서에서 출력된 아날로그 신호는 A/D 변환기를 통해 디지털 신호로 변환된다. 그리고 디지털 신호처리를 통해 원하는 정보를 얻을 수 있기 때문에 A/D 변환기의 역할은 아주 중요하다. 이 외에도 아주 많은 응용이 존재하고 있다. 그림 5.1.4(a)는 해상도와 동작속도에 따른 각 응용분야를 나열하였다. 동작속도가 빠를수록 해상도를 높이기 어렵기 때문에 높은 동작속도에서는 저해상도 ADC의 응용분야가 많으며, 낮은 동작속도에서는 고해상도의 ADC 응용분야가 많다. 예를 들어, Optical Receiver 같은 경우는 2~3 GHz의 동작속도가 필요한 대신에 해상도는 5~6비트 정도 수준이면 충분하다. 반면에 CIS 같은 시스템에서는 동작속도는 100 MHz 이내여도 되지만, 해상도는 10비트 이상을 요구하고 있다. 5.1.4(b)에는 자동차용 A/D 변환기의 해상도와 동작속도에 따른 응용 분야를 나타내고 있다. 자동차에 많이 사용되는 센서는 고해상도를 요구하지만, 동작속도는 빠르지 않아도 된다. 반면에 자동차 엔터테인먼트용 A/D 변환기는 빠른 동작속도를 통해 게임이나 그 밖의 비디오시스템을 구동시켜야 한다. 그리고 자동차용 통신 및 네트워크 구성을 위해서는 중해상도의 해상도와 동작속도를 가져야 한다.

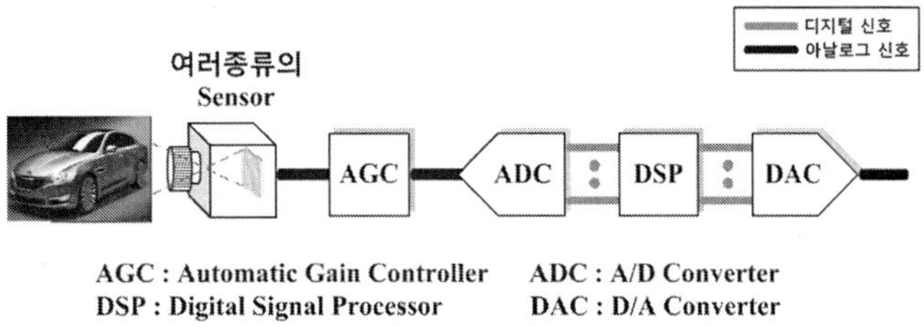

그림 5.1.3 자동차용 센서 시스템의 예제

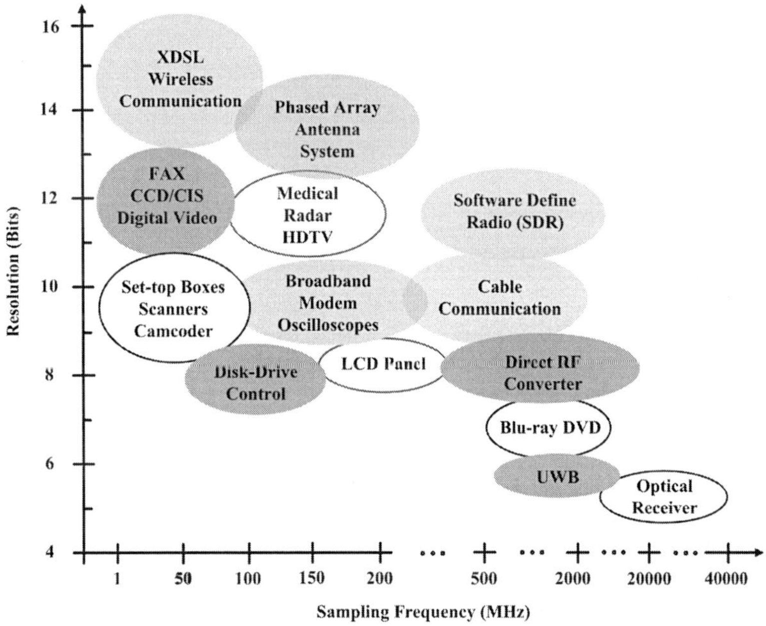

(a) 일반적인 A/D 변환기의 응용

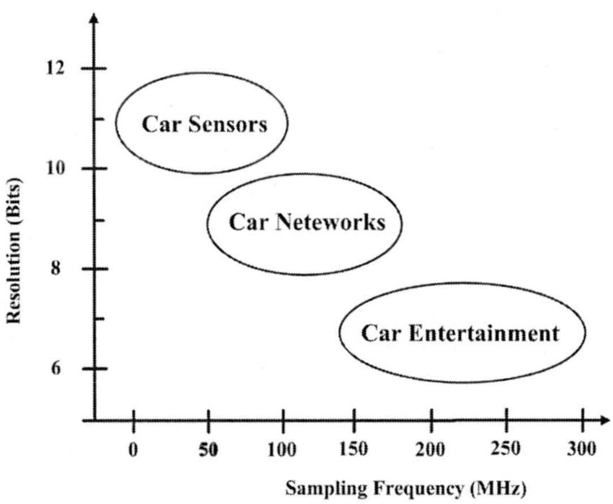

(b) 자동차용 A/D 변환기의 응용

그림 5.1.4 A/D 변환기의 해상도와 동작속도에 따른 응용분야

5.2 A/D 변환기 (ADC)의 용어

ADC의 설계 및 이해를 위해서는 널리 사용되는 용어에 대해 이해할 필요가 있다 여기서는 몇 가지 중요한 용어에 대해 기술한다.

5.2.1 디지털 코딩의 방법

그림 5.2.1에는 간단한 ADC의 설명과 디지털 코딩의 종류가 도시되어 있다. 아날로그 입력 사인파의 최대치가 V_{FS}이고, 디지털 코드의 최대 비트수가 N이라 하면, 그림과 같은 관계식이 성립한다. 따라서 한 코드 움직일 때마다 변하는 최소전압을 LSB(Least Significant Bit) 전압이라 할 때, 그 값은 $V_{FS}/2^N$이라 할 수 있다. 이 전압의 크기가 매우 중요하며, 이 전압의 크기에 따라 여러 가지 형태의 ADC 설계가 가능하다. 그림의 오른쪽에는 디지털 코딩방법이 있다. 경계치가 되는 아날로그 전압을 중심으로 1/2 LSB 씩 움직이면 Mid-Tread라고 하고, 경계치가 되는 아날로그 전압에서 디지털 코드가 바꾸어지는 것을 Mid-Rise라고 한다. 일반적으로 Mid-Rise 방식이 설계하기 편하기 때문에 Mid-Rise 방법을 많이 사용하고 있다. 그러나 필요에 따라서는 Mid-Tread 방법도 사용된다.

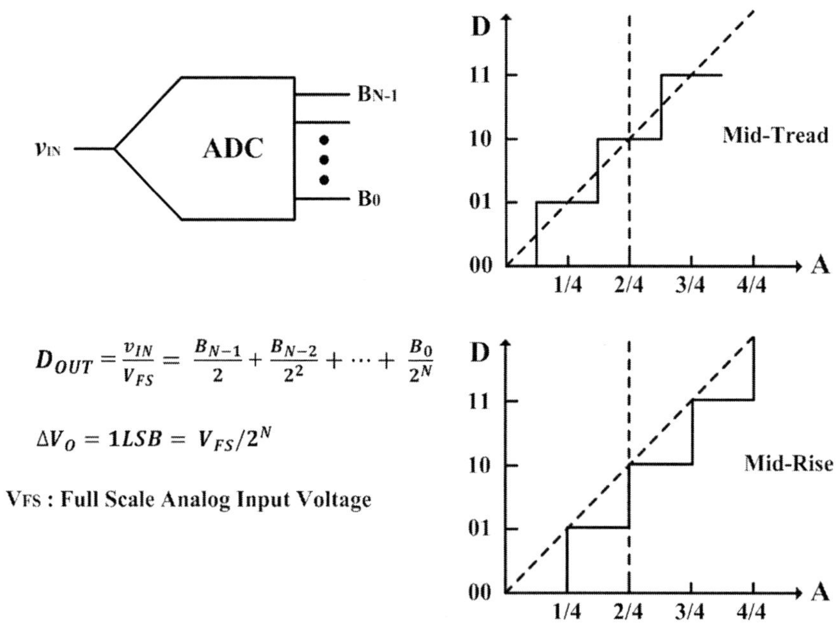

그림 5.2.1 A/D 변환기의 입출력 관계식과 디지털 코딩의 종류

5.2.2 양자화 잡음 (Quantization Noise)

ADC는 연속적인 아날로그 신호를 디지털 코드로 바꾸어 준다. 따라서 앞 절의 그림 5.2.1처럼 아날로그 신호의 일정한 영역에 대해 하나의 디지털 코드만 할당된다. 그리고 디지털 코드를 아날로그 신호로 바꾸어 주는 DAC를 거치면 아날로그 출력신호는 이산적(discrete) 일수 밖에 없다. 이런 과정을 간단히 그림으로 나타낸 것이 그림 5.2.2이다. 양자화 잡음은 연속적인 아날로그 신호를 비연속적인 디지털 신호로 바꾸어 주는 과정에서 필연적으로 생길 수밖에 없는 어쩔 수 없는 잡음이다. 이런 잡음을 줄이는 것이 중요한데, 그러기 위해서는 결국 해상도를 올리는 방법밖에 없다. 해상도와 양자화 잡음의 SNR(Signal-to-Noise Ratio)을 간단히 수식으로 표현하면 아래와 같다[1].

$$SNR[\mathrm{dB}] = 6.02N + 1.76 \quad (5.2.1)$$

만일 10비트 ADC를 설계하면 식 (5.2.1)에 의해 최대 SNR은 61.78[dB]이다. 따라서 아무리 좋은 ADC를 설계해도 10비트 해상도의 경우, 절대 61.78[dB]을 넘을 수 없다. 일반적으로 칩을 제작하고 측정을 하면 이론치보다 낮은 SNR이 측정된다. 예를 들어, 10비트 ADC를 측정한 결과 58[dB]의 측정치가 나왔다면, 식 (5.2.1)에 대입하고 거꾸로 N 값을 구할 경우 N=9.37이 나온다. 이를 ENOB(Effective Number of Bit)라고 하며, ENOB가 클수록 좋은 ADC라고 할 수 있다.

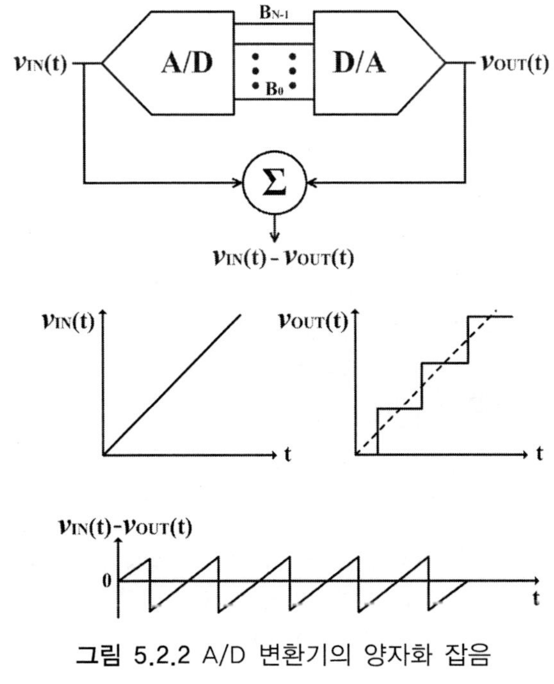

그림 5.2.2 A/D 변환기의 양자화 잡음

5.2.3 INL 및 DNL

그림 5.2.3(a)는 3비트 ADC를 예제로, 이상적인 ADC의 출력과 실제 측정되어진 ADC의 측정 결과 값을 도시한 그림이다. 이상적인 ADC의 경우, 아날로그 입력의 일정한 구간마다 정확하게 디지털 코드가 할당되기 때문에 그림의 점선에 해당하는 계단모양이 이상적인 ADC의 특성이라고 할 수 있다. 그러나 실제 칩을 제작하여 측정을 하면, 공정상의 오차 및 주변 측정환경에 따른 오차로 인해 실선과 같은 계단모양이 나온다. 즉, 일정한 계단처럼 나오지 않고 계단의 폭이 다르거나 계단의 위치가 이상적인 부분으로부터 벗어난 형태로 나온다.

이상적인 ADC의 경우, 계단의 양끝은 계단의 중심에서 항상 ±1/2 LSB 위치에 있어야 한다. 그러나 실제 측정을 하면 계단의 양끝은 계단의 중심에서 더 벗어나게 된다. 예를 들어, 그림 5.2.3(a)의 경우, 0.25 V에서 0.375 V 구간사이에서 측정 되어진 결과는 이상적인 값에서 −1/2 LSB만큼 더 벗어나 있음을 알 수 있다. 또한, 0.625 V와 0.75 V 구간 사이에서 측정되어진 결과는 이상적인 값에서 +1/2 LSB만큼 더 벗어나 있다. 이렇게 이상적인 값보다 더 벗어난 에러를 INL(Integral Non-Linearity) Error라고 한다. INL 에러는 각 아날로그 구간마다 존재하기 때문에 최소치와 최대치를 찾아서 표시해야 한다.

이에 비해 DNL은 Differential Non-Linearity의 약자로서 그림 5.2.3(b)와 같다. DNL의 경우, 하나의 계단의 폭은 언제나 1 LSB이어야 한다. 그러나 측정을 하면, 어떤 계단의 폭은 그보다 작을 수도 있고, 어떤 계단의 폭은 그보다 더 클 수 있다. 이러한 계단의 폭 중 가장 많이 벗어난 부분을 DNL이라 한다. 그림에서는 0.125 V와 0.25 V 사이에서 1 LSB보다 1/2 LSB만큼 작은 계단의 폭이 나왔다. 따라서 DNL Error가 −1/2 LSB이다. 0.625 V와 0.75 V 사이에서는 1 LSB보다 5/6 LSB만큼 더 큰 계단의 폭이 나왔다. 따라서 DNL Error는 +5/6 LSB이다. 일반적으로 INL 에러는 오프셋을 조정하거나 전압이득을 조정함으로써 어느 정도 보정이 가능한 오차이다. 그러나 DNL 에러의 경우는 측정이 완료되면, 더 이상 조정하기 쉽지 않은 오차이다. 따라서 ADC의 칩을 제작한 후에 가장 먼저 측정해 보는 것이 DNL 오차로서 DNL 오차가 ±1 LSB 범위 안에 들어와 있으면, 그 ADC는 원하는 동작특성을 한다고 볼 수 있다. 만일 DNL의 오차가 1 LSB를 넘어가면, 다른 동작특성도 나쁠 확률이 높기 때문에 DNL 오차는 가장 중요한 ADC의 지표라고 볼 수 있다. 즉, DNL은 가장 먼저 측정하는 측정지표이다.

5.2.4 오프셋 에러 (Offset Error) 및 게인 에러 (Gain Error)

오프셋 에러는 그림 5.2.4(a)와 같이 이상적인 직선에서 일정한 간격만큼 떨어진 곳에서 ADC의 동작특성이 나오는 현상이다. 이것은 측정된 DC 전압값이 원하는 범위보다 벗어난 현상이기 때문에 calibration 회로나 입력 DC reference 값을 조정함으로써 어느 정도 극복

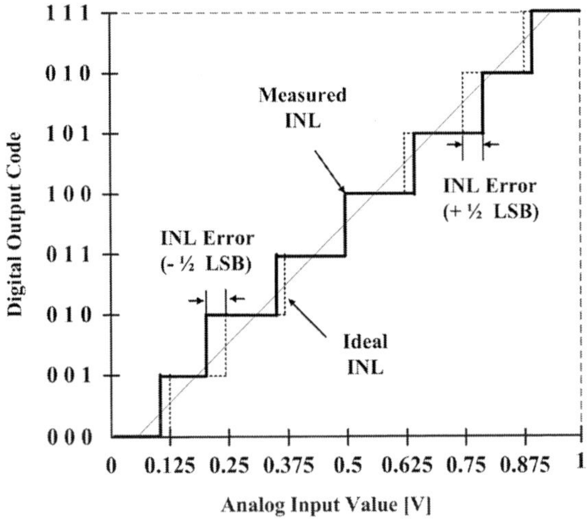

(a) INL

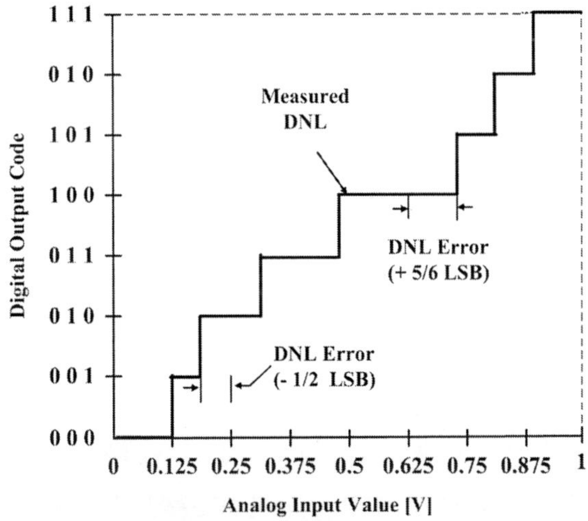

(b) DNL

그림 5.2.3 A/D 변환기의 오차

가능한 에러이다. 게인 에러는 그림 5.2.4(b)와 같이 처음 시작은 제대로 하지만, 맨 나중의 출력값이 원하는 범위에서 벗어나는 경우이다. 즉, 이상적인 직선의 기울기와는 다르게 출력값이 나오는 경우이다. 이러한 에러는 입력 전압값이 커질수록 증폭도가 더 커지는 현상과 밀접한 관계가 있으므로, 설계할 때부터 이러한 부분을 고려하여야 한다.

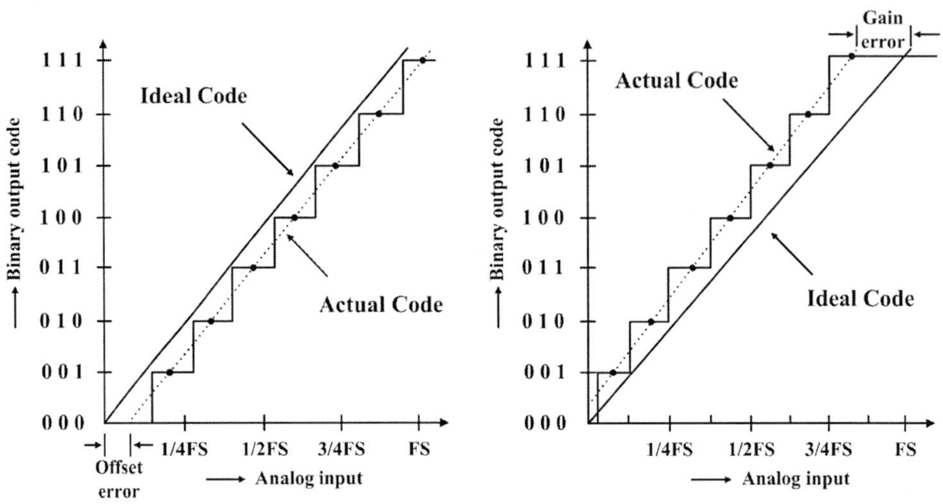

(a) 오프셋 에러 (b) 게인 에러

그림 5.2.4 A/D 변환기의 오차

5.2.5 입력주파수와 클록 지터에 따른 SNR

ADC를 설계하는 데 있어, 중요한 것 중의 하나는 클록신호의 지터특성이다. 클록신호가 원하는 주파수대역까지 올라간다고 해도, 지터특성이 나쁘면 원하는 지점에서 입력신호를 잡아채기 어렵다. 따라서 클록의 지터특성은 입력사인파의 주파수에 대해 어느 수준 이상이 되어야 한다. 이러한 관계를 간단한 수식으로 나타낸 것이 식 (5.2.2)이다[2].

$$SNR[dB] = -20\log(2\pi f_{\text{in}} \cdot \delta) \tag{5.2.2}$$

식 (5.2.2)에서 f_{in}은 ADC의 입력주파수이며, δ는 ADC에 사용되는 클록의 지터특성을 의미한다. 예를 들어, 300 MHz 이상의 입력주파수에 대해 SNR 60 dB을 갖기 위해서는 $2\pi f_{\text{in}} \cdot \delta = 10^{-3}$에서 δ는 0.5[ps]이다. 이러한 관계식을 정리하여 도표로 나타낸 그림이 그림 5.2.5이다. 예를 들어, 그림 5.2.5에서 입력주파수가 100 MHz일 때 70 dB 이상의 SNR을 갖기 위해서는 지터특성이 최소 1.0 ps 이하여야 한다. 같은 방법을 적용하면 다른 ADC에 대해서도 입력주파수와 클록 지터에 따른 SNR의 관계를 알 수 있다.

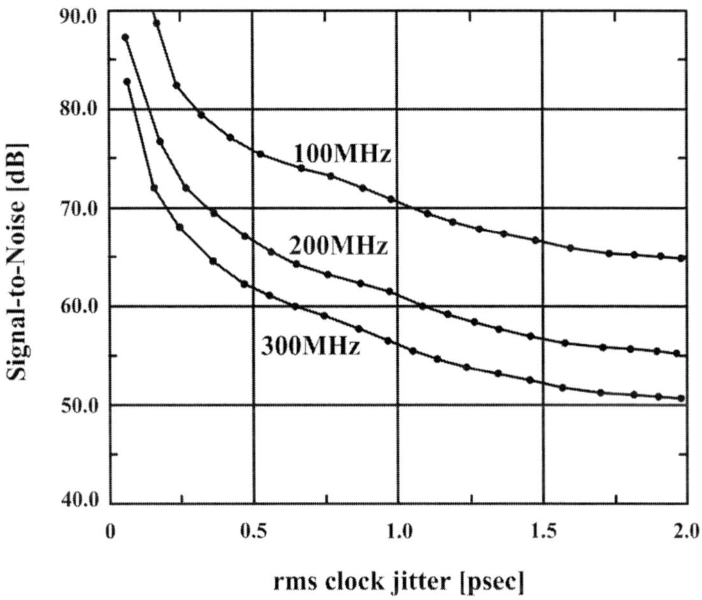

그림 5.2.5 입력주파수와 클록 지터에 따른 SNR

5.3 A/D 변환기의 측정

A/D 변환기의 칩을 제작 완료한 다음에는 측정을 해야 한다. 측정을 위해 몇 가지 꼭 알아두어야 할 사항이 있다. 입력주파수와 클록주파수가 비교적 낮은 경우에는 외부에서 직접 주파수를 입력할 수 있다. 그러나 입력주파수와 클록주파수가 비교적 높은 경우에는 직접 입력하기가 어려운 경우가 있다. 예를 들어, 1 GHz 이상의 높은 클록을 사용할 경우, 외부에서 직접 클록을 인가해도 측정용 보드의 부하와 입력저항 등에 의해 제대로 클록이 칩 내부로 인가되지 않는다. 따라서 그림 5.3.1과 같이 칩 내부에 PLL(Phase Locked Loop)을 따로 설계하여 외부에서 낮은 주파수를 주어도 칩 내부에서 원하는 높은 주파수로 클록이 발생할 수 있도록 해야 한다. 또한, 측정되어 나오는 디지털 코드의 출력주파수도 높으므로 이를 적당한 수준으로 다운시켜 외부로 출력해야 한다. 그리고 출력되어 나오는 디지털 코드를 이용하여 SNR이나 INL, DNL 등을 측정할 수 있는 data acquisition board가 필요하다.

그리고 그림 5.3.2와 같이 입력주파수와 샘플링주파수의 관계는 반드시 소수의 관계를 가져야 한다. 만일 일정한 배수로서 정해진다면, 매주기마다 똑같은 위치를 반복해서 데이터를 잡아채기 때문에 제대로 된 결과를 얻을 수 없다. 또한, 다운컨버터 클록을 사용하는

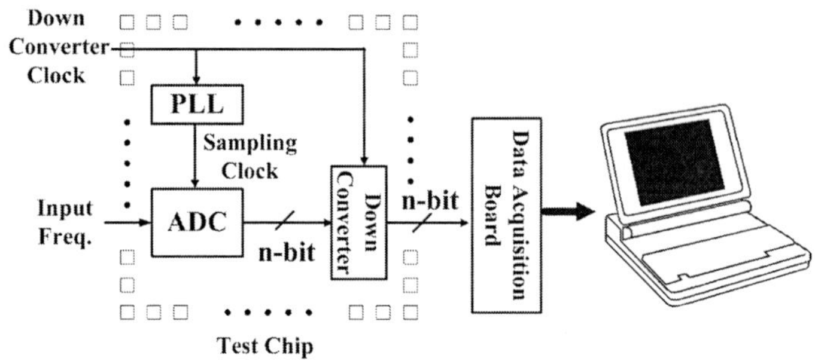

그림 5.3.1 고속 ADC 측정을 위한 환경구성

경우에도, 반드시 입력주파수와 샘플링 클록주파수는 배수가 되지 않도록 설정해야만 올바른 결과를 얻어낼 수 있다. 다운컨버터 클록을 사용하면, 사용하지 않은 경우에 비해 훨씬 더 긴 주기를 측정해야 하므로 측정에 상당한 시간이 소요된다. 이러한 부분에 대해서도 잘 고려하여 측정을 한다.

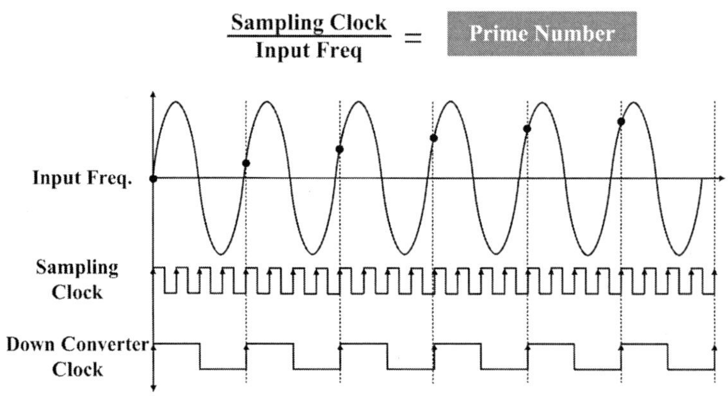

그림 5.3.2 입력주파수, 샘플링클록, 다운컨버터 클록의 관계

제작 완료된 ADC 칩을 측정하면, ADC의 양자화 잡음뿐만 아니라 측정장비와 연결된 케이블 및 측정용 보드의 잡음 등도 같이 측정이 된다. 따라서 이론적인 SNR에 비해 더 낮은 결과를 얻게 되는데, 이를 SNDR(Signal to Noise and Distortion Ratio)이라고 한다.

그림 5.3.3은 100 MHz 클록주파수에 대해 10 MHz의 입력사인파가 인가되었을 때의 SNDR을 측정한 주파수 스펙트럼 결과이다. 그림 5.3.1에서 언급한 data acquisition board를 통해 그림 5.3.3과 같은 결과를 얻을 수 있고, 이에 대한 SNDR을 측정하여 식 (5.2.1)을 통해 역으로 ENOB를 측정할 수 있다. 만일 10비트 ADC를 제작한 다음에 그림 5.3.3의 SNDR이 58[dB]의 측정치가 나왔다면, 식 (5.2.1)에 대입하고 거꾸로 N 값을 구할 경우

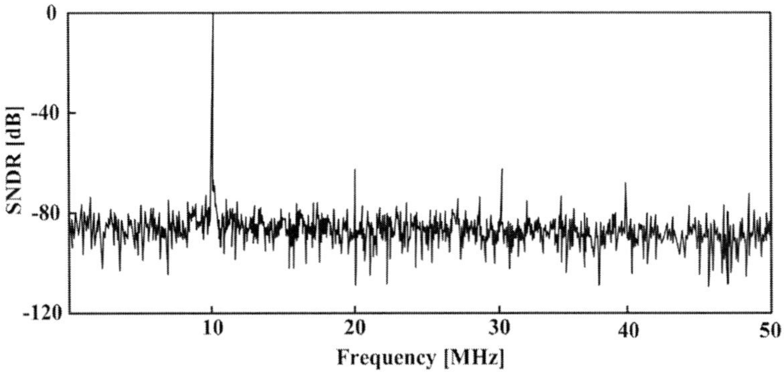

그림 5.3.3 입력주파수 10 MHz일 때 측정된 SNDR의 주파수 스펙트럼

N=9.37이 나온다. 그림 5.3.4는 제대로 설계되고 측정된 DNL과 INL의 값을 보여 주고 있다. 잘 측정된 DNL의 경우는 그림 5.3.4(a)와 같이 보통 0 LSB를 중심으로 약간씩만 바뀌며, 전체적으로 1 LSB를 넘지 않는다. INL의 경우도 5.3.4(b)와 같이 (+) 방향으로 치우치다가 다시 (-) 방향으로 치우치면서 전체적으로 1 LSB 안으로 들어온다.

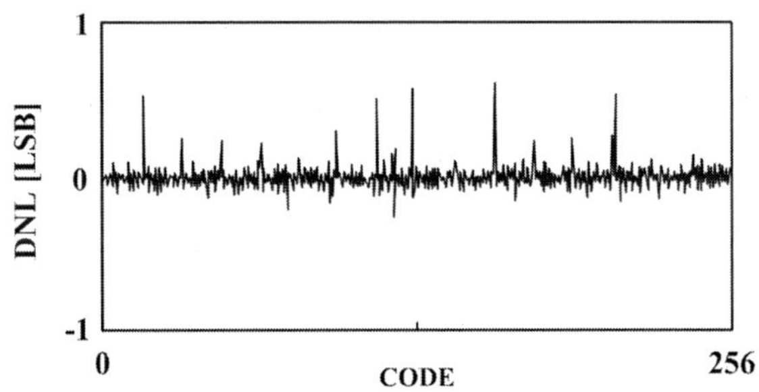

(a) DNL

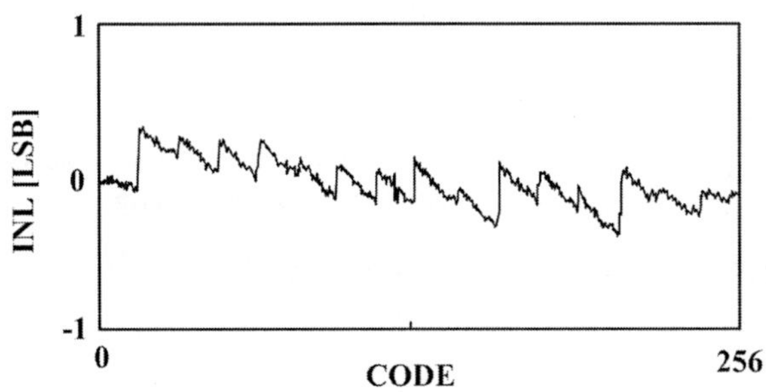

(b) INL

그림 5.3.4 8비트 ADC의 측정된 값

5.4 A/D 변환기의 연구동향

본 절에서는 2011년 기준으로 현재의 ADC의 연구동향에 대해 기술하고자 한다. 그림 5.4.1은 2008년부터 2010년 3년 사이에 ISSCC 학회와 VLSI Symposium 학회에 나타난 중요 ADC에 대해 간단히 정리한 도표이다. 가로축은 클록의 주파수이고, 세로축은 해상도를 의미한다. 대괄호안의 숫자는 발표연도를 의미한다.

그림 5.4.1과 같이 최근의 연구동향은 6비트의 경우 40 GHz의 클록에서 동작하는 ADC가 발표되었으며, 해상도의 경우 12비트 이상을 넘어가는 고해상도 ADC가 대거 발표되었다. 본 절에서는 그 중 대표적인 몇 가지에 대해 간단한 블록 다이어그램과 함께 어떤 방향으로 설계되고 있는지 기술하고자 한다.

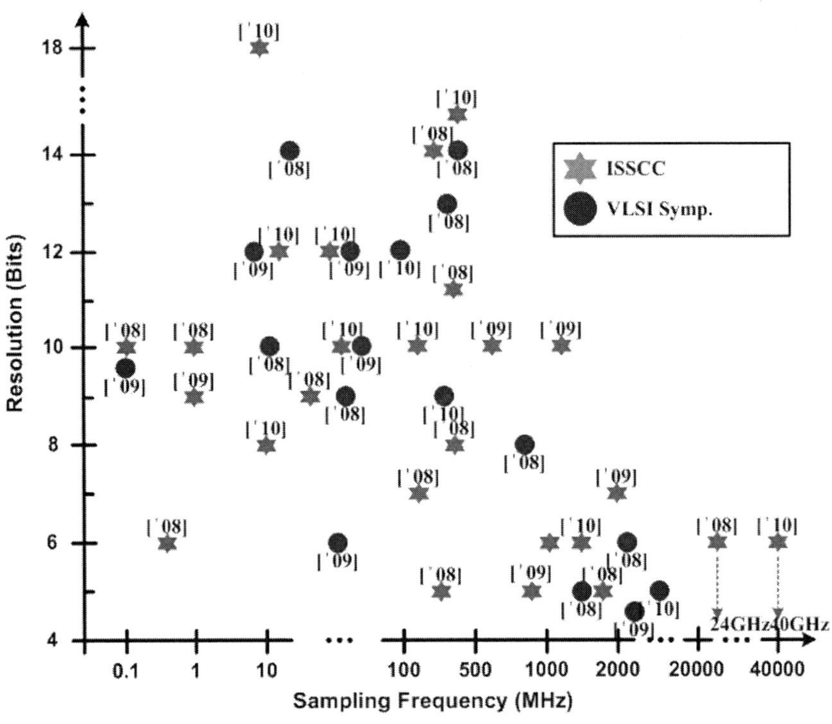

그림 5.4.1 속도와 해상도에 따른 최근의 ADC 연구동향 (2011년 현재)

5.4.1 병렬신호 처리기법 (Parallelism, Time-Interleaving)

많은 시스템에서 높은 동작속도를 얻기 위해 병렬신호 처리기법을 사용한다. 즉, 같은 블록을 여러 개의 병렬로 연결한 다음에 클록의 주기를 조금씩 이동시켜 외부에서 보면 마치 하나의 회로가 동작하듯이 보이게 한다. 이를 time-interleaving이라고도 한다. 그림 5.4.2는 1.5 GSPS(Giga Sample Per Second)의 클록 동작속도를 갖는 단일 6비트 ADC를 16개 병렬 처리하여 최대 24 GSPS의 변환속도를 갖도록 한 ADC의 블록 다이어그램이다 [3]. 각 ADC는 단순한 SAR 구조이므로 설계가 비교적 간단하다. 그리고 이러한 ADC를 16개 병렬로 연결함으로써 동작속도를 16배로 향상시켰다. 그러나 병렬신호 처리기법은 각 채널 간 타이밍 부정합, 이득 부정합 그리고 offset 부정합으로 인해 성능이 급격히 저하되는 단점을 지닌다. 이에 따라 여러 채널을 갖는 병렬구조에는 반드시 부정합 오차를 감소시키기 위한 보정회로가 필요하다. 각 채널 간 이득 및 offset 오차를 최소화하기 위한 DAC가 존재하며, 타이밍 부정합을 최소화하기 위해 클록 발생기 또한 보정회로를 포함한다. 따라서 칩의 면적 및 전력소모는 다른 것에 비해 아주 크다는 단점이 있다.

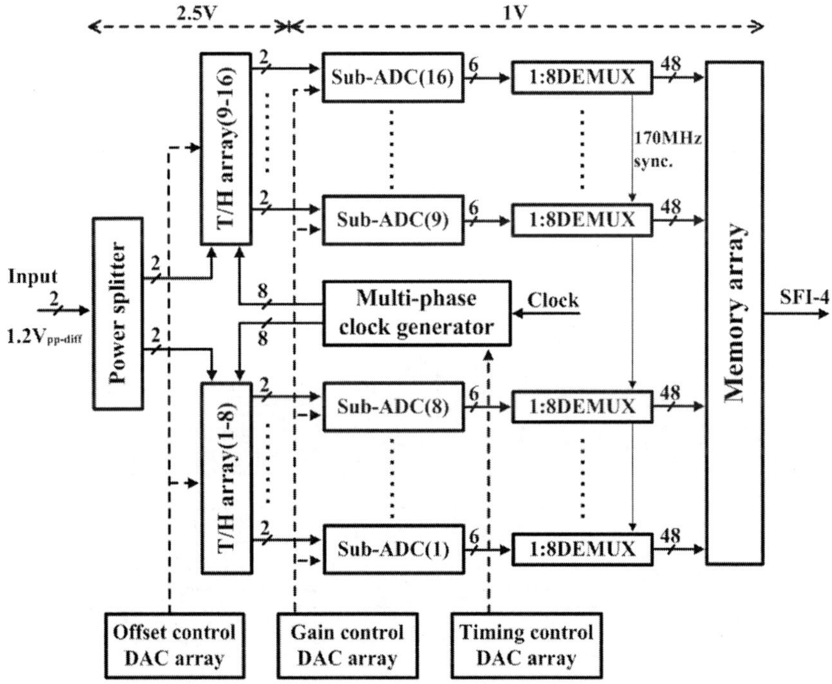

그림 5.4.2 Time Interleaving 기법을 이용한 초고속 ADC [3]

그림 5.4.3은 time interleaving 기법을 이용하여 설계한 고속 파이프라이닝 ADC이다 [4]. 파이프라이닝 ADC의 각 stage를 2비트씩 설계하여 4단 구성을 하고(1비트는 디지털 에러정정용으로 사용), 다시 파이프라이닝 ADC를 4개로 구성하여 동작속도를 높인 구조이다. 아주 낮은 전원전압에서도 1 GSPS 이상의 동작속도를 가질 수 있으며 각 단계별 비트수를 조절하여 reconfigurable 구성이 가능한 구조이다.

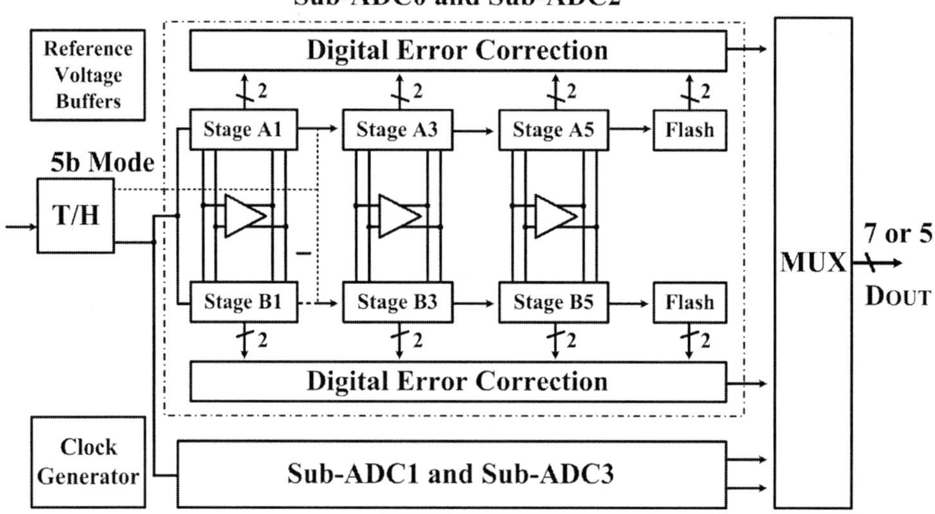

(a) ADC 구조

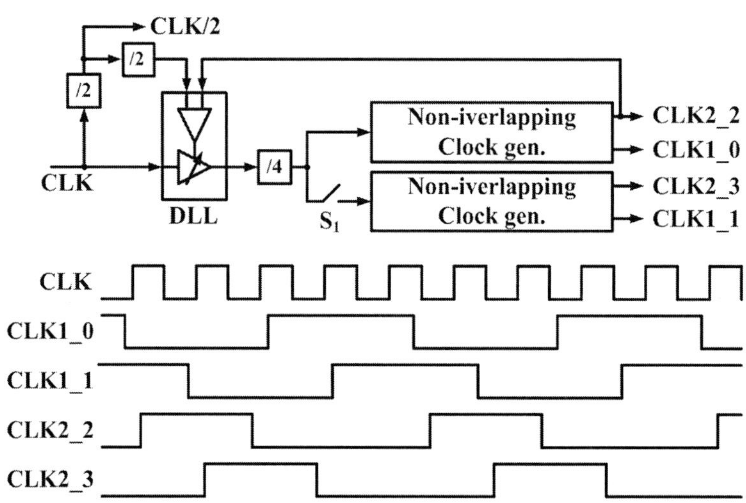

(b) clock generator의 구조 및 diagram

그림 5.4.3 Time Interleaving 기법을 이용한 고속 파이프라이닝 ADC [4]

5.4.2 자체보정기법 (Self-Calibration)

앞에서 논의한 병렬처리기법은 여러 개의 코어를 병렬로 나열하기 때문에 동작속도를 올릴 수는 있지만, 전력소모가 크고 칩 면적이 커진다는 단점이 있다. 또한, 각 블록별로 정확한 클록이 인가되어야 하기 때문에 클록의 정확성이 중요한 핵심이다. 따라서 클록의 보정및 자체 보정회로가 반드시 필요하다. 그림 5.4.4는 병렬처리기법에서 오차를 줄이기 위해 2개의 코어를 이용하여 자체보정을 한 회로이다[5]. 그림 5.4.4(a)는 2개의 ADC 코어가 서로 상쇄적으로 동작하는 블록 다이어그램이다. 그림 5.4.4(b)에는 동작 원리가 순서적으로 나열되어 있다. 먼저 그림 ①에서처럼 calibration 하기 전에는 두 개의 ADC 코어가 제멋대로 동작하고 있음을 보여주고 있다. 그림 ②는 두 개의 ADC 코어를 평균한 디지털 파형이 도시되어 있다. 그림 5.4.4(a)의 디지털 로직에서 두 ADC의 디지털 코드를 평균화한다. 다음에 그림 ③에서처럼 ADC B를 아래쪽으로 1 LSB 이동시킨다. 그 다음에는 그림 ④처럼 다시 평균화한다. 그리고 그림 ⑤처럼 이번에는 반대로 ADC B를 위쪽으로 1LSB 이동시킨다. 그 다음에는 그림 ⑥처럼 다시 한 번 평균화한다. 이런 식으로 몇 번 반복하면, 결국 그림 ⑦처럼 두 개의 ADC는 거의 똑같은 동작을 하는 코어가 된다. 어차피 2개 이상의 코어를 사용해서 time interleaving을 할 경우, 전체 ADC가 동작하기 전에 이런 식으로 2개의 코어를 동일하게 보정하면, 전체적으로 ADC는 큰 오차 없이 동작한다. 병렬로 만드는 코어가 2개보다 더 많더라도 이런 식의 원리를 적용하면 모든 ADC 코어를 동일화할 수 있다. 그러나 전체적인 디지털로직의 복잡성은 n개의 코어에 대해 2^n으로 기하급수적으로 늘어나기 때문에 병렬 처리하는 코어 개수에는 한계가 있다.

그림 5.4.5는 폴딩 ADC의 구조에 디지털 자체보정기법을 추가한 회로도이다[6]. 출력으로 나오는 디지털 코드를 감지해서 에러가 발생할 경우, 폴딩 amp의 전류값을 조절해서 에러를 줄이는 기법이다. 이런 식의 자체보정기법은 회로에 흐르는 전류값을 조절하기 때문에 아날로그 및 디지털적인 보정방법 모두가 필요하다. 따라서 정확한 보정이 가능하다는 장점을 가진다. 그러나 아날로그 블록에 여분의 회로가 필요하고, 디지털 블록으로부터의 피드백이 존재하기 때문에 노이즈가 많고 라우팅이 어렵다는 단점을 가진다. 또한, 칩 면적이 상당히 커지기 때문에 본래의 코어보다 더 큰 보정회로가 필요하다.

그림 5.4.6은 자체보정기능을 가진 12비트 파이프라이닝(pipelining) ADC의 블록 다이어그램이다[7]. 홀수 번째의 stage와 짝수 번째의 stage의 동작을 다르게 함으로써 각 stage별 에러를 검출하고 이를 디지털 에러 정정회로에서 수정함으로써 비교적 간단하게 회로를 보정할 수 있는 장점을 가지고 있다. 기존의 파이프라이닝 ADC가 각 stage 별로 동일하기 때문에 어디에서 에러가 발생했는지 알기 어렵다. 이에 비해서 제안하는 ADC는 근접한 stage의 에러발생현상이 다르기 때문에 정확하게 에러가 발생하는 지점을 알아낼 수 있다. 따라서 에러정정회로가 비교적 간단하며, 정확한 동작이 가능한 실용적인 회로이다.

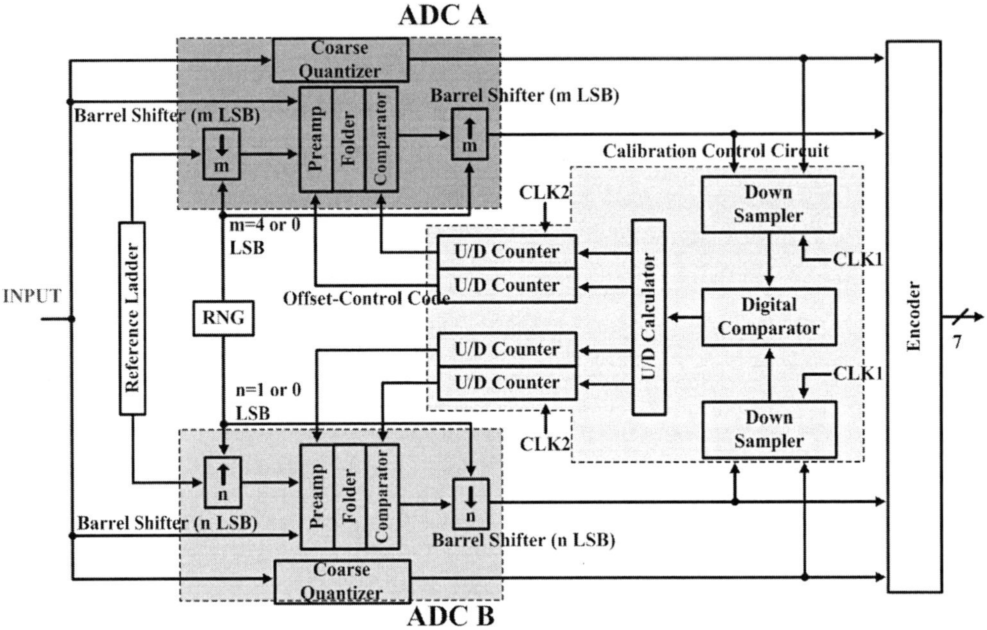

(a) 블록 다이어그램

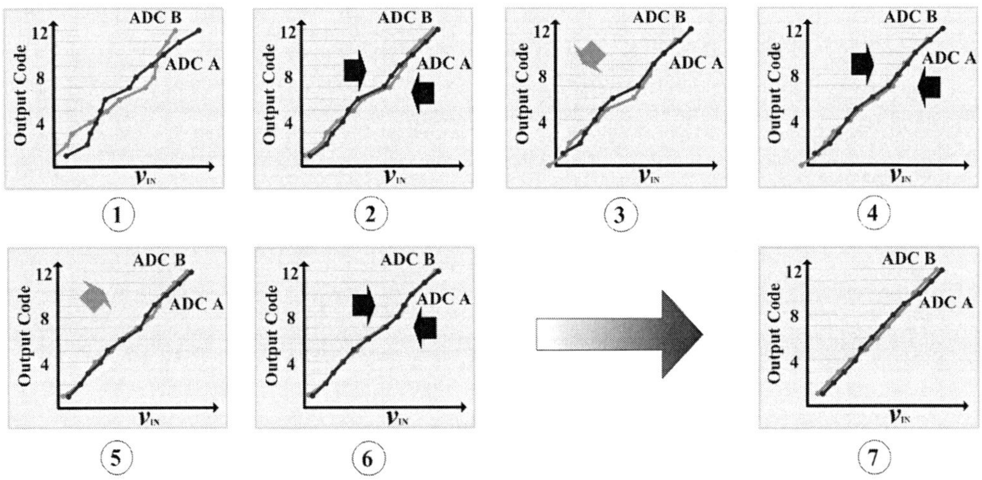

(b) 동작 원리 및 순서

그림 5.4.4 2개의 ADC core를 이용한 오차상쇄기법 [5]

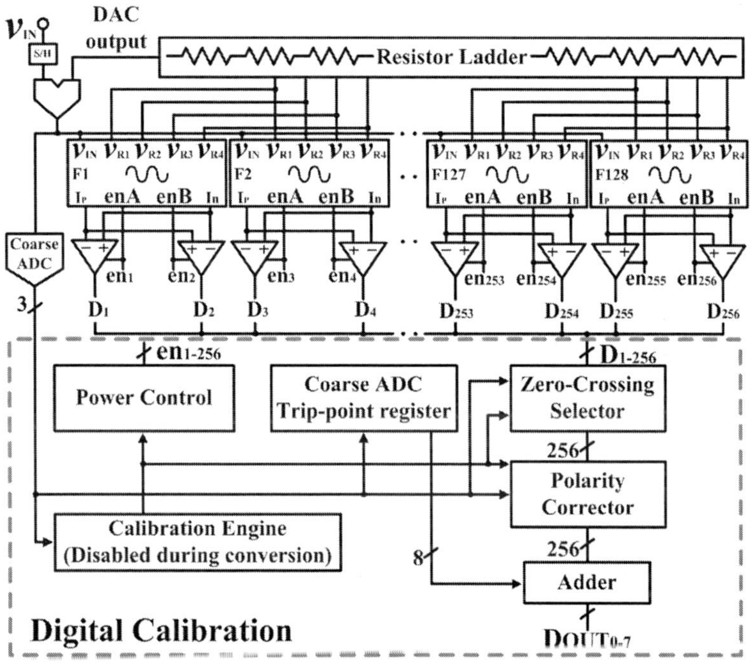

(a) ADC 구조

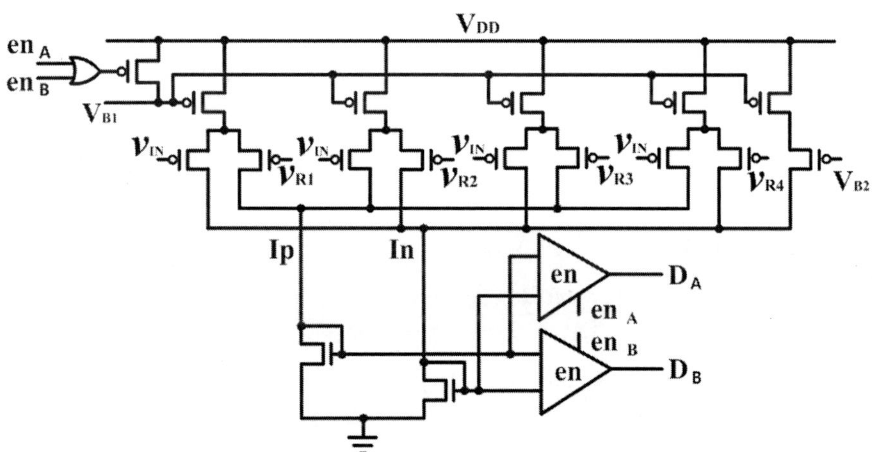

(b) 폴딩 amp의 회로도

그림 5.4.5 Digital Self-Calibration 기능을 갖춘 폴딩 ADC [6]

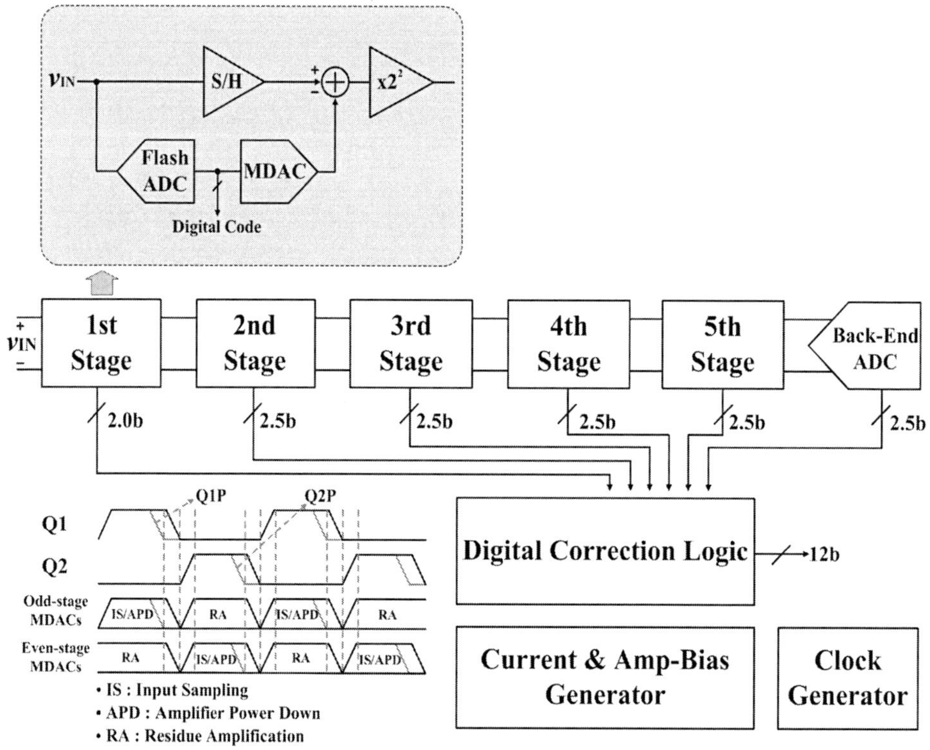

그림 5.4.6 자체보정기능을 갖는 12비트 파이프라이닝 ADC [7]

그림 5.4.7은 폴딩 ADC의 구조에 파이프라이닝 기법 및 디지털 자체보정기법을 추가한 회로도이다[8]. 각 stage 별로 같은 형태의 폴딩 블록을 삽입하고, 2비트와 3비트의 데이터를 디지털 블록으로 전송함으로써 가장 효율적으로 폴딩 구조를 형성하고 있다. 또한, 파이프라이닝 기법을 사용하기 때문에 동작속도를 크게 올릴 수 있는 구조이다.

그림 5.4.8은 오프셋 보정을 위한 엔진을 별도로 추가한 구조의 ADC이다[9]. 맨 앞단의 preamp 및 중간의 폴딩 amp의 오프셋을 디지털로직에 별도로 저장한 다음에 각 amp의 전류를 조절함으로써 디지털 코드를 정확하게 출력하는 구조이다. 오프셋은 전체 회로의 동작특성을 저하시키기 때문에 이런 방법을 통하여 오프셋전압을 반드시 감소시켜야 한다.

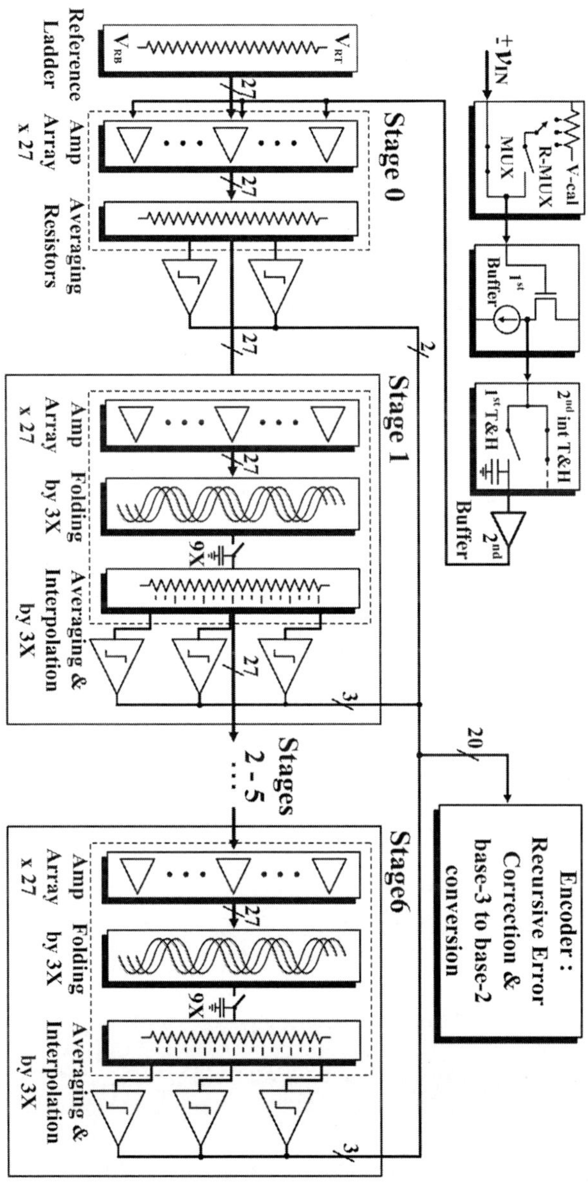

그림 5.4.7 Unified Folding 기법을 이용한 10비트 폴딩 ADC [8]

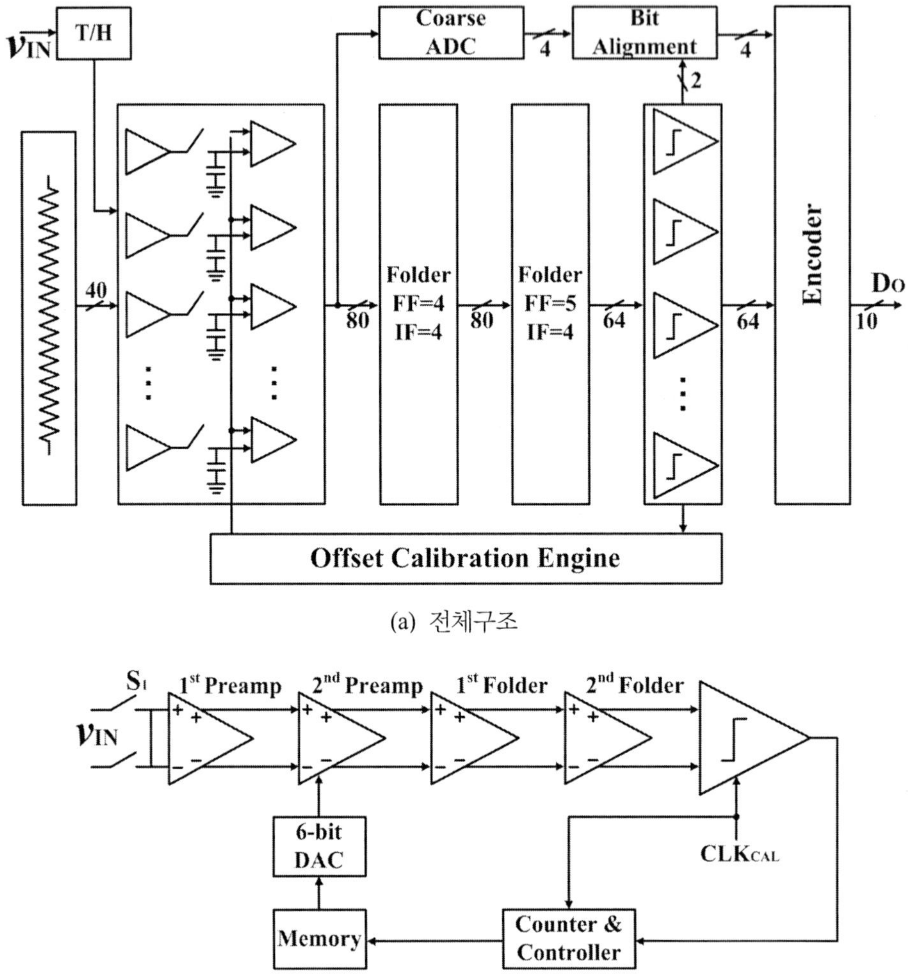

(a) 전체구조

(b) Offset Calibration Engine의 회로도

그림 5.4.8 Offset Calibration Engine을 장착한 10비트 폴딩 ADC [9]

5.4.3 앞으로의 연구동향

그림 5.4.9에는 앞으로의 ADC의 연구동향을 정리한 도표가 나타나 있다[10]. 기존의 플래시(Flash), 폴딩(Folding), 서브레인징(Subranging), 파이프라이닝(Pipelining) 구조의 발전은 당연히 계속될 것이며, 각각의 구조에 동작속도를 높이기 위한 time interleaving 기법, 정확성을 높이기 위한 보정기법이 계속적으로 추가될 것으로 보인다. 예를 들어, 참고문헌 [3]처럼 SAR type의 기본구조를 바탕으로 여러 개의 코어가 추가되며, 각 코어의 동작특성을 향상시키기 위한 오프셋 보정 기법 등이 추가되었다. 따라서 이런 모든 것들을 총망라한 하이브리드 엔진이 기본적으로 향후 ADC의 중요 연구방향이 될 것으로 보인다. 즉, 하나의 구조만을 고집하는 것이 아니라 다양한 구조를 필요에 따라 적절히 혼합함으로써 시스템에 가장 적합한 하이브리드 구조가 앞으로의 중요한 연구방향이 될 것이다.

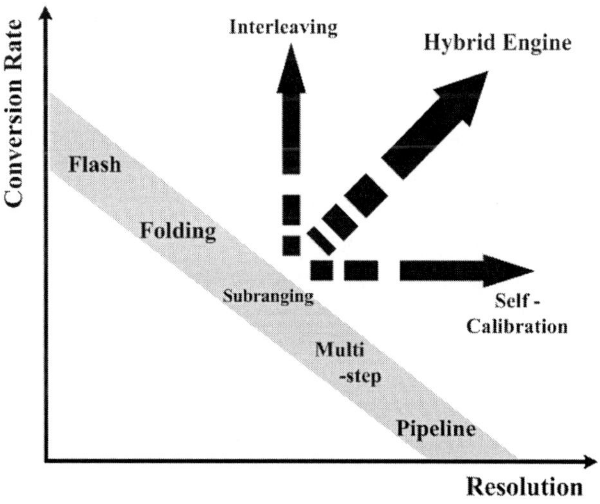

그림 5.4.9 여러 가지 구조가 복합적으로 적용된 하이브리드 ADC의 추세 [10]

참고문헌

[1] 이승훈, 김범섭, 송민규, 최중호, 「CMOS 아날로그/혼성모드 집적시스템 설계」, 시그마프레스, 1999.

[2] M. Choi, and A.A. Abidi, "A 6-b 1.3-GSample/s A/D converter in 0.35-um CMOS", *IEEE J.Solid-StateCircuits,* vol.36, no.12, pp.1847-1858, Dec., 2001.

[3] Peter Schvan et al., "A 24GS/s 6b ADC in 90nm CMOS", in *ISSCC Dig. Tech Papers,* Feb., 2008, pp.544-545.

[4] C.-C. Hsul et al., "A 7b 1.1GS/s Reconfigurable Time-Interleaved ADC in 90nm CMOS", in *VLSI Circuits Symp. Dig.,* Jun. 2007, pp.66-67.

[5] Yuji Nakajima et al., "A Background Self-Calibrated 6b 2.7 GS/s ADC With Cascade-Calibrated Folding-Interpolating Architecture", *IEEE J. Solid -State Circuits,* vol.45, no.4, pp.707-718, Apr. 2010.

[6] Ivan Bogue and Michael P. Flynn, "A 57dB SFDR Digitally Calibrated 500MS/s Folding ADC in 0.18 μm digital CMOS", in *Proc. ESSCIRC,* Sep. 2007, pp.337-340

[7] Y. J. Kim, H. C. Choi, G. C. Ahn and S. H. Lee, "A 12bit 50MS/s CMOS Nyquist A/D Converter With a Fully Differential Class-AB Switched Op-Amp", *IEEE J. Solid-State Circuits,* Vol.45, No.3, pp.620-628, Mar., 2010.

[8] R. C. Taft et al., "A 1.8V 1.0GS/s Self-Calibration Unified-Folding-Interpolating ADC with 9.1 ENOB at Nyquist Frequency", in *ISSCC Dig. Tech Papers,* Feb., 2009, pp.78-79.

[9] C.-C. Hsu et al., "A 10b 200MS/s Pipelined Folding ADC with Offset Calibration", in *Proc. ESSCIRC,* Sep. 2007, pp.151-154.

[10] 문준호, 송민규, "데이터변환기 설계기술 현황 및 전망" 전자공학회지, 제37권 제10호, pp.17-28, 2010년 10월.

06

저해상도 고속 A/D 변환기

나이퀴스트 ADC를 분류하는 방법에는 여러 가지가 있다. 가장 간단한 것은 클록의 동작속도에 따라 저속, 중속, 고속으로 나누는 일이다. 그러나 ADC에 대한 연구가 계속발전하고 공정기술이 발전함에 따라 속도에 따른 분류는 일정하지가 않다. 예를 들어, 2001년에 발표된 0.35 um 공정을 이용한 6비트 1.3 GSPS ADC[1]는 당시 최고의 공정기술로 만들어진 최고의 속도를 내는 ADC였다. 그러나 2011년 현재, 2008년에 발표된 90 nm 공정을 이용한 6비트 24 GSPS ADC[2], 2011년에 발표한 40 nm 공정을 이용한 10비트 800 M ADC[3] 등을 고려하면 속도에 따른 분류는 시간이 지날수록 큰 의미가 없게 된다. ADC를 분류하는 다른 방법으로는 ADC 구조에 따른 분류가 가능하다. 병렬처리가 가능한 플래시 구조, 파이프라이닝 기법이 가능한 구조, 하나씩 디지털 코드를 생성하는 SAR 구조, 회로의 복잡성을 줄이기 위한 폴딩 구조 등으로 분류하는 것이다. 그러나 이렇게 분류하면 너무 많은 형태의 구조가 나오게 되고, 중분류, 대분류가 어렵게 된다.

본 교재에서는 나이퀴스트 주파수를 만족하는 ADC에 국한되기 때문에 해상도에 따라 저해상도, 중해상도, 고해상도 ADC로 분류하였다. 저해상도는 일반적으로 6비트 이하의 해상도를 갖는 ADC이며, 중해상도는 7, 8, 9비트 수준을 만족하는 ADC이다. 마지막으로 고해상도는 10비트 이상의 해상도를 갖는 ADC를 의미한다. 이렇게 분류하면, 각 해상도에 적합한 ADC 구조를 선택할 수 있으며, ADC의 응용에 따라 쉽게 접근이 가능하다. 물론, 중해상도에 적합한 폴딩 구조를 고해상도 ADC에 사용할 수 있다. 또한, 고해상도에 적합한 파이프라이닝 구조로 6비트 수준의 저해상도 ADC를 설계할 수도 있기 때문에 해상도별 ADC 구조 분류가 적합하지 않을 수도 있다. 그러나 본 교재에서는 해상도별로 일반적으로 가장 널리 사용되는 구조를 선택하여 분류하였다.

결과적으로 제6장에서는 저해상도 ADC에 적합한 플래시 구조와 interpolation 구조에 대해 기술한다. 그리고 그 전에 ADC 설계의 기본이 되는 sample-and-hold 회로와 비교기에 대해 논의한다. 제7장에서는 중해상도에 적합한 폴딩 구조, 서브레인징 구조, two-step 구조에 대해 기술한다. 제8장에서는 고해상도 ADC에 많이 사용하는 파이프라이닝 구조, 사이클릭(Cyclic) 구조, SAR 구조, 적분형 구조에 대해 논의한다.

6.1 샘플 앤드 홀드 회로 (Sample-and-Hold Circuit)

6.1.1 샘플 앤드 홀드 회로의 개념

그림 6.1.1에는 Sample-and-Hold 회로 또는 Track-and-Hold 회로라고 불리우는 S/H 블록이 도시되어 있다. 교재마다 조금씩 표현하는 방식이 다르지만, 본 교재에서는 샘플 앤드 홀드 회로(S/H)라고 표현한다. 제5장의 그림 5.1.2와 같이 연속적인 아날로그 신호를 이산적인 샘플링 아날로그 신호로 만들기 위해서 ADC의 맨 앞단에는 S/H 회로가 필요하다. 물론, ADC 구성에 따라 S/H 회로 없이도 동작하는 ADC가 있다. 그러나 S/H 회로를 통해서 아날로그 신호를 이산적으로 샘플링된 아날로그 DC 전압으로 바꾸어 주는 것이 ADC 성능을 향상시키기 때문에 거의 대부분의 ADC에는 맨 앞단에 S/H 회로가 존재한다[4].

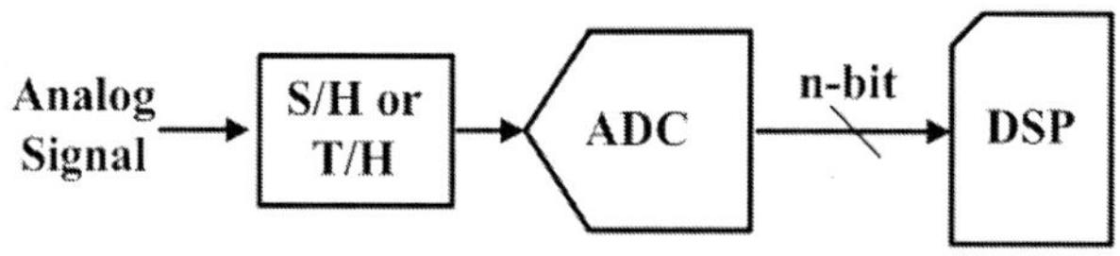

그림 6.1.1 A/D 변환기에서의 샘플 앤드 홀드 회로의 역할

그림 6.1.2에는 샘플 앤드 홀드 회로의 구성이 도시되어 있다. 일반적으로 하나의 스위치와 하나의 커패시터로 회로가 구성되며, 그 앞쪽과 뒤쪽에 아날로그 버퍼가 위치한다. 그림 6.1.2(a)와 같이 회로의 출력이 입력 쪽으로 피드백되어 있는 구조를 closed loop라고 하며, 그림 6.1.2(b)와 같이 피드백없이 이루어진 구조를 open loop라 한다. 그림 6.1.2(c)는 아날로그 버퍼로 사용되는 회로도를 보여 주고 있다. op-amp를 이용하여 버퍼처럼 사용할 수도 있고, source follower를 사용하여 버퍼처럼 사용할 수도 있다. 주로 op-amp를 이용한 closed loop 형태는 회로가 복잡하고 동작속도가 느리다는 단점이 있지만, 정확하게 입력신호를 출력으로 전달해 주기 때문에 고해상도 ADC에 많이 사용된다. open loop 형태는 회로가 단순하고 동작속도가 아주 빠르다는 장점을 가지지만, 정확하게 출력에 원하는 전압을 전달하기 어렵다는 단점이 있다. 따라서 중해상도 ADC에 많이 사용된다. 또한, 아날로그 버퍼를 어떻게 구성하느냐에 따라 해상도와 속도의 차이가 많이 난다. 결론적으로 ADC가 요구하는 해상도와 동작속도에 따라 적절한 형태의 샘플 앤드 홀드 회로와 아날로그 버퍼를 설계하여야 한다.

그림 6.1.2와 같이 기본적인 샘플 앤드 홀드 회로에서는 MOS가 OFF될 때 그 MOS의 채널에 가지고 있던 전하가 다른 곳으로 이동하면서 커패시터의 전압을 끌어 올리거나 낮추는 작용을 한다. 이러한 현상을 clock feedthrough error라고 하며, 이것은 입력의 DC 신

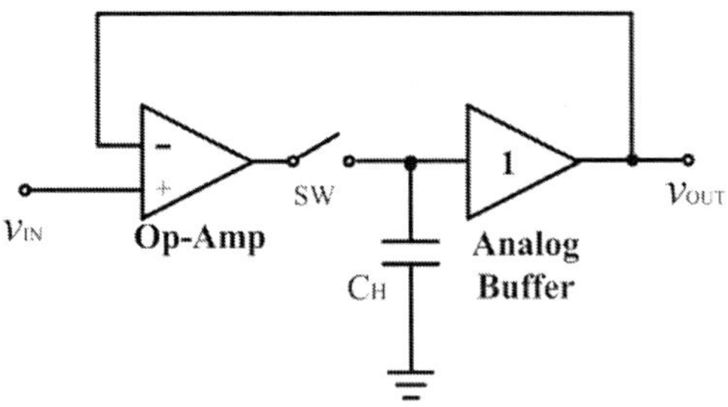

(a) closed loop 형태

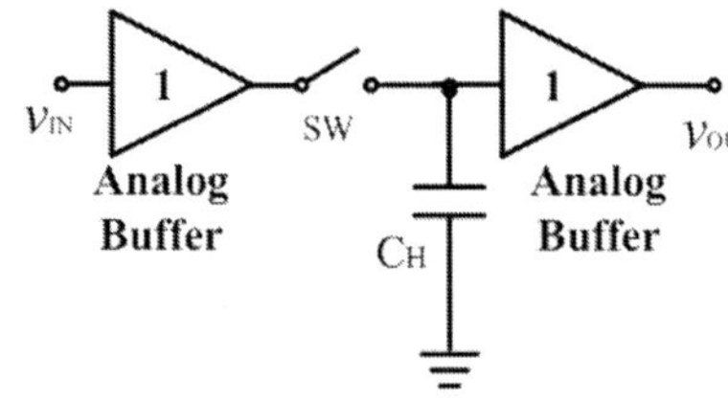

(b) open loop 형태

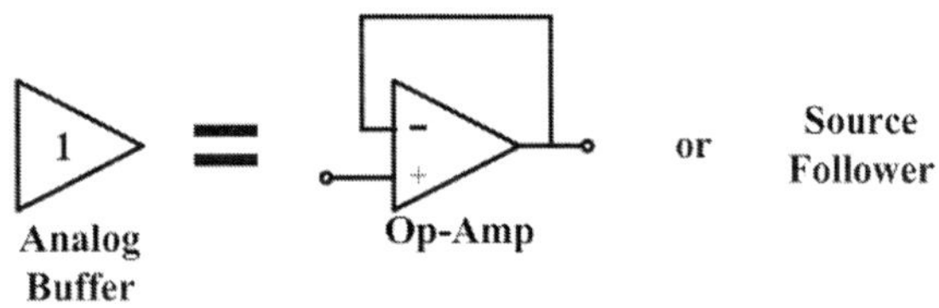

(c) 아날로그 버퍼의 구성

그림 6.1.2 샘플 앤드 홀드 회로의 구성

호를 정확하게 출력으로 전달하는 데 문제를 발생시킨다. clock feedthrough 에러는 스위치의 면적이 크거나 커패시터의 크기가 작으면 더 크게 발생한다. 따라서 스위치면적을 줄이거나 커패시터의 크기를 키우는 것이 중요한데, 그 경우 동작속도의 저하라는 단점을 가지게 된다. 따라서 이러한 샘플 앤드 홀드 회로의 동작특성을 개선하기 위한 많은 종류의 회로가 제안되었다[5] ~ [8].

6.1.2 개선된 샘플 앤드 홀드 회로

그림 6.1.3에는 dummy 스위치를 넣어서 샘플 앤드 홀드 회로의 성능을 개선한 회로가 도시되어 있다. 클록신호가 High일 때는 dummy 스위치가 OFF되어 아무런 역할을 하지 않는다. 그러나 클록신호가 Low가 될 때는, dummy nMOS가 ON이 되고, 앞쪽의 nMOS가 OFF가 된다. 이때, 앞쪽의 MOS에서 발생한 clock feedthrough 전하를 dummy nMOS가 받아들이게 된다. 따라서 뒤쪽에 위치한 커패시터 C_H에는 미미한 영향만을 미친다. 그리고 dummy nMOS의 크기는 앞쪽에 위치한 MOS의 절반 정도 크기로 충분히 clock feedthrough error를 감소시킬 수 있다. 현존하는 샘플 앤드 회로 중에서 가장 간단하며, 동작속도를 높일 수 있는 회로이기 때문에 널리 사용되고 있다[4].

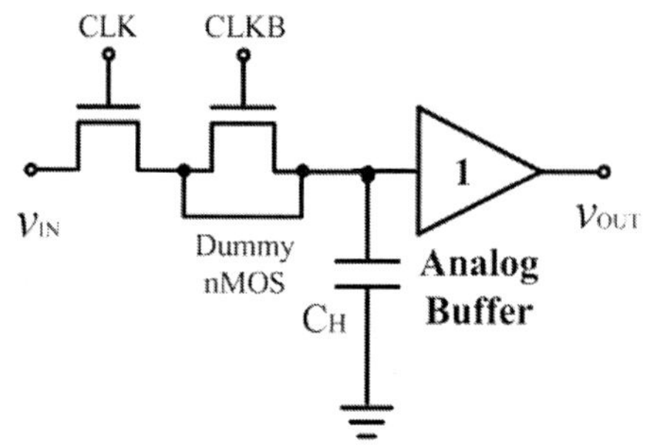

그림 6.1.3 Dummy MOS를 이용한 개선된 샘플 앤드 홀드 회로

6.1.3 부트스트랩 (Bootstrap) 개념을 이용한 샘플 앤드 홀드 회로

그림 6.1.4에는 부트스트랩 회로를 넣어서 샘플 앤드 홀드 회로의 성능을 개선한 회로가 도시되어 있다. 그림 6.1.2와 같은 기본회로에서 입력신호의 전압이 클록신호의 최대전압(V_{DD})과 같거나 비슷하게 되는 경우가 있다. 이때는 MOS의 동작 원리에 따라 MOS 스위치의 반대편에는 입력신호가 그대로 출력되는 것이 아니라 threshold 전압만큼 강하된 전압이 나타나게 된다. 따라서 이런 현상을 방지하기 위해 부트스트랩 회로를 클록신호와 게이트전압 사이에 배치한다. 또한, 입력신호를 부트스트랩 회로에 인가함으로써 결과적으로 스위치의 게이트전압에는 입력전압에 비해 언제나 클록신호 전압만큼 더 큰 전압이 걸리도록 한다. 따라서 입력전압과 게이트 클록 전압의 최대치에 상관없이 MOS 스위치의 출력에는 언제나 입력신호가 나타난다. 그러나 입력단과 스위치의 게이트 간에 걸리는 전압이

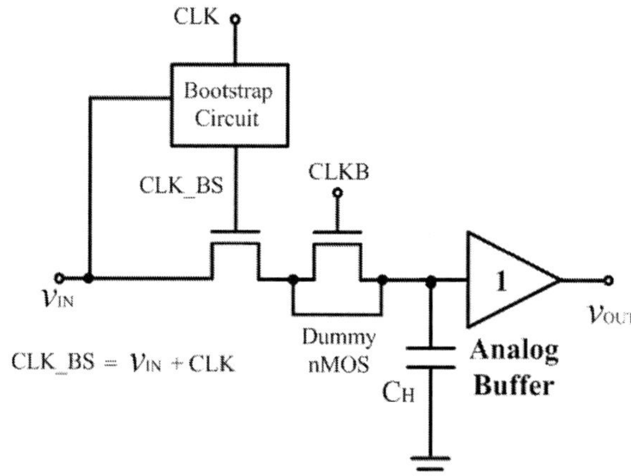

그림 6.1.4 부트스트랩 회로를 이용한 개선된 샘플 앤드 홀드 회로

언제나 V_{DD}이므로 과도한 전류가 스위치에 흘러 전력소모가 커지는 단점이 있다. 또한, dummy MOS에는 부트스트랩을 연결하기 어렵기 때문에 높은 입력전압이 인가되면 dummy MOS가 ON되지 않을 수도 있다.

6.1.4 선형화된 (linearized) 샘플 앤드 홀드 회로

그림 6.1.5는 입력단과 스위치의 게이트 간에 source follower를 연결하여 설계한 샘플 앤드 홀드 회로이다. 그림 6.1.4에서 논의한 부트스트랩 회로의 단점을 극복하기 위해 제안된 회로이다. 입력단과 M1, M2 스위치 사이에 source follower를 각각 삽입한다. 삽입한 회로는 pMOS로 구성된 source follower이므로 입력전압에 비해 일정한 수준 아래로 떨어지는 전압이 각각의 스위치의 게이트전압에 인가된다. 이때, 클록신호가 High이면 M3는 OFF가 되므로, M1 게이트에는 입력신호에 비해 일정한 수준 아래로 떨어지는 전압이 인가된다. 즉, M1 스위치의 소스와 게이트 사이에는 threshold 전압보다 약간 큰 전압이 걸리므로 M1은 ON되며, 이때 흐르는 전류의 크기는 그림 6.1.4에 비해 훨씬 작게 된다. 또한, 항상 일정한 전압이 걸리므로 스위치의 turn-on 저항 역시 일정하게 된다. 이러한 구성을 선형화된 샘플 앤드 홀드 회로라고 한다. 클록신호가 Low가 되면, M3는 ON이 되고 M1에는 V_{DD}가 걸리므로 M1 스위치는 확실하게 OFF된다. 반면에 M2의 dummy 스위치는 M1과 반대로 ON되어 M1 스위치에서 발생하는 clock feedthrough 에러를 대부분 흡수하게 된다. 따라서 그림 6.1.4의 회로에 비해 전류 크기가 적고, dummy MOS도 항상 동작하므로 회로의 성능이 크게 향상된다.

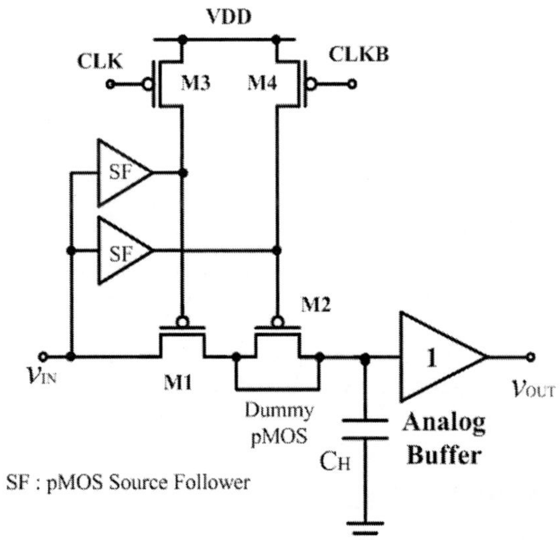

그림 6.1.5 source follower를 이용한 linearized 샘플 앤드 홀드 회로

6.2 비교기 회로 (Comparator Circuit)

6.2.1 비교기의 개념

비교기는 입력단에 걸리는 두 개의 신호에 대해 어느 한쪽이 기준전압보다 높으면 출력에 디지털 High를, 낮으면 디지털 Low를 만들어주는 회로이다. 즉, 두 개의 아날로그 입력 신호와 한 개의 디지털 출력을 갖는 회로이므로 혼성모드회로의 가장 대표적인 예제라고 할 수 있다. 또한, ADC를 구현하기 위해서는 반드시 비교기가 필요하다고 할 수 있다. 앞의 6.1절에서 논의한 샘플 앤드 홀드 회로 없이도 ADC 설계가 가능하지만, 비교기가 없으면 ADC 설계는 불가능하다고 할 수 있다. 따라서 비교기는 ADC 설계에 있어서 가장 중요한 블록이라고 할 수 있다. 실제 비교기의 설계는 일반적인 op-amp와 아주 유사하다. 그림 6.2.1에는 op-amp와 비교기의 특성을 비교한 그래프이다. 가로축이 입력의 두 신호를 서로 뺀 것이라 가정하면, op-amp의 경우는 입력과 출력의 선형적인 증폭특성이 중요하다. 따라서 선형적인 부분을 가급적 길게 늘리는 설계를 하여야 한다. 그러나 비교기는 선형적인 특성이 중요한 것이 아니라 입력 신호 간에 약간의 차이만 발생해도 곧바로 디지털적인 출력을 내야 하는 회로이다. 따라서 어떻게 회로를 설계하고 특성을 맞추느냐에 따라 op-amp도 되고 비교기도 될 수 있다[9].

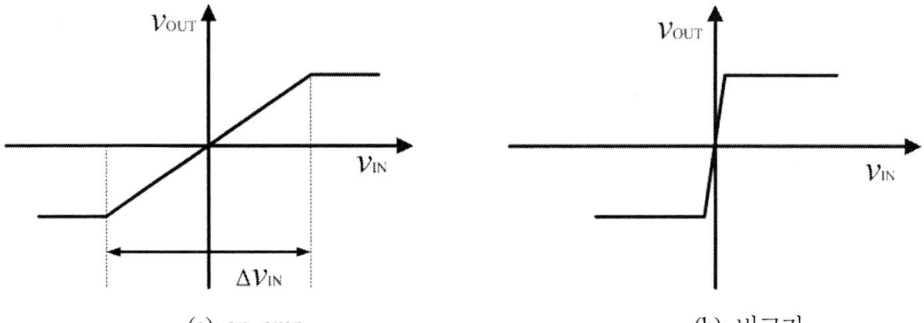

(a) op-amp (b) 비교기

그림 6.2.1 op-amp와 비교기의 입출력특성

6.2.2 비교기 설계에 사용되는 전하보존의 법칙

비교기를 올바르게 설계하기 위해서는 그림 6.2.2에서 도시한 것과 같은 전하보존의 법칙을 이해하여야 한다[10]. 그림 6.2.2(a)의 왼쪽과 같이 처음 커패시터의 양단에 V_1과 V_2 전압을 각각 인가하는 데, 이를 보통 forcing이라고 한다. 다음은 그림 6.2.2(a)의 오른쪽과

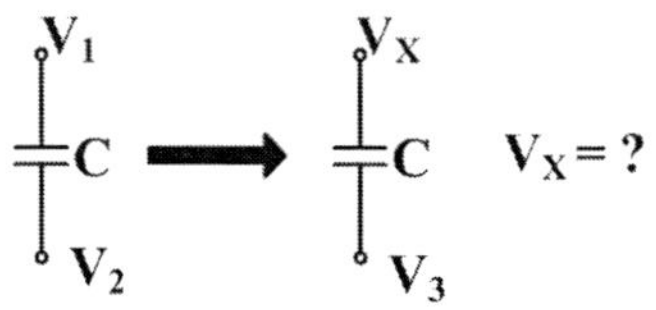

(a) 단일 커패시터를 이용한 전하보존의 법칙

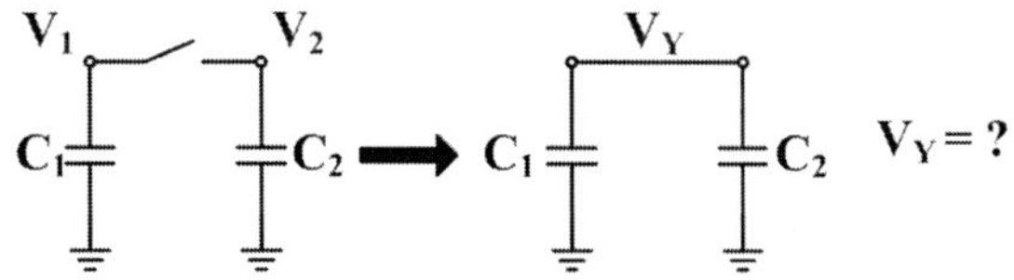

(b) 두 개의 커패시터에서 적용되는 전하보존의 법칙

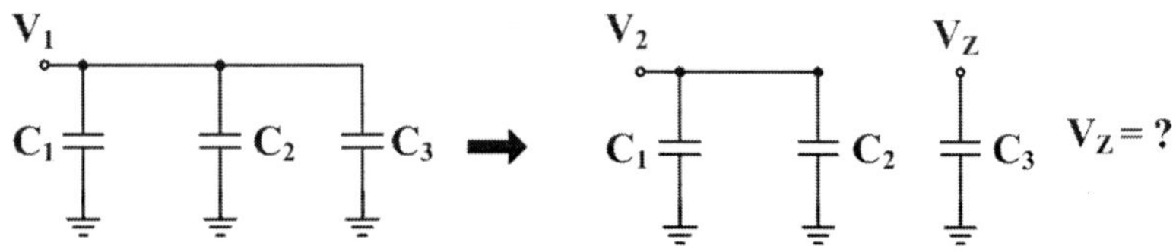

(c) 세 개 이상의 커패시터에서 적용되는 전하보존의 법칙

그림 6.2.2 비교기 및 ADC 회로에 많이 사용되는 전하보존의 법칙

같이 커패시터의 한쪽을 V_3로 forcing하고 나머지 한쪽에는 전압을 인가하지 않으면(이를 floating이라 한다), 아무 전압도 인가하지 않은 floating node(노드)에 새로운 전압이 생기게 된다. 이때 적용되는 법칙이 전하보존의 법칙이다. 먼저 처음 상태에서 커패시터 양단에 걸리는 전하의 총량은

$$Q_1 = C(V_1 - V_2) \tag{6.2.1}$$

이다. 다음 상태에서 걸리는 전하의 총량은

$$Q_2 = C(V_X - V_3) \tag{6.2.2}$$

이다. 그림 6.2.2(a)에서 커패시터 양단에 걸리는 전하가 빠져나갈 곳이 없으므로 Q_1과 Q_2는 같다고 할 수 있다. 따라서 새로운 전압 V_X는

$$V_X = V_3 + (V_1 - V_2) \tag{6.2.3}$$

이다. 예를 들어, 처음 커패시터 양단에 1.2 V와 2.5 V가 양단에 걸렸고 다음 상태에서 V_3에는 4.2 V가 걸렸다면 식 (6.2.3)에 의해 V_X는 2.9 V가 된다.

그림 6.2.2(b)와 같이 2개의 커패시터가 있을 때에도 전하보존의 법칙이 성립한다. 그림 6.2.2(b)의 왼쪽과 같이 C_1과 C_2에 각각 V_1과 V_2의 전압이 걸려 있다고 가정한다. 나머지 한 쪽은 그라운드로 묶여 있기 때문에 모든 노드가 forcing되었다고 할 수 있다. 이때의 전하의 총량은 다음과 같다.

$$Q_3 = C_1 V_1 + C_2 V_2 \tag{6.2.4}$$

다음 그림 6.2.2(b)의 오른쪽과 같이 2개의 커패시터를 하나의 노드로 연결하고 floating하면 새로운 전압 V_Y가 생기게 되며, 그때의 전하의 총량은

$$Q_4 = (C_1 + C_2)\, V_Y \tag{6.2.5}$$

이다. 따라서 최종적으로 원하는 전압 V_Y는 Q_3와 Q_4가 같기 때문에 아래와 같은 식으로 정리된다.

$$V_Y = \frac{C_1 V_1 + C_2 V_2}{C_1 + C_2} \tag{6.2.6}$$

예를 들어, 커패시터의 크기가 각각 1 pF과 2 pF이고, 처음에 걸린 전압이 각각 1 V와 2 V였다고 가정하면, 2개가 연결된 후의 새로운 전압 V_Y는 $\frac{5}{3}$ V다.

최종적으로 6.2.2(c)와 같은 3개 이상의 커패시터 배열에서도 전하보존의 법칙을 이용할 수 있다. 그림 6.2.2(c)의 왼쪽에서와 같이 모든 커패시터의 양단이 forcing 되어 있으므로 전하의 총량은 아래와 같다.

$$Q_5 = (C_1 + C_2 + C_3)\, V_1 \tag{6.2.7}$$

다음 그림 6.2.2(c)의 오른쪽과 같이 2개의 커패시터에는 새로운 전압을 가하고 나머지 한 개의 커패시터를 floating시키면 새로운 V_Z값을 계산해 낼 수 있다. 새로운 전하의 총량은

$$Q_6 = (C_1 + C_2)\, V_2 + C_3 V_Z \tag{6.2.8}$$

이다. 따라서 Q_5와 Q_6의 값이 같으므로 새로운 전압 V_Z는 아래와 같다.

$$V_Z = \frac{(C_1 + C_2 + C_3)\, V_1 - (C_1 + C_2)\, V_2}{C_3} \tag{6.2.9}$$

예를 들어, 커패시터의 크기가 각각 1 pF, 2 pF, 4 pF이고 처음에 걸린 전압이 $V_1 = 2\,\mathrm{V}$, 나중에 걸린 $V_2 = 1\,\mathrm{V}$ 였다면, 새로운 전압 V_Z는 $\frac{11}{4}$ V이다.

6.2.3 인버터를 이용한 기본적인 비교기

그림 6.2.3에는 현존하는 비교기 중 가장 간단한 형태의 비교기 회로도를 도시하였다. 그림 6.2.3(a)에서와 같이 3개의 스위치, 2개의 인버터, 그리고 한 개의 커패시터로 구성된다. 2개의 클록은 non-overlapping two phase clock으로 동시에 High가 되는 경우는 없도록 인가한다. 먼저 그림 6.2.3(b)과 같이 clk_1이 High일 때, 커패시터 양단에는 V_{REF}에 해당하는 기준전압과 인버터의 입출력이 연결된 전압이 인가된다. 인버터의 입출력을 연결할 경우, 입출력이 연결되므로 인버터의 logic threshold 전압인 $V_{DD}/2$가 V_A와 V_B에 인가된다. 즉, 커패시터의 양단이 모두 forcing되면서, 앞의 그림 6.2.2(a)와 동일한 현상이 발생

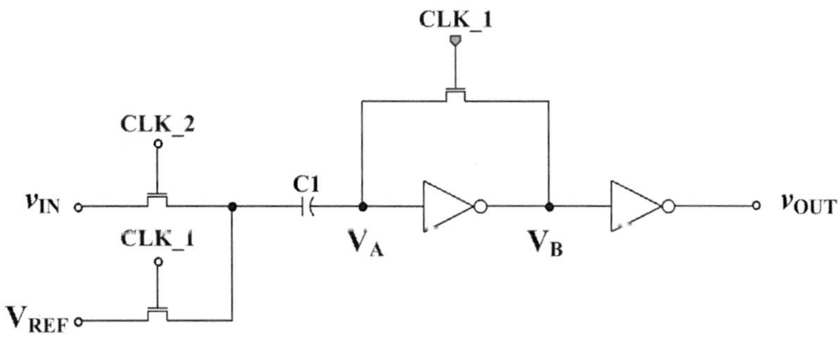

(a) 전체회로도

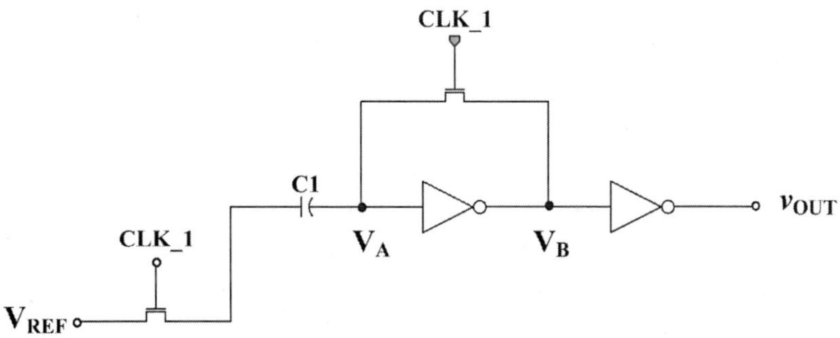

(b) clk_1이 High일 때

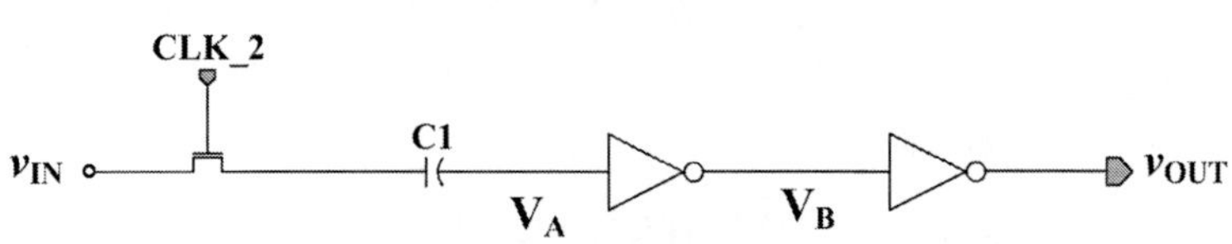

(c) clk_2가 High일 때

그림 6.2.3 기본적인 비교기의 동작 원리

한다. 이때 커패시터 양단에 걸리는 전하의 총량을 계산하면,

$$Q_1 = C(V_{REF} - V_{DD}/2) \tag{6.2.10}$$

이다. 다음으로 그림 6.2.3(b)와 같이 한 쪽에는 입력이 forcing 되고, 인버터의 입력은 floating 되면, 이때의 전하 총량은

$$Q_2 = C(v_{IN} - V_A) \tag{6.2.11}$$

이다. 따라서 Node A에 걸리는 최종적인 전압 V_A는 아래와 같다.

$$V_A = v_{IN} - V_{REF} + V_{DD}/2 \tag{6.2.12}$$

만일 입력전압이 기준전압보다 크면, V_A 전압은 $V_{DD}/2$보다 크게 되므로 출력에는 2개의 인버터를 거친 후에 디지털 High가 출력된다. 반면에, 입력전압이 기준전압보다 작으면, V_A 전압은 $V_{DD}/2$보다 작게 되므로 출력에는 2개의 인버터를 거친 후에 디지털 Low가 출력된다. 그림 6.2.3의 비교기 회로는 간단한 구성이 가능하므로 동작속도를 올리는 데 아주 유리한 구조이다. 그러나 스위치의 clock feedthrough 에러, 인버터의 입출력 연결에 따른 logic threshold 전압 흔들림 등의 현상 때문에 고해상도 ADC에는 적합하지 않다.

6.2.4 완전 차동형태의 비교기 (Fully Differential Comparator)

그림 6.2.4에는 간단한 증폭기와 래치, 그리고 차동구조로 이루어진 2단 형태의 비교기가 나타나 있다[11]. 비교기는 기본적으로 작은 아날로그 신호의 차이를 디지털 전압으로 증폭시키기 때문에 전압증폭도가 아주 큰 증폭기라고 할 수 있다. 따라서 앞의 그림 6.2.3과 같이 인버터만을 이용하면, 한 번에 큰 증폭을 하기 어려운 경우가 생긴다. 예를 들어, 입력 신호의 차이가 1 mV이고 디지털 신호의 전압이 3 V라면 비교기는 3,000배 증폭을 해야 한다. 단순한 인버터 2단만으로 3,000배 전압증폭을 하기에는 무리가 있다. 이를 개선하기 위해 그림 6.2.4와 같이 아날로그 입력신호의 뒤쪽에 pre-amp를 추가하여, 대략 30배 정도의 증폭을 하게 한다. 그리고 뒤쪽의 래치 블록에서 대략 100배 정도 증폭을 하면, 원하는 3,000배 증폭의 비교기를 설계할 수 있게 된다.

또한, 입력신호를 완전 차동으로 설계하여 하나의 입력만으로 인가했을 때 보다 약 6 dB 정도의 SNR 증가효과를 볼 수 있도록 한다. 그림 6.2.4의 동작 원리는 앞의 그림 6.2.3에서 논의한 것과 거의 유사하다. 단지, 완전 차동이므로 출력에 나오는 전압의 차이만 다르며, 그 값은 아래와 같다. 그림에서 V_{REFB}는 기준전압의 Bottom을, V_{REFT}는 기준전압의 Top을, v_{INP}과 v_{INN}는 두 개의 입력전압을 의미한다. 또한, A_V는 pre-amp의 전압이득을 의미한다.

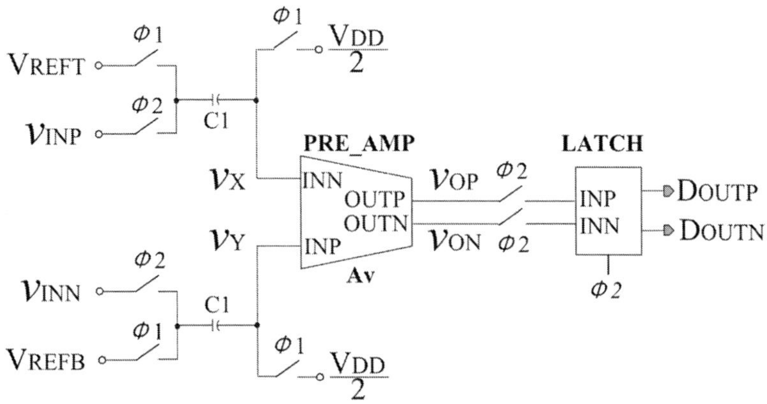

그림 6.2.4 완전 차동형태의 2단 비교기 블록 다이어그램

$$v_X = v_{INP} - V_{REFT} + V_{DD}/2$$
$$v_Y = v_{INN} - V_{REFB} + V_{DD}/2$$
$$v_O = v_{OP} - v_{ON} = A_V(v_X - v_Y) = A_V\{(v_{INP} - v_{INN}) - (V_{REFT} - V_{REFB})\} \quad (6.2.13)$$

그림 6.2.4의 블록 다이어그램에 대한 하나의 예제를 도시한 것이 그림 6.2.5이다. Pre-amp와 래치의 종류에는 많은 종류가 있기 때문에 그림 6.2.5가 가장 좋은 조합이라고 할 수는 없다. 그러나 비교기의 성능과 원하는 시스템 특성에 따라 가장 적합한 pre-amp와

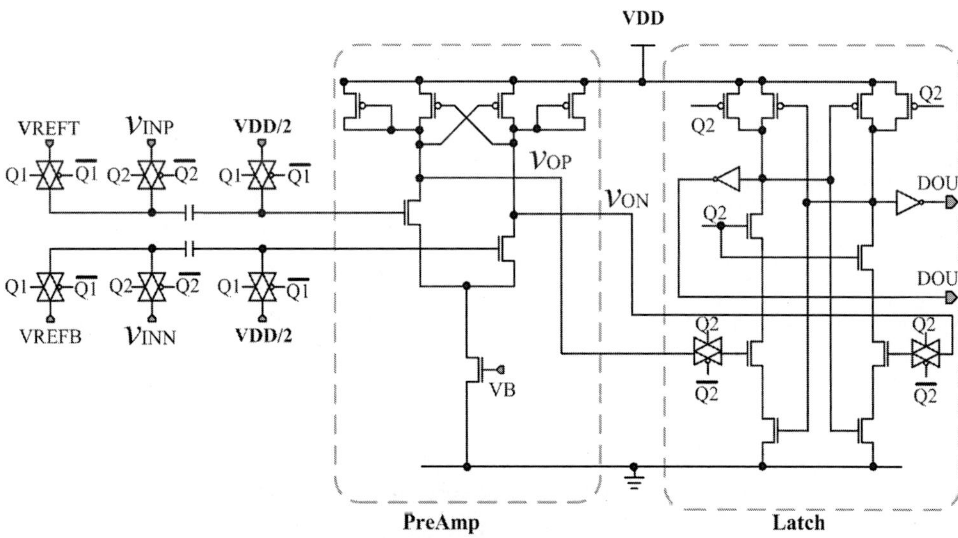

그림 6.2.5 완전 차동형태의 2단 비교기의 회로도

래치를 선택할 필요는 있다. 그림에서 pre-amp는 pMOS를 cross coupled 형태로 설계하였기 때문에 전압이득이 높다는 장점을 가진다. 래치의 경우는 디지털 래치를 위쪽에 배치하였기 때문에 전압이득 특성이 우수하고 동작속도가 빠르다는 장점을 가진다.

6.2.5 비교기의 설계 시 고려할 사항

비교기는 앞의 그림 6.2.4처럼 완전 차동형태로 구성되어 있으며, pre-amp를 가지는 구조가 대부분이다. 뒷단의 래치는 디지털 블록이기 때문에 큰 문제 없으나 앞단의 pre-amp는 아날로그 블록이므로 오프셋전압 에러, 전압이득 변화 등의 문제를 가지고 있다. 따라서 여러 개의 비교기를 연결할 경우에, pre-amp의 오프셋전압을 줄이기 위한 기법이 필요하다. 그림 6.2.6은 여러 개의 비교기가 연결되어 있을 경우에, 저항을 이용해서 오프셋전압을 평균화하는 기법을 도시하고 있다. 그림에서 R1은 pre-amp의 load 저항이며, R2는 평균화저항이다. 예를 들어, 세 개의 pre-amp에서 오프셋전압이 발생하면, R2가 없을 경우에는 각 비교기별로 다른 오프셋전압이 발생하게 된다. 그러나 R2를 이용해서 각 pre-amp의 출력단을 연결하면, R2 저항에 의해 각 출력단의 전압이 일정한 비율로 유지된다. 따라서 오프셋전압이 평균화되어 각 pre-amp의 오프셋전압을 크게 줄일 수 있다[9].

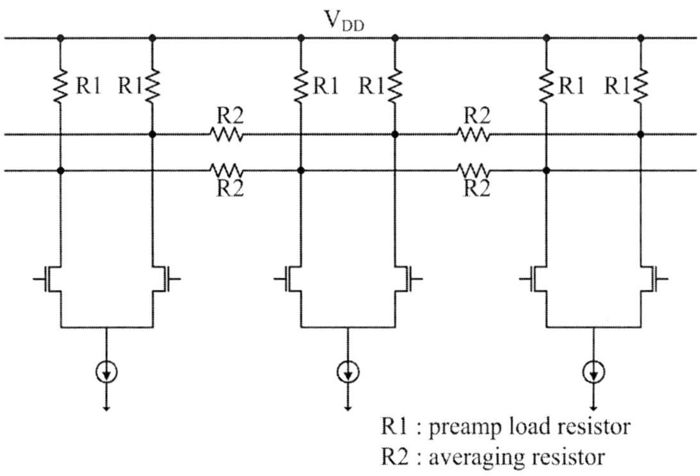

그림 6.2.6 비교기 내에서 pre-amp의 오프셋전압을 줄이기 위한 평균화기법

오프셋전압이나 비교기의 미스매칭을 줄이기 위한 레이아웃적인 방법도 여러 가지가 있다. 그림 6.2.7에는 여러단의 비교기가 나열될 경우, 비교기의 array의 미스매칭을 줄이기 위한 방법이 도시되어 있다. 그림의 (a)처럼, 비교기를 단순하게 나열하여 배치하면, 맨 양 끝에 있는 비교기는 파워라우팅의 끝부분이기 때문에 다른 비교기에 비해 성능이 저하되

고, 제대로 동작하지 않을 수 있다. 따라서 그림 (a)처럼, 맨 양 끝의 비교기는 A가 아니라 A'처럼 동작한다. 이러한 현상을 개선하기 위해 그림의 (b)처럼 맨 끝에 dummy 비교기를 삽입하면, 끝 쪽에 있는 비교기의 성능이 저하되는 것을 막을 수 있다. 또한, (c)처럼 면적을 조금이라도 줄이기 위해 맨 양 끝에 poly-Si 레이어를 삽입하는 방법도 있다. 그림 (b)에 비해 면적을 줄일 수는 있지만, 양 끝에 있는 비교기의 파워라우팅 특성이 좋지 않아 큰 성능향상을 기대하기는 어렵다. 그리고 그림 (d)처럼 비교기의 사이사이에 poly-Si을 삽입하여 각 비교기의 특징이 잘 나타나도록 레이아웃 배치를 할 수도 있다. 각 레이아웃은 장단점이 존재하므로, 설계자가 레이아웃을 할 때 시스템 특성에 맞게 가장 적합한 형태를 찾아 설계하고 레이아웃을 배치할 필요가 있다[9].

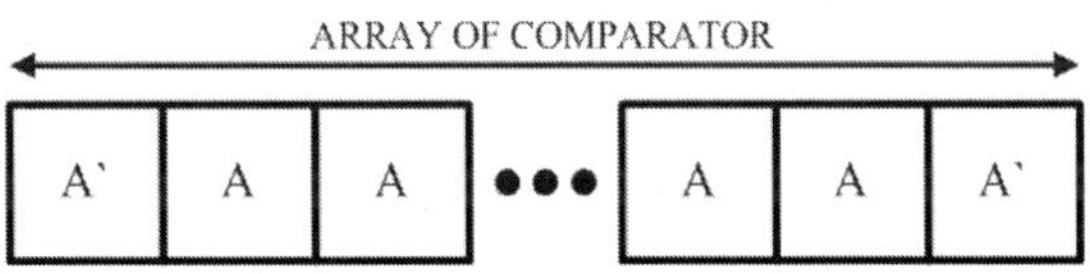

(a) 기본적인 비교기 array의 레이아웃

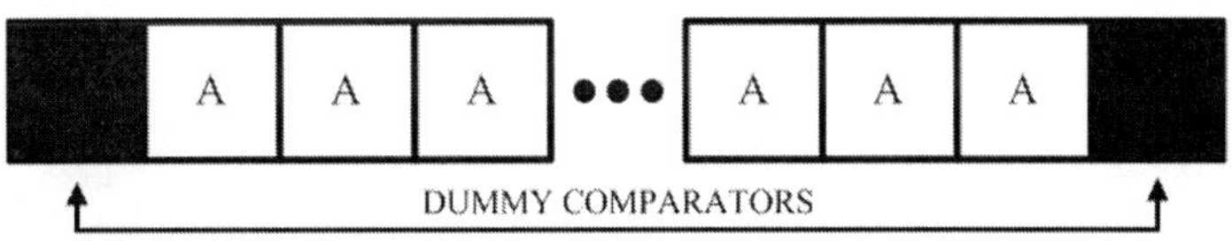

(b) 맨 양 끝에 dummy 비교기를 넣어서 미스매칭을 줄이는 기법

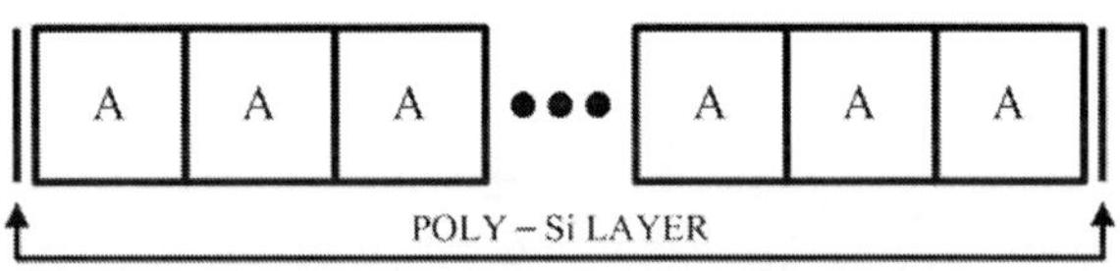

(c) 맨 양 끝에 poly-Si layer를 넣어서 미스매칭을 줄이는 기법

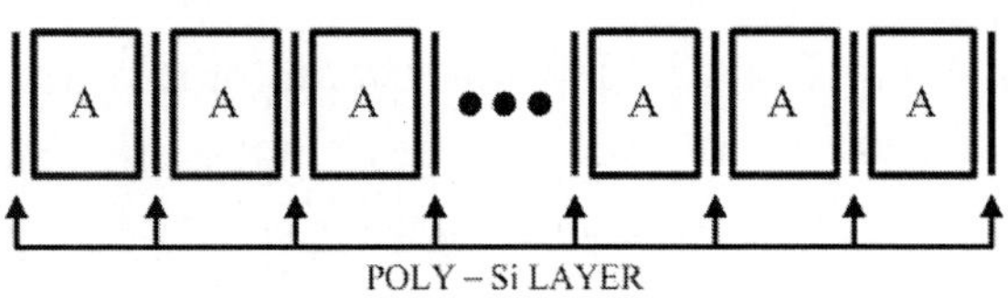

(d) 비교기 사이사이에 poly-Si layer를 넣어서 미스매칭을 줄이는 기법

그림 6.2.7 비교기 array의 미스매칭을 줄이기 위한 레이아웃 방법

6.3 플래시 구조 (Flash Structure)

현존하는 ADC의 구조 중 가장 간단하면서 가장 동작속도가 빠른 구조가 그림 6.3.1의 플래시 구조이다. 플래시 구조는 비교기의 한쪽 입력에는 샘플 앤드 홀드 회로에서 나온 샘플링된 입력 dc 전압을 인가하고, 나머지 한쪽에는 저항열을 만들어서 저항의 각단에 연결한다. 예를 들어, 3비트 ADC를 설계하기 위해서는 7개의 비교기와 8개의 저항열이 필요하다. 전원전압 V_{DD}가 3 V라고 가정하고, 저항열의 맨 위쪽인 V_{REFT}가 2 V이고, 맨 아래쪽의 V_{REFB}가 1 V인 경우, 저항의 개수가 8개 있다면, 맨 가운데 전압은 1.5 V가 될 것이다. 이때, 입력전압에 1.6 V에 해당하는 전압이 인가되면, 비교기의 동작은 아래에 있는 4개의 비교기출력은 모두 High가 되고, 위쪽에 있는 3개의 비교기출력은 모두 Low가 된다. 즉, 출력에는 온도계 코드(Thermometer Code)에 해당하는 디지털출력이 나오게 된다. 최종적으로 이러한 온도계 코드를 일반적인 바이너리 코드(Binary code)로 바꾸어주는 인코더를 설계하면 원하는 ADC를 설계할 수 있다[12].

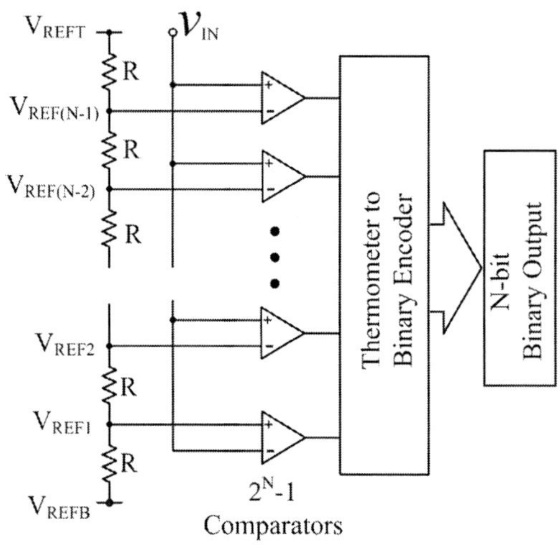

그림 6.3.1 N비트 Flash ADC의 기본구조

그림 6.3.2는 그림 6.2.4에서 논의한 완전 차동형태의 비교기를 이용한 4비트 플래시 구조의 블록 다이어그램이다. 완전 차동형태이므로 입력신호는 2개가 존재하며, 기준전압도 항상 완전 차동이 되도록 인가하여야 한다. 예를 들어, V_{REFT}는 2 V이고, V_{REFB}는 1 V라고 가정하면, 16개의 저항이 존재하므로, 각 저항 간의 전압차이는 62.5 mV이다. 따라서 위쪽의 왼쪽에서 3번째 비교기에는 1.8125 V에 해당하는 기준전압과 1.1875 V에 해당하는 기준전압이 동시에 인가된다. 출력도 역시 2개가 존재하므로 하나만 사용하든지, 2개 모두

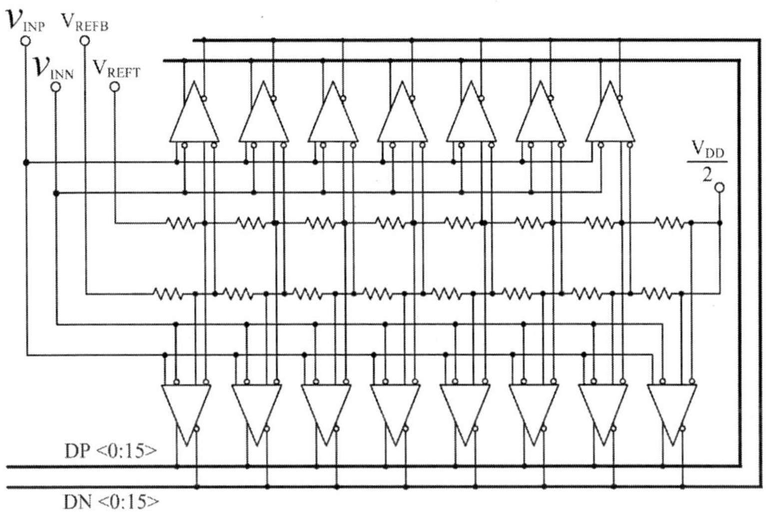

그림 6.3.2 완전 차동형태의 비교기를 이용한 4비트 Flash ADC의 아날로그 블록

사용하여 thermometer code를 바이너리 코드로 변환시켜 주는 인코더를 추가하여 완성한다[9].

최근의 플래시 구조는 동작속도를 올리기 위해 제5장에서 논의한 것처럼 time interleaving 기법을 많이 사용한다. 즉, 여러 개의 플래시 코어를 설계한 다음에 각 코어에 인가되는

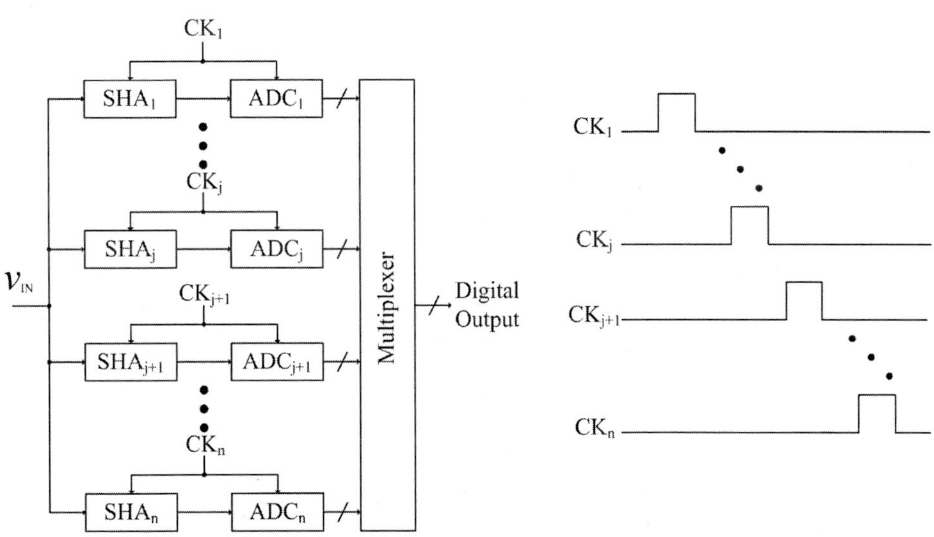

(a) 전체 블록 다이어그램　　　(b) 클록 다이어그램

그림 6.3.3 Time Interleaving 기법을 이용한 초고속 Flash ADC

클록의 위치를 조정하여 동작속도를 올린다. 그림 6.3.3에는 n개의 플래시 코어로 구성된 초고속 ADC가 도시되어 있다. 각 블록에 인가되는 클록의 edge 부분을 이동시켜 각 블록에 다른 클록이 인가되는 것처럼 처리한다. 그리고 최종적으로 멀티플렉서를 이용하여, 원하는 초고속 동작의 ADC를 설계한다. 전력소모가 커지고, 칩의 면적이 커진다는 단점이 있지만, 동작속도를 높일 수 있기 때문에 초고속 ADC에는 많이 사용하는 기법이다.

6.4 인터폴레이션 구조 (Interpolation Structure)

플래시 구조의 단점으로 지적되는 칩 면적 및 전력소모 증가 현상을 줄이기 위해 그림 6.4.1과 같은 interpolation 구조가 많이 사용된다[9]. 플래시 구조에서 비교기가 7개가 필요하다면, pre-amp와 래치구조로 형성된 비교기가 7개 있어야 한다. 그러나 앞단의 pre-amp는 아날로그 신호처리 블록이기 때문에 굳이 pre-amp를 모든 위치에 사용하지 않고도 회로를 구성할 수 있다. 그림 6.4.1은 interpolation 기법으로 구성된 ADC의 구조도이다. pre-amp 뒷단을 저항으로 연결하고, 저항 4개당 한 개씩의 pre-amp를 연결하면 중간에 있는 전압 V_{2a}, V_{2b}, V_{2c}는 자연스럽게 V_1과 V_2 사이에 놓이게 된다. 즉, 기존의 경우에는 4개의 pre-amp가 필요했지만, interpolation의 경우는 1개의 pre-amp와 4개의 저항으로 대체할 수 있다. 그림 6.4.1(a)에는 전체 구조가, 그림 6.4.1(b)에는 중간 전압의 변화도를 도시하고 있다.

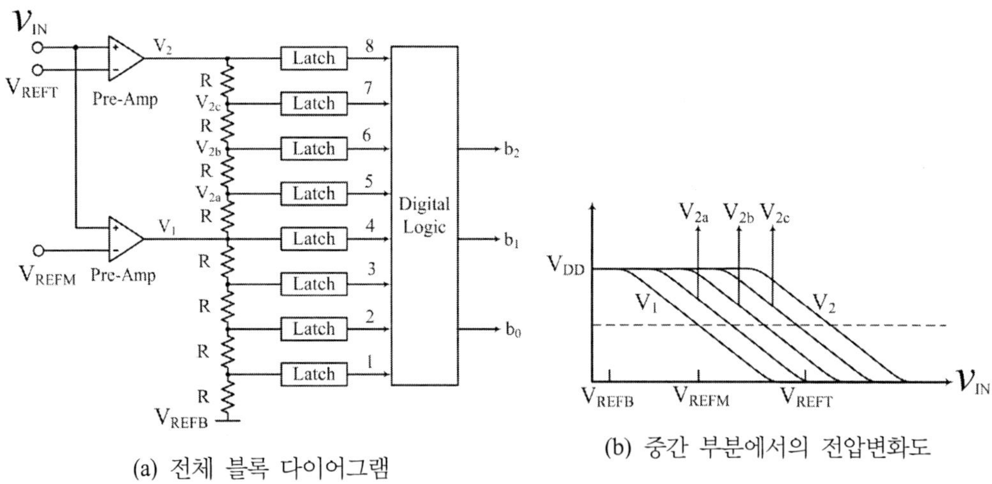

(a) 전체 블록 다이어그램

(b) 중간 부분에서의 전압변화도

그림 6.4.1 Interpolation ADC의 구조

그림 6.4.2는 저항 대신 커패시터를 이용하여 interpolation한 회로도이다. 그림 6.2.3의 기본적인 비교기를 사용하여 interpolation하였다. 그림 6.2.3에 사용된 비교기는 앞단의 인버터는 증폭기의 역할을 하고, 뒤쪽의 인버터는 래치 역할을 한다. 뒤쪽에 있는 래치단에 연결하기 전에 커패시터를 이용해서 전압을 interpolation한 구조이다. 그림 6.4.1에 비해 항상 흐르는 dc 전류가 없기 때문에 전력소모가 작으며, 저항보다 커패시터의 면적이 작기 때문에 칩 면적을 줄일 수도 있다. 그러나 커패시터 간의 미스매칭 특성이 나타날 경우, 오동작이 일어날 수 있고 커패시터를 사용하기 때문에 동작속도가 느리다는 단점도 있다.

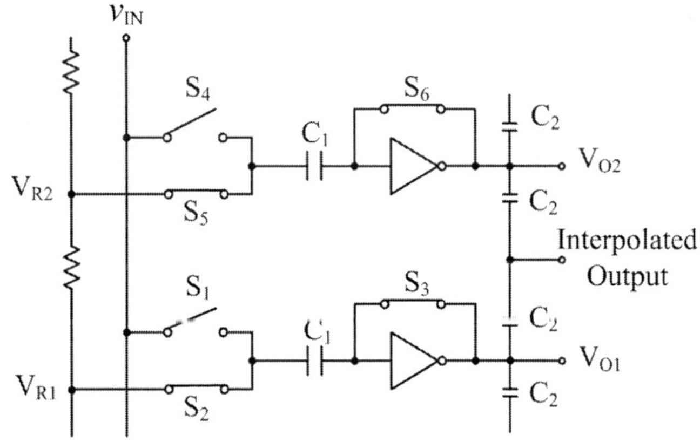

그림 6.4.2 커패시터를 이용한 Interpolation 기법

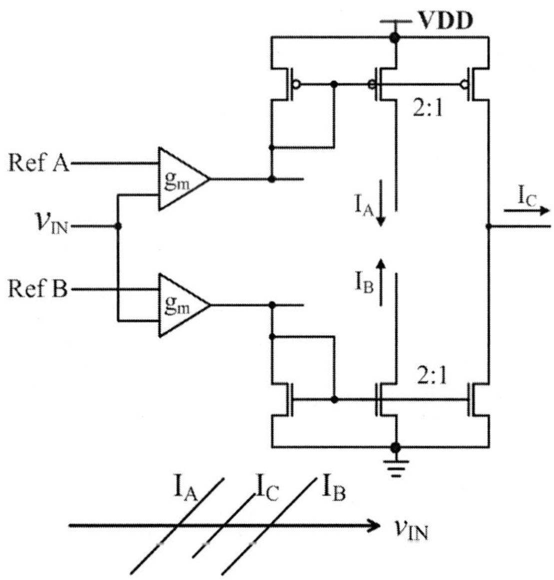

그림 6.4.3 전류를 이용한 Interpolation 기법

그림 6.4.3은 전류를 이용한 interpolation 기법이다. 저항이나 커패시터를 사용하지 않고 전류미러를 이용하여 회로를 구성하기 때문에 칩 면적에서는 가장 작다고 할 수 있다. 그러나 최대 단점은 전류로 interpolation한 다음에 다시 전압으로 바꾸는 과정에서 전류-전압 변환기를 정확하게 설계하기 어렵다는 큰 단점을 갖는다. 전류 interpolation 뒤쪽에는 래치를 거친 디지털 인코더가 들어와야 하기 때문에 전류값을 전압으로 변환시켜 주는 회로가 필요한데, 이것을 정확하게 설계하기 어렵다.

6.5 설계실습예제 : 3비트 플래시 ADC 설계

앞에서 논의한 내용을 바탕으로 본 절에서는 직접 회로를 설계한다. 먼저, 3비트 플래시 ADC를 설계하기 위해 그림 6.5.1과 같은 실제 값을 인가한다. 0.13 um CMOS 3.3 V 공정을 이용하면, 기준전압값의 최대 크기는 2.2 V, 최소 크기는 1.2 V로 설정한다. 즉, 입력 아날로그 신호의 최대 전압 범위는 1.0 V이다. 두 번째로 회로특성에 적합한 샘플 앤드 홀드

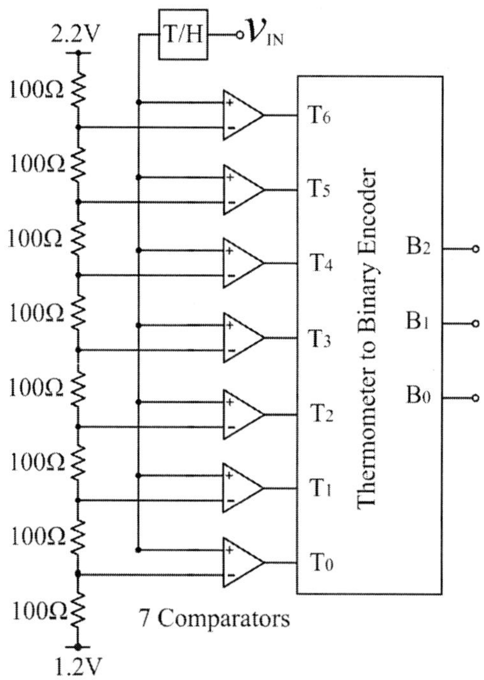

그림 6.5.1 3비트 Flash ADC의 실제설계 예제 (0.13 um 3.3 V 공정)

회로를 설계한다. 앞에서 논의한 바와 같이 closed loop와 open loop의 2가지 형태가 존재하지만, 여기서는 그림 6.5.2와 같이 open loop 회로를 사용한다. open loop 회로는 앞단과 뒷단에 모두 source follower를 사용한 버퍼를 이용함으로써 동작성능을 높인다.

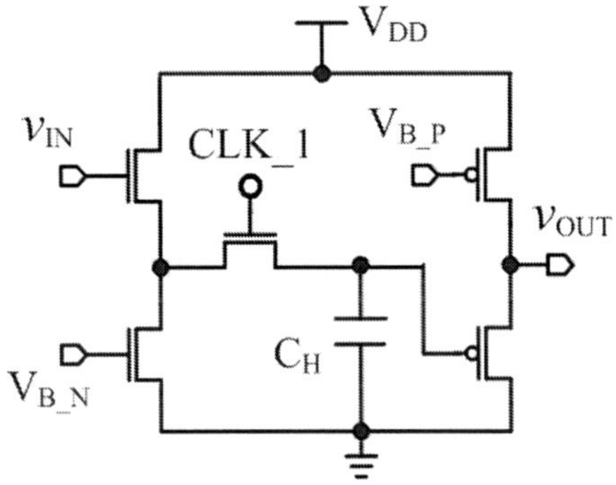

그림 6.5.2 3비트 Flash ADC에 사용된 샘플 앤드 홀드 회로

비교기는 그림 6.5.3과 같은 회로를 사용한다. 인버터를 이용한 가장 간단한 형태의 비교기이다. 여기서 중요한 것은 그림 6.5.2의 샘플 앤드 홀드 회로와의 클록 타이밍을 맞추는 일이다. 샘플 앤드 홀드 회로에서 clk_1일 때는 스위치가 ON되므로 샘플링을 한다. 이때, 비교기는 기준전압을 커패시터에 저장한다. 다음으로 clk_2가 High일 때는 샘플 앤드 홀드 회로에서는 그 전 상태는 홀드하며 이것이 비교기의 입력이 된다. 따라서 clk_2일 때 원하는 디지털 출력값을 얻을 수 있다. 즉, 그림 6.5.2의 출력이 비교기의 입력신호로 인가되며, 클록에 따른 신호의 전달에 주의해야 한다.

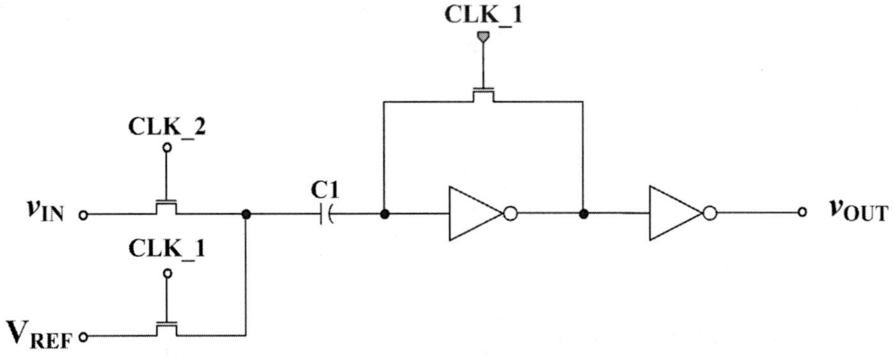

그림 6.5.3 3비트 Flash ADC에 사용된 비교기의 회로도

그림 6.5.4는 thermometer code를 바이너리 코드로 바꾸어 주는 인코더회로이다. 왼쪽에 있는 logic diagram과 같이 입력에 들어오는 thermometer code를 바이너리 코드로 변환하여야 한다. 이 방법에는 여러 가지가 있지만, 여기서는 간단하게 카르노맵을 이용하여 설계한다. 오른쪽과 같이 6개의 XOR 로직을 이용하여 원하는 출력값을 얻을 수 있다.

Thermometer Code							Binary Code		
T_6	T_5	T_4	T_3	T_2	T_1	T_0	B_2	B_1	B_0
0	0	0	0	0	0	0	0	0	0
0	0	0	0	0	0	1	0	0	1
0	0	0	0	0	1	1	0	1	0
0	0	0	0	1	1	1	0	1	1
0	0	0	1	1	1	1	1	0	0
0	0	1	1	1	1	1	1	0	1
0	1	1	1	1	1	1	1	1	0
1	1	1	1	1	1	1	1	1	1

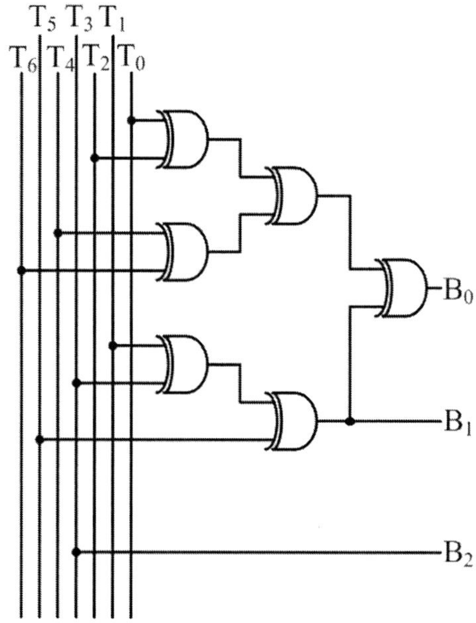

그림 6.5.4 3비트 Flash ADC에 사용된 Thermometer-to-Binary Encoder의 회로도

그림 6.5.5(a)는 입력신호의 ramp 파형에 따른 출력 디지털 코드의 변화를 SPICE로 모의 실험한 결과이다. 그림 6.5.1의 입력단에 1.2 V부터 2.2 V까지 변화하는 램프를 인가한다. 입력신호가 서서히 증가하면서 디지털 코드가 000에서 111까지 순차적으로 변하는 모습을 보여 주고 있다. 이를 바탕으로 설계한 플래시 ADC는 기본적으로 원하는 동작을 하고 있음을 알 수 있다. 그림 6.5.5(b)는 플래시 ADC의 입력단에 사인파를 인가한 후에 ADC의 출력에 다시 이상적인 DAC를 추가하여 모의실험한 결과이다. ADC의 동적인 특성이 원하는 대로 나오는지 확인하기 위해서는 입력에 사인파를 인가하고, 출력에 다시 DAC를 연결한다. 그리고 최종 출력되는 아날로그 신호에 대해 FFT(Fast Fourier Transform)를 취한다. FFT 역시 SPICE에서 제공되므로 어렵지 않게 결과값을 볼 수 있다. 그림 (b)에서 FFT를 통해 얻어낸 SNDR 값은 19.76 dB이다. 이를 ENOB로 환산하면 2.99비트가 나오므로 설계된 플래시 ADC는 원하는 사양을 잘 만족한다고 할 수 있다. 물론, 클록의 최대 주파수가 어디까지 올라가는지, 입력 주파수는 어디까지 원하는 출력을 낼 수 있는지 모의실험을 통해 알 수 있기 때문에, 최종적인 결과는 좀 더 많은 SPICE 실습을 해야 할 것이다.

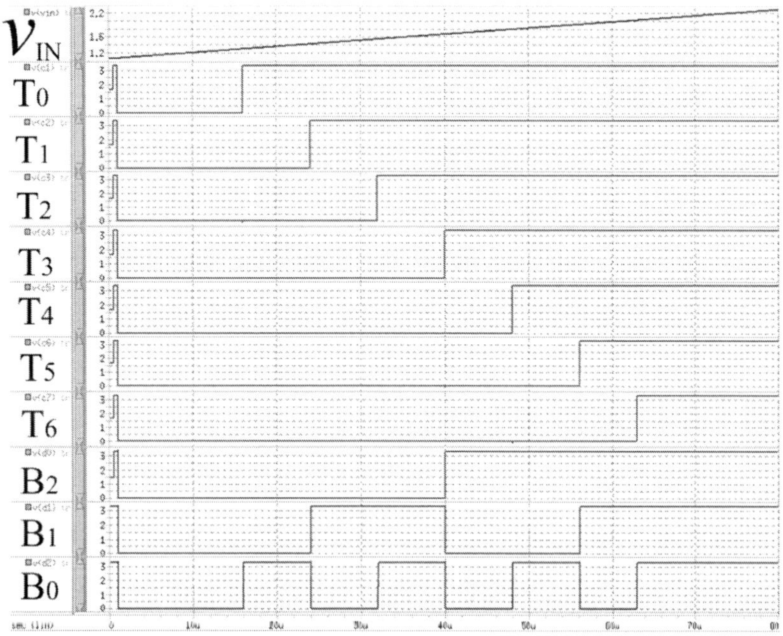

(a) 입력 램프신호에 따른 디지털 출력파형

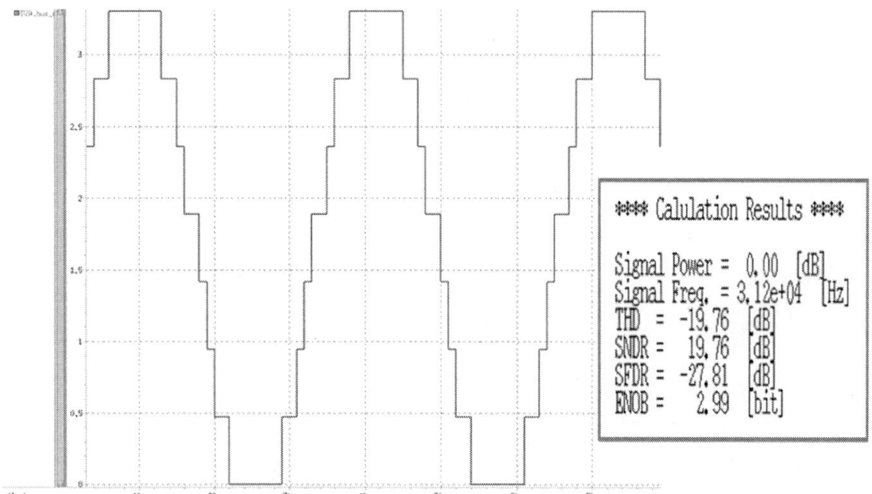

(b) 사인파 입력신호에 따른 출력 복원파형 및 FFT 결과

그림 6.5.5 3비트 플래시 ADC의 SPICE 결과

참고문헌

[1] M. Choi, and A.A. Abidi, "A 6-b 1.3-GSample/s A/D converter in 0.35-um CMOS", *IEEE J.Solid-State Circuits,* vol.36, no.12, pp.1847-1858, Dec., 2001.

[2] Peter Schvan et al., "A 24GS/s 6b ADC in 90nm CMOS", in *ISSCC Dig. Tech Papers,* pp.544-545, Feb., 2008.

[3] J. Mulder, F.M.L. van der Goes, D.Vecchi, J.R.Westra, E.Ayranci, C.M. Ward, K.Jiansong Wan Bult, "An 800MS/s dual-residue pipeline ADC in 40nm CMOS", in *ISSCC Dig. Tech Papers,* pp.184-186., Feb., 2011.

[4] K.R.Stafford, P.R.Gray, and R.A.Blanchrad, "A Complete Monolithic Sample/Hold Amplifier", *IEEE J.Solid-State Circuits,* vol.9, no.6, pp.381-387, Dec., 1974.

[5] P.Lim, and B.Wooley, "A High Speed Sample-and-Hold Technique Using a Miller Hold Capacitance", *IEEE J. Solid-State Circuits,* vol.26, no.4, pp.237-244, Apr., 1991.

[6] K.Martin, "New Clock-Feedthrough Cancellation Technique for Analog MOS Switched-Capacitor Amplifier", *Electronic Letters,* no.18, 1992.

[7] P.Real, and D.Mercer, "A 14-b Linear, 250ns Sample-and-Hold Subsystem with Self-Correction", in *IEEE ISSCC Dig. Tech Papers,* pp.164-165, Feb., 1991.

[8] U.Gatti, F.Maloberti, and G.Palmisano, "An Accurate CMOS Sample-and-Hold Circuit", *IEEE J. Solid-State Circuits,* vol.27, no.1, pp.120-122, Jan., 1992.

[9] 이승훈, 김범섭, 송민규, 최중호, 「CMOS 아날로그/혼성모드 집적시스템 설계」, 시그마프레스, 1999.

[10] D.Johns and K.Martin, *Analog Integrated Circuit Design*, John Wiley & Sons, 1997.

[11] D.J.Allstot, "A Precision Variable-Supply CMOS Comparator", *IEEE J.Solid-State Circuits,* vol.17, no.12, pp.1080-1087, Dec., 1982.

[12] C.Portmann, and T.Meng, "Power-Efficient Metastability Error Reduction in CMOS Flash A/D Converter", *IEEE J.Solid-State Circuits,* vol.31, no.8, pp.1132-1140, Aug., 1996.

07 중해상도 A/D 변환기

중해상도는 보통 7, 8, 9비트 수준의 ADC를 의미한다. 보통의 고속 비디오 시스템에서는 6비트와 8비트에 대한 수요가 가장 많다. 그것은 6비트인 경우 대략 64개의 레벨을 구분하며, 8비트의 경우는 256개의 레벨을 구분하므로 비디오 신호처리용 Nyquist ADC에는 적합하다. 그러나 6비트의 경우, 실제 측정을 하면 ENOB가 대략 5.5비트 수준으로 나온다. 어떤 시스템에서는 6비트의 해상도를 완전하게 요구하므로 ENOB 조차도 6비트로 나와야 한다.

이러한 현상을 개선하기 위해 6비트 시스템에서 7비트 ADC를 설계하기도 한다. 7비트 ADC를 사용하면 ENOB가 대략 6.5비트 수준으로 나오기 때문에 최하위 비트를 사용하지 않으면 ENOB 6비트를 모두 사용할 수 있다. 같은 식으로 8비트 시스템에서도 9비트 ADC를 설계하여 ENOB 8비트를 온전하게 사용하기도 한다. 따라서 7비트와 9비트는 6비트와 8비트를 보완하는 용도라고 볼 수 있다. 중해상도인 7, 8, 9비트를 만족하는 구조에는 폴딩(folding) 구조와 서브레인징(subranging) 구조가 대표적이며, 최근에는 폴딩 구조가 훨씬 더 많이 사용되고 있다.

7.1 폴딩 구조 (Folding Structure)

7.1.1 폴딩 ADC의 개념

그림 7.1.1에는 폴딩 ADC의 구조와 개념이 도시되어 있다. 폴딩 ADC는 그림 (a)와 같이 coarse ADC와 fine ADC로 나누어져 있다. 예를 들어, 6비트를 구현하고자 할 때, 상위 2비트는 coarse ADC로, 하위 4비트는 fine ADC로 처리한다. 이때, fine ADC를 구동하기 위해 앞단에 폴더 블록이 추가된다. 이를 개념적으로 도시한 그림이 (b)이다. 일반적인 6비트 플래시 ADC를 구현하면, 입력 아날로그 신호에 대해 디지털 출력코드는 정확하게 선형적이다. 그러나 폴딩 구조의 경우, 상위 2비트에 대해 하위 4비트의 코드가 반복되므로 일

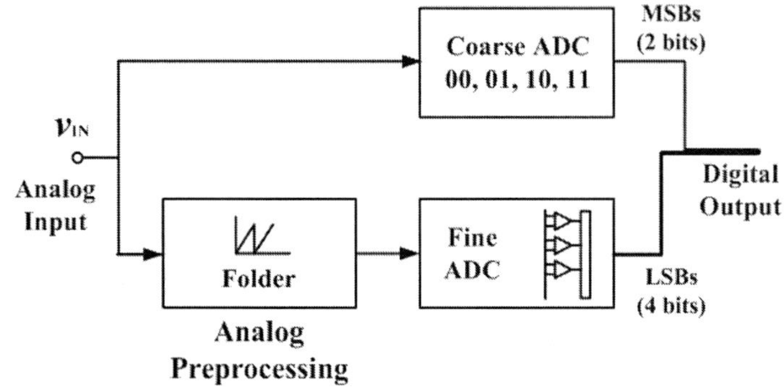

(a) 2비트와 4비트로 구성된 6비트 폴딩 ADC의 구조도

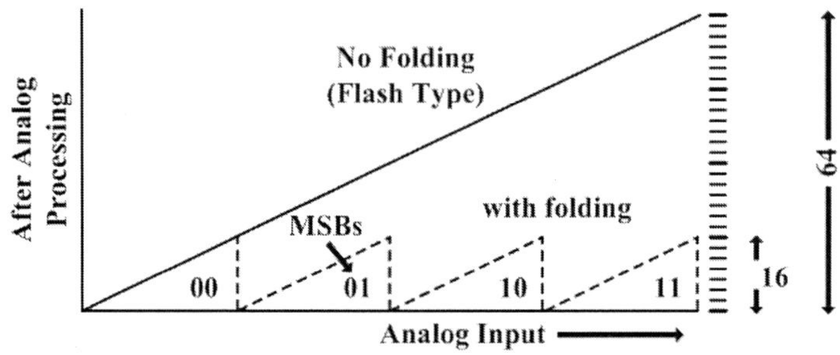

(b) 폴딩 구조를 사용하지 않을 때와 사용할 때의 입력신호에 따른 출력 디지털 코드

그림 7.1.1 폴딩 ADC의 구조및 개념

정한 구역마다 적당히 접는다면 효율적인 ADC를 설계할 수 있다. 즉, 상위 2비트에 대해 4개의 구역을 나누고, 각 구역마다 fine ADC가 반복되도록 회로를 구현한다. 이렇게 하면 플래시 구조에 비해 회로의 복잡성을 훨씬 간단하게 할 수 있다[1].

결과적으로 그림 7.1.1(b)처럼 아날로그 입력에 대해 일정한 구역마다 마치 톱니파처럼 동작하는 회로가 있다면, 폴딩 ADC의 구현은 무척이나 간단해 질 수 있다. 그러나 입력 아날로그 신호에 대해 일정한 구역마다 톱니파처럼 동작하는 회로는 아직 세상에 존재하지 않는다. 따라서 이를 보완하기 위해 그림 7.1.2처럼 톱니파 대신 삼각파를 만드는 형태로 구현한다. 예를 들어, 8비트의 경우, 상위 1비트와 하위 7비트, 상위 2비트와 하위 6비트, 상위 3비트와 하위 5비트 등으로 coarse ADC와 fine ADC를 분리할 수 있다. 어떤 경우가 가장 유리한지는 회로의 복잡성과 속도, 칩 면적 등을 고려하여 설계자가 시스템에 가장 적합하게 선택해야 한다. 그러나 일반적으로 그림 7.1.2처럼 8비트의 경우는 3비트 coarse ADC와 5비트 fine ADC로 분리하는 것이 가장 효율적이라고 알려져 있다. 이에 대해서는 뒤에 설명한다.

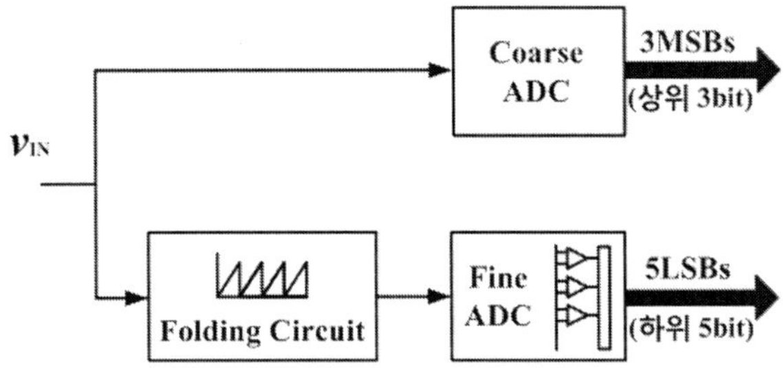

(a) 3비트와 5비트로 구성된 8비트 폴딩 ADC의 구조도

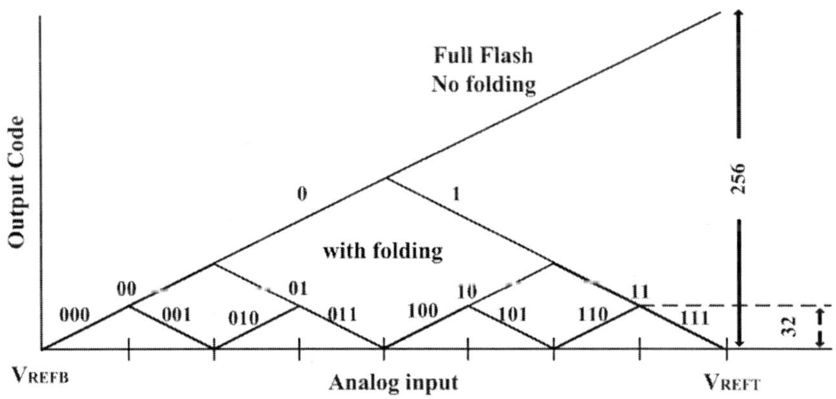

(b) 톱니파 모양을 만들 수 없기 때문에 삼각파 형태로 폴딩 구조 구현

그림 7.1.2 8비트 폴딩 ADC의 실제 구조 및 입출력 관계

7.1.2 폴딩 앰프의 설계

그림 7.1.2처럼 삼각파 형태의 파형을 만들기 위해 그림 7.1.3과 같은 폴딩 amp 구조가 제안되었다[2][3]. 그림 (a)에서 입력은 각각의 pre-amp의 (-)쪽으로 연결되어 있다. 만일 입력이 모든 기준전압보다 작다고 가정하면, pre-amp의 출력단의 (+)쪽은 모두 High가 되고, (-)쪽은 모두 Low가 된다. 이것이 pMOS 입력단으로 연결되면, M1, M3, M5는 모두 OFF가 되고 M2, M4, M6는 모두 ON이 된다. i_{OUTP}쪽으로는 M1, M4, M5가 연결되어 있기 때문에 I_B 만큼의 전류가 흐르고, i_{OUTN} 쪽으로는 M2, M3, M6가 연결되어 있으므로 $2I_B$의 전류가 흐른다. 그러다가 차츰 입력전압이 커져서 V_{REF1}과 같게 되면, 맨 왼쪽의 pre-amp는 출력단에 모두 같은 전압이 걸리게 되고, 오른쪽의 2개의 pre-amp는 앞과 동일하게 (+) 단자는 High로, (-) 단자는 Low가 된다. 즉, M1과 M2는 반반씩 ON 되고, M4,M6는 완전히 ON 된다. 결과적으로 i_{OUTP}에는 $1.5I_B$가 흐르고, i_{OUTN}에도 역시 $1.5I_B$가 흐르게 된다. 이러한 방법으로 점점 입력전압을 크게 하면 결과적으로 그림 (b)와

같은 삼각파 형태의 파형을 얻을 수 있다. 그리고 출력 전류값의 마지막 단에 적당한 저항을 연결하면, 전류는 모두 전압으로 바뀌게 되고 그림 7.1.2에서 논의한 바와 같은 삼각파 형태의 파형을 얻게 된다. 그리고 삼각파의 형태가 1개 존재하므로 folding rate은 2라고 할 수 있다. 이와 같은 개념을 확장하여 folding rate을 4로 만든 회로가 그림 7.1.4에 도시되어 있다. 2개의 삼각파 모양을 얻기 위해 총 5개의 pre-amp가 필요하며, 기준전압도 5개가 필요하다. 그림 7.1.4에는 입력전압의 변화에 따른 각 트랜지스터의 동작여부를 도시하

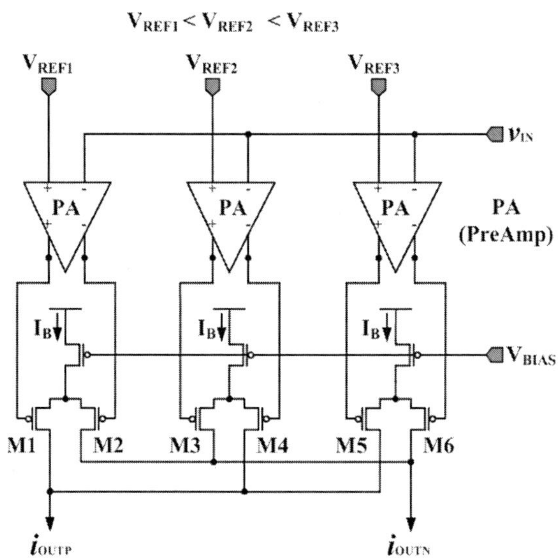

(a) 폴딩 블록의 회로도

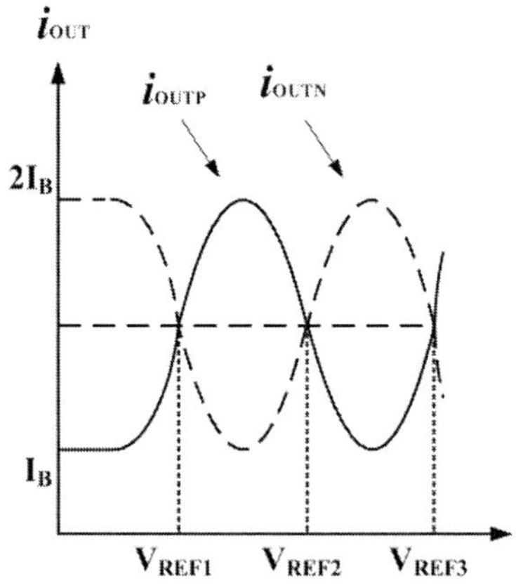

(b) 입력전압에 따른 출력 전류의 변화

그림 7.1.3 폴딩 블록의 회로도 및 출력파형(folding rate이 2인 경우, FR=2)

였으며, 그 동작에 따라 출력 전류의 값이 달라진다. 그리고 그림 (e)와 같은 최종적인 삼각파 형태의 파형을 얻어낼 수 있게 된다.

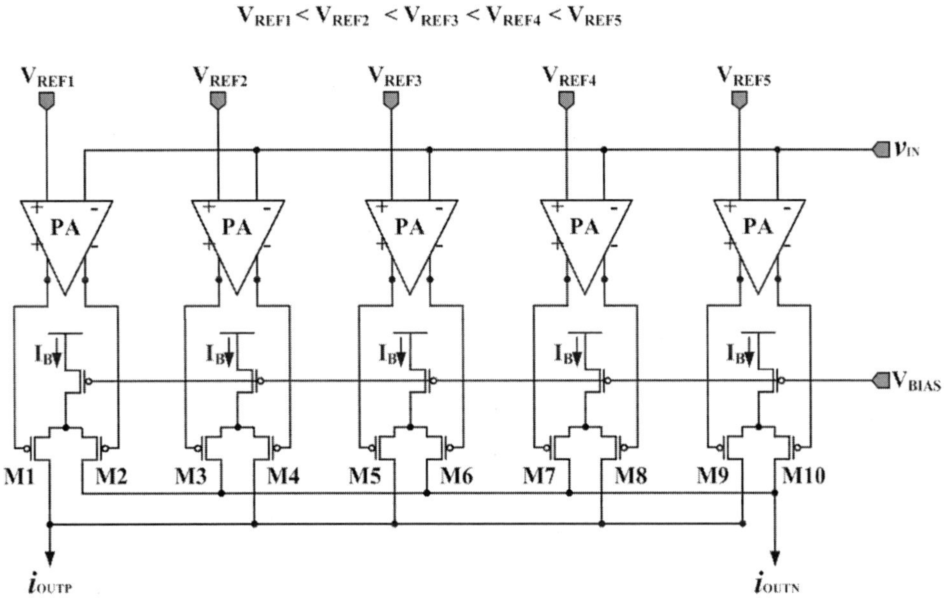

(a) 폴딩 블록의 회로도

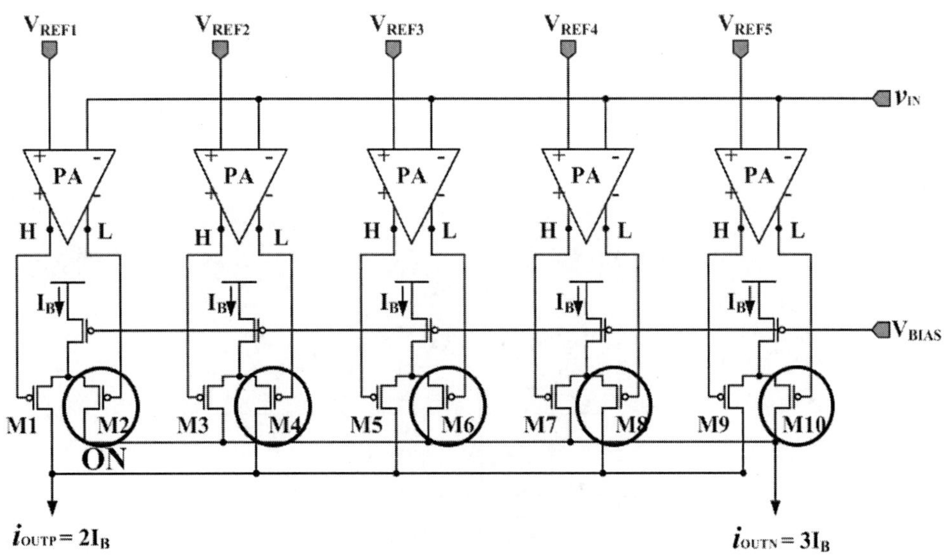

(b) $v_{IN} < V_{REF1}$

그림 7.1.4 폴딩 블록의 회로도 및 동작 원리(folding rate이 4인 경우, FR=4)

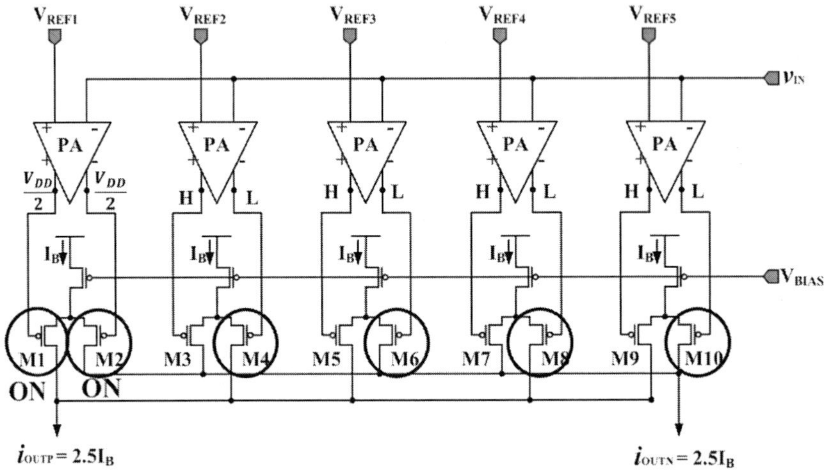

(c) $v_{IN} = V_{REF1}$

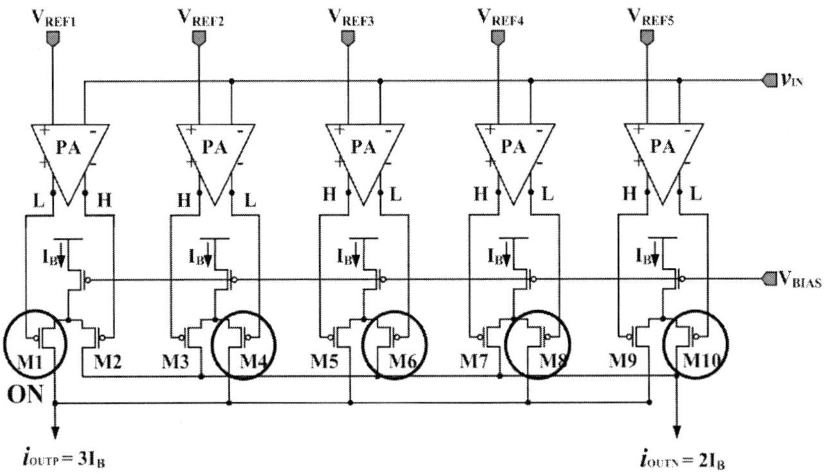

(d) $V_{REF1} < v_{IN} < V_{REF2}$

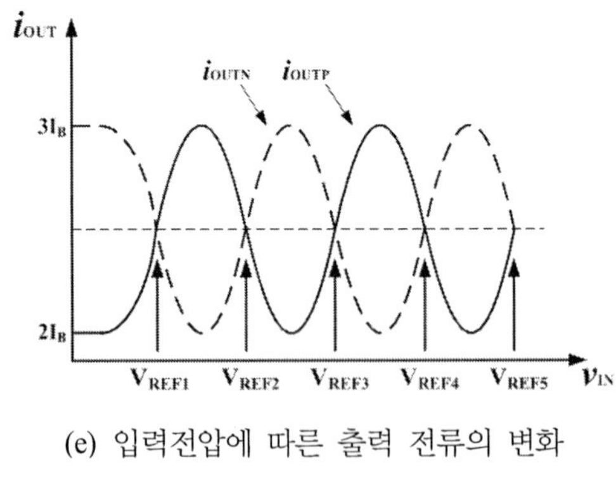

(e) 입력전압에 따른 출력 전류의 변화

그림 7.1.4 폴딩 블록의 회로도 및 동작 원리 (folding rate이 4인 경우, FR=4)(계속)

7.1.3 폴딩 ADC의 설계

그림 7.1.5는 4비트 폴딩 ADC를 구현한 회로도이다. 상위 2비트의 coarse ADC는 일반적인 플래시 구조로 구현한다. 그리고 2비트의 fine ADC를 구현하기 위해 그림 7.1.5(a)처럼 4개의 폴딩 블록을 배치한다. 각 폴딩 블록에 사용되는 폴딩 amp는 그림 7.1.4에서 논의한 것과 같은 FR=4인 형태이다. 여기서 기준전압은 그림 (a)와 같이 맨 상위는 0, 4, 8, 12, 16의 기준전압을 배치하고 그 다음 폴딩 블록에는 1, 5, 9, 13, 17의 기준전압을 배치한다. 같은 식으로 다른 폴딩 블록에도 조금씩 다른 기준전압을 배치한다. 그 경우 각 폴딩 블록의 출력전압을 v1, v2, v3, v4라 하면 입력전압에 따라 각 폴딩 블록의 출력전압은 그림 (b)처럼 된다. 즉, 약간씩 이동된 사인파가 나오게 된다. 이것을 다시 (c)처럼 하나의 그래프 위에 표시할 수 있다. 그러면 폴딩 블록의 출력전압은 마치 겹쳐진 파형처럼 출력된다. 그리고 폴딩 블록의 뒷단에 있는 래치의 기준전압을 폴딩 블록 출력의 가운데로 설정하면, 폴딩 블록의 출력전압에 따라 래치의 디지털 코드 값이 결정된다.

예를 들어, 그림 (c)에서 5/32 전압이 입력에 인가되면, 폴딩 블록의 출력에 따라 v1, v2, v3, v4 래치의 출력 단은 각각 thermometer code 1110가 나오게 된다. 여기서 폴딩 블록 v1의 출력코드는 1이므로 이것을 제외한 나머지의 thermometer code 110을 바이너리 코드 10으로 바꾸어 주면 된다(v2가 가장 상위비트이고, v4가 가장 하위비트이다). 여기서 폴딩

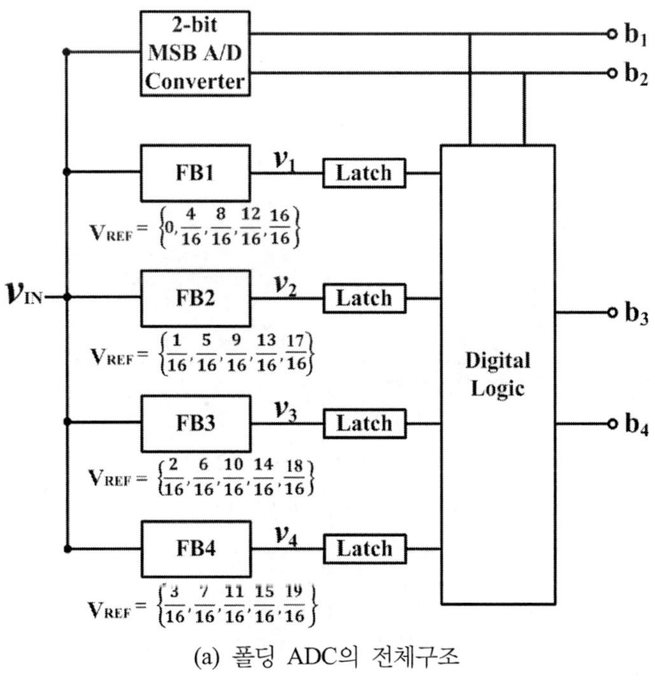

(a) 폴딩 ADC의 전체구조

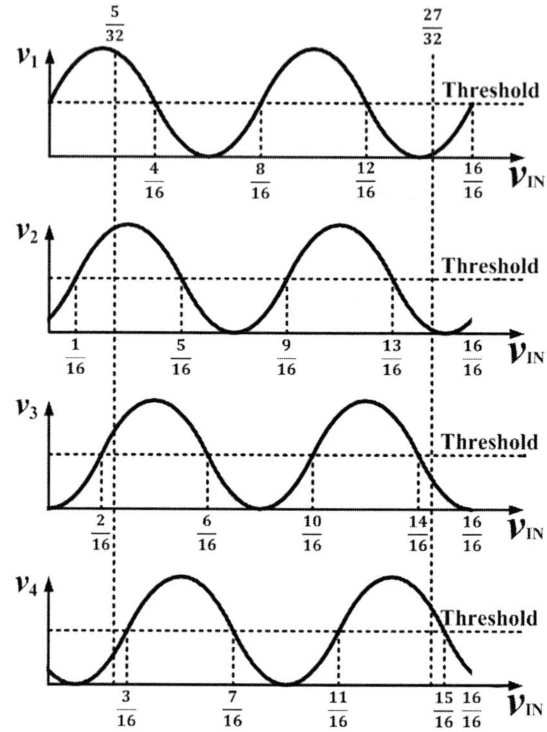

(b) 폴딩 블록 출력단의 파형

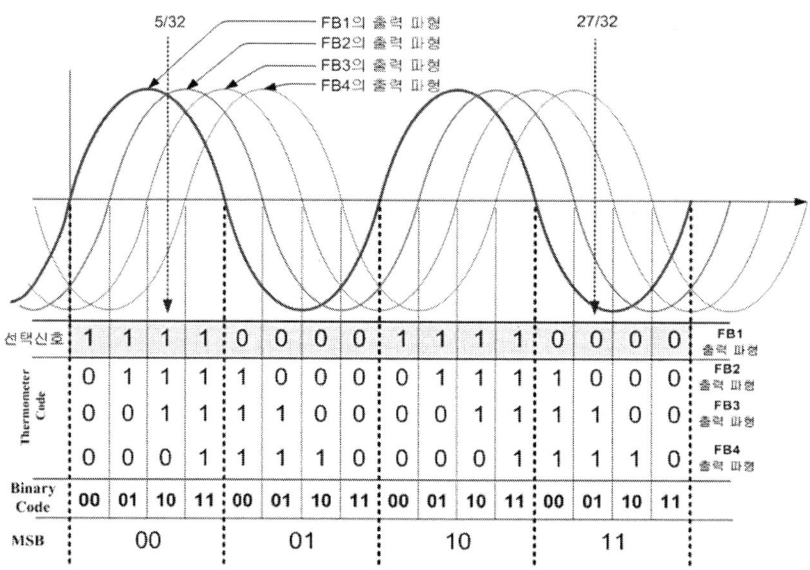

(c) 디지털 코딩방법

그림 7.1.5 폴딩 ADC의 전체구조 및 출력파형

블록 v1의 출력이 1이라는 것은 폴딩의 방향이 순방향이므로 원래대로 thermometer code를 바이너리 코드로 바꾸어 주면 된다. 그리고 coarse ADC는 플래시 구조이므로 가장 낮은 00의 디지털 상위비트를 출력한다. 결과적으로 최종적인 디지털 코드는 0010이 된다.

만일 그림 (c)에서 27/32 전압이 입력에 인가되면, 래치의 출력은 0011이다. 이것은 폴딩 블록 v1의 값이 0이므로 폴딩 앰프의 방향이 역방향이고 thermometer code도 거꾸로 바이너리 코드로 변환해야 한다. 즉, v2부터 v4까지의 thermometer code가 011이지만, 거꾸로 바꾸면 100에 해당하고 이를 바이너리 코드로 바꾸면 01이 출력된다. 그리고 coarse ADC의 출력이 11이므로 결과적으로 최종적인 디지털 코드는 1101이 된다. 다른 ADC에 비해 폴딩 ADC의 디지털 인코더 블록은 약간 복잡한 경향이 있다. 그러나 여러 가지 효율적인 알고리즘이 제안되어 최근의 디지털 블록 설계는 비교적 간단하며 이에 대해서는 7.4절에서 논의한다.

7.1.4 폴딩 ADC에서의 interpolation

앞의 그림 7.1.5와 같이 폴딩 ADC를 구현할 수 있지만, 구현이 무척이나 복잡하기 때문에 칩 면적이나 전력소모가 커진다. 이를 개선하기 위해 폴딩 앰프 뒷단에 반드시 인터폴레이션 기법을 추가해야 한다[4]. 그림 7.1.6은 저항을 이용한 interpolation 기법이다. Interpolation 기법에 대해서는 이미 6.4절에서 논의한 바와 같이 저항이나 커패시터 등을 이용하여 아날로그 블록의 뒷단을 간단히 설계하는 데 그 목적이 있다. 그림 7.1.6도 같은 논리를 사용하여 interpolation을 한다. 폴딩 블록의 설계가 복잡하고 회로가 많기 때문에 폴딩 블록 간의 interpolation을 수행함으로써 회로의 복잡성을 크게 개선할 수 있다. v1과 v3는 기존의 폴딩 블록을 이용하여 출력을 얻어내고, v2에는 폴딩 블록을 없앤다. 대신에 저항열을 삽입하여 v2가 v1과 v3의 중간값을 갖도록 한다. 그림 (b)에는 interpolation된 v2 전압의 파형을 보여주고 있다. 마찬가지로 v4를 얻어내기 위해 맨 마지막에 있는 폴딩 블록도 없앨 수 있다. 이때, v4를 얻어내기 위해서는 v3 전압과 $v_{1\,\text{bar}}$ 전압을 인터폴레이션하면 된다. v4 전압을 인터폴레이션 하기 위해서는 가장 바깥 쪽 전압을 필요로 하는데, 이것은 v1 전압을 180도 이동해서 얻어낸 전압과 동일하다. 따라서 그림 (a)처럼 저항의 마지막 부분은 $v_{1\,\text{bar}}$로 연결해 준다. 그리고 interpolation rate를 계산하는데, 그림 7.1.6은 그 비율이 2라고 할 수 있다. 만일 폴딩 블록의 수를 더 줄이고 싶다면, interpolation rate을 4, 8 등으로 늘릴 수 있다.

앞에서 논의한 내용을 바탕으로 폴딩 ADC를 설계하는 데 있어서 폴딩 블록의 개수(number of folding block, NFB), 폴딩 블록 안에 사용된 폴딩 amp의 folding rate(FR), 그리고 인터폴레이션된 비율(Interpolation Rate, IR)의 결정이 중요하다. 만일 4비트 ADC를 설계하기 위해 그림 7.1.5와 같이 설계하면, NFB=4, FR=4, IR=1이라고 할 수 있다. 3개의 값을 모두 곱하면 4비트 ADC의 레벨 개수인 16이 나온다. 만일 그림 7.1.6과 같이 interpolation 을 사용하면 NFB=2, FR=4, IR=2가 되어 역시 모두 곱하면 16이 나온다. 따라서 다음과 같은 공식을 얻어 낼 수 있다.

$$NFB \cdot FR \cdot IR = 2^N \tag{7.1.1}$$

여기서 N은 ADC의 해상도라고 할 수 있다. 만일 8비트 ADC를 설계할 경우, 여러 가지 조합이 가능해 진다. 예를 들어, NFB=8, FR=4이면 IR=8가 되고, NFB=4, FR=4이면 IR=16이 된다. NFB가 크면, 칩의 면적이 커지고 전력소모가 커진다는 단점이 있다. IR 이 상대적으로 커지면 칩 면적과 전력소모는 줄지만, 정확성이 떨어진다는 단점이 있다. 따라서 시스템 특성에 맞게 ADC의 NFB와 IR을 결정하는 것이 필요하며 이것은 설계자의 역량이라고 할 수 있다.

그리고 FR의 경우는 coarse ADC의 비트수에 의해 결정이 된다. coarse ADC의 비트수가 2비트이면 FR=4가 되고, 3비트이면 FR=8이라고 할 수 있다. 그리고 FR의 경우는 입력 주파수의 접는 비율이기 때문에 만일 FR이 커질수록 입력 주파수를 올리기 어렵다는 단점이 있다. 예를 들어, 클록의 주파수를 500 MHz 설정했을 때, Nyquist 이론에 의해 입력의 최대 주파수는 250 MHz까지 처리 가능하다. 그러나 FR=4로 설정하면, 처리 가능한 입력 주파수는 최대 주파수에서 다시 나누기 4를 해야 한다. 따라서 FR=4이면, 처리 가능한 입

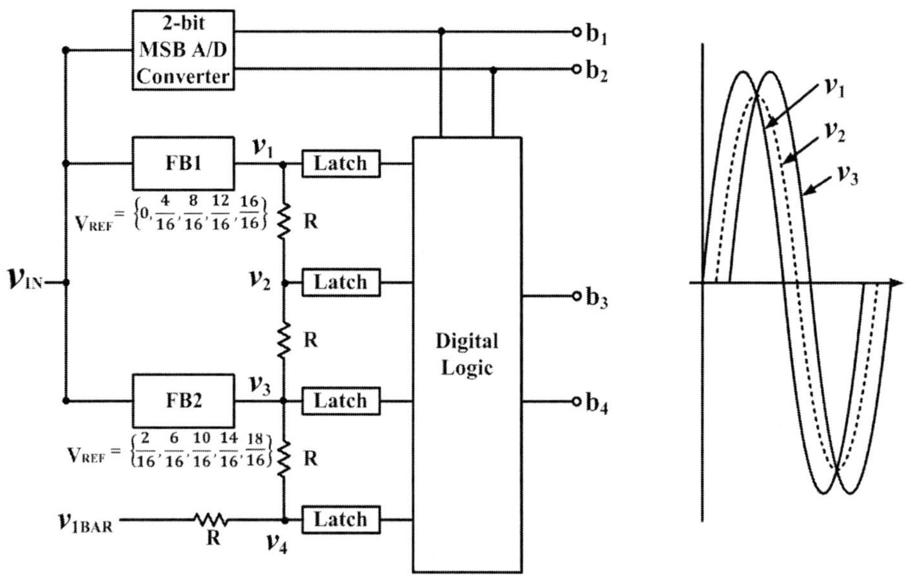

(a) 인터폴레이션이 적용된 구조 (b) 인터폴레이션된 파형

그림 7.1.6 폴딩 ADC의 인터폴레이션

력의 최대 주파수는 62.5 MHz가 된다. 이것은 폴딩 ADC가 가지는 최대 단점이라고 할 수 있다. 따라서 최근의 연구동향은 FR의 비율을 최소한으로 낮추면서 NFB나 IR의 비율을 늘리는 쪽으로 연구가 이루어지고 있다. 예를 들어, 8비트 ADC의 경우 coarse ADC의 비트 수를 1로 하고 (FR=2), NFB=16, IR=8로 하는 경우 회로의 동작속도를 크게 올릴 수 있다. 칩의 면적은 65 nm 이하의 공정기술의 발전으로 인해 큰 문제가 되지 않을 수 있다.

7.1.5 개선된 폴딩 ADC

그림 7.1.7은 기본적인 폴딩 ADC에 오프셋보정기능을 추가하여 설계한 7비트 폴딩 ADC의 전체 블록 다이어그램을 도시한 그림이다[5]. 입력단에 위치한 pre-amp의 성능을 개선하기 위해 2단으로 pre-amp를 배열한다. 그리고 폴딩 블록 뒷단에도 다시 2개의 pre-amp를 배열하여 interpolation을 2단으로 구성하였다. interpolation을 거친 아날로그 신호는 비교기에서 디지털 신호로 바꾸어져 원하는 디지털 출력코드를 생성한다. 이때, interpolation 뒷단에 별도의 보정기능을 가진 비교기를 연결한다. 이 비교기는 interpolation의 아날로그 신호를 받아서 디지털로 바꾸어 준 다음 멀티플렉서를 통해 DAC로 연결된다. DAC에서는 비교기의 출력을 받아서 아날로그 신호로 바꾼 다음 이것을 2번째 단의 pre-amp의 기순전압으로 인가한다.

이 경우, pre-amp의 전류값이 바뀌게 되고, 바뀌어진 전류값은 폴딩 블록의 오프셋전압을 조정해 준다. 이러한 피드백은 폴딩 블록의 오프셋전압이 거의 0으로 될 때까지 계속 반복되며, 결과적으로 오프셋전압을 거의 0으로 만들어 준다. 또한, DAC의 출력은 입력에 위치한 샘플 앤드 홀드 회로의 전류값도 조정해서 이 부분의 오프셋전압도 거의 0으로 만들어 준다. 따라서 오프셋전압 보정기법을 내장하였기 때문에 오프셋전압을 거의 0으로 만들어 주는 장점을 가지나, 보정회로의 크기가 무척 커져 전력소모와 칩 면적이 커지는 단점도 있다.

그림 7.1.8은 8비트에서 1 GSPS의 동작속도를 내는 폴딩 ADC의 블록 다이어그램이다[6]. 앞단에 위치한 폴딩 블록의 부하를 줄이기 위해 폴딩 앰프를 2단으로 배열하여 동작속도를 높였다. 또한, interpolation으로 연결되는 곳에 다시 pre-amp를 배치하여 interpolation의 성능을 배가시켰다. 디지털로직에서는 코딩에러를 줄이기 위한 디지털로직 정정회로가 추가되었으며, thermometer code의 역코딩을 효율적으로 처리하기 위한 auto switching encoder 도 추가되었다. 클록의 최대주파수가 1 GHz 정도 되므로 외부에서 클록을 인가하기 어렵다. 이를 위해 PLL(Phase Locked Loop)을 설계하여 낮은 외부 주파수로도 1 GHz의 클록신호를 만들어 주는 클록 발생 회로를 추가하였다.

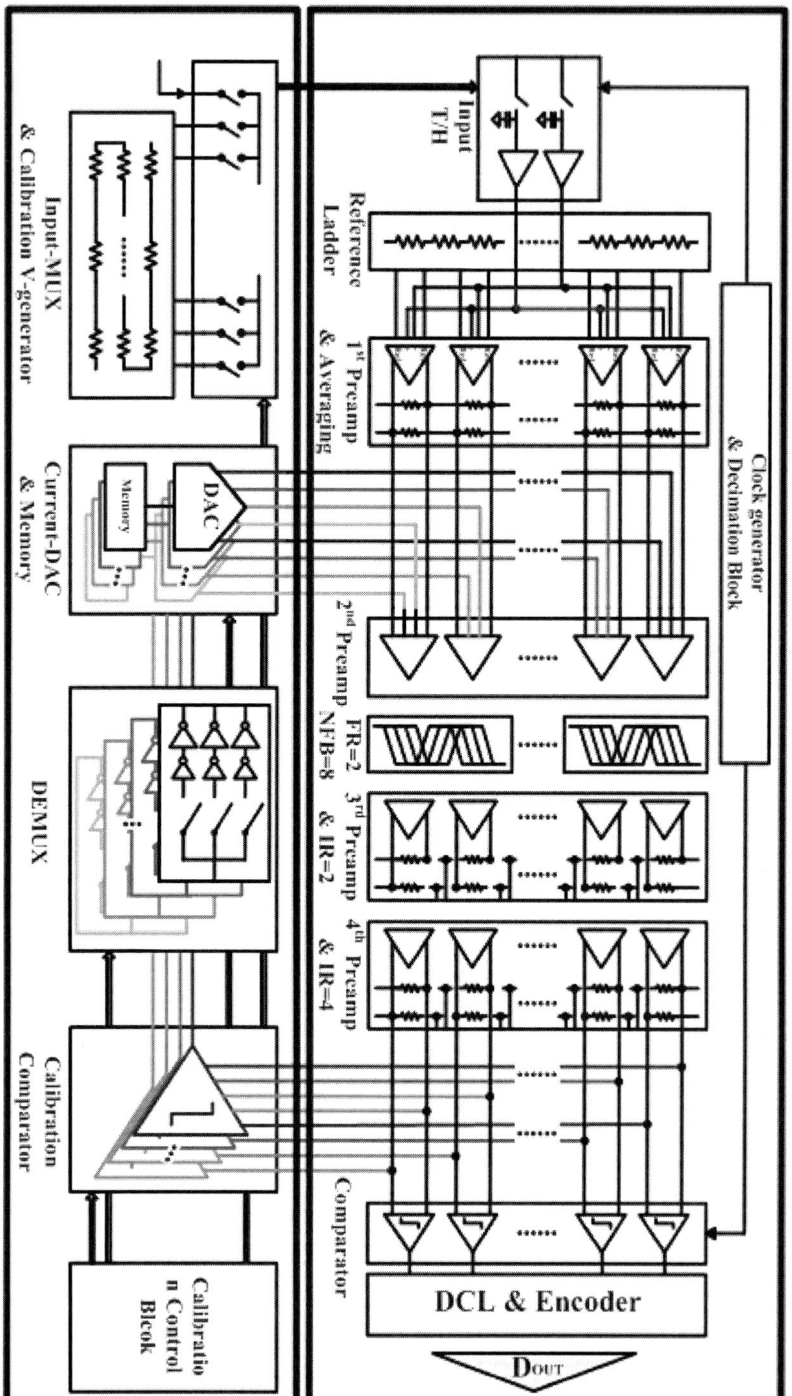

그림 7.1.7 오프셋보정기법을 탑재한 7비트 폴딩-인터폴레이션 ADC

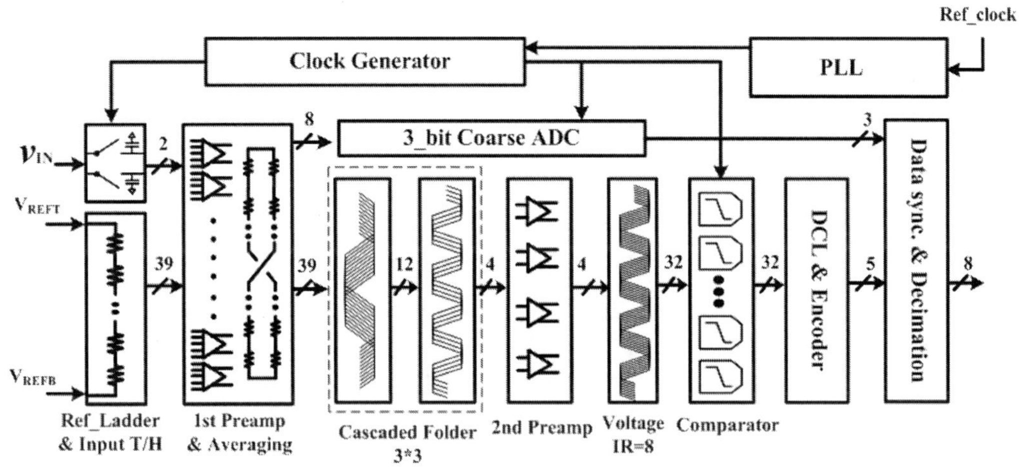

그림 7.1.8 3+5 구조의 8비트 폴딩 ADC

그림 7.1.9는 자체보정(Self-Calibration)기능을 가진 9비트 폴딩 ADC에 대한 블록 다이어그램이다[7]. 8비트를 설계할 경우, ENOB 값이 대략 7.5비트 수준밖에 나오지 않는다. 따라서 온전히 8비트를 모두 사용하기 위해서는 9비트 수준의 ADC가 필요하다. 그림 7.1.9의 ADC는 4+5 구조로 설계하여 동작속도보다는 칩 면적과 전력소모를 줄이는 회로기법을 선택하였다.

자체보정기법은 그림 (a)와 같이 fine ADC의 비교기에서 나오는 출력을 받아 입력단의 pre-amp쪽으로 피드백하는 형태를 취했다. 비교기의 출력을 받아 아날로그 신호로 바꾸어 주는 DAC를 거친 다음에 DAC의 출력이 pre-amp 단의 전압값을 조정해 주고, 그것이 곧 전류값을 바꾸어 원하는 보정이 일어나게 한다. 이 과정에서 calibration vector의 개념을 도입해서 입력단에 걸리는 입력단 버퍼의 오프셋도 조정한다. 그림 (b)에는 전체 회로의 블록 다이어그램이 나타나 있다.

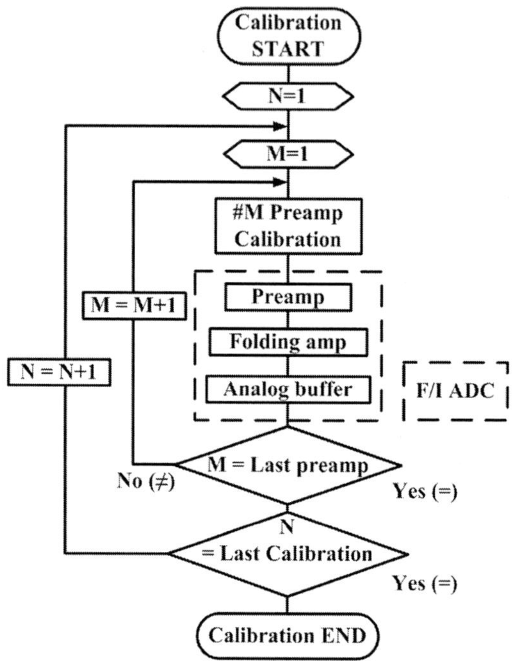

(a) 자체보정기법의 flow chart

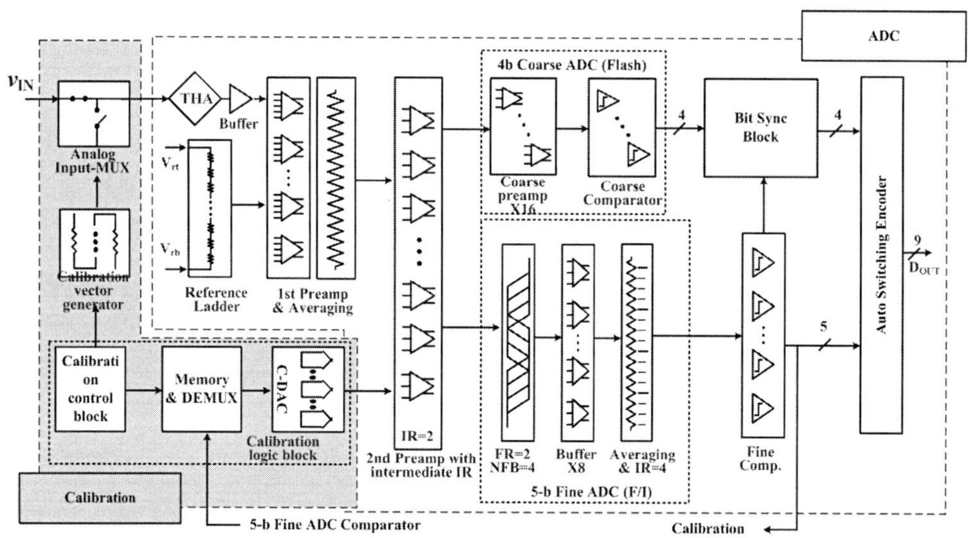

(b) 4+5구조의 폴딩 ADC

그림 7.1.9 자체보정기능을 가진 4+5구조의 9비트 폴딩 ADC

7.2 서브레인징 구조 (Subranging Structure)

중해상도 ADC를 구현하는 다른 대표적인 형태에는 그림 7.2.1과 같은 서브레이징 구조가 있다[8]. 앞에서 논의한 폴딩 구조와는 다르게 MSB 쪽에서 일단 M비트를 구현하고 그 중의 한 부분을 다시 세밀하게 나누어서 나머지 N비트를 구현하는 방식이다. 예를 들어, 6비트 ADC를 구현하기 위해 처음에는 3비트 플래시 구조로 상위비트를 구현하고 다시 입력전압이 속해 있는 부분을 세밀하게 3비트 플래시 구조로 구현하는 방식이다. 만일 6비트를 그냥 플래시 구조로만 구현하면 총 63개의 비교기가 필요하지만, 서브레인징 방법으로 구현하면 상위 3비트에서 7개, 하위 3비트에서 7개, 총 14개의 비교기만으로 구현이 가능하다. 그러나 입력전압이 속해 있는 부분을 선택해서 다시 세밀하게 전압을 나누어야 하므로, 스위치의 오동작이나 서브레인징 스케일러의 오동작이 생기면, 하위 N비트의 동작에는 크게 문제가 생길 수 있다. 따라서 해상도를 올리기가 어려우며, 서브레인징의 경우 8비트 수준이 최고 해상도라고 볼 수 있다.

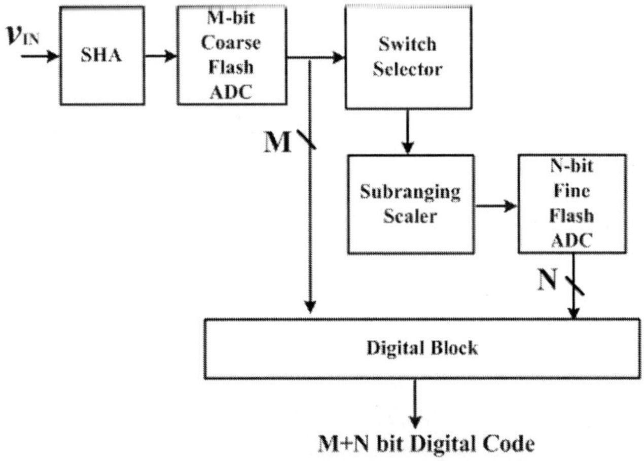

그림 7.2.1 subranging ADC의 구조

그림 7.2.2에는 subranging scaler의 회로도가 나타나 있다. 상위 3비트 ADC의 출력코드에 따라 001, 011, 101, 111의 코드가 출력되면, switch selector는 그림 (a)와 같은 스위치 동작을 하게 된다. 예를 들어, V_{REFT}가 2 V이고, V_{REFB}가 1 V인 상태에서 입력전압에 1.67 V가 인가되었다고 가정한다. 그 경우 상위 3비트 ADC의 출력이 101이 되므로 그림 (a)에서와 같이 1.625 V와 1.75 V가 2번째 하위 ADC의 기준전압으로 바뀌게 된다. 다음 하위 3비트에서는 1.67 V의 위치는 100에 해당하므로 결국 최종적인 출력코드는 101100가 된다. 만일 입력에 다른 전압이 인가되어 000, 010, 100, 110이 나타나면, 그림 (b)와

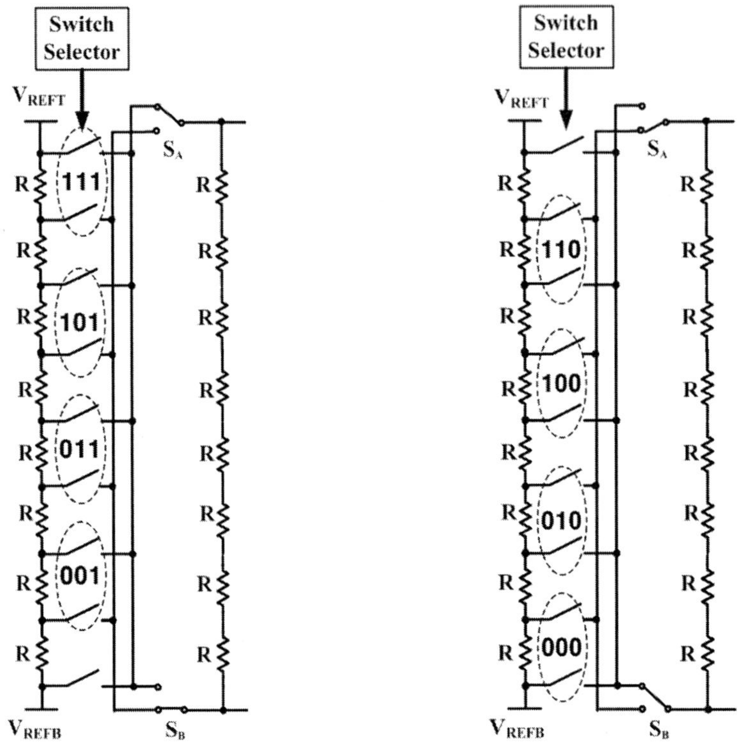

(a) coarse ADC의 출력코드가 001, 011, 101, 111일 때

(b) coarse ADC의 출력코드가 000, 010, 100, 110일 때

그림 7.2.2 Subranging Scaler의 회로도 (3+3비트의 경우)

같은 스위치가 선택된다. 같은 방법으로 그 다음 하위 비트의 코드를 결정할 수 있다. 이와 같은 subranging scaler의 역할은 2단으로 ADC를 구현하기 때문에 칩 면적이 감소하고 전력소모도 현저히 작아진다는 장점을 가진다. 그러나 앞에서도 논의한 바와 같이 스위치의 동작속도와 스위치의 오동작 등으로 인해 해상도를 높이기 어렵다는 단점이 있다. 특히, 스위치의 clock feedthrough 에러는 가장 치명적인 에러가 되므로 스위치의 오동작을 줄이는 것이 서브레인징 ADC에서 가장 중요하다.

그림 7.2.3은 2개의 플래시 ADC가 아닌 하나의 플래시 ADC와 SAR(Successive Approximation Register) ADC로 구현된 서브레인징 ADC의 구조이다. SAR ADC가 동작속도는 느리지만, 전력소모를 크게 줄일 수 있다는 장점이 있기 때문에 하위비트를 구현하는 곳에 SAR ADC를 배치하였다. 이와 같은 구현은 동작속도보다는 전력소모가 작은 곳에 크게 유리할 수 있다. 동작 원리는 그림 7.2.2와 거의 유사하며, subranging scaler를 통해 두 번째 ADC에 정확한 기준전압을 제공하는 것이 가장 중요한 설계 포인트라고 할 수 있다.

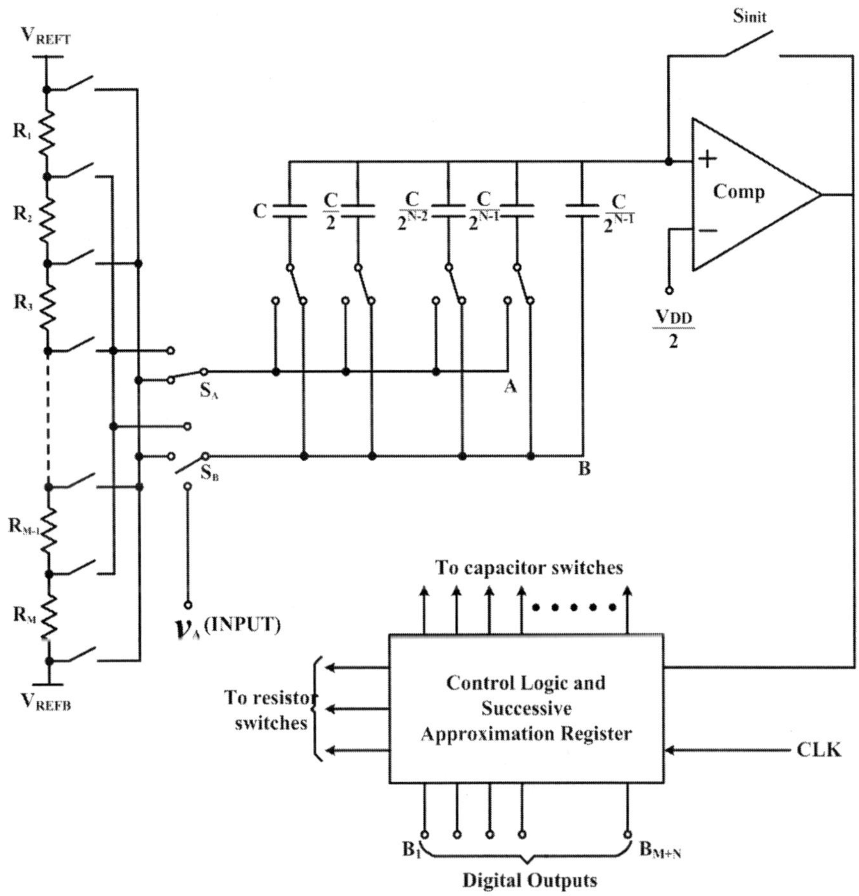

그림 7.2.3 M비트 flash 구조와 *N*비트 SAR 구조로 구현된 subranging ADC

7.3 투스텝 구조 (Two-Step Structure)

중해상도 ADC를 구현하는 기법 중에 그림 7.3.1과 같은 two-step 방식이 있다[9][10]. 이것은 coarse ADC에서 1차적으로 상위 비트를 내고, coarse ADC에서 나온 디지털 코드를 DAC를 통해 아날로그 신호로 만들어 준다. 여기서 DAC를 통해 생성된 아날로그 신호를 맨 앞단의 입력 아날로그 신호에서 빼 주면, 그 차이만큼의 새로운 아날로그 신호가 발생한다. 이것을 다시 fine ADC로 입력해 주면 하위 디지털 코드가 나오게 된다. 일반적으로 아날로그 신호의 뺄셈기는 op-amp 등을 이용하여 구현한다. 최근에는 뺄셈을 한 다음에 증폭까지 해 주는 Multiplying DAC(MDAC)을 이용하여 구현하는데, 이에 대해서는 제8장에서 다루도록 한다.

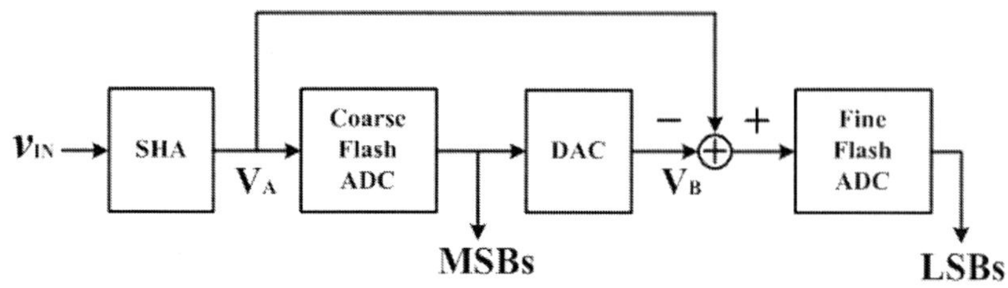

그림 7.3.1 Two Step ADC의 구조

앞에서 논의한 중해상도 ADC는 비슷하지만, 차이점이 분명히 있다. 폴딩 ADC는 subranging이나 two-step과는 다르게 병렬로 coarse와 fine 블록을 처리하기 때문에 동작속도가 다른 것에 비해 월등히 빠르다는 장점을 가진다. 대신에 칩 면적과 전력소모는 크다. coarse ADC와 fine ADC를 직렬로 처리하는 subraning과 two-step도 차이가 있다. Subranging ADC에서는 fine ADC의 기준전압이 스위치에 의해 수시로 바뀌지만, two-step ADC에서는 fine ADC의 기준전압은 항상 일정하다는 차이가 있다. 또한, subranging ADC는 기준전압을 바꾸기 위해 많은 스위치가 필요한 대신에, two-step ADC에서는 아날로그 뺄셈기가 필요하다는 차이가 있다.

7.4 설계실습예제: 4비트 폴딩 ADC 설계

그림 7.4.1은 4비트 폴딩 ADC의 전체 블록 다이어그램이다. 상위 2비트의 coarse ADC는 플래시 구조로 구현하였고, 하위 2비트의 fine ADC는 폴딩-인터폴레이션 구조로 구현하였다. 입력신호의 최소전압은 1.15 V이고 최대전압은 2.15 V로서 1 V peak-to-peak 전압 진폭을 갖는다. fine ADC에서 폴딩 amp는 Folding Rate(FR)이 4인 회로를 사용하였고, Interpolation Rate(IR) 2를 만들기 위해 Number of Folding Block(NFB)은 2개로 구성하였다. FR=4인 폴딩 앰프를 만들기 위해서는 5개의 기준전압이 필요하므로 그림에서처럼 5개의 기준전압을 2개의 폴딩 블록에 인가하여야 한다. 따라서 10개의 기준전압이 fine ADC에서 필요하고, 3개는 coarse ADC에서 필요하므로 총 13개의 기준전압이 필요하다. 따라서 원하는 reference 전압을 잘 배분하기 위해 그림처럼 저항값을 조정할 필요가 있다. Coarse ADC에서는 3비트의 thermometer code 형태의 디지털 코드가 비교기를 통해 출력되어 2비트 binary 코드로 변환되며, fine ADC에서는 역시 4비트 thermometer code 형태의 디지털 코드가 비교기를 통해 출력되어 2비트 binary 코드로 변환된다. 여기서 4비트가 필요한 것은 상위 1비트는 그림 7.1.5(c)처럼 순방향과 역방향을 고려해서 thermometer code 형태의 디지털 코드를 원하는 2비트 binary 코드로 변환시켜주는 sign비트의 역할을 하기

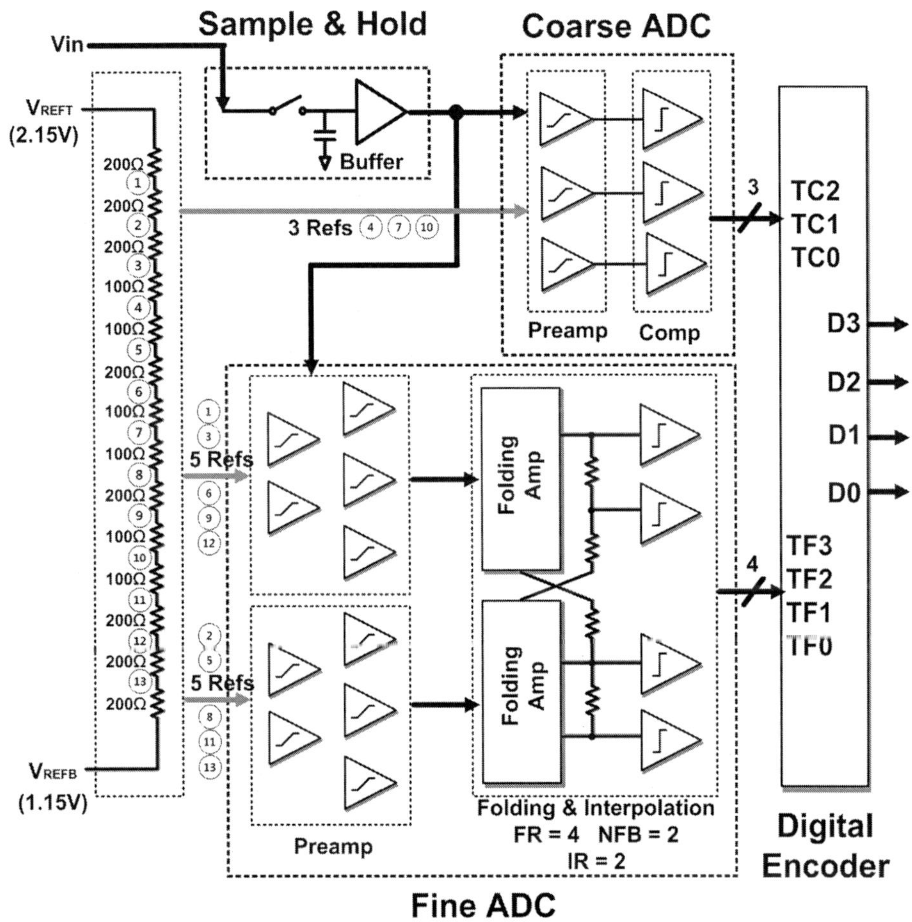

그림 7.4.1 4비트 폴딩 ADC의 구조

때문이다. 따라서 coarse ADC와는 다르게, fine ADC에서는 4비트의 thermometer code가 필요하다. 각 블록에 대해서는 아래에 설명한다.

그림 7.4.2에는 아날로그 블록에 사용된 각 블록의 회로도를 도시하였다. 그림 (a)는 pre-amp의 회로도로서 입력신호와 기준전압 간의 차이를 적당히 증폭해서 비교기와 폴딩 앰프로 보내준다. 그림 (b)는 폴딩 앰프의 회로도이다. Pre-amp를 통해 나온 전압에 의해 폴딩회로의 필요한 트랜지스터만이 ON된다. 거기에 맞추어 출력 전류가 흐르고, 그것은 저항을 통해 출력전압으로 바꾸어진다. 그림 (c)에는 본 예제에 사용된 비교기의 회로를 도시하였다. Pre-amp나 폴딩 앰프를 통해 증폭된 신호를 최종적으로 확실하게 디지털 코드로 바꾸어 준다. 비교기의 동작은 일반적인 디지털 래치와 차동증폭기가 혼합된 형태이다.

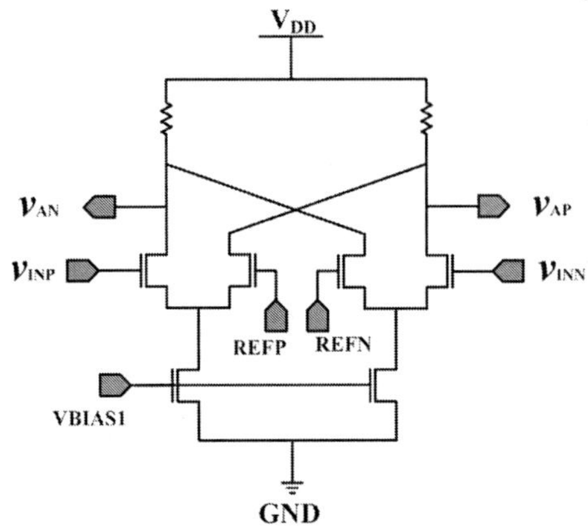

(a) Preamp 회로도

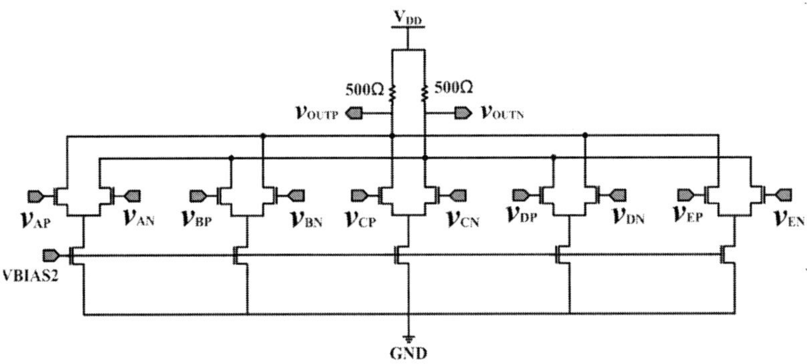

(b) 폴딩 Amp 회로도

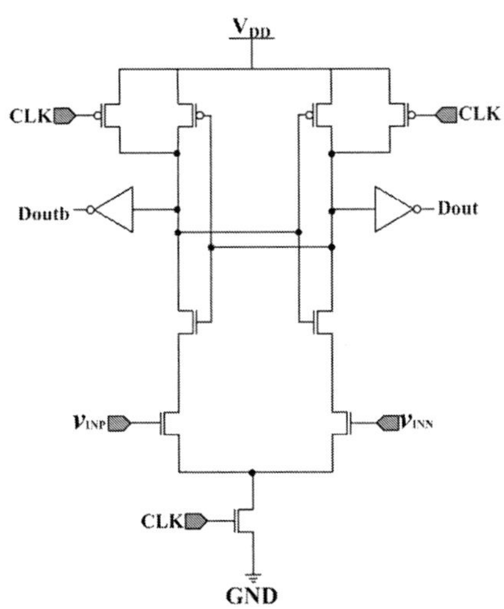

(c) 비교기의 회로도

그림 7.4.2 아날로그 블록에 사용된 회로도

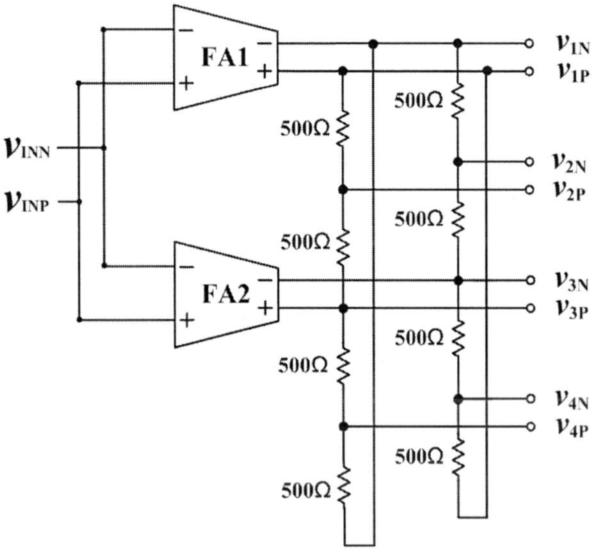

(a) 인터폴레이션이 부가된 폴딩 블록의 최종단

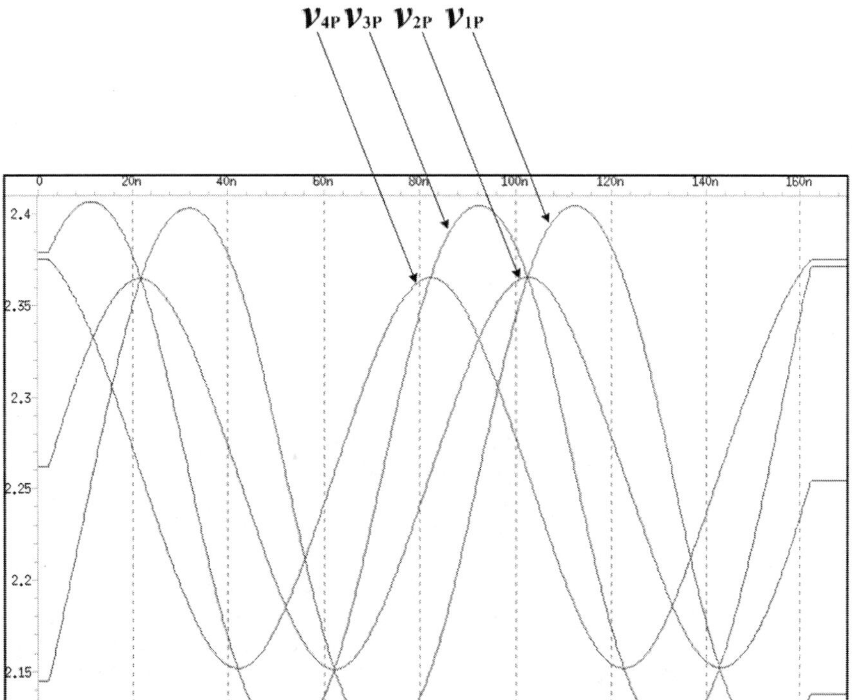

(b) 폴딩 및 인터폴레이션이 동시에 나타난 SPICE 결과

그림 7.4.3 완전차동구조로 이루어진 인터폴레이션 회로및 SPICE 결과

그림 7.4.3은 폴딩 앰프와 인터폴레이션 회로를 하나로 합친 회로도이다. 폴딩 앰프의 뒷단에는 회로의 복잡성을 줄이기 위해 반드시 인터폴레이션을 해야 한다. 인터폴레이션 방법에는 여러 가지가 있지만, 그림 (a)처럼 완전차동구조의 폴딩 앰프를 사용해서 뒷단의 저항연결을 뫼비우스의 띠처럼 하는 것이 가장 간단하고 좋은 동작특성을 보인다. 완전차동구조의 경우, v1p에 대해 v1n은 180도 이동한 사인파이므로 그림 (a)에서처럼 v1p, v2p, v3p, v4p, v1n 순으로 저항을 연결하는 것이 가장 좋은 인터폴레이션 효과를 얻을 수 있다. 또한, v1n, v2n, v3n, v4n, v1p 순으로 반대쪽 저항도 서로 연결한다. 그림 (b)에는 v1p, v2p, v3p, v4p에 대한 인터폴레이션 파형이 도시되어 있다. 실제 회로를 설계하고, SPICE를 이용하여 얻어낸 결과이다. v2p의 경우 v1p와 v3p의 인터폴레이션 결과이고, v4p의 경우 v3p와 v1n의 인터폴레이션임을 알 수 있다.

그림 7.4.4는 coarse ADC에서 나온 3비트 thermometer code와 fine ADC에서 나온 4비트 thermometer code를 최종적으로 4비트 binary 코드로 바꾸어 주는 로직이다. 폴딩 앰프의 특성상 순방향 인코딩과 역방향 인코딩이 존재하는 데, 이를 한꺼번에 해결하는 방법이다.

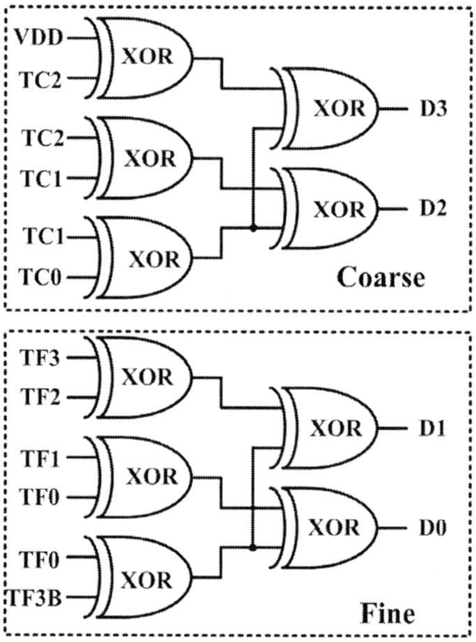

그림 7.4.4 디지털 블록의 logic diagram

그림 7.4.5는 최종적으로 얻어낸 SPICE 모의실험 결과이다. 그림 (a)는 입력램프파형에 대해 시간이 지남에 따라 원하는 디지털 코드가 출력됨을 보여주고 있다. 처음에는 0000에서 시작해서 최종적으로 1111에 해당하는 디지털 코드가 출력된다. (b)는 입력에 사인파를 인가한 다음에 출력으로 나온 디지털 코드를 이상적인 DAC를 통해 다시 reconstruction한 파형이다. 그리고 출력된 파형에 FFT를 취하여 약 3.9비트에 해당하는 ENOB 결과를 얻었다.

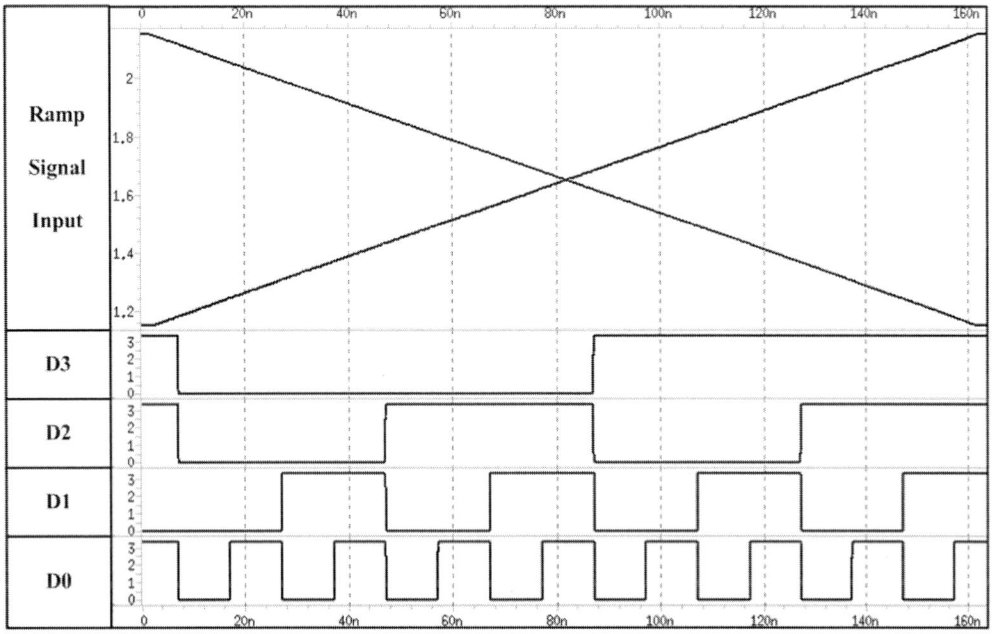

(a) 입력램프에 대한 디지털 출력코드

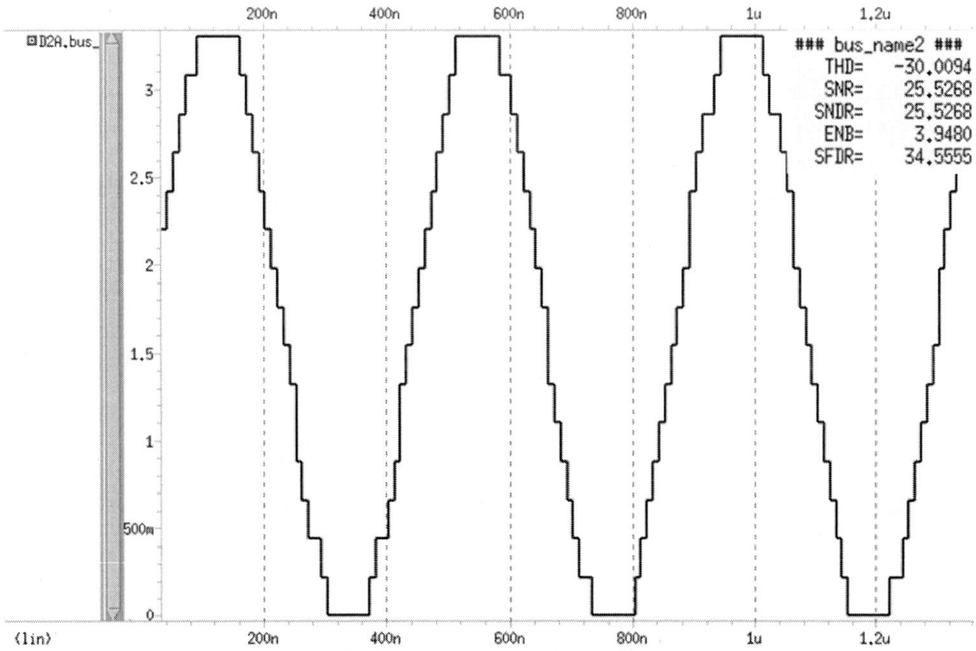

(b) 디지털 출력코드를 reconstruction한 파형 및 FFT 결과

그림 7.4.5 전체블록의 SPICE 결과

참고문헌

[1] C. Valburg, and R.van. Plassche, “An 8-b 650-MHz Folding ADC”, *IEEE J. Solid-State Circuits,* vol.27, no.12, pp.1662-1666, Dec., 1992.

[2] B. Nauta, and A. Venes, “A 70-MS/s 110-mW 8-b CMOS Folding and Interpolating A/D Converter”, *IEEE J. Solid-State Circuits,* vol.30, no.12, pp.1302-1308, Dec., 1995.

[3] A. Venes, and R.van. Plassche, “An 80-MHz 80-mW 8-b CMOS Folding A/D Converter with Distributed Track-and-Hold Preprocessing”, *IEEE J. Solid-State Circuits,* vol.31, no.12, pp.1846-1853, Dec., 1996.

[4] M. Flynn, and D.J Allstot, “CMOS Folding A/D Converters with Current-Mode Interpolation”, *IEEE J. Solid-State Circuits,* vol.31 no.9 pp.1248-1257, Sep., 1996.

[5] Daeyun Kim, and Minkyu Song, “A 65nm 1.2V 7-bit 1GSPS Folding-Interpolation A/D Converter with a Digitally Self-Calibrated Vector Generator”, *IEICE Transactions on Electronics,* vol.E94-C, No.7, pp.1199-1205, July, 2011.

[6] 이동헌, 문준호, 송민규, “홀수개의 폴딩 블록으로 구현된 1.2V 8-bit 800MSPS CMOS A/D 변환기”, 대한전자공학회 논문지 제47권 SD편 제7호, pp.61-69, 2010년 7월.

[7] 문준호, 박성현, 송민규, “1.2V 10b 500MS/s 단일채널 폴딩 CMOS A/D 변환기”, 대한전자공학회 논문지 제48권 SD편 제1호, pp.14-21, 2011년 1월.

[8] R. Petschacher, B.Zojer, B. Astegher, H. Jessner, and A. Lechner, “A 10-b 75MPS Subranging A/D Converter with Integrated Sample-and-Hold”, *IEEE J. Solid-State Circuits,* vol.25, no.6, pp.1339-1346, Dec., 1990.

[9] B. Razabi, and B.Wooley, “A 12-b 5-MSample/s Two-Step CMOS A/D Converter”, *IEEE J. Solid-State Circuits,* vol.27, no.12, pp.1667-1678, Dec., 1992.

[10] 이승훈, 김범섭, 송민규, 최중호, 「CMOS 아날로그/혼성모드 집적시스템설계-상권」, 시그마프레스 출판사, 1999.

08 고해상도 A/D 변환기

고해상도 ADC는 보통 10비트 이상의 해상도를 의미한다. 통신장비, 영상기기, 의료장비 등의 많은 전자시스템들에서 10비트 이상의 해상도를 요구하기 때문에 그 응용범위가 가장 넓다고 할 수 있다. 또한, 어떤 구성을 하느냐에 따라 동작속도도 올릴 수 있기 때문에 그 응용범위는 현재 더욱 넓어지고 있다. 따라서 앞에서 논의한 저해상도, 중해상도 ADC에 비해 가장 많은 종류의 구조가 제안되어 있다. 여기서는 널리 사용하는 구조부터 하나씩 논의한다.

8.1 파이프라이닝 구조 (Pipelining Structure)

8.1.1 파이프라이닝 구조의 개념

그림 8.1.1에는 파이프라이닝 구조에 대한 개념이 도시되어 있다[1]. 예를 들어, 6비트 ADC를 기존의 플래시 구조로 구현하려고 하면, 총 63개의 비교기가 필요하며, 기준전압을 만들어 주는 저항도 64개가 필요하다. 그러나 6비트를 3비트씩 2단의 플래시 ADC로 분할한다고 가정하면, 비교기 및 기준전압 발생기의 숫자를 현저하게 감소시킬 수 있다. 6비트를 3비트씩 2단으로 분리하기 위해서는 먼저 앞단 플래시 ADC에서 나온 디지털 코드를 이용하여, DAC를 거쳐서 아날로그 신호를 생성해야 한다. 그리고 새로 생성된 아날로그 신호와 원래의 입력신호의 차이를 일정한 배율로 증폭해서 다음 단의 플래시 ADC로 보내준다. 예를 들어, $V_{REFT}= 1\,\text{V}$ 이고, $V_{REFB}= 0\,\text{V}$ 일 때, 입력에 0.46 V가 입력되면 앞단의 플래시 ADC에 의해 011 디지털 코드가 생성된다. 생성된 011 디지털 코드를 3비트 DAC를 이용해 아날로그 신호로 바꾸면, 0.375 V가 생성된다. 이때, 원래의 입력신호와 새로 생성된 아날로그 신호의 차이를 여분전압(residual voltage)이라 하며 여기서는 0.085 V가 된다. 이 여분전압을 다시 일정한 배율로 증폭시키는데, 이때의 배율은 3비트씩 앞뒤에서 처리하므로 $2^3 = 8$로 하는 것이 가장 좋다. 따라서 뒷단의 플래시 ADC의 입력으로 인가되는

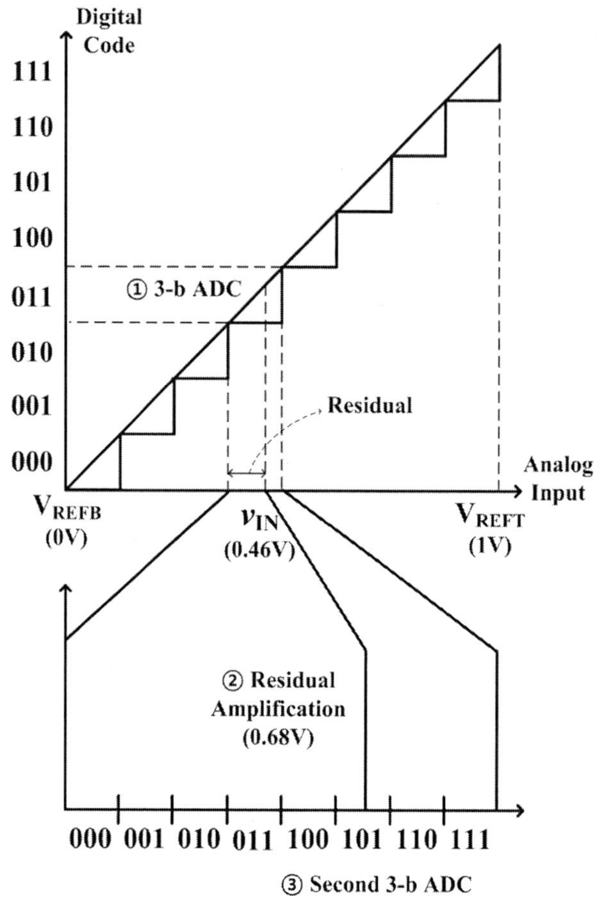

그림 8.1.1 6비트 파이프라이닝 ADC의 개념 (3비트+3비트 구조)

새로운 전압은 0.085×8 = 0.68 V가 된다. 최종적으로 뒷단에서는 0.68 V에 해당하는 디지털 코드인 101을 출력한다. 결론적으로, 0.46 V에 해당하는 6비트 디지털 코드 011101이 된다. 이와 같은 식으로 ADC를 구현하면, 2단 구성은 물론 그 이상의 다단 구성도 가능하다.

8.1.2 파이프라이닝 ADC 구현 기법

그림 8.1.2에는 파이프라이닝 구조를 구현하는 블록 다이어그램이 도시되어 있다[2]. 제7장의 중해상도 ADC에서 논의한 two-step 구조는 증폭기능이 없기 때문에 2단 구성만 가능하다. 그러나 파이프라이닝 구조는 증폭을 하기 때문에 다단 구성이 가능하다. 즉, 그림에서와 같이 각 stage에 입력된 아날로그 신호와 DAC를 거쳐서 나온 아날로그 신호의 차이를 일정한 배율로 증폭하여 다음 단의 플래시 ADC로 전송하면, 뒷단의 플래시 ADC는

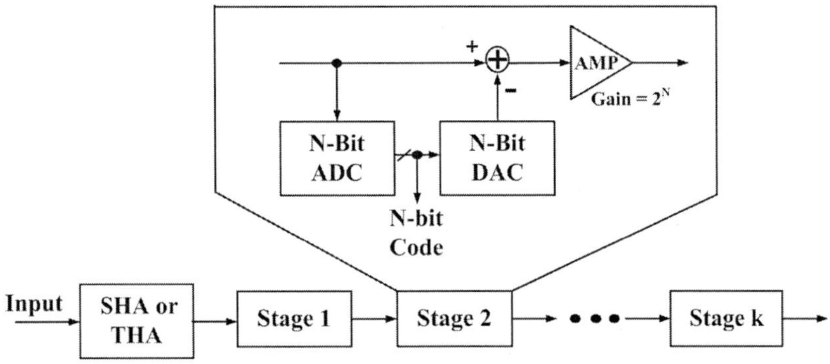

그림 8.1.2 *N*비트씩 k-단으로 구성된 파이프라이닝 ADC의 구조

비교적 수월하게 A/D 변환을 수행할 수 있다. 기준전압의 최대치와 최소치도 앞단과 동일하고, 기준전압 간의 차이도 충분하므로 two-step ADC와는 비교도 할 수 없을 만큼 정확한 A/D 변환이 가능하다. 또한, 몇 개의 stage를 구성하느냐에 따라 다양한 조합이 가능하다. 예를 들어, 12비트 ADC를 구현하기 위해 각 stage 별로 3비트씩 플래시 ADC를 만들면 총 4단 구성이 되며, 4비트씩 플래시 ADC를 만들면 총 3단 구성이 된다.

또한, 그림 8.1.3의 (a)와 같이 10비트를 구현하기 위해 5비트씩 2단 구성을 하기도 한다. 더 나아가 회로의 정확성을 높이기 위해 각 단의 1비트는 에러를 정정하기 위한 여분의 비트로 처리하여 그림 (b)와 같이 4비트씩 3단 구성을 하되, 각 단의 1비트는 디지털 에러 정정 로직(Digital Error Correction Logic)으로 활용하는 구성도 가능하다. 결론적으로 파이프라이닝 구조는 저해상도부터 고해상도에 이르기까지 원하는 어떤 형태의 해상도도 얻어낼 수 있는 장점이 있다. 동작속도는 병렬처리가 아닌 직렬처리 형태를 취하지만, 파이프라이닝 기법이 부가되기 때문에 동작속도 또한 느리지 않다는 장점을 갖는다. 따라서 현존하는 ADC 구조 중에서 가장 많이 사용되는 것이 파이프라이닝 구조이다[3][4][5].

8.1.3 MDAC (Multiplying DAC) 회로

파이프라이닝 구조를 구현하기 위해서는 앞 절의 그림 8.1.2에서 보는 바와 같이 플래시 ADC 외에 DAC, 입력신호와 DAC의 출력신호를 빼 주는 뺄셈기, 뺄셈한 신호를 증폭해 주는 증폭기 등 3가지의 블록이 필요하다. DAC의 구현은 비교적 간단하지만, 뺄셈기와 증폭기의 구현은 쉽지 않다. op-amp를 이용하여 설계는 할 수 있지만, 실제 구현을 하면 많은 개수의 op-amp와 회로가 필요하다. 이 또한 정확성이 없으면 실제 구현이 어렵기 때문에 파이프라이닝 구조의 설계는 쉽지 않다. 그러나 그림 8.1.4와 같이 그 모든 동작을 한 번에 해결하는 회로인 MDAC(Multiplying DAC)가 제안된 이후에 파이프라이닝 구조는 크게 발전하였다[1][2]. 그림 (a)에서와 같이 MDAC는 크게 하나의 op-amp와 2배씩 커지는 커패시

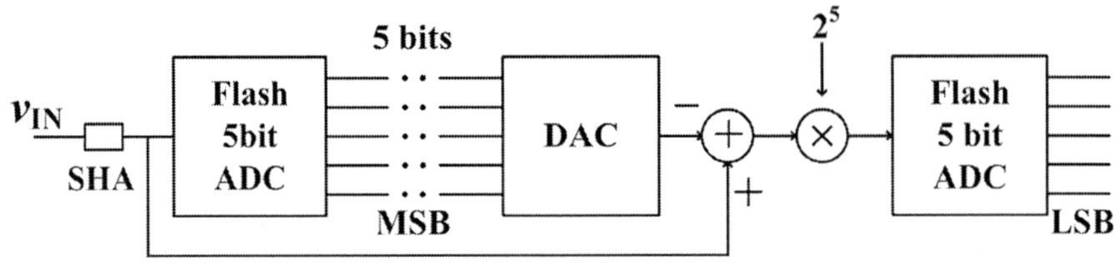

(a) 5비트씩 2단 구성으로 만들어진 10비트 ADC

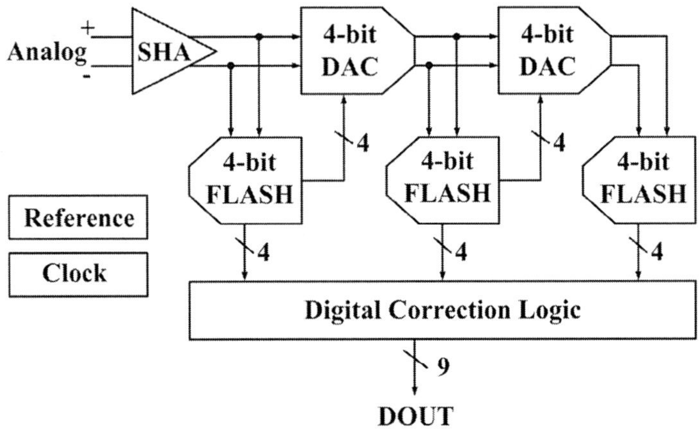

(b) 4비트씩 3단 구성과 디지털 에러정정 로직으로 만들어진 9비트 ADC

그림 8.1.3 다양한 형태의 파이프라이닝 ADC 예제

터, 그리고 여러 개의 스위치로 구성되어 있다. 먼저, 그림 (b)에서와 같이 입력이 샘플링되는 경우에는 모든 커패시터의 한 쪽을 입력에 연결하고, 다른 한 쪽은 op-amp의 virtual GND에 연결한다. 즉, 그림 6.2.2에서 논의한 바 있는 전하보존의 법칙을 이용하기 위해 커패시터 양단을 forcing 한다. 다음에 그림 (c)에서와 같이 스위치를 이용하여 커패시터의 양단을 다르게 forcing하고 오로지 출력전압만 floating 시킨다. 이렇게 되면 전하보존의 법칙에 의해 출력전압에는 원하는 전압이 출력된다. 그리고 원하는 출력전압은 결국 입력전압과 DAC 변환에 의해 얻어진 아날로그 신호의 차이를 뺄셈한 이후에 적당히 증폭한 아날로그 전압이라고 할 수 있다.

회로도의 이해를 돕기 위해 그림 8.1.5에는 6비트 파이프라이닝 ADC를 구현하기 위한 3+3 구조의 MDAC 회로도를 도시하였다[2]. 앞에서 논의한 MDAC의 원리에 의해 새롭게 뒤쪽 ADC에 인가되는 새로운 전압은

$$v_{out} = 2^3(v_{in} - V_{DAC}) + V_{REFB} \tag{8.1.1}$$

이다.

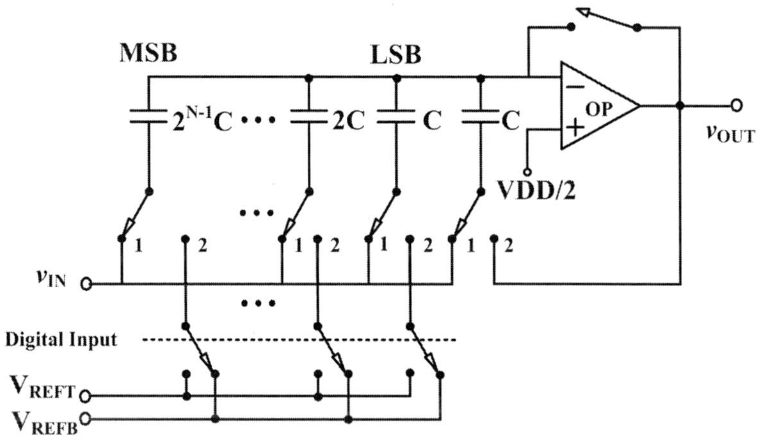

(a) 전체회로도

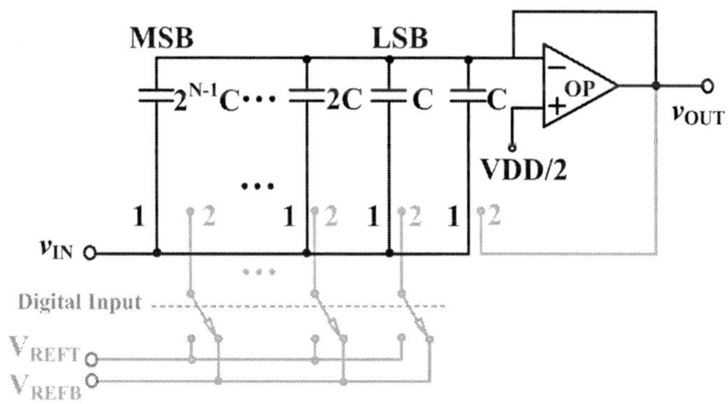

(b) 입력을 샘플링하는 경우의 회로도

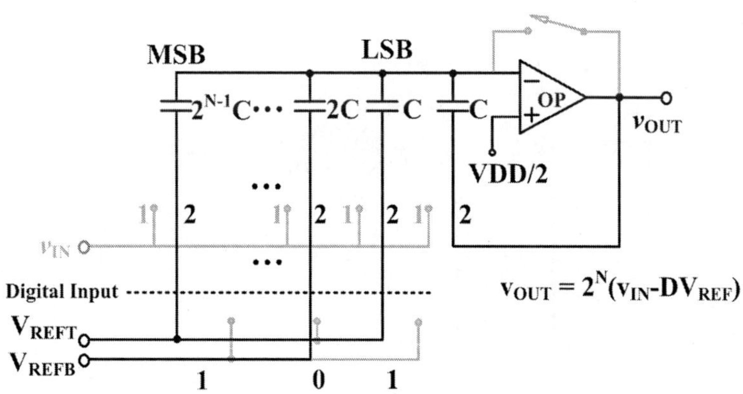

(c) 앞단의 플래시 ADC 코드에 의해 변환된 DAC 아날로그 신호와 처음 입력된 아날로그 신호 간의 차이를 빼는 뺄셈기, 증폭기를 동시에 수행하는 회로

그림 8.1.4 Multiplying DAC의 회로도 및 동작 원리

예를 들어, 전원전압이 3 V이고 $V_{REFT}=2\text{V}$, $V_{REFB}=1\text{V}$ 라고 한다. 즉, ADC의 최대 입력전압은 1 V에서 2 V 사이의 전압이다. 만일 앞단의 플래시 ADC에서 1.6 V의 입력전압이 인가되면, 앞단의 ADC는 3비트이므로 디지털 코드 100을 출력한다. 그리고 출력된 디지털 코드를 DAC로 변환하면 1.5 V가 되므로 뒷단의 플래시 ADC의 입력전압은 식 (8.1.1)에 의해

$$v_{out}=8\times(1.6-1.5)+1.0=1.8 \tag{8.1.2}$$

가 되어야 한다. 실제로 그림 8.1.5를 통해 1.8 V가 출력되어 나오는지 확인할 필요가 있다.

먼저 그림 8.1.5(a)에서 입력은 1.6 V이고 op-amp는 입력과 출력이 피드백되어 있으므로 virtual GND에 의해 1.5 V라고 할 수 있다. 커패시터 4개의 총 합을 구하면 8 pF이므로 그림 (a)와 같이 입력을 샘플링하는 단계에서 커패시터에 걸리는 총 전하량은

$$Q_1=C\cdot V=8\,\text{pF}\cdot(1.6-1.5)=0.8\,\text{p} \tag{8.1.3}$$

이다. 그리고 그림 (b)는 입력과 DAC 값의 차이를 증폭하는 증폭모드라고 할 수 있으며, 앞단의 플래시 ADC에서 100코드가 인가되므로 이때의 커패시터의 총 전하량은

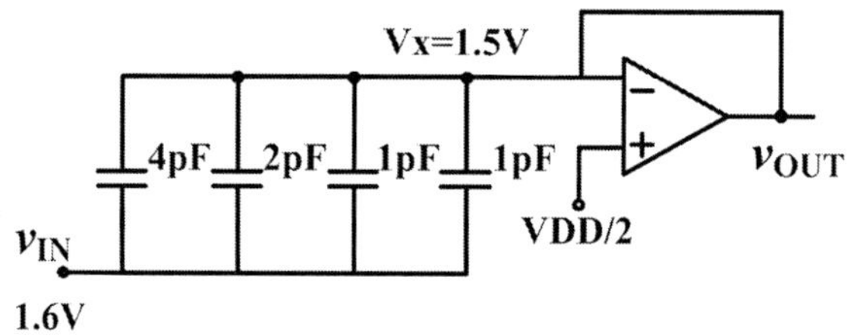

(a) 입력을 샘플링하는 모드(sampling mode)

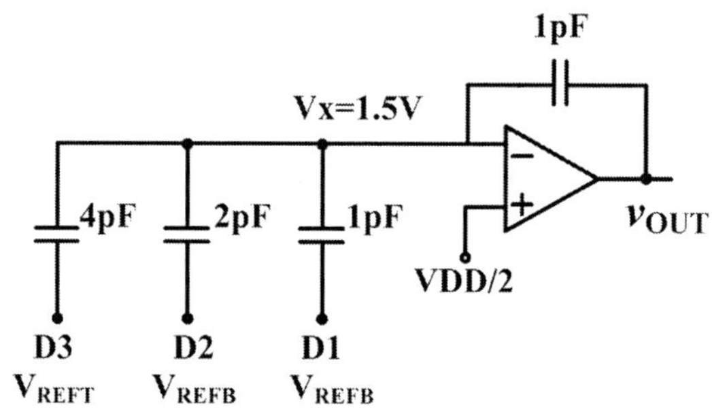

(b) 샘플링된 입력을 증폭하는 모드(amplification mode)

그림 8.1.5 MDAC의 예제

($V_{REFT}=2\text{V}$, $V_{REFB}=1\text{V}$, $V_{DD}=3\text{V}$, $V_{in}=1.6\text{V}$, 1단 flash ADC 출력코드=100)

$$Q_2 = 4\text{p} \cdot (V_{REFT} - 1.5) + 3\text{p} \cdot (V_{REFB} - 1.5) + 1\text{p} \cdot (V_{out} - 1.5)$$
$$= 2\text{p} - 1.5\text{p} + 1\text{p} \cdot V_{out} - 1.5\text{p} = -1\text{p} + 1\text{p} \cdot V_{out} \quad (8.1.4)$$

이다. 식 (8.1.3)과 식 (8.1.4)는 전하보존의 법칙에 의해 같아야 하므로 결국 $V_{out} = 1.8\,V$가 된다. 따라서 처음에 예측한 것과 같은 결과를 얻을 수 있다. 이러한 계산은 다른 어떠한 값이 입력으로 들어와도 모두 올바른 출력값을 낼 수 있으며, 결론적으로 그림 8.1.4와 8.1.5의 회로는 매우 우수한 회로라고 할 수 있다. 그림 8.1.4와 같은 회로를 stage가 연결될 때마다 같은 방식으로 구현할 수 있으며, 비트수가 다를 경우에도 큰 문제없이 회로를 설계할 수 있다.

8.1.4 디지털 블록의 설계

파이프라이닝 구조는 그 특성상 디지털 블록의 처리가 중요하다. 예를 들어, N비트씩 6개의 stage로 구성된 그림 8.1.6과 같은 회로에서 각 stage 별로 나오는 디지털 코드를 맨 마지막에 하나의 완성된 디지털 코드로 출력해야 한다. 따라서 맨 앞단에 놓인 stage는 5개의 래치를 지난 후에 최종 출력이 나오도록 해야 한다. 두 번째 단은 같은 방법으로 4개의 래치가 필요하다. 또한, 각 stage 별로 sampling하는 클록과 증폭을 하는 클록을 잘 조정할

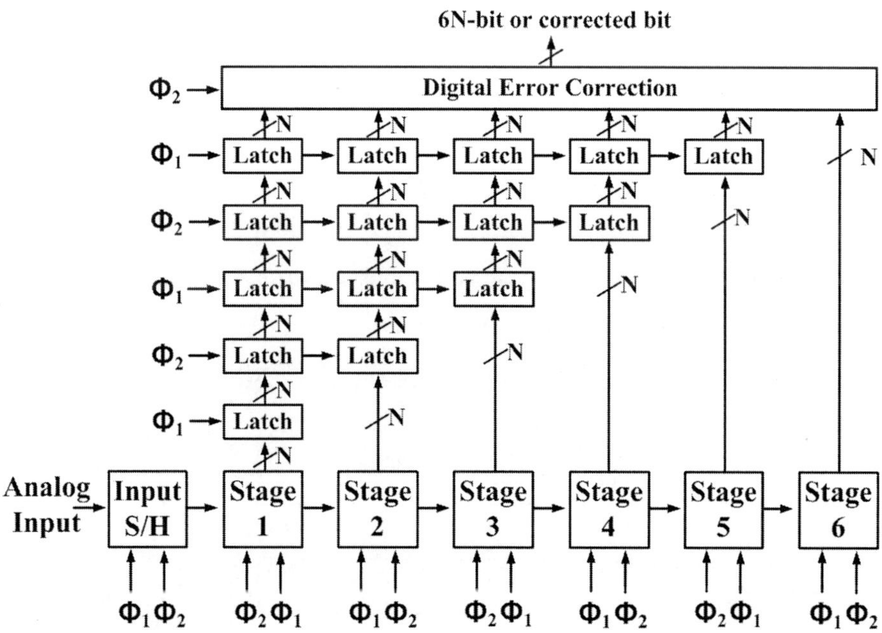

그림 8.1.6 파이프라이닝기법을 위한 디지털 블록의 설계 및 클록배치

필요가 있다. 예를 들어, 샘플 앤드 홀드 회로에서 Φ_1에 의해 스위치가 ON되고, Φ_2에 의해 데이터가 홀드된다면, 그 다음의 stage 1에서는 Φ_2에 의해 입력데이터를 sampling하고 Φ_1에서는 증폭을 해야 한다. 반대로 stage 2에서는 Φ_1에 의해 sampling하고 Φ_1에 의해 증폭을 해야 한다. 같은 방법으로 그 다음 stage의 클록을 결정할 필요가 있다. 또한, 래치에서도 클록에 의해 데이터가 다음 래치로 넘어갈 수 있도록 정확한 클록을 인가할 필요가 있다. 그림 8.1.6에서는 최종적으로 Φ_2에서 마지막 완성된 디지털 코드가 출력된다. 별도의 에러 정정 로직을 사용하지 않는다면, 최대 6N 비트의 디지털 코드가 출력되며, 에러 정정을 위해 몇 bit 정도를 사용하면 그 보다 적은 비트수의 디지털 코드가 출력된다. 이에 대한 결정은 설계자가 최종적으로 수행한다.

디지털 블록을 설계하는 데 있어 래치 및 클록의 배치도 중요하지만, 디지털 에러 정정 회로의 역할도 중요하다. 즉, 플래시 ADC나 오프셋전압 에러 등에 의해 원하는 디지털 코드가 나오지 않을 경우, 그것을 감지해서 디지털 코드를 정정할 필요가 있다. 그림 8.1.7에는 디지털 에러 정정 회로의 간단한 예제가 도시되어 있다[5].

먼저 그림 8.1.5 회로에서 논의한 바와 같이 1.6 V가 입력에 들어오면 MDAC를 거쳐서 다음 단의 입력으로는 1.8 V가 나와야 한다. 이것은 flash ADC에서 코드 100이 제대로 나온 경우이지만, flash ADC에서 offset 에러 등이 생겨 오차가 발생하면 문제가 생긴다. 그림 8.1.5에서 만일 flash ADC의 코드가 하나 작은 011이 나오면,

$$Q_1 = 8C(1.6-1.5),\ \ Q_2 = 4C(1-1.5)+3C(2-1.5)+C(V_{out}-1.5) \qquad (8.1.5)$$

이 된다. $Q_1 = Q_2$이므로 식 (8.1.5)를 계산하면, $V_{out} = 2.8\,\mathrm{V}$가 되며, 이것은 원래 처음에 설정한 $V_{REFT} = 2\,\mathrm{V}$를 넘어가는 값이 나오게 된다. 디지털 에러 정정 회로가 없는 경우에는 2.8 V의 값이 나오면 모두 111로 처리하지만, 그림 (c)와 같이 V_{REFT}과 V_{DD} 사이에 별도의 비교기를 배치하면, 간단한 디지털 에러 정정 회로를 설계할 수 있다. 입력값이 V_{REFT} 안에 있을 때는 맨 위의 비교기는 언제나 Low이다. 그러나 앞에서 논의한 바와 같이 잘못된 코드가 입력이 되면, 맨 윗단의 비교기가 High가 되며, 앞단에서 에러가 생겼다는 것을 의미한다. 따라서 이 경우에는 별도의 로직회로를 만들어서 앞단의 출력된 ADC의 코드에 대해 +1 해주면, 원하는 값을 얻을 수 있게 된다.

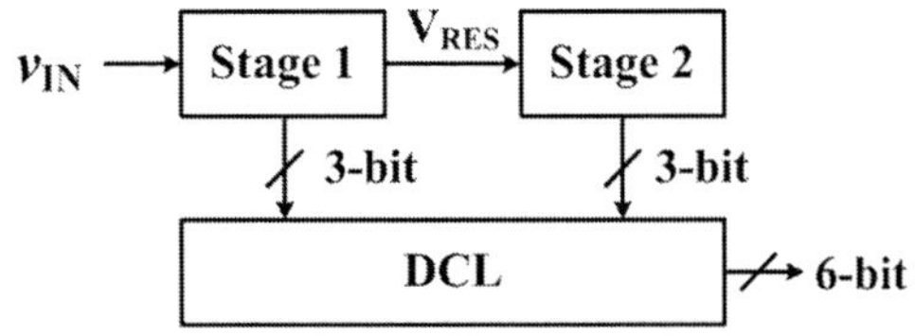

(a) 3비트씩 2단으로 구성된 6비트 파이프라이닝 ADC

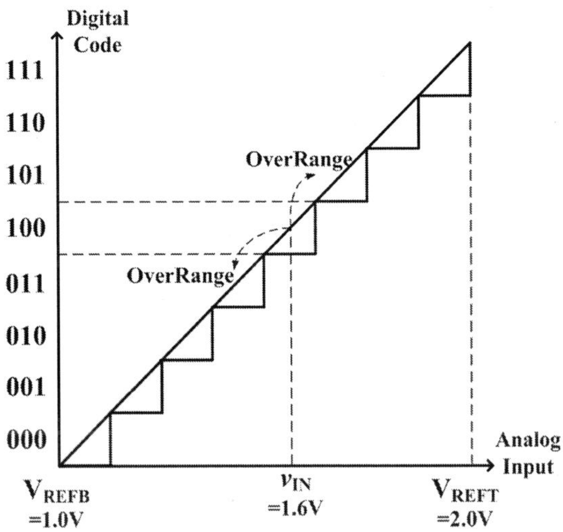

(b) 그림 8.1.5의 예제를 바탕으로 한 디지털 코드 에러 발생 원인

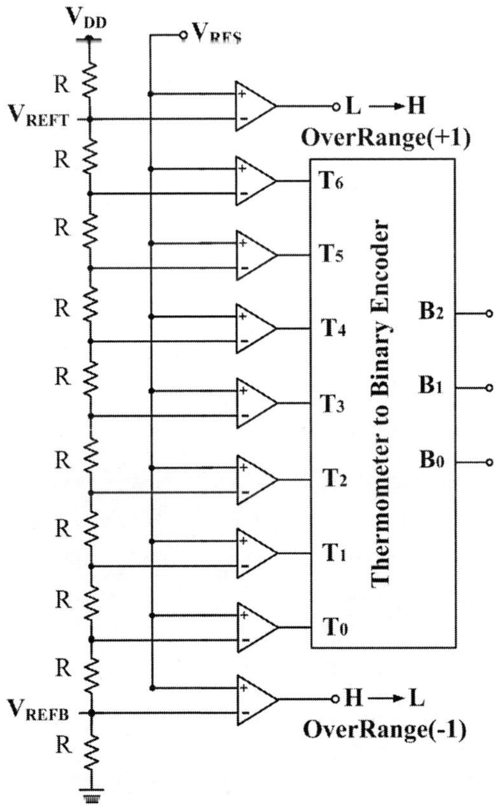

(c) stage 2에서 발생한 디지털 코드 에러를 감지하는 회로

그림 8.1.7 디지털 에러 정정 회로의 원리 및 회로도

반대로 그림 8.1.5에서 만일 플래시 ADC의 코드가 원래의 값보다 하나 큰 101이 나오면,

$$Q_1 = 8C(1.6 - 1.5) \ , \ Q_2 = 5C(2 - 1.5) + 2C(2 - 1.5) + C(V_{out} - 1.5) \quad (8.1.6)$$

이 된다. 여기서 $Q_1 = Q_2$이므로 $V_{out} = 0.8\,\mathrm{V}$가 된다. 이것은 반대로 항상 High 상태이던 맨 아랫단의 비교기가 Low가 된다. 마찬가지로 별도의 로직을 만들어서 앞단의 출력된 ADC 코드에 대해 -1 해주면, 원하는 값을 얻을 수 있다. 이와 같은 방법으로 비교적 쉽게 디지털 에러 정정 로직을 만들 수 있으며, 많은 파이프라이닝 ADC에서 이와 같은 방법을 사용하고 있다. 물론, 더 좋은 방법들이 현재도 제안되고 있기 때문에 ADC 사양에 맞는 가장 최적화된 회로를 설계자가 직접 설계하는 것이 좋다.

8.2 사이클릭 구조 (Cyclic Structure)

사이클릭 구조는 말 그대로 같은 블록을 여러번 순환하면서 원하는 출력을 얻어내는 구조이다. 제6장에서 논의한 플래시 구조나, 8.1절에서 논의한 파이프라이닝 구조 등이 병렬 구조인데 비해서 사이클릭 구조는 철저한 직렬구조이다. 따라서 동작속도는 느리지만, 회로가 간단하고 칩 면적이 작아 전력소모를 최소화할 수 있다는 장점을 가진다. 순환하는 디지털 비트수를 1비트로 할지, 그 이상의 비트수로 할지에 따라 조금씩 구조가 다르다. 특히, 1비트씩 순환하는 구조를 알고리즈믹 구조라고도 하며, 본 절에서 다룬다.

8.2.1 *N*비트 사이클릭 구조 (cyclic structure)

8.1절에서 논의한 파이프라이닝 구조는 다양한 설계가 가능하지만, 그림 8.2.1과 같이 1단 구성을 이용하여 여러 차례 순환시킴으로써 원하는 비트수의 ADC를 설계할 수도 있다. 물론, 이 경우 동작속도는 느리지만, 소면적, 저전력을 요구하는 시스템에는 적합하다. 이와 같은 구조를 *N*비트 cyclic 구조라고 한다. 그림 8.2.1과 같은 구조는 파이프라이닝 구조와 거의 일치하지만, 순환할 때 데이터를 잘 조절하는 clock controller 블록이 중요하다. 또한, main clock에 따라 최초 입력과 최후 출력을 잘 처리해야 하기 때문에 별도의 디지털 블록설계도 중요하다.

8.2.2 1비트 사이클릭 구조 (알고리즈믹 구조, Algorithmic Structure)

사이클릭 ADC에서 가장 많이 사용되는 것은 1비트씩 데이터를 순환하는 방법이다. 1비트 사이클릭 구조라고도 하며, 알고리즈믹 구조라고도 한다[6][7]. 그림 8.2.2에 간단한 알고리즈믹 구조의 flow chart가 도시되어 있으며, 그 원리는 무척 단순하다. 1비트씩 디지털

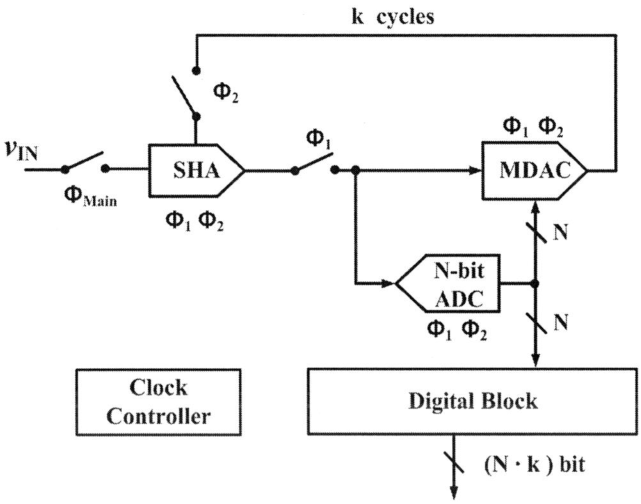

그림 8.2.1 파이프라이닝 ADC를 변형시킨 N비트 사이클릭 ADC의 구조도

네이터를 얻어내기 때문에 가장 먼저 입력전압을 $V_{DD}/2$와 비교하여 첫 번째 디지털 출력 코드인 MSB를 얻어낸다. 다음에 입력이 $V_{DD}/2$보다 크면, 입력을 2배 한 다음에 V_{REFT}에서 빼주고, 작으면 역시 2배 한 다음에 V_{REFB}에서 빼주면 된다. 이를 좀 더 자세히 설명하면 다음과 같다.

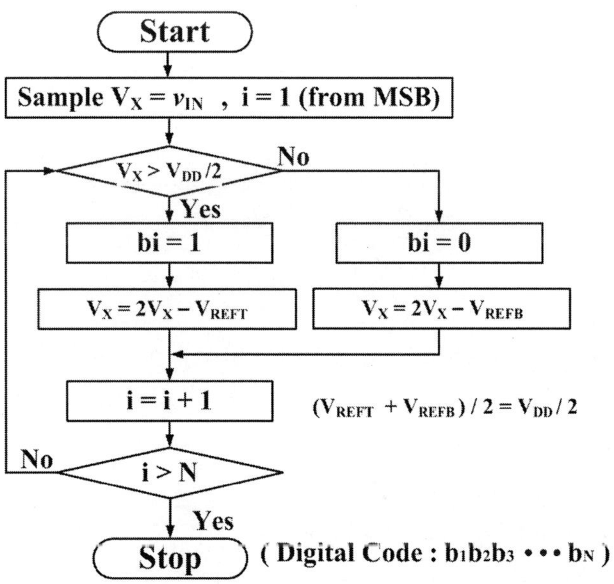

그림 8.2.2 알고리즈믹 ADC의 flow chart

먼저, 입력전압이 $V_{DD}/2$보다 클 때는 V_{in}에서 $V_{DD}/2$를 뺀 다음에 2를 곱하고 V_{REFB}를 더해야 한다. 그런데 $V_{DD}/2=(V_{REFT}+V_{REFB})/2$이므로, 아래와 같은 식이 나온다.

$$V_x = 2(V_{in} - \frac{V_{REFT}+V_{REFB}}{2}) + V_{REFB} = 2V_{in} - V_{REFT} \tag{8.2.1}$$

만일 입력이 $V_{DD}/2$보다 작을 때는, 입력에서 V_{REFB}를 뺀 다음에 2를 곱하고 V_{REFB}를 더해야 한다. 따라서 아래와 같다.

$$V_x = 2(V_{in} - V_{REFB}) + V_{REFB} = 2V_{in} - V_{REFB} \tag{8.2.2}$$

이와 같은 과정을 N번 반복하면, 최종적으로 N비트 디지털 코드를 얻어낼 수 있다. 즉, 1비트씩 처리하기 때문에 $V_{DD}/2$와 계속 비교하면서 원하는 디지털 코드를 얻어낸다. 알고리즘믹 ADC를 구현하는 블록 다이어그램이 그림 8.2.3에 나타나 있다. 비교기를 통해 출력된 디지털 코드가 V_{REFT}이나 V_{REFB} 중의 하나를 ON시키고 이를 다음 단의 입력에 적용함으로써 원하는 신호처리를 반복적으로 수행한다.

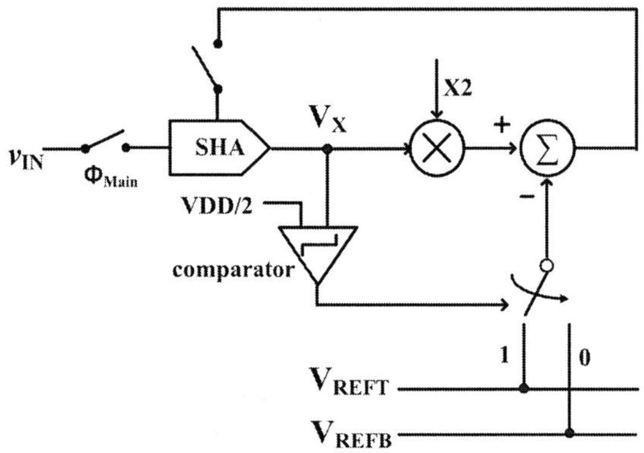

그림 8.2.3 알고리즘믹 ADC의 구조도

그림 8.2.4에는 op-amp를 이용한 알고리즘믹 ADC의 회로도가 나타나 있다[8]. 단순히 op-amp만을 이용하여 식 (8.2.1)이나 식 (8.2.2)를 만족시킬 수 있다. 먼저 맨 앞단의 1비트 비교기의 출력이 High 라고 가정하면, 그림에서와 같이 V_{REFT}를 인가한다. 여기서 앞단의 op-amp는 원하는 출력값을 얻기 위한 회로이고, 뒷단의 op-amp는 반전증폭기로서 전압이득이 (-1)인 회로이다. 첫 번째 op-amp의 출력값을 V_X, 두 번째 op-amp의 출력값을 V_Y 라고 하면, Φ_2에서 뒷단의 반전증폭기에 의해 V_Y값은

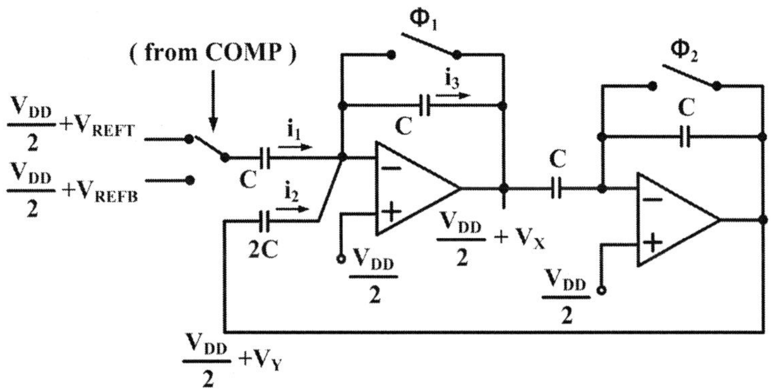

그림 8.2.4 op-amp를 이용한 알고리즈믹 ADC의 회로도

$$V_Y = -V_{X,prev} \tag{8.2.3}$$

가 된다. 그리고 Φ_1일 때, 앞단 op-amp에 걸리는 전류의 값을 계산하면,

$$i_1 = sC\left[\left(\frac{V_{DD}}{2} + V_{REFT}\right) - \frac{V_{DD}}{2}\right],\ i_2 = s2C\left[\left(\frac{V_{DD}}{2} + V_Y\right) - \frac{V_{DD}}{2}\right]$$

$$i_3 = sC\left[\frac{V_{DD}}{2} - \left(\frac{V_{DD}}{2} + V_X\right)\right] \tag{8.2.4}$$

이 된다. 여기서 $i_1 + i_2 = i_3$이므로 $V_{REFT} + 2V_Y = -V_X$이 되고,

최종적으로

$$V_X = -2V_Y - V_{REFT} = 2V_{X,prev} - V_{REFT} \tag{8.2.5}$$

을 얻는다. 즉, 비교기에서 High가 출력되면, 그 전 상태의 입력 전압값을 2배로 증폭하고 V_{REFT}를 뺀다는 알고리즘을 정확히 수행한다. 반대로 비교기에서 Low가 출력이 되어도, 같은 원리에 의해 다음과 같은 값을 얻어낼 수 있다.

$$V_X = -2V_Y - V_{REFB} = 2V_{X,prev} - V_{REFTB} \tag{8.2.6}$$

그림 8.2.5에는 알고리즈믹 ADC를 구현하기 위한 또 다른 회로인, 1비트 MDAC의 회로도가 나타나 있다. 그림 8.2.4의 op-amp만으로 구성된 회로에 비해 비교적 간단하게 원하는 값을 얻어낼 수 있는 장점이 있어 최근에는 많이 사용되고 있다. 예를 들어, 1.6 V의 입력이 들어오면, 비교기에서 $V_{DD}/2$와 비교하여 출력 High를 낸다. 그리고 식 (8.2.2)에 의해 새로운 전압은 $2\times(1.6-1.5)+1.0=1.2$가 된다. 그림 8.2.5는 이러한 과정을 MDAC의 원리를 이용해서 얻어냄을 보여 주고 있다. 그림 (a)에서 1.6 V의 입력이 들어오면,

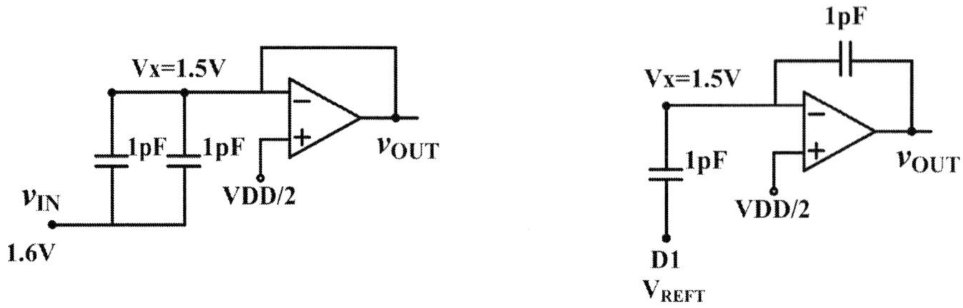

(a) 입력을 샘플링하는 모드(sampling mode) (b) 샘플링된 입력을 증폭하는 모드(amplification mode)

그림 8.2.5 알고리즈믹 ADC에 사용된 1비트 MDAC의 구조 및 예제
(V_{REFT}= 2 V, V_{REFB}= 1 V, V_{DD}= 3 V, V_{in} = 1.6 V, 비교기의 출력코드=1)

$Q_1 = 2\text{p}\cdot(1.6-1.5)$이고, 그림 (b)에서는 앞단의 출력코드에 의해 V_{REFT}= 2 V가 입력이 된다. 따라서 $Q_2 = 1\text{p}\cdot(2.0-1.5)+1\text{p}\cdot(v_{out}-1.5)$가 되며, $Q_1 = Q_2$에 의해 새로운 전압은 1.2 V가 된다.

8.3 SAR 구조

8.3.1 SAR 구조의 개념

SAR는 Successive Approximation Register의 약자로서 연속근접방식이라고도 할 수 있다[9]. 그림 8.3.1에 간단한 개념도가 도시되어 있으며, 그림 (a)와 같이 입력된 값을 알아내기 위해 어떤 범위를 계속해서 좁혀나가는 방법을 의미한다. 예를 들어, 1부터 100까지의 숫자 중에서 어떤 임의의 숫자를 골랐다고 가정한다. 만일 78을 골랐다고 가정하면, 그 숫자를 맞추기 위해 제일 처음에 하는 일은 50보다 큰지 작은지를 물어보는 일이다. 만일 크다고 하면, 다음에는 75보다 큰지 작은지 물어본다. 이런 식으로 계속해서 원하는 값이 어떤 범위에 있는지를 알아내는 방법이다. 이러한 것을 회로로 구현하는 방법이 그림 (b)와 같다. 어떤 입력이 인가되었을 때 그것의 디지털 코드를 알아내기 위해 가장 먼저 하는 일은 기준전압 범위의 가운데 전압과 비교하는 일이다. 만일 입력값이 가운데 전압보다 크면 디지털 코드 High를 할당한다. 그리고 다음에는 기준전압값을 3/4 되는 지점으로 바꾸어 다시 입력과 비교한다. 이런 식으로 10번을 진행하면 우리는 10비트에 해당하는 디지털 코드를 얻어 낼 수 있다. 앞에서 논의한 파이프라이닝 구조나 알고리즈믹 구조가 입력 값을 변화시켜 가면서 디지털 출력코드를 얻어내는데 비해, SAR 방식은 입력값은 그대로 유지하고 기준전압값을 바꾸어 가면서 디지털 출력값을 얻어내는 방식이라고 할 수 있다.

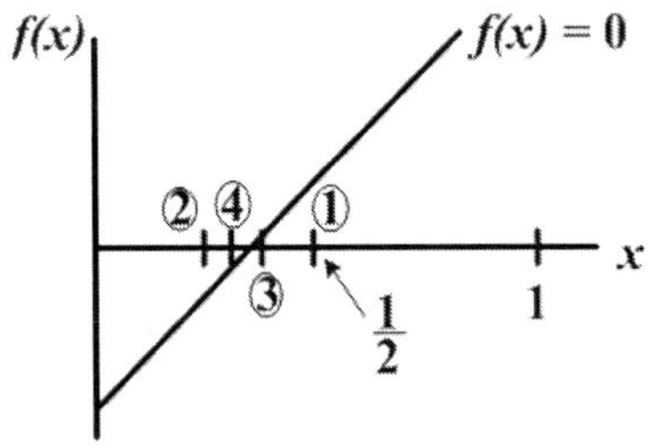

(a) Successive Approximation의 개념도

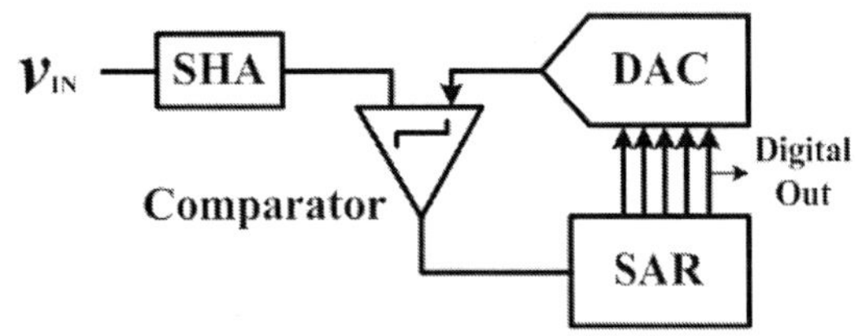

(b) SAR type ADC의 구조도

그림 8.3.1 SAR Type ADC의 개념 및 구조도

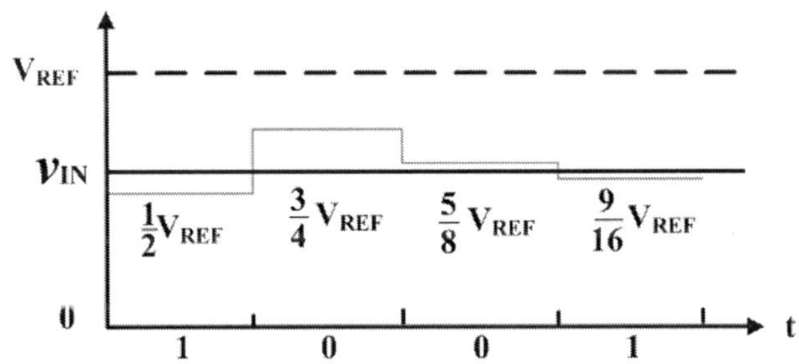

(a) SAR ADC의 시간적 동작순서

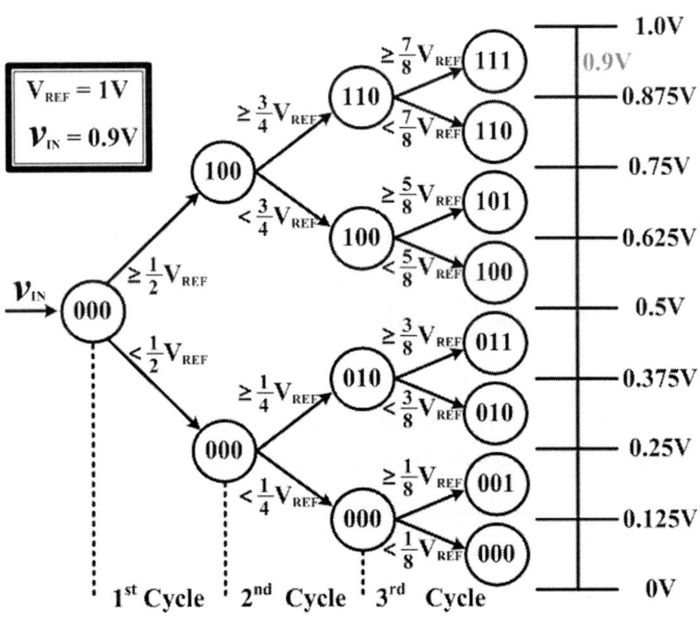

(b) 3비트 SAR ADC의 동작순서

그림 8.3.2 SAR Type ADC의 동작순서 예제

그림 8.3.2는 SAR ADC의 동작 원리를 보여 주고 있다. 그림 (a)는 입력전압은 일정하게 유지하고 기준전압을 바꾸어 가는 과정을 보여 주고 있다. 처음에는 1/2 지점과 비교하여 입력전압이 크면 출력 1을 할당한다. 다음에는 3/4와 비교해서 이보다 작으면 디지털 0을 할당한다. 그리고 다시 반이 되는 5/8과 비교하여 작으면 역시 디지털 0을 할당한다. 다음에는 9/16과 비교하여 크면 디지털 1을 할당한다. 이런 방법으로 10번 반복하면, 10비트 SAR ADC를 설계할 수 있다. 그림 (b)에는 실제 구현된 3비트 SAR ADC의 예제에 대해 보여 주고 있다. 입력전압의 범위가 1.0 V일 때, 0.9 V의 입력이 인가되면, 처음 디지털 코드는 1이 되고, 그 다음에도 1, 그 다음에도 1이 되어 결국 111이 출력으로 나오게 된다. 다른 입력전압이 인가되어도 같은 방법으로 원하는 디지털 코드를 얻어낼 수 있다.

8.3.2 SAR ADC의 구현

그림 8.3.3에는 3비트 SAR ADC를 구현하는 실제 회로에 대해 도시하였다[5]. 3비트를 구현하기 위해서는 최소 4개의 커패시터와 비교기, 그리고 여러 개의 스위치가 필요하다. 먼저 그림 (a)에서와 같이 처음에는 스위치 S_A, S_B, S_C, S_1, S_2, S_3, S_4를 이용해서 모든 전압을 리셋시킨다. 이 경우 커패시터의 양단에 걸리는 전압이 같기 때문에 커패시터에 걸리는 총 전하량은 0이라고 할 수 있다. 그 다음 그림 (b)에서와 같이 S_A는 비교기를 동작시키고, S_B는 비교기의 한쪽에 입력전압을 계속 인가하며, S_C는 커패시터의 한쪽을 모두 V_{REFB}에 연결시킨다. 그리고 S_1만 스위치 상태가 바뀌어 $4C$의 커패시터는 V_{REFT}로 스위치가 바뀌고, 나머지 $2C$, C, C의 커패시터의 스위치는 그대로 V_{REFB}으로 연결된다. 이때의 전하량을 계산해 보면,

$$Q_b = 4C(V_{REFT} - v_X) + 4C(V_{REFB} - v_X) \tag{8.3.1}$$

이 되며, 앞에서의 그림 (a)의 전하량과 같아야 한다. 즉, 식 (8.3.1)의 값은 0이 되어야 하므로 결국 v_X값은

$$v_X = \frac{4V_{REFT} + 4V_{REFB}}{8} \tag{8.3.2}$$

이라고 할 수 있다. V_{REFT}와 V_{REFB}가 $V_{DD}/2$를 중심으로 형성되어 있을 때는 reference 전압이 조금 달라진다. 예를 들어, 3비트 SAR를 만들 경우 중간전압은 $(V_{REFT} + V_{REFB})/2$이며, 같은 식으로 8개의 reference 전압을 구하면 다음과 같다.

$$V_{REF\_7} = \frac{7}{8}(V_{REFT} - V_{REFB}) + V_{REFB} = \frac{7V_{REFT} + V_{REFB}}{8}$$

$$V_{REF\_6} = \frac{6}{8}(V_{REFT} - V_{REFB}) + V_{REFB} = \frac{6V_{REFT} + 2V_{REFB}}{8}$$

$$V_{REF\_5} = \frac{5}{8}(V_{REFT} - V_{REFB}) + V_{REFB} = \frac{5V_{REFT} + 3V_{REFB}}{8}$$

$$V_{REF\_4} = \frac{4}{8}(V_{REFT} - V_{REFB}) + V_{REFB} = \frac{4V_{REFT} + 4V_{REFB}}{8}$$

$$V_{REF\_3} = \frac{3}{8}(V_{REFT} - V_{REFB}) + V_{REFB} = \frac{3V_{REFT} + 5V_{REFB}}{8}$$

$$V_{REF\_2} = \frac{2}{8}(V_{REFT} - V_{REFB}) + V_{REFB} = \frac{2V_{REFT} + 6V_{REFB}}{8}$$

$$V_{REF\_1} = \frac{1}{8}(V_{REFT} - V_{REFB}) + V_{REFB} = \frac{V_{REFT} + 7V_{REFB}}{8}$$

$$V_{REF\_0} = \frac{0}{8}(V_{REFT} - V_{REFB}) + V_{REFB} = V_{REFB} \qquad (8.3.3)$$

결과적으로 그림 (b)에서, 비교기의 한쪽 단에는 입력전압이 들어오고, 다른 한 쪽에는 기준전압의 가운데가 되는 전압이 걸리게 된다. 따라서 비교기의 출력이 1 또는 0 이 되어 최상위 비트(MSB)의 출력코드를 얻게 된다.

그림 8.3.3(c)에서는 앞의 MSB가 1일 경우, 다음 S_2 스위치를 V_{REFT}으로 연결한다. 이 때의 총 전하량은 역시 0이므로

$$Q_c = 6C(V_{REFT} - v_X) + 2C(V_{REFB} - v_X) \qquad (8.3.4)$$

이다. 위의 식 (8.3.4)을 정리하면

$$v_X = \frac{6V_{REFT} + 2V_{REFB}}{8} \qquad (8.3.5)$$

이 된다. 결과적으로 비교기의 한 쪽에는 여전히 입력전압이 인가되고 있고, 다른 쪽은 역시 기준전압이 걸리게 되어 거기에 따르는 출력코드를 얻을 수 있다.

만일 8.3.3(b)에서 비교기와 입력전압을 비교하여 입력전압이 작게 되면, MSB가 0이 되는데, 이때는 그림 8.3.3(d)와 같이 S_1 스위치는 복원시키고 S_2 스위치를 V_{REFT}으로 연결한다. 역시, 이때도 총 전하량을 계산할 수 있으며, 그 값은

$$Q_d = 2C(V_{REFT} - v_X) + 6C(V_{REFB} - v_X) \qquad (8.3.6)$$

이 되고 역시 총 전하량은 0이 된다. 따라서 위의 식 (8.3.6)을 정리하면

$$v_X = \frac{2V_{REFT} + 6V_{REFB}}{8} \qquad (8.3.7)$$

이 된다. 따라서 비교기의 기준전압값이 바꾸어지므로 원하는 출력 코드를 얻을 수 있다.

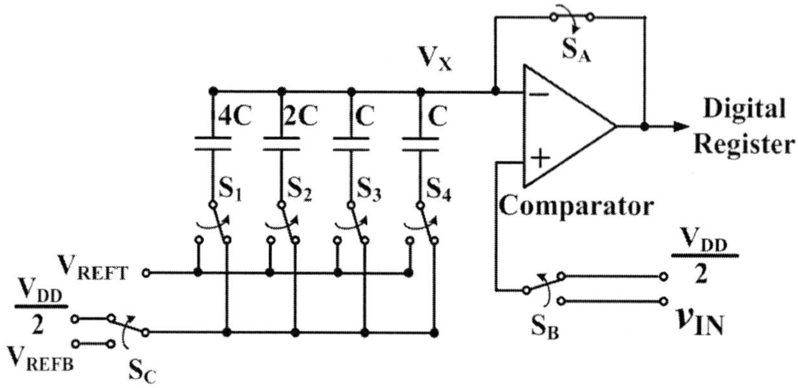

(a) 초기화 ($v_{X=}\frac{V_{DD}}{2}$, Q=0)

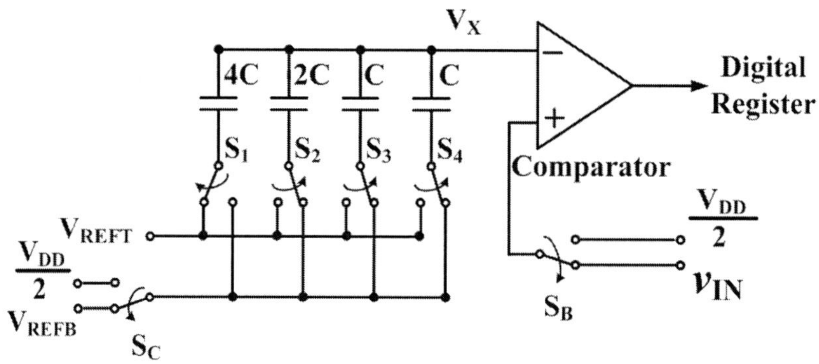

(b) $v_{X=}\frac{4\,V_{REFT}+4\,V_{REFB}}{8}$, MSB 코드를 출력

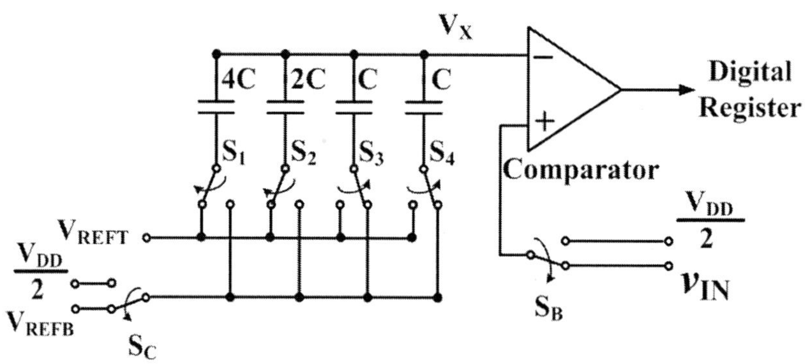

(c) $v_X = \frac{6\,V_{REFT}+2\,V_{REFB}}{8}$, MSB 코드가 1일 때의 2번째 디지털 코드출력

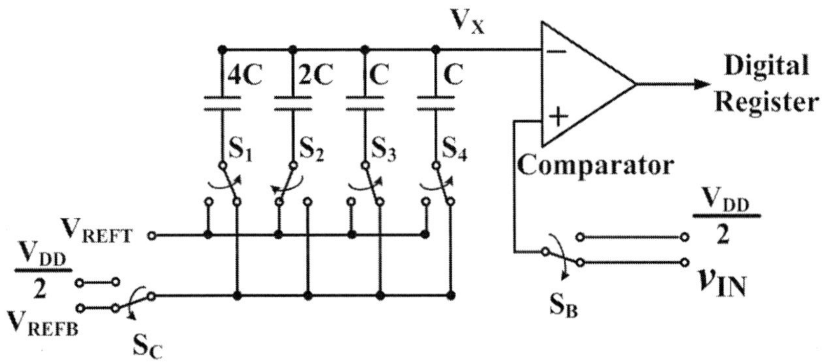

(d) $v_X = \dfrac{2V_{REFT}+6V_{REFB}}{8}$, MSB 코드가 0일 때의 2번째 디지털 코드출력

그림 8.3.3 3비트 SAR ADC의 회로도

8.4 적분형 구조 (Integrating Structure)

적분형 구조는 기본적으로 가장 간단한 구조의 ADC라고 할 수 있다[10]. 비교기를 하나만 사용하고, 한 쪽에는 입력을 넣고 다른 한 쪽에는 기준전압을 인가한다. 이때 기준전압은 입력전압의 최소범위에서 최대범위까지 올라가는 램프신호를 사용한다. 그리고 디지털 카운터를 이용해서 비교기의 출력 디지털 신호가 High로 바뀔 때까지의 디지털 코드를 셈한다. 이런 식으로 디지털 코드를 얻어내는 방법이다. 현존하는 ADC 중에서 가장 속도가 느리지만, 가장 작은 칩 면적과 적은 전력소모로 ADC를 구현할 수 있다는 장점이 있다. 여기서는 대표적인 몇 가지에 대해 논의한다.

8.4.1 단일경사 구조 (Single Slope Structure)

그림 8.4.1(a)에는 단일경사 구조의 ADC가 도시되어 있다. 비교기가 한 개 존재하는데, (−) 입력단에는 입력신호가 인가되고, (+) 입력단에는 기준전압의 최소치에서 최대치까지 서서히 변하는 램프신호를 인가한다. 그리고 비교기의 뒷단에는 카운터를 설계하여 배치한다. 예를 들어, 10비트 단일경사 구조의 ADC를 설계하고자 하면, 기준전압의 램프신호가 최소치에서 최대치까지 변할 때, 카운터를 최대 1,024번까지 동작할 수 있도록 만들어야 한다. 입력신호가 인가되면, 그 순간부터 램프신호가 동작을 시작한다. 이때 서서히 램프신호가 증가하면서, 카운터의 숫자도 하나씩 커진다. 만일 기준전압의 크기가 입력신호와 같게 되면, 비교기의 출력은 Low로 변하고, 카운터의 동작도 멈추게 된다. 그때의 카운터의 코드를 외부 출력으로 보내 주면 그것이 입력 아날로그 신호에 대한 디지털 출력코드라고

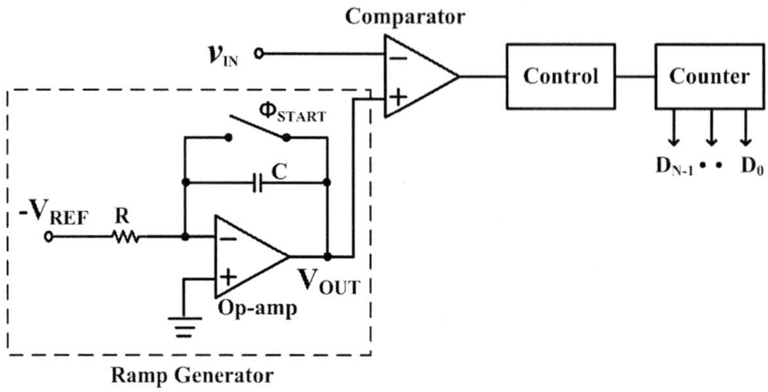

(a) 구조도

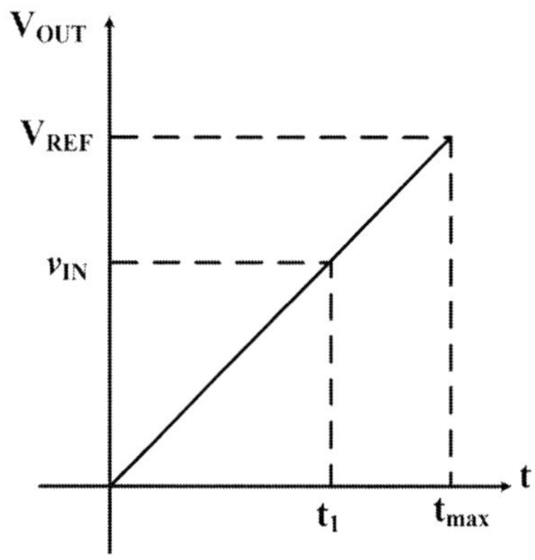

(b) 시간에 따른 파형변화

그림 8.4.1 Single Slope 적분기형 ADC

할 수 있다. 그림 (b)에는 카운터의 최대 시간 걸림이 t_{max}이고, 비교기의 입력신호가 t_1일 때 카운터의 동작이 멈춤을 보여 주고 있다. 그림 (a)에서 V_{OUT}은 op-amp의 적분기의 출력이 되므로 아래와 같은 식이 성립한다.

$$V_{OUT} = -\int_0^t \left(\frac{-V_{REF}}{RC}\right) \cdot dt = \frac{V_{REF}}{RC} \cdot t \qquad (8.4.1)$$

그리고 비교기의 특성상 v_{in}이 V_{OUT}과 같게 되는 지점이 t_1이라고 할 수 있으므로 t_1의 값을 계산해 보면

$$t_1 = \frac{v_{in}}{V_{REF}} RC \qquad (8.4.2)$$

가 된다. 여기서 v_{in}이 V_{REF}과 같아지는 경우가 $t_{\max}$가 되며, 결국 $t_{\max} = RC$가 된다. 만일 $t_{\max} = 1\,\mathrm{ms}$, 원하는 비트수를 10비트라고 가정하면, 한 코드당 필요한 클록은 1.024 MHz가 된다. 따라서 외부에서 인가 가능한 클록과 RC 지연시간을 고려해서 설계한다.

그림 8.4.2에는 단일경사 구조에 사용되는 비교기 중에서 CIS(CMOS Image Sensor) 등에 많이 사용되는 CDS(Correlated Double Sampling) 기법의 비교기를 도시하였다. 그림 8.4.2(a)에는 회로도가 나타나 있으며, 그림 (b)는 간단한 timing diagram이다. CIS에서는 포토다이오드의 입력신호를 읽을 때, reset 전압을 먼저 읽고 나중에 픽셀의 read 전압을 받는다. 그리고 실제 필요한 신호전압은 reset 전압(V_{RST})과 read 전압(V_{READ})의 차이인 V_{Sig}가 된다[1]. 즉, reset 전압과 read 전압차이를 감지해서 그 값을 디지털 코드로 바꾸어 줘야 원하는 정보처리가 가능하다. 이 과정을 CDS라고 하며, 간단히 설명하면 아래와 같다. 먼저 Φ_1과 Φ_3가 동시에 ON이 되므로 reset 전압인 V_{RST}는 비교기의 v_{in}으로 인가된다. 이때, 뒷단의 인버터는 입력과 출력이 하나로 묶이므로 logic threshold 전압, 즉 V_{LT} 라고 할 수 있다. 이것은 그림 6.2.2에서 설명한 것과 같은 맥락이다. 따라서 C_1 커패시터 양단에 걸리는 전압은

$$V_{C1} = V_{RST} - V_{LT} \tag{8.4.3}$$

이다. 다음으로 Φ_1과 Φ_2가 동시에 ON되고, Φ_3는 OFF된다. 이때, C_2 커패시터 왼쪽에 걸리는 V_{REF}는 램프신호가 시작하기 전이므로 $V_{REF} = V_{REFB}$라고 할 수 있다. 따라서 양단에 걸리는 전압은

$$V_{C2} = V_{REFB} - V_{READ} \tag{8.4.4}$$

이다. 다음으로 Φ_1이 OFF가 되면, 커패시터 C_2의 왼쪽만 forcing 하고, 커패시터 C_2의 오른쪽 및 커패시터 C_1의 양단은 모두 floating이 된다. 따라서 인버터의 입력전압을 V_X라고 하면,

$$V_{REF} = V_{C2} + V_{C1} + V_X \tag{8.4.5}$$

이다. 이제 V_{REF}의 전압이 V_{REFB}에서 램프가 시작하므로 $V_{REF} = V_{REFB} + \Delta V_{UP}$이라고 할 수 있으므로 식 (8.4.5)에서

$$\begin{aligned} V_X &= V_{REF} - V_{C2} - V_{C1} = V_{REFB} + \Delta V_{UP} - (V_{REFB} - V_{READ}) - (V_{RST} - V_{LT}) \\ &= \Delta V_{UP} - (V_{RST} - V_{READ}) + V_{LT} = \Delta V_{UP} - V_{Sig} + V_{LT} \end{aligned} \tag{8.4.6}$$

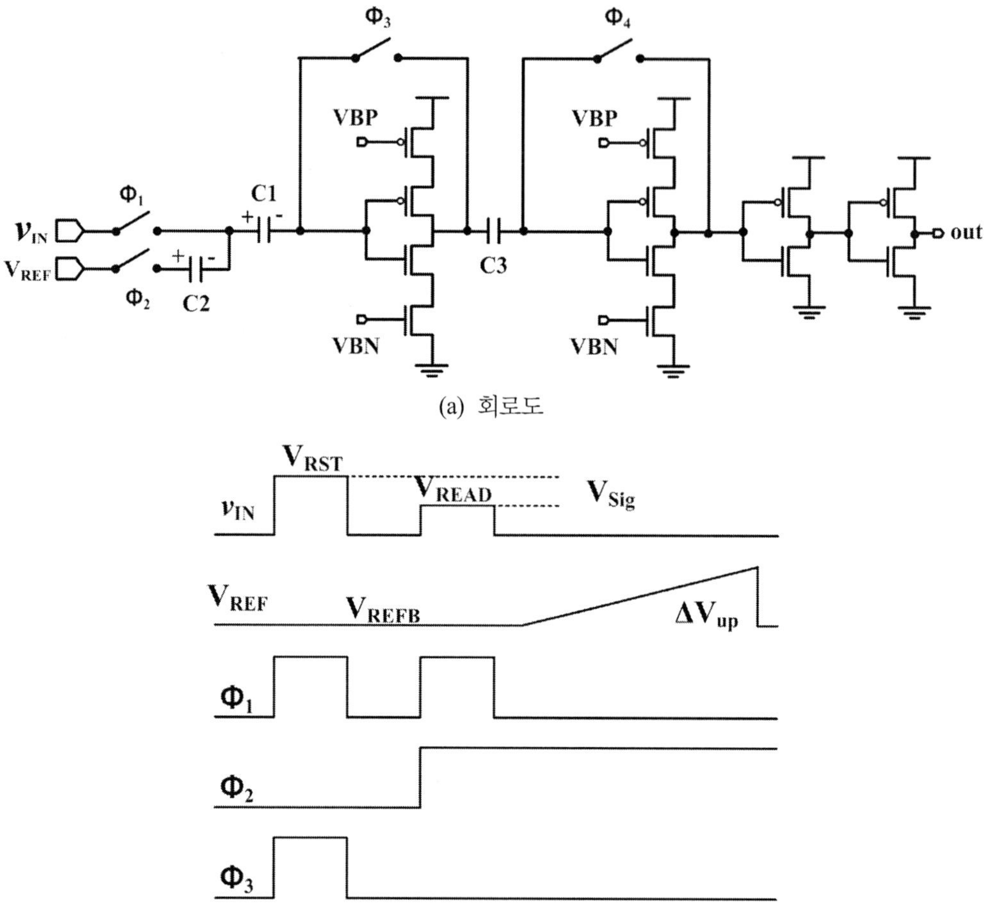

(a) 회로도

(b) 각 스위치의 timing diagram

그림 8.4.2 그림 8.4.1에 사용된 CDS 기능이 내재된 비교기

가 된다. 결과적으로 램프신호의 크기가 V_{Sig}보다 작으면, V_X 전압이 logic threshold 전압보다 작으므로 인버터의 출력은 항상 Low가 된다. 그러다가 램프신호의 크기가 V_{Sig}보다 크게 되면, V_{LT} 전압보다 크게 되므로, 출력은 High가 된다. 그 순간에 카운터는 동작을 멈추고 저장되어 있던 디지털 코드를 출력으로 내 보내게 된다.

8.4.2 이중경사 구조 (Dual Slope Structure)

앞의 그림 8.4.1에서 논의한 단일경사 구조는 입력전압과 RC값에 따라 기울기가 바뀔 수 있다. 즉, 기생적인 저항이나 기생적인 커패시터 값에 따라 기울기가 달라지기 때문에 정확하게 카운터가 동작하지 않을 수 있다. 이러한 현상을 개선하기 위해 그림 8.4.3과 같

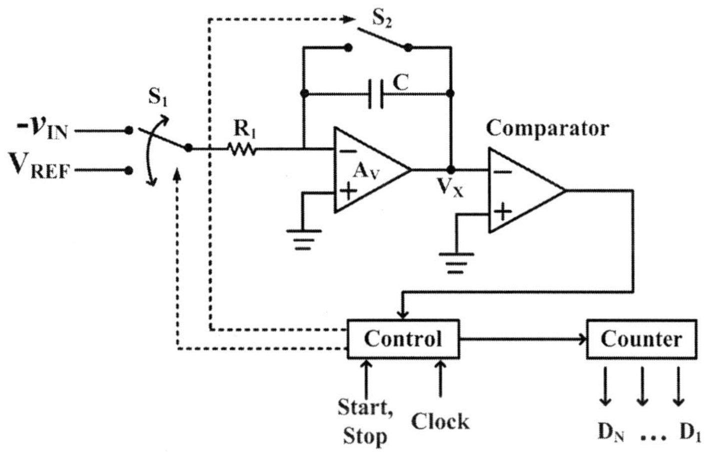

(a) Block Diagram

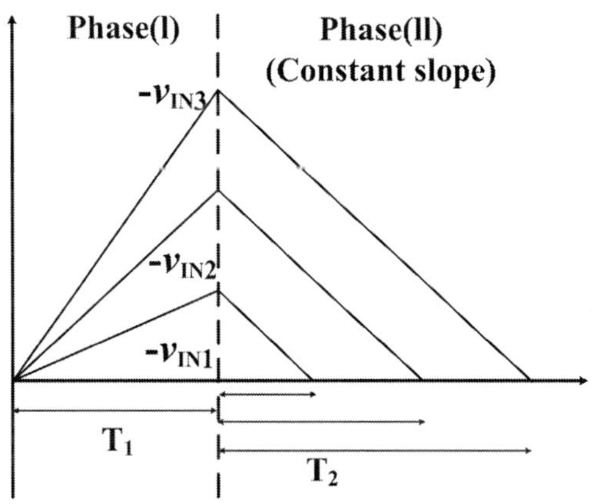

(b) 입력전압에 따른 카운터의 동작특성

그림 8.4.3 Dual Slope 적분기형 ADC

은 이중경사 구조가 제안되었다[2]. 먼저 스위치 S_1에 의해 (-) 입력전압 $(-v_{in})$을 인가된다. 입력전압이 크면 RC값은 일정하므로 V_X에 걸리는 적분전압의 기울기는 그림 (b)처럼 커진다. 일정한 시간 T_1 동안에 입력을 인가하면, 그림 (b)처럼 입력전압에 비례하여 최대 전압의 크기도 커지게 된다. 다음에 스위치 S_1을 V_{REF}로 바꾸면, V_X 전압이 이번에는 반대로 방전을 하게 된다. 즉, $(-v_{in})$에 의해 충전하고 V_{REF}에 의해 방전하는데, 방전할 때는 일정한 기울기로 방전한다. V_X전압이 완전히 방전될 때까지의 시간 T_2를 카운터로 셈하면 그것이 입력전압의 디지털 코드라고 할 수 있다. 앞에서 논의한 단일경사 구조에 비해, 정확한 출력 코드를 얻을 수 있다는 점에서 정밀한 시스템에서는 이중경사 구조를 사용한다.

8.5 설계실습예제: 3비트 단일경사 ADC (Single Slope ADC)

그림 8.5.1은 3비트 단일경사 ADC의 블록 다이어그램으로서 램프발생기, 비교기, 카운터, 래치셀 등으로 구성되어 있다. 비교기의 회로는 그림 8.5.2에 나타나 있다. 앞의 6장에서 논의한 가장 간단한 구조의 비교기를 사용하였다.

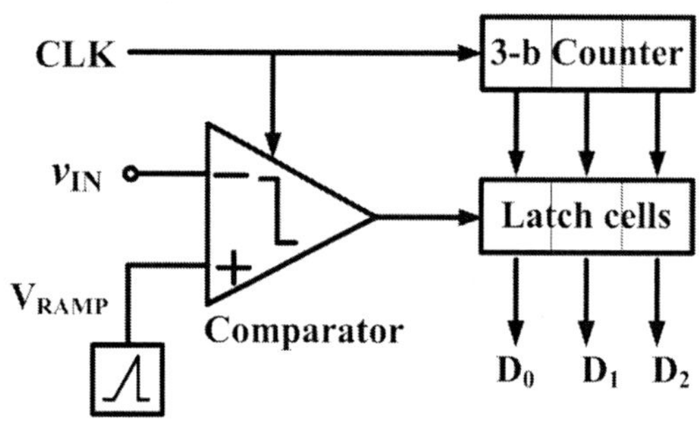

그림 8.5.1 Single Slope ADC의 블록 다이어그램

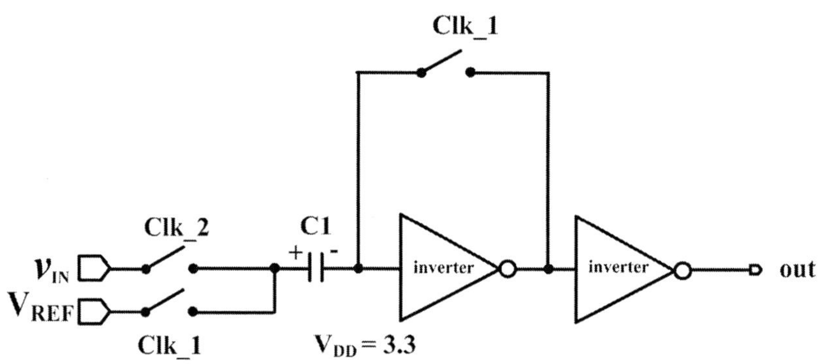

그림 8.5.2 비교기의 회로도

그림 8.5.3은 3비트 카운터의 블록 다이어그램으로서, 그림 (a)는 사용된 전체 블록 다이어그램이다. 그림 (b)는 카운터 유닛의 블록 다이어그램으로 가장 중요한 블록이 DFF_Reset(Data Flip Flop)의 회로임을 알 수 있다. 그림 (c)에는 DFF_reset의 회로도이다. 간단하면서 쉽게 구현이 가능한 회로이다. 카운터의 기본동작은 DFF를 설계하고 출력을 입력으로 피드백시켜서 마치 TFF(Toggle Flip Flop)처럼 동작시킨 점이 특징이다.

그림 8.5.4는 3비트 ADC에 대한 최종 SPICE 결과파형이다. 그림 (a)는 입력 램프를 인가해서 출력에 나오는 디지털 코드를 확인한 결과이다. 램프가 최소값에서 최대값으로 움

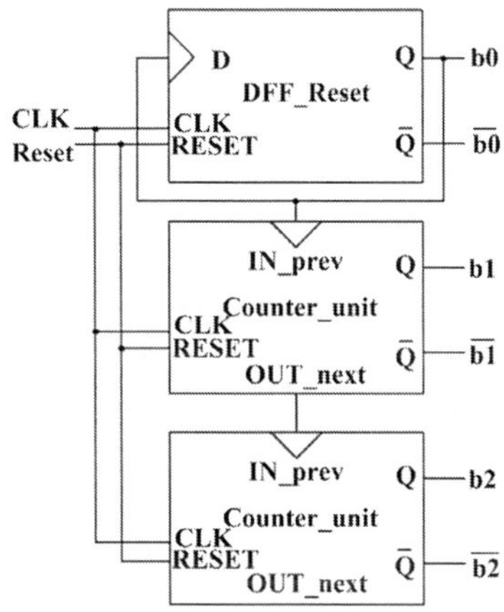

(a) 전체 블록 다이어그램

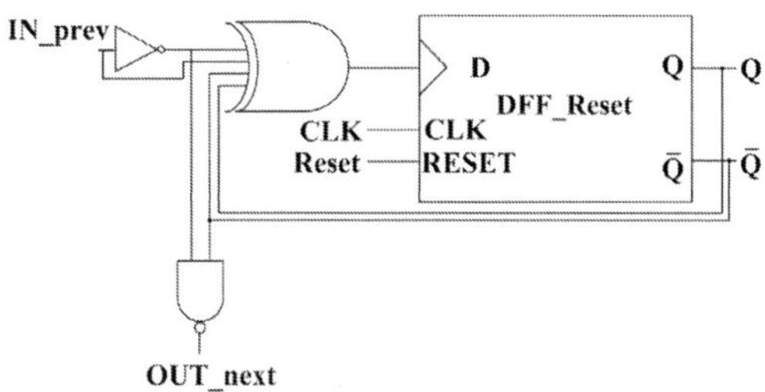

(b) 카운터 유닛의 블록 다이어그램

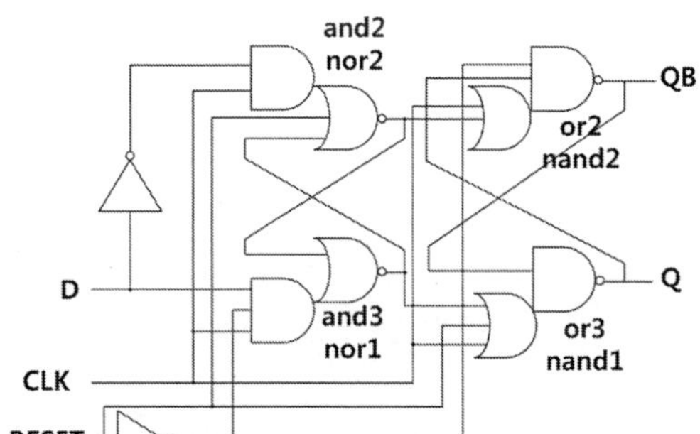

(c) DFF_Reset 회로도

그림 8.5.3 3비트 카운터의 블록 다이어그램

직일 때 000부터 111 디지털 코드가 정확히 출력됨을 보여 주고 있다. 그림 (b)는 ADC의 디지털 코드를 DAC로 재구성한 것을 보여 주고 있다. 또한, FFT 결과도 도시하였다. ENOB가 2.95비트로 원하는 3비트에 거의 근접함을 알 수 있다.

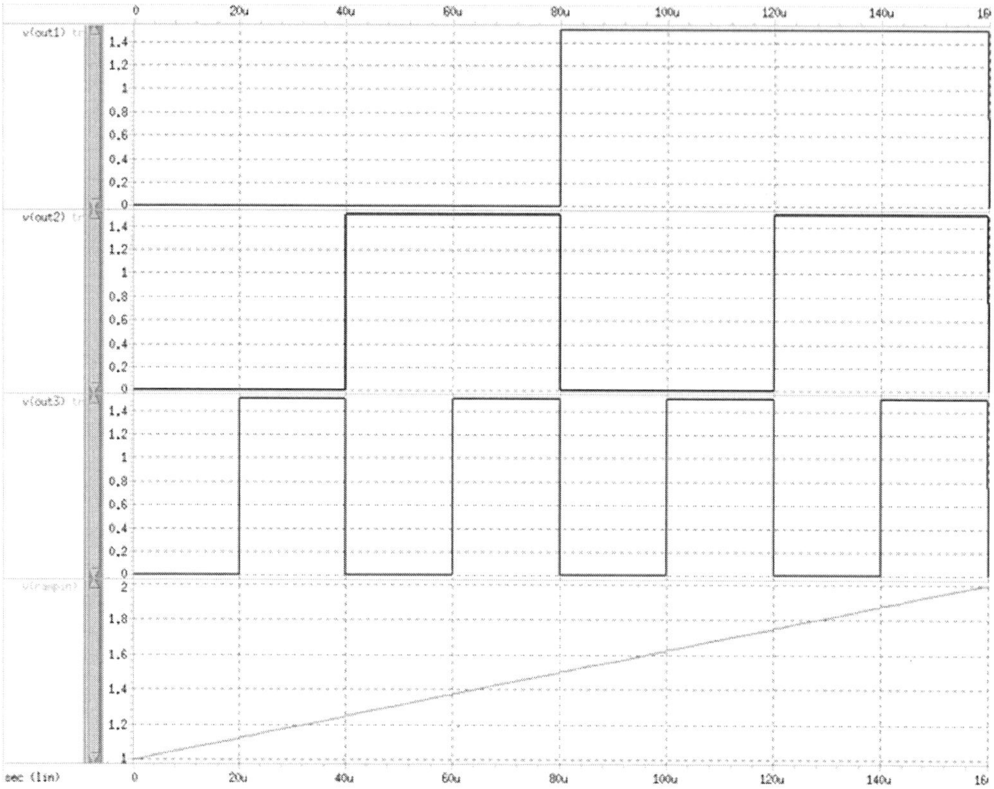

(a) 램프입력에 대한 출력코드 변화

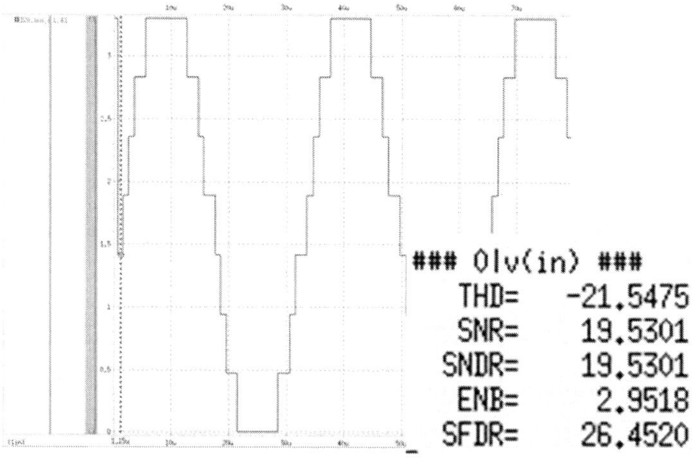

(b) 재구성된 출력신호의 FFT 결과

그림 8.5.4 3비트 Single-Slope ADC의 SPICE 결과

참고문헌

[1] S.H.Lewis, and P.R.Gray, "A Pipelined 5-Msample/s 9-bit Analog-to-Digital Converter", *IEEE J.Solid-State Circuits,* vol.22, no.6, pp.351-358, Dec., 1987.

[2] B.S.Song, M.F.Tomsett, and K.R.Lakshimikumar, "A 12-bit 1-Msample/s Capacitor Error-Averaging Pipelined A/D Converter", *IEEE J.Solid-State Circuits,* vol.23, no.6, pp.1324-1333, Dec., 1988.

[3] S.H.Lewis, "Optimizing the Stage Resolution in Pipelined, Multistage, Analog-to-Digital Converters for Video-Rate Applications", *IEEE Trans. Circuits and Systems,* vol.39, no.8, pp.516-523, Aug., 1992.

[4] C.Conroy, D.Cline, and P.R.Gray, "An 8-b 85-MS/s Parallel Pipeline A/D Converter in 1-um CMOS", *IEEE J.Solid-State Circuits,* vol.28, no.4, pp.447-454, Apr., 1993.

[5] 이승훈, 김범섭, 송민규, 최중호, 「CMOS 아날로그/혼성모드 집적시스템설계-상권」, 시그마프레스 출판사, 1999.

[6] R. McCharles, V.Saletore, W. Black, D.A. Hodges, "An Algorithmic Analog-to-Digital Converter", *IEEE in IEEE ISSCC Dig. Tech Papers,* Dec., 1975,

[7] P.Li, M.Chin, P.R.Gray, R. Castello, "A Ratio-Independent Algorithmic Analog-to- Digital Conversion Technique", *IEEE J.Solid-State Circuits,* vol.19, no.12, pp.813-819, Dec., 1984.

[8] S.Chin, and C.Wu, "A Ratio-Independent and Gain-Insensitive Algorithmic Analog-to -Digital Converter", *IEEE J.Solid-State Circuits,* vol.21, no.4, pp.544-554, Aug., 1986.

[9] D.A Johns, and K. Martin, *Analog Integrated Circuit Design,* John Wiley & Sons, 1997.

[10] P.E.Allen, and D.Holberg, *CMOS Analog Circuit Design,* Holt, Rinehart and Winston, 1987.

09

오버샘플링 데이터 변환기 개요

9.1 Analog-to-Digital Conversion

Analog-to-digital converter(ADC)는 크게 Nyquist-rate converter와 오버샘플링 컨버터(oversampling converter)로 나눌 수 있다. Nyquist-rate 컨버터는 샘플링(sampling) 이론에 따라 입력신호의 최대 주파수 성분의 두 배(Nyquist rate)로 데이터 샘플링을 하는 ADC이다. 이에 반해 오버샘플링 컨버터는 입력 신호의 Nyquist-rate보다 훨씬 빠르게 동작하여 출력의 signal-to-noise ratio(SNR)를 증가시키는 ADC를 말한다. 대부분의 오버샘플링 컨버터는 noise-shaping을 사용하여 양자화 잡음(quantization noise)을 신호대역 밖으로 보낸 후 필터를 거쳐 이를 제거하는 방법을 사용한다[1][2].

표 9.1.1 Different ADC architectures

Low-to-medium speed, High accuracy	Medium speed, Medium accuracy	High speed, Low-to-medium accuracy
Oversampling	Successive Approximation Register(SAR)	Flash, Folding, Pipeline, Time-interleaved

표 9.1.1은 일반적으로 많이 사용되는 ADC의 종류를 보여 준다. 매우 빠른 변환 속도를 필요로 하는 경우는 Flash, Pipeline ADC 등의 구조가 사용된다. 그러나 이러한 고속 동작을 위한 구조는 해상도를 높이는 데 한계가 있기 때문에 높은 해상도를 요구하는 경우에는 오버샘플링 방식의 변환기가 사용된다[3]~[5]. 오버샘플링 ADC라는 용어는 시그마-델타(Sigma-Delta) ADC와 일반적으로 동일시되어 사용되기도 한다. 엄밀하게 볼 때 기술적으로 차이가 있는 용어이다. 다른 ADC들에 비해 오버샘플링 방식은 높은 해상도의 구현이 가능하다. 하지만 고속 동작을 위한 변환기로서는 적합하지 않고, 또한 다소 복잡한 구조의 디지털 필터를 추가적으로 설계해야 한다. Successive Approximation Register(SAR) 방식은

아주 높은 해상도나 초고속 동작의 ADC로는 설계가 어렵지만, 일반적인 응용을 위한 ADC로서 많이 사용되고 있다. Nyquist-rate ADC들에 대한 설명은 본 책의 다른 장에서 구체적으로 설명되고 있으므로 참고하기 바란다.

9.2 시그마-델타 ADC

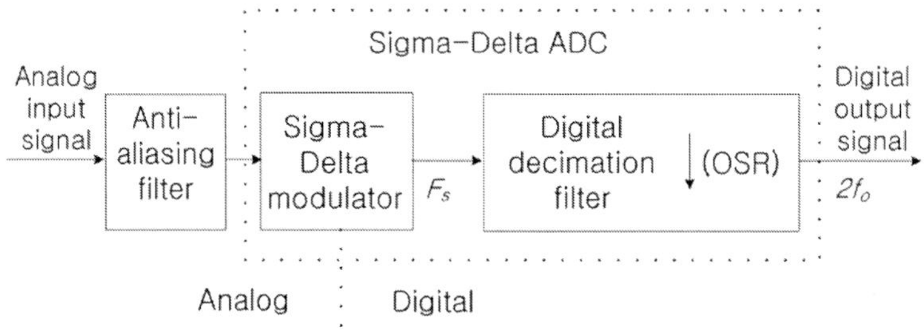

그림 9.2.1 시그마-델타 ADC 구조

그림 9.2.1은 전체적인 시그마-델타 ADC의 구조를 보여 준다. 아날로그 신호는 anti-aliasing 필터를 통과한 후 시그마-델타 모듈레이터(modulator)로 입력된다. Anti-aliasing 필터는 신호대역 이상의 고주파 영역에 존재하는 noise를 제거하여 aliasing 현상이 발생하지 않도록 하게 된다. 오버샘플링 방식의 ADC에서는 anti-aliasing 필터의 차수가 Nyquist-rate ADC에서의 필터에 비해 낮아지게 되고, 이에 따라 필터 설계가 용이해지고, 요구되는 필터의 파워 소모가 다른 방식 ADC에 비해 감소하는 장점이 있다.

시그마-델타 ADC는 아날로그 회로로 설계되는 시그마-델타 모듈레이터와 디지털 회로인 데시메이션 필터(decimation filter)로 구성된다. 시그마-델타 모듈레이터는 아날로그 신호를 오버샘플링된 디지털 신호로 변환시켜 준다. 이렇게 변환된 디지털 신호는 데시메이션 필터를 통과한 후 최종 Nyquist-rate으로 주파수가 변환된 디지털 데이터로 출력된다. 일반적으로 시그마-델타 모듈레이터에서 출력되는 디지털 신호는 단순한 1비트 신호가 많이 사용된다. 최근에는 성능을 더욱 향상시키기 위해 multi비트로 출력을 발생하는 경우도 늘고 있다. 이러한 경우도 시그마-델타 모듈레이터의 출력 디지털 데이터는 최대 3, 4비트 정도가 사용된다. 이러한 이유에 대해서는 다음 장에서 다시 설명하도록 한다.

데시메이션 필터(decimation filter)는 시그마-델타 모듈레이터에서 발생된 오버샘플링된 디지털 데이터를 디지털 필터와 다운샘플링(down-sampling) 과정을 거쳐 최종 디지털 출력으로 변환한다. 오디오 응용 등에 사용되는 일반적인 경우 디지털 필터는 신호대역까지만 통과시키는 저주파 통과 필터(lowpass filter)로 설계되고, 고주파 대역의 양자화 잡음을 제거해주는 역할을 한다. 고주파 잡음이 제거된 후, 오버샘플링된 샘플링 주파수를 Nyquist -rate로 낮춰주는 다운샘플링 과정을 거치게 된다.

몇 십 년 전 초기 오버샘플링 시그마-델타 ADC에 대한 아이디어가 나왔을 때는 디지털 로직의 구현이 매우 어렵고 가격이 높았다. 그러나 1980년대를 거치면서 VLSI 기술의 발달에 따라 디지털 로직의 구현이 쉽게 되었다. 이에 따라 1980년대 후반부터는 오버샘플링 후 디지털 필터를 적용하는 기술이 경제성을 가지게 되었고, 시장에서 큰 성장을 하게 되었다. 그 이후 계속적으로 공정기술이 발달하고 집적도가 증가함에 따라서 트랜지스터 면적의 감소와 전원전압의 감소가 수반되었다. 이러한 발달에 따라 아날로그 회로 보다는 디지털 로직이 더욱 큰 장점을 가지게 된다. 따라서 오버샘플링 방식의 ADC는 최근에는 아날로그 회로인 시그마-델타 모듈레이터 블록의 설계와 구현이 점점 더 설계자의 시간을 차지하게 되는 핵심적인 사항이 되고, 디지털 로직인 데시메이션 필터는 CAD tool의 발달에 따라 설계 시간이 과거보다 단축되고, 미세화 공정 기술의 발달로 면적도 매우 줄어들게 되었다.

아날로그 회로인 시그마-델타 모듈레이터와 디지털 로직인 데시메이션 필터에 대한 사항은 기본적인 신호처리 이론(DSP)의 이해가 필요하므로 회로적인 설명에 들어가기 전에 이론적인 사항들을 먼저 살펴보도록 한다. 오버샘플링 개념을 이해하기 위해서 필수적인 양자화 잡음, 샘플링 이론 등에 대한 사항을 요약 정리토록 한다.

9.2.1 양자화 잡음 (Quantization Noise)

아날로그 신호를 디지털 신호로 변환할 때 양자화 하는 과정에서 아날로그 신호와 디지털 신호의 오차가 발생하게 되는데, 이 차이를 양자화 잡음이라 한다. 디지털 신호의 이산적인 출력의 비트수, 즉 레벨이 증가할수록 양자화 잡음은 작아지게 된다. 그리고 디지털 신호의 레벨은 양자화기(quantizer)의 해상도(resolution)에 의해 결정된다[1] ~ [6].

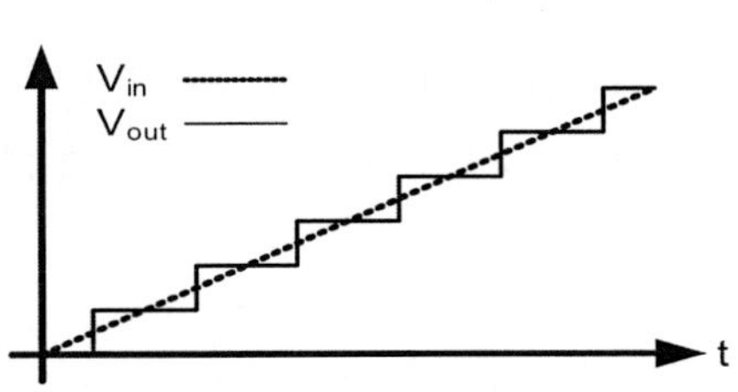

(a) 아날로그 입력과 디지털 출력

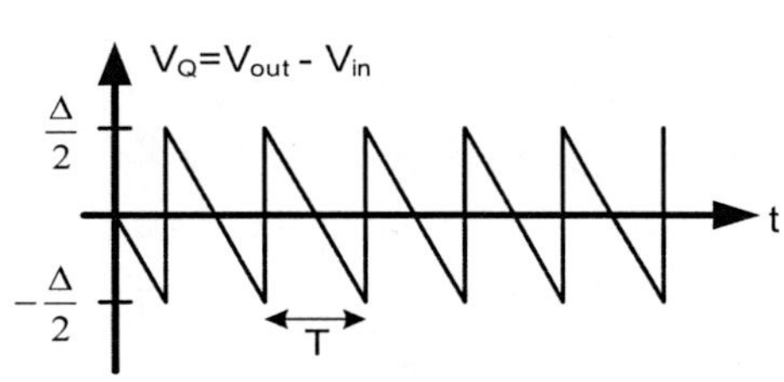

(b) 양자화 잡음

그림 9.2.2 양자화 잡음

그림 9.2.2(a)는 아날로그 입력 신호 V_{in}과 그 신호에 대한 양자화기 출력 V_{out}을 나타내었다. 입력신호는 ramp 파형으로, 일정한 기울기를 가지고 증가하고 있다. 아날로그 입력 신호는 연속적인 값을 가지고 증가한다. 그러나 디지털 출력은 일정한 간격을 가지는 값으로 나타나게 된다. 간격의 크기는 디지털 출력의 비트 수에 따라 결정된다. 그림 9.2.2(b)는 두 신호의 차이를 나타내었다. T는 주기이고, V_Q는 아날로그 입력 V_{in}이 디지털 출력 V_{out}로 바뀔 때 발생하는 오차인 양자화 잡음이며, $\pm\Delta/2$ 사이에서 움직이는 것을 볼 수 있다. V_{ref}를 양자화기의 표현 가능한 최대 범위라 할 때 Δ는 양자화기의 LSB(least significant bit)로 $V_{ref}/2^N$으로 표현할 수 있다. 여기서 N은 양자화기의 비트수(number of bits)를 나타낸 것이다. 비트수 N이 증가할수록 Δ의 값이 작아지게 되어 양자화 잡음이 줄어든다. V_Q의 RMS(root mean square) 값과 파워를 구해보면 식 (9.2.1)과 식 (9.2.2)와 같이 구할 수 있다.

$$V_{Q(rms)} = \left[\frac{1}{T}\int_{-\frac{T}{2}}^{\frac{T}{2}} V_Q^2 \ dt\right]^{\frac{1}{2}} = \left[\frac{1}{T}\int_{-\frac{T}{2}}^{\frac{T}{2}} \Delta^2\left(\frac{-t}{T}\right)^2 dt\right]^{\frac{1}{2}}$$
$$= \left[\frac{\Delta^2}{T^3}\left(\frac{t^3}{3}\right)\Bigg|_{-\frac{T}{2}}^{\frac{T}{2}}\right]^{\frac{1}{2}} = \frac{\Delta}{\sqrt{12}} \tag{9.2.1}$$

$$P = V_{Q(rms)}^2 = \frac{\Delta^2}{12} \tag{9.2.2}$$

수식에서 볼 수 있듯이 양자화 잡음은 Δ에 비례함을 알 수 있다. 물론 실제 발생하는 아날로그 입력 신호는 그림 9.1과 같이 일정한 기울기의 신호가 아니라 다양한 형태로 발생한다. 확률적으로 분석하여 양자화 잡음의 파워를 구하는 경우도 위와 같은 동일한 결과를 구할 수 있다[6].

9.2.2 오버샘플링 (Oversampling)

시그마-델타 ADC는 샘플링 과정에서 오버샘플링 방식을 기본으로 하고 있다. 그림 9.2.3은 Nyquist-rate ADC와 오버샘플링 ADC에 대한 각각의 아날로그 입력신호와 샘플링 과정을 거친 신호의 파형을 보여주고 있다.

Nyquist 이론에 따르면 신호대역의 원 신호를 완벽히 복원하기 위해서는 신호대역의 2배의 주파수로 샘플링을 하면 원래의 신호가 복원 가능하다. 그림 9.2.3(a)는 아날로그 입력 신호에 대해 Nyquist-rate로 샘플링을 하는 것을 가정하고 있다. 그림 9.2.3(b)는 (a)와 비교하면 동일한 입력신호에 대해 더 많은 샘플링을 하고 있는 것을 알 수 있다. (b)에서는 (a)

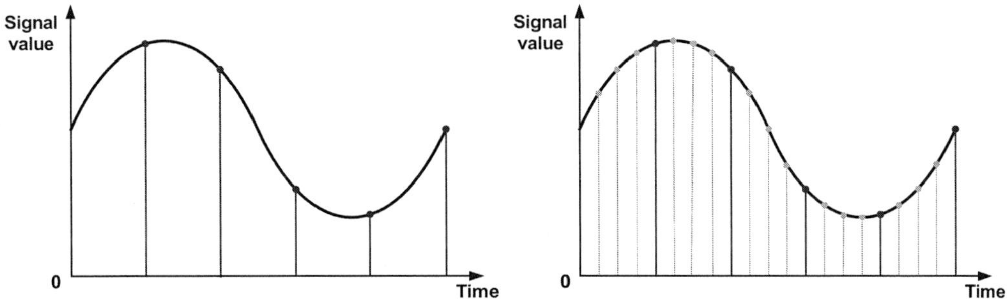

(a) Nyquist-rate 샘플링 (b) 오버샘플링

그림 9.2.3 샘플링 예시

에서의 샘플링 간격 사이에 3번의 샘플링을 추가로 더 하고 있다. 즉, (a)의 경우는 1번 샘플링 할 때 (b)에서는 4번 샘플링을 하고 있다. 따라서 (b)는 (a)에 비해 4배 더 오버샘플링을 하고 있다. 따라서 오버샘플링 비율(oversampling ratio, OSR)은 4라고 볼 수 있다.

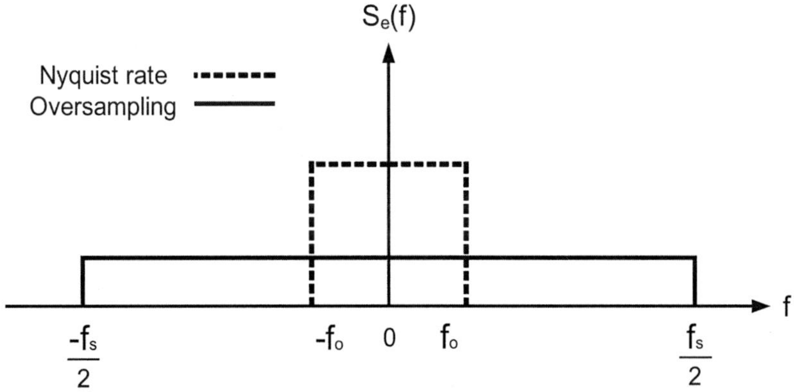

그림 9.2.4 양자화 잡음 스펙트럼(Quantization noise spectrum)

그림 9.2.4는 오버샘플링을 한 경우와 하지 않은 경우의 주파수 대역에서 양자화 잡음 스펙트럼을 비교한 것이다. f_0는 신호대역 주파수이며, f_s는 샘플링 주파수이다. 앞에서 계산했던 식 (9.2.2)에서 볼 수 있듯이 양자화 잡음의 파워는 샘플링 주파수(f_s)와는 무관하다. 양자화 잡음의 파워는 순수하게 비트수에 따라서만 결정된다. 즉, 샘플링 주파수가 느린 저속 ADC에서나 고속 ADC에서나 전체 양자화 잡음의 파워는 동일하다. 따라서 양자화기의 비트수가 같다면 샘플링 주파수를 빠르게 하면 주파수 영역에서 나타내지는 양자화 잡음의 파워는 앞의 그림에서처럼 높이가 낮아지게 된다. 그림 9.2.4에서 보는 것과 같이 오버샘플링을 한 경우 Nyquist-rate 샘플링을 한 경우보다 noise가 넓은 주파수 영역

까지 퍼져 있다. f_o 바깥쪽의 잡음 성분들은 저주파 통과 필터로 제거되므로 신호대역 안쪽의 잡음만 고려하면 오버샘플링을 하는 경우의 신호대역 내 잡음이 더 적은 것을 확인할 수 있다.

그림 9.2.4에서 샘플링 주파수 안의 잡음 파워는 앞의 식 (9.2.2)에서 양자화 잡음 파워와 동일하므로 식 (9.2.3)과 같이 나타 낼 수 있다. 이 값을 이용하여 양자화 잡음의 높이 K_X를 식 (9.2.4)와 같이 구할 수 있다.

$$\int_{-\frac{f_s}{2}}^{\frac{f_s}{2}} S_e^2(f)\, df = \int_{-\frac{f_s}{2}}^{\frac{f_s}{2}} K_X^2 \; df = K_X^2 \cdot f_s = \frac{\Delta^2}{12} \tag{9.2.3}$$

$$K_X = \left(\frac{\Delta}{\sqrt{12}}\right)\sqrt{\frac{1}{f_s}} \tag{9.2.4}$$

식 (9.2.4)를 보면 샘플링 주파수(f_s)가 분모 항에 들어 있으므로 그 값이 커지면 커질수록 K_X값이 감소하게 된다. 결론적으로 오버샘플링을 한 경우 noise가 발생하는 주파수의 대역은 넓어지지만 파워 스펙트럼의 높이가 작아지게 되어 우리가 사용하려는 신호대역 주파수(f_o) 이내만을 고려하면 noise가 감소하게 된다.

9.2.3 시그마-델타 모듈레이터

시그마-델타 모듈레이터는 적분기(integrator)로 구성된 루프 필터(loop filter)와 양자화기(quantizer) 그리고, feedback 경로에 있는 DAC로 구성되어 있다. 시그마-델타 모듈레이터는 오버샘플링 기법과 feedback 기법을 함께 이용하여 A/D 변환에서 발생하는 양자화 잡음을 신호대역 내에서 최소화 하는 역할을 한다. 이를 noise shaping이라 한다.

그림 9.2.5는 시그마-델타 모듈레이터의 블록도와 선형화 모델을 나타낸 것이다. 여기서 U는 아날로그 입력 신호를 나타내고, $e(n)$은 양자화 잡음을 나타내며, Y는 디지털 출력 신호를 나타낸다. 그림 9.2.5의 선형화 모델을 바탕으로 입력 신호와 잡음 신호를 z-domain으로 변환하여 신호 전달 함수(signal transfer function)인 $STF(z)$와 잡음 전달 함수(noise transfer function)인 $NTF(z)$를 다음과 같이 나타낼 수 있다.

$$STF(z) = \frac{Y(z)}{U(z)} = \frac{H(z)}{1+H(z)} \tag{9.2.5}$$

$$NTF(z) = \frac{Y(z)}{E(z)} = \frac{1}{1+H(z)} \tag{9.2.6}$$

위 두 식을 이용하여 모듈레이터의 최종 출력 신호 $Y(z)$를 구하면 다음과 같다.

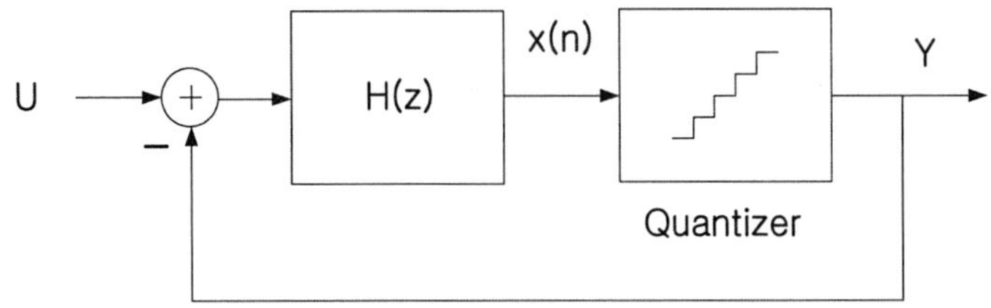

(a) 블록도

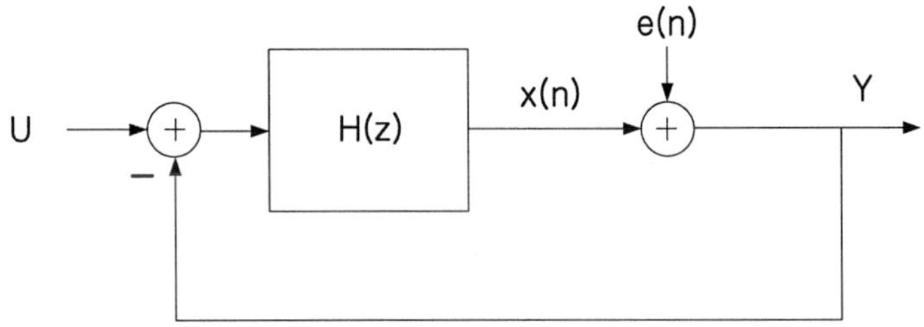

(b) 선형화 모델

그림 9.2.5 이산-시간(discrete-time) 시그마-델타 모듈레이터

$$Y(z) = STF(z) \cdot U(z) + NTF(z) \cdot E(z) \tag{9.2.7}$$

식 (9.2.7)에서 만약 $STF(z)$가 1이고 $NTF(z)$가 0이라면 모듈레이터 출력 신호는 입력 신호와 동일한 신호가 된다. 이를 위해선 $H(z)$가 무한대의 값을 갖는 것이 이상적이다. 하지만 실제 회로 설계로는 이러한 $H(z)$를 구현할 수 없기 때문에 이를 무한대의 값과 가장 가깝게 구현하기 위해서 $H(z)$를 적분기로 설계하게 된다. 적분기의 주파수 특성을 살펴보면, 저주파 영역에서는 높은 증폭도(gain)를 가지는 반면, 고주파 영역에서는 증폭도가 감소하는 것을 알 수 있다. 만약 적분기가 모듈레이터 신호대역 안에서 높은 증폭도를 가질 경우 $STF(z)$는 1에 가까워지고 $NTF(z)$는 0에 가까워진다. 이를 통해 신호대역 안에서의 잡음 성분을 제거할 수 있게 된다. 적분기의 전달 함수는 다음과 같다.

$$H(z) = \frac{1}{z-1} \tag{9.2.8}$$

그림 9.2.6은 적분기를 포함한 1차 시그마-델타 모듈레이터의 블록도를 나타낸 것이다. 위에서 나타낸 수식을 통해 그림 9.2.6의 $STF(z)$와 $NTF(z)$를 구하면 다음과 같다.

$$STF(z) = \frac{1/(z-1)}{1+1/(z-1)} = z^{-1} \tag{9.2.9}$$

$$NTF(z) = \frac{1}{1+1/(z-1)} = (1-z^{-1}) \tag{9.2.10}$$

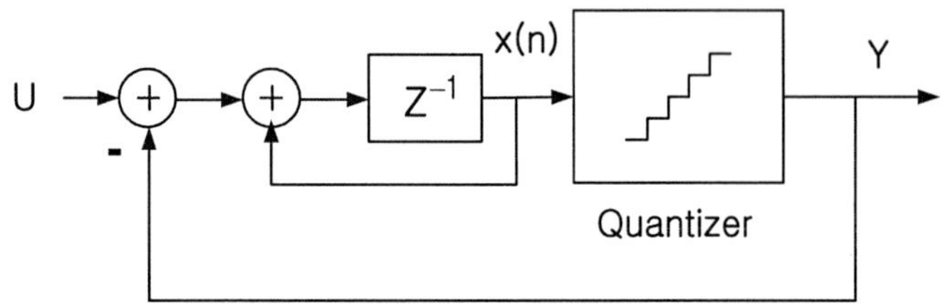

그림 9.2.6 1차 이산-시간 시그마-델타 모듈레이터 블록도

$z = e^{j\omega T} = e^{j2\pi f/f_s}$ 라 할 때 $NTF(z)$의 크기(magnitude) 값을 주파수 영역에서 구하면 다음과 같이 나타낼 수 있다.

$$|NTF(z)| = (2\sin\pi f T_s) \tag{9.2.11}$$

위 수식은 잡음의 주파수가 증가할수록 크기의 값이 sine 파와 같은 형태로 커지는 것을 나타낸다. 다르게 표현하면, 저주파 대역으로 갈수록 NTF는 매우 작은 값이 됨을 알 수 있다. 이러한 특성을 바로 noise shaping이라 부른다. L-차 시그마-델타 모듈레이터의 잡음 전달 함수는 다음과 같이 나타낼 수 있다.

$$NTF(z) = (1 - z^{-1})^L \tag{9.2.12}$$

그림 9.2.7은 모듈레이터의 차수 변화에 따른 $NTF(z)$ 크기의 변화를 나타낸 것이다. $NTF(z)$는 적분기의 개수, 즉 차수가 높아질수록 양자화 잡음 성분이 신호대역 내에서는 감소하고 신호대역 바깥쪽에서는 증가하여 noise shaping이 잘 이루어지는 것을 알 수 있다. 신호대역 바깥의 증가된 잡음 성분들은 디지털 저주파 통과 필터에 의하여 제거할 수 있다[5].

시그마-델타 ADC의 전체적인 신호전달 특성에 대한 time domain과 frequency domain의 변화를 그림 9.2.8에 나타내어 보았다. 그림 9.2.8에서 f_s는 오버샘플링된 샘플링 주파수를, 그리고 f_o는 신호대역 주파수를 의미한다.

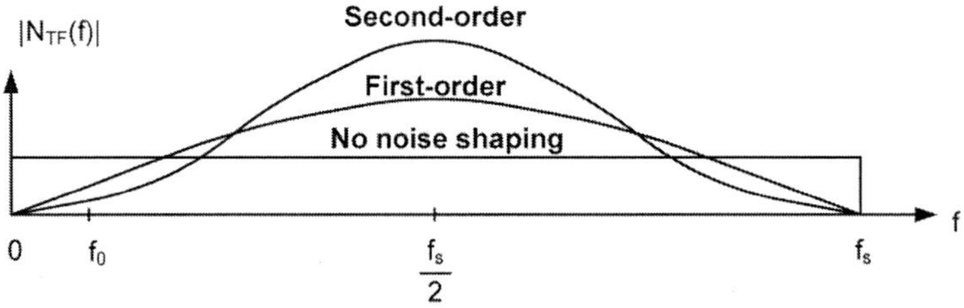

그림 9.2.7 모듈레이터 차수에 따른 noise shaping

아날로그 입력 신호는 anti-aliasing 필터를 거치면서 신호대역 밖의 잡음성분을 제거하게 된다. 만일 anti-aliasing 필터가 없는 경우에는 샘플링 주파수 영역에 생기는 잡음성분이 신호대역 내에 mirror-image를 생성하게 되므로, 시그마-델타 ADC의 원하는 고해상도의

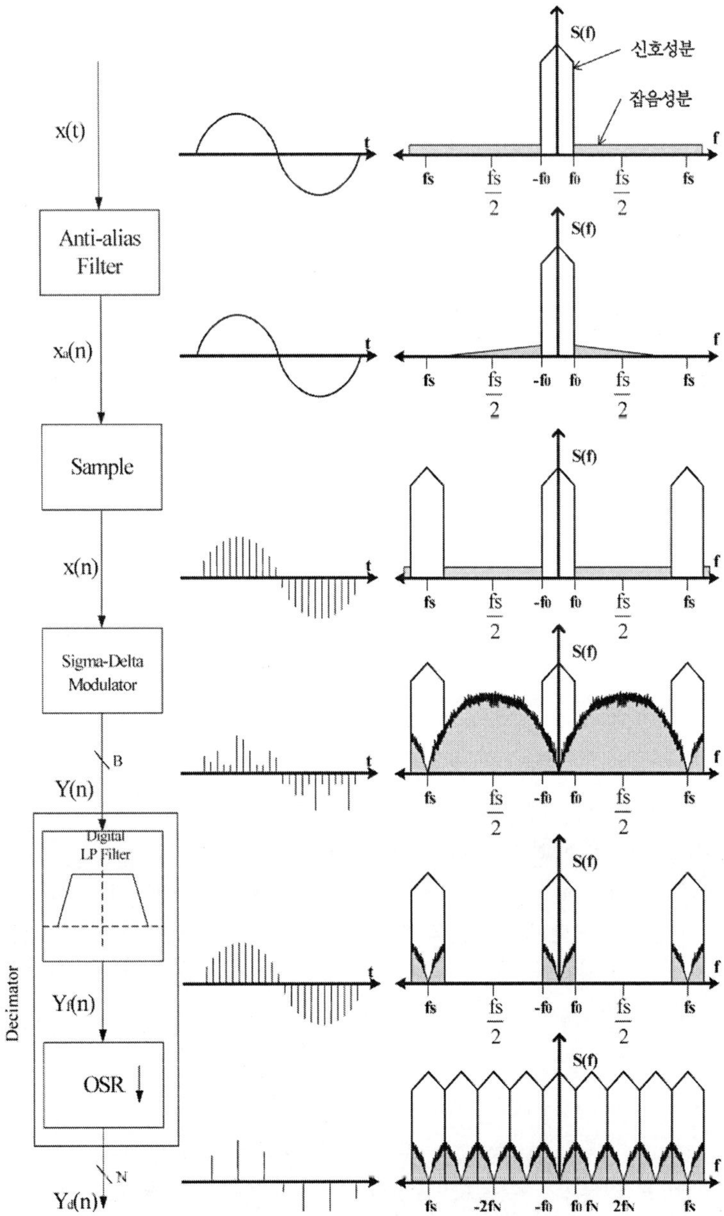

그림 9.2.8 시그마-델타 ADC의 주요 동작

데이터 변환동작 특성을 얻을 수가 없게 된다. 이때 사용되는 anti-aliasing 필터는 시그마-델타 모듈레이터의 오버샘플링 특성 때문에 높은 감쇠특성이 필요 없으며, 이는 시그마-델타 ADC 고유의 장점이기도 하다.

Anti-aliasing 필터를 거친 신호는 track-and-hold 회로를 거치면서 discrete-time 신호로 바뀌게 된다. 이는 시그마-델타 모듈레이터를 거치면서 시스템 전달 함수를 통한 noise shaping 및 AD변환을 겪는다. AD변환은 양자화기를 통해 이루어지며, 이때 양자화기로서 간단하면서도 고속 동작에 알맞은 1비트 비교기 또는 3 또는 4비트 이내의 flash ADC가 적합하다.

이렇게 변환된 디지털 값은 데시메이션 필터를 거치면서 최종 출력된다. 데시메이션 필터는 다시 디지털 저주파 통과 필터(lowpass filter)와 다운샘플러(down-sampler) 나눌 수 있다. 주요 동작은 시그마-델타 모듈레이터를 통해 shaping된 noise 중 신호대역 외의 noise를 제거하는 기능과 오버샘플링된 신호를 다운샘플링을 통해 Nyquist-rate에 해당하는 주파수로 낮추면서 N비트 디지털 워드 데이터로 바꾸는 역할을 한다.

일반적으로 시그마-델타 모듈레이터를 구현하는 가장 일반적인 기술은 switched-capacitor 기법이다. 이러한 경우 switched-capacitor의 샘플링 작용에 의해 그림 9.2.8의 sample 작용은 시그마-델타 모듈레이션에 포함된다. 시그마-델타 모듈레이터를 통해 noise shaping된 양자화 잡음이 신호대역 내에서 신호 대 잡음 비, 즉 SNR(Signal-to-Noise Ratio)에 얼마나 영향을 미치는지 알아보기 위해서 시그마-델타 모듈레이터의 시스템 전달 함수의 특성을 알아볼 필요가 있다.

9.2.4 시그마-델타 모듈레이터의 SNR

시그마-델타 모듈레이터는 AD변환 시에 존재하는 양자화 잡음을 feedback함으로써 noise 특성을 재구성시키는 것이 가장 큰 특징이다. 이는 양자화 잡음이 근사적으로 white noise라는 가정 하에 전체적인 시스템 전달 함수를 분석해봄으로써 알 수 있다. 그림 9.2.9는 적분기가 하나로 구성된 시그마-델타 모듈레이터의 블록 다이어그램이다. 적분기의 개수에 따라 모듈레이터의 차수가 결정된다. 아래와 같이 적분기가 하나가 사용된 경우는 first-order 모듈레이터로 부르고, 두 개 또는 세 개가 사용되면 second-order 또는 third-order 라고 부른다. 경우에 따라서는 그 이상의 차수를 가지는 구조도 사용된다.

앞에서 한 번 분석되었던 것처럼, 최종 출력을 $Y(z)$, 양자화기(quantizer)의 white noise 입력을 $E(z)$, 신호 전달 함수를 $STF(z)$, 잡음 전달 함수를 $NTF(z)$라 하면 모듈레이터의 전달특성은 식 (9.2.13)과 같다.

$$STF(z) = \frac{H(z)}{1+H(z)}, \quad NTF(z) = \frac{1}{1+H(z)}, \quad H(z) = \frac{z^{-1}}{1-z^{-1}} \tag{9.2.13}$$

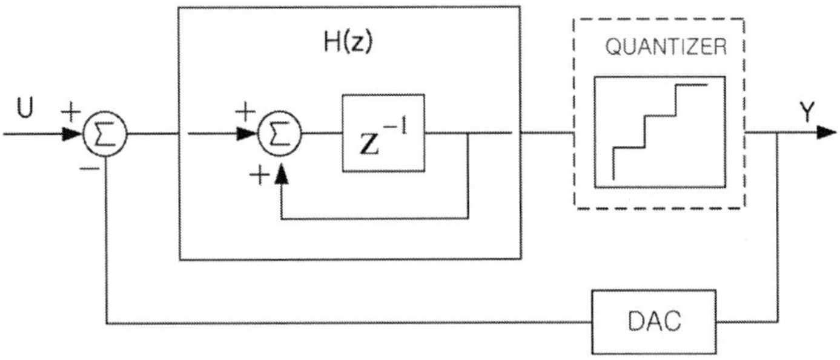

그림 9.2.9 First-order 시그마-델타 모듈레이터 블록 다이어그램

$$STF(z) = z^{-1},\ NTF(z) = 1 - z^{-1} \tag{9.2.14}$$

따라서 최종 출력은 신호 전달 함수와 잡음 전달 함수의 합으로 표현될 수 있다.

$$Y(z) = STF(z)U(z) + NTF(z)E(z) \tag{9.2.15}$$

만일 모듈레이터의 차수가 N차로 높아질 경우에 식 (9.2.13)의 $H(z)$의 신호 전달 함수가 변형되므로, 전체적인 모듈레이터의 STF와 NTF의 특성이 변하게 된다. 만일 $H(z)$의 차수가 N차로 확장될 경우 식 (9.2.14)는 식 (9.2.16)처럼 변형된다.

$$STF(z) = z^{-N},\ NTF(z) = (1 - z^{-1})^{N} \tag{9.2.16}$$

시그마-델타 모듈레이터의 신호 전달특성 및 SNR(Signal-to-Noise Ratio)을 수치적으로 알아보기 위하여 그림 9.2.10에서 출력 오차범위가 Δ인 양자화기(quantizer)의 양자화 잡음을 white noise로 가정하고 위에서 유도해낸 신호 전달 특성에 적용해 보도록 한다. 이때 모듈레이터의 뒤에 위치하는 데시메이션 필터를 이상적이라고 가정하고서, 이의 전달 함수 특성 $H_d(f)$가 주파수 f_b까지를 신호대역으로 하는 저주파 통과 필터라 할 때, 모듈레이터의 출력에 나타나는 noise 파워는 식 (9.2.17)과 같다[5].

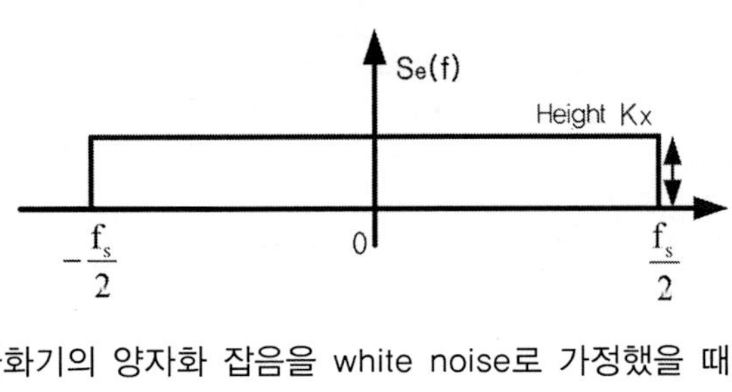

그림 9.2.10 양자화기의 양자화 잡음을 white noise로 가정했을 때 spectral density

$$Noise\,power = \left(\frac{\Delta}{2}\right)^2 \cdot \frac{1}{3\pi(2N+1)} \cdot \left(\frac{\pi}{OSR}\right)^{2N+1} \tag{9.2.17}$$

한편, B비트 양자화기에 최대값을 가지는 full-scale sine 입력 시 입력 신호의 파워는 식 (9.2.18)처럼 얻어질 수 있다.

$$Signal\,power_{\max} = \frac{(2^B-1)^2}{2} \cdot \left(\frac{\Delta}{2}\right)^2 \tag{9.2.18}$$

결론적으로 N차 B비트 시그마-델타 모듈레이터의 peak-SNR은 이상적으로 식 (9.2.19)와 같다.

$$\begin{aligned} SNR_{peak} &= \frac{Signal\,power_{\max}}{Noise\,power} \\ &= \frac{3\pi}{2} \cdot (2^B-1)^2 \cdot (2N+1) \cdot \left(\frac{OSR}{\pi}\right)^{2N+1} \end{aligned} \tag{9.2.19}$$

이 식이 의미하는 바는 SNR은 모듈레이터의 차수 N의 증가에 따라 급격히 향상됨을 나타낸다. 따라서 고성능을 위해서는 높은 차수의 시그마-델타 모듈레이터 설계를 하게 되는 경향이 나타난다. 그러나 차수의 증가는 필연적으로 feedback 시스템의 안정도에 대한 우려를 함께 증가시키게 된다. 일반적으로 1차와 2차 구조까지는 안정도에 대한 걱정을 하지 않는다. 그러나 3차 이상의 경우 안정도에 대한 고려를 함께 하면서 구조 설계를 해야 한다[4][7][8]. Feedback 시스템의 안정도를 고려하여 $NTF(z)$을 설계할 경우 SNR은 식 (9.2.19)보다는 낮아지게 된다.

9.2.5 1차 단일-비트 시그마-델타 모듈레이터

First-order에 1비트 양자화기(quantizer)를 사용한 모듈레이터의 블록도는 그림 9.2.11과 같다. 출력 Y를 입력단 쪽으로 feedback하는데, Y는 디지털 신호이기 때문에 feedback을 할 때는 1비트 DAC를 사용해서 설계한다.

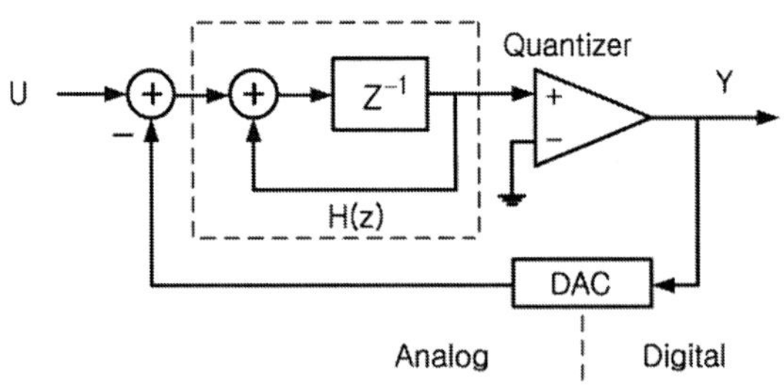

그림 9.2.11 1차 1비트 모듈레이터 블록도

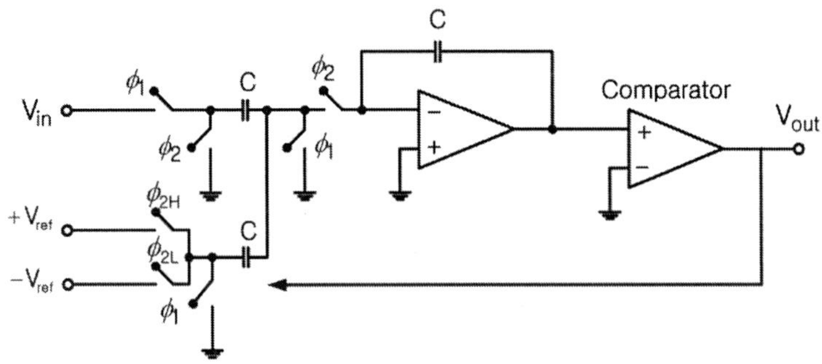

그림 9.2.12 모듈레이터의 switched-capacitor 회로 구현 예제

그림 9.2.11에서 나타 낸 블록도를 실제 회로로 만들기 위해서 그림 9.2.12와 같은 switched-capacitor 회로로 구성할 수 있다. 스위치는 서로 겹쳐지지 않는(non-overlapping) 두 개의 클록으로 동작을 하게 되고, 커패시터 C에 입력 값을 샘플링하고 적분하면서 그림 9.2.11에서 보는 적분기 $H(z)$의 동작을 하게 된다. 양자화기는 1비트로 가정하였기 때문에 비교기(comparator)를 사용하였다. 디지털 출력값에 따라 +Vref 또는 -Vref 값이 입력단으로 연결되어 negative feedback 시스템을 구현하게 된다. 출력 Vout이 high일 경우는 +Vref가 연결되고, low인 경우는 -Vref가 연결되는 구조이다.

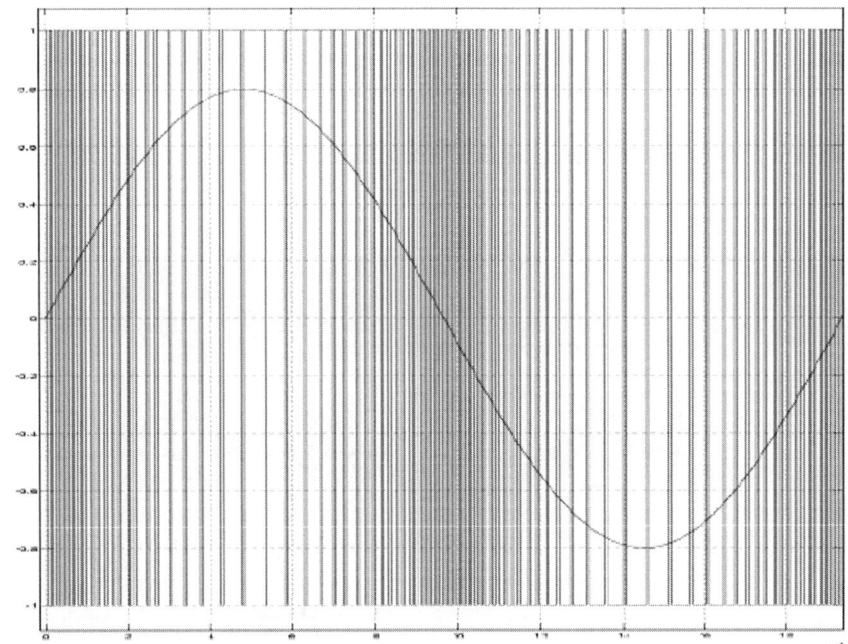

그림 9.2.13 1비트 모듈레이터 출력

이렇게 1비트 모듈레이터를 구성하여 입력과 출력을 살펴보게 되면 그림 9.2.13과 같은 파형을 얻을 수 있다. 입력으로 sine파가 들어갔을 때 1비트 출력으로는 −1과 +1로써 밖에 표현할 수가 없다. 그림 9.2.13을 자세히 보면 입력 sine파형이 큰 값이 들어오게 되면 출력은 −1보다 +1을 발생해 주는 비율을 높여준다. 반대로 작은 값이 들어오게 되면 출력은 +1보다 −1의 비율을 높여서 표현한다. 중간 값이 들어 왔을 때에는 −1과 +1을 발생해 주는 비율을 유사하게 해주는 것이 모듈레이터의 기본 동작 원리이다.

9.2.6 입력 피드-포워드 모듈레이터 구조

여기서는 최근 많이 사용되고 있는 모듈레이터의 구조를 간략히 설명하도록 한다. 그림 9.2.14(a)는 일반적인 시그마-델타 모듈레이터의 구조를 나타낸다. 출력에서 입력으로의 feedback path가 있는 전통적인 구조이다. 그림 9.2.14(b)는 입력 피드-포워드(feed-forward) 구조의 모듈레이터를 나타낸다. 모듈레이터에 피드-포워드 구조를 적용하여 다양한 모듈레이터의 형태를 구현할 수 있으며 여러 가지 장점을 얻을 수 있다. 그림 9.2.14(b)에서 보는 것과 같이 입력 신호가 양자화기 입력으로 피드-포워드 될 때, 이상적인 DAC를 가정한다면 모듈레이터의 루프 필터 입력으로는 오직 양자화 잡음만 인가된다[7][8]. 이때의 $STF(z)$

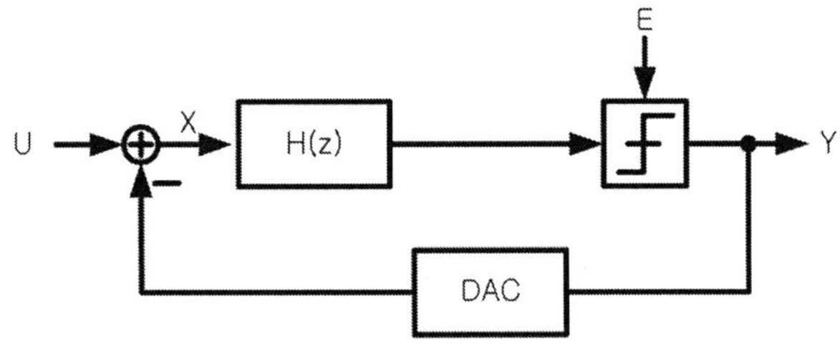

(a) 일반적 구조

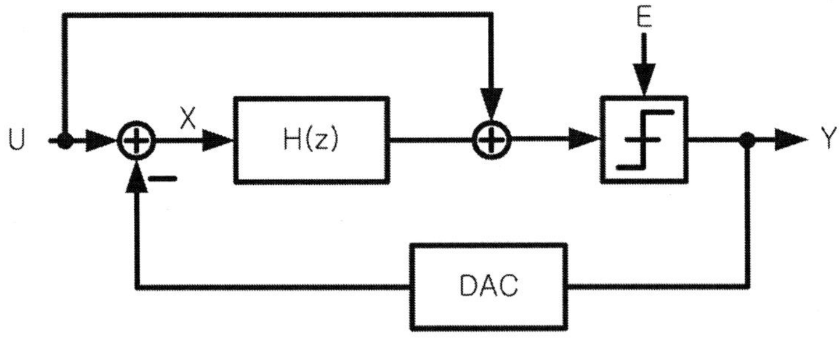

(b) 입력 피드-포워드 구조

그림 9.2.14 시그마-델타 모듈레이터의 블록도

와 $NTF(z)$는 다음과 같이 나타낼 수 있다.

$$STF(z) = \frac{Y(z)}{U(z)} = 1 \tag{9.2.20}$$

$$NTF(z) = \frac{Y(z)}{E(z)} = \frac{1}{1+H(z)} \tag{9.2.21}$$

식 (9.2.21)에서 얻어진 피드-포워드 구조의 $NTF(z)$는 일반적인 구조의 $NTF(z)$와 같다. 반면에 피드-포워드 구조의 STF는 일반적인 구조와 달리 주파수 전 대역에서 1이 되는 것을 확인할 수 있다. 만약 신호 대역에서 $H(z)$가 충분한 이득을 가진다면, 일반적인 구조와 피드-포워드 구조의 STF는 신호대역에서 같은 결과를 얻을 수 있을 것이다. 하지만 전달 함수가 같다고 하더라도 아날로그 적분기인 $H(z)$의 입력 값을 비교한다면 다음 식에서 보는 것과 같이 피드-포워드 구조의 $H(z)$의 입력 값에 상당한 변화가 생기게 된다.

$$X_c(z) = [1 - STF(z)]\,U(z) - NTF(z)E(z) \tag{9.2.22}$$

$$X_f(z) = -NTF(z)E(z) \tag{9.2.23}$$

$X_c(z)$은 그림 9.2.14(a)의 일반적인(conventional) 구조에서 $H(z)$의 입력신호성분을 나타낸다. $X_f(z)$은 그림 9.2.14(b)의 입력 피드-포워드 구조에서 $H(z)$의 입력신호성분이다.

식 (9.2.22)와 식 (9.2.23)을 비교해 보면, 피드-포워드 구조의 $X(z)$는 입력 신호 성분이 완전히 제거되어 오직 noise shaping된 양자화 잡음만으로 구성되어 있는 것을 확인할 수 있다. 결과적으로 $H(z)$의 입력신호의 크기가 작아지기 때문에 아날로그 회로 설계 시 $H(z)$ 내부에서 발생하는 고조파 성분을 줄일 뿐만 아니라, $H(z)$를 구성하는 내부 아날로그 회로의 스윙 폭 문제를 완화시켜 설계를 용이하게 하는 장점을 가진다. 이러한 장점에 따라 최근 많은 사용을 보이는 구조가 되고 있다.

참고문헌

[1] W. Kester, *The Data Conversion Handbook*, Elsevier/Newnes, 2005.

[2] F. Maloberti, *Data Converters*, New York: Springer, 2007.

[3] J. Candy and G. Temes, *Oversampling Delta-sigma Data Converters*, New York: IEEE Press, 1991.

[4] R. Schreier and G. C. Temes, *Understanding Delta-Sigma Data Converters*, Piscataway, NJ: IEEE Press, 2005

[5] D. A. Johns and K. Martin, *Analog Integrated Circuit Design,* New York: Johns Wiley & Sons, 1997.

[6] A. V. Oppenheim and R. W. Schafer, *Discrete-Time Signal Processing, 3rd edition*, NJ: Prentice Hall, 2009.

[7] J. Roh, S. Byun, Y. Choi, H. Roh, Y. Kim and J. Kwon, "A 0.9-V 60μW 1-bit 4th-order delta-sigma modulator with 83-dB dynamic range", *IEEE J. Solid-State Circuits*, vol.43, pp.361-370, Feb. 2008.

[8] H. Roh, H. Kim, Y. Choi, J. Roh, Y. Kim, and J. Kwon, "A 0.6-V Delta-Sigma Modulator with Subthreshold-Leakage Suppression Switches", *IEEE Trans. Circuits and Syst. II*, vol.56, pp.825-829, Nov. 2009.

10 시그마-델타 모듈레이터 설계 및 모델링

9장에서 오버샘플링의 기본 개념과 시그마-델타 모듈레이션을 통한 noise-shaping에 대해 살펴보았다. 이를 통해 이론적으로 얻을 수 있는 SNR에 대한 수식도 유도했었다. 또한, 간단한 1차 1비트 구조에 대한 switched-capacitor 회로 설계 예제도 보았다. 실제 회로 설계 시에는 각종 비 이상적 요소들에 대한 고려와 이를 통한 설계 최적화가 중요하다. 본 장에서는 이러한 실제 설계 시 고려해야 하는 각종 문제점들에 대해 살펴보도록 한다. 또한, switched-capacitor 회로 구현의 한계에 따라 최근 다시 연구되고 있는 continuous-time 모듈레이터 구조에 대해서도 알아보도록 하겠다.

10.1 모듈레이터의 비이상적 요소

앞 장의 식 (9.2.19)에서 구해지는 peak SNR은 피드백 시스템의 안정도를 확보하기 위한 제한적 요소들에 대한 고려를 하지 않고, 또한 모듈레이터 회로 설계상의 모든 요소들이 이상적인 경우에 얻어질 수 있는 값이다. 그러나 실제 회로를 구현하면서 생겨나는 비이상적 요소는 SNR을 감소시킬 수 있으므로, 이러한 회로의 비 이상적 요소에 대해서 고찰해 볼 필요가 있다. 모듈레이터의 비이상적 요소는 적분기 내의 Operational Transconductance Amplifier(OTA)의 DC gain, bandwidth, slew rate, 스위치에서 발생하는 charge injection과 clock feedthrough, thermal noise, clock jitter 등을 들 수 있다[1].

10.1.1 OTA DC gain

실제 회로에서 적분기 내에 사용되는 증폭기인 OTA의 DC gain은 사실상 무한대가 될 수 없으므로 식 (9.2.14)와 같은 완벽한 noise-shaping 특성은 나타날 수 없다. OTA의 유한한 DC gain은 적분기 내에 leakage를 야기한다. 따라서 DC gain이 낮을 경우 in-band 내에 noise가 이론과 같이 shaping되어 감소되지 않고 그대로 남을 수 있다. 그림 10.1.1은 적분

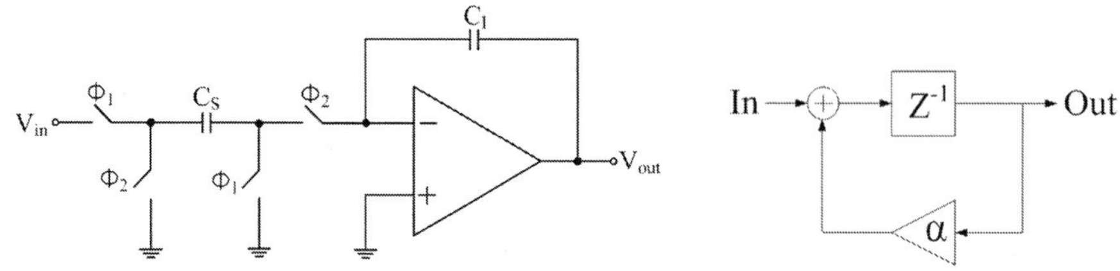

그림 10.1.1 Integrator 회로와 선형 모델

기의 integration phase에서의 회로의 구성을 나타낸다. 이때 Cs는 샘플링 커패시터, C_I는 integrating 커패시터, Cp는 parasitic(기생) 커패시터를 나타낸다. 그림 10.1.1 적분기에 사용되는 OTA의 open loop DC gain을 A_0라 할 때 적분기의 feedback factor에 해당하는 leakage parameter는 식 (10.1.1)과 같다.

$$\alpha \cong \frac{A_0 C_I}{C_S + C_P + A_0 C_I} \tag{10.1.1}$$

따라서 전체 적분기의 DC에서의 전달 함수는 식 (10.1.2)와 같이 된다.

$$H_0 = \frac{C_S + C_P + A_0 C_I}{C_S + C_P} \tag{10.1.2}$$

이러한 수식들이 의미하는 바는 앞 장에서 분석되었던 이상적인 noise-shaping 특성이 실제적으로는 성능 저하하게 되고, 이에 따라 SNR은 감소하게 됨을 보여준다.

이러한 사항은 뒤에 계속적으로 설명되는 다른 문제점들과 함께 behavioral simulation을 통해서 검증하게 된다. Matlab/simulink를 사용하는 경우가 많다[1].

10.1.2 OTA bandwidth and Slew rate

OTA의 unity-gain bandwidth(UGB)와 slew rate 등은 회로가 동작될 때, 적분기의 전압이 선형적으로 안정화(linear settling)되는 데 대해 큰 영향을 미친다. UGB와 slew rate이 ADC의 최종 출력에 어떻게 영향을 주는지는 다소 복합적인 문제로 behavioral 시뮬레이션을 통해 검증하기도 한다[1].

시그마-델타 모듈레이터는 전체적으로 sampling 모드와 integrating 모드, 즉 두 개의 clock phase를 가지고 동작하므로 switched-capacitor 회로의 동작은 각 구간 별로 반 clock 주기 내에 이루어져야만 한다. 만약 slewing 현상이 발생하거나 OTA의 UGB가 낮은 경우 신호 왜곡(distortion)이 발생 할 수 있으므로 이를 고려하여 설계한다. 적분기의 동작 신호 분석을 위해 전압의 변화를 식으로 나타내어 보면 식 (10.1.3)과 같다[1].

$$v_0(t) = v_0(nT_S - T_S) + \alpha V_S\left(1 - e^{-\frac{t}{\tau}}\right),\ 0 < t < \frac{T_S}{2} \tag{10.1.3}$$

이전 clock의 마지막 전압값을 초깃값으로 하고, leakage 팩터와 신호전압 그리고 OTA의 unity gain bandwidth를 변수로 가지면서 지수적으로 변화하는 함수로써 표현될 수 있다. 이때 slewing 현상이 일어날 우려가 있는 지점은 값이 변화하는 초기 시점이므로 t에 대하여 미분하게 되면 식 (10.1.4)처럼 maximum slew rate을 찾을 수 있다.

$$\left|\frac{d}{dt}v_0(t)\right|_{max} = \alpha\frac{V_S}{\tau} \tag{10.1.4}$$

시그마-델타 모듈레이터의 적분기 내 신호 전달 특성은 slewing 현상 없이 동작이 진행되는 경우와 slewing 현상이 일어나는 경우로 나눌 수 있다.

10.1.3 Charge injection and Clock feedthrough

Charge injection이란 그림 10.1.2와 같이 스위치로 동작하는 트랜지스터가 turn off 될 때 inversion layer에 남아있는 charge가 drain과 source를 통해 불규칙한 양으로 빠져나가는 것을 말한다[2]. 이때 채널 내의 전하량은 식 (10.1.5)와 같다.

$$Q_{ch} = WLC_{ox}(V_{DD} - V_{IN} - V_{TH}) \tag{10.1.5}$$

만일 charge가 drain과 source측으로 똑같은 양만큼 빠져나간다고 가정하면 다른 소자로 주입되는 charge에 의한 전압 변화를 계산해낼 수 있다. 그림 10.1.2에서 M_1에 의해 발생된 charge는 커패시터의 전압변화를 일으킨다. 그 전압 변화량은 식 (10.1.6)처럼 나타난다.

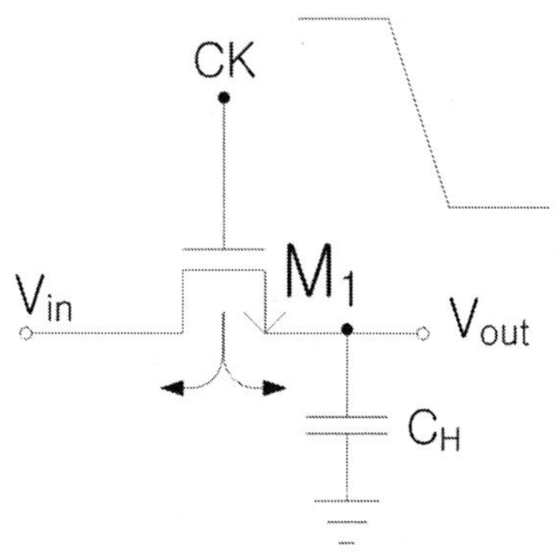

그림 10.1.2 스위치 turn off 시 야기되는 charge injection

$$\Delta V = \frac{WLC_{ox}(V_{DD} - V_{IN} - V_{TH})}{2C} \tag{10.1.6}$$

물론 실제 회로에서는 drain과 source 쪽으로 빠져나가는 charge의 양은 동일하지 않으므로 위 식처럼 쉽게 계산되지는 않는다. 이러한 전압의 변화에는 입력신호에 dependent한 항목이 포함되어 있으므로, 출력에 channel charge가 전달될 경우 회로의 harmonic distortion을 야기할 수 있다. 일반적으로 switched-capacitor 회로 구현 시 사용되는 적분기는 그림 10.1.3과 같은 구조를 택한다.

그림 10.1.3의 예제에서 스위치 S_1, S_3는 sampling phase에 S_2, S_4는 integration phase에 turn on된다. Charge injection 현상을 없애기 위해 S_1은 S_3의 그리고 S_2는 S_4의 delayed clock을 사용한다. 이러한 delayed clock을 통해 문제점을 일부 해결할 수 있다. 그러나 완벽한 해결은 될 수 없다. 다른 해결법으로 회로의 구조를 fully-differential 구조로 설계하여 문제를 최소화 시킬 수 있다.

Clock feedthrough 현상은 gate와 drain, 그리고 source와의 overlap capacitance에 의해 gate에 들어온 clock 신호가 drain 및 source 측 전압에 영향을 주는 것을 말한다. 그림 10.1.2에서 이에 해당하는 전압량은 식 (10.1.7)과 같다.

$$\Delta V = V_{CK}\frac{WC_{OV}}{WC_{OV} + C_H} \tag{10.1.7}$$

Clock feedthrough 현상은 clock 신호에 영향을 받으므로 signal에는 independent하다. Clock feedthrough 현상으로부터 일어나는 noise는 스위치 사이즈가 커질수록 커짐을 알 수 있다.

10.1.4 Thermal noise

그림 10.1.2의 스위치 M_1의 turn on 저항을 R_{on1}이라 할 경우, 이에 대한 thermal noise

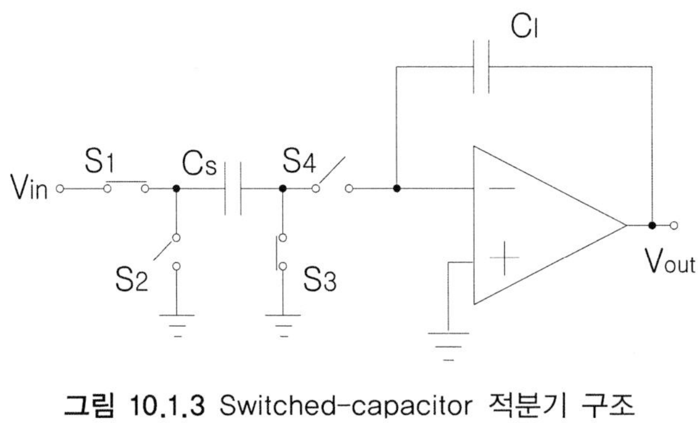

그림 10.1.3 Switched-capacitor 적분기 구조

가 존재한다. 이를 유도해보면 커패시터의 크기에 좌우되며 식 (10.1.8)과 같다[2].

$$P_{n,out} = \frac{kT}{C} \tag{10.1.8}$$

여기서 k는 볼츠만 상수, T는 절대온도를 나타낸다. 따라서 thermal noise를 줄이기 위해서는 적분기 구조에서 sampling capacitor를 큰 것을 사용하게 된다. 그러나 sampling capacitor가 커지는 경우 모듈레이터 적분기 계수 값에 따라 integrating capacitor도 같은 비율로 커지게 되므로 결국 OTA의 load capacitor가 커지므로 적절한 bandwidth, slew rate, settling time 등을 고려할 때 많은 전력 소모를 가져올 수 있다.

10.1.5 Clock jitter

Jitter noise는 그림 10.1.4에서와 같이 아날로그 신호 입력 시 모듈레이터의 clock 신호가 흔들리는 것으로, 정확한 sampling을 하지 못하는 현상으로 나타난다. 이는 샘플링되는 아날로그 신호의 오차를 발생시킬 수 있다[3]. 일반적으로 switched-capacitor 회로로서 이루어지는 시그마-델타 모듈레이터는 상대적으로 jitter에 강한 특성을 보여준다. 오버샘플링 작용에 의해 jitter가 평균화되어 감소되는 특성을 보여주기 때문이다. 이러한 특성은 오버샘플링을 하는 시그마-델타 방식이 다른 Nyquist-rate ADC에 비한 장점 중 하나가 된다.

물론 뒤에 다시 나오는 continous-time 모듈레이터에서는 jitter가 매우 심각한 문제로 발생한다. 따라서 이에 관한 설명은 뒤에서 다시 하도록 한다.

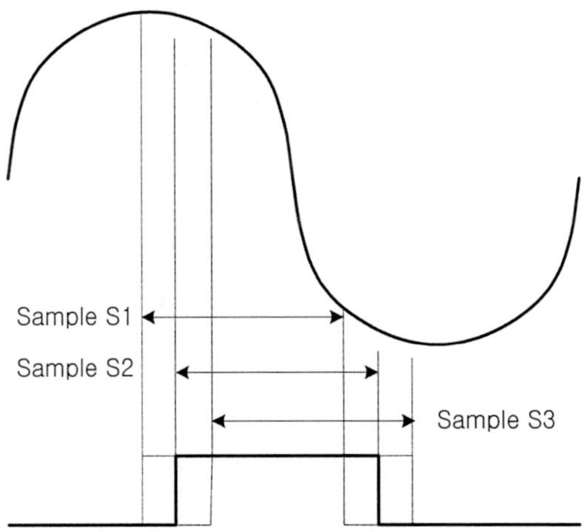

그림 10.1.4 Clock jitter에 의한 inaccurate sampling

10.1.6 DAC nonlinearity

일반적으로 시그마-델타 ADC를 설계할 때 가장 많이 사용되는 양자화기(quantizer)는 1비트로 구성되는 비교기이다. 이는 비교기 설계의 단순함과 용이성뿐 아니라 DAC 설계의 편의성 때문이기도 하다. 1비트로 설계할 경우 feedback을 위해 필요한 DAC도 1비트로 간단하게 설계할 수 있다.

양자화기를 1비트 비교기가 아니고, multi비트로 설계할 경우 다양한 장점이 발생한다. 양자화 잡음 자체가 감소하게 되어 SNR이 향상될 수 있고, 또한 시스템의 안정도도 함께 향상될 수 있다. 그러나 multi비트 설계를 하는 경우 공정변화율에 의해 D/A 변환 시에 사용되는 커패시터에 mismatch 현상이 나타난다. 이는 D/A 변환 시에 디지털 피드백 값을 정확하지 못한 아날로그 전압값으로 변환하는 error를 야기시킨다. 그림 10.1.5에 2 비트 D/A 변환 시 이상적인 경우 디지털 입력과 아날로그 값의 관계를, 그림 10.1.6에 공정변화

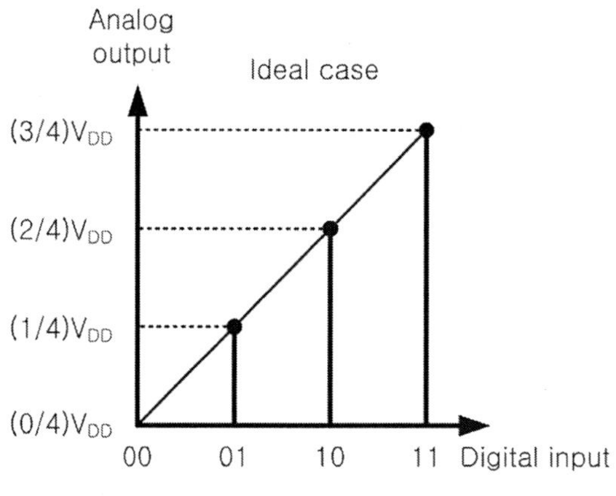

그림 10.1.5 이상적인 D/A 변환 graph

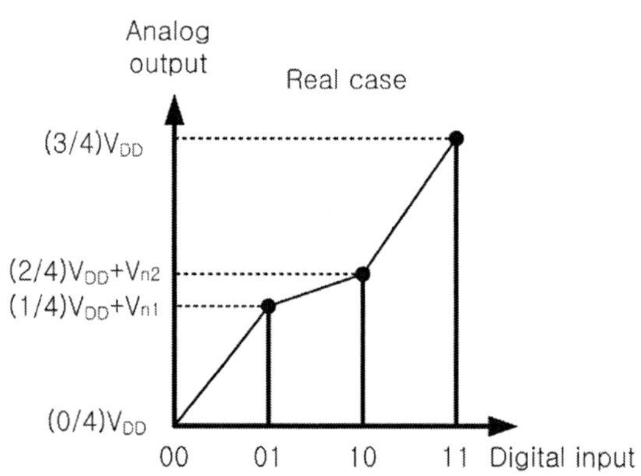

그림 10.1.6 D/A 변환 커패시터 mismatch로 인한 현상

로 인해 D/A 변환 시에 나타나는 현상을 graph로써 나타내었다.

이러한 mismatch에 의한 오차가 심각한 이유는 DAC에서 발생하는 오차는 noise-shaping을 거치지 않기 때문이다. 양자화기에서 발생하는 오차는 noise-shaping을 통해 신호대역 내에서 대폭 감소하는 효과가 발생한다. 그러나 DAC에서 발생하는 오차는 아날로그 입력 신호에 그대로 더해져서 데이터 변환기의 성능을 크게 감소시키게 된다. 따라서 다음에 나오는 각종 기법을 통해서 DAC 단의 오차를 감소시켜줘야 한다.

10.1.7 DWA (Data Weighted Averaging)

앞에서 언급한 것처럼 D/A 변환에서 생겨나는 nonlinear 특성은 ADC 전체의 성능을 떨어뜨리는 역할을 하게 된다. 이러한 현상을 완화시키기 위해 Dynamic Element Matching (DEM) 기법으로 individual level averaging, clock level averaging, data directed scrambling, data weighted averaging 등이 사용된다[4][5]. 이 중 Data Weighted Averaging(DWA) 기법의 기본 아이디어는 일부 소자(D/A 변환 커패시터 또는 current source 등)가 중복해서 사용되지 않고, 모든 소자가 고르게 사용될 수 있도록 함으로써 D/A 변환 시 문제되는 nonlinear 현상을 상당부분 제거해 주는 것이다. DWA의 장점은 회로의 복잡성과 성능을 비교해 볼 때, 다른 DEM 기법에 비하여 상대적으로 간단한 하드웨어로 구현가능하고 탁월한 성능을 보이는 것이다. 반면 개선해야 될 점으로 pattern noise가 생긴다는 것을 들 수 있다.

일반적으로 시그마-델타 모듈레이터의 디지털 출력은 아날로그 블록으로 피드백 되어 DAC의 커패시터를 스위칭 하게 된다. DWA는 양자화기로 흔히 사용되는 flash ADC로부

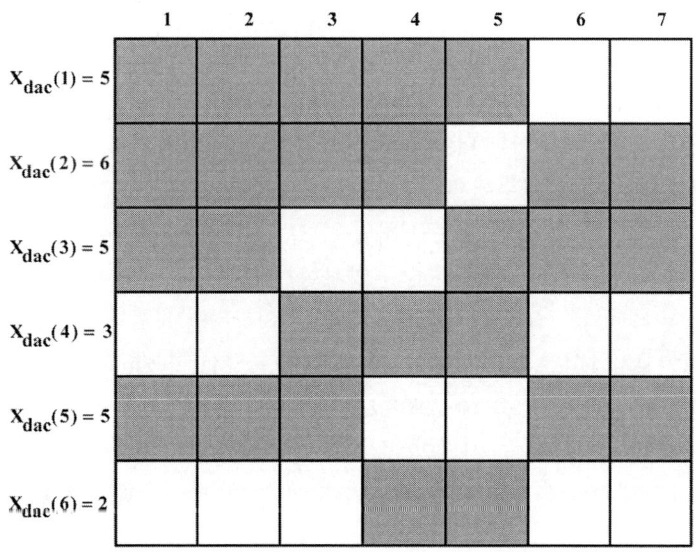

그림 10.1.7 3비트 D/A 변환 시 DWA의 동작

터 온도계 코드를 받아서 커패시터를 골고루 선택하고 사용해 주도록 thermometer code를 shift 시켜주는 한편 register에 이전에 선택해줬던 마지막 값을 저장한다. 이러한 동작을 그림 10.1.7에 나타내었다.

본 그림에서는 3비트로 양자화기가 설계되었다고 가정한다. 또한, 양자화기의 출력 디지털 값으로 5, 6, 5, 3, 5, 2가 발생했다고 가정한다. 이러한 디지털 값들은 피드백에 의해 DAC로 전달된다. 3비트 DAC는 총 8개의 아날로그 값을 가질 수 있고, 이를 구현하기 위해 7개의 소자가 필요하다. 총 7개의 소자 중 필요한 값을 발생하기 위해 thermometer code 5에 해당하는 입력이 왔을 경우 1번부터 5번 소자까지 선택한다. 5번 소자까지 사용되었다는 정보를 register에 저장하고 다음 thermometer code 6에 해당하는 입력이 왔을 경우 6번부터 총 6개의 소자를 선택하는 방식이 구현된다. 물론 6번과 7번 소자를 선택한 후에는 다시 1번부터 시작해서 필요한 나머지 소자들을 선택하게 된다. 이러한 방식은 모두 소자들이 골고루 사용하게 되도록 하고, 각 소자들에 발생하는 오차들이 상대적으로 평균화 되어서 제거되는 효과를 가져오게 된다.

10.2 Behavioral simulation

10.2.1 이상적인 모듈레이터 simulation

여기서는 앞에서 설명된 각종 특성들에 대한 모델링 및 시뮬레이션 예를 보도록 한다. Matlab/Simulink의 기능을 사용한 behavioral 모델링과 시뮬레이션이 일반적으로 많이 사용되고 있다[1]. 여기서는 모듈레이터의 구조 및 coefficient(계수)는 이미 결정되어 있다고 가정하고, Simulink에서 모델링하는 예를 보여 주도록 한다.

모듈레이터의 구조가 결정이 됐다면 각 단의 coefficient를 설정하여 적분기의 gain을 만들어준다. 그림 10.2.1에서는 Ideal Integrator라고 표시된 블록의 앞에 각 coefficient를 설정하였다. 모듈레이터의 차수에 따른 각 stage는 적분기 구성을 하고 있으므로 Simulink의 unit-delay를 이용하여 적분기를 구성하였다. 그림 10.2.1에서는 4차 1비트 모듈레이터 구조를 사용하도록 한다[6]. 1비트 ADC인 양자화기 블록으로는 Relay를 사용하였으며, 비 이상적 요소에 해당하는 요소들은 적용되지 않은 이상적인 모듈레이터 블록이다. 그림 10.2.1은 이상적인 4차 1비트, single-loop, 모듈레이터를 Matlab/Simulink로 구현한 블록도이다.

오버샘플링 비율(OSR)을 64로 하고 clock 주파수를 3.2 MHz로 하였을 때, 얻어질 수 있는 3차 1비트 구성 모듈레이터의 이상적인 시뮬레이션 결과는 그림 10.2.2와 같다. 이는 thermal noise 및 어떠한 noise 요소도 포함되어 있지 않은 상태의 시뮬레이션 결과이기 때문에 실제 회로의 결과와는 차이가 있다. 그림 10.2.2에서 보다시피 noise floor는 약 −180 dB 근처까지도 내려가고 있다. 이렇게 noise-shaping되는 것은 양자화 잡음에 대한 noise

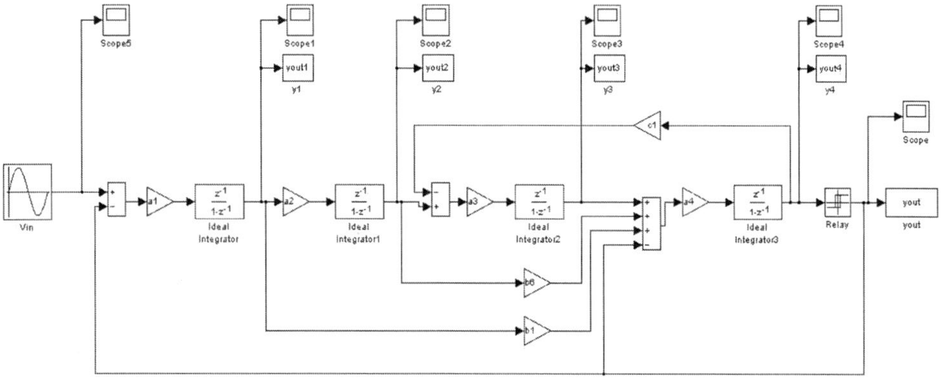

그림 10.2.1 이상적인 4차 1비트 블록도

transfer function(NTF)의 특성에 해당한다. 실제 회로에서는 NTF에 의해 shaping되지 않는 트랜지스터 자체의 thermal noise와 1/f noise 등이 포함되기 때문에 noise floor는 더 올라가게 된다. OSR 64, 4차 1비트 구성 모듈레이터의 Peak-SNDR(Signal-to-noise-and-distortion ratio)은 96 dB로 resolution 비트는 약 15.66비트 정도가 되며, 입력 amplitude는 V_{ref} 1 V일 경우를 기준으로 할 때 0.707 Volt(−3 dBFS)이다. 보다 큰 amplitude를 입력했을 경우에

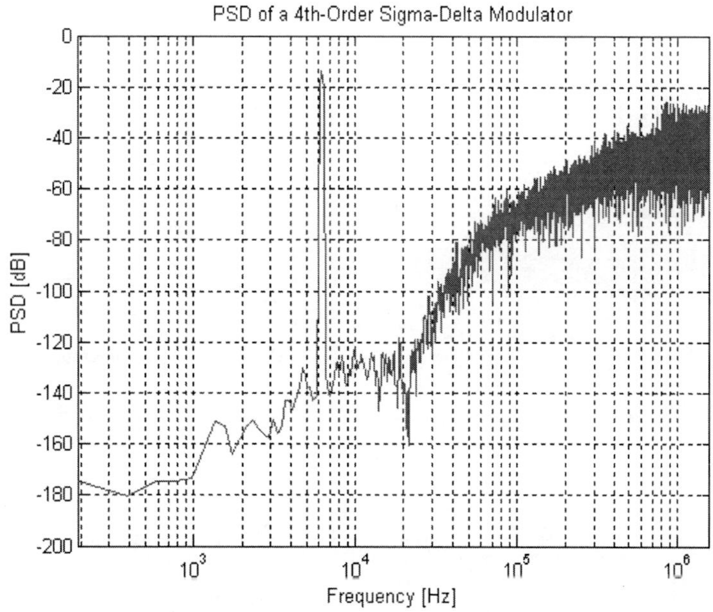

그림 10.2.2 이상적인 4차 1비트 모듈레이터의 스펙트럼

는 모듈레이터의 신호전달 특성에 clipping이 일어나게 되며, 그 결과로 distortion으로 인한 SNDR 감소를 초래한다. 이때 사용된 모듈레이터의 적분 계수는 최적화된 값을 사용하였으며, 4차 1비트 시그마-델타 모듈레이터의 계수 값은 표 10.2.1과 같다[6].

표 10.2.1 4차 시그마-델타 모듈레이터의 계수 값(a1, a2, a3, a4, b1, b6, c1)과 peak-SNDR

Peak-SNDR	a1	a2	a3	a4	b1	b6	c1
96 dB	0.3333	0.12	0.1	0.1	1.2	1.0	0.1666

1비트 모듈레이터는 차수가 증가함에 따라 multi 비트 구조에 비해 상대적으로 모듈레이터 전체의 stability가 나빠진다는 단점이 존재한다. 이러한 문제점을 방지하기 위해 반복되는 Matlab simulation을 통하여 주의 깊게 설계해야 한다. 이러한 단점에도 불구하고 1비트 모듈레이터는 그 구조가 매우 간단하며, 보다 적은 전력을 소모한다는 장점으로 많이 사용된다.

10.2.2 비이상적 모듈레이터 simulation

앞서 10.1에서 이상적인 모듈레이터의 모델링과 시뮬레이션 결과를 보았다. 분석한 결과를 바탕으로 Matlab/Simulink를 이용하여 noise 요소에 대한 모델을 추가로 만들어서 behavioral simulation을 통해 보다 실제에 가까운 모듈레이터의 성능을 검증해 볼 수 있다. 그림 10.2.3은 OTA gain, slew rate, bandwidth, saturation voltage를 포함한 적분기이다. 그림 10.2.4는 모델링된 OTA를 포함하고, 입력 단으로부터의 thermal noise, jitter noise가 추가로 구현된 모델이다. 그림 10.2.3에서 피드백 팩터 alpha1은 10.1에서 설명되었던 OTA의 유한한 DC gain에 의한 비이상적 특성을 모델링하여 나타내고, slew rate, bandwidth는 Matlab function을 이용하여 구현하였으며, OTA의 signal swing과 관련하여 saturation 블록

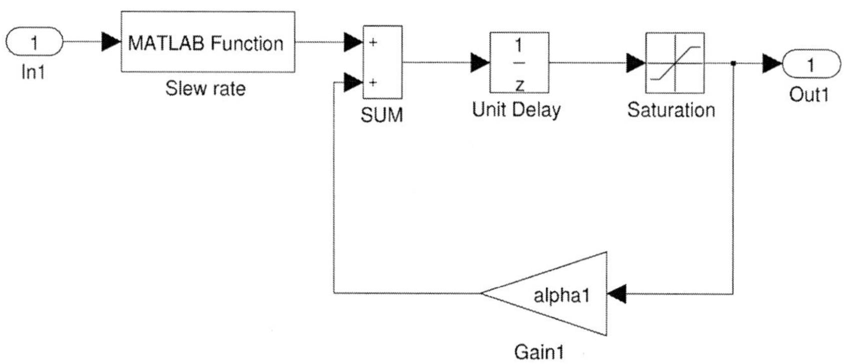

그림 10.2.3 실제 OTA에 대한 behavioral model

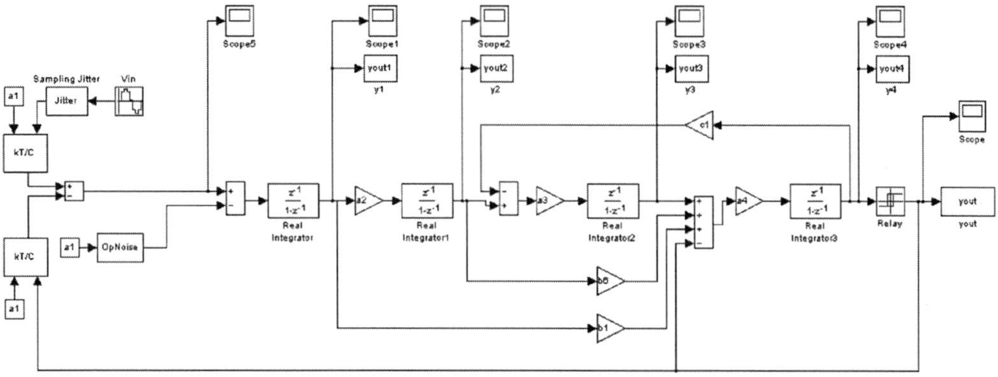

그림 10.2.4 4차 모듈레이터의 비이상적 behavioral model

을 사용하였다. 그림 10.2.4의 jitter 블록은 clock jitter를, kT/C 블록은 thermal noise를 구현한 모델이다[1].

모듈레이터에 해당하는 각 블록 요소들에 대한 성능을 결정하기 위하여 위에서 나열한 비이상적 요소들을 이상적 모듈레이터에 하나씩 추가하면서 검증해보기로 한다. OTA의 gain, slew rate, bandwidth가 모듈레이터의 동작특성에 미치는 영향을 검증해 볼 필요가 있으므로, 비이상적 모듈레이터 모델에서 gain, slew rate, bandwidth를 각각 변화시켜서 simulation을 수행한다.

우선 가장 민감한 첫 번째 OTA의 gain 특성을 알아보기 위하여 나머지 OTA의 비이상적 요소에 해당하는 slew rate, bandwidth는 이상적인 상태로 두고 시뮬레이션 한 결과를 그림 10.2.5에 나타내었다.

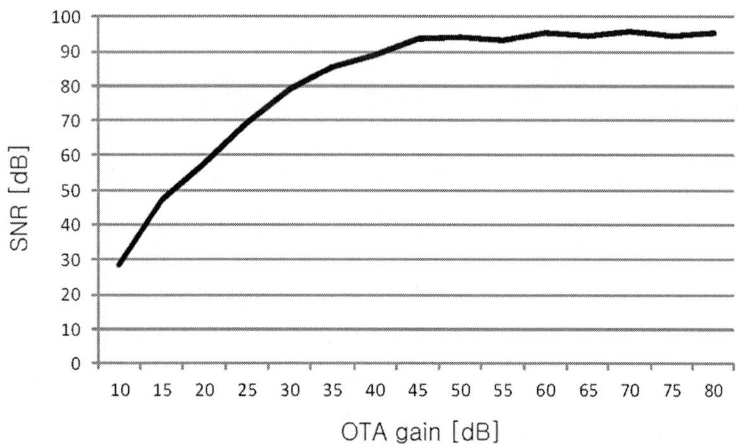

그림 10.2.5 OTA gain과 SNR의 변화

앞의 결과를 살펴보면 OTA의 gain은 약 50 dB 이상 되면 더 이상의 큰 SNR 이득이 없는 것으로 분석된다. 따라서 OTA의 gain은 설계 margin을 포함하여 약 50 dB이 되도록 디자인한다. 실제로 대부분의 경우 설계된 시그마-델타 모듈레이터들을 보면 증폭기의 DC gain은 아주 높은 경우는 드물다. 물론 높을수록 PSRR 등의 측면에서 바람직한 것이지만 설계 복잡도와 파워 소모 등을 모두 고려할 때 무조건 높게 목표를 잡는 것은 바람직하지 않다. 따라서 위에서와 같은 시뮬레이션을 통해 적절한 목표를 설정할 수 있다.

모듈레이터의 입력단으로부터의 thermal noise는 sampling 커패시터의 크기를 결정하는 데 있어 결정적인 역할을 한다. Thermal noise는 입력단으로부터 오는 것을 우선 고려해야 하고, 이에 따라 sampling 커패시터의 크기를 통해서 좌우된다. 입력단에서 발생하는 thermal noise는 noise-shaping되지 않으며, dynamic range와도 밀접한 관련이 있으므로 모듈레이터 설계 시 반드시 고려해야 할 항목이다.

그림 10.2.6은 비이상적 요소들을 추가한 후 Matlab으로 시뮬레이션했을 때의 FFT 파형이다. 그림 10.2.2와 비교해 봤을 때 전체적인 Noise floor가 상승된 것을 알 수 있다. 비이상적 요소들이 추가된 모듈레이터의 경우 Peak-SNDR은 49 dB이 나오는 것을 볼 수 있다. 물론 이러한 결과는 추가된 비이상적인 요소들의 크기에 따라 다른 결과가 나오게 된다.

이러한 모델링과 시뮬레이션에 관한 좀 더 추가적인 사항은 11장의 설계 예제에서도 다시 다루기로 한다.

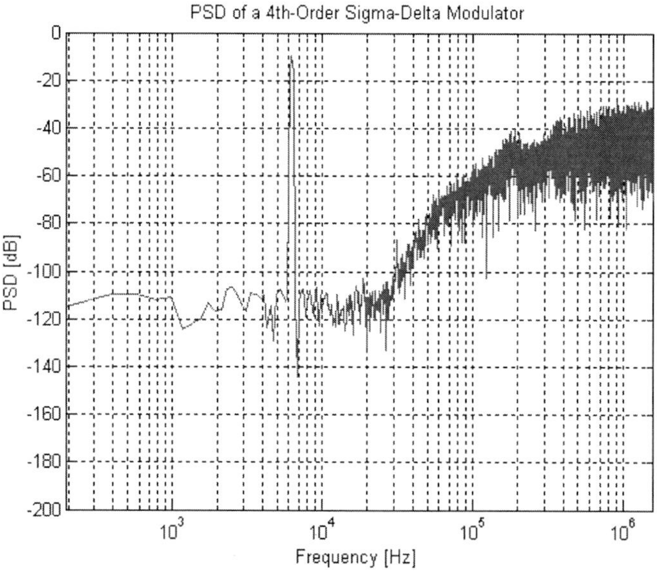

그림 10.2.6 비이상적 요소가 포함된 4차 모듈레이터의 스펙트럼

10.3 연속-시간 시그마-델타 모듈레이터

일반적으로 많은 시그마-델타 모듈레이터들은 switched-capacitor 회로로서 설계된다. 즉, 모듈레이터의 기본이 되는 적분기는 이산-시간으로 동작하는 switched-capacitor 적분기가 구현된다. 이는 적분기의 계수가 커패시터의 비율로서 결정되고, 따라서 반도체 공정의 변화에도 비율은 일정하게 유지되기 때문이다. 그러나 최근에는 매우 높은 신호대역까지 데이터 변환을 해주는 ADC에 대한 관심이 계속 커지고 있다. 이에 따라 switchedcapacitor 보다 더욱 고속 동작이 유리한 연속-시간(continuous-time) 회로 설계에도 연구가 진행되고 있다. 여기서는 이에 대한 장단점을 살펴보도록 한다.

10.3.1 이산-시간 vs 연속-시간 시그마-델타 모듈레이터

시그마-델타 모듈레이터 루프에서는 noise-shaping 필터를 이산-시간(Discrete-Time, DT) 또는 연속-시간(Continuous-Time, CT)으로 구현하는 것이 가능하다. CT의 세부적인 구조 및 특성을 알아보기에 앞서 10.3.1에서는 DT와 CT 모듈레이터의 장점과 단점을 알아보고자 한다.

표 10.3.1 DT 모듈레이터와 CT 모듈레이터 간의 비교

설계 특성 및 요구사항	DT ΣΔ Modulators	CT ΣΔ Modulators
공정	CMOS	CMOS, BiCMOS, Bipolar
저전압 동작	상대적으로 어려움	상대적으로 용이함
동작 속도	일반적으로 clock 속도가 100 MHz 이내	Clock 속도가 수백 MHz까지 가능
파워 소모	스위치 동작 및 settling time을 위해 파워 소모 증가	상대적으로 낮은 파워 소모
Anti-aliasing Filter	필요함	불필요, 또는 완화된 필터 사용가능
Clock jitter sensitivity	Low	High
공정 변화 영향	Low	High

쉬운 비교를 위해 DT 모듈레이터와 CT 모듈레이터 간의 비교표를 표 10.3.1에 표기하였다. 일반적으로 DT 시그마-델타 모듈레이터들은 switched-capacitor 회로 기술을 사용하여 구현된다. switched-capacitor 적분기 회로에서 증폭기들은 주어진 클록 시간 안에 정화되어야 하므로, 증폭기의 unity-gain bandwidth(UGB)는 샘플링 주파수의 5 ~ 6배 이상의 높은 값을 갖아야만 한다. 이에 반해 CT 시그마-델타 모듈레이터는 switched-capacitor 회로에

서와 같은 급격한 변화가 작고, 이에 따라 상대적으로 낮은 UGB에서도 동작 가능하다. CT 회로의 경우 동일한 UGB에 대해 더 높은 클록 주파수에서도 동작이 가능하며, 상대적으로 DT의 경우 보다 더 적은 전력을 소모하게 된다. 게다가 CT 시그마-델타 모듈레이터는 저주파 통과 필터의 특성을 갖는 루프 필터를 통과한 후에 양자화기 앞에서 샘플링 동작을 하기 때문에 자체적인 anti-aliasing 필터의 기능을 수행하고[8], 이는 전단에 위치하는 anti-aliasing 필터의 요구 사양을 완화시켜 저전력 회로설계에 도움을 준다. 또한, switched-capacitor 회로에서는 신호대역 내의 thermal noise에 의해 커패시터 사이즈가 결정되기 때문에 이에 상응하는 많은 양의 전력 소모와 넓은 실리콘 면적을 초래하게 된다. 또한, DT 모듈레이터에서는 CT 모듈레이터와 달리 스위칭 동작을 하므로 일반으로 저전압에서 MOSFET을 스위치로 사용하게 되면 완벽히 켜지지 않는 구간이 존재하여 입력전압에 따른 Ron 저항의 변화로 고조파 노이즈를 발생시킬 우려가 있다. 또한, 클록 주파수가 높아질수록 MOSFET을 스위치로 사용하기 힘들다. 그리고 스위칭 동작이 적분기 내의 가상 접지 부분에 큰 glitch들을 발생시킨다[7]. 특히, 이러한 DT 모듈레이터가 무선 송신기에 집적될 경우 DT 모듈레이터 자체에서 발생되는 glitch들이 VCO, LNA 그리고 믹서 등과 같은 주요 블록들의 신호에 추가되어 송신되므로, 수신측에서의 수신 감도를 줄어들게 하는 요인이 될 수도 있다.

CT 모듈레이터도 여러 가지 장점들에도 불구하고, 단점들 또한 발생한다. 상대적으로 DT 회로에 비해 CT 회로의 단점으로 작용하는 취약한 클록 지터(Clock jitter) 문제와 공정 변화에 따른 영향 등은 10.3.5에서 자세히 다룰 것이다.

10.3.2 전달 함수 (Transfer function)

이번 10.3.2에서는 이산-시간 시그마-델타 모듈레이터의 전달함수를 이용하여 연속-시간 시그마-델타 모듈레이터의 전달함수를 구하는 방법에 대해 알아보고자 한다. 그림 10.3.1은 이산-시간 시그마-델타 모듈레이터와 연속-시간 시그마-델타 모듈레이터의 블록도를 나타낸 것이다.

연속-시간 시그마-델타 모듈레이터의 전달 함수 $L_0(S)$와 $L_1(S)$를 구하기 위해선 이산-시간 시그마-델타 모듈레이터의 전달 함수 $L_0(z)$와 $L_1(z)$를 구해야 한다[8][9]. 따라서 먼저 그림 10.3.1의 블록도를 선형 모델로 변형하여 전달 함수를 구해야 한다.

모듈레이터의 양자화 잡음 신호를 $e(n)$으로 나타내면 그림 10.3.1은 그림 10.3.2와 같이 선형화 모델로 나타낼 수 있다. 따라서 최종 출력 Y는 입력 U와 양자화 잡음 신호 E의 합으로 표현된다.

$$Y = STF \cdot U + NTF \cdot E \qquad (10.3.1)$$

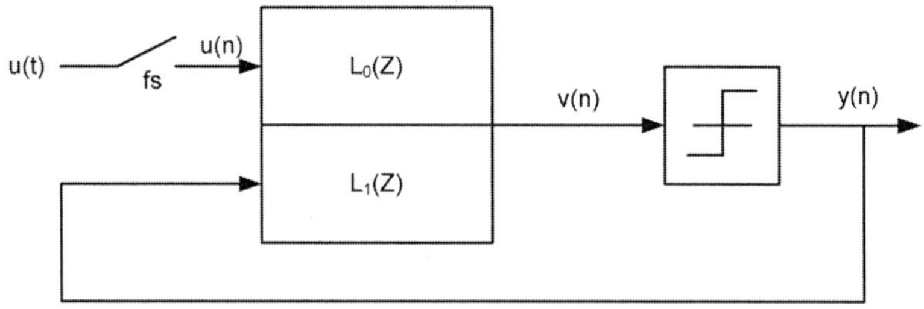

(a) 이산-시간 시그마-델타 모듈레이터 블록도

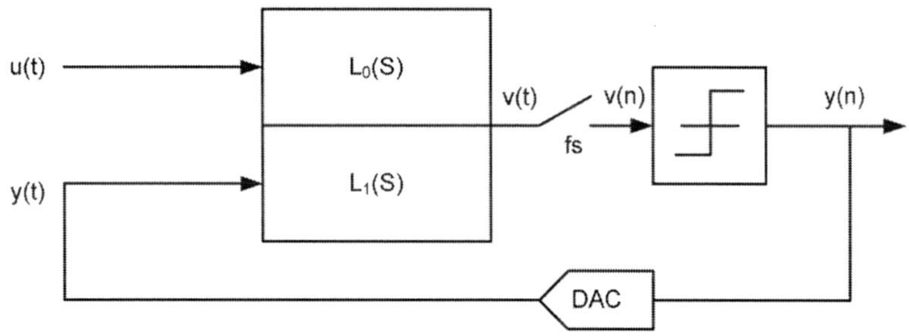

(b) 연속-시간 시그마-델타 모듈레이터 블록도

그림 10.3.1

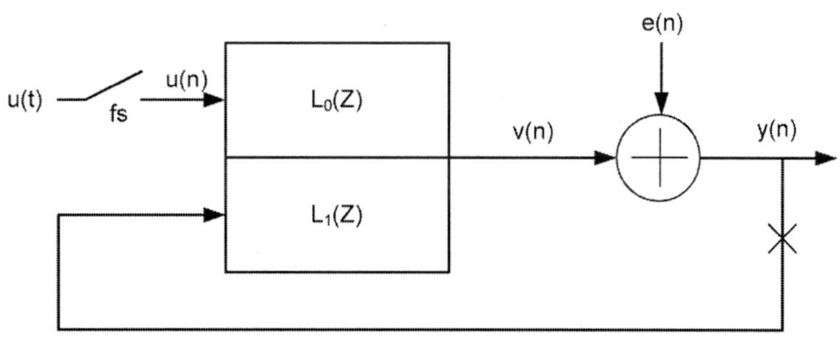

(a) 이산-시간 시그마-델타 모듈레이터 선형화 모델

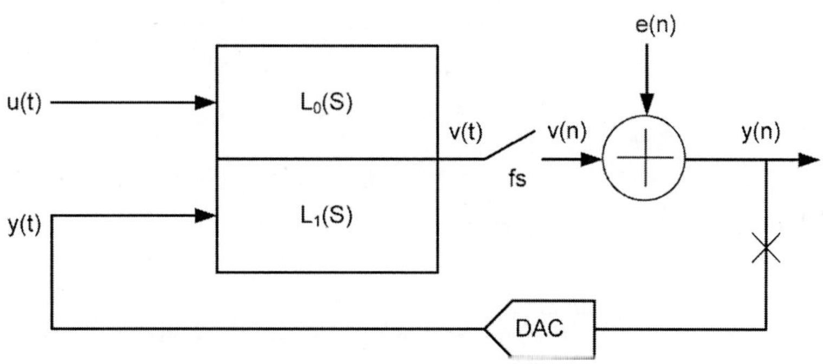

(b) 연속-시간 시그마-델타 모듈레이터 선형화 모델

그림 10.3.2

시그마-델타 모듈레이터의 Noise Transfer Function(NTF) (10.3.1)는 다음과 같이 나타낼 수 있다.

$$NTF = \frac{1}{1 - LTF} \tag{10.3.2}$$

식 (10.3.2)에서 LTF는 Loop Transfer Function으로서 이산-시간 시그마-델타 모듈레이터의 $L_1(z)$와 같다. 따라서 이산-시간 시그마-델타 모듈레이터와 연속-시간 시그마-델타 모듈레이터의 LTF가 같다면 NTF 또한 같게 된다. LTF를 구하기 위해선 모듈레이터의 입력에는 아무런 신호를 인가하지 않고 양자화기에서 모듈레이터 입력으로 연결되는 귀환 경로를 끊은 후 양자화 신호를 인가하여 open-loop를 구성한다. 그림 10.3.2(b)의 연속-시간 open loop 모델에서 DAC는 양자화 출력 신호 $y(n)$을 연속 신호인 $y(t)$로 변환시켜 준다. 또한, $y(t)$는 루프 필터 $L_1(S)$에 의해 양자화기로 인가되는 연속-시간 입력 신호 $v(t)$를 만든다. 이후 샘플링을 거쳐 이산-시간 입력 신호 $v(n)$으로 변경된다. 이를 식 (10.3.3)과 그림 10.3.3으로 나타내면 다음과 같다.

$$v(n) = v(t)|_{t = nT_s} \tag{10.3.3}$$

만약 동일한 입력 신호를 인가하였을 때 연속-시간 시그마-델타 모듈레이터에서 생성된 양자화기의 이산-시간 입력 신호 $v(n)_{CT}$가 이산-시간 시그마-델타 모듈레이터에서 생성되는 양자화기의 이산-시간 입력 신호 $v(n)_{DT}$와 같다면 두 모듈레이터는 같은 잡음 전달 함수(NTF)를 갖는다고 할 수 있다. 따라서 이산-시간 시그마-델타 모듈레이터의 $L_1(Z)$와 연속-시간 시그마-델타 모듈레이터 $L_1(S)$를 다음 수식과 같이 나타낼 수 있다. 여기서 $H_D(S)$

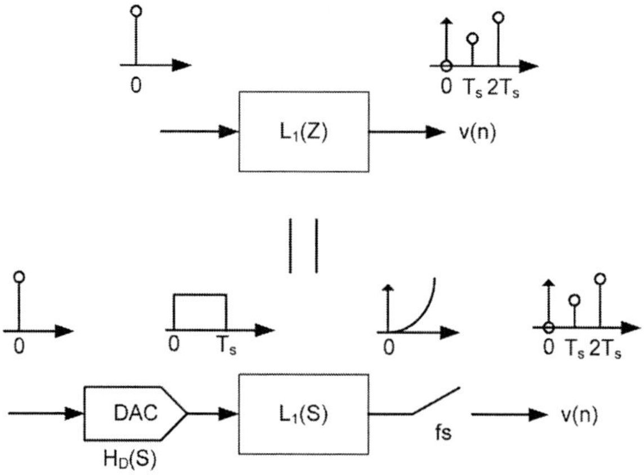

그림 10.3.3 이산-시간과 연속-시간의 open loop 등가 모델

는 DAC의 전달 함수를 나타낸다.

비교적 쉽게 구할 수 있는 이산-시간 시그마-델타 모듈레이터 루프 전달 함수를 식 (10.3.4)를 이용하여 연속-시간 시그마-델타 모듈레이터 루프 전달 함수를 얻을 수 있게 된다.

$$Z^{-1}\{L_1(z)\} = L^{-1}\{H_D(S)L_1(S)\}\Big|_{t=nT_s} \tag{10.3.4}$$

10.3.3 연속-시간 시그마-델타 모듈레이터의 구조

연속-시간 시그마-델타 모듈레이터의 구조를 알아보고 각 구조의 특징을 알아보자. 시그마-델타 모듈레이터의 구조는 크게 피드백 구조와 피드-포워드 구조로 나뉜다. 그림 10.3.4에서는 5차 연속-시간 시그마-델타 모듈레이터의 예를 각각 보여준다.

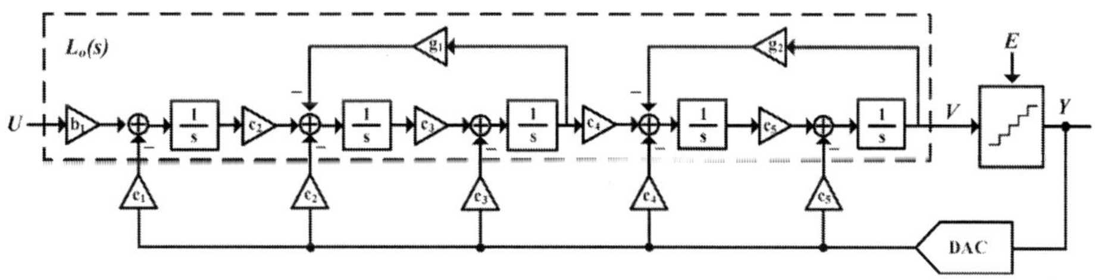

(a) 피드백 구조

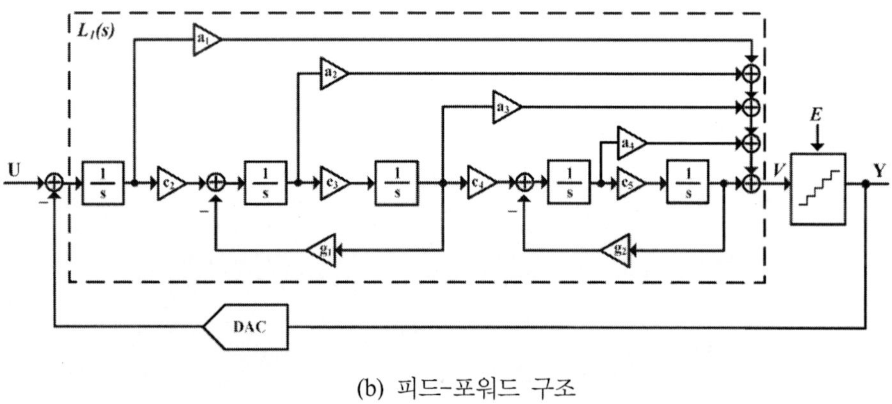

(b) 피드-포워드 구조

그림 10.3.4 5차 CT 시그마-델타 모듈레이터 구조의 예

연속-시간 시그마-델타 모듈레이터는 구조에 따라 그림 10.3.4(a)의 피드백 구조와 그림 10.3.4(b)의 피드-포워드(feed forward) 구조로 나뉜다. 먼저 피드백 구조는 그림 10.3.5(a)에서 볼 수 있듯이 신호 전달 함수(STF)가 피드-포워드 구조에 비해 저주파 통과 특성이 강하

여 모듈레이터 입력단의 anti aliasing 필터를 제거할 수 있는 장점이 있다. 또한, 양자화기 앞 단에 추가적인 summing 회로가 필요하지 않은 장점이 있다. 그러나 피드백 구조는 적분기의 출력 신호 스윙 폭이 상대적으로 크기 때문에 저전력 설계가 어려운 단점이 있으며 모든 적분기의 입력단에 피드백 DAC가 필요하게 되어 multi비트 모듈레이터 설계 시 큰 면적을 소모하며 노이즈를 발생시킨다.

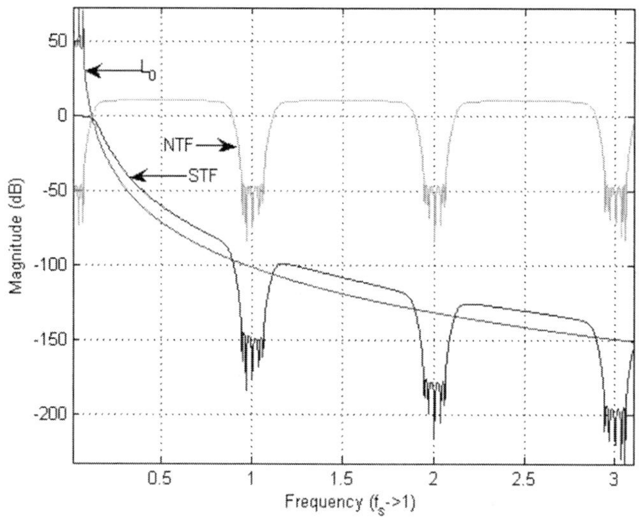

(a) 피드백 구조

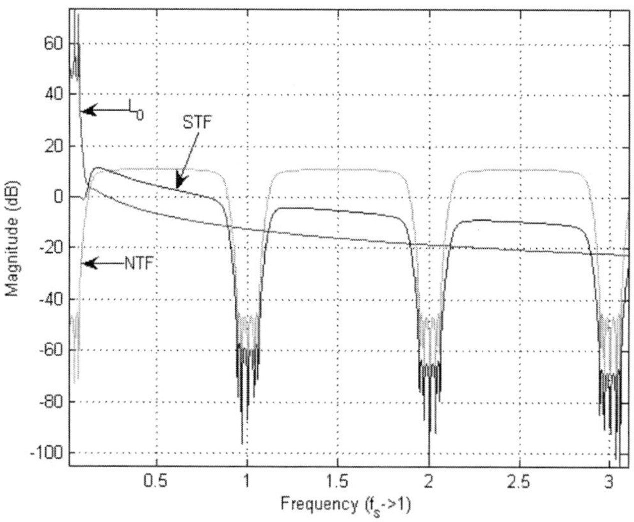

(b) 피드-포워드 구조

그림 10.3.5 $L_0(S)$, $NTF(S)$, $STF(S)$ 전달함수 특성

피드-포워드 구조는 그림 10.3.5(b)에서 확인할 수 있듯이 피드백 구조와는 달리 신호대역 밖에서 신호 전달 함수(STF)의 오버슛(overshoot)이 발생한다[10]. 따라서 무선 통신 분야(wireless applications)처럼 모듈레이터 신호대역 밖 주파수 대역에 많은 신호 간섭이 발생하는 회로에서는 다소 우려를 하기도 한다.

또한, 피드-포워드 신호 성분들을 더하기 위해 양자화기 앞 단에 추가적인 summing 회로가 필요하게 되어 전력 소모를 증가시킨다. 그러나 피드-포워드 구조는 첫 번째 적분기의 출력 스윙 폭이 피드백 구조에 비해 훨씬 작기 때문에 더 적은 전력으로 피드백 구조와 같은 성능의 모듈레이터를 설계할 수도 있다. 또한, 하나의 피드백 DAC만을 필요로 하므로 멀티 비트 모듈레이터를 설계 시 피드백 구조보다 면적과 노이즈 면에서 유리한 장점이 있다.

10.3.4 연속-시간 시그마-델타 모듈레이터의 적분기 구조

시그마-델타 모듈레이터의 루프 필터를 구성하는 중요한 회로는 적분기 회로이다. 이번 10.3.4에서는 연속-시간 적분기의 구조를 알아보고 각각의 전달 함수를 알아보자.

일반적으로 연속-시간 시그마-델타 모듈레이터에 주로 사용되는 적분기로는 그림 10.3.6에 나와 있는 active-RC 적분기와 gmC 적분기가 있다[11]. Active-RC 적분기는 선형성이 좋기 때문에 넓은 dynamic range를 얻을 수 있다. 그러나 local 피드백회로의 속도제약으로 인해 동작할 수 있는 주파수 범위(frequency range)가 줄어들게 된다. gmC 적분기는 active-RC 적분기에 비해 주파수 범위가 넓고 전력 소모가 적은 장점이 있으나 선형성이 좋지 않으므로 넓은 dynamic range를 얻기 힘들다[12]. 표 10.3.2에 두 적분기의 장단점을 간략하게 비교하였다.

표 10.3.2 적분기들의 장단점 비교

	gmC integrator	Active-RC integrator
Frequency range	++++	+++
Tunability	+++	+
Mismatch insensitivity	+++	+
Linearity	+	++++
Dynamic range	++	+++
Power requirements	+++	++
Low-voltage capability	+	+++

++++ 표시는 매우 적합함을 나타내고, + 표시는 가장 덜 적합함을 나타냄.

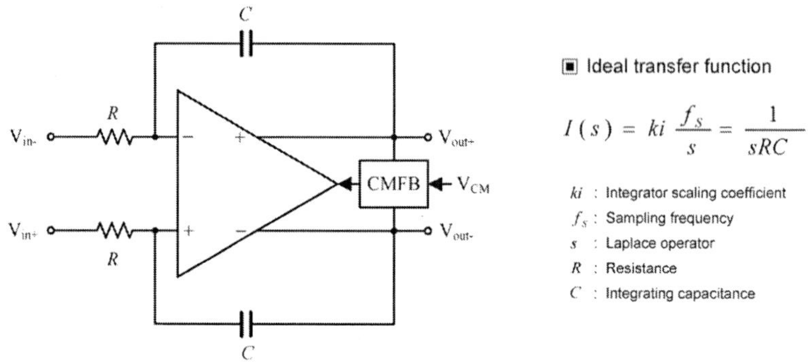

(a) Fully-differential active-RC integrator with CMFB

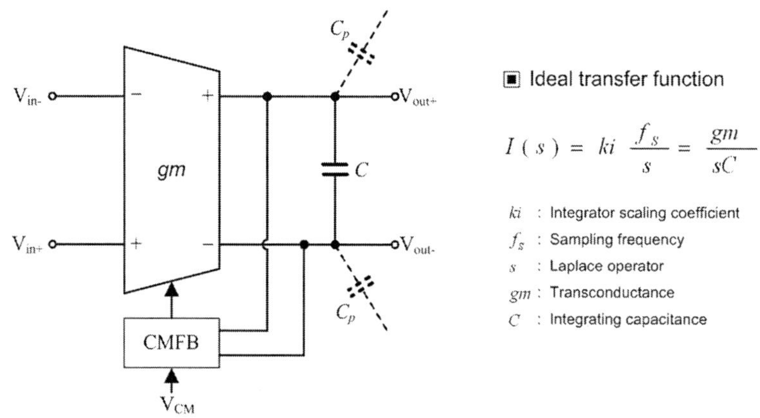

(b) Fully-differential active-gmC integrator with CMFB

그림 10.3.6 연속-시간 시그마-델타 모듈레이터의 적분기 구조

10.3.5 연속-시간 시그마-델타 모듈레이터의 고려 사항

이번 절에서는 앞서 다루었던 DT와 CT의 장단점들 가운데 CT가 상대적으로 취약한 클록 지터(Clock jitter)와 성능 저하요소 중 하나인 초과 루프 지연(Excess loop delay)에 대해서 다룰 것이다. 두 가지 모두 noise의 원인이 되므로 연속-시간 시그마-델타 모듈레이터를 설계할 때 고려해야 할 사항이다.

10.3.5.1 클록 지터

연속-시간 시그마-델타 모듈레이터 설계 시 고려해야 할 사항은 클록 지터에 의해 발생하는 noise에 의한 성능 저하를 최소화하는 것이다. 연속-시간 시그마-델타 모듈레이터에서 클록 지터에 의한 noise는 양자화기 앞의 샘플링단과 피드백 DAC단에서 발생한다. 샘플링단에서 발생하는 클록 지터 noise는 양자화 잡음과 마찬가지로 noise shaping이 이루어지기 때문에 모듈레이터 성능에 큰 영향을 끼치지 않는다. 그러나 피드백 DAC단에서 발생하는 클록 지터 noise는 입력 신호와 마찬가지로 noise-shaping을 거치지 않고 통과하게 되므로 모듈레이터 성능 저하의 주요 원인이 된다. 따라서 모듈레이터 성능 저하를 최소화 할 수 있는 구조의 피드백 DAC를 설계하는 것이 중요하다. DAC의 구조를 알아보기에 앞서 그림 10.3.7에 DT와 CT의 클록 지터 영향을 비교하여 나타내었다.

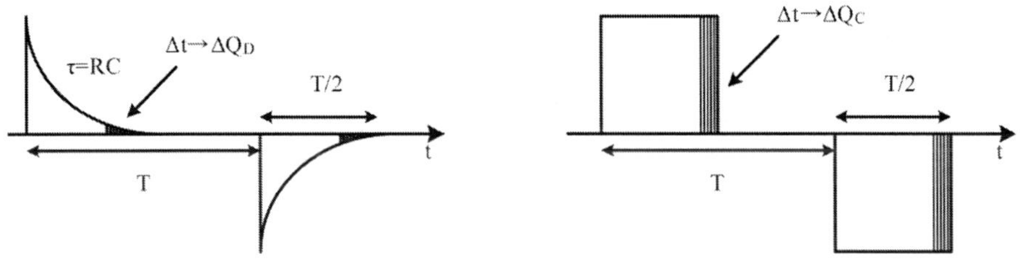

그림 10.3.7 이산-시간과 연속-시간 시그마-델타 모듈레이터의 클록 지터 영향

그림 10.3.7에서 볼 수 있듯이 클록 지터의 영향은 연속-시간에서 더 크다. 그 이유는 연속-시간 모듈레이터의 전달되는 전하량은 클록 주기 동안 적분을 하기 때문이다. 즉, $C \cdot \Delta V$의 양이 크게 변화된다. 그 영향은 매 주기 일정한 것이 아니라 그림 10.3.8에서처

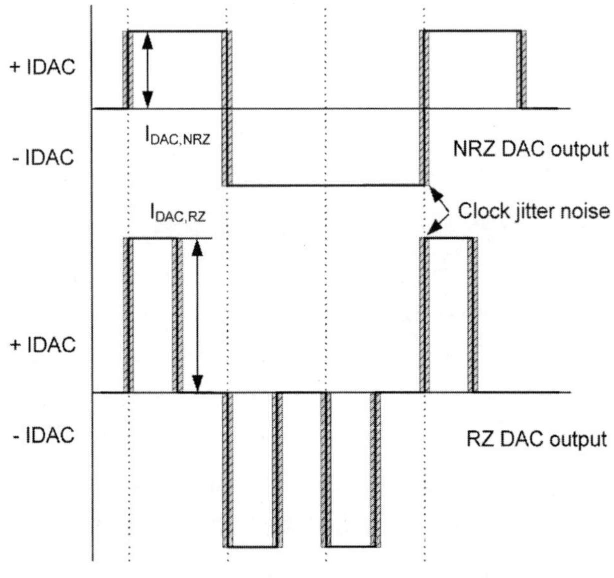

그림 10.3.8 피드백 DAC의 임펄스 응답에 따른 클록 지터 크기 비교

럼 매 주기 다르게 변화하며 그대로 모듈레이터 출력으로 전달되어 noise로 나타난다.

연속-시간 시그마-델타 모듈레이터 설계 시 주로 사용되는 피드백 DAC 구조는 그림 10.3.8에서 나타낸 NRZ(nonreturn-to-zero) DAC와 RZ(return-to-zero) DAC가 있다. 어떠한 구조의 DAC를 사용하더라도 피드백 DAC에 의해 전달되는 신호의 크기는 같게 설계해야 한다. 만약 그림 10.3.8에서 보는 바와 같이 RZ-DAC의 duty cycle 크기가 NRZ-DAC의 duty cycle 크기의 0.5배라면 클록 지터에 의한 noise의 양은 크게 증가하게 된다. 따라서 NRZ-DAC는 RZ-DAC에 비해 클록 지터에 의한 noise의 영향을 적게 받는다[13].

10.3.5.2 초과 루프 지연 (Excess loop delay)

초과 루프 지연 시간에 의해 발생하는 noise는 모듈레이터의 샘플링단과 비교기 단을 거치면서 발생하는 지연(t_d)에 의한 noise로 모듈레이터의 성능 저하의 원인이 된다. 초과 루프 지연에 의한 noise는 모듈레이터의 피드백 경로의 신호 지연으로 나타나며 그림 10.3.9와 같은 DAC의 임펄스 응답(impulse response)을 갖는다.

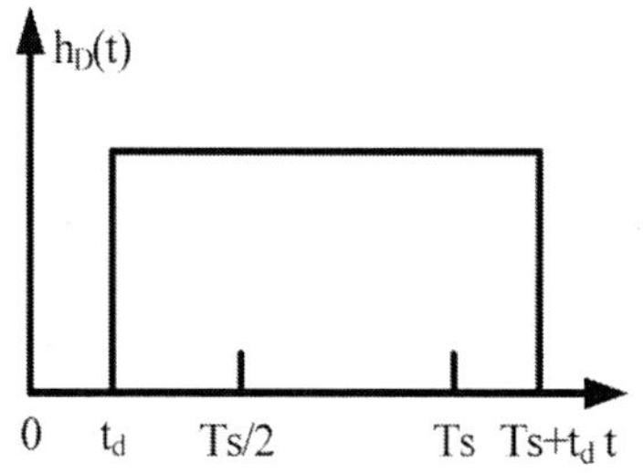

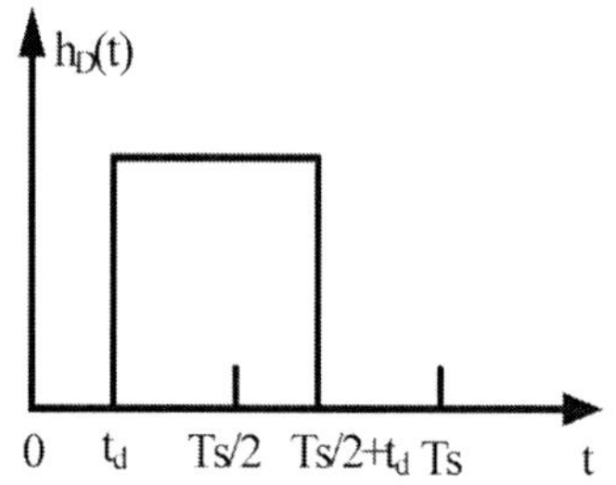

그림 10.3.9 초과 루프 지연 시간을 포함한 DAC 임펄스 응답 파형

초과 루프 지연은 모듈레이터의 noise shaping의 효과를 감소시키며 입력 신호 성분의 안전성을 보장하는 스윙 폭을 감소시켜 모듈레이터의 다이내믹 레인지를 떨어뜨린다. 만약 초과 루프 지연 시간이 샘플링 클록 주기보다 클 경우, 연속-시간 시그마-델타 모듈레이터는 불안정(unstable)해질 수도 있다.

초과 루프 지연 시간에 의한 모듈레이터 성능 저하 문제를 최소화 할 수 있는 DAC 구조는 RZ DAC이다. 그 이유는 초과 루프 지연에 의해 DAC의 임펄스 응답에 지연이 발생해도 그림 10.3.9(b)와 같이 DAC의 falling edge는 여전히 한 클록 사이클(0～Ts) 안에 포함되기 때문이다. 이는 이산-시간 시그마-델타 모듈레이터와 같은 루프 필터를 갖는 것을 의미한다. 그러나 클록 지터에 의한 noise는 일반적으로 NRZ DAC보다 RZ DAC에서 크게 나타나므로 실제 모듈레이터 설계 시에는 클록 지터 noise와 초과 루프 지연 noise를 고려하여 적절한 DAC 구조를 선택하여야 한다.

초과 루프 지연 noise를 제거하는 또 다른 방법은 그림 10.3.10과 같이 모듈레이터의 피드백 DAC 신호를 래치(latch)에 의해 한 주기 지연시켜 양자화기와 비교기에 의해 발생하는 초과 루프 지연의 영향을 피드백 신호에서 최소화 하는 방식이다[13]. 그리고 지연된 피드백 DAC를 가지는 모듈레이터의 루프 필터 전달 함수를 변경 전의 모듈레이터 루프 필터 전달 함수와 동일하게 해주기 위하여 양자화기 앞 단에 추가적인 피드백 DAC 경로를 추가해 주어야 한다. 하지만 설계 시에는 그림 10.3.10의 구조와 같이 양자화기 입력단에 추가된 경로를 통해 전달되는 피드백 DAC 신호 성분과 적분기 출력 신호 성분을 더해주는 아날로그 summing 회로가 추가적으로 요구된다. 이는 모듈레이터에 증폭기가 추가되어 전력 소모가 증가되는 문제점을 발생시킨다. 이러한 문제점을 해결하기 위한 설계 기법은 그림 10.3.11과 같이 추가적인 피드백 DAC 경로를 마지막 적분기 입력단에 인가시켜 아날로그 summing단을 제거하여 전력 소모를 줄이는 방식이다.

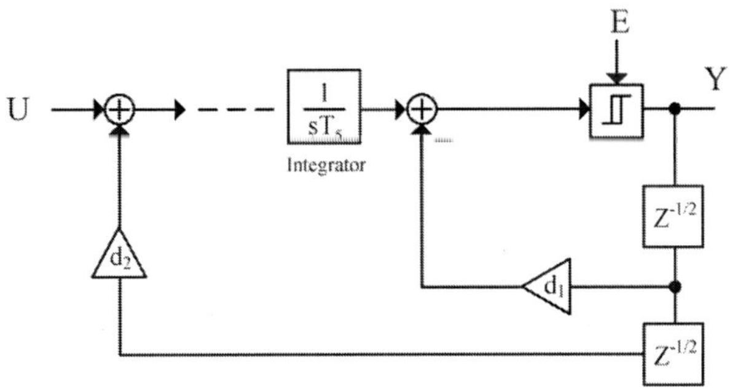

그림 10.3.10 초과 루프 지연 보상 회로

DAC 경로를 마지막 적분기 출력단에서 그림 10.3.11과 같이 적분기 입력으로 옮기게 되면 미분기가 필요하게 된다. 그러나 연속-시간 피드백 DAC 신호 성분을 미분한 값을 실제로 회로로 구현하기는 쉽지 않다.

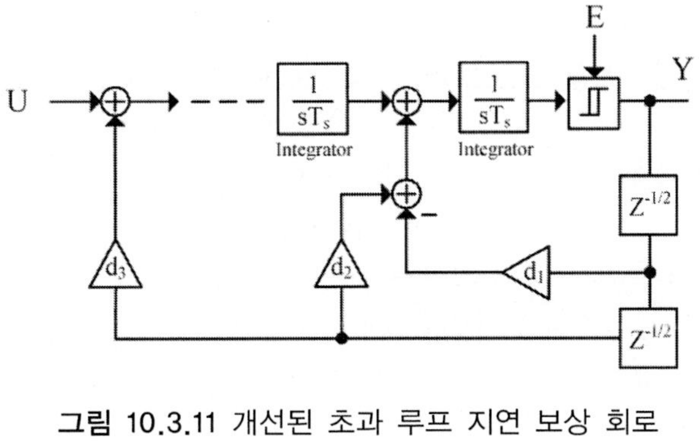

그림 10.3.11 개선된 초과 루프 지연 보상 회로

이를 대신하여 그림 10.3.11에서 볼 수 있듯이 피드백 DAC 신호를 두 개의 래치를 이용하여 반 주기 지연된 신호를 한 주기 지연된 신호에 빼주어 디지털 미분기로 대체하여 구현될 수 있다[14].

10.3.5.3 RC 변화

앞서 다룬 이산-시간과 연속-시간 시그마-델타 모듈레이터 비교를 보여주는 표 10.3.1에서 보듯이 공정변화에 따른 영향이 이산-시간보다 연속-시간 시그마-델타 모듈레이터에서 크게 나타난다. 공정변화, 특히 저항과 커패시터(RC)값의 변화는 루프필터 계수의 변화로 이어져 결국 모듈레이터의 SNR의 감소를 초래한다[11, 12].

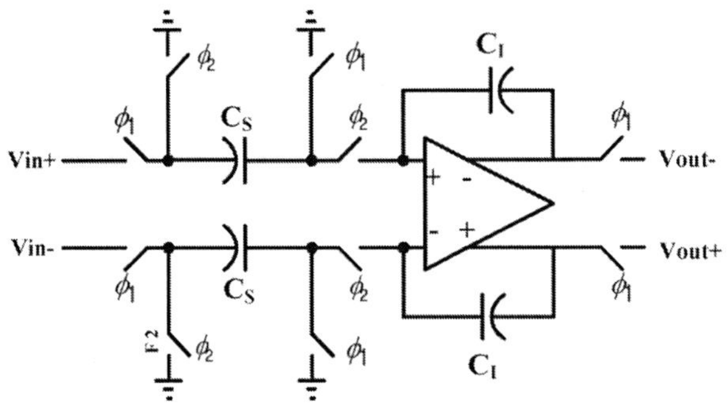

$$\frac{V_{OUT}}{V_{IN}} = \frac{C_1}{C_2} \cdot \frac{1}{z-1}$$

(a) 이산-시간 switched-capacitor 적분기

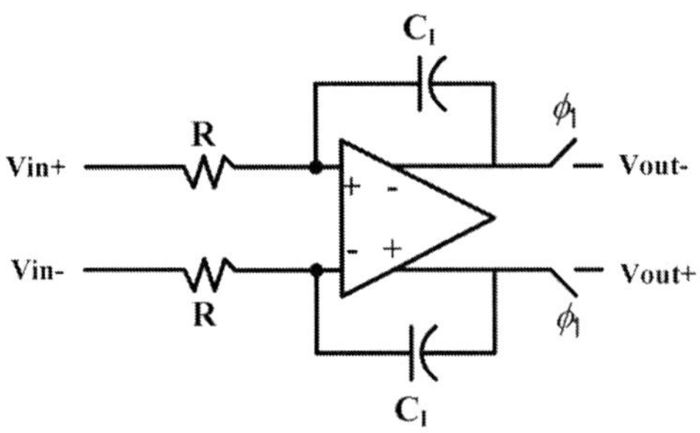

$$\frac{V_{OUT}}{V_{IN}} = \frac{1}{RC} \cdot \frac{1}{s}$$

(b) 연속-시간 RC-적분기

그림 10.3.12 이산-시간과 연속-시간 적분기 계수

DT와 CT의 각각의 적분기를 그림 10.3.12에 나타냈다. 계수를 보면 이산-시간은 커패시터의 비율로 이루어져 있으며 연속-시간은 저항(R)과 커패시터(C)로 이루어져 있다. 공정상에서 발생할 수 있는 변화에 대해, 커패시터만으로 이루어진 switched-capacitor 적분기는 커패시터 비율로써 표현되기 때문에 계수의 정확도를 보장할 수 있다. 그러나 저항과 커패시터로 이루어진 RC-적분기는 저항의 변화율과 커패시터의 변화율이 곱해지기 때문에 최

대 +/-40%까지 변할 수도 있다. 이를 보상하기 위한 방법으로 binary-weighted tunable capacitor array를 이용해 튜닝을 한다[15][16].

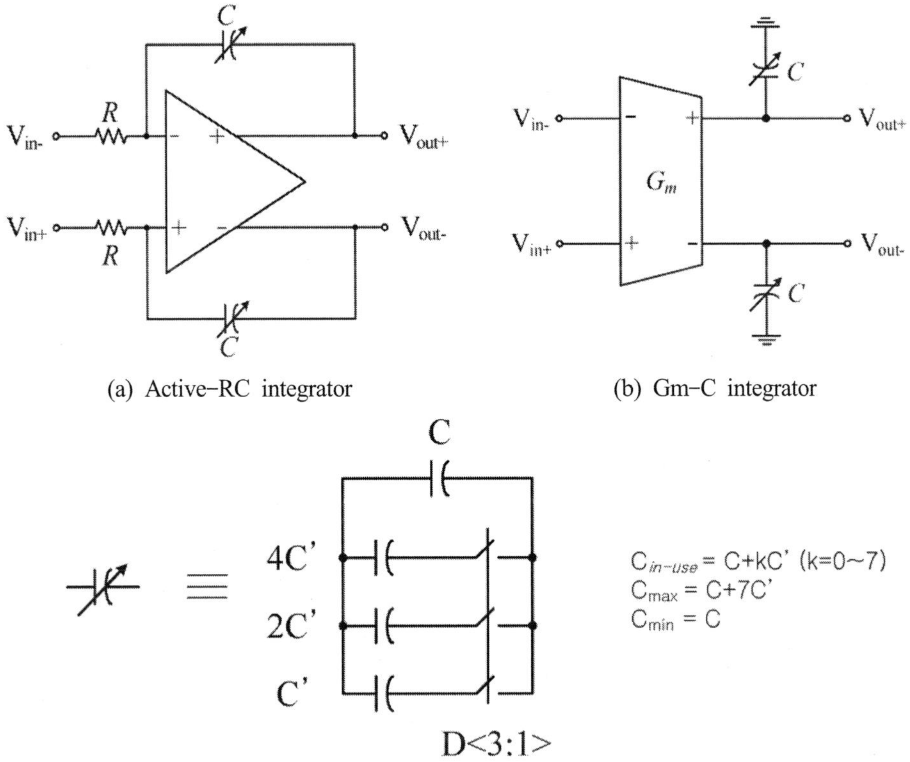

(a) Active-RC integrator (b) Gm-C integrator

(C) 3비트 binary-weighted tunable capacitor array

그림 10.3.13 Time-constant tuning technique

그림 10.3.13에서 보는 것처럼 (a)와 (b)의 커패시터를 (c)처럼 나열하고 튜닝하여 공정변화에 따른 계수 값의 변화를 보상한다. 따라서 ($C\sim 8C$)까지 변화가 가능하게 나열하였다. 이러한 튜닝 회로에 의해 일부 보정이 가능하지만, 회로가 복잡해지는 단점이 발생한다.

참고문헌

[1] P. Malcovati, S. Brigati, F. Francesconi, F. Maloberti, P. Cusinato, and A. Baschirotto, "Behavioral modeling of switched-capacitor sigma-delta modulator", *IEEE Trans. Circuits Syst. I*, vol.50, no.3, pp.352-364, Mar. 2003.

[2] B. Razavi, *Design of Analog CMOS Integrated Circuits*, McGraw-Hill, 2001.

[3] R. Jacob Baker, *CMOS Circuit Design, Layout, and Simulation*, John Wiley & Sons Ltd., 2002.

[4] Y. Geerts, M. Steyaert and W.Sansen, *The Design of Multi-bit Delta-Sigma A/DConverters*, Kluwer Academic Publishers, 2002.

[5] S. Rabii and B. A. Wooley, *The Design of Low-Voltage, Low-Power Sigma-Delta Modulators*, Kluwer academic publisher, 1999.

[6] A. L. Coban and P. E. Allen, "A new fourth-order single-loop delta-sigma modulator for audio application", *IEEE J. Solid-State Circuits*, vol.39, pp.3-14, January 2004.

[7] J. A. Cherry, and W. M. Snelgrove, *Continuous-Time Delta-Sigma Modulators For High-Speed A/D Conversion*, Boston, MA: Kluwer, 1999

[8] R. Schreier, and B. Zhang, "Delta-sigma modulators employing continuous-time circuitry", *IEEE Trans. Circuits Syst.* I, vol.43, pp.324 - 332, Apr. 1996.

[9] J. A. Cherry, and W. M. Snelgrove, "Excess loop delay in continuous-time delta-sigma modulator", *IEEE Trans. Circuits Syst. II*, vol.46, pp.376-389, Apr. 1999.

[10] K. Philips, P. Nuijten, R. Roovers, A. van Roremund, F. Chavero, M. Pallares, and A. Torralba, "A continuous-time ΣΔ ADC with increased immunity to interferers", *IEEE J. Solid-State Circuits,* vol.39, no.12, pp.2170-2178, Dec. 2004.

[11] R. Schoofs, M. S. J. Steyaert, and W. M. C. Sansen, "A Design-Optimized Continuous-Time Delta-Sigma ADC for WLAN Applications", *IEEE Trans. Circuits Syst. I,* Vol.54, no.1, pp.209-217, Jan. 2007

[12] S. Rabii and B. A. Wooley, "A 1.8-V digital-audio sigma-delta modulator in 0.8-μm CMOS", *IEEE J. Solid-State Circuits*, vol.32, no.6, pp.783 - 796, Jun. 1997.

[13] S. Yan, and E. Sanchez-Sinencio, "A continuous-time ΣΔ modulator with 88-dB dynamic range and 1.1-MHz signal bandwidth", *IEEE J. Solid-State Circuits,* vol.39, no.1, pp.75-86, Jan. 2004.

[14] G. Mitteregger, C. Ebner, S. Mechning, T. Blon, C. Holuigue, and E. Romani, "A 20-mW 640-MHz CMOS continuous-time $\Sigma\Delta$ ADC with 20-MHz signal bandwidth, 80-dB dynamic range and 12-bit ENOB", *IEEE J. Solid-State Circuits*, vol.41, no.12, pp.2641-2649, DEC. 2006

[15] B. Xia, S. Yan, and E. Sánchez-Sinencio, "An RC time constant auto-tuning structure for high linearity continuous-time ΣΔ modulators and active filters", *IEEE J. Solid-State Circuits*, vol.51, no.11, pp.2179-2188, Nov. 2004.

[16] A. M. Durham, J. B. Hughes, and W. Redman-White, "Circuit architectures for high linearity monolithic continuous-time filtering", *IEEE Trans. Circuits Syst. II*, vol.39, no.9, pp.651-657, Sep. 1992.

11 Switched-capacitor 회로 설계 사례

11.1 자동차용 반도체

앞 장에서 지금까지 논의한 바와 같이, 시그마-델타 ADC는 고해상도 오디오 코덱에서 가장 많이 사용하는 기술로 신호 대역 내의 양자화 잡음 성분을 제거시키는 noise shaping 특성을 가지고 있다. 이와 같은 특징 때문에 저주파수 대역에서 타 구조에 비해 높은 해상도를 얻을 수 있다[1]. 따라서 시그마-델타 ADC는 센서 인터페이스의 고성능화를 충족시키는 데 매우 적합한 특징을 갖는다. 또한, 시그마-델타 방식의 ADC는 오버샘플링 방식을 사용하기 때문에 anti-aliasing filter 설계에 대한 조건이 크게 완화된다. 이는 anti-aliasing filter에서 사용되는 전력 소모와 면적을 크게 줄여준다[2]. 이런 여러 장점 때문에 계속적으로 활발한 연구가 진행되고 있다. 이번 장에서는 시그마-델타 ADC가 사용된 예를 통해 시그마-델타 ADC의 이해를 돕고자 한다.

그림 11.1.1은 자동차에 들어가는 센서를 보여 주고 있다. 과거와 다르게 현재의 자동차에는 자동차 엔진 제어용 압력 센서, 엔진 제어 시스템(압력, 유속), ABS 시스템(가속도, 각속도), Traction 시스템(가속도), 후륜제어 시스템(각속도, 가속도), 내비게이션 시스템(진동자이로)용, 충돌 센서 등의 많은 센서를 사용함으로써 운전자의 안전과 편의성을 높여 주고 있다. 이런 운전자의 안전과 편의성을 높여 주는 자동차의 각종 기술은 그 발전 속도가 무척 빠르게 진행되고 있다. 이러한 발전은 부품과 기술의 전자화를 통해 진행되고 있고, 이에 따라 각종 전자 장치의 주 동력원 역할을 하는 배터리의 중요성도 점차 커지고 있다.

또한, 친환경의 목소리가 높아지면서 전기자동차에 대한 관심이 커지면서 기술 개발이 활발히 이루어지고 있다. 전기자동차는 크게 전동기, 전동기 제어기, 배터리 및 충전장치로 구성되어 있다. 이 중 배터리는 전기자동차 개발에 영향을 미치는 가장 대표적인 문제이다. 자동차의 배터리 성능은 에너지 밀도와 출력으로 볼 수 있다. 하지만 현재 배터리 기술은 이 두 성능 지표가 trade-off 관계에 있고, 전기자동차에 적합한 출력과 용량 모두를 높일

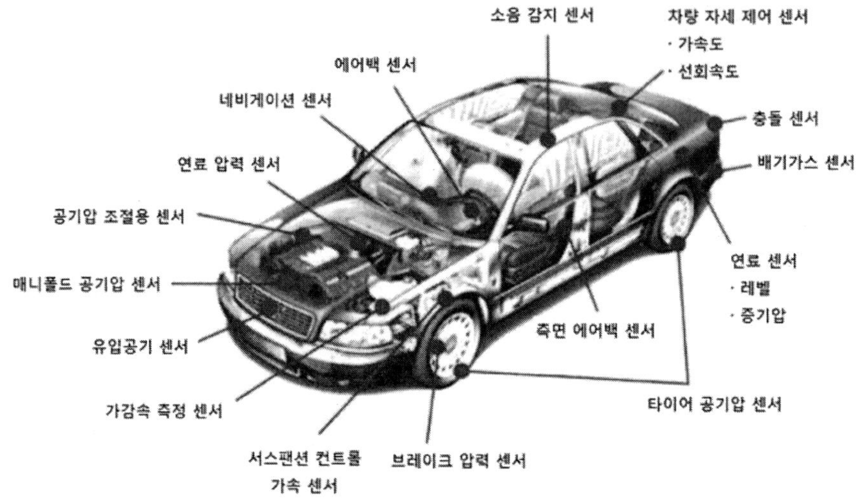

그림 11.1.1 대표적인 자동차용 센서

수 있는 배터리 솔루션 개발에 해결해야 할 과제가 많이 남아 있다. 이에 따라 배터리에 대한 안정성이나 신뢰성에 대한 연구도 지속적으로 수행되고 있다.

현재 배터리에 사용되는 기술 유형으로는 리튬 이온이 가장 적합한 솔루션으로 평가받고 있다. 그러나 리튬 이온 배터리를 사용하는 모바일 IT 기기에서 간간히 폭발 사고가 발생하고 있기 때문에 IT 모바일 기기보다 더 많은 배터리를 싣고 다니는 전기자동차는 배터리의 폭발 사고의 위험성이 더 크다고 할 수 있다. 이에 따라 배터리 제조 회사들도 배터리의 안정성 문제에 상당한 노력을 기울이고 있고, 그 노력 중 하나가 Battery management system(BMS) 개발을 통한 안정성 확보이다[3].

BMS는 배터리의 파손 방지, 수명 연장 등, 전기자동차의 기능적인 요구 사항을 만족시킬 수 있는 상태로 배터리를 유지하는 것이 목적이다. 이 목적을 달성하기 위해서 배터리의 전압, 전류 및 온도 특성을 이용하여 배터리의 입·출력(충방전)을 제어한다. 따라서 배터리가 최적의 동작 상태를 유지하도록 하기 위해 BMS는 배터리의 특성을 측정하기 위한 전류센서, 전압센서, 온도 센서 IC가 필요하게 된다[4]. 이로 인해 배터리의 전류, 전압 및 온도를 측정하여 관리해주는 지능형 배터리 센서 소자 — Intelligent Battery Sensor(IBS) — 의 수요가 증가되고 있다. 이와 같이 센서 기능 소자의 수요와 관심이 커지면서 system-on-a-chip(SOC) 센서 인터페이스 구현을 위한 고성능의 ADC에 대한 요구도 함께 증가하고 있다. 또한, 단일 칩에 센서 집적도가 높아지고, 다 기능화 기술들이 융합해가는 추세에 따라 높은 해상도를 유지하는 ADC가 절실히 요구된다. 이런 여러 가지 이유로 많은 회사들이 자동차용 반도체 개발에 촉각을 세우고 있고, 시그마-델타 ADC를 이용한 IBS를 속속 내놓고 있다.

자동차용 배터리 센서에 대해 논하기 전, 기존에 개발된 IBS를 보도록 하겠다. 그림 11.1.2는 ANALOG DEVICES에서 개발한 배터리 센서 ADuC7034의 block diagram이다[5]. Dual channel에 16비트 시그마-델타 ADC를 사용하였고, memory, PLL, MCU 등이 포함된 차량용 반도체를 보여준다.

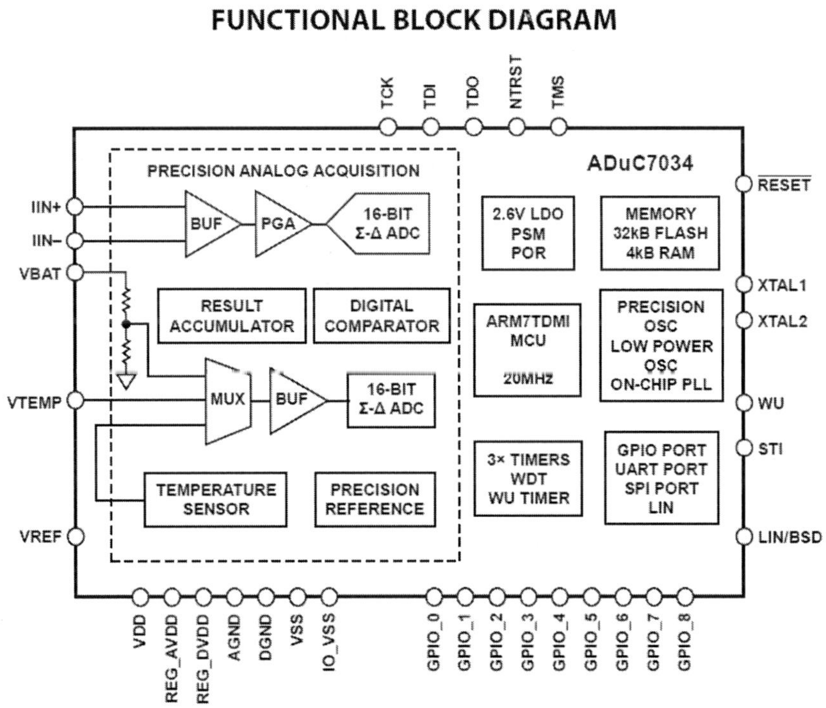

그림 11.1.2 ADuC7034 Functional block diagram

그림 11.1.3 역시 ANALOG DEVICES에서 개발한 ADuC7039의 block diagram이다[6]. 두 제품 모두 비슷한 기능을 포함하고 있고, 시그마-델타 ADC를 사용 하여 개발한 IBS 칩이다. 이 외에도 국내·외 여러 기업에서 noise에 강하고 저 주파수 대역에서 타 구조에 비해 높은 해상도를 얻을 수 있는 시그마-델타 ADC를 적용한 IBS 개발이 활발히 이루어지고 있다.

그림 11.1.4는 ADuc7039 칩의 Voltage/Temperature channel에 대한 동작을 나타내고 있다. 자동차의 배터리 전압은 매우 높기 때문에 저항을 통하여 낮은 전압으로 낮춰준 후 ADC입력으로 사용되고 있다. 아날로그 블록에서의 부정확성을 보완하기 위해 디지털 블록에서 offset과 gain을 보정해준 후, 최종 데이터를 출력한다.

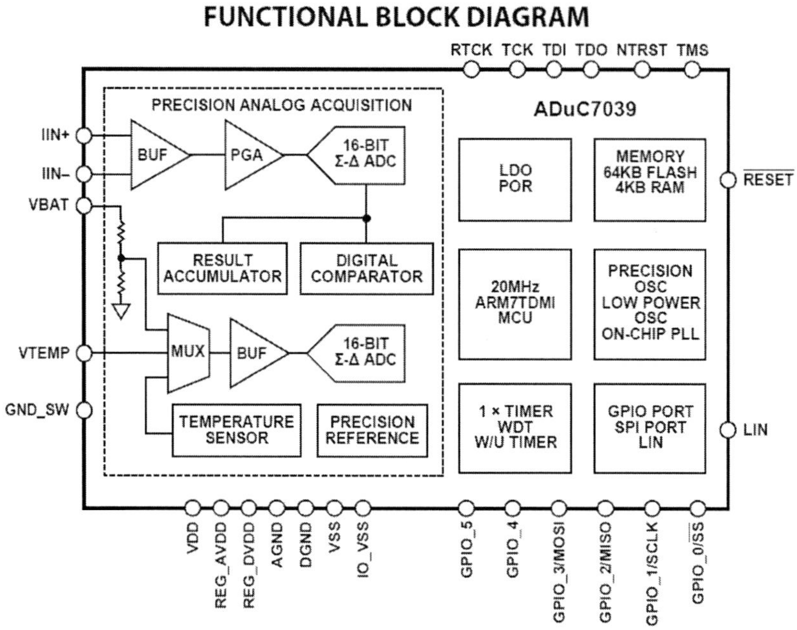

그림 11.1.3 ADuC7039 Functional block diagram

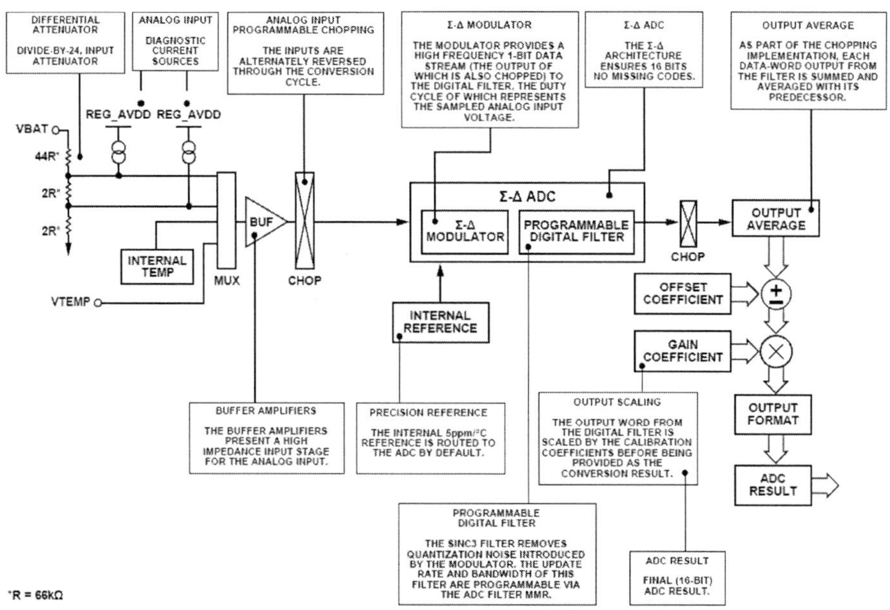

그림 11.1.4 ADuC7039의 Voltage/Temperature ADC

11.2 배터리 센서 IC 구조

배터리 센서 IC 전체 구조는 아래 그림 11.2.1과 같고, 배터리의 전류, 전압, 온도를 측정한다. 그림 11.2.1(a)은 배터리 전류를 측정하기 위한 전류 채널 ADC이다. 설계된 회로는 programmable gain instrumentation amplifier(PGIA), 시그마-델타 모듈레이터로 구성되어 있다.

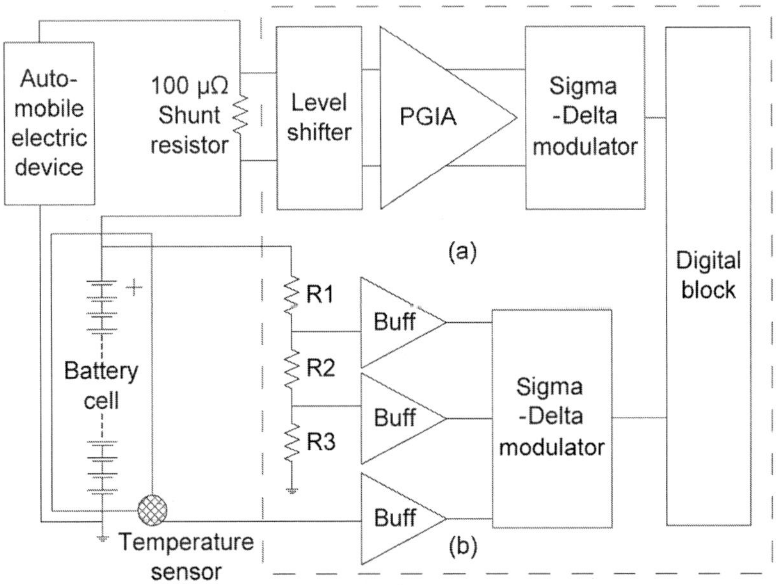

그림 11.2.1 배터리 센서 IC (a) 전류 채널 ADC 회로 (b) 전압 채널 ADC 회로

그림 11.2.1의 배터리 센서 IC 구성 및 동작을 설명하면 다음과 같다. 차량용 배터리에 흐르는 전류는 배터리 종류에 따라 전류 크기가 수백 A 이상이다. 이와 같이 큰 전류가 흐르기 때문에 일반적인 전류계로 측정하기 어렵다. 따라서 shunt 저항을 사용하여 전류를 측정하였다. 먼저 차량용 배터리에 흐르는 전류는 외부 100 $\mu\Omega$ shunt 저항을 사용하여 전압으로 변경된다.

그림 11.2.2는 배터리의 전류, shunt 저항의 양단의 전압, level shifter 출력 전압의 변화를 나타내고 있다. 그림 11.2.2에서 보는 바와 같이 배터리 전류 크기는 고정된 것이 아니다. 차량용 배터리는 차량 운행 중에 충전과 방전을 반복하고 있기 때문에 전류의 크기가 가변하고 있다. 따라서 shunt 저항에 의해 변경된 전압은 아래 예에서의 경우 ground 전압을 중심으로 ±200 mV의 입력 신호 범위를 갖고 감지된다. CMOS 회로에서의 동작을 위해 level shifter를 사용하여 입력 받은 신호 레벨을 입력 공통 모드 전압 레벨인 1.25 V 근처까

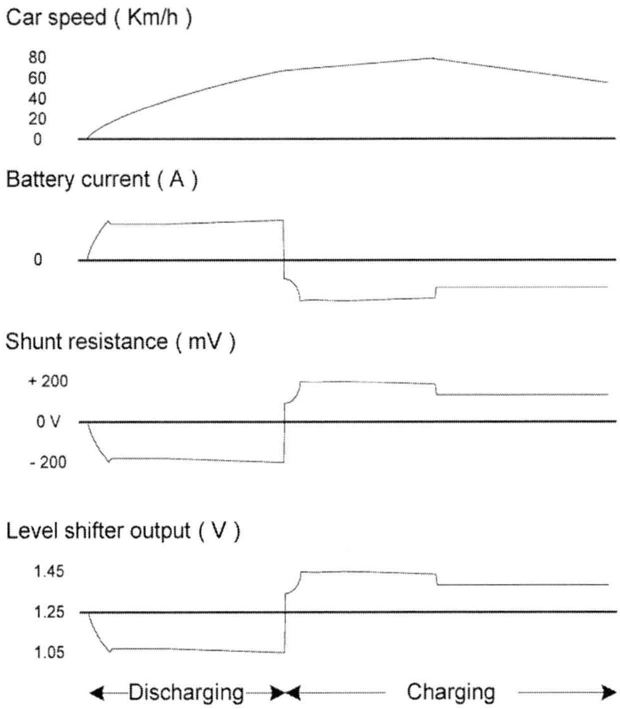

그림 11.2.2 Battery 전류 변화 예 [7]

지 올려주고 있다.

입력 받은 신호 크기가 작고, 신호의 주파수가 DC 신호에 가깝기 때문에 flicker noise를 작게 하기 위해 level shifter 입력 트랜지스터의 사이즈는 크게 설계를 할 필요가 있다. 배터리에 흐르는 전류 크기는 차량 동작상황에 따라 ±1 A부터 ±1,500 A까지 가변될 수 있다. 또한, 감지된 전압 크기가 작기 때문에 이득을 조절하기 위한 PGIA 회로를 구현하였다. 시그마-델타 모듈레이터는 PGIA 회로에서 전달된 신호를 받아 디지털로 변환한다. 본 예에서 시그마-델타 모듈레이터는 2차 단일 비트 구조이며, 오버샘플링 비율(OSR)은 256이다.

그림 11.2.1(b)의 전압 채널 ADC는 배터리 전압, 배터리 외부 온도, 배터리 내부 온도를 측정하기 위한 목적으로 사용된다. 먼저 배터리의 전압을 측정하기 위해 그림 11.2.1(b)의 저항 네트워크를 구성하였다. 배터리 전압은 $R1$, $R2$, $R3$의 저항에 의해 감지된다. 이때 저항에 의해 감지된 배터리 전압이 시그마-델타 모듈레이터의 입력 공통 모드 전압 범위에 들어갈 수 있도록 전압 크기를 감쇠하고 있다. 또한, 전압을 감지하기 위한 저항 네트워크에서 낭비되는 파워를 작게 하기 위해 저항값을 크게 하였다. 이를 위한 저항 비율은 $R1 = 45 * R$, $R2 = 2 * R$, $R3 = R$ 그리고 $R = 70\ k\Omega$로 하였다. 다음으로 감지된 전압을 손실

없이 다음 단으로 보내기 위해 버퍼를 추가하였다. 이렇게 버퍼를 통과한 전압은 시그마-델타 모듈레이터에서 디지털로 변환된다. 그림 11.2.1(b)의 온도 센서는 배터리의 내부, 외부 온도를 감지하고 앞에서 논의한 것과 같은 방법으로 디지털로 변환된다. 전압 채널 ADC의 시그마-델타 모듈레이터는 전류 채널 ADC와 전압 채널 ADC에서 모두 동일한 구조의 회로로써 사용된다. 단지 모듈레이터 앞단의 회로가 각 전압 또는 전류 채별별로 특성에 맞게 구성된다.

11.3 회로 구현

앞 절에서는 배터리 센서 IC에 대한 전체 구성 및 동작을 알아보았다. 이번 절에서는 PGIA, 시그마-델타 모듈레이터, 비교기 회로 SR-Latch의 설계와 동작을 설명하도록 하겠다.

11.3.1 Programmable gain instrumentation 증폭기

그림 11.3.1은 level shifter와 instrumentation 증폭기를 사용한 PGIA 회로이다. 입력 임피던스를 크게 하기 위해서 instrumentation 증폭기를 사용하였고[8], 이득을 조절하기 위한 programmable gain 회로를 구현하였다. 그림 11.3.1의 $R1$, $R2$, $R3$, $R4$ 저항은 전체 저항 네트워크를 간략화한 것이다.

앞에서 설명한 것과 같이 차량용 배터리에 흐르는 전류는 shunt 저항을 사용하여 감지된다. 이때 감지된 전압은 충방전에 따라 양의 값과 음의 값을 갖게 된다. 따라서 level shifter를 추가하였다. 그리고 외부 100 $\mu\Omega$ shunt 저항을 통해 감지된 전압이 ±200 mV로, 감지된

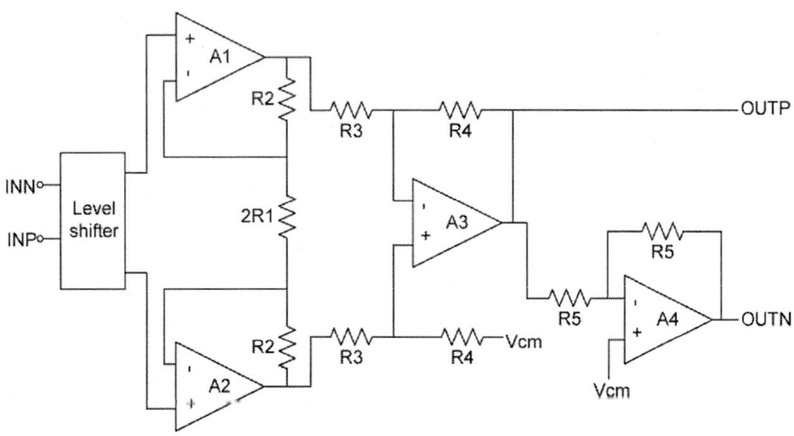

그림 11.3.1 Level shifter와 PGIA 회로

전압 크기가 작기 때문에 이득을 조절하기 위한 PGIA 회로를 통하여 신호를 증폭하게 된다.

PGIA 회로를 통과한 출력은 시그마-델타 모듈레이터의 입력으로 연결된다. Shunt 저항에 의해 감지된 신호의 스윙폭이 시그마-델타 모듈레이터의 최대 입력 범위까지 증폭될 수 있도록 저항 크기를 조절하여 신호의 크기를 바꾸게 된다. 본 예제에서 가정한 PGIA 회로는 1배부터 512배까지 이득을 조절할 수 있고, 저항의 비로 이득이 결정된다. 이때 PGIA 회로의 이득은 첫째 단(A1, A2)과 둘째 단(A3)의 곱으로 정해진다. 이렇게 두 단의 곱으로 이득을 조절했을 때의 장점은 첫째 단(A1, A2)과 둘째 단(A3)의 곱으로 이득이 결정되기 때문에 증폭기 하나로만 이득을 조절했을 때보다 좀 더 효율적으로 설계할 수 있다.첫째 단의 스윙폭을 고려하여 둘째 단에서 적절한 증폭률을 설정해 주고 있다[9][10]. 그림 11.3.1의 level shifter 출력은 그림 11.3.1의 A1, A2 증폭기의 입력단에 사용된 차동 증폭기 트랜지스터의 게이트로 연결된다. PGIA 입력은 무한대의 임피던스를 갖기 때문에 level shifter의 출력을 손실없이 다음 단으로 전달할 수 있다.

시그마-델타 모듈레이터에 사용된 적분기는 noise 및 하모닉을 줄이기 위해 입력단과 출력단에 모두 차동 신호를 사용하였다. 이때 차동 신호를 만들어 주기 위한 방법으로 그림 11.3.1의 A4의 증폭기를 추가하였다. 따라서 추가된 A4 증폭기에 의해 OUTP와 위상만 반대인 OUTN이 만들어진다. 그림 11.3.1의 $R5$ 저항은 그림 11.3.1의 A4의 증폭기의 출력 임피던스를 고려하여 저항값을 정하게 된다.

11.3.2 2차 이산-시간 시그마-델타 모듈레이터

본 예제에서 사용된 시그마-델타 모듈레이터의 차수는 2차이고, 그림 11.3.2에 설계한 2차 시그마-델타 모듈레이터의 블록도를 나타내었다. 모듈레이터는 루프 필터와 비교기, 그리고 피드백 회로로 구성되어 있다. 이때 출력 신호는 입력 신호와 달리 디지털 신호이므로 피드백 회로에는 DAC가 포함되어 있다.

2차 이산-시간 시그마-델타 모듈레이터의 계수 값은 Matlab 시뮬레이션을 통해 0.5로 구하였다. 그리고 적분기는 시그마-델타 클록에 따라 번갈아 들어가는 이중 샘플링(double sampling) 기법을 사용하여 입력이 2배가 되는 효과가 나타나게 할 수도 있다[11][12]. 이러한 경우에는 커패시터의 계수 값은 Matlab을 통해 얻어진 값의 1/2이 된다. 또한, 이중 샘플링 기법은 PGIA 회로의 부하로 작용하는 샘플링 커패시터의 변화로 인한 영향을 최소한으로 해주는 역할도 한다.

커패시터 계수 값은 다음과 같은 사항을 고려하여 최종 결정하였다. 적분기에 사용된 증폭기의 스윙 폭 제한을 고려해 dynamic range scaling을 해 주었고, 이로 인해 첫 번째 적분기의 계수 값이 다시 반으로 줄어들게 된다. 따라서 이중 샘플링과 dynamic range scaling으로 인해 첫 번째 적분기의 샘플링 커패시터와 적분 커패시터 비율이 1 : 8이 되고, 샘플링 커패시터가 2 pF으로 가정하면 적분 커패시터는 16 pF이 된다. 그리고 두 번째 적

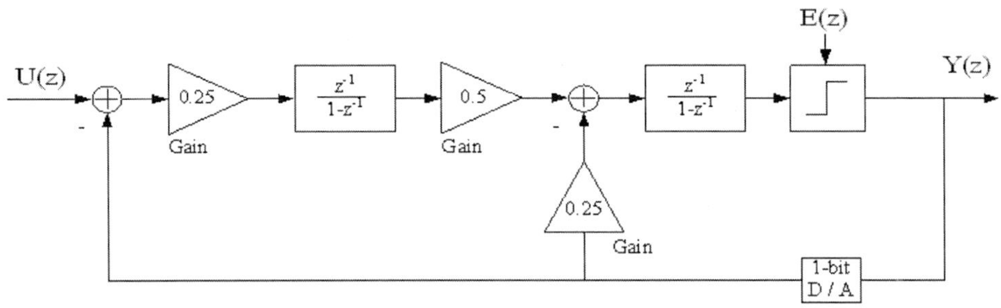

그림 11.3.2 2차 시그마-델타 모듈레이터 블록도

분기는 첫 번째 적분기에서 dynamic range scaling으로 인해 반으로 작아진 신호를 2배 해주어야 하므로 샘플링 커패시터가 2배 증가한 구조로 설계하여 계수를 키워주게 된다. 스위치의 사이즈는 clock feedthrough, r_{on} 등을 고려하여 크기를 정하게 된다. 이렇게 설계된 시그마-델타 모듈레이터의 적분기 회로의 예가 그림 11.3.3이다.

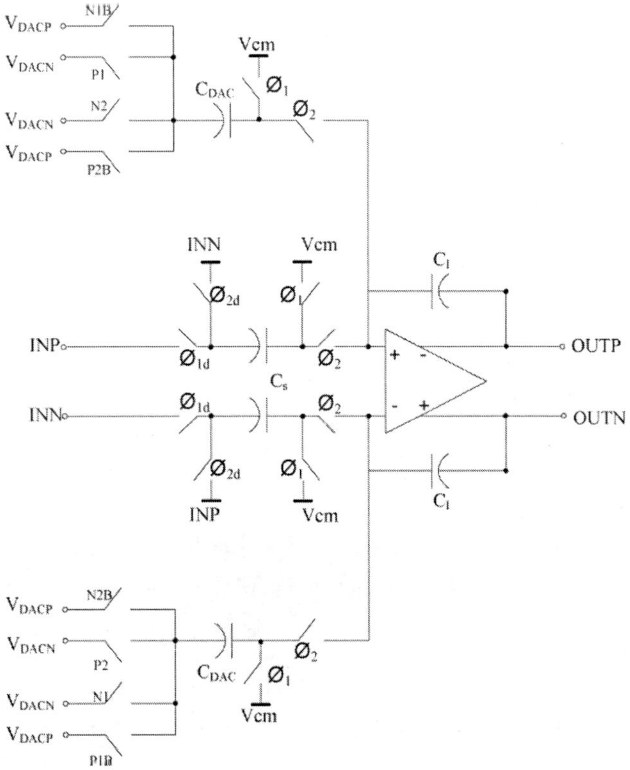

그림 11.3.3 시그마-델타 적분기 회로도 예

11.3.3 비교기와 래치

일반적으로 단일 비트 모듈레이터의 비교기는 fully differential 구조로 설계되며, 비교기의 출력은 SR-래치에 연결된다. 그림 11.3.4는 비교기와 SR-래치로 구성된 단일 비트 양자화기이고, 클록에 의해 제어되는 다이내믹 회로이다. 비교기 내의 스위치를 조정하는 클록에는 clk1d(ϕ_{1d})를 사용하였다. 회로 동작을 살펴보면 ϕ_{1d} 클록이 low가 되면 노드 S_b와 R_b는 VDD로 충전된다. 그리고 ϕ_{1d} 클록이 high가 되면 충전된 노드 S_b와 R_b는 입력 트랜지스터에 의해 각각 방전된다.

이때 각 노드의 방전되는 속도는 입력 전압에 좌우 된다. 이후 노드 S_b와 R_b의 전압이 변동하면서 regeneration 과정이 시작되고 그 과정에 의해서 각 노드의 전압이 결정된다. 이때 출력 전압은 SR-래치에 의해서 저장된다. 시그마-델타 변조기의 양자화 잡음뿐 아니라 양자화기에서 발생하는 비이상적인 noise 성분 역시 noise shaping되기 때문에 설계 요구 사항의 완화로 인해서 비교기의 설계는 다른 블록의 회로설계에 비해 상대적으로 용이하게 된다.

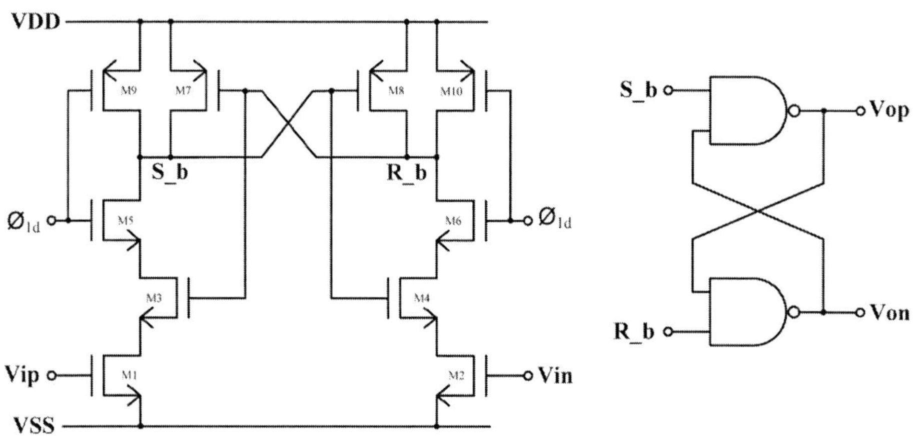

그림 11.3.4 비교기와 SR-래치 회로

또한, SR-래치는 모듈레이터의 출력을 저장함과 동시에 피드백 reference 스위치들을 구동하기 위한 로직이다. ϕ_1 클록이 high일 때 비교기로부터 출력된 값은 SR-래치를 통해 유지된다. ϕ_2 클록이 high가 되면 SR-래치에 있던 데이터는 local DAC 내의 스위치들을 조정하게 된다. 그림 11.3.5에 SR-래치의 시뮬레이션 결과를 보여 이해를 돕고자 한다. 시뮬레이션 결과에서 보이듯이 SR-래치의 입력이 한 주기 동안 저장되는 것을 볼 수 있다.

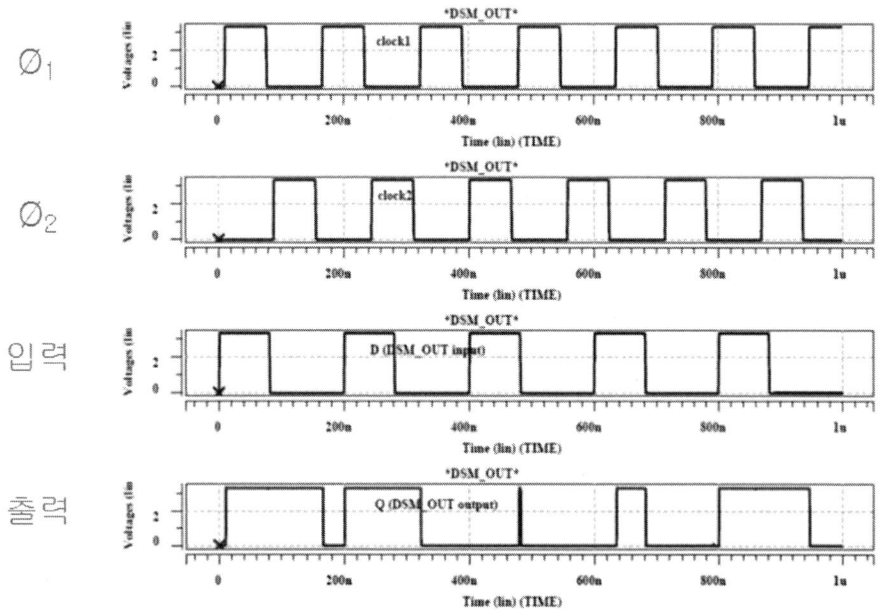

그림 11.3.5 SR-래치

11.4 시뮬레이션 결과 및 측정 결과

다음으로는 앞에서 설명된 배터리 센서 IC에 대한 시뮬레이션 및 측정 결과를 알아보고자 한다. 설계된 시그마-델타 모듈레이터의 OSR은 256이며, 2 kHz의 신호대역을 가정하고 1,024 kHz의 클록 주파수로 동작한다. 그림 11.4.1은 설계된 2차 단일 비트 이산-시간 시그마-델타 모듈레이터의 출력 신호를 이용하여 Hspice 코너 시뮬레이션을 하여 얻은 FFT 결과이다. 4,096개의 샘플 수를 사용한 FFT 파형을 통해 noise 성분들이 신호대역 바깥으로 밀려나는 noise shaping됨을 확인할 수 있다. 또한, PGIA 회로의 입력 주파수인 750 Hz에서 신호 성분이 나타나는 것을 확인할 수 있다. 본 예제에서의 코너 시뮬레이션은 NN 27℃, SS -40℃, FF 85℃ 총 3가지로 이루어졌으며 약간의 차이만 있을 뿐 모든 코너에서 noise shaping이 잘 이뤄짐을 확인할 수 있다.

1차적인 칩의 성능측정은 편의상 배터리 대신 사인함수 발생기를 통해서 입력 신호를 넣어 주고 있다. 칩은 1,024 kHz의 클록 주파수에 의해서 동작되며, 그림 11.4.2는 로직 분석기를 사용하여 측정된 값으로부터 계산된 FFT이다. 입력 신호로 −4.43 dB의 크기와 500 Hz의 주파수를 갖는 정현파 신호를 인가하였을 때, 측정된 시그마-델타 모듈레이터의 출력 신호의 스펙트럼이다. 사용된 샘플의 개수는 128 K를 사용하였고, 측정된 SNR은 81.7

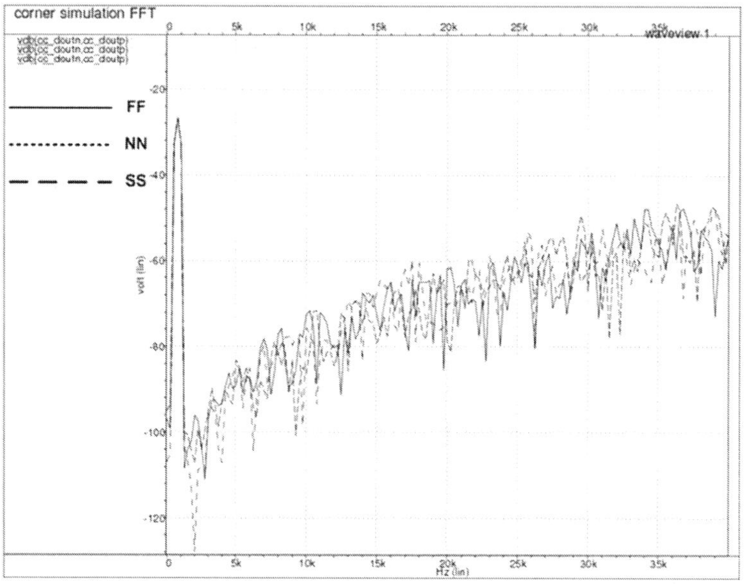

그림 11.4.1 코너 시뮬레이션 결과

dB이다. 그림 11.4.2에서 보는 것과 같이 저주파 대역에서의 noise floor가 약 −120 dB 이하에서 형성되는 것을 볼 수 있다. 또한, noise shaping 특성에 의해서 고주파 대역으로 갈수

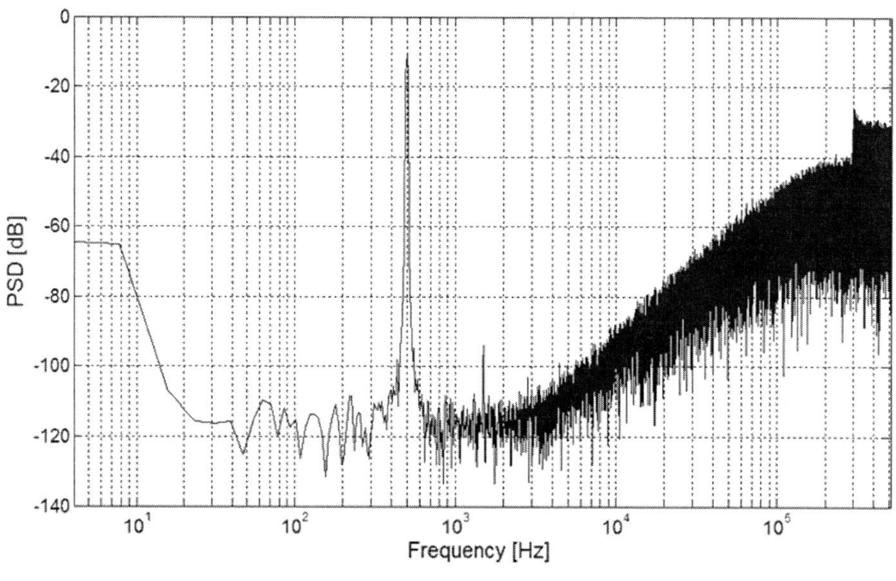

그림 11.4.2 측정된 출력 스펙트럼

록 noise floor가 높아지는 것을 확인할 수 있다. 그림 11.4.3은 모듈레이터의 dynamic range를 나타낸 것이다. 그리고 측정한 dynamic range는 79.6 dB의 값을 얻을 수 있었다. 마지막으로 앞에서 설명한 구조로 설계되고 제작된 후 측정된 시그마-델타 모듈레이터의 성능의 참고를 위한 예제를 표 11.4.1에 요약하였다.

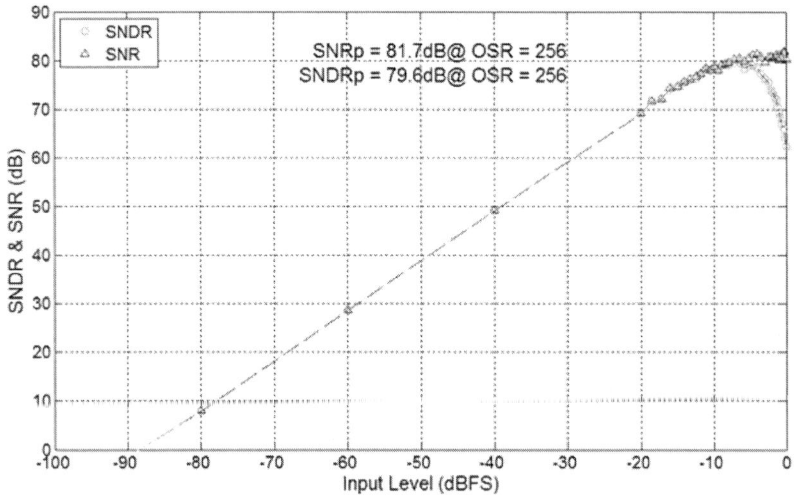

그림 11.4.3 측정된 SNR과 SNDR

표 11.4.1 배터리 센서용 시그마-델타 ADC의 칩 측정 결과 요약

	Parameter	Value
PGIA	공급 전압	2.5 V
	전류 소모	1.3 mA
	이득	1, 2, 4~512
시그마-델타 모듈레이터	공급 전압	2.5 V
	샘플링 주파수	1,024 kHz
	OSR	256
	신호 대역	2 kHz
	peak-SNR	81.7 dB
16 비트 기준 DNL INL	DNL	±0.3 LSB
	INL	±0.5 LSB

지금까지 델타 시그마 ADC를 사용하여 배터리 센서의 설계에 대한 전반적인 설명을 하였다. 기본적인 구조에 대한 설명을 통해 회로설계의 기본사항을 이해하도록 하였다.

다음으로는 Matlab/Simulink를 사용하여 Behavioral 시뮬레이션을 실행하는 것을 설명하도록 한다.

11.5 Matlab / Simulink 실습 자료

간단한 2차 시그마-델타 모듈레이터의 Simulink model을 만들어 보면서 Matlab 사용 방법을 학습해 보자. 앞 절에서 설명한 배터리 센서에 들어간 시그마-델타 ADC와 유사한 2차 구조를 사용하여 설명하겠다. 설명대로 따라 한다면 어렵지 않게 Simulink model을 만들 수 있을 것이라 생각한다.

Matlab으로 구조를 정하는 이유는 Matlab 시뮬레이션은 빠른 시간에 시뮬레이션이 가능하므로 구조를 결정하기 위한 시뮬레이션으로 적합하기 때문이다. 따라서 시그마-델타 모

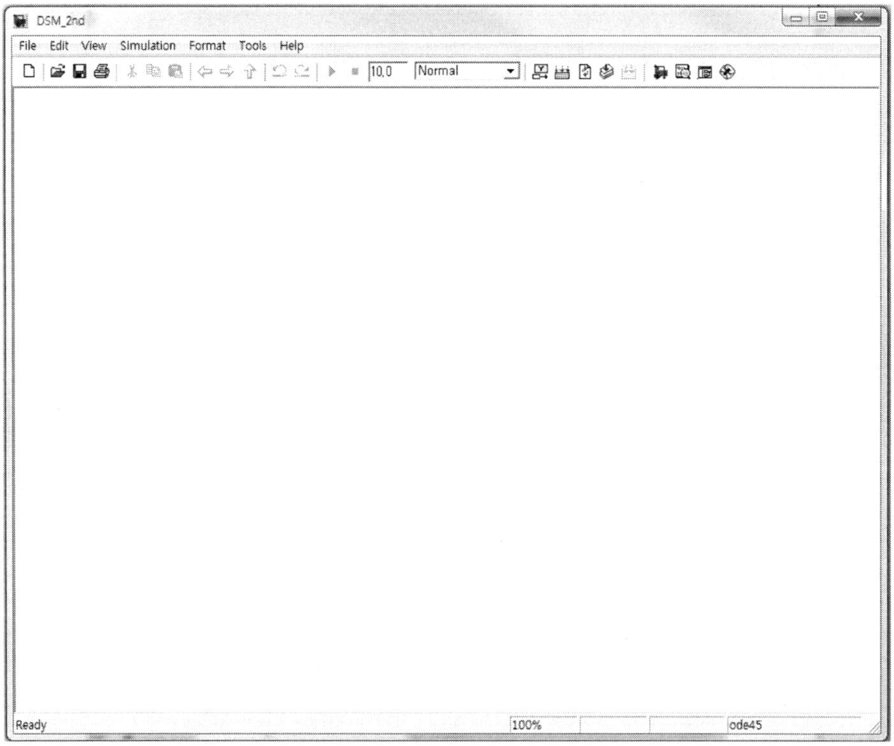

그림 11.5.1 Simulink Model Window

듈레이터를 설계하기 위해서는 Matlab으로 behavioral 시뮬레이션을 통해 구조를 결정한 후, spice 시뮬레이션을 통해 트랜지스터 레벨에서 구현된 회로를 검증하게 된다.

2차 이산-시간 시그마-델타 모듈레이터의 기본구조에 대한 Matlab 시뮬레이션을 하기에 앞서, 시뮬레이션 방법에 대해 알아보도록 하자. 이번 절에서는 Matlab으로 Simulink model을 만드는 방법 및 시뮬레이션 방법에 대해서 자세히 설명해 놓았다.

기본적인 사항들은 아래의 설명을 따라 천천히 따라 하면 무난히 할 수 있을 것이라 생각하고, 더 자세한 내용은 시중에 판매되는 Matlab 전문 서적을 참고하기 바란다.

이 책에서 사용한 Matlab version은 7.12이다. 간혹 사용자의 Matlab version에 따라 메뉴들이 다를 수 있다. 그러나 실습하기에는 어려움이 없을 것으로 생각한다. 그럼 Matlab 실습을 시작해 보자. 그림 11.5.1과 같이 새로운 model window는 File menu에서 New menu를 선택하여 생성한다. 다음으로 그림 11.5.2의 Simulink library browser에서 원하는 block들을 model window에 drag & drop하여 배치하고, line으로 연결하여 하나의 완성된 model을 개발하고 DSM.mdl 확장자로 저장하면 된다.

이제 하나씩 따라 하며 2차 시그마 델타-모듈레이터를 Simulink model로 만들어 보자.

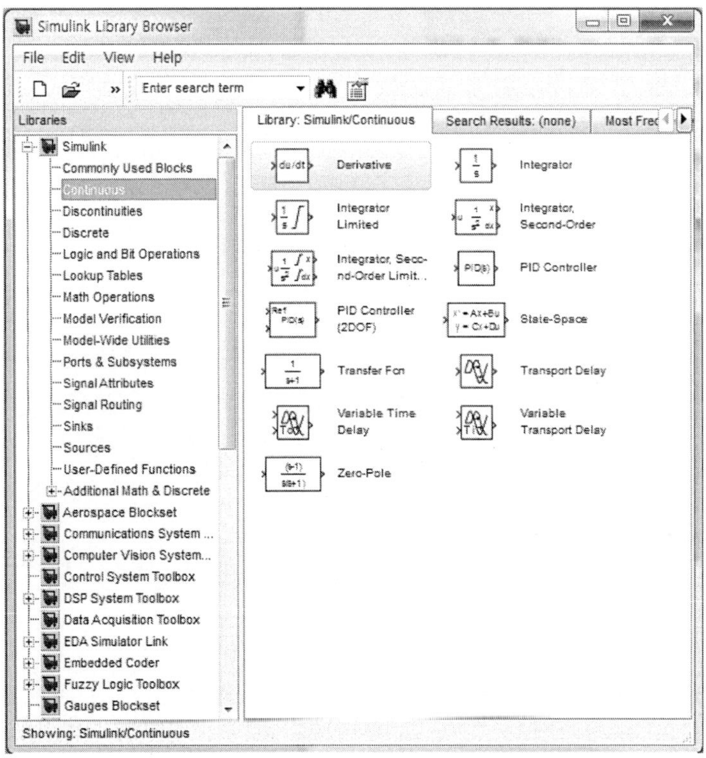

그림 11.5.2 Simulink Library Browser window

그림 11.5.3처럼 Sine Wave block을 drag한 뒤에 Simulink window 상의 원하는 위치에 놓는다. 나머지 block들도 그림 11.5.3처럼 배치시켜 보자.

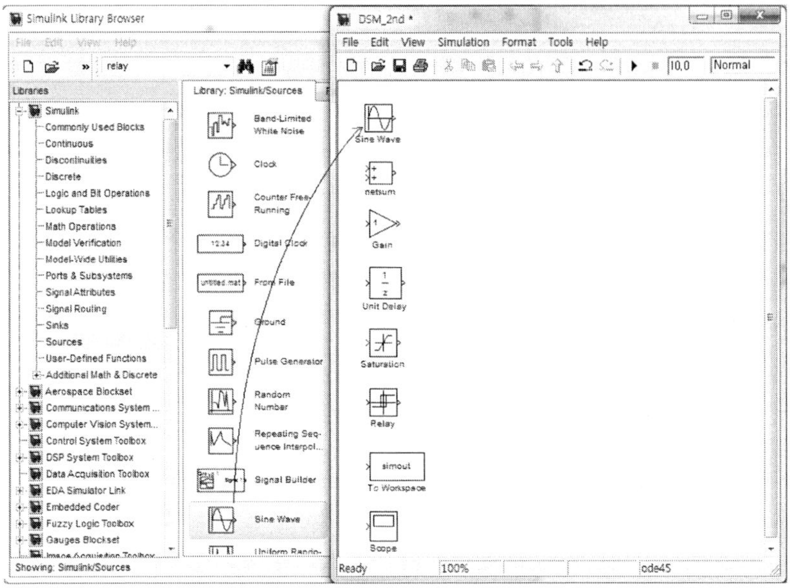

그림 11.5.3 Block 배치 방법

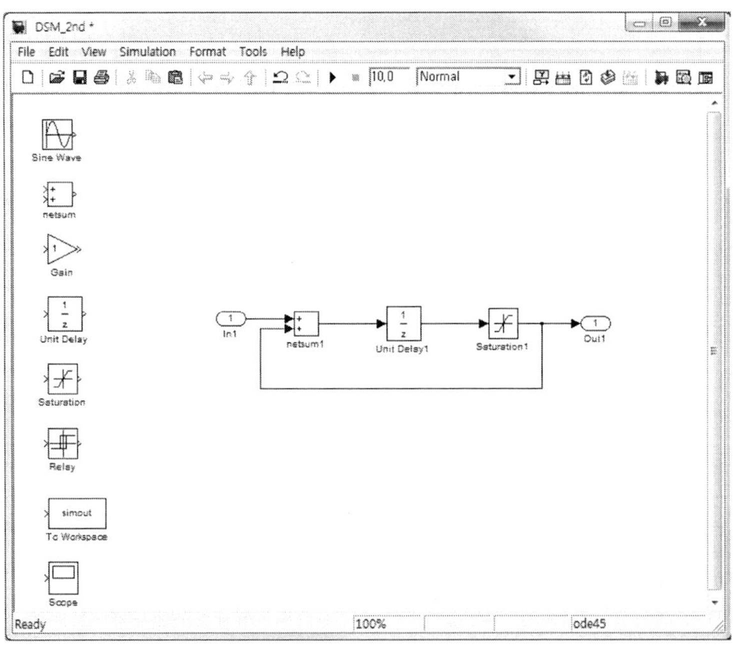

그림 11.5.4 Discrete-time integrator

그림 11.5.3처럼 설계에 필요한 모든 bolck을 Simulink window 상에 놓았다면 그림 11.5.4를 참고하여 discrete-time integrator를 만들어보자. 연결선은 선택된 block의 '>' 모양의 끝을 마우스로 누르고 원하는 곳에 이동하면 선이 그려지는 것을 볼 수 있다. 이후 원하는 곳에 놓으면 최종적으로 선이 연결된다. 만약 잘못 연결했으면 키보드의 delete 키를 사용하여 잘못 연결된 라인을 지우고, 다시 연결하면 된다.

그림 11.5.4와 같이 적분기를 다 만들었다면, 만들어진 적분기를 하나의 subsystem block으로 만들도록 하겠다. 이를 위해 만들어진 적분기 전체를 선택 후 마우스 오른쪽 버튼을 클릭하고 Create subsystem menu를 클릭해 준다. 그러면 하나의 subsystem block이 만들어진다. 그림 11.5.5를 참고해서 만들어보자.

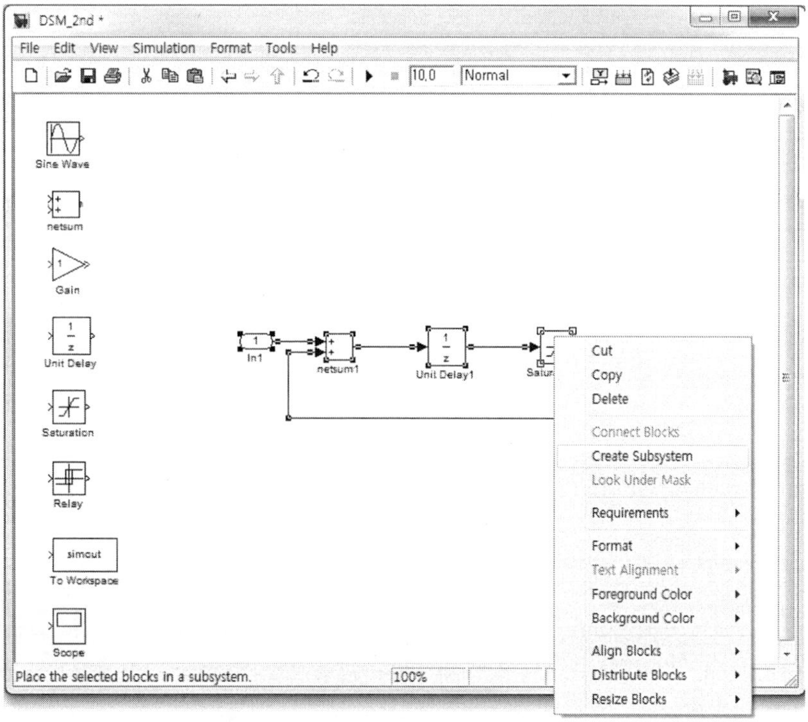

그림 11.5.5 Subsystem block 생성 방법

만들어진 subsystem block을 더블클릭해 보면 그림 11.5.4와 같은 적분기의 내부를 볼 수 있다. 이제 만들어진 sybsystem block을 사용하여 2차 시그마-델타 모듈레이터를 만들어 보도록 하자. 그림 11.5.6은 여기서 만든 적분기를 사용하여 만든 2차 시그마-델타 모듈레이디이다.

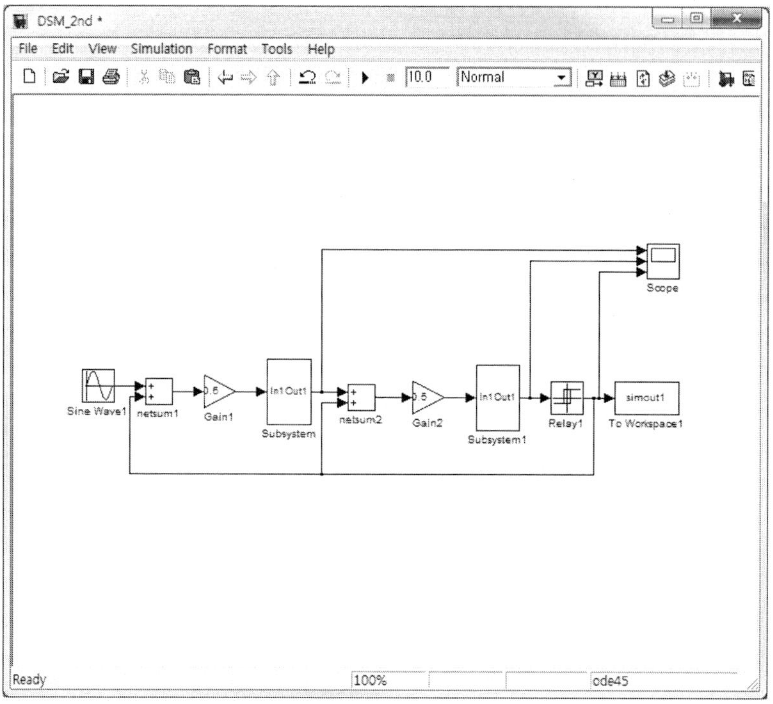

그림 11.5.6 2차 시그마-델타 모듈레이터

그림 11.5.4에서 만들었던 적분기와 마찬가지로 먼저 필요한 block을 Simulink library browser에서 불러온 후, 배치한다. 다음으로 모든 block에 라인을 연결하여 준다. 그림 11.5.6을 참고하여 2차 시그마-델타 모듈레이터를 완성하여 보자. 그림 11.5.6과 같이 만들었다면, 이제부터 각 block에 대한 설정을 하도록 하겠다. 다음 그림을 보며 각각의 block의 설정을 완성해 보자.

그림 11.5.7은 source block으로 사용될 sine wave에 대한 설정이다. Amplitude에는 ampl, Frequency에는 finrad라고 기입하자. 이 변수들은 이후에 작성될 시뮬레이션 구동 프로그램인 top.m과 연동되어 동작하게 된다. 그림 11.5.8은 sum block으로 List of signs에 +-라고 기입한다.

그림 11.5.9는 커패시터의 계수 값이다. 계수 값은 0.5로 하였다. 이는 샘플링 커패시터와 적분 커패시터의 비율로 Cs : Ci = 1 : 2로 표현할 수 있다. 그림 11.5.10은 top.m 파일 내부에 정의된 변수인 Ts를 기입한다.

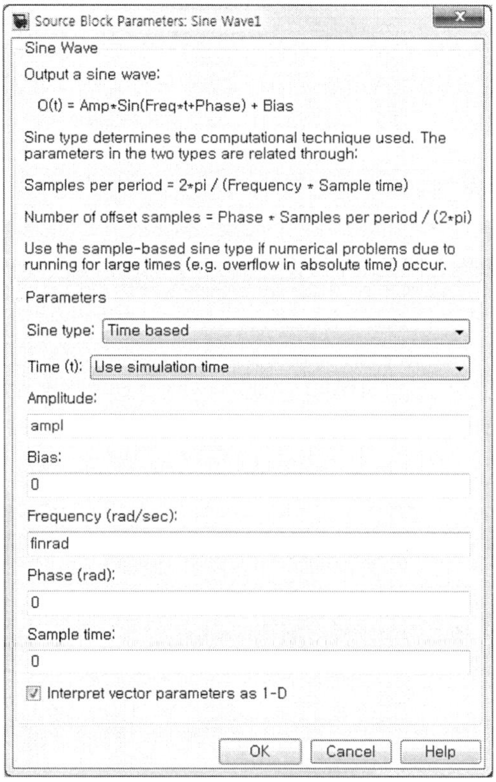

그림 11.5.7 Sine wave block

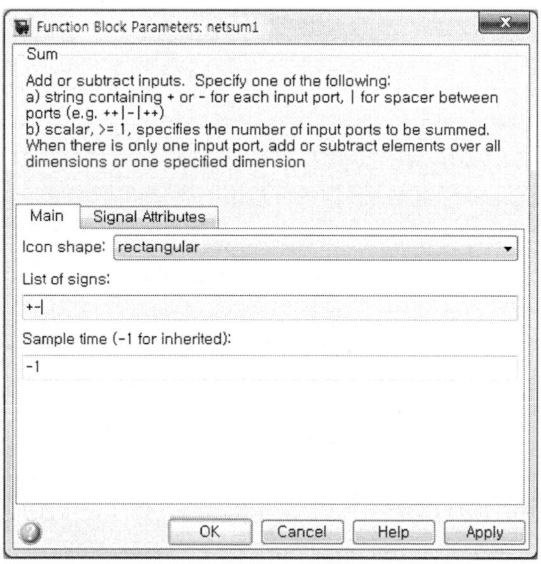

그림 11.5.8 sum block

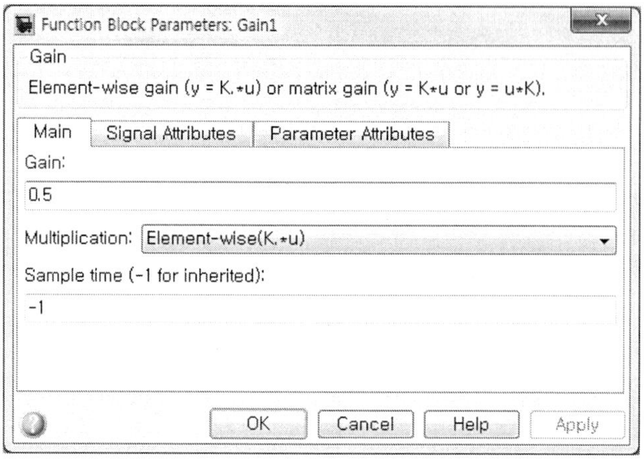

그림 11.5.9 gain block

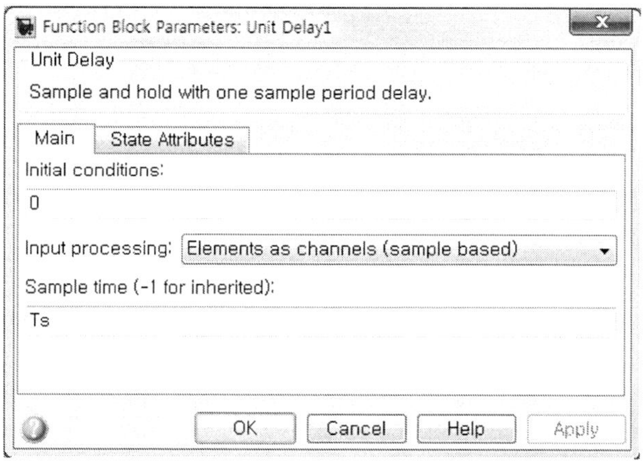

그림 11.5.10 delay block

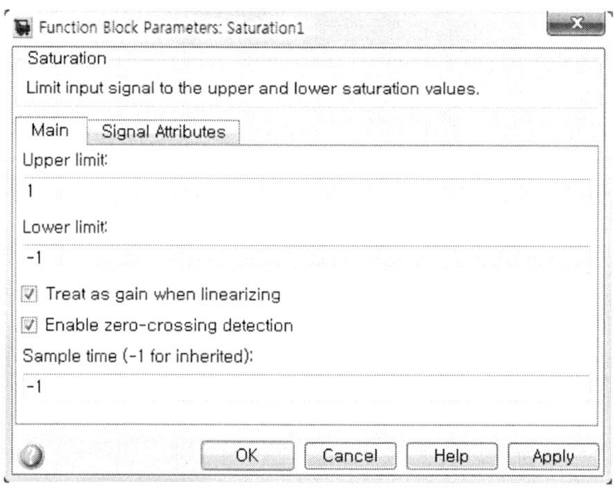

그림 11.5.11 relay block

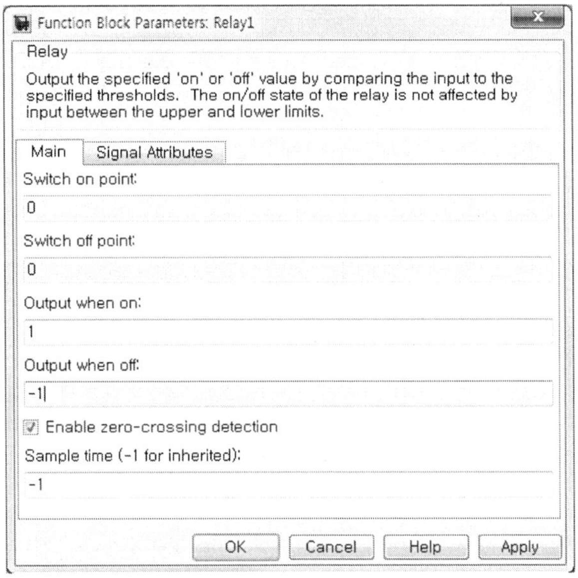

그림 11.5.12 saturation block

그림 11.5.11과 그림 11.5.12의 그림을 참고하여 block을 설정하자.

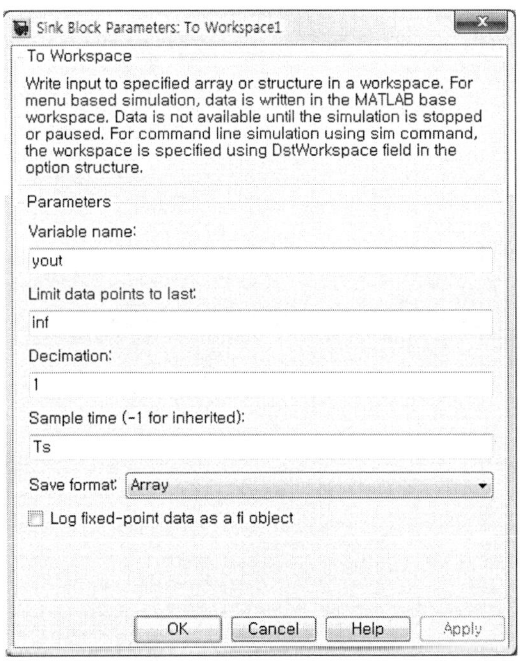

그림 11.5.13 workspace block

마지막으로 그림 11.5.13과 같이 만들었다면, 모든 block에 대한 설정이 끝났다. 이제 모든 block의 설정이 끝났으면 DSM.mdl로 저장하고, M-file 소스 코드를 작성하여 보자. 에디터를 사용하여 아래의 코드를 작성하고, top.m으로 저장하도록 한다.

```
top.m 파일 소스 코드

clear

bw=25e3;                % Baseband frequency
R=128;                  % Oversampling ratio
Fs=R*2*bw;              % Sampling frequency
Ts=1/Fs;
N=8192;                 % Number of samples for FFT
nper=8;                  % Number of sine period
Fin=nper*Fs/N;            % Frequency of input sine wave
ampl=0.2;
finrad=Fin*2*pi;
options=simset('initialState',zeros(1,2) );
sim('DSM',N/Fs,options);
% Hanning Window
w=0.5*(1-cos(2*pi*(0:N-1)/N) );
% FFT of windowed output signal
stot=(abs(fft(yout(1:N).*w'))).^2;
Pdb=10*log10( stot/sum(stot) );

fB=N*(bw/Fs);

pwsignal=sum(stot(8:10));

pwdnoise=sum(stot(1:7))+sum(stot(11:fB));

sndr=10*log10(pwsignal/pwdnoise)

figure(1);
semilogx( linspace(0,Fs/2,N/2), Pdb(1:N/2) );

text_handle = text(floor(Fs/(4*R)),-30, sprintf('SNDR = %4.1fdB @ OSR=%d\n',sndr,R));
grid on
```

소스 코드 작성이 다 끝났으면, top.m을 실행하여 작성된 소스 코드를 동작시킨다. 또는 F5를 눌러서 실행시켜도 된다. 코드가 실행되면 그림 11.5.14와 같은 결과를 얻을 수 있다.

그리고 저장한 DSM.mdl의 scope를 두 번 클릭해 보면 그림 11.5.15와 같은 출력 결과를 얻을 수 있다. 그리고 이외 다른 노드의 출력을 scope로 확인하여 보자.

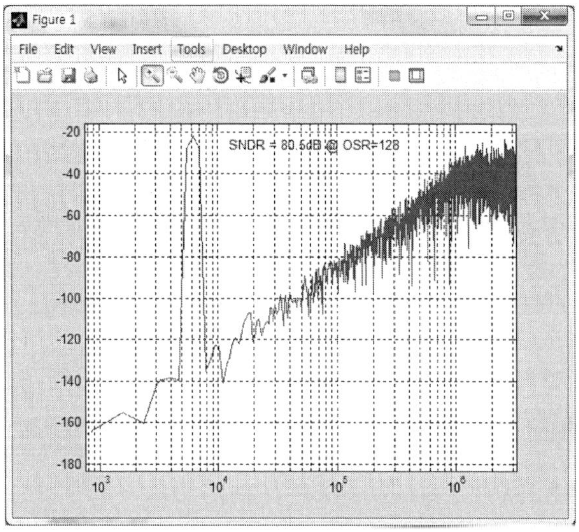

그림 11.5.14 FFT 결과 파형

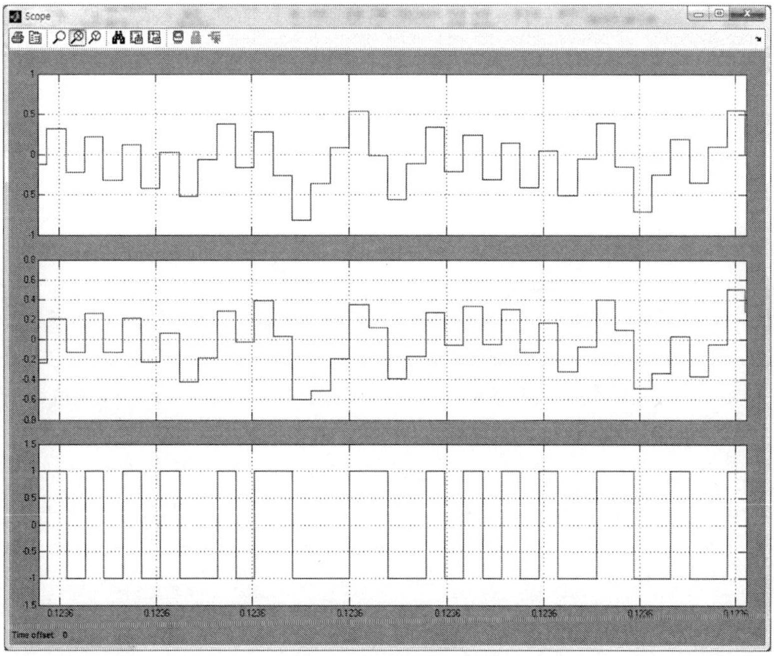

그림 11.5.15 Scope 파형

본 예제에서 사용된 파일 이름인 DSM.mdl과 top.m은 설명을 위한 예로서 제시된 것이다. 따라서 각각의 mdl파일과 m 파일의 이름은 설계자가 다르게 설정할 수 있다.

참고문헌

[1] A. Gerosa, A. Novo and A. Neviani, *"An Analog Front End for the Acquisition of Biomedical Signals Fully Integrated in a 0.8 μm CMOS Process"*, in *Southwest Symp. Mixed-Signal Design*, Feb. 2001, pp.152-157.

[2] R. J. Baker, W. L. Harry and E. B. David, *CMOS Circuit Design, Layout, and Simulation*, NY: IEEE Press, 1997.

[3] 진용, 강희경, 이현동, *"친환경 자동차용 BMS ECU 개발"*, 한국자동차공학회 Annual Conf., 2009, pp.2928-2933.

[4] 현석, 구본웅, 엄태홍, 최후락, 최창율, *"하이브리드 전기자동차의 BMS ECU 개발 및 모니터링"*, 한국자동차공학회 Symp., 2005, pp.38-42.

[5] ADuC7034 Data Sheet, Analog Devices Inc. (2010, May). [On-line]. Available: http://www.analog.com

[6] ADuC7039 Data Sheet, Analog Devices Inc. (2011, Sep). [On-line]. Available: http://www.analog.com

[7] O. Tremblay, L. A. Dessaint, and A. I. Dekkiche, "*A Generic Battery Model for the Dynamic Simulation of Hybrid Electric Vehicles", IEEE Vehicle Power and Propulsion Conf.*, Sep. 2007, pp.284-289.

[8] A. S. Sedra and K. C. Smith, *Microelectronic Circuits, 5th ed.* New York: Oxford Press, 2004, pp.85-88.

[9] V. Schaffer and M. F. Snoeij "A 36V Programmable Instrumentation Amplifier with sub-20μV offset and a CMRR in excess of 120dB at all gain settings", *IEEE Journal of Solid-State Circuits,* vol.44, no.7, July 2009.

[10] C. C. Hsu and J. T. Wu, "A Highly Linear 125-MHz CMOS Switched-Resistor Programmable-Gain Amplifier", *IEEE Journal of Solid-State Circuits*, vol.38, no.10, Oct. 2003.

[11] H.-K. Yang and E. I. El-Masry, "Double sampling Delta-Sigma Modulators", *IEEE Trans. Circuits Syst. II*, vol.43, pp.524 - 529, July 1996.

[12] P. J. Hurst and W. J. McIntyre, *"Double Sampling in Switched-capacitor Delta-Sigma A/D Converters"*, in *IEEE Int. Symp. Circuits and Syst.*, May 1990, pp.902-905.

[13] W. Kester, *The Data Conversion Handbook,* Analog Devices, Inc., 2005, pp.303-316.

12

데시메이션 필터

12.1 데시메이션 필터의 개요

시그마-델타 모듈레이터를 통해서 발생된 디지털 신호는 디지털 필터를 통해 최종 ADC의 출력 디지털 신호로 변환된다. 이에 따라 효율적인 디지털 필터의 설계는 최종 ADC의 성능, 면적, 전력 소모 등에 큰 영향을 주게 된다[1][2]. 본 장에서는 오버샘플링된 디지털 데이터를 최종 출력 데이터로 변환하는 필터의 동작 원리와 구조, 설계 방법 등을 설명한다. 이해를 쉬게 하기 위해 본 장에서는 가장 일반적인 응용 분야인 오디오용 신호 대역인 20 kHz를 위한 필터설계를 예로 든다.

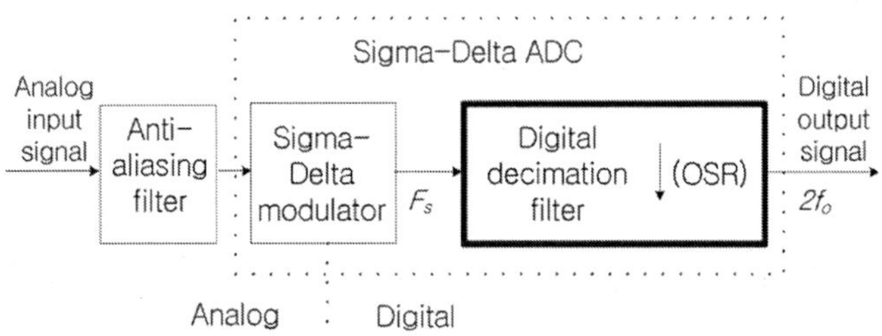

그림 12.1.1 시그마-델타 ADC의 구조와 decimation 필터

그림 12.1.1은 앞의 9장에서 설명되었던 기본적인 시그마-델타 ADC의 구조를 설명상 편의를 위해 다시 보여 준다. 본 장에서는 전체 구조 중에서 디지털 로직으로 설계되는 decimation 필터에 대해 알아본다. 아날로그-디지털 변환을 위한 전체구성을 다시 살펴보면, 9장에서 설명된 바와 같이 aliasing 현상을 방지하기 위한 anti-aliasing 필터가 제일 앞단에 설계된다. 신호대역만 통과시켜주는 저주파 통과 필터로 설계된다. 오버샘플링 하게 되는 특성 상 anti-aliasing 필터는 일반적으로 단순한 구조를 갖게 된다. 많은 경우 저항과 커패시터로 구성된 1차 RC 필터가 사용되고, 또는 2차 필터가 사용된다. 이러한 단순한

회로로서 anti-aliasing 필터를 구현할 수 있다는 것이 오버샘플링 방식의 시그마-델타 ADC의 또 다른 장점 중 하나이다. 시그마-델타 모듈레이터를 통과한 아날로그 신호는 디지털로 변환되어 오버샘플링된 높은 주파수(Fs)로 출력된다. 이렇게 발생된 디지털 신호는 신호 성분과 함께 신호대역 밖에 존재하는 높은 주파수의 양자화 잡음까지 포함하고 있다. 따라서 저주파 통과 필터를 통해 높은 주파수 대역의 잡음을 제거하게 된다. 이때 사용되는 필터는 입력 신호가 이미 디지털로 변화되어 있으므로 디지털 로직으로 구현하게 된다.

Decimation 필터의 또 다른 주요 동작으로는 오버샘플링된 디지털 신호의 샘플링 주파수를 오버샘플링 비율(OSR)만큼 낮춰주는 기능을 하게 된다. 앞 장에서 설명된 것처럼 아날로그 신호를 샘플링할 때는 Nyquist rate($2f_o$, f_o=신호대역 주파수) 이상으로 샘플링 주파수를 선택하면 다시 원래의 아날로그 신호가 복원이 가능하다. 따라서 오버샘플링된 주파수를 낮춰서 Nyquist rate로 변환하는 작용을 하게 된다. 낮은 주파수의 Nyquist rate로 낮춰줌으로써 디지털 데이터의 양은 대폭 줄게 되고, 이에 따라 데이터의 저장, 전송 등이 용이해진다. 이 기능들을 수행하기 위해 디지털 데시메이션 필터는 몇 개의 디지털 필터의 연속으로 구현된다. 물론 한 단으로 디지털 필터를 구현하는 것도 가능한 방법이다. 그러나 하드웨어 구현상의 장단점을 고려할 때 여러 단계의 필터로 나누어서 구현하는 것이 하드웨어 사이즈 등의 측면에서 장점이 많고, 이에 따라 일반적으로 사용된다.

본 디지털 필터에 관한 내용은 디지털 신호처리 이론을 바탕으로 한다. 따라서 지금까지 앞 장들에서 나왔던 아날로그 회로 설계 내용들과는 큰 차이가 발생한다. 신호처리 및 디지털 필터 설계에 관한 학부 수준의 기본적인 내용은 이미 알고 있다고 가정하고, 본 장에서는 이러한 기본 지식의 바탕위에 일반적인 디지털 필터 설계와 차이가 나는 내용 위주로 설명한다. 특히, 하드웨어 설계에 관한 구체적인 내용을 다루려면 별도의 책으로 출판되어야 하는 방대한 양이므로, 본 장에서는 각 단계별 설계를 예로 들면서 적절한 참고문헌을 제시하여 좀 더 깊은 연구가 가능하도록 접근하였다.

데시메이션 필터는 전체 주파수 대역에 비해 변이 주파수 대역이 매우 좁기 때문에 높은 차수의 필터를 필요로 한다. 이로 인해 면적과 파워소모가 커진다[3]. 디지털 데시메이션 필터의 면적과 파워소모를 줄이기 위한 많은 연구가 행해지고 있으며 효율적인 여러 기법이 제시되었다. 여러 연구에 따른 결과, 일반적으로 디지털 데시메이션 필터의 구조를 multi-rate multi-stage로 구현하는 것이 디지털 데시메이션 필터의 면적과 파워소모를 효율적으로 줄일 수 있다고 알려져 있다[3]. Goodman과 Carey와 같은 연구자들은 넓은 주파수 대역에 적용 가능하고 최적의 계수를 지닌 half-band FIR 필터에 대해 설명하였고[4], Hogenauer는 크게 샘플링 주파수를 낮출 수 있는 효율적인 CIC(cascade integrator-comb) 필터를 제안하고 있다[5]. 또한, Hewlitt는 FIR 필터에서 하드웨어 구현의 복잡성을 줄일 수 있는 필터 계수의 CSD(canonical signed digit) 표현 방법을 제시하고 있다[6]. 본 장에서는 위 기법 및 구조를 참고하여 CIC 필터와 계수의 CSD 표현방식을 이용한 두 개의 half-band FIR 필터로 파워와 면적에 효율적인 디지털 데시메이션 필터의 설계를 단계별로 설명하고, 하드웨어 구현 예를 통해 실질적인 이해가 되도록 하였다. Verilog-HDL로 설계한 후 합성하여 MPW를 통해 칩을 제작하는 예를 보여 주었다. 이를 통해 다단계 디지털 필터에서 각 단계 별 필터의 하드웨어 면적 비교를 통해 좀 더 이해를 높일 수 있도록 하였다. 디지털 데시메이션 필터의 설계를 위해 필터의 차수 및 계수 값 결정은 Matlab 시뮬레이션을 통해 설계한다.

12.2 데시메이션 필터의 구조 및 특성

데시메이션 필터의 설계 방법을 설명하기 위해 오버샘플링 시그마-델타 ADC가 가장 오랜 기간 많이 사용되었던 분야인 오디오용 필터를 대상으로 구체적인 설계 방법을 설명하도록 하겠다. 물론 설계 목표 사양은 다양한 응용 분야에 따라 변경가능하며, 본 장에서 설명된 방법은 동일하게 적용될 수 있다.

표 12.2.1 디지털 데시메이션 필터의 목표 사양

Input data rate(F_s)	2.8224 MHz
Output data rate($f_s = 2f_o$)	44.1 kHz
Passband(F_{pass})	0–20 kHz
Stopband(F_{stop})	> 24.1 kHz
Minimum stopband attenuation	80 dB
Passband ripple(δ_p)	0.01 dB

표 12.2.1에 설정된 목표 사양을 보여 준다. 본 사양은 CD player, MP3 player 등에 사용되는 SNDR 90 dB 이상 오디오 수준의 다양한 칩을 참고하여 설정하였다. 데시메이션 후의 최종 출력 샘플링 주파수(output data rate)는 나이퀴스트(Nyquist) 이론에 따라 인간의 가청 주파수인 20 kHz의 두 배에 해당하는 40 kHz 이상으로 설정하여야 한다. 디지털 필터 설계를 위해 사용되는 Infinite Impulse Response(IIR) 구조와 Finite Impulse Response(FIR) 구조 중에서 오디오용 ADC에서는 선형성을 위해 FIR 구조가 일반적으로 사용된다. 따라서 본 설명에서도 FIR 필터 설계를 예제로 보여준다.

본 기술에서 제안한 디지털 데시메이션 필터는 1비트, 4차, OSR=64인 디지털 오디오용 시그마-델타 모듈레이터를 대상으로 설계된다. 모듈레이터의 설계는 앞 장에서 설명된 것처럼 원하는 성능을 달성하기 위해 OSR과 모듈레이터의 차수 등을 결정하게 된다. 디지털 필터는 모듈레이터에서 나오는 디지털 데이터를 입력 신호로 받게 되므로 입력 데이터의 주파수는 모듈레이터의 출력 데이터의 주파수와 동일하게 된다. 표 12.2.1과 같은 사양을 만족시키기 위한 선형 위상을 갖는 FIR 필터의 탭(tap) 개수 및 곱셈 연산량은 필터의 파워 소모와 복잡성에 큰 영향을 미친다. 필터의 파워소모와 효율성을 고려하여 표 12.2.1과 같은 사양을 만족시킬 수 있는 데시메이션 필터의 구조를 선택해야 한다. 그림 12.2.1에서 몇 가지 설계 가능한 데시메이션 필터의 구조를 비교해 보았다. 첫 단(stage)은 선형 위상을 갖는 FIR 필터 중에 큰 다운 샘플링에 효과적인 콤브(comb) 필터로 가정하고 나머지 단은 일반 direct-form FIR 필터에 비해 연산량을 줄일 수 있는 half-band FIR 필터로 가정하였다[1][7]. 그림 12.2.1에서 N_T는 전체 필터의 탭 개수로서 각 단의 탭 개수를 합한 값이 된다. 각 단의 탭 개수(N_i)는 계산의 편의를 위해 equiripple FIR 필터 설계를 위한 공식을 사용하였고 식 (12.2.1)에 나타내었다[3].

$$N_i \approx \frac{D_\infty(\delta_p, \delta_s)}{\Delta F_i / F_i} \tag{12.2.1}$$

식 (12.2.1)에서 δ_p와 δ_s는 필터 전체의 통과대역 리플(ripple)과, 정지대역 리플을 나타내고, ΔF_i와 F_i는 각 단에서의 전이대역과 입력 샘플링 주파수를 의미한다. 콤브 필터 단과 half-band FIR 필터 단에서의 $D_\infty(\delta_p, \delta_s)$는 각각 $D_\infty(\delta_p/1, \delta_s)$, $D_\infty(\delta, \delta)$로 나타낼 수 있다. I는 단의 총 개수를 의미하며 $\delta = \min[\delta_p/I,\ \delta_s]$로 나타낼 수 있다. 그림 12.2.1의 (a)를 예로 들었을 경우, 콤브 필터 단과 half-band FIR 필터 단의 $D_\infty(\delta_p, \delta_s)$는 각각 $D_\infty(\delta_p/2I, \delta_s) = D_\infty(0.01/2, 0.0001) = 3.37$, $D_\infty(\delta, \delta) = D_\infty(0.0001, 0.0001) = 4.6$이다. $D_\infty(\delta_p, \delta_s)$의 자세한 계산식은 [3]에서 알 수 있다. 그림 12.2.1(a) 구조 전체의 탭 수(NT)를 계산하는 과정에서 N_2에 곱해진 0.5의 계수를 볼 수 있다. 이는 half-band FIR 필터에서 계수는 대략 절반이 0의 값을 가지고 있기 때문에 탭 수가 반으로 줄어드는 것을 의미한다. 그림 12.2.1에서 R_T^*는 이 시스템을 구현하기 위해 필요한 초당 곱셈수(MPS)로서 각 단의 R_i를 합한 값이 된다[3]. R_T^*는 식 (12.2.2)와 같이 각 단에서 탭 수(N_i)와 입력 샘플링 주파수(F_i)의 곱인 R_i의 합으로 나타낼 수 있다.

$$R_T^* = \sum_{i=1}^{I} R_i = \sum_{i=1}^{I} (N_i F_i),\ i = 1, 2, \ldots, I \tag{12.2.2}$$

그림 12.2.1(a)의 R_T^* 계산에서 두 개의 0.5계수는 순서대로 다음과 같은 이유로 추가하였다. 처음의 0.5계수는 필터 전체의 대칭성을 고려했을 때이고, 다음으로 보이는 0.5계수는 half-band FIR 필터를 고려함으로써 추가로 계산해 줘야 하는 계수이다. 그림 12.2.1의 세 가지 구조를 비교해 봤을 때 (a)의 구조는 탭 수가 매우 크게 나타난다. 그림 12.2.1(a)

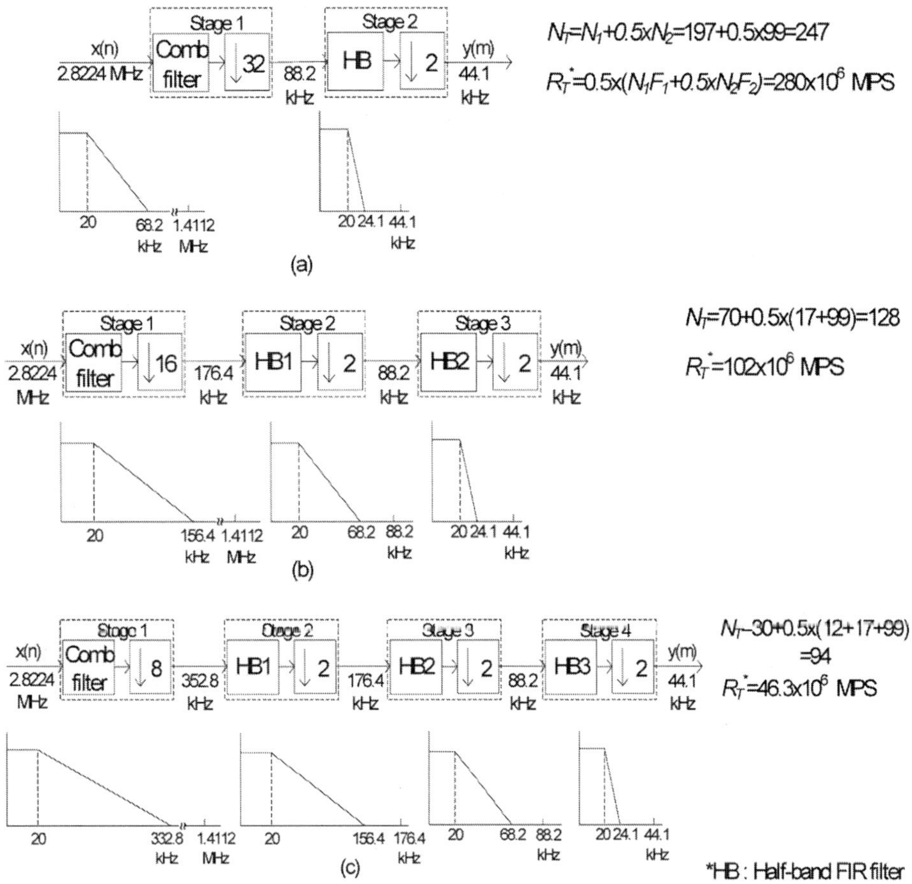

그림 12.2.1 디지털 데시메이션 필터 구조 비교

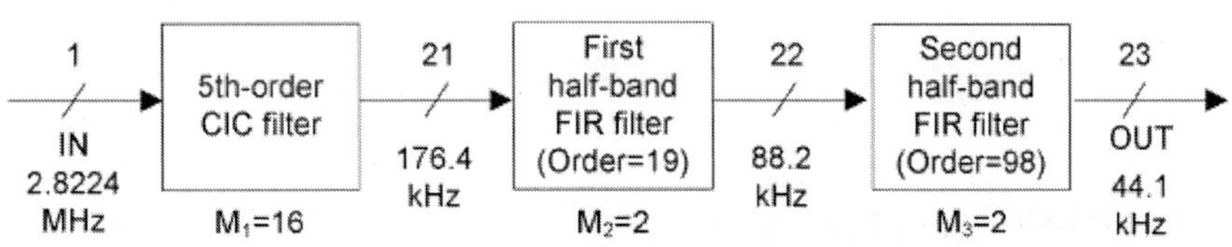

그림 12.2.2 3단 디지털 데시메이션 필터

구조에서 첫 번째 단의 입력 샘플링 주파수와 탭 수가 매우 높기 때문에 이 구조는 많은 파워소모가 예상된다. 다음으로 (b)와 (c) 구조의 N, R_T^* 를 비교해 봤을 때 (c) 구조의 N 및 R_T^* 가 월등히 낮게 나타난다. 두 구조의 파워소모를 비교해 보면 (c) 구조가 (b) 구조보다 파워소모를 크게 줄일 수 있다. 그러나 (c) 구조를 하드웨어로 구현 시 첫 번째 단인 콤브 필터에서 (b) 구조에 비해 면적이 줄어들 수 있겠지만 추가된 두 번째 단의 필터로 인해 면적이 커질 수 있다. 또한, 콤브 필터의 OSR이 8이 됨에 따라 신호대역 내에서의 signal drooping이 크게 발생하는 문제점도 있다. 본 설계 예제에서는 위와 같은 trade off를 고려하여 면적과 파워소모를 줄일 수 있고 간단한 필터 설계에 적합한 (b) 구조를 선택하였다.

그림 12.2.2는 선택된 구조를 바탕으로 한 본 예제의 디지털 데시메이션 필터를 나타낸다. 5차 CIC 필터는 16배 만큼 샘플링 주파수를 낮추고 2개의 연속된 half-band FIR 필터가 나머지 샘플링 주파수를 나이퀴스트 주파수인 44.1kHz로 낮춘다. 5차 CIC 필터는 큰 다운 샘플링에 적합하면서 곱셈기와 계수를 저장할 ROM 없이 적분기와 미분기만으로 쉽게 구현 가능한 장점을 가지고 있는 Hogenauer CIC 필터를 사용하였다[5]. 첫 번째 half-band FIR 필터는 차수가 19인 Goodman과 Carey의 F9 half-band FIR 필터를 사용하였다[4]. 두 번째 half-band FIR 필터는 좁은 전이대역과 정지대역에서 80dB의 감쇄를 얻을 수 있도록 첫 번째 half-band FIR 필터에 비해 높은 차수인 98차로 설계하였다. 두 번째 half-band FIR 필터에 사용된 계수는 Remez exchange algorithm을 이용하여 결정하였다[8]. 이 계수 값들은 곱셈연산을 할 때 효율적인 CSD 표현방식으로 Verilog-HDL 합성을 통해 저장하여 사용되었다[6]. 첫 번째와 두 번째 half-band FIR 필터의 구조는 polyphase 구조로 구현되었다[3][7]. 이 구조에서 resampling 동작은 연산 동작 및 지연 요소 전에 이루어지기 때문에 필터 전체가 출력 주파수로 동작을 한다[1][3]. 이로 인해 필터의 파워소모와 하드웨어의 복잡성을 크게 줄일 수 있다. 두 번째 half-band FIR 필터는 전이 대역이 가장 좁고 필터의 차수가 매우 높기 때문에 파워소모나 면적에 큰 영향을 미친다. 본 기술의 디지털 데시메이션 필터는 고해상도 디지털 오디오용으로 최종 출력은 23비트, 2의 보수(two's complement)형태이며 각 단의 필터에서 1비트씩 비트 증가를 갖도록 하였다. 5차 Hogenauer CIC 필터와 첫 번째 및 두 번째 half-band FIR 필터의 자세한 구현에 관해서는 다음 장에 기술하였다.

12.3 데시메이션 필터의 설계 및 구현

본 예제에서는 샘플링 주파수를 큰 폭으로 낮추는 첫 번째 필터 단으로 그림 12.3.1에 나타낸 Hogenauer CIC 데시메이션 필터를 사용하였다[5]. 본 5차 CIC 필터는 적분기와 미분기(콤브 필터)로 구성되어 있다. 5차 CIC 필터의 적분기 단은 높은 입력 주파수($64f_s$, $f_s = 44.1$ kHz)에서 동작하는 $5(L=5)$개의 디지털 적분기로 구성되어 있다. 하나의 적분기에 대한 전달 함수는 식 (12.3.1)과 같다.

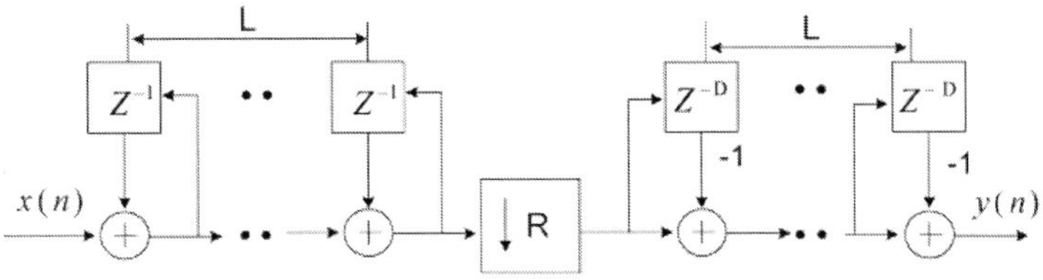

그림 12.3.1 Hogenauer CIC 데시메이션 필터 구조

$$H_I(z) = \left(\frac{1}{1-z^{-1}}\right) \tag{12.3.1}$$

콤브 필터 단은 $64f_s$(적분기의 동작 주파수) 보다 R(다운샘플러에 의한 다운샘플링 비) 만큼 낮은 주파수에서 동작한다. 이 콤브 필터는 각 단에서 D개의 지연(delay)을 갖는 L개의 콤브 단으로 이루어져 있다. 한 개의 콤브 단 전달 함수는 다음 식 (12.3.2)와 같다.

$$H_C(z) = (1-z^{-RD}) \tag{12.3.2}$$

식 (12.3.1), 식 (12.3.2)를 바탕으로 5차 CIC 필터의 전달 함수를 구해보면 식 (12.3.3)와 같다.

$$H(z) = \frac{(1-z^{-RD})^L}{(1-z^{-1})^L} = \left[\sum_{k=0}^{RD-1} z^{-k}\right]^L \tag{12.3.3}$$

식 (12.3.3)은 RD개의 레지스터를 가지고 있는 FIR 필터와 특성이 같음을 보여준다. 5차 CIC 필터의 주파수 응답 식은 다음의 조건을 적용하여 구할 수 있다.

$$z = e^{j\Omega},\ \ where\ \ \ \Omega = \frac{2\pi f}{f_{sa}} \tag{12.3.4}$$

식 (12.3.4)에서 f_{sa}는 5차 CIC 필터의 입력샘플링 주파수에서 R 만큼 감소된 출력 샘플링 주파수를 의미한다. 식 (12.3.4)를 식 (12.3.3)에 대입한 결과 5차 CIC 필터의 주파수 응답식은 식 (12.3.5)와 같다.

$$H(f) = \left[\frac{\sin(RD\Omega/2)}{\sin(\Omega/2)}\right]^L \tag{12.3.5}$$

식 (12.3.5)로부터 5차 CIC 필터의 주파수 특성은 저역통과 필터의 특성을 가지고 있고 $1/RD$의 배수에서 널(null)이 생기는 것을 알 수 있다. 본 예제의 5차 CIC 필터에서는 16배만큼 다운샘플링을 하므로 R은 16이 된다. 5차 CIC 필터의 차수는 시그마-델타 모듈레이터의 차수보다 한 차수 높아야 한다[9]. 설계 대상 시그마-델타 모듈레이터를 4차 구조로 가정하였기 때문에 L은 5로 정하였다. 다운샘플러의 위치가 적분기와 콤브 필터 사이에 오기 때문에 콤브 필터에 사용되는 지연은 RD개에서 D개로 줄어들게 된다. D의 값은 1 또는 2로 정할 수 있는데, 본 설계에서는 2로 정하였다. 5차 CIC 필터의 출력은 176.4kHz에서 resampling 동작을 하게 된다. 이때 널 주변의 성분이 신호대역 안에서 aliasing 신호로 발생될 수 있다. Aliasing 신호를 줄이기 위해서는 널 주변의 성분을 줄이는 것이 필요하다. 널 주변의 성분은 콤브 필터의 지연 개수(D)를 1에서 2로 늘림으로써 줄일 수 있다. 그림 12.3.2에 구현된 5차 CIC 필터를 보였다. 그림 12.3.2에 보인 5차 CIC 필터 설계 시 적절한 워드 크기(word length)와 포맷(format)을 선택해야 한다. 5차 CIC 필터의 각 적분기단은 피드백 계수가 1이어서 오버플로(overflow) 문제가 생길 수 있다. 따라서 오버플로의 문제가 생기지 않게 하기 위해 첫째로 필터 안에서의 데이터 포맷은 2의 보수로 구현되었다[5]. 시그마-델타 모듈레이터의 출력(1비트)을 2의 보수로 변환시킨 5차 CIC 필터의 입력 데이터 크기(B_{in})는 2비트(01 or 11)고 $L=5$, $R=16$, $D=2$인 본 기술의 5차 CIC 필터에서 오버플로 문제가 일어나지 않게 하기 위해 내부의 워드 크기를 다음 식 (12.3.6)에서 결정하였다[10].

$$Wordlength = L(\log_2 RD) + B_{IN} \tag{12.3.6}$$

식 (12.3.6)에 의해 본 기술에서 구현된 5차 CIC 필터 내부의 워드 크기는 27비트이다. 그림 12.3.2에서 디지털 데시메이션 필터의 최종 출력 비트는 23비트이고 이어지는 두 FIR 필터 단에서 비트증가량이 1비트씩 발생하므로, CIC 필터에서는 하위 6비트는 버리고 상위 21비트를 출력으로 내보낸다. 중간에 위치하고 있는 다운샘플러는 적분 파트와 미분 파

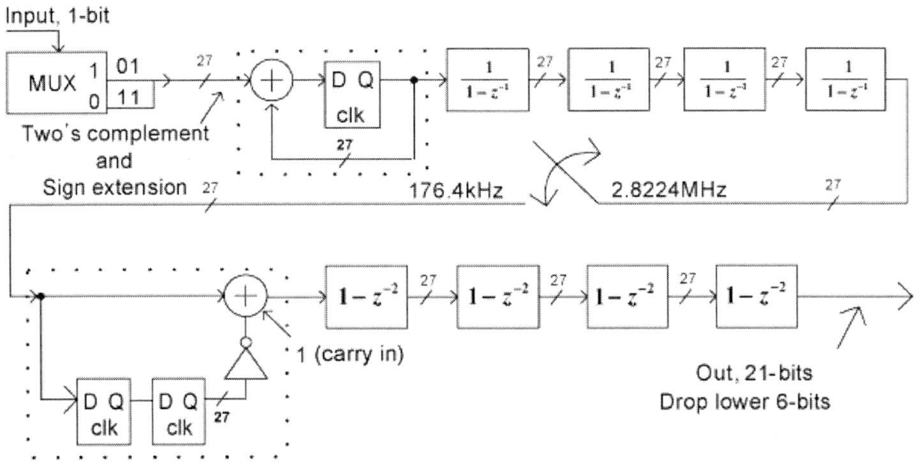

그림 12.3.2 CIC 필터의 블록 다이어그램

트에 있는 레지스터의 동작주파수를 각각 2.8224 MHz와 176.4 kHz로 동작시켜 구현될 수 있다. 시그마-델타 모듈레이터의 출력(1비트)을 2의 보수(two's complement) 형태로 만들기 위해 MUX (multiplexer)를 이용하였다. 그리고 워드 크기로 비트 증가 연산을 적분 연산 전에 위치시켰다. 미분 파트에서 2의 보수의 뺄셈 연산은 인버터와 캐리(carry) 입력을 통해 쉽게 구현이 가능하다.

설계된 5차 CIC 필터는 구조가 간단하고 큰 다운샘플링을 할 수 있다. 그러나 정지대역에서의 감쇄 능력이 부족하기 때문에 정지대역에서의 불충분한 감쇄를 보완해 주기 위해 연속된 두 개의 half-band FIR 필터를 사용하였다. 본 예제에서는 계수 곱셈연산의 하드웨어 복잡성과 파워소모를 줄이기 위해 half-band FIR 필터를 polyphase direct-form 필터로 구현하였다[3][7]. 이 구조는 필터의 임펄스 응답이 짝수와 홀수로 구분되어 있다. 홀수 번째 중간값의 임펄스 응답을 제외한 모든 홀수 번째 임펄스 응답이 0인 특징을 가지고 있다. 한 개를 제외한 모든 홀수 번째 계수가 0의 값을 가지므로 총 곱셈과 덧셈연산의 수가 direct-form FIR 필터보다 줄어들게 된다[1]. 그림 12.3.3(a)은 half-band polyphase FIR 필터구조를 보여주고, 그림 12.3.3(b)는 필터의 대칭적인 주파수 특성을 나타낸다. 5차 CIC 필터의 출력 주파수(176.4 kHz)는 첫 번째 half-band FIR 필터의 입력 주파수가 된다 Half-band FIR 필터는 입력 샘플링 주파수를 1/2로 만들기 때문에 본 예제에서 첫 번째 half-band FIR 필터의 출력 샘플링 주파수는 88.2 kHz가 된다. 첫 번째 half-band FIR 필터에서 표준화시킨 통과대역($F_{N,\ pass}$)과 정지대역($F_{N, stop}$)은 식 (12.3.7)과 같이 구할 수 있다.

$$F_{N,pass} = \frac{20}{88.2} = 0.227,\ F_{N,stop} = \frac{68.2}{88.2} = 0.773 \tag{12.3.7}$$

식 (12.3.7)에서 변이대역 폭은 $F_{N,\ stop} - F_{N,\ pass} = 0.546$으로 비교적 넓기 때문에 낮은 차수의 필터로 구현이 가능하다. 첫 번째 half-band FIR 필터는 Goodman과 Carey의 F9 half-band FIR 필터를 사용하였다[4]. 이제부터 Goodman과 Carey의 F9 half-band FIR 필터를 간단하게 Goodman F9 필터라 하겠다. Goodman F9 필터는 정지대역 감쇄가 80 dB이고 통과대역에서의 리플이 0.001dB로 매우 작아 첫 번째 half-band FIR filter에 적합하다. Goodman F9 필터의 계수는 모두 6개이지만 홀수 번째 중간 계수는 오른쪽으로 1비트 시프트(shift)를 통해 구현될 수 있다. 따라서 단지 5개의 계수 값 저장 및 곱셈연산이 필요하다.

본 기술에서는 하드웨어 복잡성과 면적을 줄이기 위해 계수의 곱셈연산을 일반 곱셈기 대신 시프터와 덧셈기로 곱셈연산을 하였다. 이와 같은 곱셈연산에서는 계수를 CSD 또는 2의 보수로 표현하는 것이 필요하다[6]. CSD 또는 2의 보수로 표현된 계수에서 0이 아닌 값이 많아질수록 연산량이 늘어난다. 본 기술에서는 연산량을 줄이기 위해 계수의 0이 아

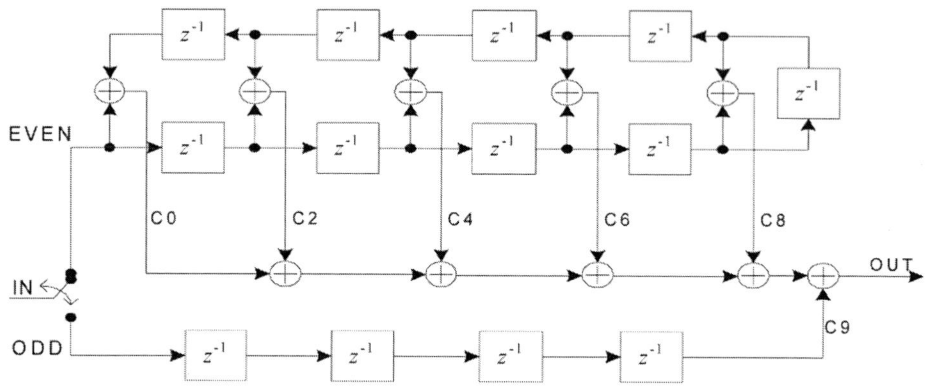

(a) Half-band polyphase FIR 필터(order=19)

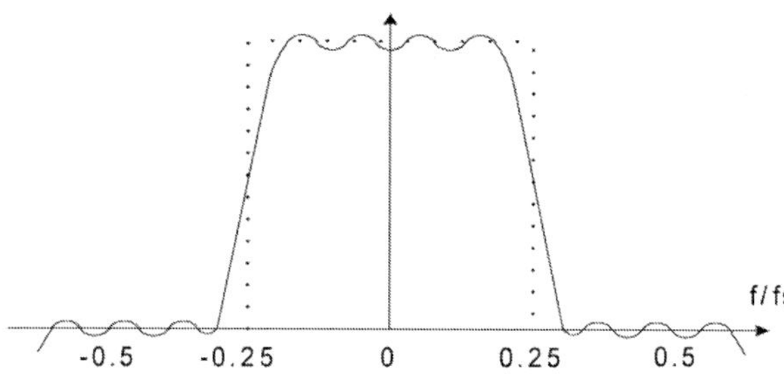

(b) Half-band FIR 필터의 주파수 특성

그림 12.3.3

닌 값을 줄여주는 CSD 표현법을 사용했다. Goodman F9 필터계수의 CSD 표현 방식에서 각 비트는 {1, 0, -1}이 될 수 있다. 표 12.3.1은 2의 보수로 나타낸 Goodman F9 필터의 계수를 보여주고, 표 12.3.2는 CSD 표현 방식으로 나타낸 Goodman F9 필터의 계수를 보여주고 있다. 표 12.3.1과 표 12.3.2를 비교해보면 CSD 표현 방식이 2의 보수 표현법보다는

표 12.3.1 Goodman F9 필터계수의 2의 보수 형식

계수 값	14비트 2의 보수													
18	0	0	0	0	0	0	0	0	0	1	0	0	1	0
−116	1	1	1	1	1	1	1	0	0	0	1	1	0	0
429	0	0	0	0	0	1	1	0	1	0	1	1	0	1
−1278	1	1	1	0	1	1	0	0	0	0	0	0	1	0
5042	0	1	0	0	1	1	1	0	1	1	0	0	1	0

표 12.3.2 Goodman F9 필터계수의 CSD number

계수 값	CSD number													
18	0	0	0	0	0	0	0	0	0	1	0	0	1	0
-116	0	0	0	0	0	0	-1	0	0	1	0	-1	0	0
429	0	0	0	0	1	0	0	-1	0	-1	0	-1	0	1
-1278	0	0	0	0	-1	0	-1	0	0	0	0	0	1	0
5042	0	1	0	1	0	0	0	-1	0	-1	0	0	1	0

0이 아닌 값의 개수가 더 작은 것을 볼 수 있다.

그림 12.3.4(a)는 그림 12.3.3(a)의 블록 다이어그램을 바탕으로 구현한 첫 번째 half-band FIR 필터의 구조를 나타낸다. 5차 CIC 필터의 출력은 출력 샘플링 주파수로 동작하는 시프트 레지스터에 저장되고 지연된 시프트 레지스터의 출력과 더해진다. 더해진 시프트 레지스터의 덧셈 값(그림 12.3.4(a)에서 $m0$, $m2$, $m4$, $m6$, $m8$, $m9$)은 동시에 선택기(selector)로 옮겨진다. 선택기는 동시에 받은 시프트 레지스터의 덧셈 값 6개 중 계수와 곱셈연산을 해야 하는 5개($m0$, $m2$, $m4$, $m6$, $m8$)의 데이터를 곱셈연산 후에 생길 수 있는 roundoff noise를 최소화하기 위해 28비트로 비트 확장시키고, 3비트 counter로 생성된 주

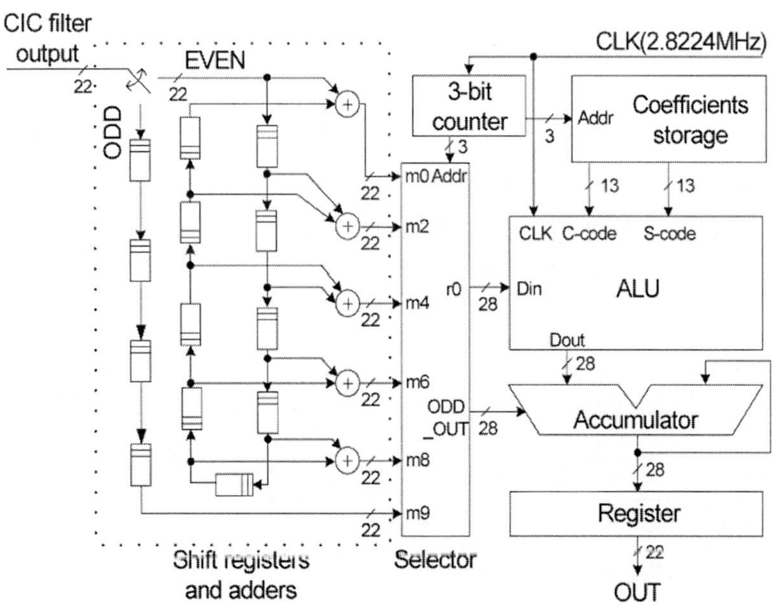

(a) F9 필터의 구조

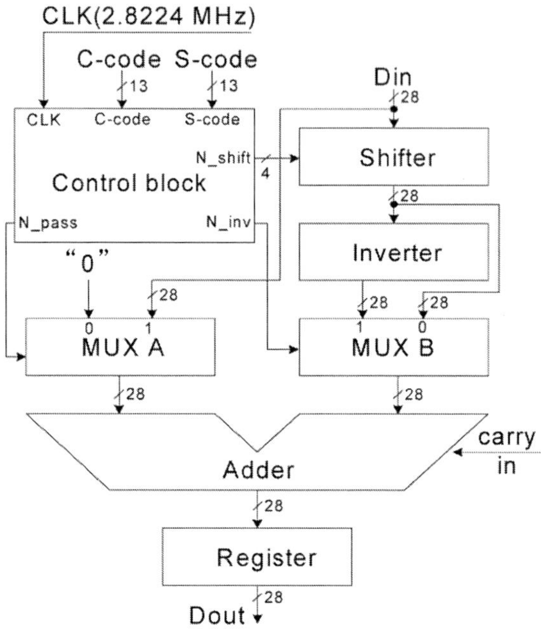

(b) ALU의 구조

그림 12.3.4

소에 맞게 순차적으로 ALU에 보내준다. 그리고 마지막 주소에서 $m9$ 데이터를 비트 확장과 동시에 1비트 오른쪽 시프트 연산을 취한 후 $ODD-OUT$ 값으로 Accumulator에 보낸다. ALU에서 시프트와 덧셈 방식으로 곱셈연산을 한 뒤 Accumulator는 ALU의 출력을 더해간다.

표 12.3.3에서 데이터의 오른쪽 자리 이동을 이용한 곱셈연산을 위해 계수를 2^{-n}의 합으로 나타낼 수 있고 계수의 CSD 표현 시 1과 -1을 구분하기 위해 C-code와 S-code로 구분하여 저장한 예를 보여주고 있다. C-code와 S-code는 ROM에 저장될 수 있고, 본 예제에서는 Verilog-HDL 합성을 통해 저장되었다. C-code와 S-code 역시 3비트 counter에 의해

표 12.3.3 CSD 표현방식을 이용한 계수 저장 예

계수	$-116/2_{14}=-2^{-7}+2^{-10}-2^{-12}$													
CSD number	0	0	0	0	0	0	-1	0	0	1	0	-1	0	0
C-code	0	0	0	0	0	0	1	0	0	1	0	1	0	0
S-code	0	0	0	0	0	0	1	0	0	0	0	1	0	0

생성된 주소에 맞춰 ALU로 보내진다. 인코딩된 CSD 코드 중 −1은 표 12.3.3에서 볼 수 있듯이 C-code와 S-code 둘 다 1을 저장하여 나타낸다.

반면에 1을 표현 시 C-code만 1을 저장하여 구분하였다. 그림 12.3.4(b)는 ALU의 구조를 나타낸다. 컨트롤 블록은 곱셈연산에 필요한 N_shift, N_inv, N_pass 신호를 생성시킨다. 그림 12.3.5에 컨트롤 블록이 동작하는 과정을 순서도로 나타내었다. 우선 C-code를 읽어와 첫 번째 1이 나올 수 있는 미리 지정된 패턴과 비교를 하고 다음으로 S-code를 비교한다. S-code의 값이 1이면 N_inv 신호는 1이 된다. 이는 CSD 코드 계수에서 −1 연산을 하기 위한 것이다. N_shift 신호는 표 12.3.3에 예를 보인 계수의 2^{-n}에서 n값으로 나타나는데,

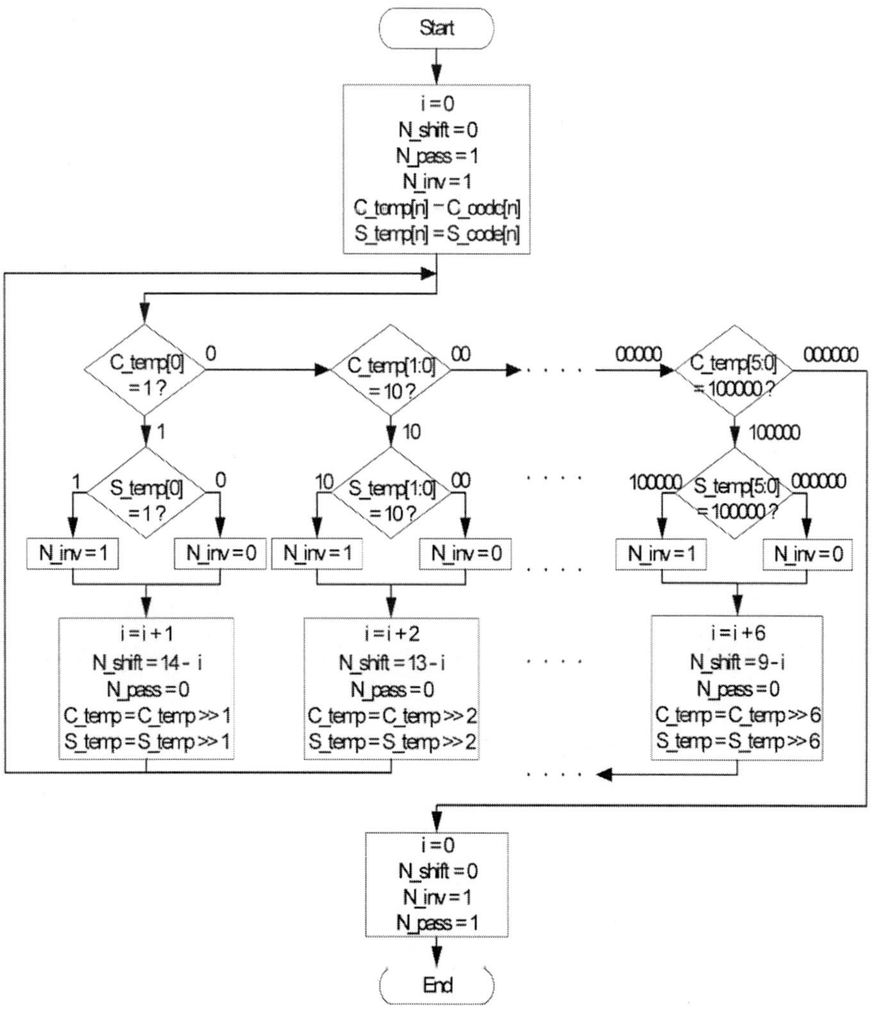

그림 12.3.5 컨트롤 블록의 순서도

이는 C-code에서 1의 위치를 나타내는 값(그림 12.3.5 i값)을 이용하여 생성된다.

컨트롤 블록은 C-code에서 최종 1의 값을 찾을 때까지 위 과정을 반복한다. 순서도의 마지막에 있는 명령은 계수의 0이 아닌 값이 다른 계수에 비해 적은 경우 여분의 시스템 클록 사이클 동안 연산이 이루어지지 않게 하기 위한 것이다. 시프터는 N_shift 신호 값만큼 입력 데이터를 오른쪽으로 이동시킨다. MUX B는 N_inv 신호가 1이면 반전된 shifter 출력을 통과시킨다. 첫 번째 half-band FIR 필터는 곱셈연산을 하기 위해 32개(2.8224 MHz/88.2kHz)의 시스템 클록을 사용할 수 있다. 표 12.3.2에 나타낸 5개 각각의 CSD 계수에서 0이 아닌 값(1, −1)은 최대 5개이다. 곱셈연산을 할 계수는 5개이고 계수 당 최대 연산 횟수는 5개이므로 곱셈연산 한 번에 6개의 클록씩 총 30개의 시스템 클록을 사용하였다.

$Dout$은 SFT 값만큼 $r0$의 값을 자리 이동시킨 결과 값이다. 최종 F9 필터의 출력값은 $Dout$ 값과 홀수 계수 곱셈 값을 순차적으로 더한 값이 된다. 위와 같이 구현된 첫 번째 half-band FIR 필터에서 곱셈연산은 1개의 ALU로 구현되었다.

세 번째 단의 필터도 첫 번째 half-band FIR 필터와 구현방법이 유사하다. 차이점은 첫 번째 half-band FIR 필터보다 전이대역이 좁기 때문에 필터의 차수가 크게 늘어나는 것과 계수 곱셈을 위한 시스템 클록의 제한이 계수 개수에 비해 커진 것을 들 수 있다. 세 번째 단 필터의 입력 주파수는 88.2 kHz이고 출력 주파수는 44.1 kHz이다. 통과대역이 20 kHz이고 정지대역이 24.1 kHz일 때 표준화된 통과대역과 정지대역은 식 (12.3.8)과 같다.

$$F_{N,pass} = \frac{20}{44.1} = 0.453,\ \ F_{N,stop} = \frac{24.1}{44.1} = 0.546 \tag{12.3.8}$$

식 (12.3.8)의 조건과 정지대역에서 최소 80dB 감쇄의 조건을 만족시키는 두 번째 half-band FIR 필터의 계수는 Remez exchange algorithm을 이용한 Matlab simulation을 통해 결정하였다[8]. 그림 12.3.6은 두 번째 half-band FIR 필터의 주파수 응답과 사용된 계수를 나타내고 계수 중 0의 값이 아닌 수가 최대 8개인 것을 보여주고 있다. 곱셈연산에 필요한 계수의 총 개수는 25개이므로 전체 곱셈연산을 하는데 필요한 최소 클록 수는 8×25 = 200개이다. 그러나 여유를 두고 한 계수 당 10개의 클록을 사용하였다. 결국 1개의 ALU가 6개의 곱셈연산까지 할 수 있게 되고 최소 5개의 ALU가 필요하게 된다. 그러므로 5개의 ALU를 병렬로 동작시켜 64개의 클록 안에 모든 곱셈연산이 이루어지도록 하였다.

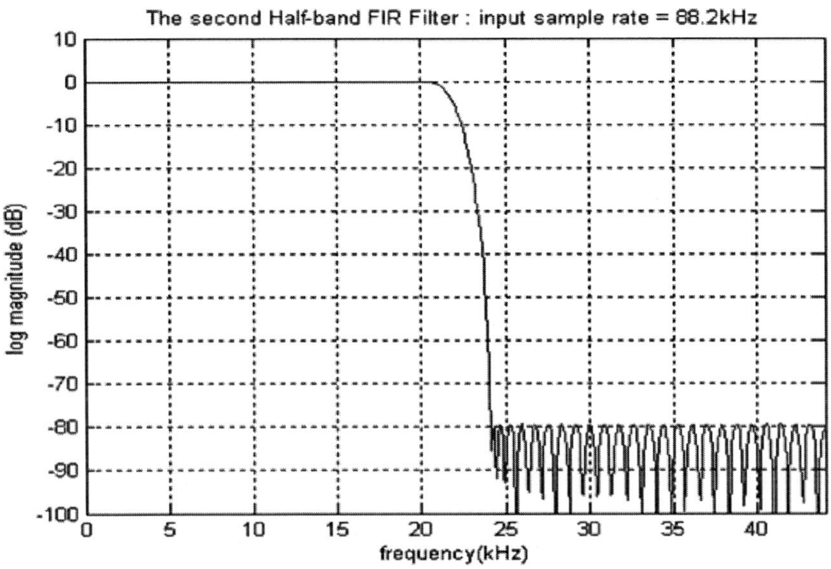

$h(0) = h(98) = 1.0657310686E-04 = 2^{-13} - 2^{-16} - 2^{-22}$

$h(2) = h(96) = -1.4615058899E-04 = 2^{-13} - 2^{-15} + 2^{-17} - 2^{-20} - 2^{-22}$

$h(4) = h(94) = 2.4271011353E-04 = 2^{-12} - 2^{-19} + 2^{-22}$

$h(6) = h(92) = -3.7789344788E-04 = -2^{-11} + 2^{-13} - 2^{-16} + 2^{-18} + 2^{-22}$

$h(8) = h(90) = 5.6076049805E-04 = 2^{-11} + 2^{-14} + 2^{-16} - 2^{-18} - 2^{-22}$

$h(10) = h(88) = -8.0275535583E-04 = -2^{-10} + 2^{-12} - 2^{-14} - 2^{-17} - 2^{-20} - 2^{-22}$

$h(12) = h(86) = 1.11556053162E-03 = 2^{-10} + 2^{-13} + 2^{-16} + 2^{-19} - 2^{-21}$

$h(14) = h(84) = -1.51348114014E-03 = -2^{-9} + 2^{-11} - 2^{-14} + 2^{-16} - 2^{-19} - 2^{-21}$

$h(16) = h(82) = 2.01201438904E-03 = 2^{-9} + 2^{-14} - 2^{-18} + 2^{-20} + 2^{-22}$

$h(18) = h(80) = -2.62904167175E-03 = -2^{-8} + 2^{-10} + 2^{-12} + 2^{-14} - 2^{-18} - 2^{-22}$

$h(20) = h(78) = 3.38506698608E-03 = 2^{-8} - 2^{-11} - 2^{-15} - 2^{-18} - 2^{-20}$

$h(22) = h(76) = -4.30488586426E-03 = 2^{-8} - 2^{-11} + 2^{-13} - 2^{-15} - 2^{-19} + 2^{-21}$

$h(24) = h(74) = 5.41782379150E-03 = 2^{-7} - 2^{-9} - 2^{-11} + 2^{-14} - 2^{-16} + 2^{-21}$

$h(26) = h(72) = -6.76155090332E-03 = -2^{-7} + 2^{-10} + 2^{-14} + 2^{-16} - 2^{-19} + 2^{-21}$

$h(28) = h(70) = 8.38518142700E-03 = 2^{-7} + 2^{-11} + 2^{-13} - 2^{-15} - 2^{-17}$

$h(30) = h(68) = -1.035642623901E-02 = -2^{-7} - 2^{-9} - 2^{-11} - 2^{-13} + 2^{-16} + 2^{-18} + 2^{-20}$

$h(32) = h(66) = 1.277279853821E-02 = 2^{-6} - 2^{-8} + 2^{-10} + 2^{-14} + 2^{-16} + 2^{-20} - 2^{-22}$

$h(34) = h(64) = -1.578283309937E-02 = -2^{-6} - 2^{-13} - 2^{-15} - 2^{-18} - 2^{-20}$

$h(36) = h(62) = 1.962518692017E-02 = 2^{-6} + 2^{-8} + 2^{-13} - 2^{-15} + 2^{-19}$

$h(38) = h(60) = -2.471423149109E-02 = -2^{-5} + 2^{-7} - 2^{-10} - 2^{-12} - 2^{-14} + 2^{-17} - 2^{-19} - 2^{-22}$

$h(40) = h(58) = 3.183484077454E-02 = 2^{-5} + 2^{-11} + 2^{-13} - 2^{-15} + 2^{-18} + 2^{-20}$

$h(42) = h(56) = -4.267573356628E-02 = -2^{-4} + 2^{-6} + 2^{-8} + 2^{-12} + 2^{-14} - 2^{-16} + 2^{-18} - 2^{-21}$

$h(44) = h(54) = 6.163692474365E-02 = 2^{-4} - 2^{-10} + 2^{-13} - 2^{-17} - 2^{-20} - 2^{-22}$

$h(46) = h(52) = -1.0487747192383E-01 = -2^{-3} + 2^{-6} + 2^{-8} + 2^{-11} + 2^{-13} - 2^{-16} - 2^{-18} + 2^{-22}$

$h(48) = h(50) = 3.1789922714233E-01 = 2^{-2} + 2^{-4} - 2^{-9} - 2^{-11} + 2^{-15} - 2^{-19} - 2^{-21}$

$h(49) = 0.50000429153442 = 2^{-1}$

그림 12.3.6 98차 half-band FIR filter의 크기 응답곡선 및 계수

12.4 설계 및 측정 사례

앞에서 기술된 디지털 데시메이션 필터는 실제 칩 동작까지 확인해 보기 위해 0.25-μm CMOS 공정을 사용하여 제작해 보았다. 전체 면적은 1.36 mm^2(940 μm×1,450 μm)이다.

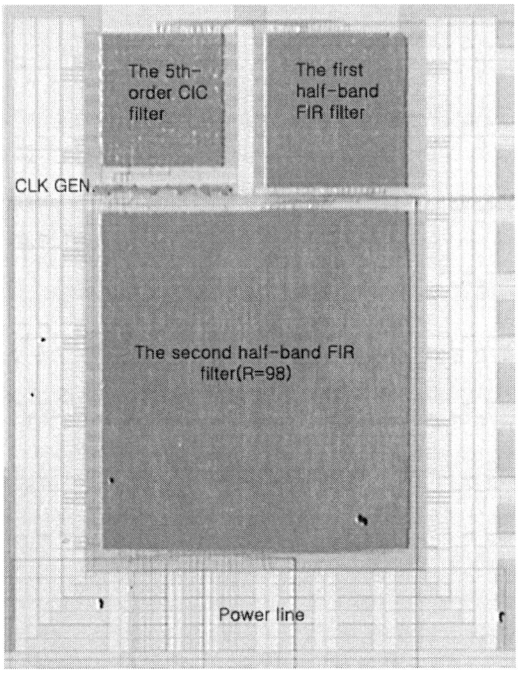

그림 12.4.1 Die chip 사진

표 12.4.1 구현된 디지털 데시메이션 필터의 성능

Input data rate	2.8224 MHz
Output data rate	44.1 kHz
Passband	0–20 kHz
Stopband	> 24.1 kHz
Minimum stopband attenuation	80 dB
Phase distortion	0°(linear phase)
Area	1.36 mm^2
Resolution	23비트
Technology	0.25-μm CMOS

그림 12.4.1에는 구현된 디지털 데시메이션 필터의 칩 사진을 보였고, 표 12.4.1에 필터의 사양을 나타내었다. 본 기술의 디지털 데시메이션 필터는 1비트 4차, OSR이 64인 시그마-델타 모듈레이터를 대상으로 구현되었으며 모듈레이터의 출력 주파수를 Nyquist 주파수로 낮추고 있다. 본 기술의 디지털 데시메이션 필터는 디지털 오디오용이므로 통과대역이 20 kHz이고 정지대역에서 최소한의 감쇄는 80 dB가 되도록 구현되었다. 최종 출력 비트 수는 23비트이다.

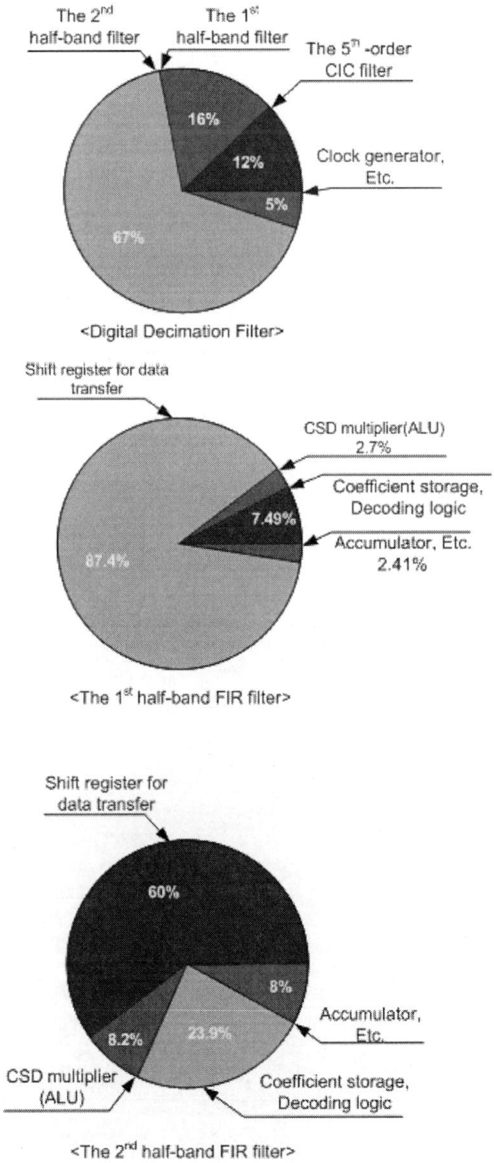

그림 12.4.2 디지털 데시메이션 면적 분석

그림 12.4.2에 디지털 필터를 구성하고 있는 블록에 대한 면적 분석을 나타내었다. 두 번째 half-band FIR 필터는 전체 면적 중 67%를 차지하고, 첫 번째 half-band FIR 필터와 5차 CIC 필터는 각각 16%, 12%를 차지하고 있다. 면적을 가장 많이 차지하고 있는 두 번째 half-band FIR 필터에서 계수의 저장과 디코딩 관련 로직의 면적은 23.9%를 차지하고 있고 곱셈연산이 이루어지는 ALU는 8.2%를 차지하고 있다. 이를 제외한 나머지의 면적은 데이터 전송을 위한 시프트 레지스터로 이루어져 있다. 이는 두 번째 half-band FIR 필터의 곱셈연산이 다른 필터보다 많고 복잡하므로 제일 큰 면적을 차지하고 있는 것을 보여준다. [1]에서는 RAM과 ROM이 전체 면적의 각각 47%와 17%를 차지하고 있다. 본 기술의 필터는 계수의 저장과 디코딩을 담당하는, 즉 [1]의 ROM과 비슷한 역할을 하는 부분은 전체 면적 중 16%를 차지하고 있다. [1]에서의 RAM과 달리 시프트 레지스터로 구현된 본 기술에서 시프트 레지스터의 면적은 전체 면적 중 53%로 [1]의 RAM 면적과 비교해 볼 때 6% 정도 높게 나타났다. 반면 곱셈연산을 담당하고 있는 ALU 블록의 경우 [1]에서는 14%를 차지하고 있는데 반해 본 기술에서는 6%를 차지하고 있는 것으로 나타났다.

클록 발생기는 각기 다른 3개의 샘플링 주파수를 발생시켜 각각의 필터에 제공하고 있다. 데시메이션 필터의 샘플링 주파수는 점점 낮아지므로 클록 스큐(skew) 및 지연(delay)에 대한 문제는 다른 초고속 디지털회로들에 비하면 상대적으로 덜 문제가 된다. 그러나 이런 문제들에 대한 약간의 문제발생가능성도 최대한 방지하고자 각 필터에 최단 거리로 클록을 제공할 수 있는 위치인 5차 CIC 필터와 두 번째 half-band FIR 필터 사이에 위치시켰다.

그림 12.4.3 디지털 데시메이션 필터 테스트 보드 예

그림 12.4.3은 디지털 데시메이션 필터 측정을 위한 테스트 보드로 noise를 최소화 하여 시그마-델타 ADC의 최대성능을 얻을 수 있도록 설계되었고, 4층 기판으로 제작되었다. 디지털 데시메이션 필터는 2.5-V의 전원으로 동작하고 23비트, 2의 보수형태의 출력을 가진다.

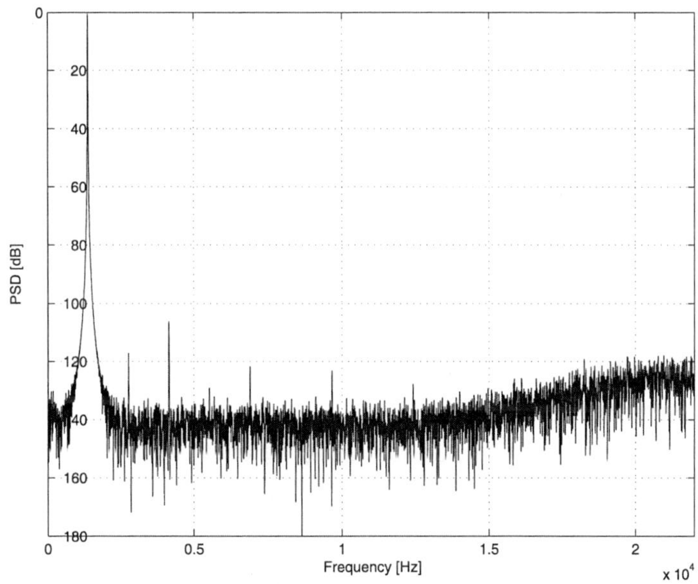

그림 12.4.4 1.3 kHz, -0.5 dB 입력 (8192-point FFT)

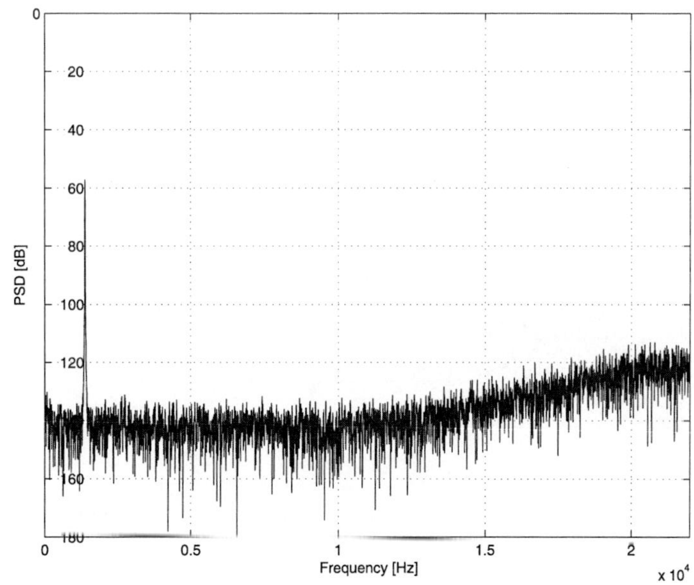

그림 12.4.5 1.3 kHz, -60 dB 입력 (8192-point FFT)

그림 12.4.4와 그림 12.4.5는 각각 −0.5 dB 입력과 −60 dB 입력에 대한 8,192개 출력 샘플을 Logic Analyzer를 통하여 얻어낸 후 FFT(Fast Fourier Transform)한 결과를 나타낸다. 출력 스펙트럼에서 보듯이 신호의 손실 없이 시그마-델타 변조(modulation) 과정에서 생성되는 양자화 잡음 대부분을 감쇄시키고 resampling 시 통과대역 안에서 생성될 수 있는 aliasing 신호를 −100 dB 이하로 충분히 감쇄시키고 있다.

12.5 결론

본 장에서는 오버샘플링 시그마-델타 ADC의 한 부분을 이루는 디지털 필터의 설계에 대하여 기술하였다. 필터 설계 사례를 참고문헌들과 함께 설명함으로써 실제 제품 설계 시 단계별 참고가 될 수 있도록 정리하였다. 특히, 가장 오랜 기간 동안 상업화가 진행되어온 오디오용을 대상으로 설명하였다. CIC-FIR-FIR 필터의 3단 구조를 갖춘 오디오 코덱용 디지털 데시메이션 필터 설계에 대해 구체적으로 정의하였다. 예제로 설명되고 설계된 디지털 데시메이션 필터는 0.25-μm CMOS 공정을 이용하여 제작되었고 전체 면적은 1.36 mm^2를 보이고 있다. 시그마-델타 모듈레이터의 noise-shaping 차수와 OSR이 높아질수록 디지털 데시메이션 필터의 많은 연산과 큰 면적을 요구하게 된다. 하드웨어의 부담과 면적을 줄이기 위해 계수의 곱셈연산을 CSD 표현 방식을 이용한 시프트와 덧셈기로 구현하였고 디지털 데시메이션 필터의 구조를 단일 구조가 아닌 3단 구조로 설계하였다. Verilog- HDL 합성으로 구현하여 시그마-델타 모듈레이터의 사양 변화나 공정 변화에 빠르게 설계할 수 있는 예를 보여주었다. 이에 따라 여러 시스템에서 많이 사용되고 있는 FPGA로도 쉽게 구현이 가능한 장점을 가지고 있다. 본 장의 내용만으로 실제 필터 설계가 어려울 부분에 대하여는 내용별로 참고문헌을 정리하였으므로 실제 활용에 도움이 되리라 기대한다.

참고문헌

[1] B. P. Brandt, B. A. Wooley, "A low-power, area-efficient digital filter for decimation and interpolation", *IEEE J. Solid-State Circuits,* vol.29, no.6, pp.679-687, June 1994.

[2] D. A. Johns and K. Martin, *Analog Integrated Circuit Design.* John Wiley & Sons, 1997.

[3] R. E. Crochiere and L. R. Rabiner, *Multi-rate digital signal processing*. Englewood Cliffs, New Jersey: Prentice-Hall, 1983.

[4] D. J. Goodman and M. J. Carey, "Nine digital filters for decimation and interpolation", *IEEE Trans., Acoust., Speech, Signal Processing*, vol.ASSP-25, pp.121-126, April. 1977.

[5] E. B. Hogenauer, "An Economical class of Digital Filters for Decimation and Interpolation", *IEEE Trans., Acoust., Speech, Signal Processing*, vol.ASSP-29, no.2, pp.155-162, April. 1981.

[6] R. M. Hewlitt, E. S. Swartzlander, Jr., "Canonical signed digit representation for digital filters", *IEEE Workshop on Signal Processing Systems, SiPS 2000,* pp.416-426, Oct. 2000.

[7] J. G. Proakis, D. G. Manolakis, *Digital Signal Processing Principles, Algorithms, and Applications.* Third Edition, New Jersey: Prentice Hall, 1996.

[8] F. J. Harris, *Multirate signal processing for communications systems*. New Jersey: Prentice Hall, 2004.

[9] J. Candy, "Decimation for sigma delta modulation", *IEEE Trans. Commun.,* vol.COM-34, pp.72-76, January 1986.

[10] U. Meyer-Baese, *Digital Signal Processing with Field Programmable Gate Arrays.* Second Edition, Springer, 2004.

13 Phase-Locked Loop의 개요

13.1 배경

PLL(Phase-Locked Loop)의 개념은 1930년대에 처음 개발되었으나 당시에는 집적회로 기술이 발달되지 않은 좋은 성능의 PLL을 구현할 수가 없었다. 집적회로 기술이 눈부시게 발전히면서 20여년 전부터 PLL의 집적회로화가 가능해졌고 지금은 많은 분야에 널리 사용되고 있다. 통신 시스템, 디지털 회로, 디스크 드라이브 회로 등에서 일어날 수 있는 많은 문제들이 PLL을 통해 해결될 수 있기 때문에 PLL은 매우 많은 부분에 응용되고 있고, 이에 많은 연구가 행해지고 있다[1][2][3][4][5].

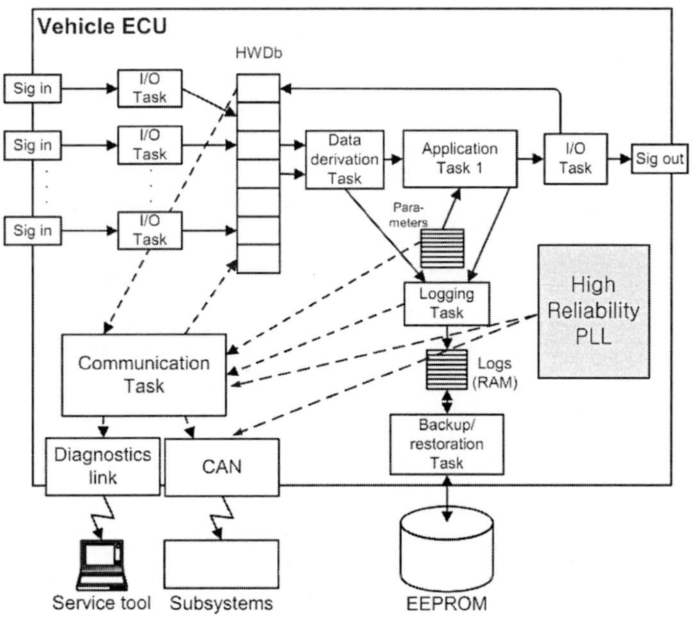

그림 13.1.1 차량용 ECU에 사용되는 고신뢰성 PLL

최근 자동차에 여러 가지 기능이 구현되면서, 다수의 ECU가 내장되고 있다. 각 ECU에 필요한 클록을 제공하는 PLL의 중요성이 점점 증대되고 있다. 그림 13.1.1은 차량용 ECU 내에서 통신 및 신호 처리에 필요한 블록을 제공하는 PLL의 위치를 보여주고 있다. 차량 내부에서 동작하므로, 고신뢰성이 매우 중요한 요구 조건이 된다.

13.2 PLL의 용도

(1) Jitter Reduction
(2) Skew Cancellation
(3) Clock and Data Recovery
(4) Frequency Synthesis

통신 채널을 통과하거나 스토리지 매체에서 복원될 때 신호들은 타이밍 지터를 겪게 된다. 그림 13.2.1은 신호의 지터를 보여주고 있다. 모든 신호는 시간 축에서 흔들리는 지터 성분을 포함하고 있다. 원래 구간의 길이를 T라고 가정하면 그림 13.2.1과 같이 시간에 따라서 T → T + Δt1 → T + Δt2 → T + Δt3 등으로 변하게 되는 것을 볼 수 있다.

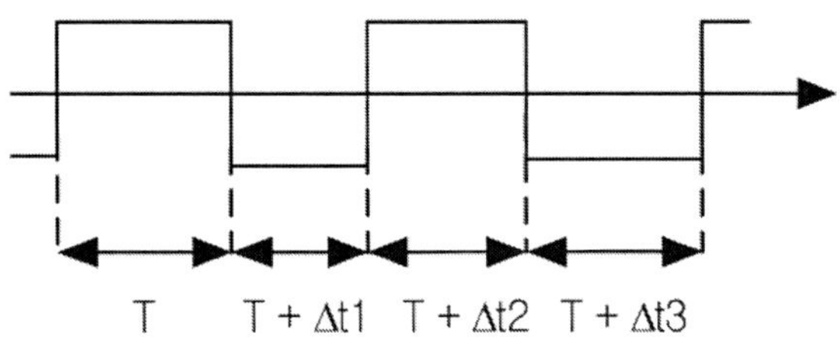

그림 13.2.1 신호의 지터

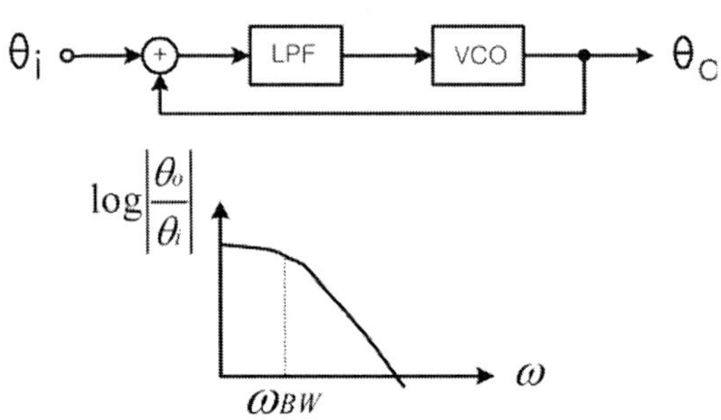

그림 13.2.2 PLL의 입력 지터에 대한 전달특성

그림 13.2.2는 PLL의 입력 지터에 대한 전달 특성을 보여주고 있다. 그림 13.2.2와 같이 PLL은 입력 지터에 대해서 저대역 통과 필터의 역할을 한다. 입력 지터의 낮은 주파수 성분은 통과를 시키지만, 높은 주파수 성분은 억제를 할 수 있다[1].

그림 13.2.3은 PLL의 VCO 지터에 대한 전달특성을 보여주고 있다. 그림 13.2.3과 같이 PLL은 VCO 지터에 대해서 고대역 통과 필터의 역할을 한다. VCO 지터의 높은 주파수 성분은 통과를 시키지만, 낮은 주파수 성분은 억제를 할 수 있다.

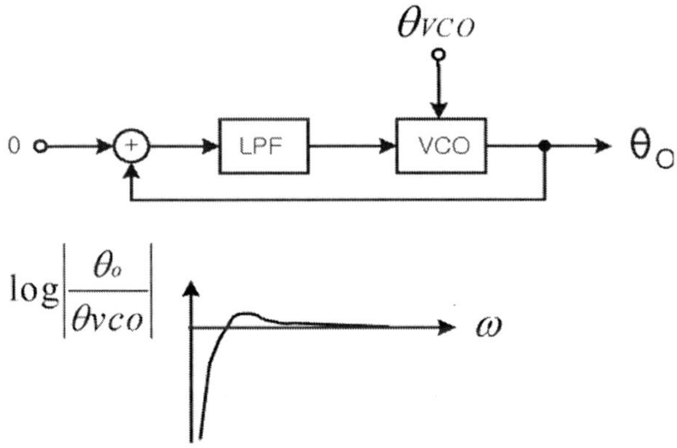

그림 13.2.3 PLL의 VCO 지터에 대한 전달특성

그림 13.2.4는 디지털 시스템에서 PLL이 클록을 생성할 때 skew를 억제할 수 있음을 보여주고 있다. System Clock을 받아서 버퍼를 거쳐서 Chip Clock으로 사용할 경우 버퍼 지연시간에 의해서 skew가 발생하게 된다. 이와 같은 경우, PLL을 이용하면 System Clock과 Chip Clock의 위상을 맞출 수 있고 skew를 억제할 수 있게 된다.

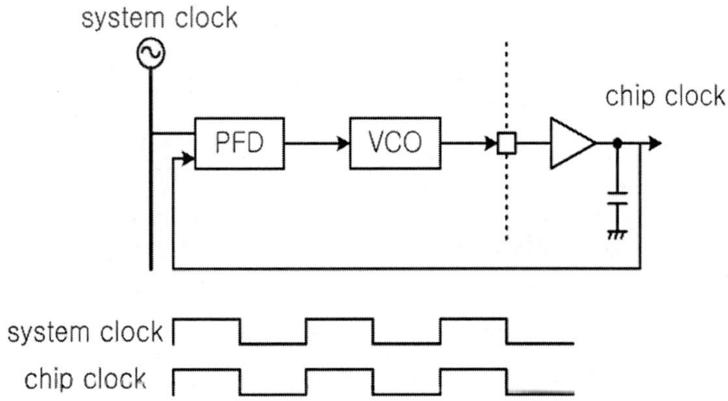

그림 13.2.4 PLL의 skew 억제 특성

그림 13.2.5와 같이 PLL 출력에 있는 Output buffer의 Skew를 억제할 수 있는 특성이 있다. PLL을 이용하여 외부 클록 입력 CKS와 내부 클록 CKBUF의 위상을 같게 맞춤으로써, output buffer의 delay(Δ)를 보상할 수 있다.

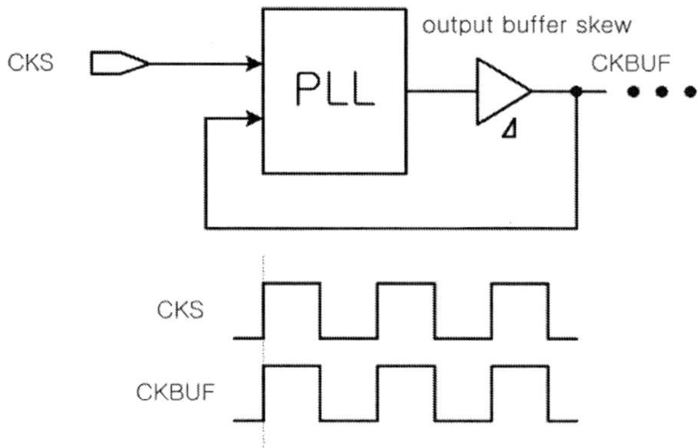

그림 13.2.5 PLL의 output buffer skew 억제 특성

그림 13.2.6은 IO Buffer Delay에 의한 Skew를 보여주고 있다. PLL을 사용하지 않을 경우, 외부 클록(ExtCK)과 내부 클록(IntCK) 사이에 IO Buffer Delay 만큼의 skew가 생기게 된다.

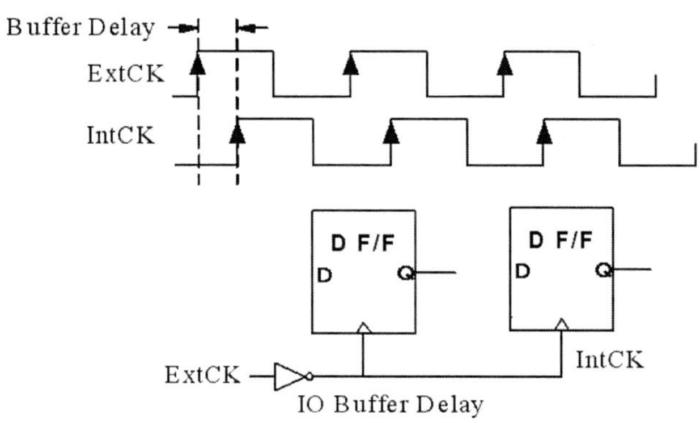

그림 13.2.6 IO Buffer Delay에 의한 skew

그림 13.2.7은 PLL의 IO Buffer Delay에 의한 Skew 억제 특성을 보여주고 있다. PLL을 이용하여 외부 클록(ExtCK)과 내부 클록(IntCK) 사이의 위상을 갖게 맞춰줌으로써 skew를 보상할 수 있다.

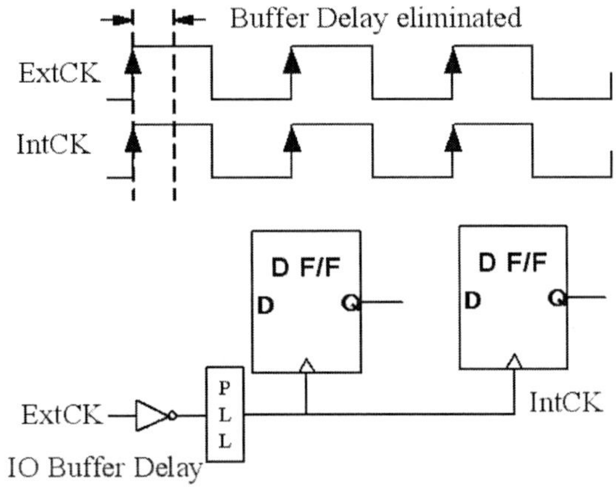

그림 13.2.7 PLL의 IO Buffer Delay에 의한 skew 억제 특성

그림 13.2.8은 PLL을 이용한 Clock and Data Recovery(CDR) 회로를 보여주고 있다. 광통신이나 케이블을 이용한 고속 통신 시스템의 경우 클록을 보내지 않고 직렬로 데이터를 전송하게 된다. 수신단에서는 직렬 데이터 스트림으로부터 클록과 데이터를 복원해내는 Clock and Data Recovery 회로가 전체 시스템의 BER(Bit Error Rate)을 좌우하게 된다. CRC(Clock Recovery Circuit)는 입력 데이터 스트림(D_{IN})으로부터 클록(CLK)을 복원하고, 이 클록을 이용해서 입력 데이터(D_{IN})를 래칭함으로써 최종 데이터 출력(D_{OUT})을 복원할 수 있다. CRC 내부에 PLL이 사용되며, 입력 데이터 스트림(D_{IN})과 내부 클록(CLK)의 위상을 맞춰주는 역할을 하게 된다.

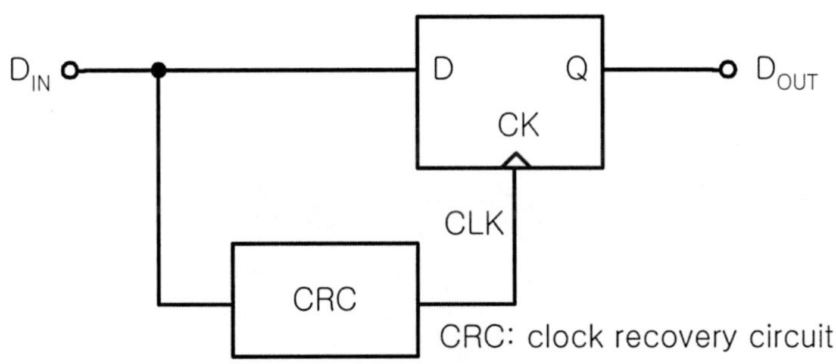

그림 13.2.8 PLL을 이용한 Clock and Data Recovery 회로

그림 13.2.9는 PLL을 이용한 Clock and Data Recovery 회로의 타이밍도를 보여주고 있다. 깨끗하지 못한 입력 데이터(D_{IN})로부터 CLK를 복원하고, 이 클록을 이용해서 D_{OUT}을 복원하게 된다. CRC 내부의 PLL은 입력 데이터의 Rising Edge와 CLK의 Rising Edge를

비교하여 위상을 조정하여 입력 데이터의 중간에 최대한 가까운 위치에 CLK의 Rising Edge가 위치하도록 한다.

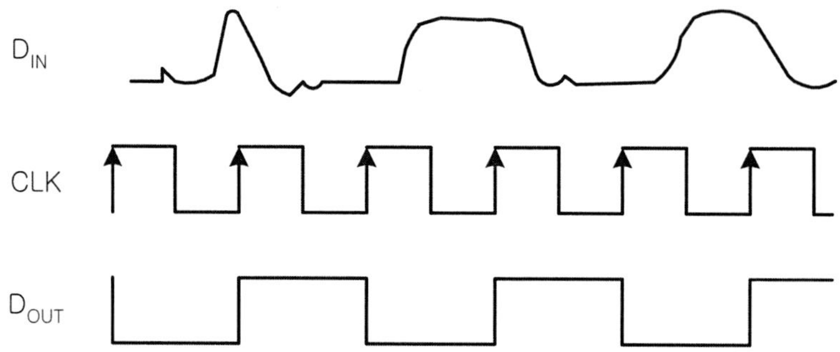

그림 13.2.9 PLL을 이용한 Clock and Data Recovery 회로의 타이밍도

그림 13.2.10은 RF 통신 시스템의 수신기 블록 다이어그램을 보여주고 있다. Antenna로부터의 입력 신호가 LNA를 통해서 증폭이 된 후, Mixer에 의해서 기저대역으로 변환된다[6]. RF 대역에서 증폭 및 필터링을 하는 것은 전류가 많이 소모되고, Quality Factor가 큰 필터가 필요하므로, 기저대역으로 변환한 후에 증폭과 필터링을 하는 것이 일반적이다. 통신 시스템의 효율을 높이기 위해서 그림 13.2.11과 같이 여러 개의 채널을 이용하게 되며, Frequency Synthesizer가 각 채널 주파수에 해당되는 클록을 생성한다[7][8].

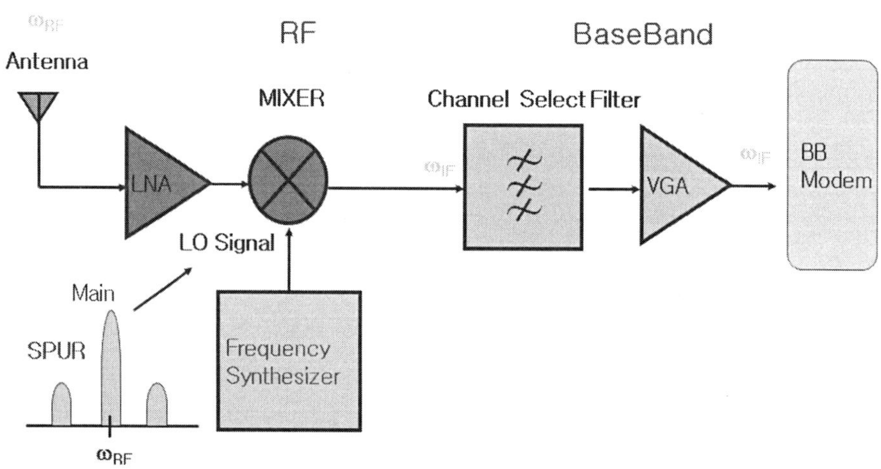

그림 13.2.10 RF 통신 시스템의 수신기 블록 다이어그램

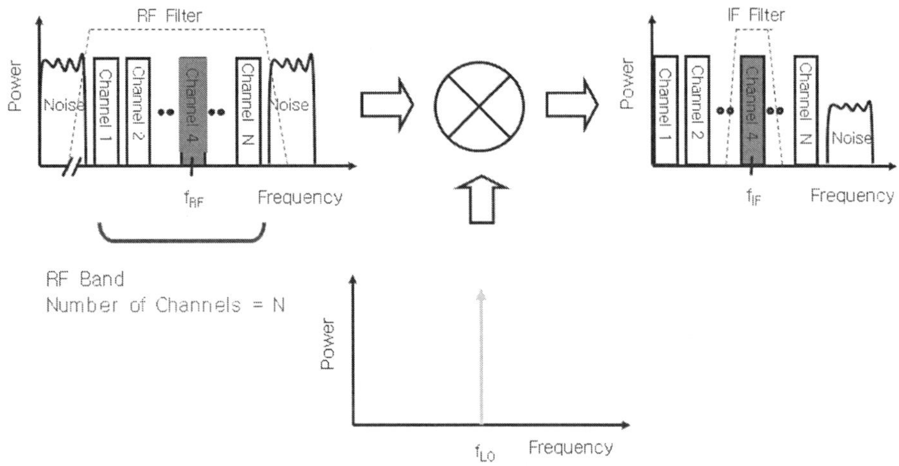

그림 13.2.11 RF 통신 시스템의 주파수 분포

그림 13.2.12는 PLL을 이용한 주파수 합성기의 블록도를 보여주고 있다. 기준 클록 (f_{ref})으로부터 주파수가 M배 만큼 체배된 클록(f_{out})을 생성하며, 여러 개의 주파수를 가변적으로 합성하기 위해서 프로그래머블 분주기(M)를 사용한다. 분주비(M)는 NP + A의 식으로 표현될 수 있으며, P와 A를 가변적으로 조정함으로 전체 분주비를 바꿀 수 있다 [7][8].

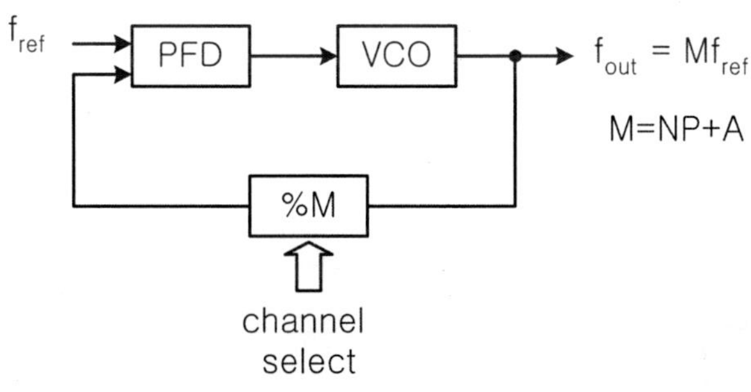

그림 13.2.12 PLL을 이용한 주파수 합성기의 블록도

13.3 PLL의 성능 지표

13.3.1 Phase Noise

소스신호의 위상잡음은 통신 시스템에서 EVM, 채널파워의 간섭, 채널차단간섭, blocking 저하 등의 발생 원인이 된다. RF 통신 시스템은 수신기와 송신기에서 up conversion과 down conversion을 수행하는 믹서와 LO(Local Oscillator) 신호를 생성하는 PLL에 의해서 수행된다. PLL의 phase noise는 통신채널의 주파수대역에 영향을 줄 수 있다. 또한, 통신 시스템에서 변조의 형태는 아날로그에서 디지털 또 다수 캐리어로 변화되는 수년 동안 더욱 복잡하게 되었다. 아날로그 시스템에서 phase noise는 잔류변조와 채널간섭의 원인이 되었으나, 디지털 및 다수 캐리어 시스템에서는 EVM을 감소하게 되었다. 이상적으로, 통신 시스템에서 사용하는 주파수 소스는 왜곡 없는 순수한 사인파형의 캐리어를 사용해야만 한다. 이것은 싱글라인에 의해 주파수 영역에서 재 표현되어 지나며, 실제로는 실제소스에 원하지 않는 진폭 또는 위상변조 노이즈가 함유된다. 이렇게 위상 변조된 부분에 함유되는 부분을 phase noise라 한다[9][10].

RF oscillator에 이러한 노이즈는 single side band(SSB) phase noise에 의해 보통 나타난다. 그림 13.3.1(a)에서 볼 수 있는 바와 같이 Δf 만큼 떨어져 있는 주파수에서 phase noise는 carrier power에 대한 해당 주파수에서의 single side band noise로 정의된다. 식 (13.3.1)은 Phase Noise에 대한 정의를 나타내는 식이다.

$$L\{\Delta\omega\} = 10\log\left(\frac{noise\,power\,1\,\mathrm{Hz}}{carrier\,power}\right) \tag{13.3.1}$$

주파수 합성기의 phase noise는 주로 VCO의 noise curve에 의해 결정되어지는데, 그림 13.3.1(b)는 VCO의 noise 특성 곡선을 보여주고 있다.

$$L\{\Delta\omega\} = 10\log\left[\frac{2FkT}{P_s}\left[1+\left(\frac{\omega_0}{2Q_L\Delta\omega}\right)^2\right]\cdot+\left(1+\frac{\omega_{1/f^3}}{|\Delta\omega|}\right)\right] \tag{13.3.2}$$

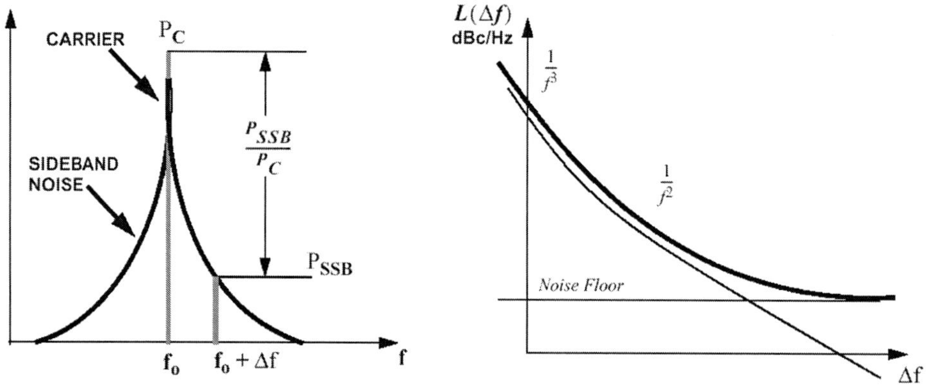

(a) Output Spectrum (b) Phase Noise of PLL

그림 13.3.1

주로 주파수 합성기의 VCO는 LC-VCO로 구현되는데, 이 LC-VCO의 phase noise는 식 (13.3.2)와 같은 Lesson Equation과 같이 모델링된다. 이 식에 의하면, phase noise는 LC tank에서 소모되는 power와 LC tank의 quality factor에 반비례하는 경향을 갖는다. 또한, offset frequency의 제곱에 반비례하므로, x축을 주파수로 잡을 때 −20 dB/dec의 기울기를 갖지만, device가 갖는 flicker noise의 특성 때문에 carrier에 가까운 부분에서는 −30 dB/dec의 기울기를 갖게 된다. 이 경계점을 1/f noise corner라고 표현하는 데, 설계방법에 따라 다르기는 하지만, 주로 CMOS device에서는 이 1/f noise corner가 수십 ~ 수백 kHz에 존재한다.

그림 13.3.2는 PLL의 실제 Output Spectrum을 보여주고 있다. 950.2 MHz의 Carrier 주파수 부근에서 Phase Noise 특성을 가짐을 알 수 있다.

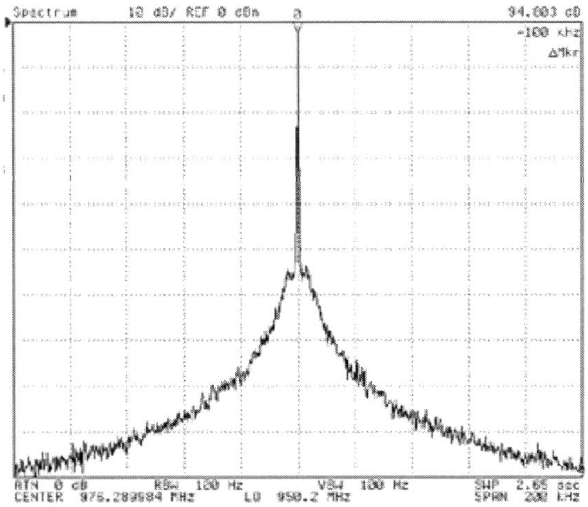

그림 13.3.2 PLL의 실제 Output Spectrum

Carrier 주파수 부근을 확대하면 그림 13.3.3과 같은 모양을 가진다. 그림 13.3.3은 PLL이 Closed-Loop로 동작할 경우의 Phase Noise를 보여주고 있다. Carrier 주파수 부근에서 PLL의 Loop Bandwidth 이내의 Offset 주파수에서는 비교적 평탄한 모양을 가지고, Loop Bandwidth 보다 큰 Offset 주파수에서는 20 dB/decade의 기울기로 감소하게 된다. PLL의 Loop Bandwidth 이내의 Phase Noise를 In-Band Phase Noise, Loop Bandwidth 보다 큰 Offset 주파수에서의 Phase Noise를 Out-Band Phase Noise라고 부른다.

일반적으로 Bandwidth를 증가시키면 In-Band Phase Noise는 낮아지고, Out-Band Phase Noise는 증가되는 경향성을 보인다. 그 이유는 PLL의 구성 블록별로 Phase Noise에 미치는 영향이 다르기 때문이다. 제14장에서 자세히 다루겠지만, PLL은 VCO의 Phase Noise에 대해서는 High Pass Filter의 특성을 보이고, VCO를 제외한 나머지 블록들의 Phase Noise에

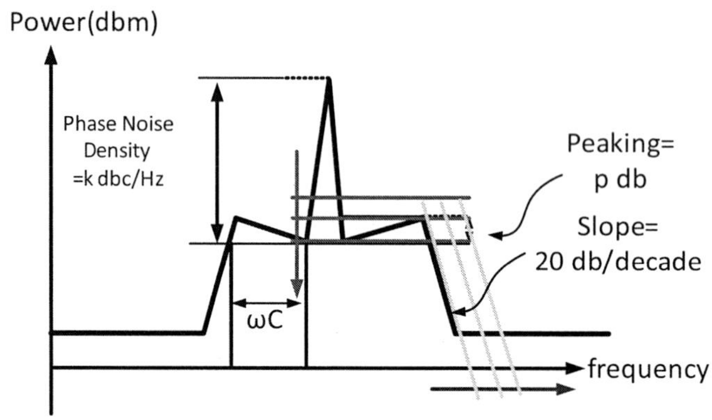

그림 13.3.3 PLL의 Closed-Loop Phase Noise

대해서는 Low Pass Filter의 특성을 보인다. 따라서 Loop Bandwidth를 넓히면, VCO에 의한 Phase Noise가 In-Band Phase Noise에 미치는 영향이 줄어든다.

RMS phase error는 PLL의 출력 위상이 평균적으로 얼마나 흔들리는지 정도를 나타내는 지표로 단위는 degree(°)를 사용한다. 식 (13.3.3)은 RMS phase error와 In-Band Phase Noise, Bandwidth 사이의 관계를 보여주고 있다. PN, $PN_{in-band}$, BW는 각각 PLL의 RMS phase error, In-Band Phase Noise, Loop Bandwidth를 의미한다.

$$10\log PN^2{}_{rms} = PN_{in-band} + 3dB + 10\log(BW) \quad (13.3.3)$$

식 (13.3.3)에서 RMS phase error를 줄이기 위해서는 $PN_{in-band}$가 줄어야 하고, PLL의 Loop Bandwidth를 늘리는 방향으로 설계를 해야 함을 알 수 있다.

13.3.2 Jitter

시간 축에서 주기가 흔들리는 성분을 Jitter라고 하며, Jitter는 발생 원인에 따라서 크게 2가지로 나눌 수 있다[9][10].

(1) Random Jitter

시간 축에서 확률적으로 흔들리는 Jitter를 의미하며, Device의 random thermal effect에 의해서 주로 발생한다.

(2) Deterministic Jitter

시간 축에서 반복적으로 흔들리는 Jitter를 의미하며, Crosstalk 등의 요인에 의해서 주로 발생한다.

Jitter는 다음과 같이 3가지로 나눌 수 있다.

(1) Cycle-to-Average Jitter

$$\Delta T_{cn} = T_n - \overline{T} \tag{13.3.4}$$

$$\sigma_c = \lim_{N \to \infty} \sqrt{\frac{1}{N} \sum_{n=1}^{N} (\Delta T_{cn})^2} \tag{13.3.5}$$

(2) Cycle-to-Cycle Jitter

$$\Delta T_{ccn} = T_{n+1} - T_n \tag{13.3.6}$$

$$\sigma_{cc} = \lim_{N \to \infty} \sqrt{\frac{1}{N} \sum_{n=1}^{N} (\Delta T_{ccn})^2} \tag{13.3.7}$$

(3) Absolute Jitter

$$\Delta T_{abs}(N) = \sum_{n=1}^{N} (T_n - \overline{T})^2 = \sum_{n=1}^{N} (\Delta T_{cn})^2 \tag{13.3.8}$$

$$\Delta T_{abs}(\Delta t) = \sqrt{\frac{f_0}{2}}\, \sigma_{cc} \sqrt{\Delta t} \tag{13.3.9}$$

$$\sigma_{cc} = \sqrt{2\sigma_c} \tag{13.3.10}$$

13.3.3 Jitter와 Phase Noise 사이의 관계

Single-Side Band Phase Noise와 Cycle-Jitter의 RMS 값 (σ_c) 사이의 관계를 구하면 식 (13.3.11)~식 (13.3.13)과 같다.

$$\mathrm{L}(\Delta T) = \frac{f_0^3 \sigma_c^2}{(\Delta f)} (weigandt\ et\ al.) \tag{13.3.11}$$

$$\mathrm{L}(\Delta\omega) = \frac{(\omega_0^3/4\pi)\sigma_{cc}^2}{(\Delta\omega)^2 + (\omega_0^3/8\pi)^2 \sigma_{cc}^4}\ (Hewzel\ and\ Razavi) \tag{13.3.12}$$

$$\sigma_c^2(\Delta t) = \frac{T_0^2}{(2\pi)^2} E\{[\phi(t+\Delta t) - \phi(t)]^2\}$$
$$= \frac{2}{(\pi)^2 (f_0)^2} \int_0^{\infty} \mathrm{L}(\Delta f) \sin^2(\pi \Delta f \cdot \Delta t) d\Delta f \tag{13.3.13}$$

그림 13.3.4는 PLL의 Jitter와 Phase Noise 사이의 관계를 보여주고 있다.

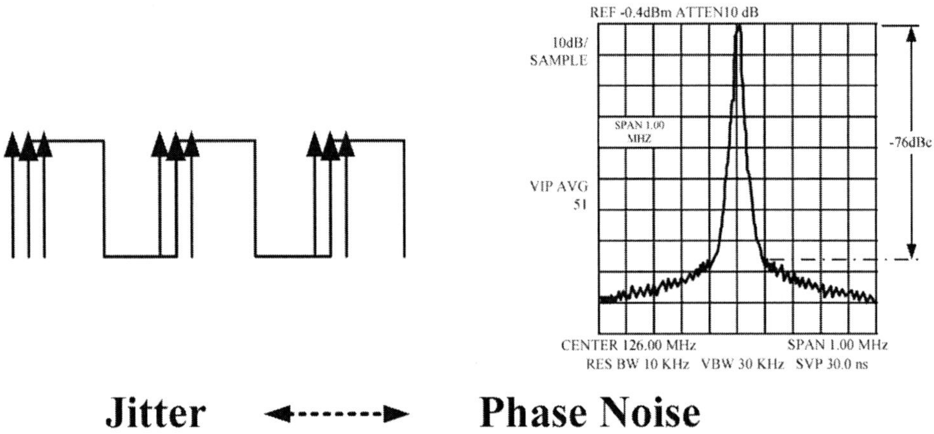

그림 13.3.4 PLL의 Jitter와 Phase Noise 사이의 관계

13.3.4 Lock Time

주파수나 전압값이 흔들리다가 점차 안정화되는데, 얼마나 주파수가 빨리 안정화 되느냐는 지표가 Lock Time이다. Locking time은 frequency step과 frequency accuracy에 의해 변한다. 이것은 VCO의 조절 전압 안정화와 Charge pump의 I_{cp}와 Loop Filter의 capacitor값 시정수 등과 관련된다[10]. 그림 13.3.5는 PLL이 settling해 나가는 모양을 보여주고 있다.

$$T_{\epsilon} = -\frac{\ln\left(\frac{\omega_{err}}{\Delta\omega}\right)}{\omega_c} \tag{13.3.14}$$

식 (13.3.14)는 lock time 계산식을 나타내고 있으며, ω_c는 cutoff frequency이고, ω_{err}은 locking resolution이며 $\Delta\omega$는 주파수 변화량을 의미한다.

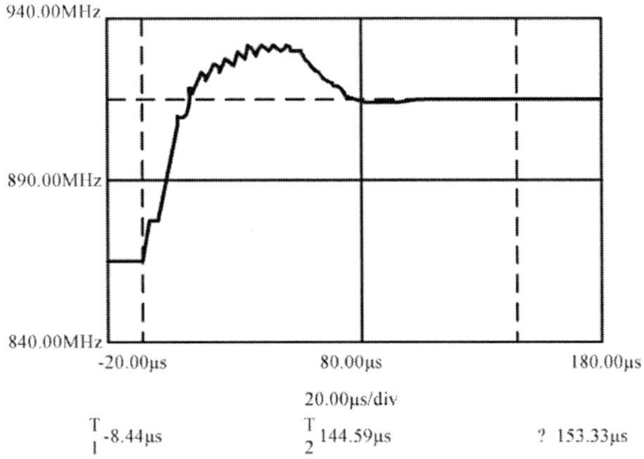

(a) Positive frequency jump

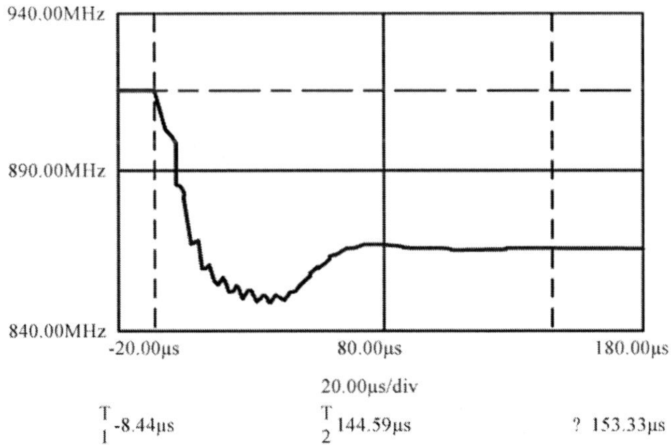

(b) Negative frequency jump

그림 13.3.5

13.3.5 Spur

그림 13.3.6은 PLL의 Spur와 Phase Noise를 보여주고 있다. 중심 주파수에서 기준 주파수의 적분된 값으로 출력에서 나타나며, 수신기에서의 원치 않는 신호의 변조 때문에 발생한다. Reference spur는 charge pump 또는 varactor의 leakage 성분에 의해서 발생하며, charge pump의 전류 미스매치에 의해 발생하게 된다. Spur 성분을 줄이는 방법으로는 기본적으로 reference frequency를 높게 사용한다. 그리고 reference frequency보다 loop bandwidth를 더 좁게 선택한다. 또한, PFD의 dead zone 문제와 charge pump의 up/down current

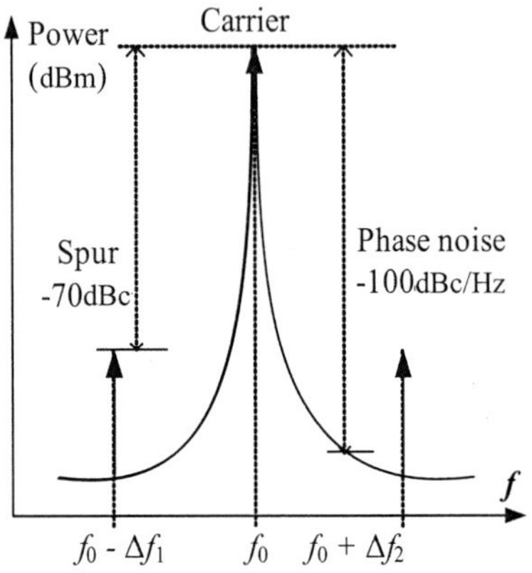

그림 13.3.6 Spur and Phase Noise of PLL

mismatch의 최소화, loop filter 내에서의 switching current feed-through를 줄임으로써 어느 정도 해결될 수 있다.

그림 13.3.7은 RF Transceiver에서 Phase Noise와 SPUR 특성 사양을 결정하는 예를 보여주고 있다[10].

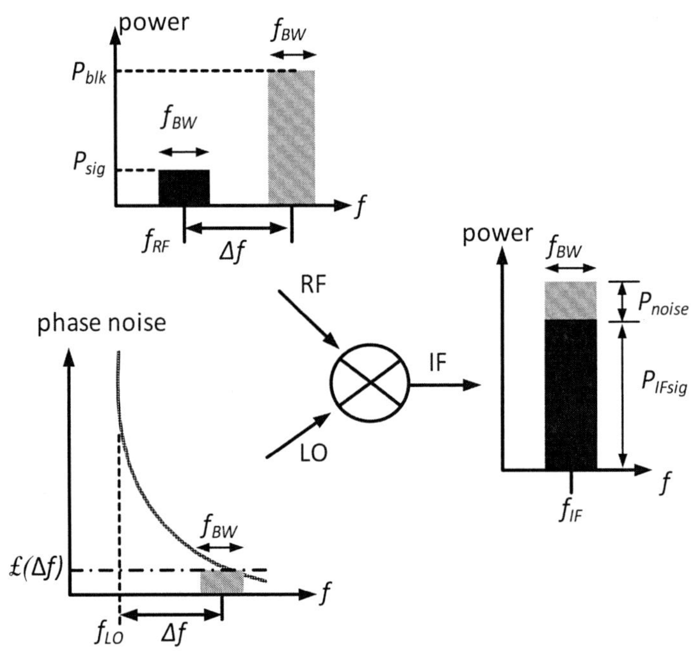

그림 13.3.7 Down-Conversion with Phase Noise

RF 입력에는 원하는 성분 Psig 이외에 원하지 않는 blocker 성분 Pblk 성분이 포함되어 있다. PLL의 Phase Noise 특성에 의해서 원하지 않는 blocker 성분이 down-conversion되는 총 noise의 양은 식 (13.3.15)와 같다.

$$P_{noise}(\mathrm{dBm}) = P_{blk}(\mathrm{dBm}) + f_{BW}(\mathrm{dBHz}) + \mathrm{L}(\Delta f)\left(\frac{\mathrm{dBm}}{\mathrm{Hz}}\right) + const. \quad (13.3.15)$$

Psig의 크기를 가지는 RF 신호가 down-conversion 된 IF 신호의 power는 식 (13.3.16)과 같이 구할 수 있다.

$$P_{IFsig}(\mathrm{dBm}) = P_{sig}(\mathrm{dBm}) + const. \quad (13.3.16)$$

Down-conversion된 IF 신호의 SNR을 구하면 식 (13.3.17)과 같다.

$$\begin{aligned} SNR(\mathrm{dBm}) &= P_{IFsig}(\mathrm{dBm}) - P_{noise}(\mathrm{dBm}) \\ &= P_{sig}(\mathrm{dBm}) - \left[P_{blk}(\mathrm{dBm}) + f_{BW}(\mathrm{dBHz}) + (\Delta f)\left(\frac{\mathrm{dBc}}{\mathrm{Hz}}\right)\right] \end{aligned} \quad (13.3.17)$$

최소 수신 입력 레벨 Psig_min, 최대 blocker 입력 레벨 Pblk_max, 최소 요구되는 SNR이 주어졌을 경우, Phase noise $\mathcal{L}(\Delta f)$의 요구 조건은 식 (13.3.18)과 같이 계산할 수 있다.

$$\mathcal{L}(\Delta f)\left(\frac{\mathrm{dBm}}{\mathrm{Hz}}\right) < P_{sig_{\min}}(\mathrm{dBm}) - P_{blk_{\max}}(\mathrm{dBm}) - f_{BW}(\mathrm{dBHz}) - SNR(\mathrm{dB}) \quad (13.3.18)$$

SPUR 관련 요구 조건은 식 (13.3.19)와 같이 계산할 수 있다.

$$spur(\Delta f)(\mathrm{dBc}) < P_{sig_{\min}}(\mathrm{dBm}) - P_{blk_{\max}}(\mathrm{dBm}) - SNR(\mathrm{dB}) \quad (13.3.19)$$

13.3.6 PLL의 성능 파라미터 사이의 관계식

그림 13.3.8은 주파수 합성기의 설계에 있어서의 설계 이슈를 나타내고 있다. 위에서 보는 바와 같이 각각은 trade-off 관계를 가지고 있다. 먼저 Phase noise는 in-band phase noise와 out of-band phase noise로 구분된다. In-band phase noise는 divider와 loop filter에 의한 noise 성분이고, prescaler의 division factor에 의해 영향을 받는 parameter이다. Out of-and phase noise는 VCO의 noise 특성에 의해 결정된다. Channel step, 즉 frequency resolution은 reference frequency와 prescaler type에 의해 결정된다. Spur는 charge-pump의 current mismatch, K_{vco}, loop filter 그리고 prescaler type에 의해 발생하는 성분으로서 줄이는 데 가장 어려운 성분이다. Lock time은 settling하는 데 얼마의 시간이 걸리는지에 대한 parameter로서 K_{vco}, loop filter, prescaler의 division factor, reference frequency, charge pump의 current

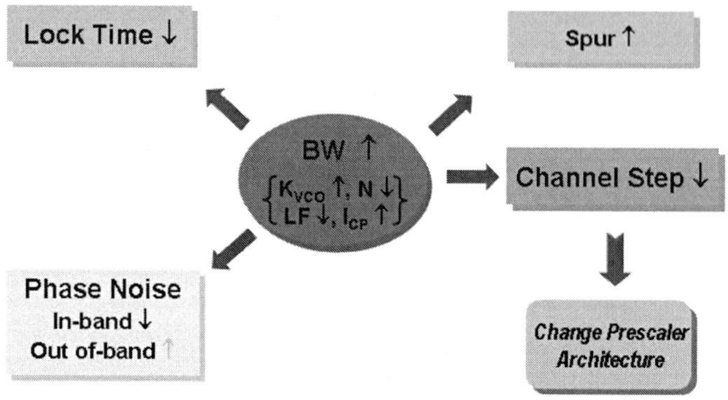

그림 13.3.8 PLL의 성능 파라미터들 사이의 관계식

를 포함한 bandwidth에 의해 결정되는 factor이다. 이밖에도 power consumption과 chip area 등은 설계 시 고려할 중요한 사항이다.

Phase noise를 감소시키기 위한 방법으로는 VCO 고유의 phase noise 효과를 최소화시키기 위해서 가능한 loop bandwidth를 넓게 해 준다. 또한, 가능하다면 reference noise 효과를 줄이기 위해서 주파수 분주기의 division ratio를 최소화 한다. 마지막으로 supply noise와 Si-substrate noise의 coupling noise를 줄이는 방법 등이 있다.

참고문헌

[1] B. Razavi, *Monolithic Phase-Locked Loops and Clock-Recovery Circuits,* IEEE Press, 1996. -collection of IEEE PLL papers.

[2] K. Wong, et al.",Cascaded PLL Design fpr a 90nm CMOS High Performance Microprocessor", *2003 ISSCC Digest of Tech. Papers, session 24.3,* pp.422-423.

[3] M. Mansuri, et al., "A Low-Power Adaptive-Bandwidth PLL and Clock Buffer With Supply-Noise Compensation", IEEE J. Solid-State Circuits, vol.38, no.11, pp.1804-1812. Nov. 2003.

[4] A. Maxim, "A 160-2550 MHz CMOS Active Clock Deskewing PLL Using Analog Phase Interpolation", *ISSCC 2004 Digest of Tech. Papers, session 19.3,* pp.346-347.

[5] Jerry Lin et al, "A PVT Tolerant 0.18MHz to 660MHz Self-Calibrated Digital PLL in 90nm CMOS Process", *ISSCC 2004 Digest of Tech. Papers, session 26.10,* pp.488- 489.

[6] T. Lee, *The Design of CMOS Radio-Frequency Integrated Circuits,* Cambridge University Press, 1998.

[7] B. Razavi, *RF Microelectronics, Upper Saddle River,* NJ: Prentice-Hall, 1998.

[8] B. Razavi, *Design of Analog CMOS Integrated Circuits,* McGraw-Hill, 2001.

[9] R. Best, *Phase-Locked Loops,* McGraw-Hill, 1993.

[10] Keliu Shu, *CMOS PLL Synthesizers,* Springer, 2000.

14 Phase-Locked Loop의 동작 원리

14.1 Charge Pump PLL의 블록 다이어그램

먼저, 그림 14.1.1과 같이 Frequency Divider가 없는 기본적인 PLL의 블록 다이어그램에 대해서 살펴보기로 한다. PLL은 기본적으로 VCO_CLK과 REF_CLK의 주파수와 Phase를 정확히 맞추도록 동작하는 것이 보편적이다. 또한, Negative Feedback System이므로, Stability 문제를 항상 고려하여야 한다[1][2].

기본적인 Charge Pump PLL은 Phase Frequency Detector(PFD), Charge Pump(CP), Loop Filter(LF), Voltage Controlled Oscillator(VCO)로 구성되어 있다.

PFD는 기준 클록인 REF_CLK(θ_i)와 자체 발진 클록인 VCO_CLK(θ_{out}) 사이의 위상과 주파수의 오차에 비례하는 펄스폭을 갖는 UP 신호 또는 DOWN 신호를 생성한다. UP/DOWN 신호의 극성은 회로에 따라 달라지게 되지만, 일반적으로 UP 신호는 VCO_CLK의 위상 또는 주파수가 REF_CLK에 비해서 느린 경우에 발생하며, DOWN 신호는 VCO_CLK의 위상 또는 주파수가 REF_CLK에 비해서 빠른 경우에 발생한다. Charge Pump는 디지털 UP/DOWN 폭을 아날로그 전류로 변환해주는 역할을 한다. Loop Filter는 Charge Pump로부터의 오차 전류를 VCO 제어 전압(Vcont)으로 변환해주는 역할을 한다. VCO는 출력 주파수가 입력 제어 전압(Vcont)에 비례하는 전압제어 발진기로 동작한다.

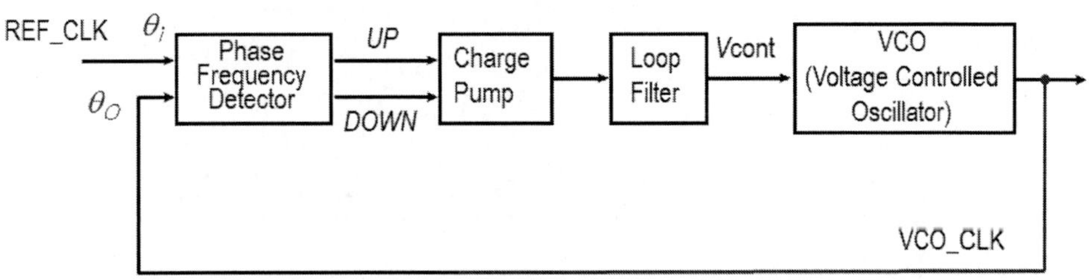

그림 14.1.1 Frequency Divider가 없는 기본 Charge Pump PLL의 블록 다이어그램

REF_CLK과 VCO_CLK의 위상 관계에 의해서 PLL의 상태는 크게 3 가지로 구분할 수 있다.

(1) VCO_CLK이 REF_CLK보다 위상이 느린 경우

VCO_CLK이 REF_CLK의 위상 오차만큼 UP 펄스가 발생하고, Charge Pump에서는 UP 펄스의 폭만큼 전하가 충전되므로, VCO 제어 전압(Vcont)이 올라가게 된다. Vcont 전압이 상승하면 VCO 주파수가 빨라지고, 이에 따라 위상도 빨라지게 된다.

(2) VCO_CLK이 REF_CLK보다 위상이 빠른 경우

VCO_CLK이 REF_CLK의 위상 오차만큼 DOWN 펄스가 발생하고, Charge Pump에서는 DOWN 펄스의 폭만큼 전하가 방전되므로, VCO 제어 전압(Vcont)이 내려가게 된다. Vcont 전압이 하강하면 VCO 주파수가 느려지고, 이에 따라 위상도 느려지게 된다.

(3) VCO_CLK이 REF_CLK과 위상이 같은 경우

이상적인 PFD의 경우 UP/DOWN 신호의 펄스폭이 0이고, VCO 제어 전압(Vcont)의 변화도 없지만, 실제 PFD의 경우 UP/DOWN 신호가 매우 짧은 펄스폭을 가지고, VCO 제어 전압에 주기적인 리플이 발생하게 된다. 이에 대해서는 15.1절에서 자세하게 살펴보기로 한다.

Charge Pump PLL의 전체 동작을 살펴보기 위해서는 각 블록의 모델링이 필요하다.

그림 14.1.2는 VCO의 Reference에 대한 기본 동작을 보여주고 있다. 시간 축에서 $t = t_0$ 이전에는 Reference와 VCO Output의 주파수는 같은데, VCO의 위상이 느림을 알 수 있다. $t = t_0$에서 Vcont 전압을 올려서 주파수를 빨리함으로써 VCO의 위상을 빠르게 할 수 있다. $t = t_1$에서 위상이 맞았으므로, Vcont 전압을 내려서 주파수를 맞추면, Reference와 VCO Output의 위상과 주파수는 같아지게 된다.

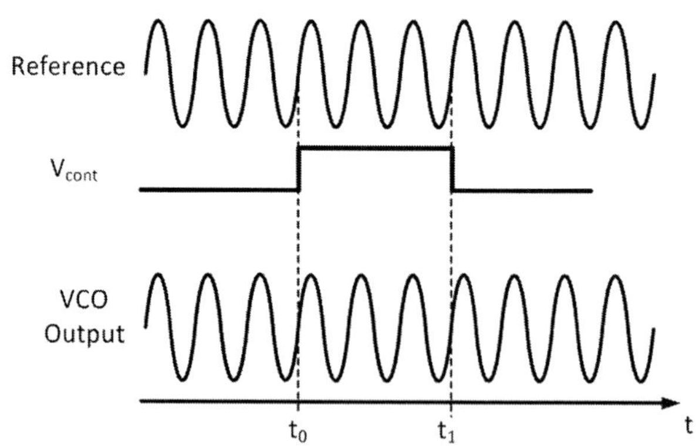

그림 14.1.2 VCO의 Reference에 대한 기본 동작

식 (14.1.1)은 VCO 제어 전압과 출력 주파수 사이의 관계식을 보여주고 있다. 식 (14.1.2)는 식 (14.1.1)을 대입한 VCO의 출력 전압에 대한 식이다. 주파수를 적분한 결과가 위상이므로, 식 (14.1.2)에서 위상 항에 적분이 포함되어 있다. 식 (14.1.3)은 식 (14.1.2)에서 Excess Phase 항목을 나타내고 있다. 식 (14.1.3)의 VCO 제어 전압과 출력 위상 사이의 관계식에서 양변을 Laplace Transform을 하면 식 (14.1.4)와 같이 입력-출력 사이의 관계식을 구할 수 있다[1][2].

$$\omega_{out} = \omega_0 + K_{VCD} \cdot v_{cont}(t) \tag{14.1.1}$$

$$\begin{aligned} y(t) &= A_0 \cos \omega_{out} t \\ &= A_0 \cos\left(\omega_0 t + K_{VCD} \int v_{cont}(t)dt\right) \end{aligned} \tag{14.1.2}$$

$$\begin{aligned} &Excess \quad Phase \\ &\phi_{out}(t) = K_{VCD} \int v_{cont}(t)dt \end{aligned} \tag{14.1.3}$$

Input-output transfer function

$$\frac{\Phi_{out}}{V_{cont}}(s) = \frac{K_{VCD}}{s} \tag{14.1.4}$$

그림 14.1.3은 PFD의 동작을 보여주고 있다. A는 Reference Clock이고, B는 VCO Clock을 나타낸다. QA와 QB는 각각 Up, Down 신호를 보여주고 있다. 위상과 주파수를 동시에 비교하기 위해서 A의 Rising Edge와 B의 Rising Edge를 비교한다. 그림 14.1.3(a)와 같이

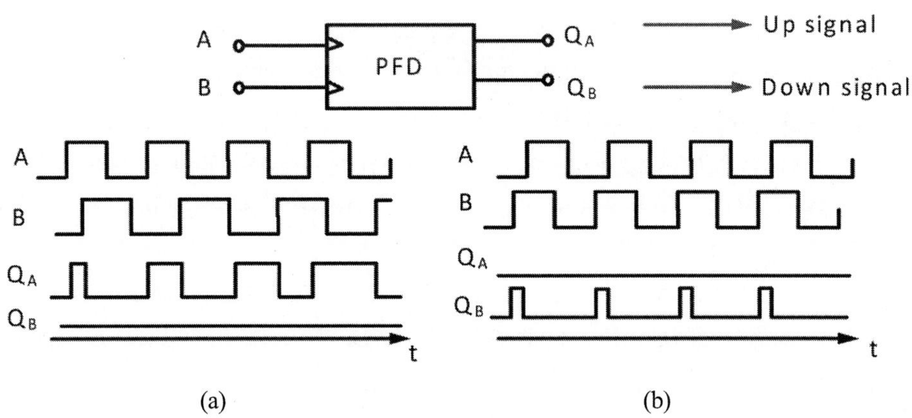

그림 14.1.3 PFD의 동작

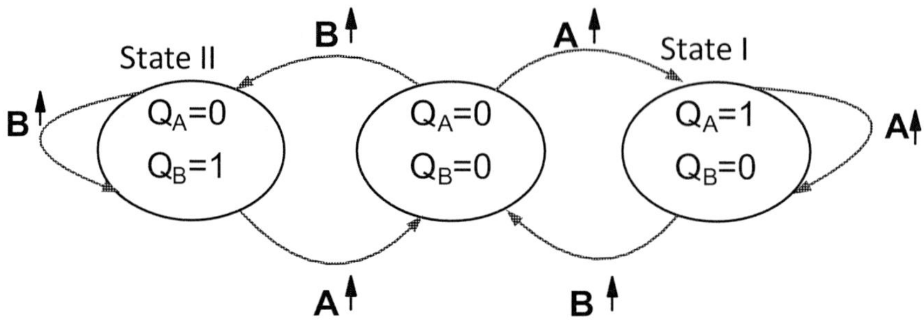

그림 14.1.4 PFD의 State Diagram

A의 Rising Edge에 비해서 B의 Rising Edge가 뒤에 오면, Rising Edge의 차이에 해당되는 폭만큼 Up 신호가 HIGH로 유지되고, Down 신호는 LOW가 된다. 그림 14.1.3(b)와 같이 A의 Rising Edge에 비해서 B의 Rising Edge가 앞에 오면, Rising Edge의 차이에 해당되는 폭만큼 Down 신호가 HIGH로 유지되고, Up 신호는 LOW가 된다.

그림 14.1.4는 PFD의 State Diagram을 보여주고 있다[1][2]. State 0에서는 Up, Down 신호가 모두 LOW로 유지된다. State 0에서 A의 Rising Edge가 먼저 오면, State I으로 이동한다. State I에서는 Up 신호가 HIGH가 되며, Down 신호는 LOW로 유지한다. State I에서 B의 Rising Edge가 오면, State 0로 이동하면서 Up 신호가 LOW로 바뀌게 된다. 따라서 A의 Rising Edge로부터 B의 Rising Edge 사이에 해당되는 펄스폭만큼 Up 신호가 발생하며, 이는 위상 오차에 해당된다. State I에서 A의 Rising Edge가 오면, 계속해서 State I에 머무르게 된다.

State 0에서 B의 Rising Edge가 먼저 오면, State II로 이동한다. State II에서는 Down 신호가 HIGH가 되며, Up 신호는 LOW로 유지한다. State II에서 A의 Rising Edge가 오면, State 0로 이동하면서 Down 신호가 LOW로 바뀌게 된다. 따라서 B의 Rising Edge로부터 A의 Rising Edge 사이에 해당되는 펄스폭만큼 Down 신호가 발생하며, 이는 위상 오차에 해당된다. State II에서 A의 Rising Edge가 오면, 계속해서 State II에 머무르게 된다.

그림 14.1.5(a)는 그림 14.1.4의 State Diagram에 해당되는 PFD의 회로도를 보여주고 있다. DFFA는 A의 Rising Edge가 오면 QA를 HIGH로 만들며, DFFB는 B의 Rising Edge가 오면 QB를 HIGH로 만든다. QA와 QB가 동시에 HIGH인 경우에는 Reset 신호가 HIGH가 되면서, 일정한 Delay 이후에 QA와 QB를 LOW로 만든다. 이 Delay를 Reset Delay라고 한다. 그림 14.1.5(b)와 같이 A의 Rising Edge에 비해서 B의 Rising Edge가 늦게 오는 경우, DFFA에 의해서 QA(Up 신호)는 HIGH가 되고, DFFB에 의해서 QB(Down 신호)는 Reset 상태, 즉 LOW를 유지하게 된다. 그림 14.1.4의 State Diagram과 같이 B의 Rising Edge가 오면 QA를 LOW로 내리기 위해서 B의 Rising Edge 시에 QB를 HIGH로 올려서, QA와

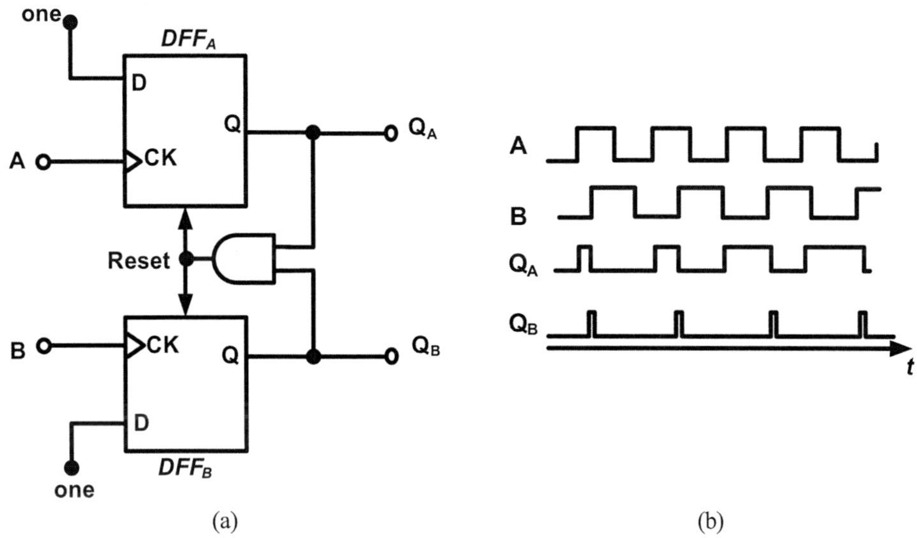

(a) (b)

그림 14.1.5 PFD의 (a) 회로도 (b) 타이밍도

QB가 동시에 HIGH인 상태로 만들어 DFFA와 DFFB를 동시에 Reset 상태로 만들어야 한다. 따라서 위상 오차에 의해서 Up 신호가 발생할 경우에, Down 신호도 LOW로 유지되지 못하고, Reset Delay 만큼 HIGH로 된다. 마찬가지로, 위상 오차에 의해서 Down 신호가 발생하는 경우에도 Up 신호가 LOW로 유지되지 못하고, Reset Delay만큼 HIGH로 된다.

PLL이 Lock이 된 상태에서도 Up, Down 신호가 Reset Delay 길이만큼 HIGH가 뜨고, 이러한 이유로 인해서 Phase Noise 특성이 저하되고, SPUR가 발생하는 데, 이는 제15장에서 자세히 다룰 예정이다.

식 (14.1.5)에서 θe는 Reference clock의 위상(θi)과 VCO clock의 위상(θo)의 차이를 나타낸다.

$$\theta e = \theta i - \theta o \tag{14.1.5}$$

식 (14.1.6)에서 t_P는 위상 오차 θe에 해당되는 시간을 나타낸다.

$$t_P = |\theta e| / \omega i \tag{14.1.6}$$

그림 14.1.6은 PFD와 Charge Pump의 동작을 보여주고 있다. PFD에서 위상 오차에 해당되는 Up, Down 신호가 발생하면 이에 비례하는 전하량을 충전 또는 방전시켜주는 역할을 하는 블록이 Charge Pump 회로이다[1][2]. 그림 14.1.6에서 두 개의 전류원(I1, I2)과 두 개의 스위치 (S1, S2)로 구성된 회로가 가장 기본적인 Charge Pump 회로이다. I1과 I2는 각각 Up Current와 Down Current에 해당되며, S1과 S2는 각각 Up Switch와 Down Switch

에 해당된다.

PFD에서 Up 신호가 HIGH가 되면, S1 스위치가 연결되어서 Charge Pump 출력에 연결된 Loop Filter(Cp)에 I1만큼의 Up Current로 충전하게 된다. 반대로, PFD에서 Down 신호가 HIGH가 되면, S2 스위치가 연결되어서 Charge Pump 출력에 연결된 Loop Filter(Cp)에 I2만큼의 Down Current로 방전하게 된다.

식 (14.1.7)은 Reference Clock 한 주기 당 Charge Pump Current의 평균 전류를 계산한 식이다. Up/Down Current를 I_P라 하고, 위상 오차를 θ_e라고 할 때 평균적으로 $I_P \times \theta_e / 2\pi$ 만큼의 전류가 흐른다고 볼 수 있다.

$$\begin{aligned} id &= Ip \operatorname{sgn} \theta e \cdot t_P \,/\, (2\pi) \,/\, \omega i \\ &= I_P \cdot \theta e \,/\, 2\pi \end{aligned} \tag{14.1.7}$$

$$\begin{aligned} Vcont(s) &= Id(s) \cdot Z_F(s) \\ &= I_P \cdot Z_F(s) \cdot \theta e(s) \,/\, (2\pi) \end{aligned} \tag{14.1.8}$$

식 (14.1.8)은 위상 오차 $\theta e(s)$에 해당하는 VCD 제어 전압 $V_{cont}(s)$를 나타낸 식이다.

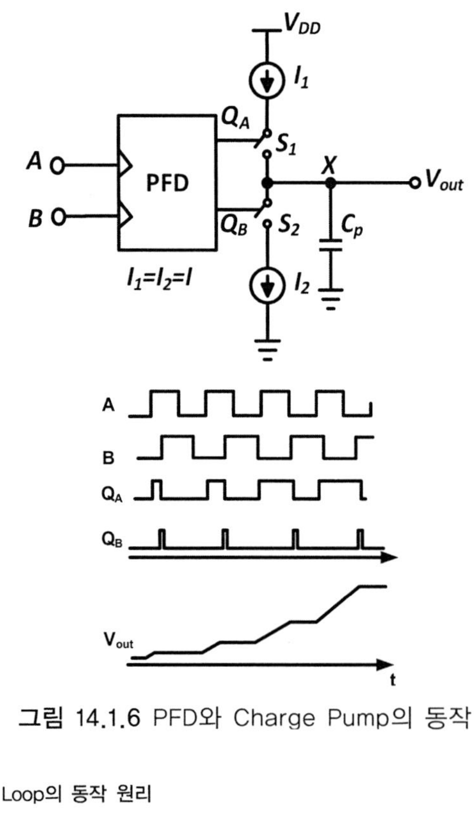

그림 14.1.6 PFD와 Charge Pump의 동작

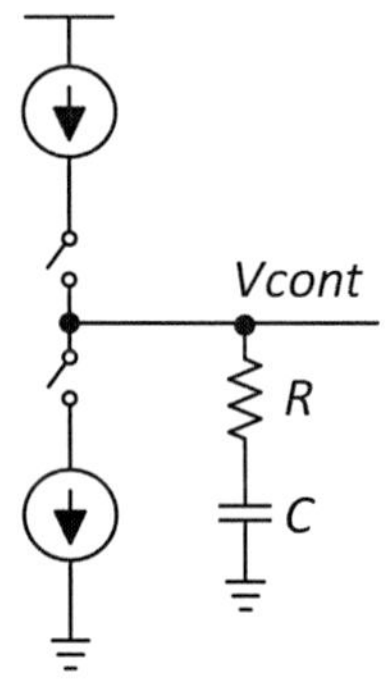

그림 14.1.7 저항 R과 커패시터 C의 직렬 연결을 가지고 있는 Loop Filter와 Charge Pump

그림 14.1.6에서 Q_A가 HIGH이고, Q_B가 LOW인 구간에는 커패시터 Cp가 전류원 I1에 의해서 충전되므로 Vout 전압이 상승한다. Q_A가 HIGH이고, Q_B가 HIGH인 구간과 Q_A가 LOW, Q_B가 LOW인 구간에서는 Vout 전압이 유지된다.

그림 14.1.7은 저항 R과 커패시터 C의 직렬 연결을 가지고 있는 Loop Filter와 Charge Pump를 연결할 경우의 회로도를 보여주고 있다.

그림 14.1.8은 저항 R과 커패시터 C의 직렬 연결을 가지고 있는 Loop Filter와 Charge Pump를 연결할 경우의 출력 파형을 보여주고 있다[3].

UP 신호가 HIGH가 되어서 Up Current I_P가 흐르면, 커패시터 양단 사이의 전압은 순간적으로 바뀔 수 없지만, 저항 양단 사이의 전압은 순간적으로 바뀔 수 있다. 따라서 전류 I_P가 흐르기 시작하면, Vcont 전압은 순간적으로 $I_P \times R$ 만큼 상승하게 되며, 커패시터 양단 사이의 전압은 I_P / C의 기울기를 가지고 상승하게 된다. UP과 DOWN 신호가 동시에 HIGH가 되면, 저항 양단 사이의 전압은 0이 되므로, Vcont 전압이 커패시터 양단 사이의 전압과 같아지게 된다.

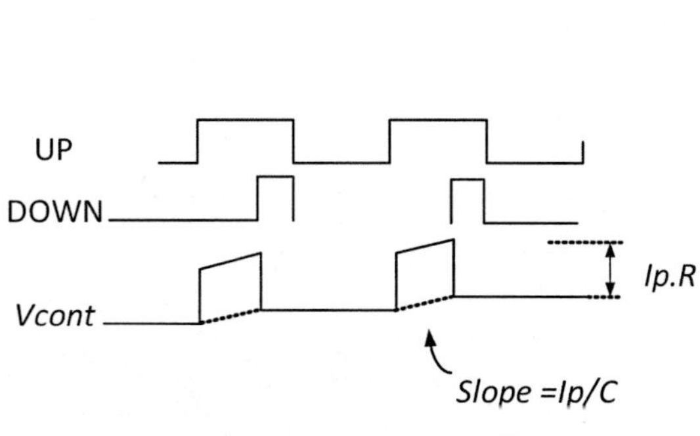

그림 14.1.8 저항 R과 커패시터 C의 직렬 연결을 가지고 있는 Loop Filter와 Charge Pump의 출력 파형

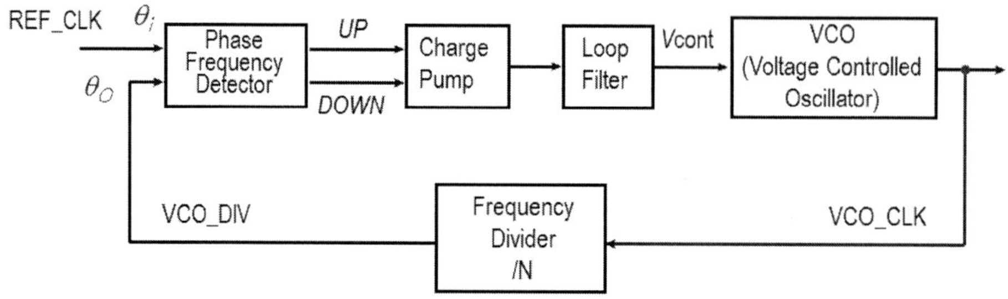

그림 14.1.9 Frequency Divider를 가지고 있는 Phase-Locked Loop의 블록 다이어그램

그림 14.1.9는 Frequency Divider를 가지고 있는 Phase-Locked Loop의 블록 다이어그램을 보여주고 있다. PLL은 Phase Frequency Detector의 두 입력인 REF_CLK와 VCO_DIV의 위상과 주파수를 같도록 하므로, VCO_CLK의 VCO_DIV의 N배에 해당되는 주파수를 가지게 된다.

14.2 Charge Pump PLL의 s-domain 분석

그림 14.2.1은 Frequency Divider를 가지고 있는 Phase-Locked Loop의 s-domain 모델링을 보여주고 있다. PFD는 θi와 θo의 위상 오차 θe를 생성하고, CP는 θe에 비례하는 평균 전류 $I_P\theta e/2\pi$를 흘려준다. LF는 $Z_F(s)$에 해당되는 임피던스를 제공하여, CP의 전류를 $Z_F I_P \theta e/2\pi$ 만큼의 Vcont 전압으로 변환해 준다. VCO의 transfer function은 앞에서 언급한 바와 같이 K_{vco}/s로 모델링할 수 있으며, Frequency Divider는 /N으로 모델링할 수 있다.

Divider의 출력 θo와 PFD의 출력 θe 사이에는 식 (14.2.1)의 관계가 성립한다.

$$\theta o(s) = Kvco \cdot Ip \cdot Z_F(s)\theta e(s)\ /\ (2\pi s N) = T(s) \cdot \theta e(s)$$

$$\theta e = \theta i - \theta o \tag{14.2.1}$$

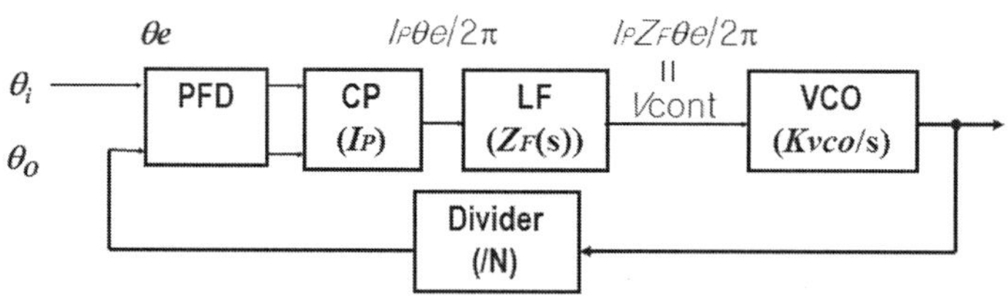

그림 14.2.1 Frequency Divider를 가지고 있는 Phase-Locked Loop의 s-domain 모델링

식 (14.2.1)에서 $T(s)$는 Open-Loop Transfer Function에 해당된다.

R과 C의 직렬 연결로 구성된 1차 Loop Filter를 가정하면, $Z_F(s)$는 식 (14.2.2)와 같이 표현할 수 있다. Loop Filter가 1차이면, VCO의 Transfer Function K_{vco}/s와 결부되어, 2차 PLL이 된다.

$$Z_F(s) = R + 1/sC \tag{14.2.2}$$

θe, θi, θo 사이에는 식 (14.2.3)의 관계가 성립된다.

$$\begin{aligned} &\theta o(s) = Kvco \cdot Ip \cdot Z_F(s)\theta e(s) \,/\, (2\pi sN) = T(s) \cdot \theta e(s) \\ &\theta e = \theta i - \theta o \end{aligned} \tag{14.2.3}$$

식 (14.2.2)와 식 (14.2.3)을 식 (14.2.1)에 대입하면, 식 (14.2.4)와 같은 Closed-Loop Transfer Function을 구할 수 있다.

$$\frac{\theta_o(s)}{\theta_i(s)} - \frac{T(s)}{1+T(s)} = \frac{\dfrac{I_P}{2\pi C}(RCs+1)Kvco}{s^2 + \dfrac{I_p}{2\pi}KvcoRs + \dfrac{I_P}{2\pi C}Kvco} = H(s) \tag{14.2.4}$$

식 (14.2.4)는 Low Pass Filter의 특성을 가지며, Bandwidth는 식 (14.2.5)와 같이 정의할 수 있다.

$$|T(s)| = 1 \rightarrow \omega_c = Kvco \cdot I_P \cdot R/(2\pi N) \tag{14.2.5}$$

즉, Open-Loop Transfer Function의 크기가 1이 되는 주파수를 Bandwidth 또는 Cutoff Frequency(ω_c)라고 한다.

직렬로 연결된 R_z, C_z와 C_p가 병렬로 연결된 2차 Loop Filter를 가정하면, $Z_F(s)$는 식 (14.2.6)과 같이 표현할 수 있다. Loop Filter가 2차이면, VCO의 Transfer Function $Kvco/s$와 결부되어, 3차 PLL이 된다.

$$Z_F(s) = (R_z + 1/sC_z)//(1/sC_p) \tag{14.2.6}$$

식 (14.2.6)을 식 (14.2.1)에 대입하면 식 (14.2.7)을 얻을 수 있다.

$$T(s) = \frac{I_P K_{vco}}{2\pi N} \cdot \frac{1+s\tau_z}{s^2(C_z+C_p)[1+s\tau_p]} \tag{14.2.7}$$

(where, $\tau_z = R_z C_z$ and $\tau_p R_z (C_z^{-1} + C_p^{-1})$)

3차 PLL은 DC에 Pole 2개, τ_p에 의한 Pole 1개 총 3개의 Pole을 가지고 있으며, τ_z에

의한 Zero 1개를 가지고 있다.

식 (14.2.7)로부터 3차 PLL의 Bandwidth를 구하면 식 (14.2.8)과 같다.

$$|T(s)| = 1 \rightarrow \omega_c = \frac{I_P \cdot K_{VCO} \cdot R_z}{2\pi N} \cdot \frac{C_z}{C_z + C_p} \tag{14.2.8}$$

식 (14.2.8)로부터 3차 PLL의 Bandwidth는 Charge Pump Current I_p, VCO Gain K_{vco}, Loop Filter의 저항 R_z에 비례하고, Division Ratio N에 반비례함을 알 수 있다.

그림 14.2.2의 Magnitude Response를 보면, DC에 Pole이 2개 존재하므로, −40 dB/dec의 기울기로 감소하다가 ω_z를 지나면 −20 dB/dec의 기울기로 감소하다가, ω_p를 지나면 −40 dB/dec의 기울기로 감소하게 된다[4]. $\omega = \omega_c$에서 Phase가 −180° 보다 큰 정도를 Phase Margin(PM)이라고 하며, 양의 값을 가질 때 Stability가 보장된다. Phase Margin이 60°가 최적이다[5].

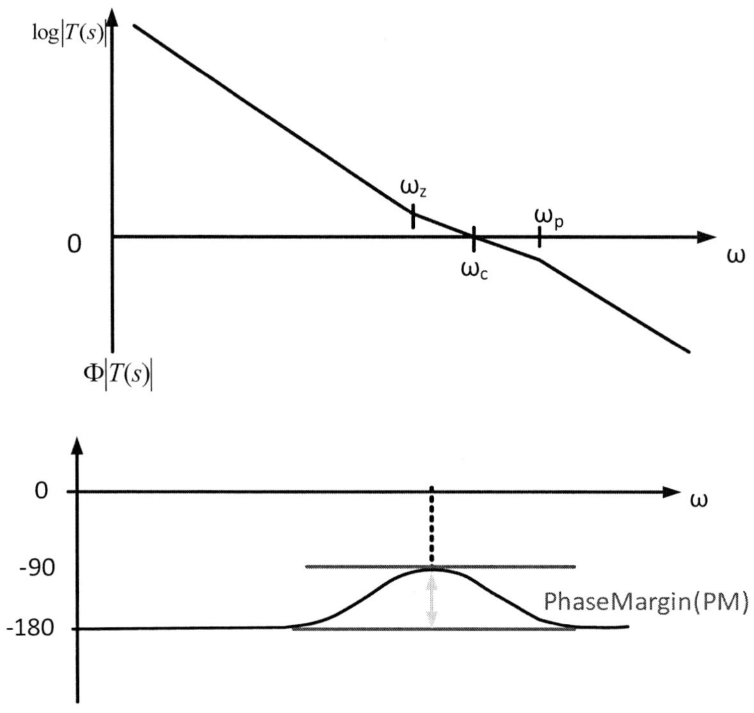

그림 14.2.2 Open-Loop Transfer Function $T(s)$의 Bode Plot

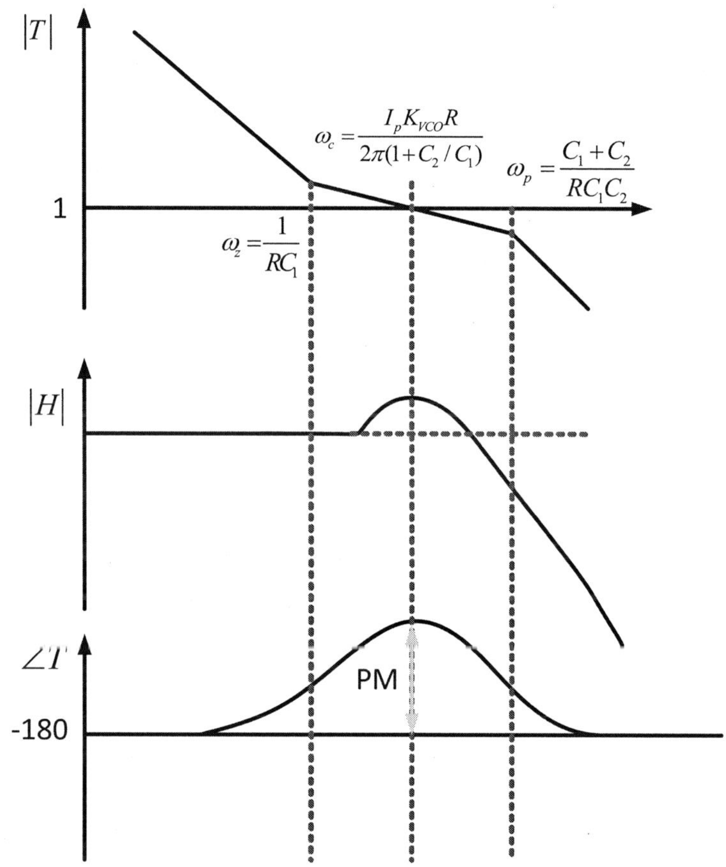

그림 14.2.3 PLL의 Open-Loop Transfer Function과 Closed-Loop Transfer Function 사이의 관계

그림 14.2.3은 PLL의 Open-Loop Transfer Function과 Closed-Loop Transfer Function 사이의 관계를 보여주고 있다. Open-Loop Transfer Function의 크기가 0 dB가 되는 지점, 즉, Bandwidth에서의 Closed-Loop Transfer Function의 크기가 감소하기 시작하는 것을 알 수 있다[4][5].

참고문헌

[1] B. Razavi, *RF Microelectronics, Upper Saddle River,* NJ: Prentice-Hall, 1998.
[2] B. Razavi, *Design of Analog CMOS Integrated Circuits,* McGraw-Hill, 2001.
[3] R. Best, *Phase-Locked Loops,* McGraw-Hill, 1993.
[4] R. Dorf, *Modern Control Theory, 4th Edition,* Addison-Wesley, 1986.
[5] F. Gardner, *Phaselock Techniques, 2nd Edition,* New York, Wiley & Sons, 1979.

15 Phase-Locked Loop의 구성블록

15.1 Phase Frequency Detector (PFD)

그림 15.1.1은 PLL 전체에서 Phase Frequency Detector(PFD)의 위치를 보여주고 있다. Reference Clock과 VCO 출력의 분주된 Clock을 비교해서 위상 및 주파수 오차를 생성하는 역할을 수행한다.

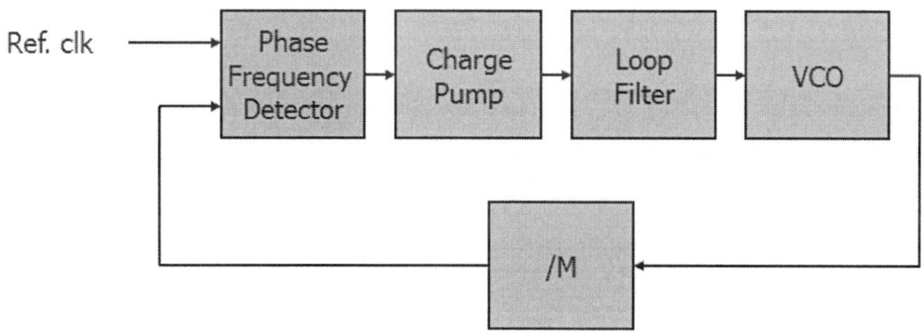

그림 15.1.1 PLL 전체에서 Phase Frequency Detector의 위치

그림 15.1.2는 PFD의 동작 원리를 보여주고 있다[1]. PFD는 reference clock과 VCO의 출력 주파수를 divider로 나눈 신호의 위상과 주파수를 비교하여 다음 단의 Up과 Down 신호를 보내는 중요한 블록이다. 그에 따른 동작을 살펴보면 다음과 같다.

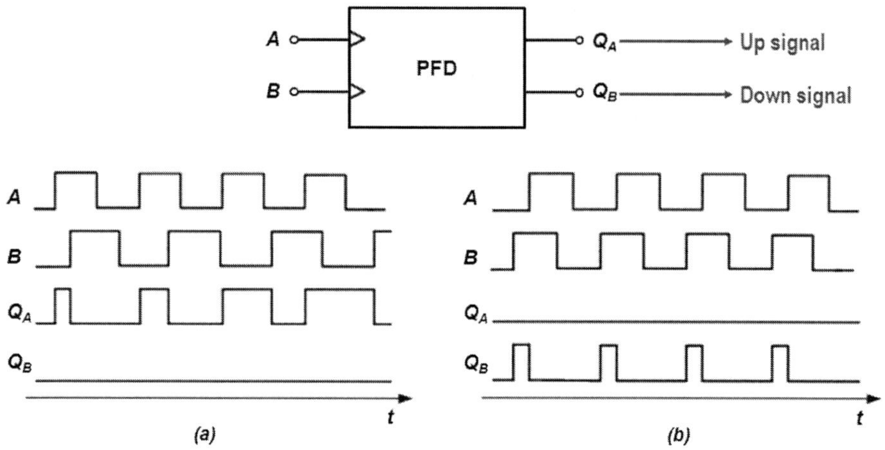

그림 15.1.2 PFD의 동작 원리

A의 신호가 B의 신호보다 위상이 더 빠르고 주파수가 더 빠르므로 PFD에서는 Up signal이 다음 단으로 전달된다. 이와는 반대로 (b)의 경우에는 A의 신호가 B의 신호보다 위상과 주파수가 더 느리므로 Down signal을 다음 단으로 전달한다.

이러한 기본적인 PFD를 개량한 구조로 그림 15.1.3과 같은 Tri-state PFD 구조를 일반적으로 사용한다.

3-state PFD의 구조는 두 개의 D-Flip Flop과 한 개의 AND 게이트로 이루어져 있다. 이 구조는 edge-triggered sequential circuit으로 기준 신호와 VCO 출력 신호의 positive transition에 따라 동작하기 때문에 PFD의 출력은 입력의 duty cycle에 관계없이 동작한다. 이러한 동작은 적어도 세 가지 논리 상태(up=down=0, up=0 down=1, up=1 down=0 일 때)를 발생한다. 그러나 PLL이 동기되었을 때, 즉 up 신호와 down 신호가 모두 "1"인 경우가 존재한다. 동작 원리상으로는 up 신호와 down 신호가 "1"인 경우에는 AND 게이트를 통하여 두 개의 D-F/F을 즉시 리셋해야 하지만, 논리회로의 지연시간으로 인해서 또 하나의 상태(up=down=1)가 존재한다. 이러한 PFD 자체의 reset delay는 UP/Down 신호의 정상적인 출력을 방해하기 때문에 리셋 지연 시간을 최대한 작게 하거나 반대로 증가시켜 그 영향을 줄여야 한다[2]. 또한, 고주파수 대역에서 정상적인 동작을 위해서는 리셋 지연 시간에 의해 발생하는 dead zone 특성이 매우 작아야 한다.

PFD의 두 입력 신호의 위상 차이에 따른 출력은 그림 15.1.4에서 볼 수 있듯이 비선형성을 보인다. 그림 15.1.4(a)와 같이 A 신호와 B 신호의 위상차가 충분히 커서 PFD를 구성하는 AND Gate의 Threshold의 영향을 받지 않는다면 문제가 없지만, 그림 15.1.4 (b)와 같이 위상차가 0에 가까운 경우에는 Up/Down 펄스가 비선형적으로 출력 된다. 이런 문제는 뒷단인 VCO 출력의 Noise 특성에 좋지 않은 영향을 주게 되어, 전체 PLL 성능을 떨어뜨리는 결과를 낳는다.

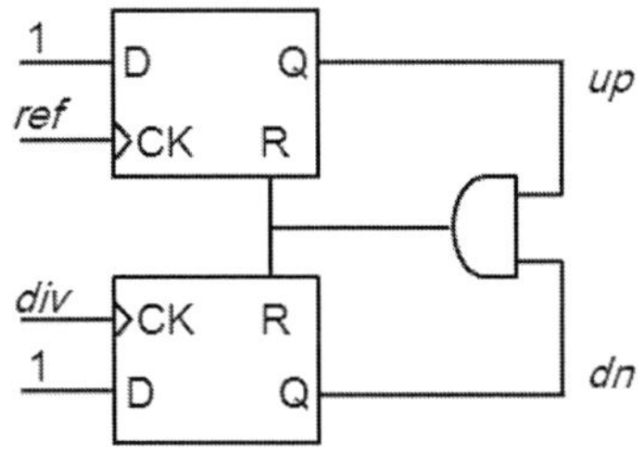

(a) PFD의 일반적인 구조

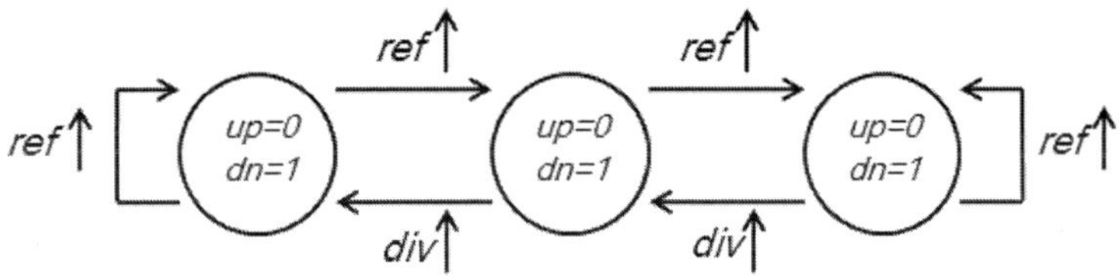

(b) PFD의 state machine

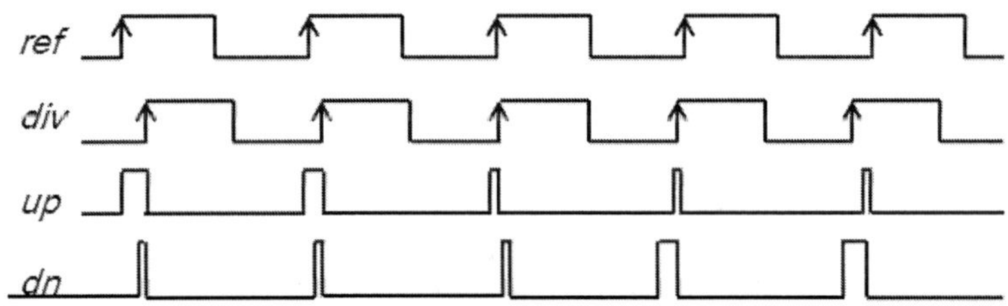

(c) Signal Waveform

그림 15.1.3 Tri-state phase-frequency detector의 구조

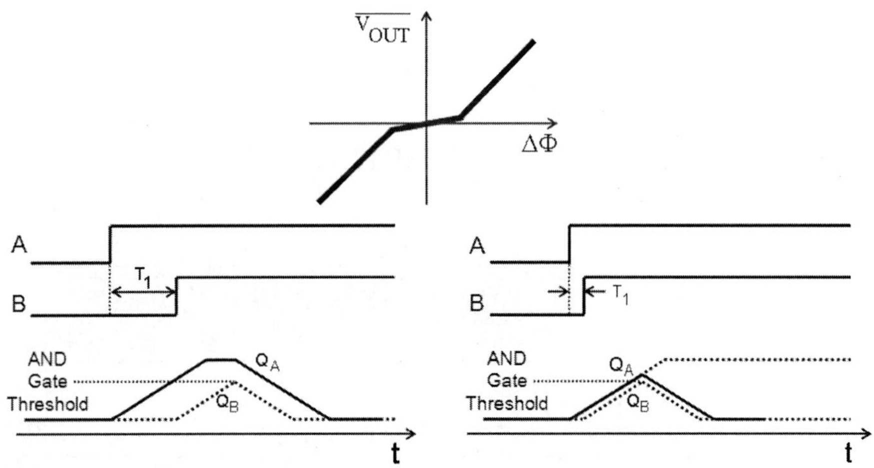

(a) (b)

그림 15.1.4 PFD의 Dead-Zone 특성

이런 Dead-Zone 문제를 해결하기 위해서는 리셋 지연 시간을 최대한 줄이거나 그 구간을 임의로 더 늘려서 확실하지 않은 구간을 없애는 방법이 있다.

그림 15.1.5는 가장 널리 사용되는 PFD 회로도를 보여주고 있다. 2개의 NAND Type SR Latchd와 Reset을 위한 Gate들로 구성되어 있어서 작은 면적에 구현할 수 있다. Dead-Zone을 해결하기 위해서 Reset Path에 추가적인 Delay를 삽입할 수도 있다.

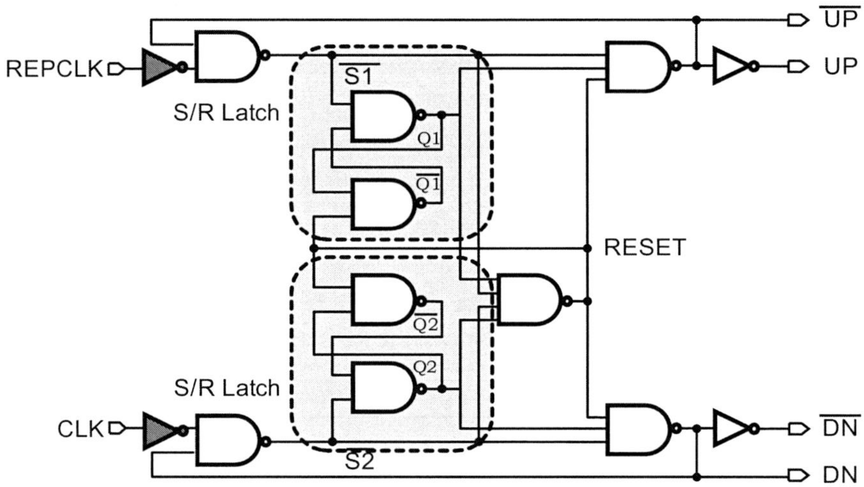

그림 15.1.5 가장 널리 사용되는 PFD 회로도

15.2 Charge Pump (CP)

그림 15.2.1은 PLL 전체에서 Charge Pump의 위치를 보여주고 있다. Phase Frequency Detector로부터의 위상오차 정보를 받아서 이에 비례하는 구간 동안에 전류를 충방전한다.

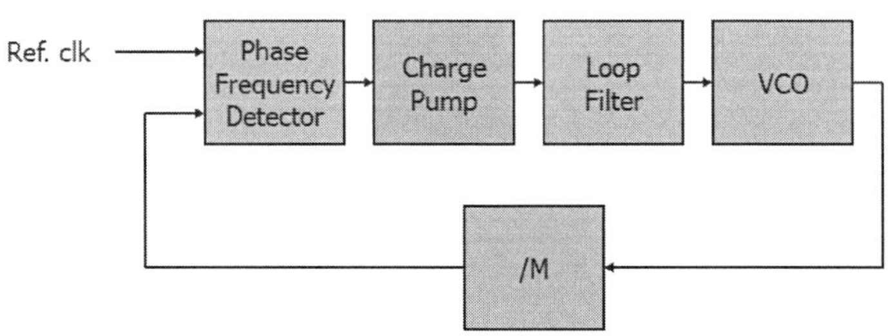

그림 15.2.1 PLL 전체에서 Charge Pump의 위치

Charge Pump는 PLL의 성능을 결정하는 중요한 블록 중에 하나이다. 그림 15.2.2는 Charge Pump의 동작 원리를 보여주고 있다. CP는 PFD단에서 출력된 Up/Down signal을 받아서 특정량의 전하를 밀고 당기도록 만들어진 회로라 할 수 있다. Up/Down signal의 펄스 폭에 따라서 출력되는 전하량이 틀려지고, 그렇게 두 신호 간의 차이만큼 전하량(Charge)을 밀어주거나, 당겨주는 역할을 하기 때문에 "Charge Pump"라고 부른다[3].

이러한 출력 전하량이 뒷단에 오는 Loop Filter의 capacitor에 전하를 축적하거나 감소시켜 결론적으로 VCO단의 Vcont를 조절하는 동작이 이루어진다. Charge Pump에 따른 Loop Filter의 동작을 보면 다음과 같다.

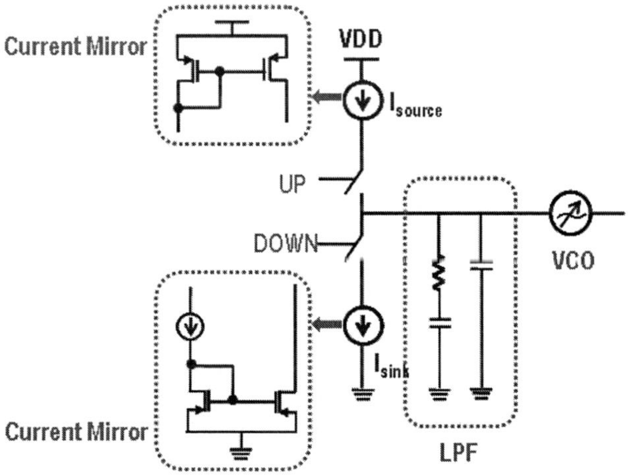

그림 15.2.2 Charge-Pump의 동작 원리

그림 15.2.2에서 확인할 수 있듯이 PFD로부터 Up signal이 들어오면 Charge Pump에서 펄스 폭에 해당하는 전하량만큼 밀어내어 Loop Filter의 capacitor에 전하를 더 많이 축적시켜 출력전압을 상승시킨다.

또한, Down signal이 Charge Pump의 입력으로 들어올 경우에는 펄스 폭에 해당하는 전하량만큼 끌어당겨 Loop Filter에 축적된 전하를 감소시킴으로써 출력전압을 하강시킨다.

Charge Pump는 미세한 펄스 폭만큼을 일정량의 전하(전류)로 변환해줘야 하기 때문에 개념적으로 전류이득을 갖는다고 할 수 있다. 이러한 Charge Pump의 전류이득을 I_{cp}라고 하며 PLL의 중요한 성능지표 중 하나이다. I_{cp}가 크면 펄스에 따라 전류량이 크다는 의미이며, 결국 capacitor에 전하를 축적 또는 방출시키는 속도가 빨라지기 때문에 PLL의 lock time에 큰 영향을 준다.

만약 PLL이 Locking 상태라면 Up 신호와 Down 신호가 동일한 시간 동안 인가되는데, 이때 충전 전류인 current source와 방전 전류인 current sink 사이에 오차가 발생하게 되면,

Loop Filter로 들어가거나 나오는 net current가 0이 될 수 없게 된다. 결국 이런 잔존 전류는 PLL 전체의 위상 잡음을 발생시켜 Reference Spur가 증가하게 되는 문제를 야기한다.

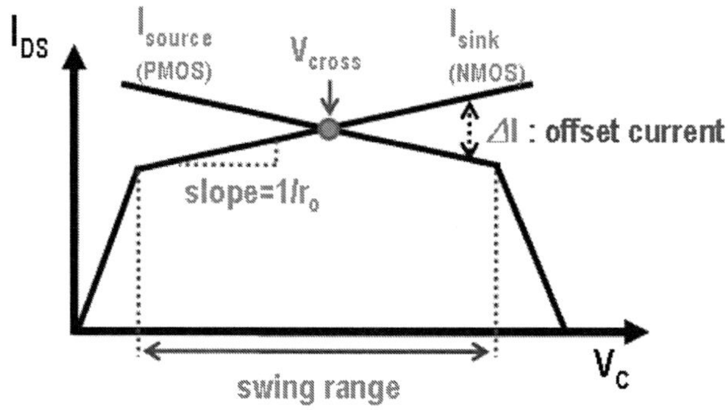

그림 15.2.3 Current Mirror의 특성

그림 15.2.3에서 확인할 수 있듯이, current mirror를 구성하고 있는 MOSFET이 포화 영역에서 동작할 때 channel length modulation 효과로 인해 전류는 일정한 상수 값을 갖지 못하고 오직 Isource와 Isink의 교차점인 Vcross 지점에서만 같은 전류값을 갖고 다른 전압에서는 offset current가 존재하게 된다[4]. Charge Pump가 적절하게 설계되지 못한다면 이러한 전류 오차로 인해 앞서 언급했듯이 PLL 전체 성능을 떨어뜨리게 될 것이다.

그림 15.2.4는 기본적인 Charge Pump 회로도를 보여주고 있으며, 그림 15.2.5는 Charge Pump 회로에서 발생할 수 있는 Mismatch 요인들을 3가지로 정리하였다[3][4].

Charge Pump의 Up/Down 신호가 모두 LOW일 경우, 즉, 그림 15.2.4에서 S1과 S2가 모든 OFF되었을 경우에도 Subthreshold conduction에 의해서 그림 15.2.5(a)와 같이 Current Leakage가 발생한다.

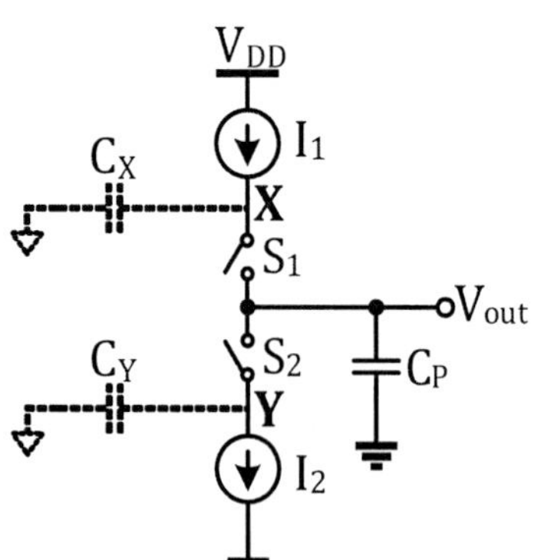

그림 15.2.4 기본적인 Charge Pump 회로도

또한, 그림 15.2.5(b)와 같이 Up/Down Current Mismatch가 발생하면, Up/Down이 동시에 ON되는 구간 동안에 Net Current가 Loop Filter에 흐르게 된다. 그림 15.2.6에서 볼 수 있는 바와 같이, Current Mismatch에 의해서 Vcont 전압이 주기적으로 흔들리게 되며, PLL 출력에 SPUR로 나타나게 된다. 그림 15.2.5(c)와 같이 Up/Down 신호가 발생하는 Timing의 Mismatch가 발생하면, 역시 Vcont 전압이 주기적으로 흔들리게 된다.

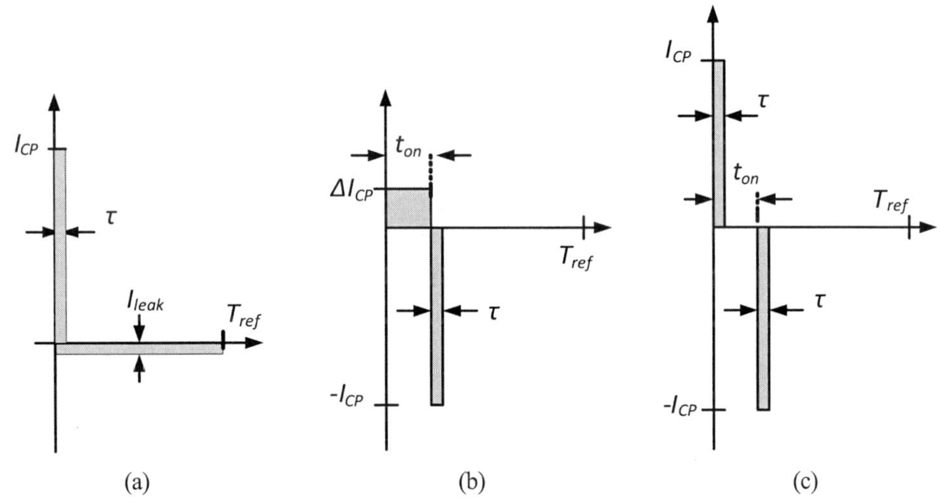

그림 15.2.5 Charge Pump의 (a) Current Leakage (b) Current Mismatch (c) Timing Mismatch

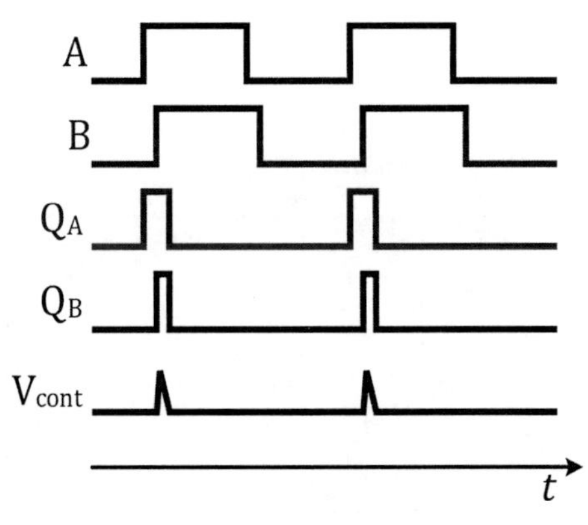

그림 15.2.6 Charge Pump의 Current Mismatch가 Vcont에 미치는 영향

그림 15.2.4에서 Up/Down 스위치의 역할을 하는 S1과 S2의 On 저항을 같도록 해야 한다. S1은 일반적으로 PMOS Transistor로, S2는 일반적으로 NMOS Transistor로 구현되는데, 같

은 On 저항을 갖기 위해서는 PMOS Transistor가 NMOS Transistor에 비해서 2~3배만큼 커야 한다. 따라서 그림 15.2.4의 X와 Y 노드에서의 Parasitic Capacitances Cx와 Cy가 차이가 나게 된다. Cx가 없다면, Up Current는 Cp만을 충전시키게 되지만, Cx의 존재로 인해서 Up Current가 Cp와 Cx를 동시에 충전시켜야 하므로, Charge Sharing 현상에 의해서 Vcont 전압에 오차가 발생한다. 마찬가지로, Cy로 인해서 Down Current가 Cp와 Cy를 동시에 방전시켜야 하므로, Charge Sharing 현상에 의해서 Vcont 전압에 오차가 발생한다.

Charge Pump는 기본적으로 Switch와 Current Source를 가지고 있다. 그림 15.2.7(a), (b), (c)는 각각 Drain, Gate, Source에서의 Switch를 가지고 있는 Charge Pump의 기본 구조를 보여주고 있다.

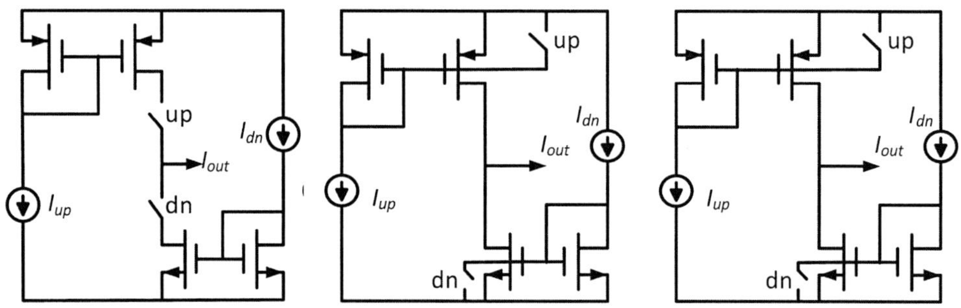

(a) Drain에서의 Switch (b) Gate에서의 Switch (c) Source에서의 Switch

그림 15.2.7 Charge Pump의 기본 구조

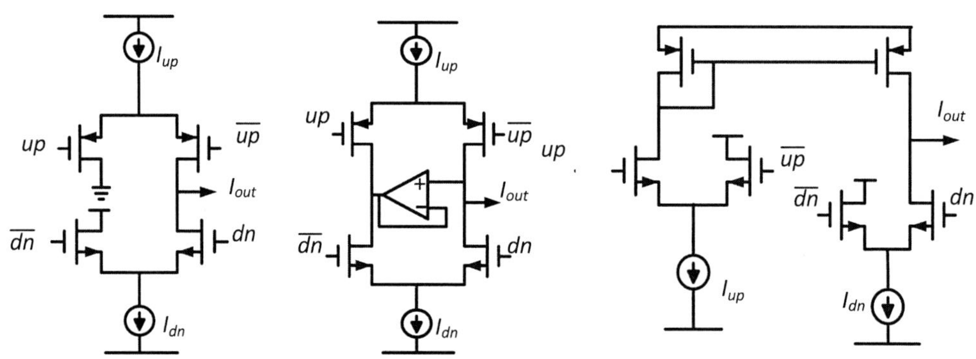

(a) 기본 구조 (b) Unity Gain Buffer를 가지고 있는 구조 (c) NMOS Only 구조

그림 15.2.8 Differential Charge Pump

그림 15.2.8(a)는 Differential Charge Pump의 기본 구조를 보여주고 있다. Iup과 Idn에 해당되는 전류원은 항상 켜두고, up과 dn 신호에 따라서 Path만 스위칭하는 구조이다. 그림 15.2.7(a)와 같이 전류원을 직접 껐다 켰다할 경우에 전류의 오차가 발생하게 되므로, 전류원은 항상 켜 두고 VCO 제어 전압쪽으로 전류를 흘릴지 다른 Path로 흐르게 할지만 조절하도록 한다. Up current의 두 Path 간에 같은 전류 특성을 보이기 위해서는 그림 15.2.8(b)와 같이 Unity Gain Buffer를 삽입할 수 있다. 이 경우 어느 Path에 전류가 흐르더라도 항상 같은 Up 전류원의 V_{SD} 전압을 같게 맞춤으로써 전류 오차를 줄일 수 있다. 그림 15.2.8(c)와 같이 항상 같은 NMOS만을 사용해서 PMOS와 NMOS의 특성 차이에 의한 Current Mismatch를 줄일 수 있다.

Differential Charge Pump를 구현하기 위해서는 UP과 $\overline{UP}$, DN과 $\overline{DN}$ 사이의 HIGH 구간이 겹치지 않도록 하는 것이 중요하다. 단순히 Inverter만 사용할 경우 Non-Overlapping의 특성을 만족하기 힘들므로, 그림 15.2.9(a)와 같이 XOR Gate를 사용하든지, 그림 15.2.9(b)와 같이 Inverter Delay를 조정해서 Delay를 맞출 수 있다.

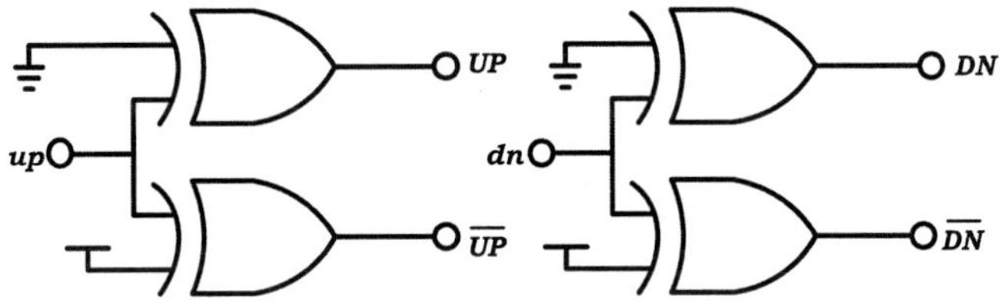

(a) XOR Gate 기반

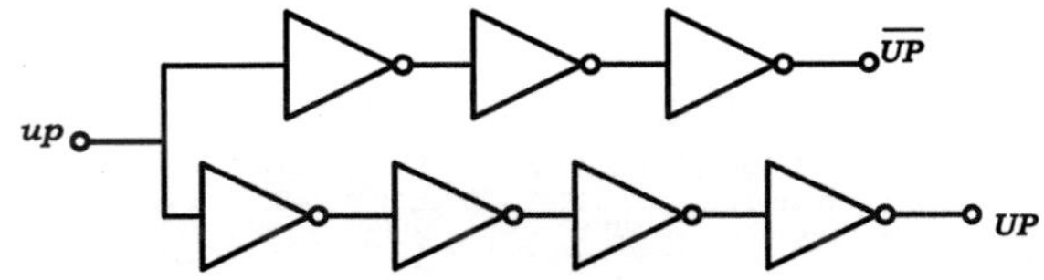

(b) Inverter 기반 Single to Differential Converter

그림 15.2.9

15.3 Loop Filter (LF)

그림 15.3.1은 PLL 전체에서 Loop Filter의 위치를 보여주고 있다. Loop Filter는 Charge Pump로부터의 Up/Down 전류를 VCO 제어를 위한 전압으로 변환하는 역할을 하며, Low Pass Filter로 구성되므로, 고주파 성분을 제거하고, DC 부근의 저주파 성분만 통과시킨다. 따라서 Loop Filter는 Vcont 전압의 평균값을 취하는 기능을 수행한다.

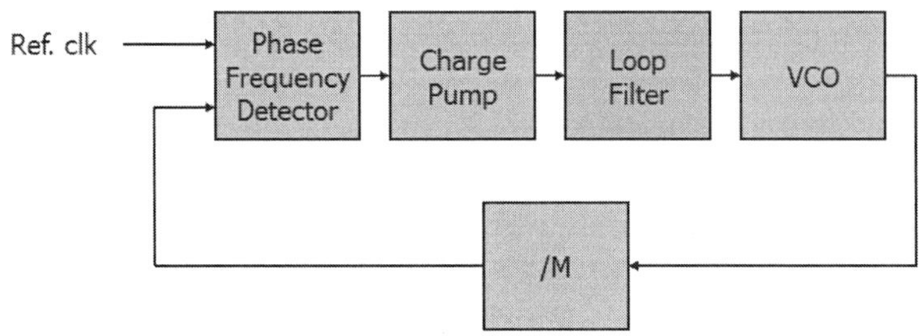

그림 15.3.1 PLL 전체에서 Loop Filter의 위치

그림 15.3.2는 (C_z와 R_z의 직렬 연결)// C_p로 구성된 Loop Filter의 파라미터를 결정하는 절차를 보여주고 있다.

Step 1

PLL의 Loop Bandwidth(ω_c), VCO의 Gain(K_{vco}), Charge Pump의 전류(I_{cp}), Division Ratio (N) 등을 먼저 결정한다.

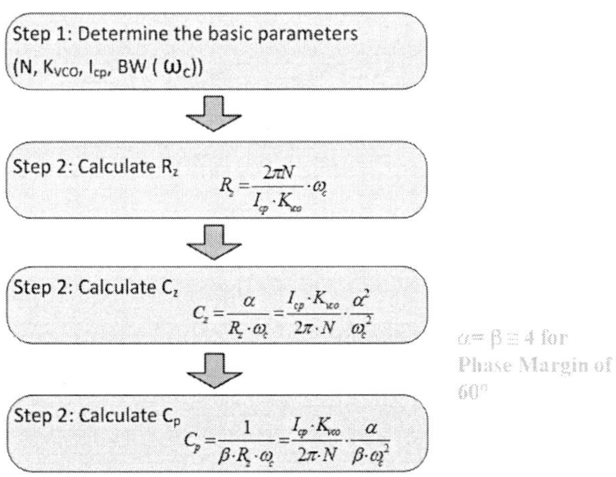

그림 15.3.2 2차 Loop Filter의 파라미터를 결정하는 절차

Step 2

Step 1에서 Loop Bandwidth (ω_c)를 결정하였으므로, 2차 Loop Filter의 Zero를 형성하는 저항 R_z를 구할 수 있다. R_z는 ω_c에 비례하고, I_{cp}와 K_{vco}에 반비례함을 알 수 있다.

Step 3

2차 Loop Filter를 채택한 3차 PLL에서 60°의 Phase Margin을 확보하기 위해서는 $\omega_z = (1/\alpha) \times \omega_c = (1/4) \times \omega_c$의 관계를 만족해야 한다[5][6][7]. 이 관계식으로부터 C_z를 구할 수 있다. C_z는 I_{cp}, K_{vco}에는 비례하고, ${\omega_c}^2$과 N에는 반비례함을 알 수 있다. C_z의 크기가 PLL의 전체 면적을 좌우하게 되므로, ω_c가 줄어들수록 C_z의 크기가 제곱으로 증가함을 알 수 있다.

Step 4

2차 Loop Filter를 채택한 3차 PLL에서 60°의 Phase Margin을 확보하기 위해서는 $\omega_p = (\beta) \times \omega_c = (4) \times \omega_c$의 관계를 만족해야 한다[5][6][7]. 이 관계식으로부터 C_p를 구할 수 있다. C_p는 I_{cp}, K_{vco}에는 비례하고, ${\omega_c}^2$과 N에는 반비례함을 알 수 있다. ω_c가 줄어들수록 C_p의 크기가 제곱으로 증가함을 알 수 있다.

LF(Loop Filter)는 기본적으로 LPF(Low Pass Filter) 형태의 구조를 가지고 있으며, 주파수 합성기의 성능을 결정하는 데 중요한 역할을 한다. Loop Filter 설계는 VCO의 입력 harmonics 성분의 제거 외에도 settling time, phase noise 및 stability와 밀접히 연관되어 전체 시스템 특성에 영향을 미친다.

Loop Filter의 일반적인 구조는 그림 15.3.3(a)~(c)와 같이 저항과 커패시터로만 구성된 passive 형태나 그림 15.3.3(d)와 같이 amplifier를 사용한 active 형태로 구분할 수 있다. active type으로 Loop Filter를 구성하였을 경우에는 면적을 많이 차지하는 커패시터의 크기를 줄일 수 있고 앰프의 이득을 조정함으로써 pole/zero의 위치를 임의로 바꿀 수 있어 튜닝에 유리한 장점을 갖는다. 하지만, 추가적인 전류 소모가 발생하고 능동 소자를 사용함에 따라 노이즈 측면에서는 불리하다[8][9].

Loop Filter가 전체 시스템의 Bandwidth를 결정하는 데 매우 중요한 역할을 한다.

일반적으로 주파수 합성기는 전류 소모를 최소화해야 하므로, passive type의 2차 또는 3차 Loop Filter를 많이 사용한다.

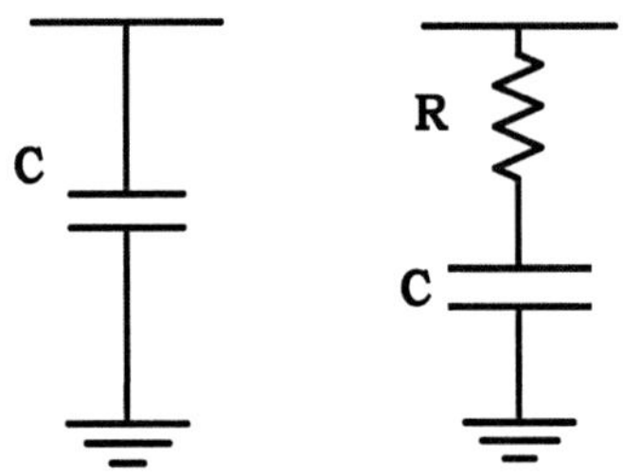

(a) 1st-order passive loop filter

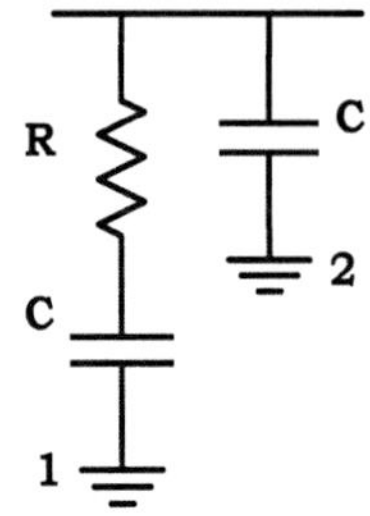

(b) 2nd-order passive loop filter

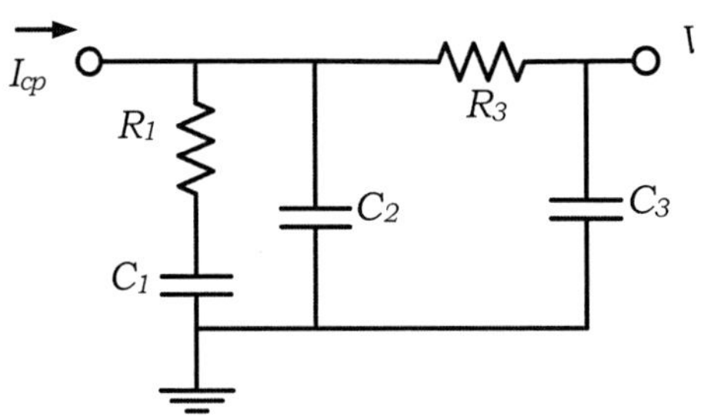

(c) 3rd-order passive loop filter

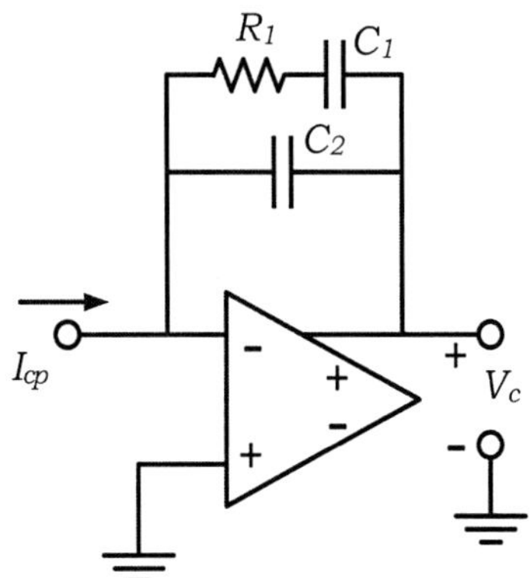

(d) 2nd-order active loop filter

그림 15.3.3

3차 Loop Filter를 설계하기 위한 절차는 다음과 같다.

i) 위상 마진의 결정

위상 마진을 정하여 커패시터 값의 비율을 결정한다.

$$PM \approx \arctan(\sqrt{b+1}) - \arctan(\frac{1}{\sqrt{b+1}}) \tag{15.3.1}$$

$$b = \frac{C_0}{C_A + C_X} \tag{15.3.2}$$

ii) PLL Loop의 Bandwidth를 결정

Loop Bandwidth는 얼마나 빠르게 PLL의 위상 오차를 보정하는지에 대한 값인데, 일반적으로 기준 주파수의 1/10 ~ 1/100 정도의 값을 갖는다.

$$\omega_c = \frac{\sqrt{b+1}}{\tau_Z} = \frac{\sqrt{b+1}}{R_0 C_0} \tag{15.3.3}$$

iii) C_0의 값을 결정

I_{cp}는 Charge Pump의 전류 이득이고, N은 주파수 분주비, K_{vco}는 VCO의 gain이다.

$$C_0 = \frac{I_{CP}}{2\pi}\frac{K_{VCO}}{N}\frac{b}{\sqrt{b+1}}\frac{1}{\omega_c^2} \tag{15.3.4}$$

iv) R_0의 값을 계산

$$R_0 = \frac{\tau_Z}{C_0} \tag{15.3.5}$$

v) τ_X의 값을 아래의 범위 안에서 결정

일반적으로 τ_Z 값을 τ_X 값의 1/30에서 1/20 정도로 결정한다.

$$\begin{aligned} &\tau_X = R_X C_X \\ &0.01 < \frac{\tau_X}{\tau_Z} < 0.1 \end{aligned} \tag{15.3.6}$$

vi) C_A, C_X의 값을 결정

i)에서 주어진 식을 통해 값을 결정할 수 있는데, 보통 C_A, C_X는 같은 값으로 결정한다.

15.4 Voltage Controlled Oscillator (VCO)

그림 15.4.1은 PLL 전체에서 VCO의 위치를 보여주고 있다. Charge Pump와 Loop Filter로부터의 Vcont 전압에 따라서 VCO의 발진 주파수를 바꾸게 된다.

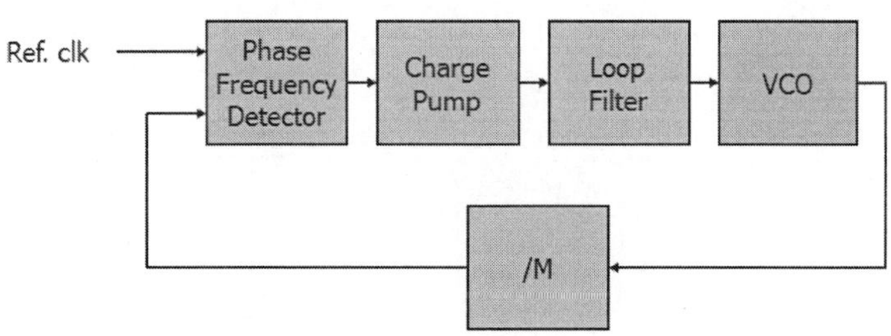

그림 15.4.1 PLL 전체에서 VCO의 위치

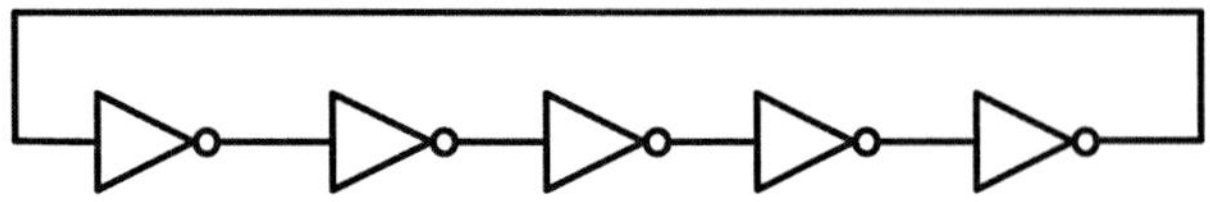

(a) Single-Ended

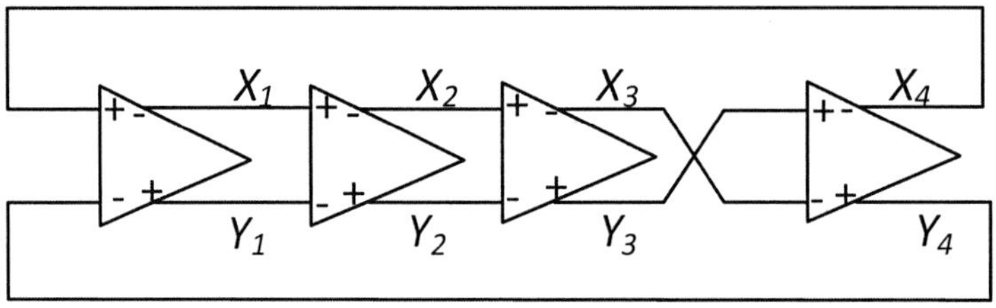

(b) Differential Ring Type VCO

그림 15.4.2

VCO는 크게 Ring-Type VCO와 LC-VCO로 나눌 수 있다. 그림 15.4.2(a)에 제시된 Ring-Type VCO는 기본적으로 홀수 개의 Single-Ended Inverter로 구성된 VCO이다. 그림 15.4.2(b)에 제시된 Ring-Type VCO는 짝수 개의 Differential Delay Cell로 구성되었지만, X3, Y3를 입력으로 받는 마지막 Delay Cell에서 극성을 바꿔서 연결하면 발진을 하게 된다 [10][11][12][13].

그림 15.4.2와 같이 구성하면 제어 전압에 따라서 주파수를 조정할 수 없으므로, 제어 전압 단자를 추가해야 한다. 제어 전압에 의해서 주파수가 변하기 위해서는 Delay Cell의 Delay가 전압에 의해서 제어 받도록 해야 한다. 식 (15.4.1)과 같이 Delay를 가변으로 하기 위해서는 Delay Cell 내부의 커패시턴스(C)를 조정할 수도 있고, 전류(I)를 조정할 수도 있다. 따라서 Delay를 조정하는 방식은 크게 capacitive tuning 방식과 resistive tuning 방식으로 나눌 수 있다.

$$t = CV/I \qquad (15.4.1)$$

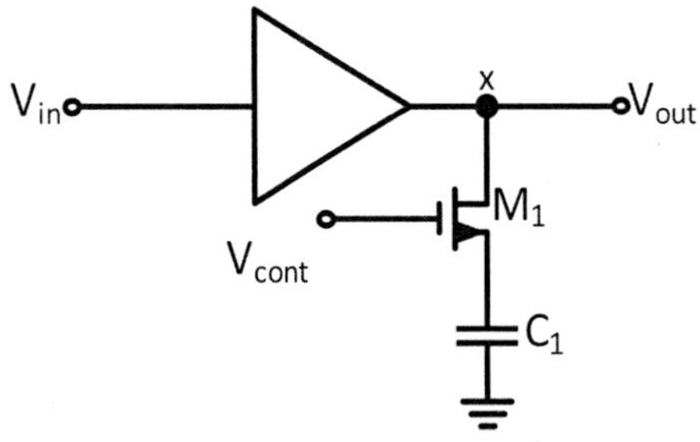

그림 15.4.3 Capacitive tuning of delay cell

그림 15.4.3은 Capacitive tuning 방식의 예를 보여주고 있다. Vcont 전압에 따라서 M1의 저항값이 달라지고, X 노드에서 보이는 C1의 양도 달라지게 되므로 Delay가 변하게 된다. Vcont 전압이 증가할수록 M1의 저항이 줄어들고, X 노드에 더 많은 커패시턴스가 보이게 되므로, 주파수가 감소하게 된다.

그림 15.4.4는 Capacitive tuning 방식의 또 다른 예를 보여주고 있다. Vctrl 전압에 따라서 Delay Cell의 Supply Voltage쪽의 전압과 전류가 바뀌게 되므로, Delay와 주파수가 바뀌게 된다.

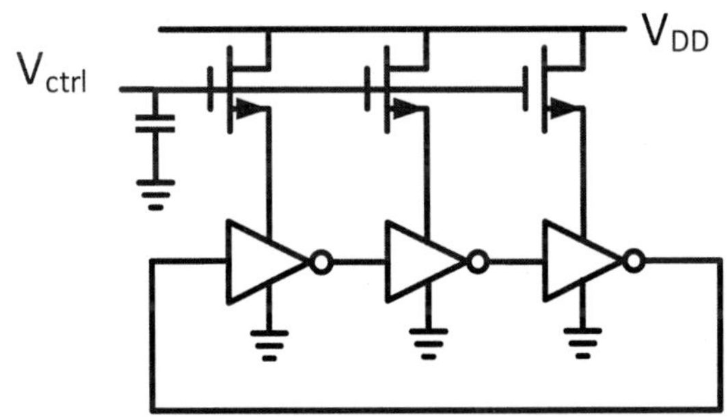

그림 15.4.4 Pull-down strength control

그림 15.4.5는 Resistive tuning 방식의 예를 보여주고 있다. Vcont가 tail current를 조절하므로, VCO의 Delay가 조절된다. V_{BN} 전압이 증가될수록 전류가 증가되므로, 주파수가 빨라진다[10][11].

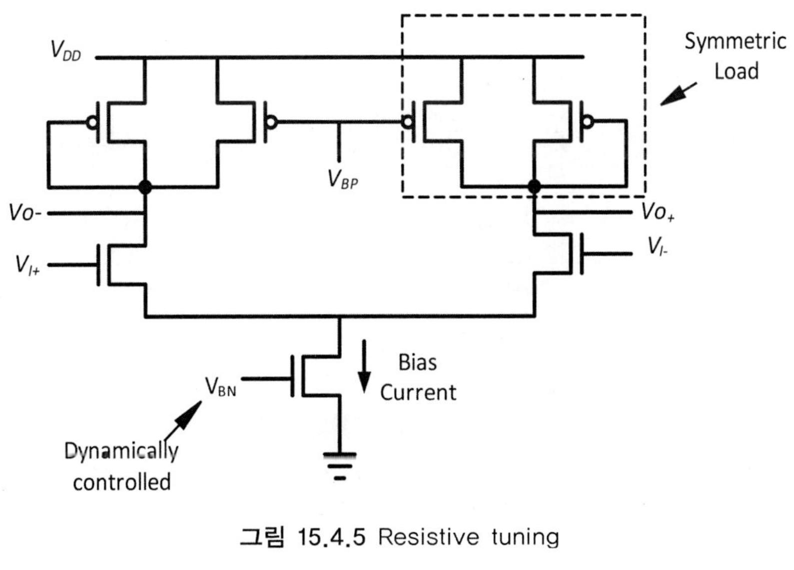

그림 15.4.5 Resistive tuning

그림 15.4.6은 delay cell 내부의 symmetric load의 특성을 보여주고 있다. Vcont 전압이 tail current source를 조정하므로, 부하 디바이스의 임피던스가 그림 15.4.6과 같이 선형적으로 변하게 되므로, delay cell 내부의 전압 이득은 비교적 일정하게 된다.

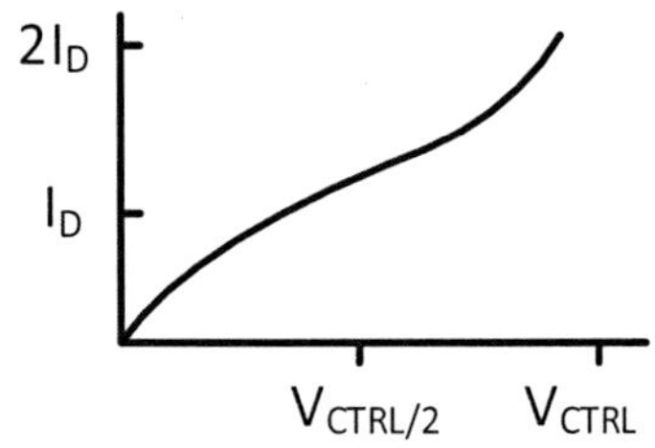

그림 15.4.6 Symmetric load

그림 15.4.7은 VCO delay cell을 위한 replica bias 회로를 보여주고 있다. delay cell과 동일한 구조를 가지는 replica bias 회로를 이용하여 V_{CC} 전압이 바뀌더라도, delay cell 자체의 delay 변화가 최소가 되도록 할 수 있다[12][13][14].

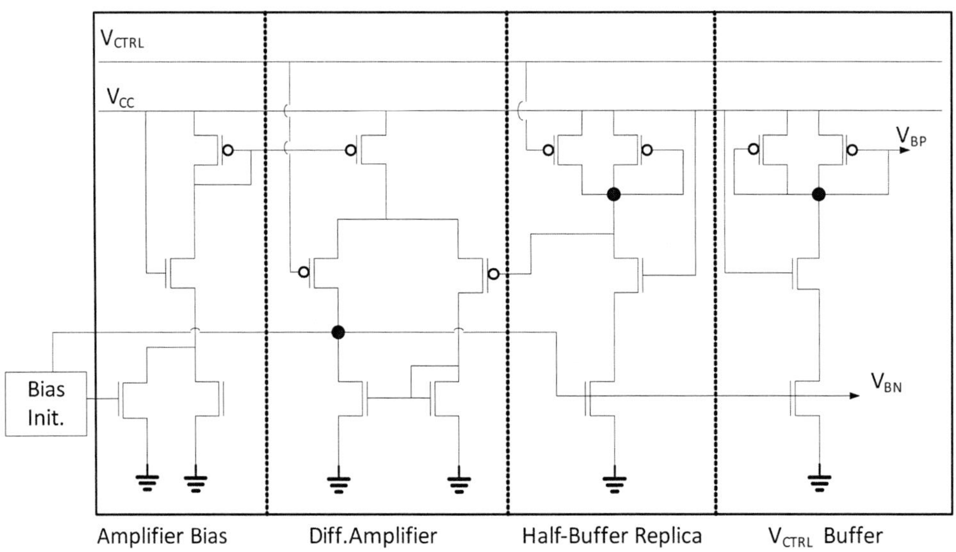

그림 15.4.7 Replica Bias

그림 15.4.8은 Oscillation을 위한 Positive Feedback System을 보여주고 있다. Negative Feedback System은 시스템 안정화를 위해서 필요하지만, Oscillation을 위해서는 Positive Feedback System을 구성해야 한다.

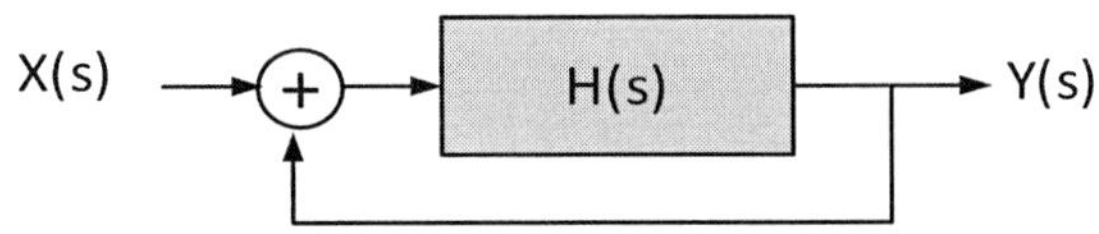

그림 15.4.8 Oscillation을 위한 Positive feedback system

$$\frac{Y(s)}{X(s)} = \frac{H(s)}{1-H(s)} \tag{15.4.2}$$

식 (15.4.2)는 Positive Feedback System의 입력과 출력 사이의 관계를 수식으로 보여주고 있다. Oscillation을 위해서는 분모가 0이어야 한다. 즉, $H_{(s)} = 1$이 되는 주파수에서 발진을 한다. 이 조건을 Barkhausen's criterion이라고 한다.

$$|H(j\omega_0)| = 1 < H(j\omega_0) = 360^{\circ} \tag{15.4.3}$$

식 (15.4.3)은 Loop Gain의 크기가 1이 되고, 위상이 360°가 되는 주파수에서 발진을 함을 의미한다. 그림 15.4.9는 frequency selective networkf를 가지고 있는 positive feedback system을 보여주고 있다. 원하는 주파수 부근에서 발진을 하기 위해서는 frequency selective network를 통해서 특정 주파수만 통과시키도록 해야 한다. Frequency selective network로 가장 널리 사용되는 회로가 LC resonator 회로이다.

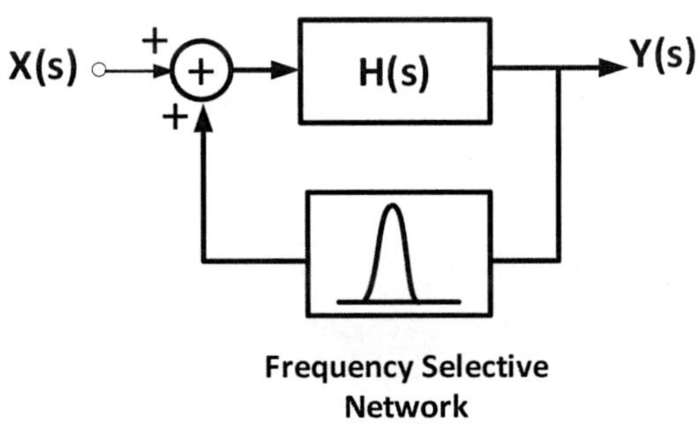

그림 15.4.9 Positive feedback system with frequency selective network

그림 15.4.10은 LC resonator 회로를 보여주고 있다. 그림 15.4.10(a)는 inductor와 capacitor의 병렬 연결로 볼 수 있으며, 각각 직렬 저항 성분을 가지고 있다. 그림 15.4.10(a)에서 L과 C는 이상적인 inductor과 capacitor를 의미한다. 이에 대한 등가회로를 그리면 그림 15.4.10(b)와 같으며, 이상적인 L과 C의 병렬 연결에 기생 저항 R_p를 가지고 있다고 볼 수 있다.

(a) LC resonator　　(b) (a)의 등가 회로

그림 15.4.10

직렬 저항 성분이 없이 이상적인 L과 C만 존재할 경우 식 (15.4.4)과 같은 공진 주파수를 가지면서 공진할 수 있다.

$$f_0 = \frac{1}{2\pi\sqrt{LC}} \tag{15.4.4}$$

하지만 실제로는 R_p로 표시되는 양의 기생 저항 성분을 가지므로, LC resonator만으로는 공진 파형을 볼 수 없다. 이를 해결하기 위해서 그림 15.4.11과 같이 LC resonator의 양의 기생 저항을 상쇄시키기 위해서 음의 저항 R1을 제공하기 위한 Active Circuit이 필요하다. R1의 값은 R2를 상쇄할 수 있어야 한다[1].

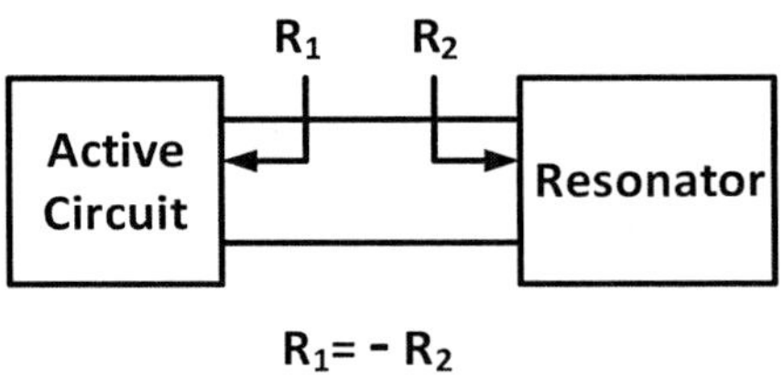

그림 15.4.11 Oscillation의 Equivalent Circuits

그림 15.4.12는 음의 저항을 제공할 수 있는 Negative-Gm Cell을 보여주고 있다. Negative-Gm Cell의 양단에서 바라다본 저항 R_{in}을 구하면 식 (15.4.5)와 같다. Q_1과 Q_2의 트랜스 컨덕턴스 값을 g_m이라고 하면, Negative-Gm Circuit은 $-2/g_m$에 해당되는 저항값을 제공한다.

$$R_{in} = -2/g_m \tag{15.4.5}$$

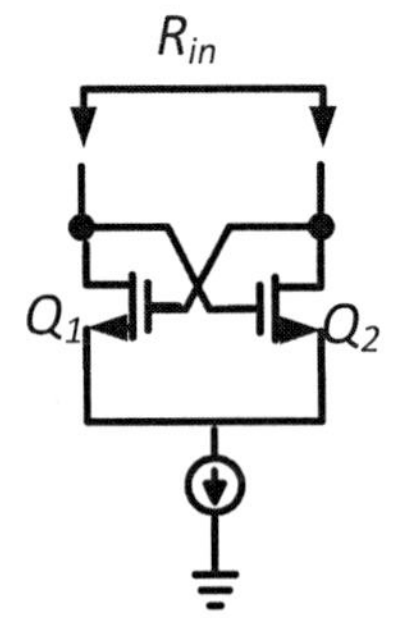

그림 15.4.12 Negative-Gm Cell

그림 15.4.13은 기본적인 LC-VCO 회로를 보여준다. inductor와 capacitor로 구성된 LC resonator와 병렬로 Negative-Gm Cell을 연결하는 구조이다. Q1과 Q2에 의해서 제공되는 R_{in}의 크기가 LC resonator의 기생 저항보다 커야 발진을 할 수 있다.

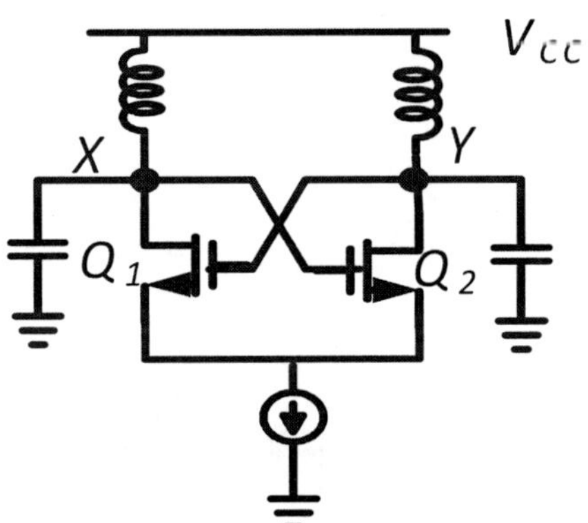

그림 15.4.13 기본적인 LC-VCO

VCO는 전압에 의해서 주파수를 제어해야 하기 때문에, inductor와 capacitor 중에서 전압에 의해서 조절되도록 설계하여야 한다. 일반적으로, inductor의 Quality Factor 값이 capacitor의 Quality Factor 값에 비해서 작아서, 전체의 Quality Factor 값을 좌우하게 된다. 따라서, inductor를 전압에 의해서 가변적으로 변하도록 설계하는 것은 전체 성능을 저하시키므로, capacitor를 전압에 의해서 가변적으로 변하도록 설계하는 것이 일반적이다. 전압에 의해서 값이 가변적으로 변하는 커패시터를 "Variable Capacitor", 줄여서, "Varactor"라고 하며, 그림 15.4.14와 같이 크게 4가지 Type이 사용될 수 있다.

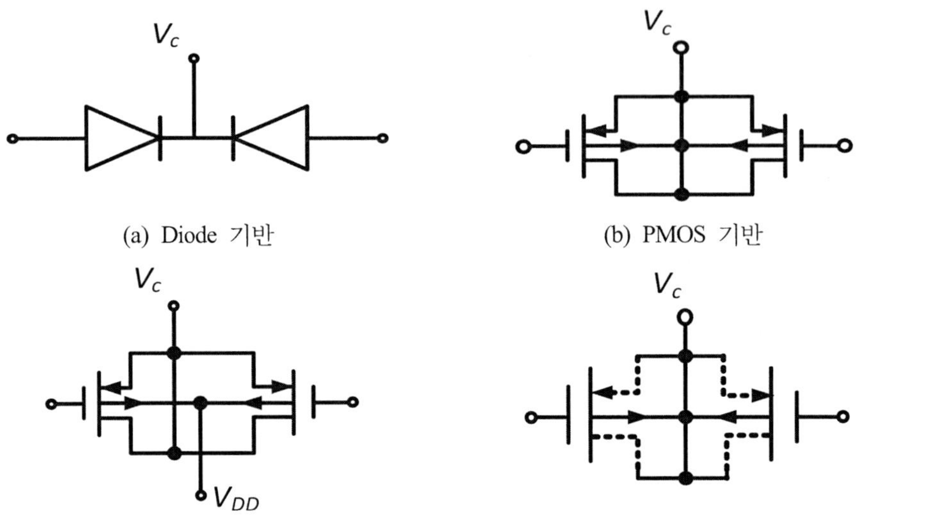

(a) Diode 기반 (b) PMOS 기반

(c) inversion mode MOS 기반 (d) accumulation mode MOS 기반 Varactor 구조

그림 15.4.14

그림 15.4.14(a)는 Diode 기반 Varactor로서, 역방향 바이어스된 pn 다이오드의 n-단자에 Vc 전압을 인가하면, pn 접합의 공핍층의 폭이 변화면서 커패시턴스가 변하게 된다. 이 구조의 레이아웃은 그림 15.4.15(a)와 같이 n-well 위에 p+ diffusion이 존재하며, n-well에

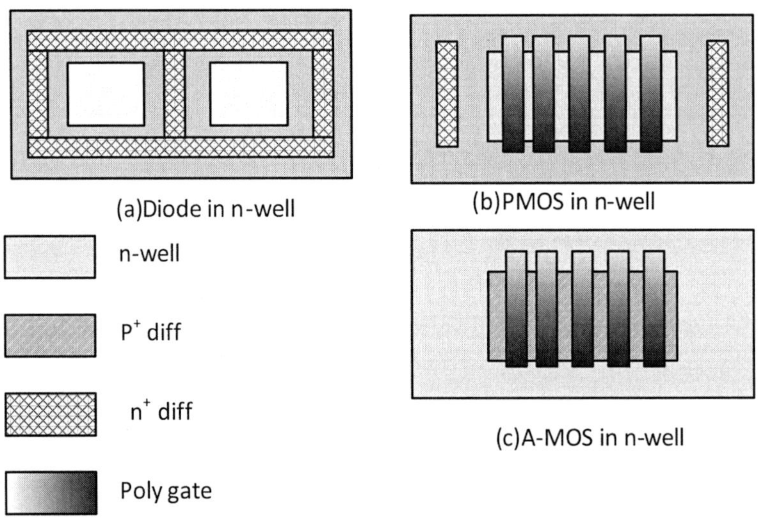

그림 15.4.15 (a) Diode 기반 (b) PMOS 기반 (c) inversion mode MOS 기반 (d) accumulation mode MOS 기반 Varactor의 레이아웃

제어 전압 Vc를 인가한다. Vc에 대한 커패시턴스 변화의 선형성과 Quality Factor가 좋지 않아서 LC-VCO에 사용하기 적합하지 않다. 그림 15.4.14(b)는 Vc 전압이 연결된 PMOS 트랜지스터의 Source, Drain, Body 단자와 Gate 단자 사이의 커패시턴스를 이용하는 구조이다. 이 구조는 PMOS의 동작 상 Vc 전압에 따라서 inversion 영역과 accumulation 영역을 이동하므로, 커패시턴스 값의 단조성이 깨지는 문제가 있다. 레이아웃은 그림 15.4.15(b)와 같이 n-well 위에 PMOS를 구현하는 형태로 할 수 있다. 그림 15.4.14(c)는 Vc 전압이 연결된 PMOS 트랜지스터의 Source, Drain 단자와 Gate 단자 사이의 커패시턴스를 이용하는 구조이며, Body는 VDD에 인가하였다. 그림 15.4.14(d)는 accumulation mode varactor로서 기존 PMOS와는 달리, 그림 15.4.15(c)와 같이 n-well 위에 n+ diffusion을 도핑한 구조이다.

그림 15.4.16은 각 varactor들의 $C-V$ 특성을 보여주고 있다. Accumulation mode varactor의 선형성이 가장 좋으며, Quality Factor 또한 좋기 때문에 가장 널리 사용된다.

그림 15.4.17은 Spiral Inductor의 구조를 보여주고 있다. Inductor의 quality factor는 식 (15.4.6)과 같이 나타낼 수 있다. 동작 주파수를 ω_0, Inductance 값을 L_s, 직렬 저항을 R_s라고 할 때, quality factor는 직렬 저항 Rs에 반비례하므로, 높은 quality factor를 얻기 위해서는 R_s가 작아야 한다. R_s를 줄이기 위해서는 두꺼운 Metal을 사용해야 하는 데, 두꺼워질수록 Substrate와의 Coupling Capacitance가 커진다. 일반적인 RF 공정에서 Q 값은 10 부근의 값을 갖는다[19].

$$Q = \frac{\omega_0 L_s}{R_s} \tag{15.4.6}$$

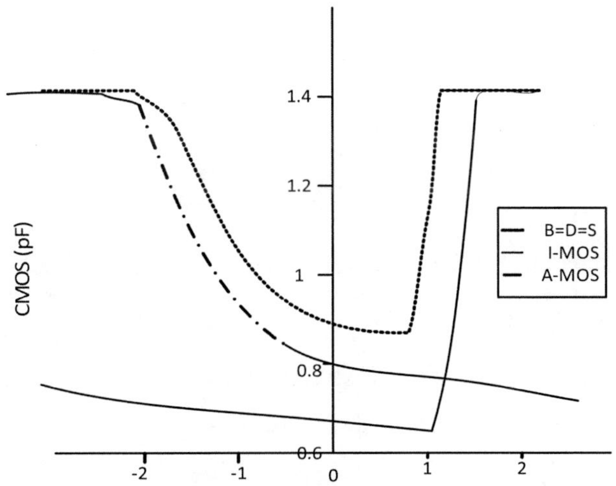

그림 15.4.16 Varactor의 $C-V$ 특성

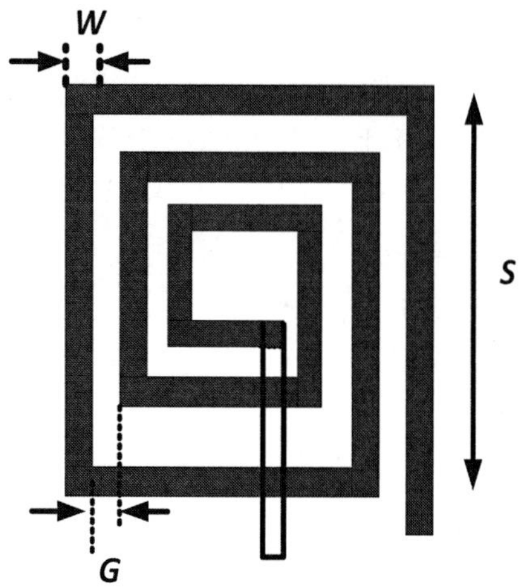

그림 15.4.17 Spiral Inductor

Spiral Inductor에 비해서 좀 더 높은 Q값을 얻기를 원할 때, Bondwire inductance를 사용할 수 있다. 그림 15.4.18(a)는 PAD와 Lead frame을 보여주고 있다. PAD와 Pin 사이를 연결하는 Bonding wire는 높은 Q값을 가지는 inductance 성분을 가지고 있다. 그림 15.4.18(b)는 Bonding wire inductance의 Modeling을 보여주고 있다. Self inductance와 mutual inductance,

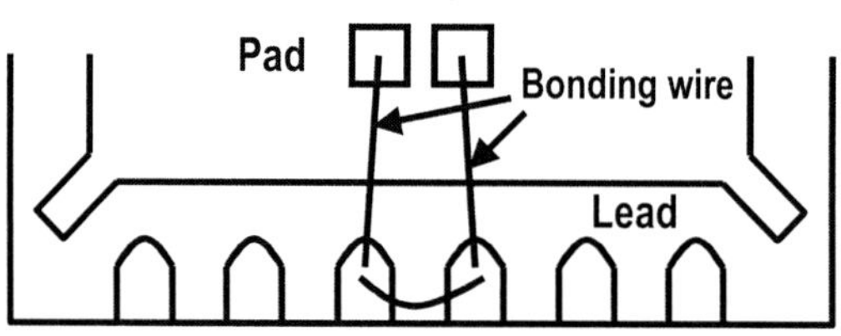

(a) Pad and lead frame

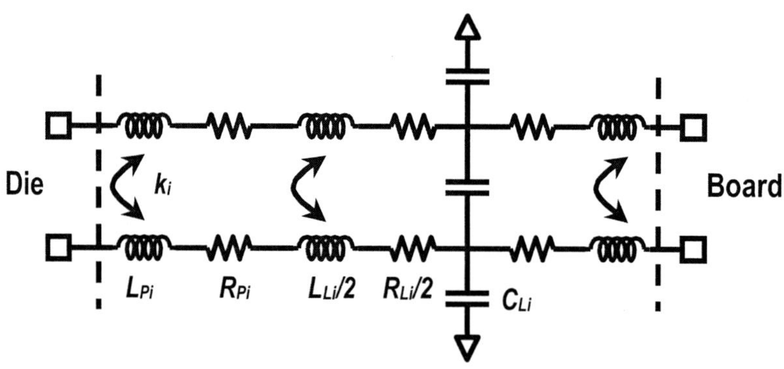

(b) Modeling of Bondwire Inductor

그림 15.4.18

series resistance, coupling capacitance로 모델링 될 수 있으며, 일반적으로 40 ~ 50 정도의 Q값을 가진다.

VCO는 PLL 전체의 Phase Noise에 미치는 영향이 크므로, 잡음 특성을 자세히 파악할 필요가 있다. 그림 15.4.19는 LC-VCO의 Phase Noise를 보여주고 있다.

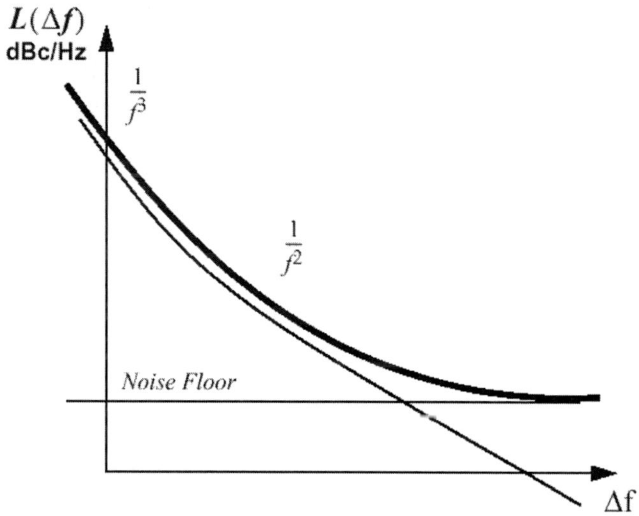

그림 15.4.19 LC-VCO의 Phase Noise

LC-VCO의 Phase Noise를 예측하는 식으로 가장 널리 사용되는 식이 식 (15.4.7)과 같은 Lesson's Formula이다[14][15][16].

$$\mathcal{L}(\Delta f) = \frac{2FkT}{Ps}\left[1+\left(\frac{f_0}{2Q_L\Delta f}\right)^2\right]\left(1+\frac{\Delta f_{1/f^3}}{|\Delta f|}\right) \tag{15.4.7}$$

식 (15.4.7)에서 각 변수들의 정의는 다음과 같다.

F = active device noise factor
k = Boltzmann constant (1.3807 x 10^{-23} Joules/Kelvin)

T = temperature
P_S = output power
f_0 = oscillator center frequency
Q_L = loaded resonator quality factor
Δf = frequency offset from carrier
$\Delta f_{1/f^3}$ = corner frequency of $1/f^3$ phase noise

Lesson's formula로부터 LC-VCO의 Phase Noise는 크게 3가지 영역으로 나뉠 수 있다는 점을 알 수 있다. Carrier로부터의 offset frequency가 저주파일 경우 $1/f^3$으로 감소하고, 중간 주파수일 경우 $1/f^2$으로 감소하고, 고주파일 경우 Thermal Noise Floor에 수렴해감을 알 수 있다. 또한, LC-VCO의 Phase Noise는 출력 Power(P_s)에 반비례함을 알 수 있다. $1/f^3$ 영역과 $1/f^2$ 영역에서는 Q^2에 반비례함을 알 수 있다. 따라서 LC Resonator의 Q값이 증가될수록 Phase Noise 특성이 개선됨을 알 수 있다[14][15][16].

그림 15.4.20(a)은 Signal Path상의 Noise가 VCO의 Phase Noise에 미치는 영향을 보여주고 있으며, 그림 15.4.20(b)은 Control Voltage의 Noise가 VCO의 Phase Noise에 미치는 영향을 보여주고 있다[1][17].

식 (15.4.8)은 그림 15.4.20(a)의 입·출력 사이의 전달특성을 보여주고 있다.

$$\frac{Y(s)}{X(s)} = \frac{H(s)}{1-H(s)} \tag{15.4.8}$$

식 (15.4.9)는 식 (15.4.8)에 Lesson's Equation을 적용해서 단순화한 식이다.

$$\left|\frac{Y}{X}(j\omega)\right|^2 = \frac{1}{4Q^2}\left(\frac{\omega_0}{\Delta\omega}\right)^2 \tag{15.4.9}$$

Signal Path 상의 Noise는 주로 Negative-Gm Cell 내의 Active Device에 의한 Noise이다. 그림 15.4.21과 같이 Signal Path 상의 Noise는 식 (15.4.9)에 의해서 Shaping 되어서 VCO 최종 출력에 나타나게 된다. 따라서 VCO의 Phase Noise를 향상시키려면, LC Resonator의 Q값을 향상시킬 필요가 있다. 물론, Active Device의 Noise가 작을수록 VCO 최종 출력의 Noise도 줄어들게 된다.

한편, 그림 15.4.20(b)와 같이 Control Voltage에 Noise가 인가될 경우의 특성을 살펴볼 수 있다. 식 (15.4.10)는 VCO의 출력 주파수와 Vcont 전압 사이의 관계식을 보여주고 있다.

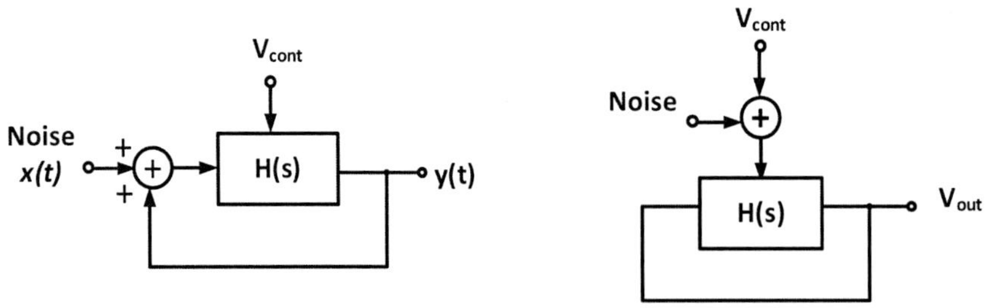

(a) Signal Path (b) Control Path

그림 15.4.20 LC-VCO의 Phase Noise

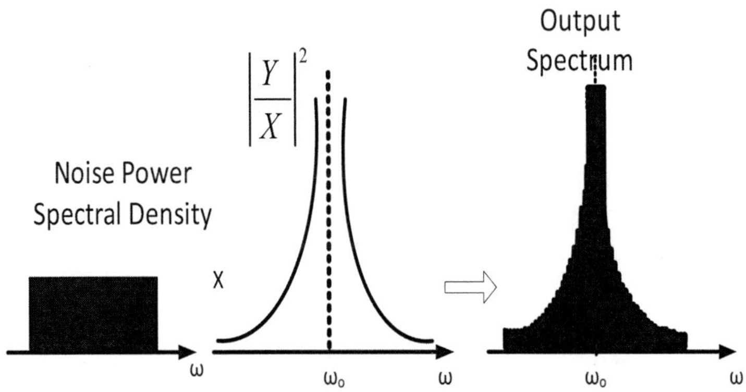

그림 15.4.21 Signal Path Noise에 대한 VCO의 Noise shaping 특성

Vcont에 ω_m 성분의 Noise가 인가된다고 가정한다.

$$\begin{aligned} \omega_{out} &= \omega_{0+} K_{VCO} \cdot V_{cont} \\ &= \omega_0 + K_{VCO} \cdot V_m \cos\omega_{mt} \end{aligned} \qquad (15.4.10)$$

식 (15.4.10)를 VCO 출력 전압 식에 대입하면 식 (15.4.11)을 얻을 수 있다. Vcont에 ω_m 성분의 Noise가 인가될 경우, 출력에는 carrier 주파수 성분 ω_0 이외에, $(\omega_0 + \omega_m)$와 $(\omega_0 - \omega_m)$ 성분들이 나타나게 되며, 크기는 K_{vco}에 비례한다.

$$\begin{aligned} v_{out}(t) &= A_0 \cos\omega_{out} t = A_0 \cos\left(\omega_0 t + K_{VCO} \cdot V_m \int \cos\omega_m t dt\right) \\ &= A_0 \cos\omega_0 t A_0 \sin\omega_0 t \cdot \frac{K_{VCD} \cdot V_m}{\omega_m} sin\omega_m t \\ &= A_0 \cos\omega_0 t + \frac{A_0 V_m K_{VCO}}{2\omega_m} \left[\cos(\omega_0 + \omega_m)t - \cos(\omega_0 - \omega_m)t\right] \end{aligned} \qquad (15.4.11)$$

그림 15.4.22는 Vcont의 Noise에 대한 VCO의 출력을 스펙트럼을 보여주고 있다.

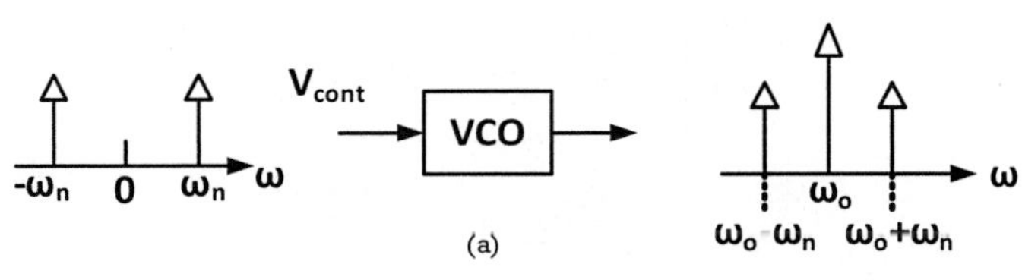

그림 15.4.22 Vcont의 Noise에 대한 VCO 출력 스펙트럼

그림 15.4.23은 기본적인 LC-VCO의 회로도를 보여주고 있다. PMOS와 NMOS로 구성된 Negative-Gm Cell과 LC resonator로 구성되어 있다. Inductor과 capacitance는 각각 +/- 15%와 +/- 10% 정도의 variation을 가지므로, K_{vco}를 크게 설계해야 LC variation에 의한 주파수 변화를 보상할 수 있다. 하지만, 식 (15.4.11)에서 알 수 있듯이 LC-VCO의 K_{vco}가 크면 Phase Noise 특성이 저하된다. 따라서 LC-VCO의 튜닝 범위와 Phase Noise 특성을 동시에 만족할 수 있는 방법이 필요하다.

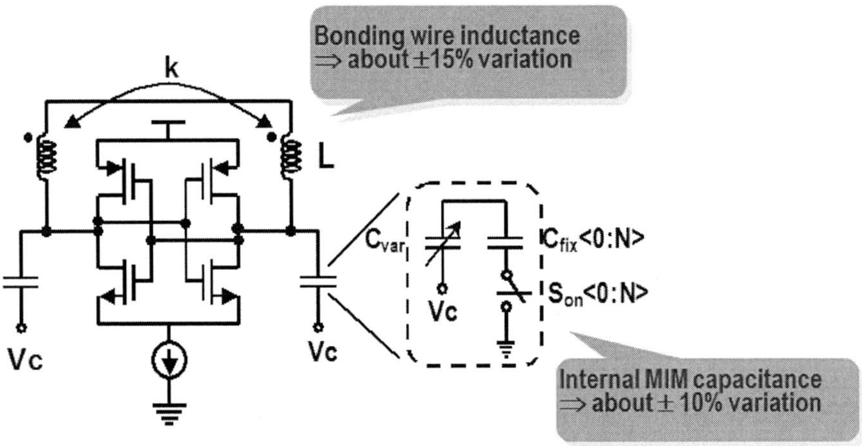

그림 15.4.23 기본적인 LC-VCO의 회로도

그림 15.4.24는 LC-VCO의 전달특성 예를 보여주고 있다. K_{vco}를 줄이면서 넓은 튜닝 범위를 확보하기 위해서 작은 K_{vco}를 가지는 여러 개의 Curve로 나눠서 구현할 수 있다 [18].

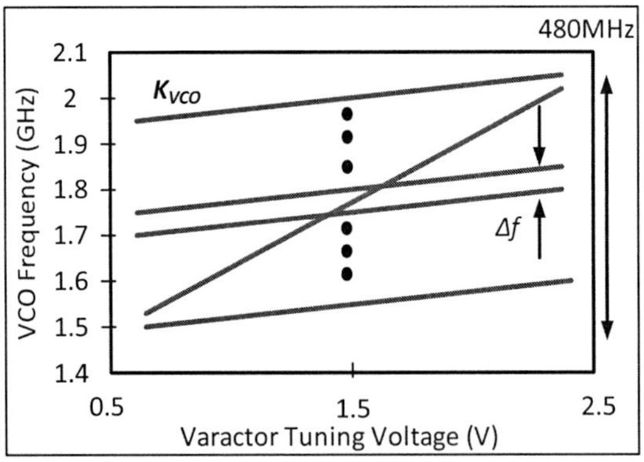

그림 15.4.24 LC-VCO의 전달특성 예

LC-VCO는 컨트롤 할 수 있는 입력 Vc에 의해서 varactor의 capacitance를 조절하여 공진부의 공진 주파수를 변화하여 최종적으로 발진 주파수를 변화하는 구조이다. 일반적으로 Symmetric한 VCO의 출력 파형을 얻기 위해 CMOS cross-coupled pair로 구성된 Negative-Gm 방식의 VCO로 설계한다. LC-type VCO는 위상잡음 특성을 만족시켜야 하므로, 높은 중심 주파수를 갖는 VCO는 전체 Q값을 높이기 위한 MIM capacitor와 varactor를 사용한 coarse tuning bank로 구성되어진다. 중심 주파수가 높을수록, VCO의 capacitor값은 너무 작아지므로, 큰 capacitor와 작은 inductor값을 최대화시키는 VCO의 tuning 범위를 넓히는 것이 중요한 이슈 중에 하나이다. 그 이유로는 그림 15.4.23에서도 나타냈듯이 inductor의 경우 Bonding wire inductance를 고려하여 최대 15%정도의 variation을 고려해야 하며 capacitor의 경우 wire와 MOSFET의 parasitic capacitance를 고려하여 10%이내의 variation을 갖기 때문이다. 작은 capacitance 변화를 가진 VCO tuning을 커버하기 위해서 MIM capacitance와 switch로 이루어진 일반적인 tuning 방법 대신에 MIM capacitor와 varactor capacitance로 구성된 tuning 방법을 사용할 수도 있다.

그림 15.4.25는 *LC*-VCO의 설계 사례를 보여주고 있다. MIM capacitance 부분은 CAPMS[1:0]의 2비트에 의해 조정되어지고, 500 MHz 범위를 커버한다. 한편, varactor capacitance 부분은 CAPS[9:0]의 10개의 비트에 의해서 조절된다. *LC*-VCO의 최적의 tuning capacitance는 위상잡음과 lock timed을 최적화시키기 위해서 선택되어진다.

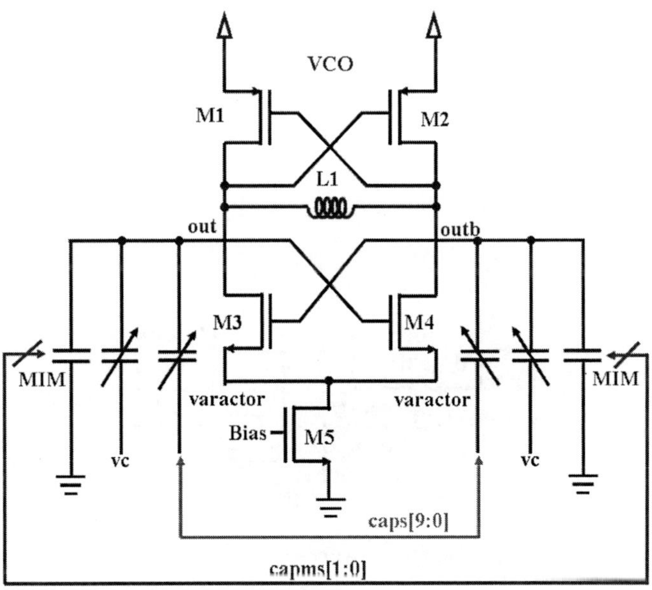

그림 15.4.25 *LC*-VCO의 설계 사례

그림 15.4.25와 같이 VCO를 구성한 다음 simulation 결과는 그림 15.4.26과 같다. 2개의 MIMcap으로 main coarse tuning을 위한 cap bank를 구성하였으며 10개의 varactor cap으로 sub-coarse tuning을 하는 회로를 다음과 같이 설계하였다.

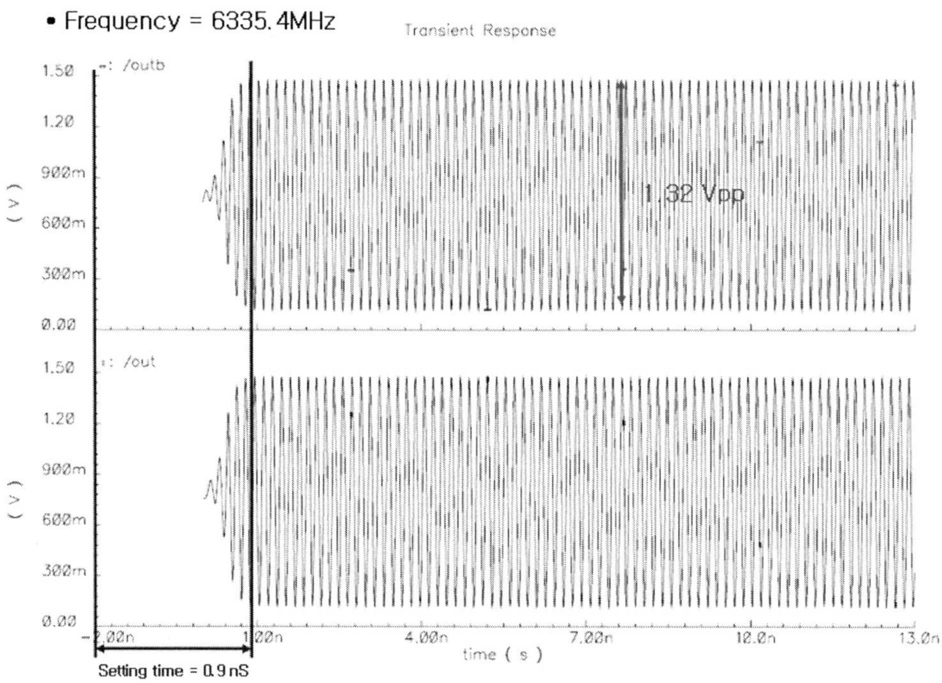

그림 15.4.26 LC-VCO의 Simulation 결과

작은 K_{vco}를 가지면서도 넓은 튜닝 범위를 갖기 위해서 여러 개의 커패시턴스 뱅크를 구성할 경우, 목표 주파수에 맞는 최적의 커패시턴스 뱅크를 선택하기 위한 추가적인 블록

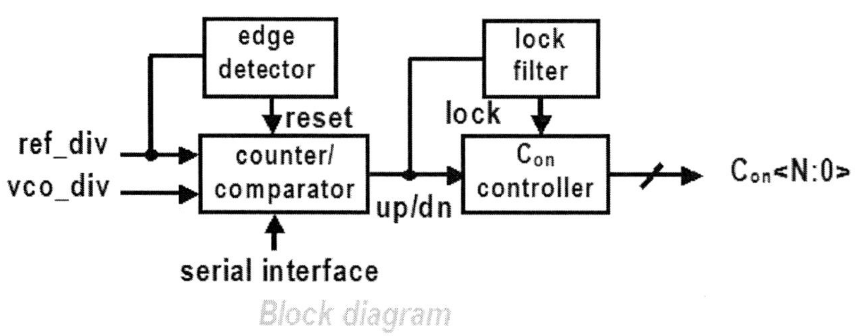

그림 15.4.27 Coarse tuning 블록 다이어그램

이 필요하게 된다. 이 블록을 Coarse Tuning 회로라고 부른다. 그림 15.4.27은 Coarse tuning 회로의 블록 다이어그램을 보여주고 있다. Counter를 이용해서 VCO의 주파수를 감지함으로써 목표로 하는 출력 주파수가 생성되는 커패시턴스 뱅크를 선택할 수 있다.

그림 15.4.28은 Coarse tuning 회로의 타이밍 다이어그램을 보여주고 있다. 외부 Crystal Oscillator로부터의 ref_div 클록을 만들고, ref_div 클록 한 주기 동안에 VCO clock으로 counting해서 주파수를 감지해서 목표 주파수가 나올 수 있도록 커패시턴스 뱅크의 값을 조정한다.

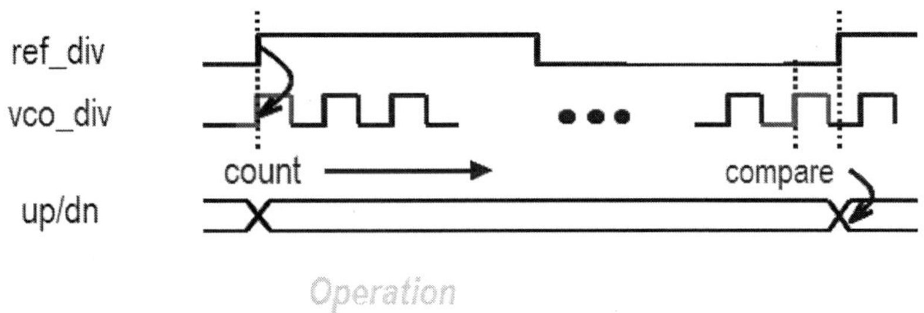

그림 15.4.28 Coarse tuning 타이밍 다이어그램

그림 15.4.29는 Relaxation Oscillator를 보여주고 있다. 인덕터를 사용하지 않고, X, Y 노드에서의 커패시턴스와 R_1, R_2 저항만으로 공진을 하도록 동작시킬 수 있으며, 간단한 클록을 만들 때 많이 사용되는 구조이다.

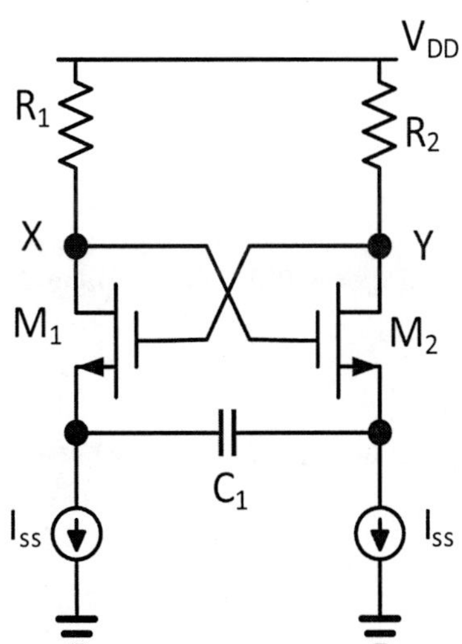

그림 15.4.29 Relaxation Oscillator

15.5 Frequency Divider

그림 15.5.1은 PLL 내에서의 Frequency Divider의 위치를 보여주고 있다. VCO의 출력을 분주해서 Phase Frequency Detector로 전달하는 역할을 한다.

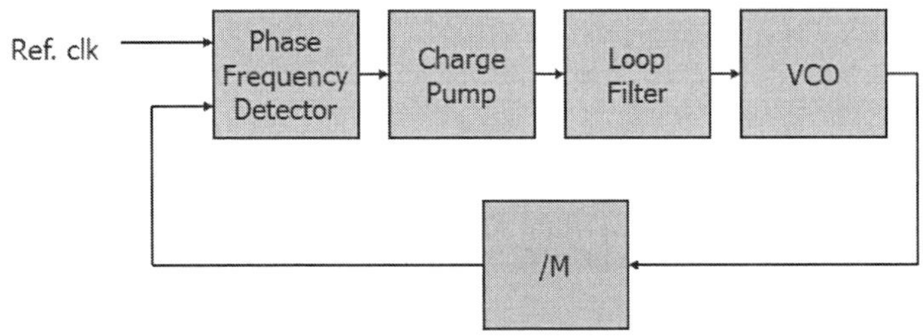

그림 15.5.1 PLL 내에서 Frequency Divider의 위치

그림 15.5.1에서 Ref. clk은 외부에서 들어오는 Reference Clock이 될 수도 있고, 이를 분주한 Clock이 될 수도 있다 따라서 혼선을 피하기 위해서 좀 더 정확하게 PFD 비교 주파수라고 부르며, f_{PFD}로 표기하기로 한다. PFD 비교 주파수(f_{PFD})와 VCO Clock(f_{VCO}) 사이의 분주비를 N이라고 하면 식 (15.5.1)과 같은 관계식이 성립한다.

$$f_{VCO} = f_{PFD} \times N \tag{15.5.1}$$

PLL이 Frequency Synthesizer 용도로 사용될 경우, Frequency Divider의 구조에 따라 전체 구조를 크게 2가지로 나눌 수 있다. 식 (15.5.1)에서 Division Ratio가 정수로만 구현되는 구조를 Integer-N 구조, Division Ratio가 정수와 분수로 구현되는 구조를 Fractional-N 구조라고 한다. 그림 15.5.2는 이러한 분류를 보여주고 있다[1][20].

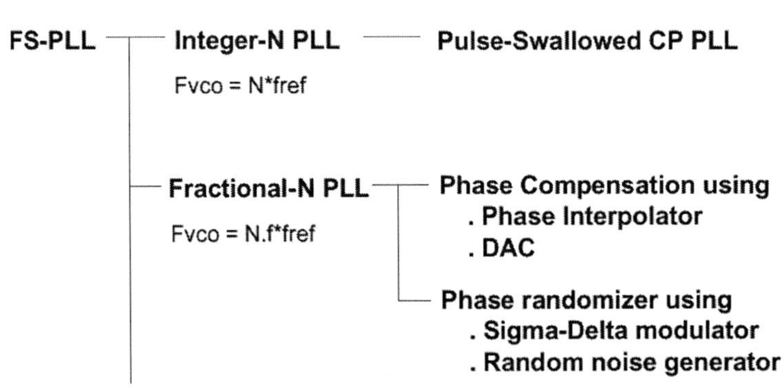

그림 15.5.2 PLL 기반 Frequency Synthesizer의 분류

Integer-N 구조의 장점은 간단하다는 점과 "Reference SPUR" 이외의 다른 SPUR 성분이 없다는 점이다. 하지만, Integer-N 구조는 Division Ratio N이 정수이므로, f_{PFD}가 생성하고자 하는 채널 주파수 간격보다 같거나 작아야 한다. 채널 간의 간격이 좁은 시스템의 경우 f_{PFD}도 같은 비율로 작아져야 한다. 일반적으로, PLL에서 Stability를 보장하기 위해서 식 (15.5.2)와 같은 관계가 성립해야 하므로, Integer-N 구조는 매우 작은 Loop Bandwidth를 가져야 한다. 따라서 Lock Time이 길어지면, Loop Filter의 커패시턴스 크기도 증가하는 문제가 있다.

$$PLL\text{의 } Loop\,Bandwidth\,(BW, \omega_c) < \frac{1}{10} \times f_{PFD} \tag{15.5.2}$$

Integer-N 구조의 단점을 보완하기 위해서, Division Ratio N에 정수와 분수를 구현하는 구조를 Fractional-N 구조라 한다. 분수를 구현함으로써, Integer-N 구조에 비해서 f_{PFD} 주파수가 더 증가할 수 있으며, 따라서 더 넓은 Loop Bandwidth를 가질 수 있다. 따라서 Lock Time이 상대적으로 줄어들 수 있으며, 커패시턴스 크기도 감소할 수 있다. Fractional-N 구조에서는 분수를 구현하기 위해서 정수 분주비를 시간 축 상에서 변화시키면서 평균적으로 분수 분주비를 얻게 된다. 예를 들어서, N=10.1이라고 하는 분주비를 얻기 위해서는 전체 10주기를 기본으로 해서, 10으로 9번 나누고, 11로 1번 나누면 된다. 하지만, Factional-N 구조는 분주비가 변화하는 패턴이 주기성을 가지므로, "Fractional SPUR"라고 SPUR 성분이 매우 커서 사용할 수 없는 경우가 많다.

일반적인 Fractional-N 구조의 단점을 보완하기 위해서, Fractional 분주비 구현 시 Sigma-Delta Modulator를 사용하는 구조가 널리 사용되고 있다. 일반적인 Fractional-N의 경우 일정한 패턴이 형성되는 문제와 패턴의 길이가 길지 않아서 분수의 최소 단위가 촘촘하지 않다는 문제가 있다. 따라서 Sigma-Delta Modulator를 이용하여 매우 긴 Random Sequence를 얻을 수 있다. 이럴 경우 "Fractional SPUR"는 사라지게 되지만, Sigma-Delta Modulator의 특성에 의해서 Out-Band Noise가 올라가는 문제가 있다. 이를 억제하기 위해서 PLL에서 3차 Loop Filter가 사용된다. Sigma-Delta Modulator를 사용함으로 인해서 전류 소모와 면적이 증가되는 문제도 있다.

15.5.1 Integer-N 구조

Integer-N 구조가 가장 기본이 되는 구조이고, 그 중에서도 그림 15.5.3과 같은 Integer Type의 Programmable Divider가 가장 기본적이라고 할 수 있다. 그림 15.5.3은 Modulus Control 신호에 따라서, VCO clock을 (N+1) 또는 N으로 나눌 수 있는 Prescaler와 Prescaler의 출력을 받아서 카운팅을 하는 Program Counter/Swallow Counter로 구성된다. Program Counter와 Swallow Counter를 합쳐서 PS Counter라고 한다.

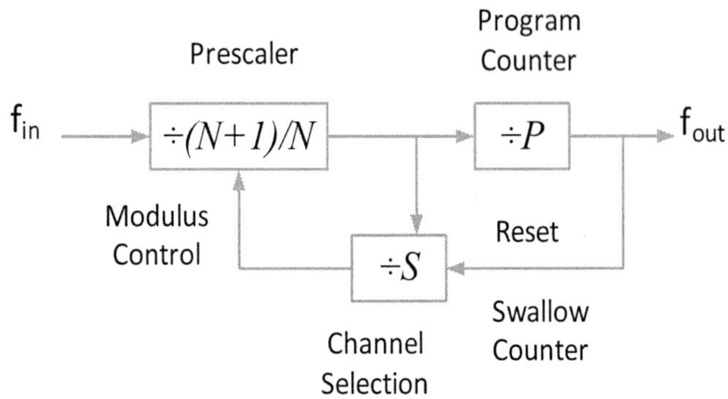

그림 15.5.3 Programmable Divider

Program Counter는 PS Counter 전체의 동작을 제어하며, Swallow Counter는 Prescaler의 Modulus를 Control하는 역할을 한다. Program Counter와 Swallow Counter는 Prescaler 출력의 Rising Edge마다 카운트 값이 '1' 씩 증가된다. Reset이 되면, Swallow Counter에 의해서 ÷(N+1)이 먼저 선택이 되고, Swallow Counter값이 증가하다고 외부 세팅값 S와 같아지면, Swallow Counter값은 증가되지 않고, 이후부터 (P−S) 사이클 동안에는 Presclaer는 ÷N 모드로 동작한다.

따라서 Programmable Divider의 분주비는 식 (15.5.3)과 같이 표현될 수 있다.

$$\begin{aligned} Division\,Ratio &= (N+1)\times S + (N)\times (P-S) \\ &= NP + S \end{aligned} \tag{15.5.3}$$

Divider의 동작을 위해서 P≥S인 조건이 반드시 만족되어야 한다.

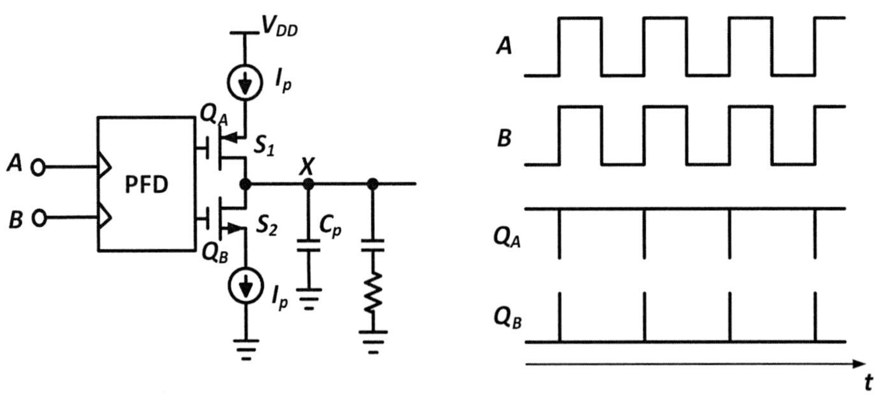

그림 15.5.4 Integer-N 구조의 Reference SPUR

그림 15.5.4는 Integer-N 구조의 Reference SPUR를 설명하고 있다. PFD의 Reset Delay와 Charge Pump의 Mismatch에 의해서 Control Voltage가 PFD 비교 주파수로 흔들리게 되고, PLL 출력에 SPUR가 나타나게 된다. 이 SPUR를 "Reference SPUR"라고 한다.

15.5.2 Fractional-N 구조

그림 15.5.5는 Fractional-N 구조의 Divider를 보여주고 있다. Integer-N Divider에서 Pulse swallow(PS) Counter를 값을 계속해서 변화시키면서 분수 부분을 구현할 수 있다.

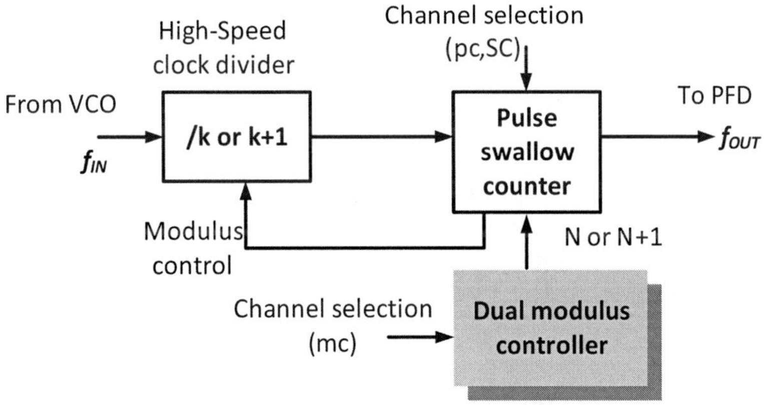

그림 15.5.5 Fractional-N 구조의 Divider

표 5.5.1 Dual modulus controller의 동작 예

mc=3, M=8	
Numerator of accumulator	state
3	/N
6	/N
1	/N+1*
4	/N
7	/N
2	/N+1*
5	/N
0	/N+1*

*overflow

그림 15.5.5에서 mc에 비례하는 분수 부분을 만드는 부분이 Dual modulus controller 부분이다. 표 5.5.1은 Dual modulus controller의 동작 예를 보여주고 있다. N + mc/M = N + 3/8의 분수를 구현하기 위해서 8을 주기로 해서 /N은 5번, /(N+1)은 3번을 하게 된다. 이 경우 평균 분주비는 식 (15.5.4)와 같다.

$$\text{평균 분주비} = \frac{N\times 5 + (N+1)\times 3}{5+3} = N + \frac{3}{8} \tag{15.5.4}$$

그림 15.5.6과 같이 분주비가 /N에서 /(N+1)로 바뀔 때마다, PFD 출력에 주기적인 Ripple이 발생하며, PLL 출력에 "Fractional SPUR"를 발생시킨다.

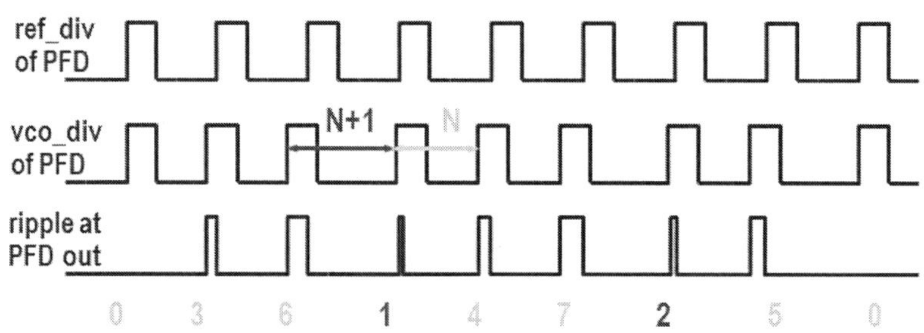

그림 15.5.6 Fractional-N Divider의 동작 예

기본적인 Fractional-N Divider가 발생 시키는 "Fractional SPUR"를 줄이기 위해서 그림 15.5.7(b)와 같이 Randomization과 Noise Shaping을 할 수 있는 회로가 필요하다. 이러한 기능을 수행하는 블록이 Sigma-Delta Modulator이다. 그림 15.5.7(a)와 같이 스펙트럼 상에서 큰 "Fractional SPUR" 성분이 줄어듦을 알 수 있다.

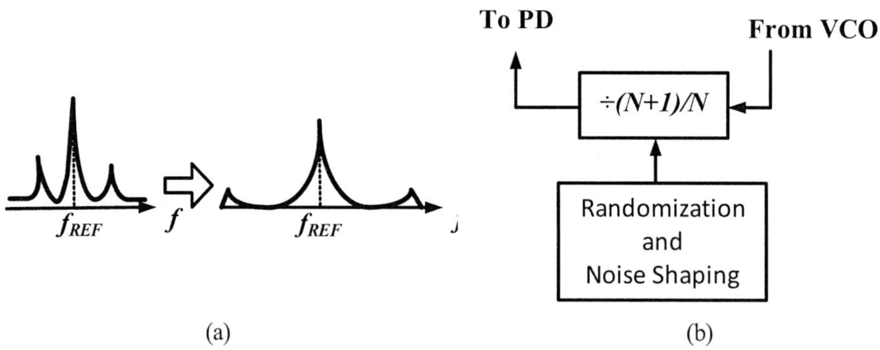

그림 15.5.7 Sigma-Delta PLL의 동작 원리

그림 15.5.8은 Dual Modulus를 구현하기 위한 Divide by 2/3 circuits을 보여주고 있다. MC 신호가 HIGH이면 /2 회로로 동작하고, MC 신호가 LOW이면 /3 회로로 동작한다.

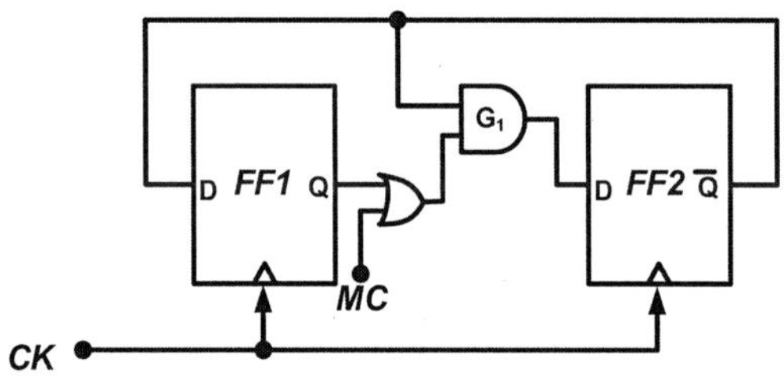

그림 15.5.8 Divide by 2/3 Circuits

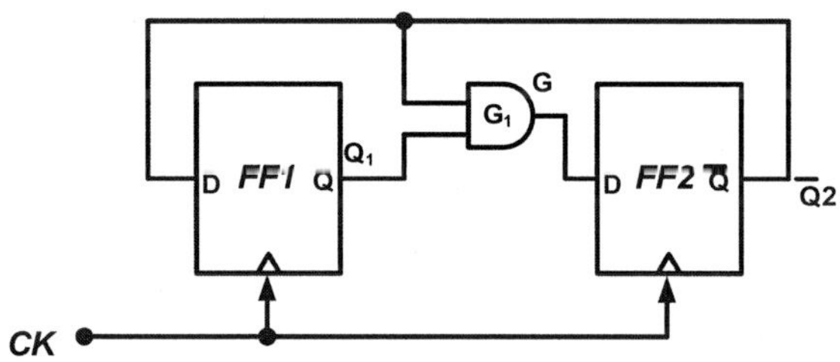

그림 15.5.9 Divide by 3 Circuits

그림 15.5.9는 2/3 분주기에서 MC = LOW일 경우 3 분주기로 동작하는 회로를 보여주고 있다. 그림 15.5.8에서 Prescaler는 고속의 Flip-Flop으로 구현이 되어야 한다. 그림 15.5.10에서 볼 수 있는 바와 같이, Flip Flop의 구성은 두 가지 형태로 master-slave 방식과 pulse-trigger 방식이 있다. Pulse-trigger 방식은 setup time이 작아서 고속 동작에 유리하며

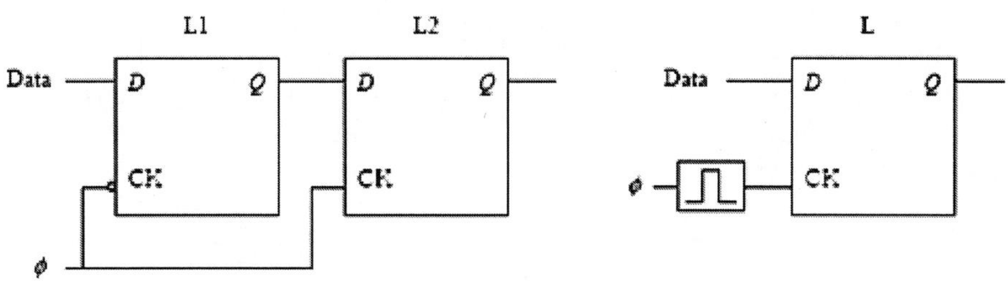

(a) master-slave 방식 (b) pulse-trigger 방식

그림 15.5.10 Flip Flop의 구성도

master-slave 방식은 data를 받아들이면서 clock(Φ)에 따라서 holding과 입력을 받아들이는 동작을 반복하기 때문에 비교적 안정적인 동작을 보인다. 이를 정리하면 그림 15.5.11과 같은 타이밍도로 나타낼 수 있다.

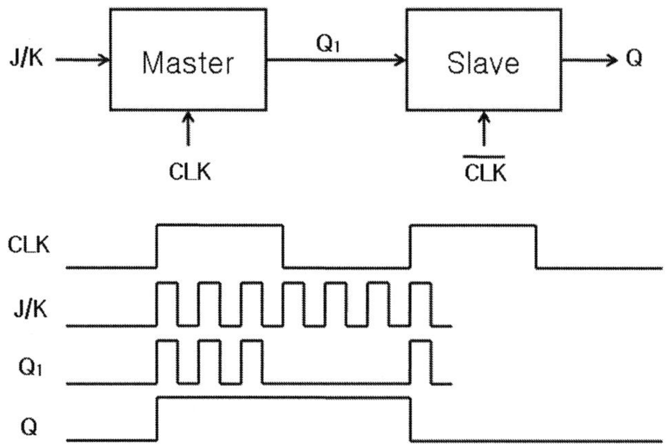

그림 15.5.11 Flip Flop의 타이밍도

PLL의 Prescaler에 있는 블록으로서 대체로 GHz의 신호대역을 처리하기 때문에 CMOS Logic Gate로는 설계가 불가능하다. 따라서 그림 15.5.12와 같이 master-slave 구조에 기반하여 가장 널리 사용되는 CML type의 Differential D Flip Flop이 사용된다.

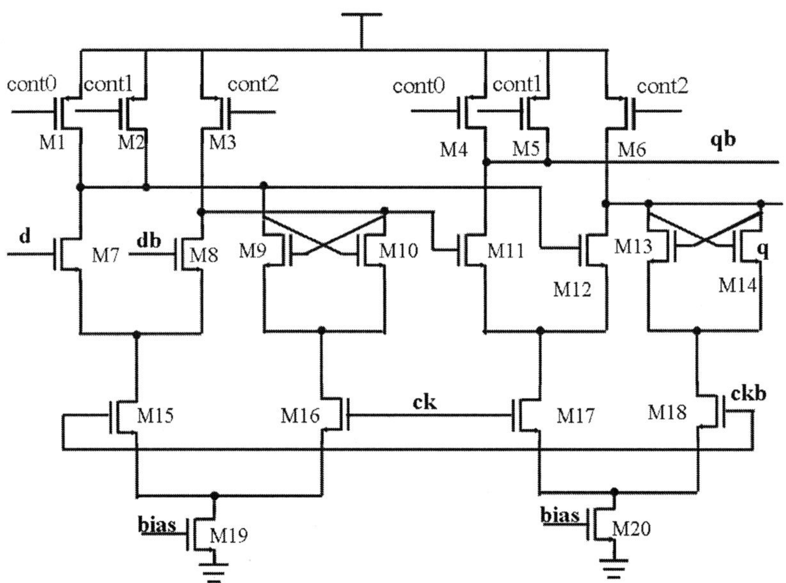

그림 15.5.12 CML type Flip Flop

CML은 differential 구조를 이용하여 논리 게이트를 구현한 것으로 신호의 폭을 일정하게 유지하도록 바이어스가 잡혀 있기 때문에 매우 빠른 동작속도를 가지고 differential 구조로 되어있기 때문에 잡음 특성에 강하다. 모든 전류의 흐름은 스위칭으로 연결되는 하나의 노드로 흐르게 되고 상보적인 출력 신호값을 갖는다. 전류의 흐름이 차단되어진 한쪽 노드의 전압은 VDD이고, 반면에 전류가 흐르는 노드의 전압은 LOad 저항으로 인해 전압 강하가 일어나 VDD-Ibias*RL을 갖게 된다. CML은 rail-to-rail의 출력스윙은 산출하지 않지만 감소되어진 출력 스윙은 빠른 전압 변화에 의해 고속 동작을 가능하게 된다. 또한, CML은 넓은 주파수의 범위에서 평탄한 전력 소비를 갖는데, 이는 주파수에 따라 전력 소비가 증가하는 다른 논리 형식과는 다른 점이다. 높은 주파수 대역의 CML회로의 전력 소비는 다른 논리회로와 비슷하거나 낮은 값을 갖는다.

위의 CML type의 Differential D F/F를 기본 cell로 하여 feedback을 구성하여 입력된 주파수인 clock에 대해서 2분주를 하는 회로를 그림 15.5.13과 같이 구성할 수 있다. 그림 15.5.13(b) Sample-Hold 기능을 가지고 있는 Latch의 회로도이며, 그림 15.5.13(a)는 2분주를 위해서 D/DB와 Q/QB가 한 번 꼬여서 연결되도록 구성되어 있다.

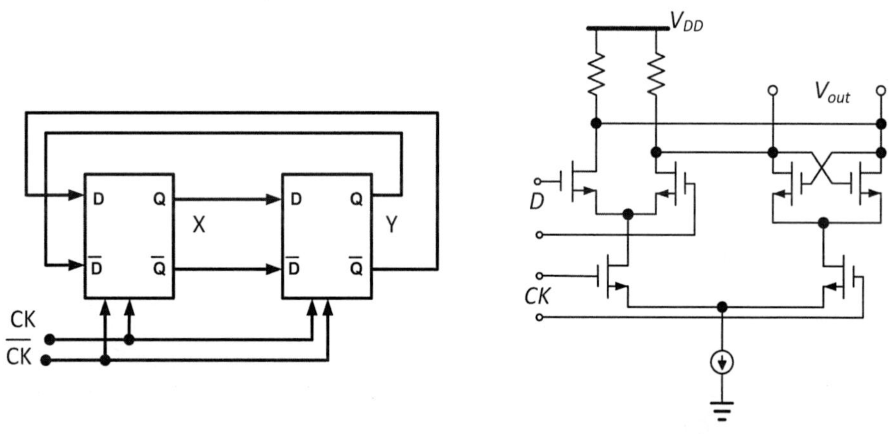

(a) (b)

그림 15.5.13 CML type Flip Flop을 이용한 2분주기

CML type Flip Flop은 그림 15.5.14는 단일 위상의 클록만 받아들여서 CML type Flip Flop에 비해서 최고 동작 속도는 낮지만, 저전력으로 동작할 수 있는 TSPC type Flip Flop을 보여주고 있다. 9개의 MOSFET으로 구성되어 있으며, dynamic logic이므로, Flip Flop 내부의 parasitic capacitance에 값이 저장된다.

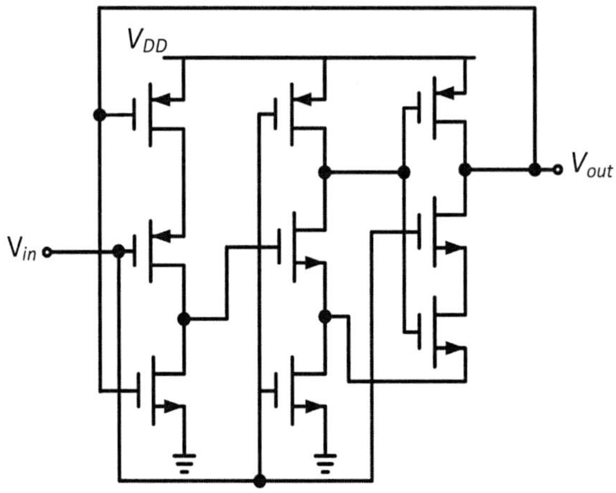

그림 15.5.14 True Single Phase Clocking (TSPC) type Flip Flop

15.6 설계 실습

15.6.1 Phase Frequency Detector

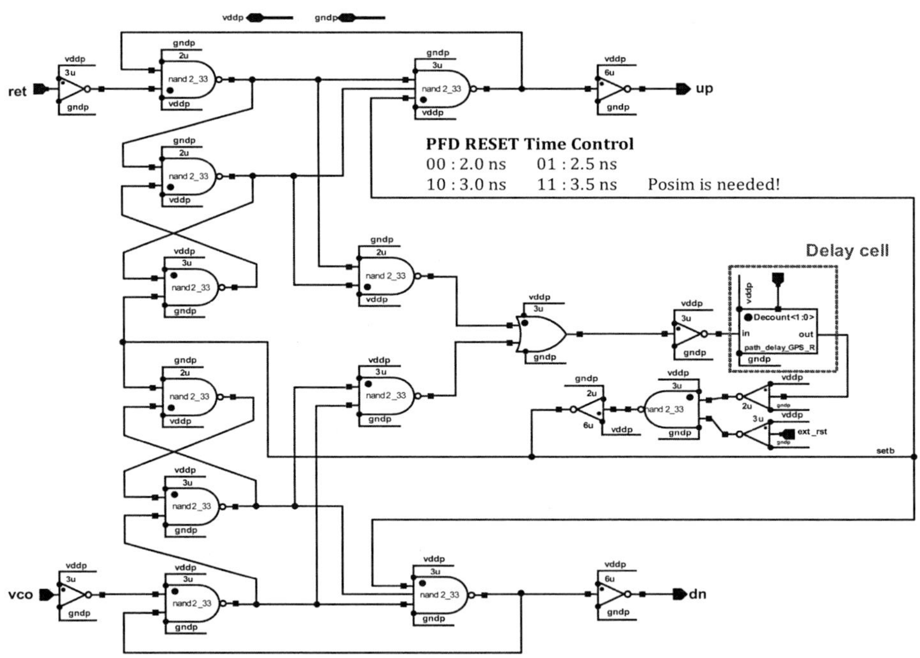

그림 15.6.1 PFD의 Schematic

그림 15.6.1은 PFD Schematic의 예를 보여 주고 있다. Reference Clock과 VCO Clock Path에 각각의 SR Latch를 구현하고, Dead Zone을 줄이기 위해서 Reset Path의 Delay를 증가시켰으며, 가변적으로 조정하도록 설계하였다.

그림 15.6.2는 PFD의 시뮬레이션 결과를 보여주고 있다. VCO의 출력이 기준 주파수에 비해 높으므로 PFD의 출력으로 Down 신호가 발생하고 이에 따라 VCO의 입력 Control Voltage가 점차 낮아짐을 확인할 수 있다.

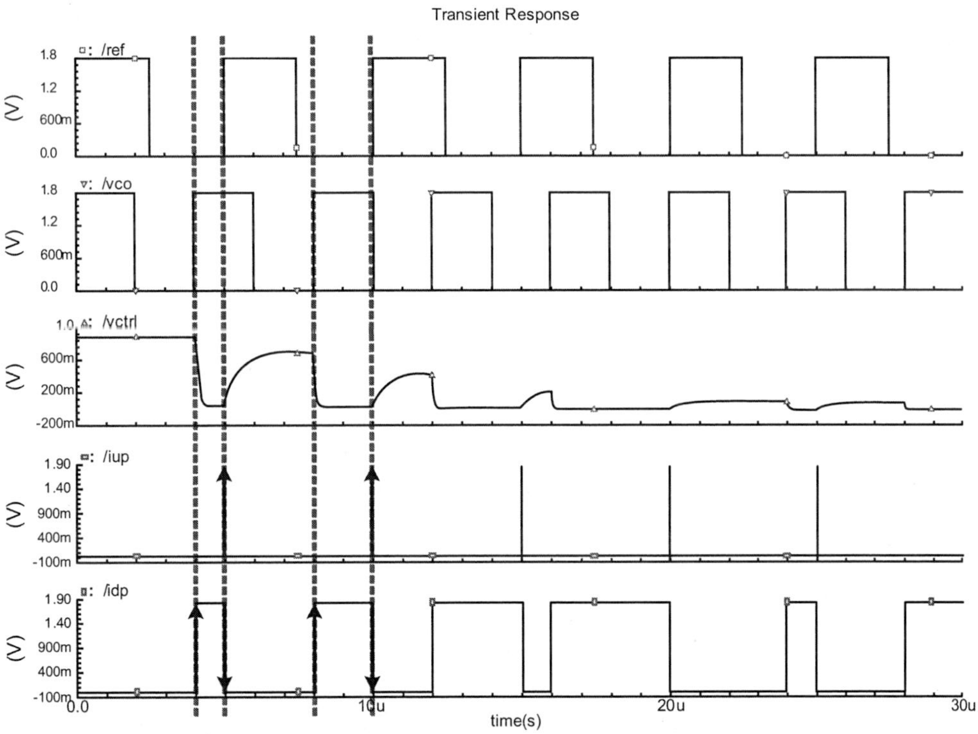

그림 15.6.2 PFD의 시뮬레이션 결과

15.6.2 Charge Pump

그림 15.6.3은 Charge Pump 회로의 개념도를 보여주고 있다. PFD로부터의 UP, DOWN 신호를 받아서 UP current에 해당되는 Isource 전류를 Loop Filter에 흘리거나, DOWN current에 해당되는 Isink 전류를 Loop Filter에 흘리게 된다.

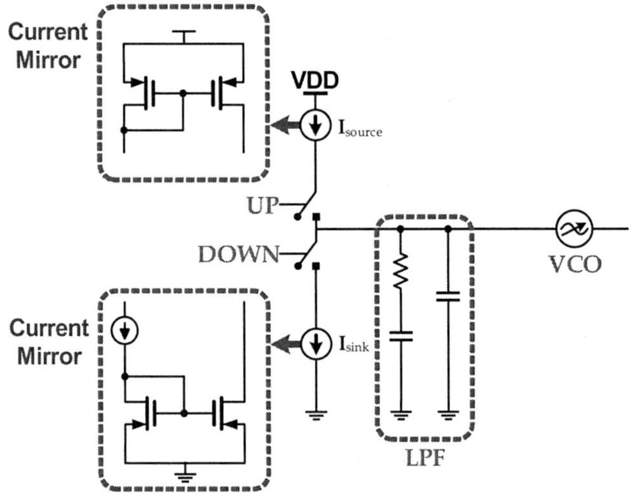

그림 15.6.3 Charge Pump 회로의 개념도

Charge Pump의 핵심 부분인 Charge Cell 회로는 그림 15.6.4와 같다. PFD로부터 입력받은 Up(pin)/Down(nin) 신호를 받아 current source와 current sink 중 해당하는 전류를 Vctrl 핀으로 충방전하는 동작을 한다. 이때, Up 혹은 Down 신호 중 하나만 켜졌을 경우 동작하지 않아야 할 다른 경로 쪽으로도 누설 전류가 흘러 current source와 current sink 사이의 전류 오차가 발생할 수 있다. 이런 문제를 해결하기 위하여 Up / Down 신호의 반전 신호도 함께 입력받아 전류가 흐를 수 있는 두 개의 경로를 만들어 두고, 그 사이 노드의 전압을 동일하게 잡아주기 위한 Amplifier를 추가하였다.

그림 15.6.5는 Charge Pump 회로도의 시뮬레이션 결과를 보여주고 있다. Vctrl 전압이 0.3 V 이상이 되면 NMOS 트랜지스터가 saturation 영역으로 들어가면서, Down Current가 75 uA 흐르고, 0.3 V 이하가 되면, NMOS 트랜지스터가 triode 영역으로 들어가면서 Down Current가 75 uA 보다 감소하게 된다. 한편, Vctrl 전압이 1.5 V 이하가 되면 PMOS 트랜지스터가 saturation 영역으로 들어가면서, Up Current가 30 uA 흐르고, 1.5 V 이상이 되면, PMOS 트랜지스터가 triode 영역으로 들어가면서 Up Current가 30 uA 보다 감소하게 된다.

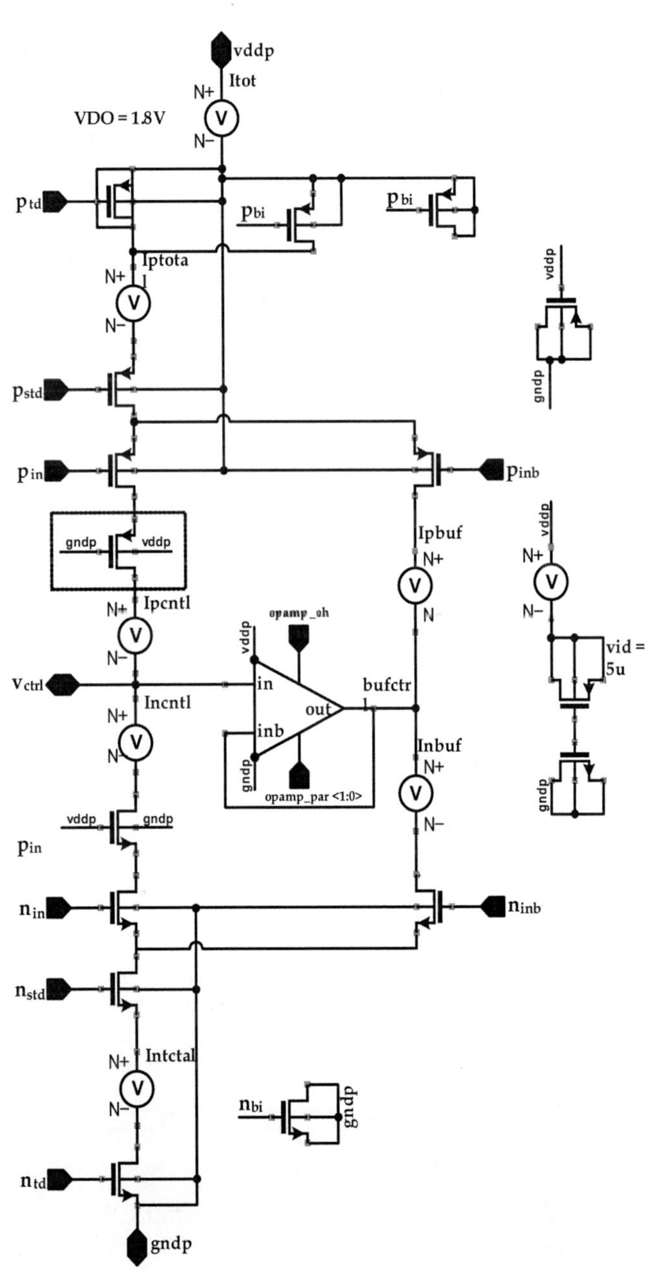

그림 15.6.4 Charge Pump 회로도

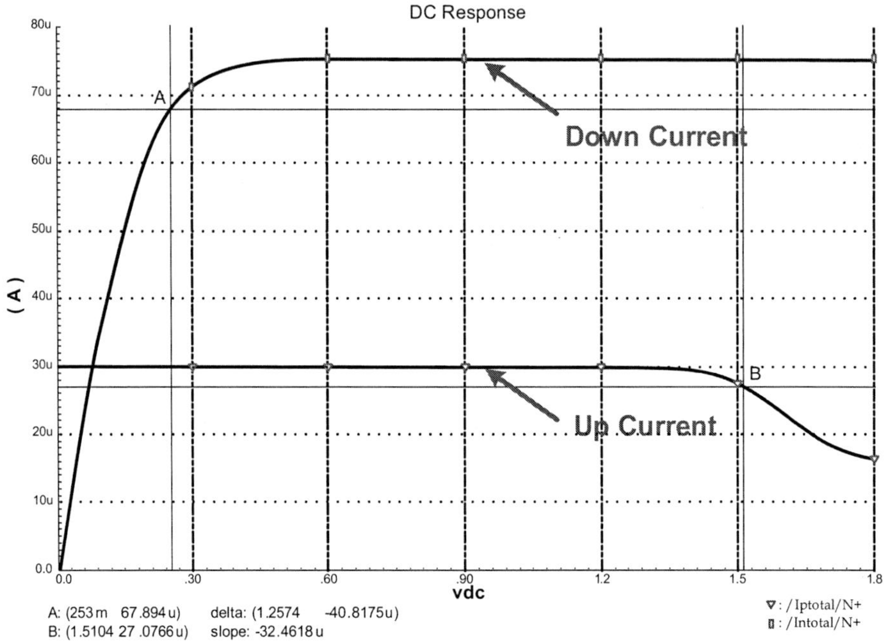

그림 15.6.5 Charge Pump의 DC 전류 특성

15.6.3 Loop Filter

PLL의 K_{vco}, Charge Pump Current, Bandwidth, 분주비 등의 값들을 토대로 그림 15.6.6과 같이 National Semiconductor 사의 PLL Loop Filter Design ToolTM을 사용하여 Loop Filter의 저항과 capacitor 값을 쉽게 구할 수 있다.

Loop Filter의 전체 회로는 그림 15.6.7과 같이 3차 Loop Filter로 설계하였다. R1, R2, C1, C2, C3로 구성하되 외부 Loop Filter도 같이 사용할 수 있도록 각 노드에 스위치를 연

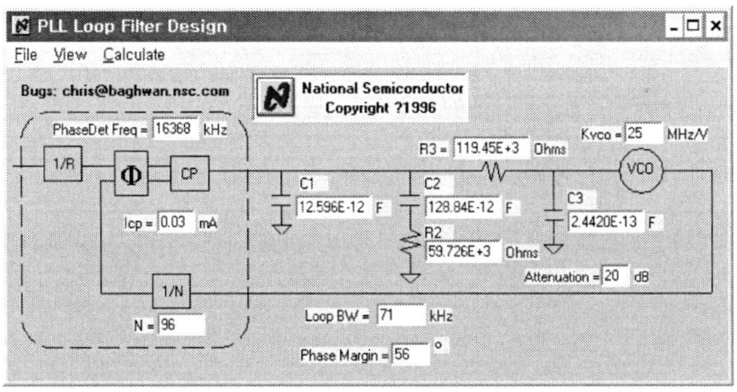

그림 15.6.6 PLL Loop Filter Design Tool

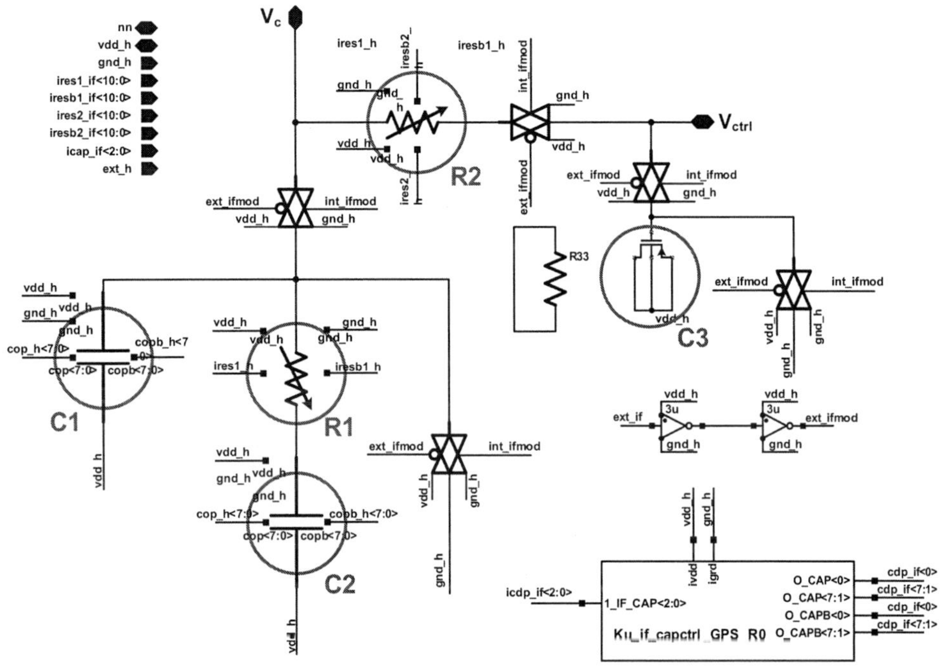

그림 15.6.7 Loop Filter의 회로도

결하였다.

15.6.4 VCO

그림 15.6.8은 VCO의 기본 회로도를 보여주고 있다. VCO의 구조는 기본적으로 많이 쓰이는 2개의 PMOS, NMOS와 1개의 tail current source로 이루어진 구조를 채택하여 설계

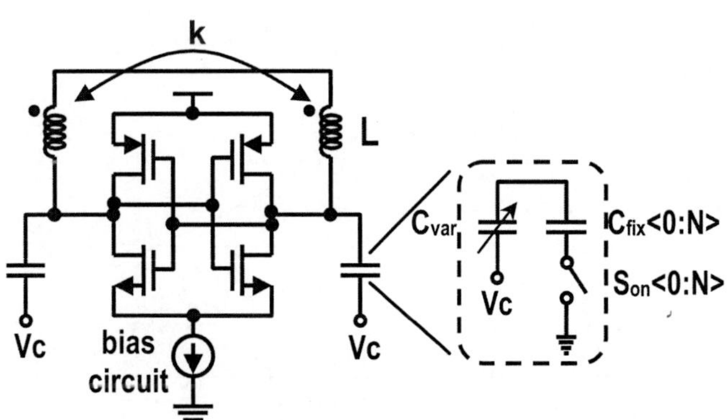

그림 15.6.8 VCO 기본 회로도

하였다. Cap bank는 8비트의 course tuning cap과 fine tuning을 위한 1개의 varactor로 이루어져 있다.

그림 15.6.9는 VCO의 상세 회로도를 보여주고 있다. Coarse tuning cap은 위상 잡음에

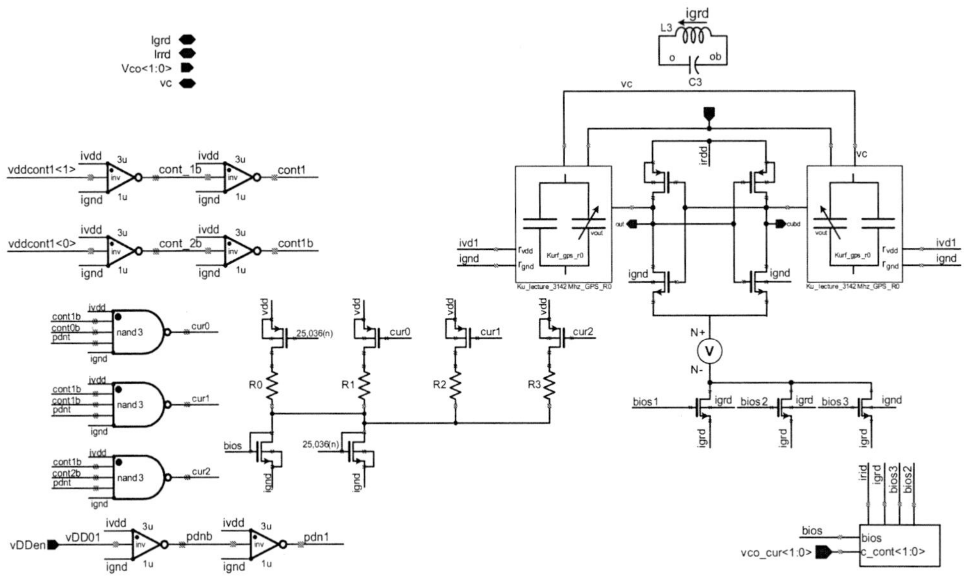

그림 15.6.9 VCO 상세 회로도

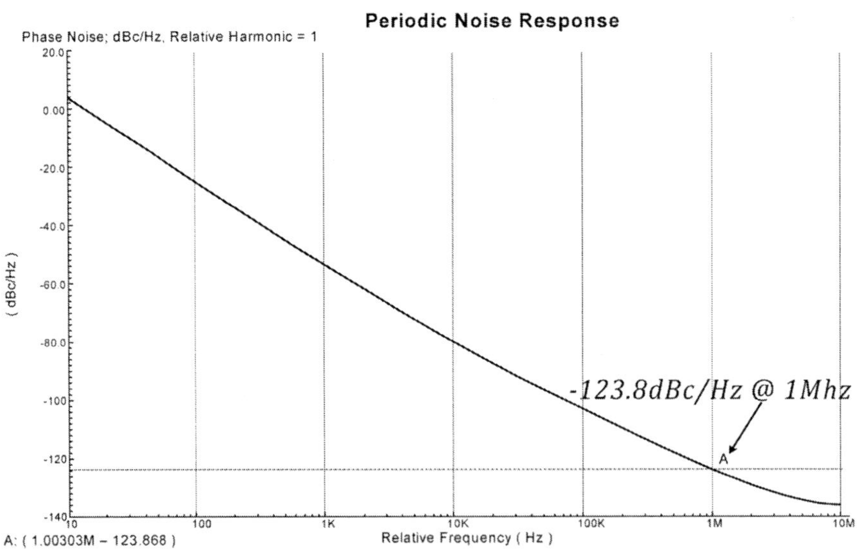

그림 15.6.10 VCO의 Phase Noise 시뮬레이션 결과

성능이 좋은 MIM cap과 그 cap을 켜고 끌 수 있는 NMOS와 PMOS의 Switch를 둘 다 달았다. 각각의 Switch는 capacitance 및 위상 잡음(Phase Noise)을 감안하여 그 크기를 정하였다. Tail current source에 들어가는 bias를 조절할 수 있도록 저항 array를 이용하여, 각 bias를 다르게 하였다. 그리고 크기가 다른 tail current source를 여러 개 연결하여 VCO Core에 흐르는 전류의 양을 변화할 수 있도록 설계되었다.

그림 15.6.10은 VCO의 phase noise simulation 결과이다. 1 MHz Offset에서 −123.8 dBc/Hz의 Phase Noise 성능을 보인다.

그림 15.6.11은 Cap tuning bit가 중심 주파수(10000000)일 때 VCO의 K_{vco} 시뮬레이션 결과이다. Phase margin이 56°가 되기 위한 50 MHz/V를 만족하고 있다.

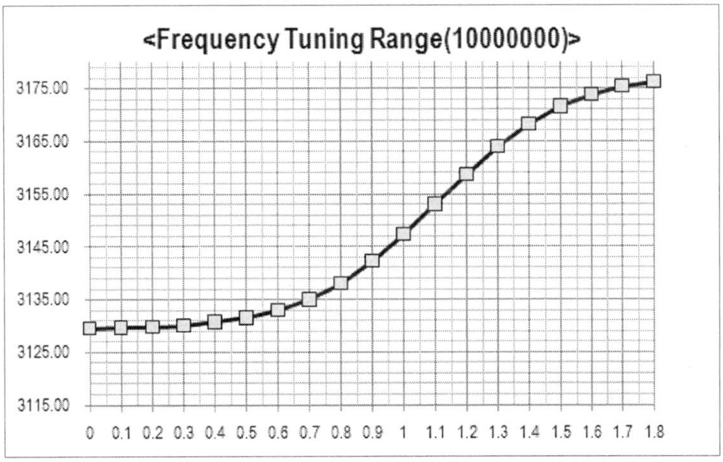

그림 15.6.11 VCO의 K_{vco} 시뮬레이션 결과

15.6.5 Frequency Divider

그림 15.6.12는 CML Type D Flip Flop의 회로도이다. 고주파수에서 동작해야 하기 때문에 초고속 분주기 회로에 많이 사용되는 CML(Current Mode Logic) type의 Differential D-F/F을 설계하였다. CML type의 F/F은 공통으로 current source를 쓴다는 개념인데, 그만큼 전류 소모 면에서 장점을 갖고 있어 본 설계에 사용하게 되었다.

Conventional 구조에서 추가적으로 tail current source를 조절할 수 있도록 부가적인 tail current source와 switch 회로를 추가하여 필요시 더 많은 전류를 흐를 수 있도록 설계하였다. 이는 전류량을 높여 동작 주파수를 올릴 수 있는 CML 구조의 장점을 살렸다. 또한, PMOS Load를 조정가능 하도록 설계하여 공정상에서 발생할 수 있는 변화를 최소화할 수 있도록 하였다. 그리고 20%의 동작 마진을 두고 안정성을 고려하여 설계하였다.

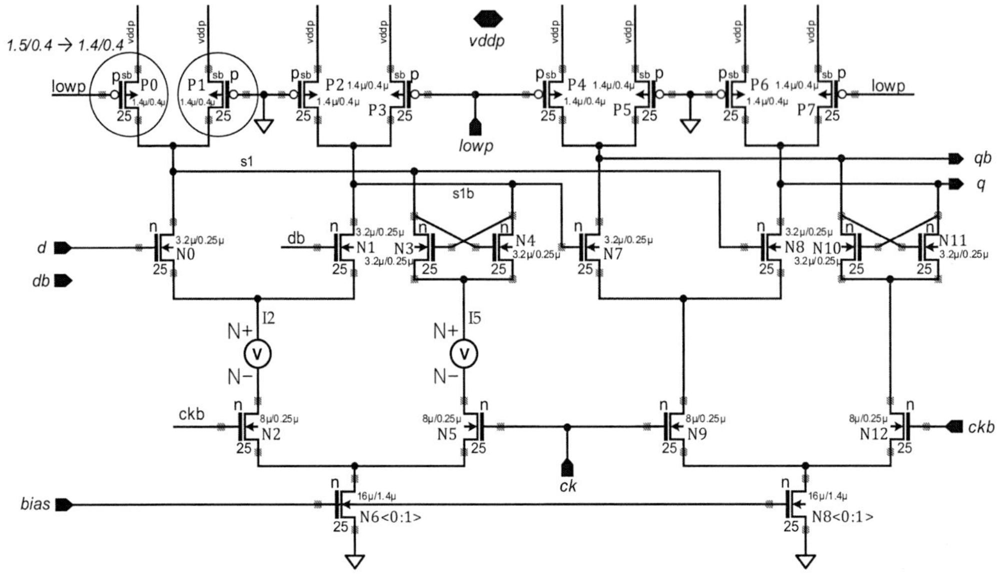

그림 15.6.12 CML Type D Flip Flop의 회로도

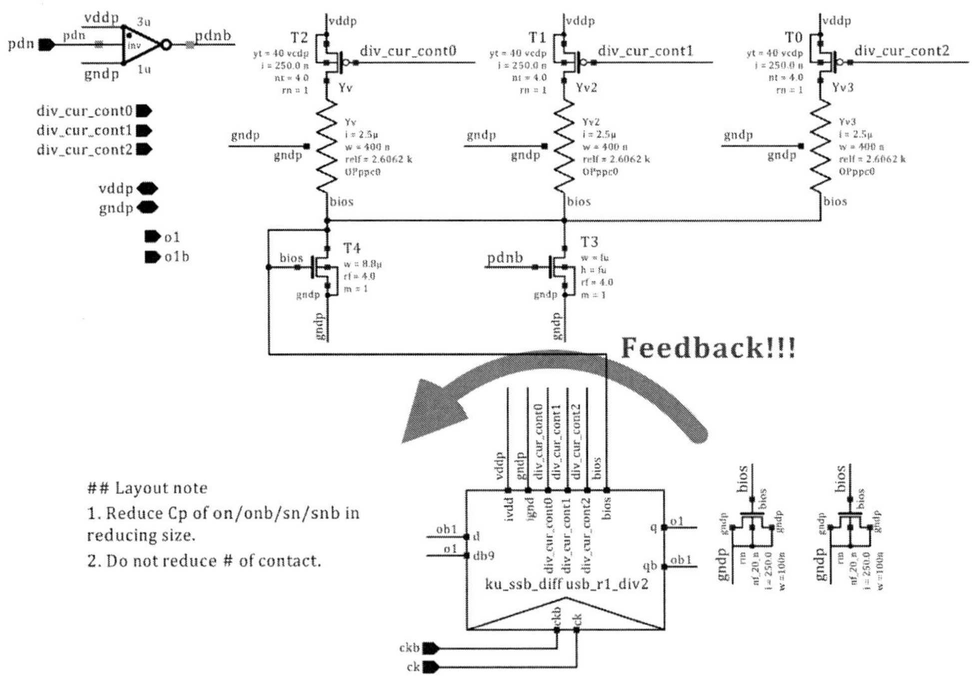

그림 15.6.13 2분주기 회로도

그림 15.6.13은 2분주기의 회로도이다. 분주기의 내부는 앞서 설명한 CML 형태의 F/F을 사용하였다. 위의 회로도에서 알 수 있듯이 div_cur_cont[2:0]의 3비트를 선택적으로 조정할 수 있게 설계되었다. 이 3비트는 CML F/F의 current source의 bias를 조정함으로써 단일 block으로 높은 주파수까지 동작할 수 있도록 충분한 마진을 가지고 설계되었다.

그림 15.6.14의 시뮬레이션 결과를 살펴보면 입력 clock이 6 GHz일 때, 출력 node인 o1에서는 3 GHz의 출력 주파수가 나오는 것을 확인할 수 있다. 또한, CML type의 Differential D F/F의 구조에서 NMOS의 bias current source를 붙여 bias에 따라서 동작 주파수를 높일 수 있어 높은 주파까지 동작이 가능하도록 설계하였다.

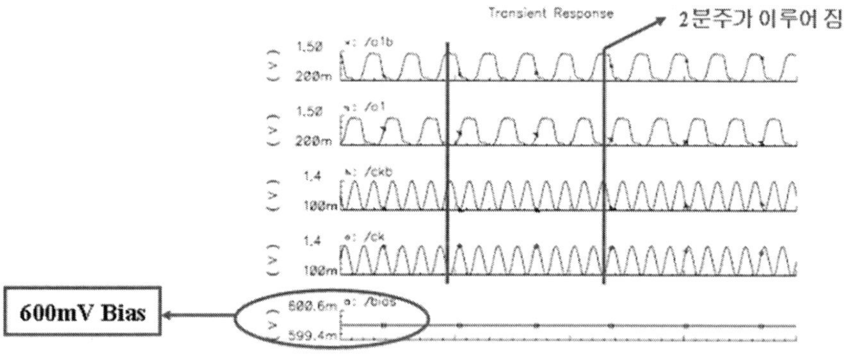

그림 15.6.14 2분주기 회로의 시뮬레이션 결과

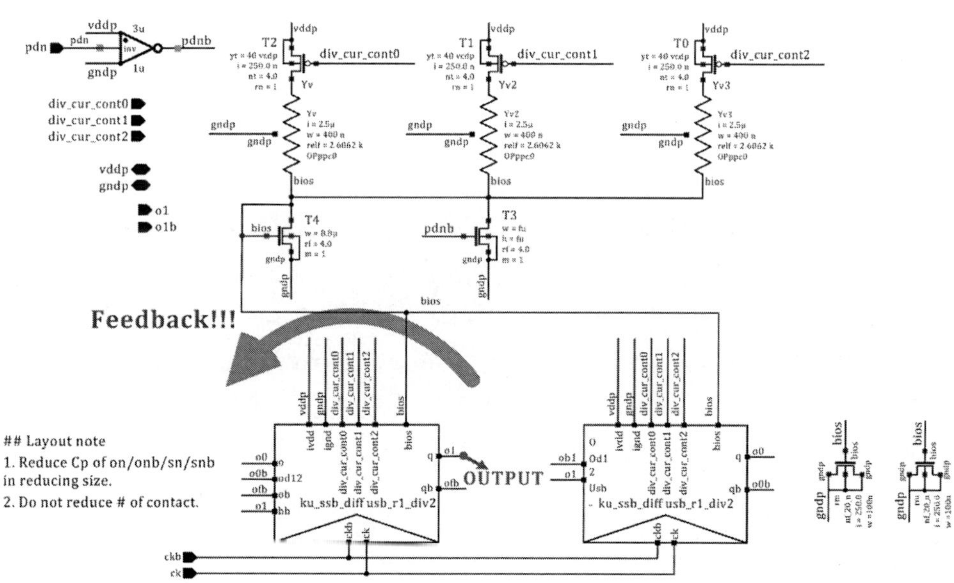

그림 15.6.15 2/3분주기 회로도

그림 15.6.14는 CML Type D Flip Flop을 이용한 2분주기 회로의 시뮬레이션 결과를 보여주고 있다. 고주파 입력에 대해서 2분주가 이뤄짐을 알 수 있다.

2분주기를 응용하여 그림 15.6.15와 같이 CML type의 Differential F/F를 두 개로 연결하여 중간 node를 feedback path로 이용한다면 Divider-3의 동작효과를 얻을 수 있다. 3분주기 내의 두 개의 F/F 중 입력을 4개로 받는 F/F는 block과는 다르게 master 부분에서 2개의 입력을 더 받는 구조로 설계되었다. 결과적으로 중간 node를 출력을 뽑는 것과 동시에 끝의 node와 함께 입력으로 feedback되는 구조를 가지고 있다. 하지만 중간 node를 출력으로 하면서 duty cycle은 2 : 1 비율로 나타난다.

다음 15.6.16은 divider-3에 대한 출력 파형 그림이다. 마찬가지로 최대주파수 12 GHz에서 동작할 수 있도록 설계하였다.

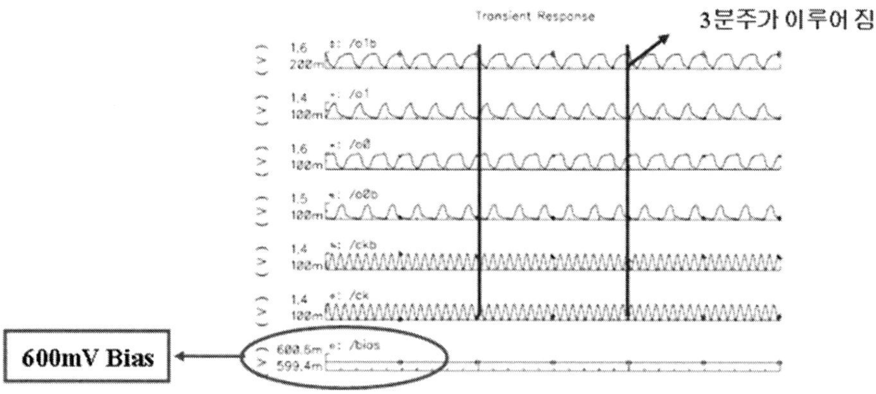

그림 15.6.16 3분주기 회로 시뮬레이션 결과

Divider-3의 출력이 duty cycle이 2:1이기 때문에 divider-2와 divider-3 중에 순서의 결정이 중요하다. PLL block에서 feedback path에 쓰였던 6분주기의 경우 50% duty cycle이 중요하기 때문에 divider-by 3 다음에 divider-by 2가 오도록 구성할 수 있다. 그림 15.6.17은 3분주기와 2분주기를 이용해서 결과적으로 6분주한 simulation 결과를 각각 보여준다. 6,336 MHz의 VCO 출력은 3분주기에 의해서 2,112 MHz로 나누어지고, 그 다음에 2분주기를 통해서 1,056 MHz로 분주된다. 각 분주기의 크기는 post simulation 단계에서 조정되었다. 왜냐하면 큰 기생 capacitance와 저항 성분 때문에 많은 전류가 소비되기 때문이다. 즉, 레이아웃에서 라인 매칭 및 shielding은 기생 성분을 줄이는 데 매우 중요하다.

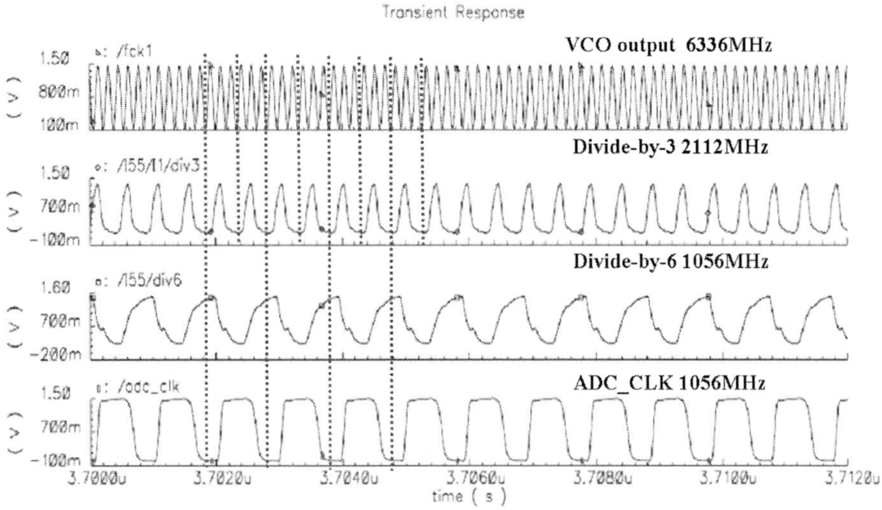

그림 15.6.17 6분주기 시뮬레이션 결과

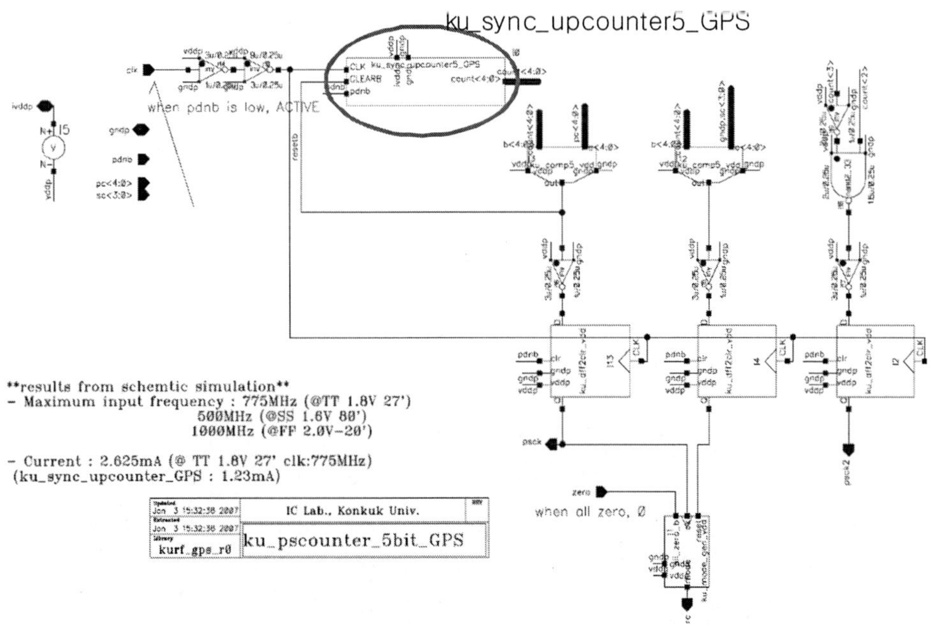

그림 15.6.18 PS Counter의 회로도

그림 15.6.18은 PS Counter의 회로도이다. 5비트의 Up counter와 2개의 비교기로 구성되어 있다. Fractional-N 구조의 PLL에서 Channel selection을 하기 위해 사용되는 회로이다. PS counter의 기능을 구분하여 Program counter와 Swallow counter로 구성되어 있는데, Program counter는 고정된 P값을 사용하게 된다. Swallow counter는 1에서 N까지의 값을 사용하게 된다. 본 설계에서는 4/5분주기를 사용하였기 때문에 N=4이다. 따라서, Fout=(4P+S)×Fin으로 계산된다.

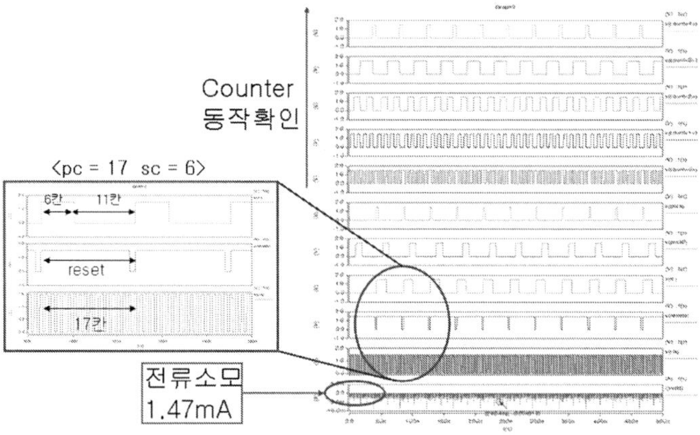

그림 15.6.19 PS Counter의 시뮬레이션 결과

그림 15.6.19는 PS Counter의 시뮬레이션 결과이다. PC=17, SC=6일 때, 4/5 divider에서 4분주 clock이 17회, 5분주 clock이 6회 나오도록 PS Counter에서 조정한다. 400 MHz에서까지 동작할 수 있도록 post-simulation 단계에서 조정되었으며 전류 소모는 약 1.47 mA를 소모한다.

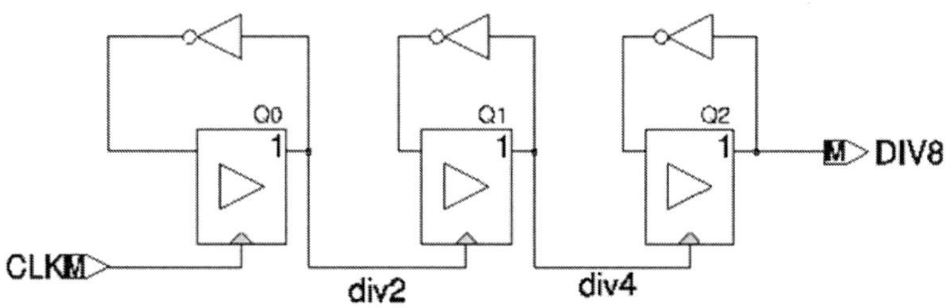

그림 15.6.20 8분주기 회로도

그림 15.6.20은 8분주기의 회로도를 보여주고 있다. 고정된 분주비를 원할 경우 PS Counter를 사용하지 않고, 2분주기 3개를 이용해서 간단하게 8분주기를 구성할 수 있다.

그림 15.6.21은 PLL의 Top 시뮬레이션 결과를 보여주고 있다. VCO 제어 전압이 일정한 값으로 수렴해감을 알 수 있다. 이 경우 Lock Time은 60 μs이다.

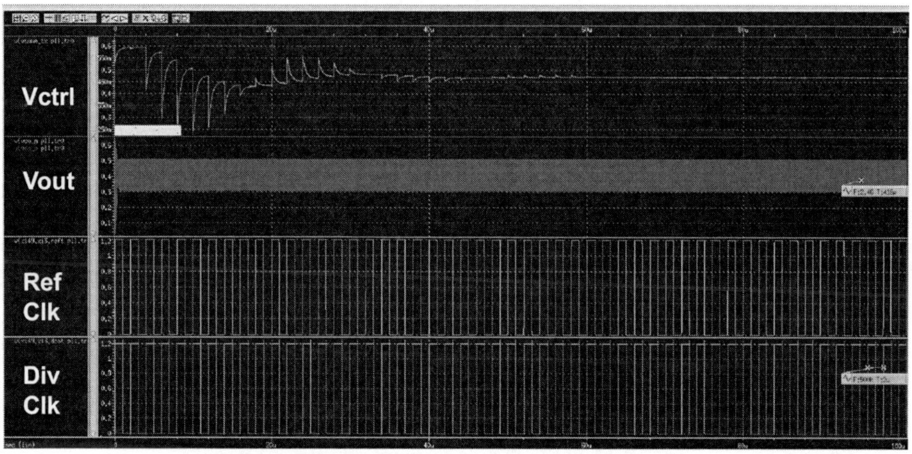

그림 15.6.21 PLL Top 시뮬레이션 결과

참고문헌

[1] B. Razavi, *RF Microelectronics, Upper Saddle River,* NJ: Prentice-Hall, 1998.

[2] R. Best, *Phase-Locked Loops,* McGraw-Hill, 1993.

[3] B. Razavi, *Design of Analog CMOS Integrated Circuits,* McGraw-Hill, 2001.

[4] P.Gray & R. Meyer, *Analysis and Design of Analog Integrated Circuits,* 3rd Edition, J. Wiley & Sons, 1993.

[5] F. Gardner, "Charge-pump phase-lock loops", *IEEE Trans. Commun.,* vol.COM-28, no.11, pp 1849-1858, Nov. 1980.

[6] V. von Kaenel, "A 32- MHz, 1.5mW @ 1.35 V CMOS PLL for Microprocessor Clock Generation", *IEEE J. Solid-State Circuits,* vol.31, no.11, pp.1715-1722. Nov. 1996.

[7] I. Young, "A 0.35um CMOS 3-880MHz PLL N/2 Clock Multiplier and Distribution Network with Low Jitter for Microprocessors", *ISSCC 1997 Digest of Tech. Papers, session 20.1,* pp.330-331.

[8] A. Maxim, et al., "A Low-Jitter 125-1250 MHz Process-Independent CMOS PLL Based on a Sample-Reset Loop Filter", *2001 ISSCC Digest Of Tech. Papers,* pp.394-395.

[9] J. Craninckx, and M. Steyaert, "A fully integrated CMOS DCS-1800 frequency synthesizer", *IEEE Journal of Solid-State Circuits,* vol.33, pp.2054-2065, Dec. 1998.

[10] I. Young et al., "A PLL clock generator with 5 to 110 MHz of lock range for microprocessors", *IEEE J. Solid-State Circuits,* vol.27, no.11, pp.1599-1607, Nov. 1992.

[11] J. Maneatis, "Low-Jitter Process-Independent DLL and PLL Based on Self-Biased Techniques", *IEEE J. Solid-State Circuits,* vol.31, no.11, pp.1723-1732. Nov. 1996.

[12] J. Maneatis, "Self-Biased, High-Bandwidth, Low-Jitter 1-to-4096 Multiplier Clock Generator PLL", *IEEE J. Solid-State Circuits,* vol.38, no.11, pp.1795-1803. Nov. 2003.

[13] N.Kurd, et al., "A Replica-Biased 50% Duty Cycle PLL Architecture with 1X VCO", *2003 ISSCC Digest of Tech. Papers, session* 24.3, pp.426-427.

[14] A. Hajimiri & T. Lee, *The Design of Low Noise Oscillators,* Kluwer Academic Publishers, 1999.

[15] T. Lee, *The Design of CMOS Radio-Frequency Integrated Circuits,* Cambridge University Press, 1998.

[16] D. B. Lesson, "A simple model of feedback oscillator noise spectrum", *Proc. IEEE,* vol.54, pp.329-330, Feb. 1966.

[17] Jean-Marc Mourant, Jim Imbornone, and Ted Tewksbury, "A low phase noise monolithic VCO in SiGe BiCMOS", *IEEE MTT-S International Microwave Symposium Digest,* June 2000.

[18] A. Kral, F. Behbahani, and A. A. Abidi, "RF-CMOS oscillators with switched tuning", *Proc. IEEE Custom Integrated Circuits Conf.,* pp.555-558, May 1998.

[19] S. Mohan, M. Hershenson, S. Boyd, and T. H. Lee, "Simple accurate expressions for planar spiral inductances", *IEEE Journal of Solid-State Circuits,* vol.34, pp.1419-1424, Oct. 1999.

[20] J. Ingino et al, "A 4-GHz Clock System for a High-Performance System-on-a-Chip Design", *IEEE J. Solid-State Circuits,* vol.36, no.11, pp.1693-1698. Nov. 2001.

16

Sigma-Delta PLL 및 설계 사례

16.1 Sigma-Delta PLL의 개요

그림 16.1.1은 Sigma-Delta PLL을 보여주고 있다.

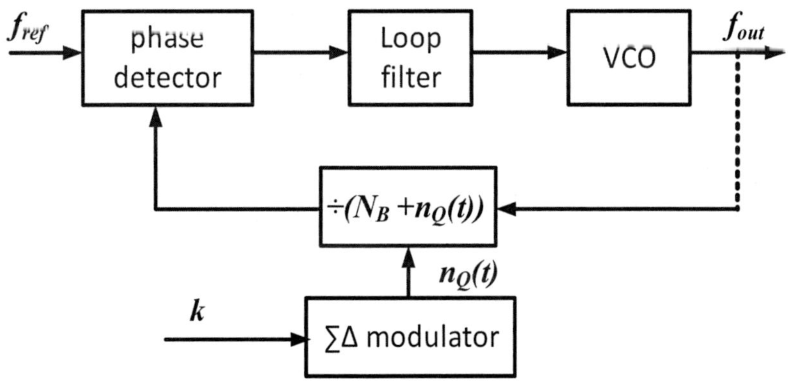

그림 16.1.1 Sigma-Delta PLL의 블록 다이어그램

ΔΣ modulator를 이용한 PLL의 블록 다이어그램을 보여주고 있다. Integer-N 구조의 경우 분주비가 정수 값을 가지므로, 분수 부분을 구현하기 위해서는 ΔΣ modulator를 이용해야 한다. 그림 16.1.1에서 분주기는 정수 값 N_B와 분수 값을 구현하기 위한 $n_Q(t)$로 나눌 수 있는데, ΔΣ modulator는 분수 k를 입력으로 받아서 이에 대응되는 Sequence $n_Q(t)$를 생성하는 역할을 한다[1].

ΔΣ modulator는 아날로그 입력을 받아서 디지털 출력을 생성하므로, 일종의 아날로그-디지털 변환기라고 할 수 있다.

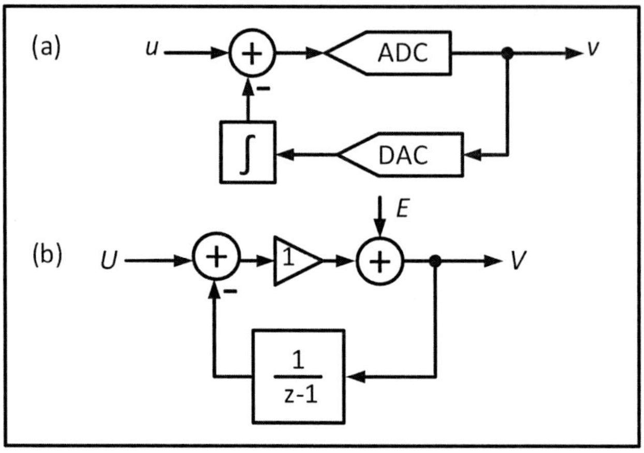

그림 16.1.2 (a) Block diagram (b) equivalent model of delta modulator

그림 16.1.2(a)는 Delta modulator를 보여주고 있다[2][3]. 입력 u는 아날로그 값이며, 출력 v는 디지털 값이다. ADC는 아날로그 값을 디지털로 변환하는 역할을 하며, DAC와 적분기를 통해서 입력 쪽으로 피드백을 한다. 그림 16.1.2(b)는 delta modulator의 equivalent model을 보여주고 있다. ADC는 아날로그 전압을 디지털로 변환하면서, quantization error E를 발생시킨다고 모델링 될 수 있으며, 피드백 부분은 $1/(z-1)$로 모델링 될 수 있다. ADC는 quantizer라고 불리며, quantization error E는 quantizer의 해상도에 의해서 결정된다.

입력과 출력 사이의 관계식을 구하면 식 (16.1.1)과 같이 구할 수 있다.

$$v(n) = u(n) - u(n-1) + e(n) - e(n-1) \tag{16.1.1}$$

식 (16.1.1)에서 출력은 현재 입력 $(u(n))$과 이전 입력 $(u(n-1))$의 차이 (“delta”)에 의해서 결정되며, 현재 양자화 잡음 $(e(n))$과 이전 양자화 잡음 $(e(n-1))$의 차이가 나타나게 된다. 이런 이유로 delta modulator라고 불린다. 따라서 출력이 입력을 따라가는 동작을 위해서는 “delta”를 적분하는 “sigma”의 기능이 필요하다.

그림 16.1.3(a)는 delta-sigma modulator를 보여주고 있다[2][3]. delta modulator와 마찬가지로, 입력 u는 아날로그 값이며, 출력 v는 디지털 값이다. 입력 u와 출력의 피드백된 값의 차이 성분이 적분기를 통과한 후 ADC를 거치게 된다. ADC는 아날로그 값을 디지털로 변환하는 역할을 하며, DAC를 통해서 입력 쪽으로 피드백을 한다. 그림 16.1.3(b)는 delta-sigma modulator의 equivalent model을 보여주고 있다. ADC는 아날로그 전압을 디지털로 변환하면서, quantization error E를 발생시킨다고 모델링 될 수 있으며, 적분기 부분은 $1/(z-1)$로 모델링 될 수 있다. quantization error E는 quantizer의 해상도에 의해서 결정된다.

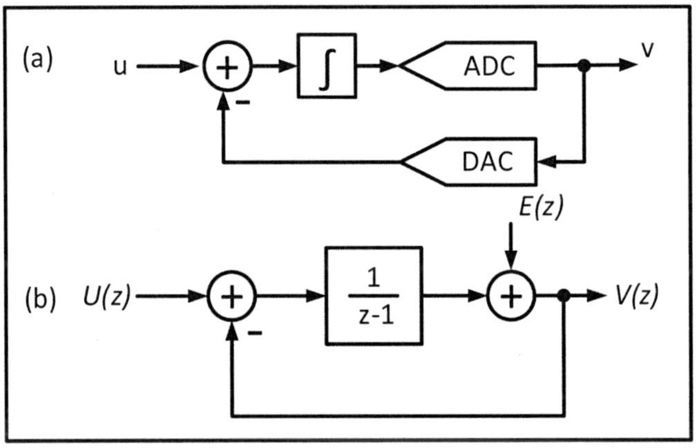

그림 16.1.3 (a) Block diagram (b) equivalent model of delta-sigma modulator

입력과 출력 사이의 관계식을 구하면 식 (16.1.2)와 같이 구할 수 있다.

$$v(n) - u(n-1) + e(n) - e(n-1) \tag{16.1.2}$$

식 (16.1.2)에서 출력은 입력의 차이 ("delta") 값을 적분 ("sigma") 함으로써, 현재 입력 $(u(n))$을 따라가게 되며, 현재 양자화 잡음 $(e(n))$과 이전 양자화 잡음 $(e(n-1))$의 차이가 나타나게 된다. 이런 이유로 delta-sigma modulator라고 불린다.

식 (16.1.1)과 식 (16.1.2)에서 알 수 있는 사실은 출력에 식 양자화 잡음의 차이 $(e(n)-e(n-1))$가 나타나게 된다는 점이다. 즉, delta-sigma modulator의 출력에서의 양자화 잡음을 수식으로 표현하면 식 (16.1.3)과 같다[2][3].

$$q(n) = e(n) - e(n-1) \tag{16.1.3}$$

식 (16.1.3)의 양변에 z-transform을 취하면, 식 (16.1.4)와 같다.

$$Q(z) = (1 - z^{-1})E(z) \tag{16.1.4}$$

식 (16.1.4)의 양변에 Power Spectral Density(PSD)를 취하면, 식 (16.1.5)와 같다.

$$S_q(f) - (2\sin(\pi f T))^2 S_e(f) \tag{16.1.5}$$

ADC로 표시된 quantizer의 양자화 잡음의 Power Spectral Density를 구하면, 식 (16.1.6)과 같다[4].

$$e_s^2 = \Delta^2/12 \qquad S_e(f) = \frac{\Delta^2}{6f_s} \tag{16.1.6}$$

식 (16.1.6)에서 Δ는 quantizer의 1 LSB를 의미하며, f_s는 Delta-sigma modulator의 샘플

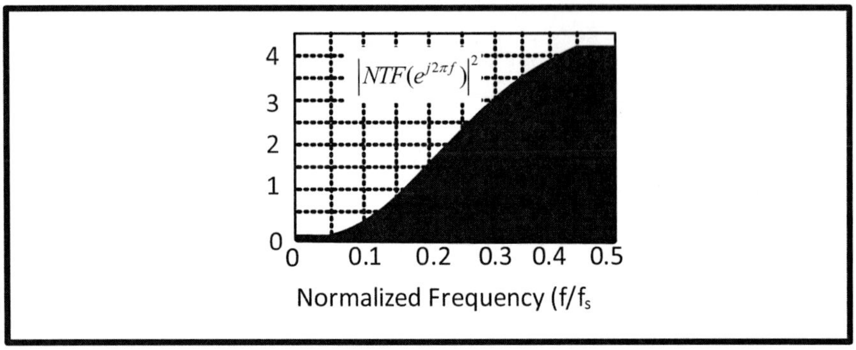

그림 16.1.4 Delta-Sigma modulator의 Noise Transfer Function (NTF)

링 주파수를 의미한다.

식 (16.1.5)에서 Noise Transfer Function(NTF)를 구하면 식 (16.1.7)과 같이 표현할 수 있으며, 이를 그리면, 그림 16.1.4와 같다. 즉, 샘플링 주파수보다 매우 낮은 저주파 쪽 잡음은 감소되고, 높은 쪽 주파수는 증가되는 Noise Shaping의 특성을 볼 수 있다.

$$NTF(e^{i2\pi fT}) = (2\sin(\pi fT))^2 \tag{16.1.7}$$

그림 16.1.5는 Quantizer의 기능을 보여주고 있다[2][3]. 아날로그 입력을 받아서, 이에 해당되는 디지털 출력을 생성하는 역할을 한다. 그림 16.1.6은 Quantizer의 전달특성 곡선

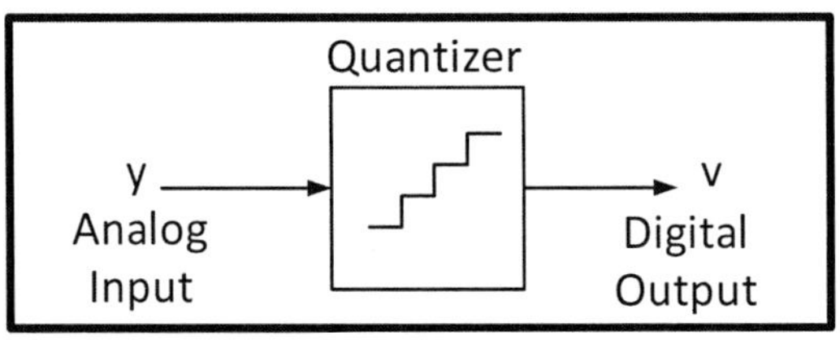

그림 16.1.5 Quantizer의 기능

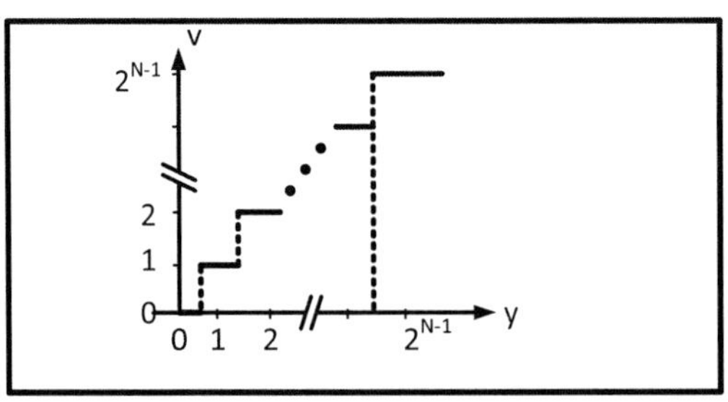

그림 16.1.6 Quantizer의 전달특성 곡선

을 보여주고 있다.

PLL에 적용되는 Delta-Sigma Modulator의 동작을 이해하기 위해서, 그림 16.1.7과 같은 1차 Delta-Sigma Modulator(MOD1)의 예를 살펴보기로 한다.

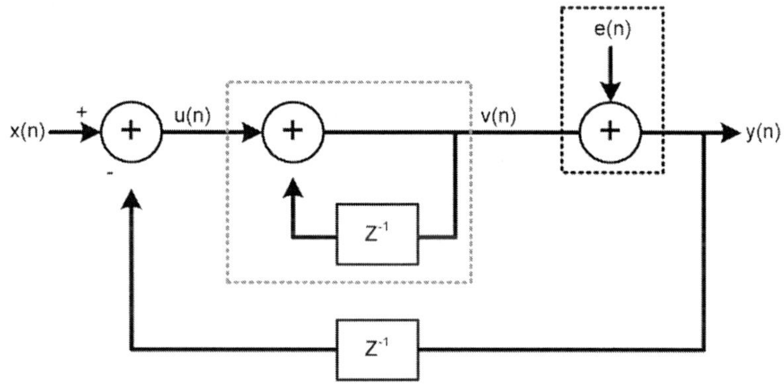

그림 16.1.7 1차 Delta-Sigma Modulator

그림 16.1.7의 입력과 출력 사이의 관계식을 구하면 식 (16.1.8)과 같다.

$$y(n) = x(n-1) + e(n) - e(n-1) \quad (16.1.8)$$

식 (16.1.8)의 양변에 z-transform을 취하면, 식 (16.1.9)와 같이 나타낼 수 있다.

$$Y(z) = H_s(z)X(z) + H_N(z)E(z) \quad (16.1.9)$$

식 (16.1.9)로부터 Signal Transfer Function(STF) $H_s(z)$와 Noise Transfer Function (NTF) $H_N(z)$를 구하면 각각 식 (16.1.10)과 식 (16.1.11)과 같다.

$$H_s(z) = z^{-1} \quad (16.1.10)$$

$$H_N(z) = 1 - z^{-1} \quad (16.1.11)$$

그림 16.1.7에 제시된 Delta-Sigma Modulator의 동작을 이해하기 위해서 중간 노드들 사이의 관계식을 구하면 식 (16.1.12)와 식 (16.1.13)과 같다.

$$u(n) = x(n) - y(n-1) \quad (16.1.12)$$

$$v(n) = u(n) + v(n-1) \quad (16.1.13)$$

1비트 Quantizer를 가정하면 식 (16.1.14)와 같이 정의할 수 있다.

$$y(n) = 1 \text{for} v(n) > 0 \text{ 또는 } -1 \text{for} v(n) < 0 \quad (16.1.14)$$

표 6.1.1은 1차 Delta-Sigma Modulator의 동작 예를 보여주고 있다. $x(n)$이 +2/8일 경우, $u(n)$, $v(n)$, $y(n)$이 시간에 지남에 따라서 어떤 값을 가지는지 볼 수 있다. 최종 출력 $y(n)$의 시간 축에 대한 평균을 취하면, 입력과 동일한 +2/8의 값을 가지는 것을 볼 수 있다.

이러한 특성을 이용해서 Fractional-N 분주비를 구현할 수 있다.

표 6.1.1 1차 Delta-Sigma Modulator의 동작 예

x(n)	u(n)	v(n)	y(n)
		0	0
+2/8	+2/8	+2/8	+1
+2/8	−6/8	−4/8	−1
+2/8	+10/8	+6/8	+1
+2/8	−6/8	0	−1
+2/8	+10/8	+10/8	+1
+2/8	−6/8	+4/8	+1
+2/8	−6/8	−2/8	−1
+2/8	+10/8	+8/8	+1
+2/8	−6/8	+2/8	+1
+2/8	−6/8	−4/8	−1
	…		

16.2 Sigma-Delta PLL의 Phase Noise

그림 16.2.1은 Delta-Sigma Modulator를 이용한 Fractional-N PLL의 블록 다이어그램을 보여주고 있다. Delta-Sigma Modulator의 아날로그 입력 x에 비례하는 디지털 시퀀스가 출력되고, 이에 대응하는 Divider의 분주비를 지속적으로 변조시키면서, 평균치가 원하는 분주비를 가지도록 동작한다.

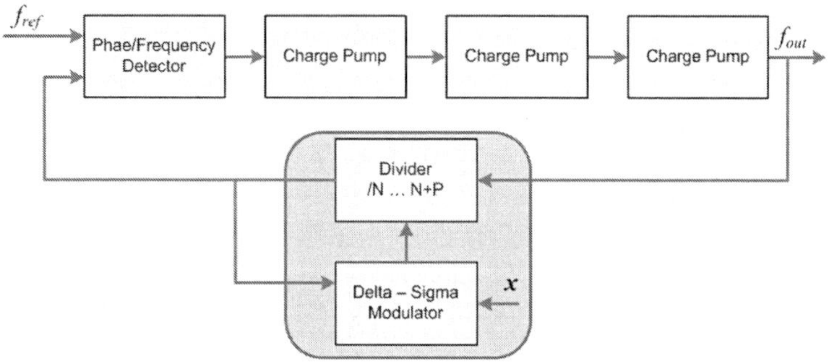

그림 16.2.1 Delta-Sigma Modulator를 이용한 Fractional-N PLL의 블록 다이어그램

그림 16.2.2에서 볼 수 있듯이 Fractional 분주비를 구현하기 위해서, Integer-N 구조에서 사용되는 Prescaler와 PS Counter가 거의 그대로 사용됨을 알 수 있다. 채널 세팅에 따라서 PLL 출력 주파수가 바뀌어야 하는 경우, Delta-Sigma Modulator의 입력에 원하는 값을 넣고, 출력 디지털 시퀀스를 이용해서 PS Counter를 변조시킬 수 있다.

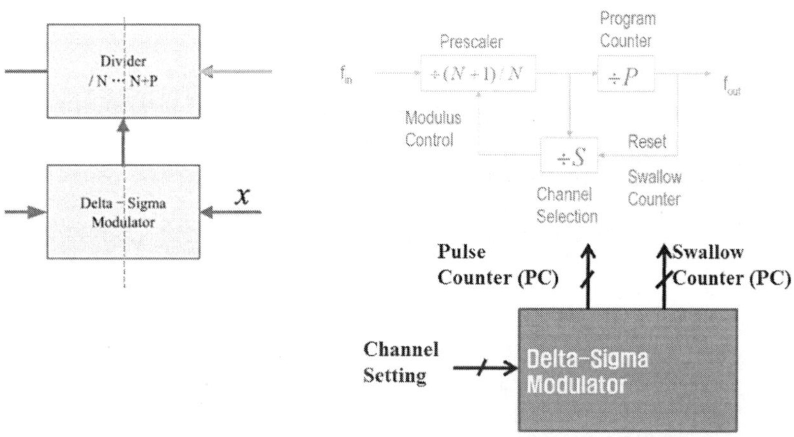

그림 16.2.2 Delta-Sigma Modulator를 이용한 Fractional-N 분주비의 구현 방법

그림 16.2.2에서 분주비의 평균값 N은 식 (16.2.1)과 같이 표현할 수 있다. 식 (16.2.1)에서 N_B는 베이스 정수를 나타내며, $n_Q(t)$는 Delta-Sigma Modulator로부터의 정수 출력을 나타낸다.

$$N = N_B + \overline{n_Q(t)} \tag{16.2.1}$$

Delta-Sigma Modulator (SDM)의 출력의 평균값은 식 (16.2.2)와 같이 나타낼 수 있으며, M은 SDM의 Modulus를 나타내고, k는 SDM으로의 입력을 의미한다.

$$\overline{n_Q(t)} = \frac{k}{M} \tag{16.2.2}$$

PLL의 출력 주파수는 식 (16.2.3)과 같이 표현할 수 있다.

$$f_{out} = Nf_{ref} = \left(N_B + \frac{k}{M}\right)f_{ref} \tag{16.2.3}$$

PLL을 Frequency Synthesizer로 사용할 경우 주파수 해상도는 식 (16.2.4)와 같이 표현할 수 있다.

$$\Delta f = \frac{1}{M}f_{ref} \tag{16.2.4}$$

PLL의 주파수 분주기에 의해서 생성되는 Phase Noise는 식 (16.2.5)와 같이 표현할 수 있다.

$$S_{\theta div}(f) = \left[\frac{f_{ref}Q(f)}{fN}\right]^2 \mathrm{rad^2 Hz} \tag{16.2.5}$$

식 (16.2.5)에서 $Q(f)$는 SDM에 의해서 shaping된 양자화 잡음을 의미하며, 식 (16.2.6)과 같이 나타낼 수 있다.

$$Q(f) = \sqrt{\frac{1}{12f_{ref}}}\left|H_{NTF}(z)\right|_{z = z^{j2\pi f}} \tag{16.2.6}$$

SDM에 의해서 발생되는 PLL 최종 출력에서의 Phase Noise를 구하면 식 (16.2.7)과 같다.

$$S_{\theta out}(f) = S_{\theta div}(f)|H_{cl}(f)|^2 \mathrm{rad^2/Hz} \tag{16.2.7}$$

식 (16.2.7)에서 $H_{cl}(f)$는 분주기의 잡음이 PLL 최종 출력에 전달되는 전달 함수를 의미하며, PLL Loop Bandwidth 내에서는 식 (16.2.8)과 같이 나타낼 수 있다.

$$H_{cl}(f) = N \tag{16.2.8}$$

따라서 SDM에 의해서 발생되는 PLL In-Band Phase Noise는 식 (16.2.9)와 같이 표현할 수 있다.

$$S_{\theta out}(f) = \left[\frac{f_{ref}Q(f)}{f}\right]^2 \mathrm{rad^2/Hz} \tag{16.2.9}$$

앞에서 유도한 SDM의 양자화 잡음 $Q(f)$를 식 (16.2.9)에 대입하면, 식 (16.2.10)을 얻을 수 있다. 식 (16.2.10)에서 L은 SDM의 차수를 의미한다.

$$S_{\theta out}(f) = \frac{(2\pi)^2}{12 f_{ref}} \left[2\sin \frac{\pi f}{f_{ref}} \right]^{2(L-1)} \mathrm{rad}^2/\mathrm{Hz} \tag{16.2.10}$$

식 (16.2.10)에서 낮은 주파수 대역에서는 식 (16.2.11)과 같이 단순화될 수 있다.

$$S_{\theta out}(f) = \frac{(2\pi)^2}{12 f_{ref}} \left[2\sin \frac{\pi f}{f_{ref}} \right]^{2(L-1)} \mathrm{rad}^2/\mathrm{Hz} \tag{16.2.11}$$

식 (16.2.10)의 양변에 log를 취하면, 식 (16.2.12)를 얻을 수 있다.

$$S_{\theta out}(f) = 10\log \left\{ \frac{f_{ref}}{12 f^2} \cdot \left| H_{NTF}(e^{j2\pi f / f_{ref}} \right|^2 \right\} \mathrm{dBc/Hz} \tag{16.2.12}$$

integrated phase error가 θ_{rms}를 만족하기 위한 Delta-Sigma PLL의 Bandwidth의 제약 조건은 식 (16.2.13)과 같이 표현할 수 있다.

$$f_c < \left[\left(\frac{\theta_s}{\sqrt{2}} \right)^2 \cdot \frac{L + 0.5}{(2\pi)^{2L}} \right]^{1/(2L-1)} \cdot f_{ref} \tag{16.2.13}$$

16.3 Sigma-Delta PLL의 설계 사례

Delta-Sigma Modulator가 PLL에 사용되기 위해서는 다음의 요구 조건을 만족해야 한다.

(1) 가능하면 출력에 여러 가지 톤이 없어야 함.
(2) 주어진 응용 범위를 cover 할 수 있도록 안정된 DC 입력 범위를 가져야 함.
(3) PFD, Charge Pump, Loop Filter, VCO 등의 비선형성에 의해서 잡음이 낮은 주파수로 믹싱되는 것을 방지하고, PFD와 Charge Pump에 의한 Phase Noise를 줄이기 위해서 가능한 한 출력 레벨의 개수를 최소화해야 함.
(4) 고속 동작에 적합해야 함.
(5) 전류 소모와 칩 면적을 줄이기 위해서 가능하면 단순해야 함.

이러한 요구 조건을 만족하기 위한 Sigma-Delta Modulator의 구조는 크게 두 가지로 나눌 수 있다.

(1) Single Stage

(2) Cascaded

PLL에 사용되는 Delta-Sigma Modulator는 VHDL/Verilog 코딩 후에, 디지털 회로로 구현하는 것이 일반적인데, 이에 대한 요구 조건을 살펴보면 다음과 같다.

(1) 디지털 SDM의 출력은 정수값만 가질 수 있음.
(2) 디지털 SDM의 입력이 DC 레벨이므로, modulator에서 limited cycle 문제를 해결하기 위해서 매우 긴 입력 비트 길이가 사용되어야 함. 보통 18비트~24비트가 많이 사용 됨.
(3) 보통 2차 또는 3차 SDM이 널리 사용됨. 차수가 4차 이상이 되면, SDM에 의해서 고주파쪽으로 Shaping 된 Phase Noise를 PLL의 Loop Filter만으로 억제하기 힘들어짐.

Cascaded 구조 중에서 가장 널리 사용되는 구조가 MASH(Multi-Stage Noise Shaping) 구조이다. 그림 16.3.1은 MASH 1-2 Delta-Sigma Modulator를 보여주고 있다[1]. X를 입력으로 받아서 1차 SDM을 거쳐서 y1 출력이 생성된다. y1 출력은 2차 SDM의 입력으로 인가되어서 출력 y2가 생성된다. y1 출력과 y2 출력에 $(1-z^{-1})$ 곱해서 최종 출력 Y를 생성한다. Y는 -1부터 +2까지의 정수값을 가질 수 있다.

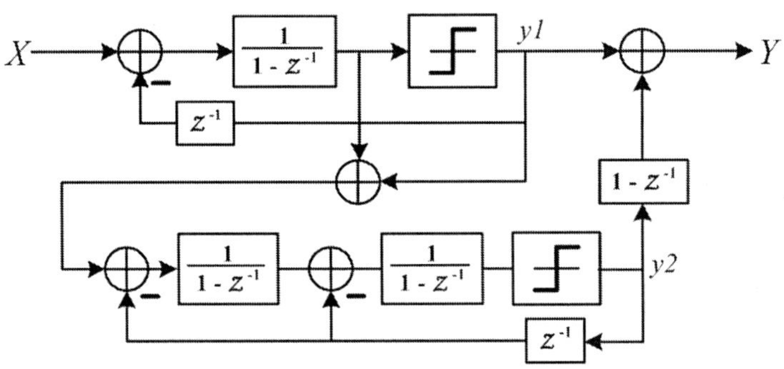

그림 16.3.1 MASH 1-2 Delta-Sigma Modulator

입력과 출력 사이의 관계를 구하면 식 (6.3.1)과 같다.

$$Y(z) = X(z) + Q(z) \cdot (1 - z^{-1})^3 \tag{16.3.1}$$

식 (16.3.1)로부터 MASH 구조의 장점을 알 수 있다. STF(Signal Transfer Function)는 1이고, NTF(Noise Transfer Function)는 $(1-z^{-1})^3$이므로 3차 SDM의 효과를 얻을 수 있다. MASH 구조가 아닌, 고차 SDM를 사용할 경우 STF와 NTF 모두 고차의 특성을 가지므로, Stability의 문제가 있을 수 있다. 하지만, MASH 구조를 사용하면 STF는 1차의 특성, NTF는 고차의 특성을 가지므로, Stability 문제가 없다.

그림 16.3.2는 SDM 출력에서의 PSD를 보여주고 있다. SDM의 Noise Shaping 특성을 보여주고 있으며, 3차이므로 +60 dB/dec의 기울기를 가지고 있다.

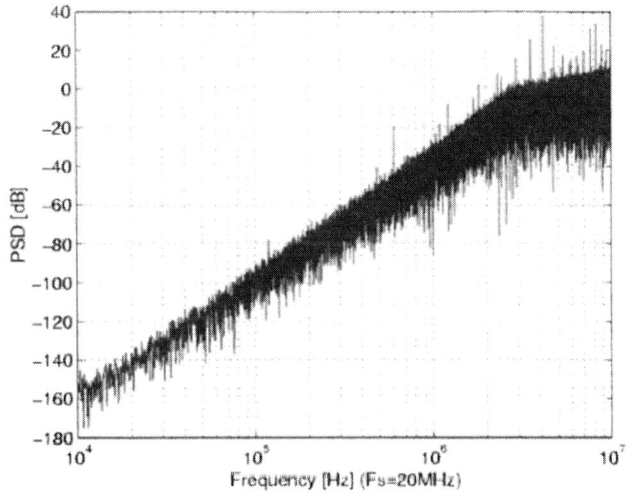

그림 16.3.2 SDM 출력에서의 PSD

그림 16.3.3은 PFD 출력 Phase Error의 PSD를 보여주고 있다.

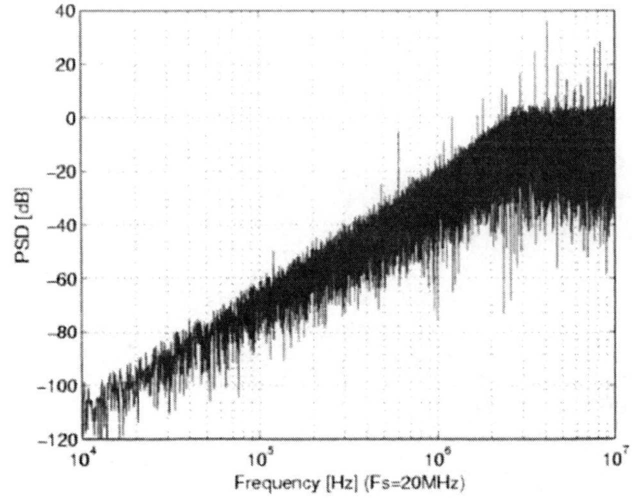

그림 16.3.3 PFD 출력 Phase Error의 PSD

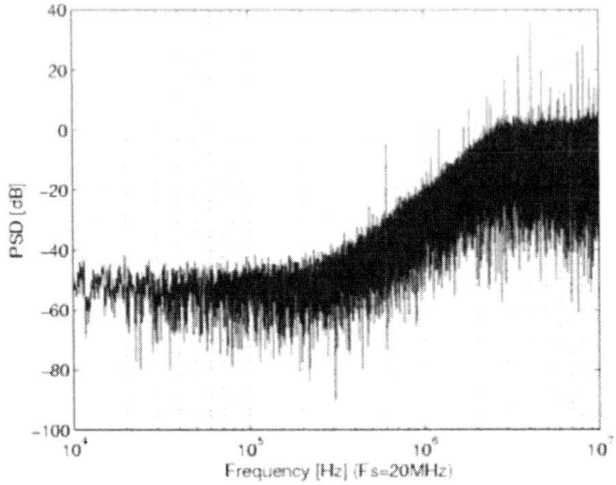

그림 16.3.4 Charge Pump의 Current Mismatch가 있는 경우 PFD 출력 Phase Error의 PSD

그림 16.3.4는 Charge Pump의 UP/DN Current Mismatch가 2% 있을 경우의 PSD를 보여주고 있다. In-Band Phase Noise가 많이 올라오는 것을 알 수 있다.

따라서 Delta-Sigma Modulator를 사용할 경우 PFD, Charge Pump, Loop Filter, VCO의 비선형성을 줄이는 설계가 필요하다.

16.4 PLL의 설계 사례 1

표 6.4.1의 설계 사양을 만족하는 2.4 GHz Bluetooth용 Frequency Synthesizer의 설계 사례를 살펴보기로 한다. 주파수 범위는 2.4 GHz ~ 2.478 GHz까지이며, Channel Spacing과 Frequency Resolution은 각각 1 MHz이다. Settling Time은 200 μs 이내이며, Phase Noise는

표 6.4.1 Bluetooth용 Frequency Synthesizer의 설계 사양

Frequency range	2.4 ~ 2.478 GHz (2 MHz IF receiver)
Channel spacing	1 MHz
Frequency resolution	1 MHz
Settling time	< 200 μs
Phase noise	< −124 dBc/Hz @ 3 MHz
Spur level	< −60 dBc @ 1 MHz

3 MHz Offset에서 −124 dBc/Hz 이하이어야 한다. Spur Level은 1 MHz Offset에서 −60 dBc 이하이어야 한다. 분주기는 Integer-N 구조를 사용하기로 한다.

다음과 같은 4단계를 거쳐서 PLL의 설계 파라미터들을 구할 수 있다.

Step 1 VCO 설계 파라미터 결정

Process variation이 발생하더라도 주파수 범위에 해당되는 출력을 내기 위해서, VCO 튜닝 범위는 설계 사양의 2배로 잡는다. 즉, 중심 주파수가 2.44 GHz이고, 2.36 ~ 2.52 GHz에 해당되는 주파수 범위를 가지도록 정한다. 따라서 160 MHz의 VCO 튜닝 범위를 가지도록 정한다. VCO 튜닝 전압의 범위가 1 V라고 하면, VCO conversion gain(K_{vco})는 평균적으로 160 MHz/V가 된다.

Step 2 Reference clock 주파수와 분주비 범위 결정

Integer-N 구조를 사용하기로 하였으므로, Reference clock 주파수(좀 더 정확하게는 PFD 비교 주파수(f_{PFD}))는 frequency resolution 인 1 MHz이어야 한다. 따라서 분주비 N은 2,400 ~ 2,478의 값을 가져야 한다.

분주기에 의해서 In-Band Phase Noise는 20 log(N)≈60 dB만큼 향상될 수 있다.

Step 3 Loop Filter 설계

Settling Time 조건으로부터 최소 loop bandwidth를 구할 수 있다. 200 μs의 settling time을 만족하기 위해서 이론적으로 필요한 최소 loop bandwidth는 20 kHz이다. 이 설계 사례에서는 50% 마진을 둬서 30 kHz로 선택하였다. Loop stability를 만족하기 위해서 loop bandwidth가 reference clock 주파수의 1/10 이하가 되는 조건을 만족해야 하는데, 현재 설계 파라미터들로 만족함을 알 수 있다[7].

Reference spur level이 그렇게 tight 하지 않으므로, 2차 passive loop filter를 채택할 수 있다. 60°의 Phase Margin을 확보하기 위해서는 식 (16.4.1)과 같이 ω_Z, ω_{P2}의 위치를 잡는 것이 일반적이다. 식 (16.4.1)로부터 f_Z와 f_{P2}를 계산하면 식 (16.4.2)와 같다.

$$\omega_Z = \omega_C/3 \text{ and } \omega_{P2} = 3\omega_C \tag{16.4.1}$$

$$f_Z = \omega_Z/(2\pi) = 10\,\text{kHz and} f_{P2} = \omega_{P2}/(2\pi) = 90\,\text{kHz} \tag{16.4.2}$$

Charge pump 전류를 100 μA로 잡으면, loop filter 소자들, R_1, C_1, C_2의 값을 식 (16.4.3) ~ 식 (16.4.5)와 같이 구할 수 있다.

$$\omega_C = \frac{I_{CP}R_1K_{vco}}{2\pi N} \times \frac{C_1}{C_1 + C_2} = 2\pi \times 30 \times 10^3 \,\mathrm{rad/s} \tag{16.4.3}$$

60°의 Phase Margin을 확보하기 위해서는 $C_2 \approx (1/10) \times C_1$ 이므로, 식 (16.4.3)로부터 R_1를 계산할 수 있다. 식 (16.4.3)으로부터 R_1을 구하면 31.9 kΩ의 값을 얻을 수 있다.

$$C_1 = \frac{1}{\omega_Z R_1} = 499\,\mathrm{pF} \tag{16.4.4}$$

$$C_2 = \frac{1}{\omega_{P2} R_1} = 62\,\mathrm{pF} \tag{16.4.5}$$

표 16.4.2는 Step 1 ~ Step 3을 거쳐서 얻어진 설계 파라미터를 정리한 표이다.

표 16.4.2 Bluetooth용 Frequency Synthesizer의 설계 파라미터

On-Chip VCO	Tuning range	2.36 ~ 2.52 GHz
	Conversion gain	160 MHz/V
	Phase noise	< -124 dBc/Hz @ 3 MHz
Settling time		1 MHz
Loop bandwidth		30 kHz
Divide ratio		2400 ~ 2478
Charge-pump current		100 mA
Passive loop filter	R_1	1.9 kΩ
	C_1	499 pF
	C_2	62 pF

Step 4 Phase Noise Transfer Function 체크

Phase Noise 특성을 만족하는지 확인하기 위해서 PLL의 Transfer Function을 체크할 필요가 있다. 그림 16.4.1의 Open-Loop Transfer Function의 Bode Plot을 바탕으로 그림 16.4.2의 Closed-Loop Transfer Function의 Bode Plot을 그릴 수 있다[5][6].

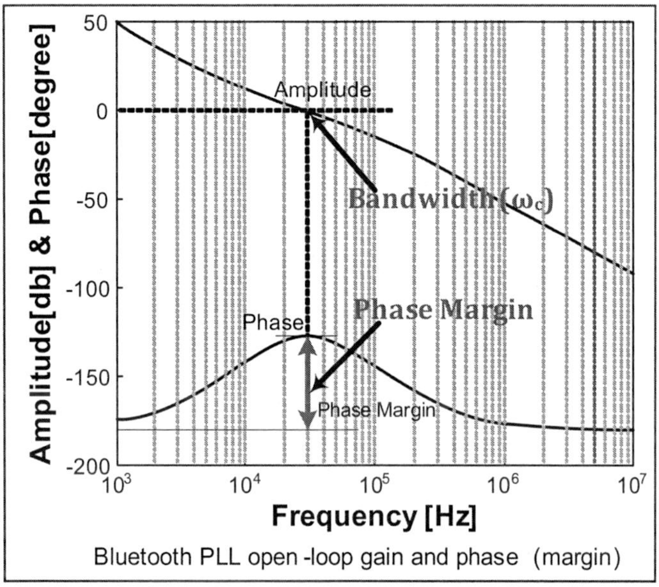

그림 16.4.1 PLL Open-Loop Transfer Function의 Bode Plot

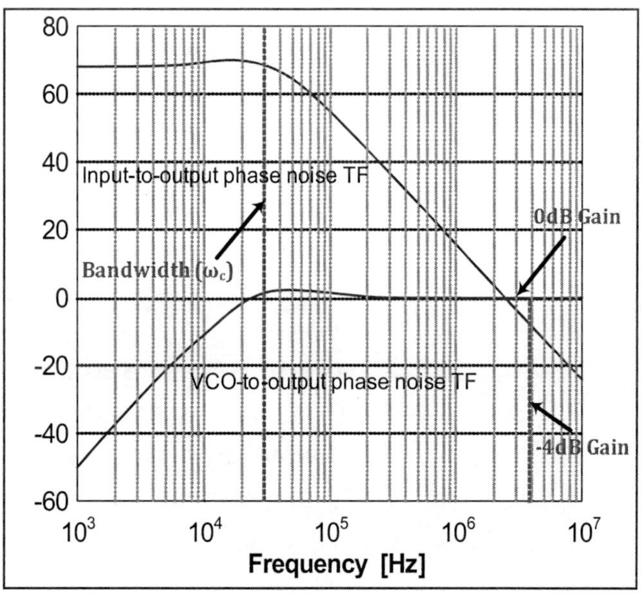

그림 16.4.2 PLL Closed-Loop Transfer Function의 Bode Plot

표 16.4.3은 PLL의 각 구성 블록의 Phase Noise Transfer Function을 정리한 표이다[1]. Input Noise에 대해서는 Low-Pass Filter의 특성을 보이고, VCO Noise에 대해서는 High-Pass Filter의 특성을 보인다. Cut-Off Frequency는 PLL의 Loop Bandwidth이다.

표 16.4.3 PLL Phase Noise Transfer Function

PLL Phase Noise Transfer Function			
Noise Source	Phase Transfer Function		
Input noise	$\theta_{out}(s)/\theta_{in}(s)$	$N\frac{H_{al}(s)}{1+H_{al}(s)}$	Low-pass
PFD/CP noise	$\theta_{out}(s)/i_{cp}(s)$		Low-pass
LF noise	$\theta_{out}(s)/v_{if}(s)$		Band-pass
VCD noise	$\theta_{out}(s)/\theta_{vco}(s)$	$\frac{1}{1+H_{al}(s)}$	High-pass
Divider noise	$\theta_{out}(s)/\theta_{\div}(s)$		Low-pass

그림 16.4.2는 PLL의 Closed-Loop Transfer Function의 Bode Plot을 보여주고 있다. Input-to-Output Phase Noise의 Transfer Function은 3 MHz에서 -4 dB의 Gain를 가지며, VCO-to-Output Phase Noise의 Transfer Function은 3 MHz에서 0dB의 Gain을 가진다. 따라서 Input의 Phase Noise는 3 MHz에서 −120 dBc/Hz 이하를 가지면 되고, VCO 자체의 Phase Noise는 3 MHz에서 −124 dBc/Hz 이하를 가지면 된다.

16.5 PLL의 설계 사례 2

표 16.5.1의 설계 사양을 만족하는 900 MHz GSM용 Frequency Synthesizer의 설계 사례를 살펴보기로 한다. RF 입력 주파수가 935.2 MHz ~ 959.8 MHz이며, IF 주파수가 70 MHz 이므로, PLL의 주파수 범위는 865.2 ~ 889.8 MHz이다. Channel Spacing과 Frequency Resolution은 각각 200 kHz이다. Settling Time은 577 μs 이내이며, Phase Noise는 600 kHz Offset에서 −121 dBc/Hz 이하이어야 한다. Spur Level은 600 kHz Offset에서 −68 dBc 이하, 3 MHz Offset에서 −88 dBc이어야 한다. 분주기는 MASH 1−1−1 Type Delta−Sigma Modulator 구조를 사용하기로 한다[1].

표 16.5.1 GSM용 Frequency Synthesizer의 설계 사양

Frequency Range	865.2 ~ 889.8 MHz (70 MHz IF receiver)
Channel Spacing	200 kHz
Frequency Resolution	200 kHz
Settling Time	< 577 μs
Phase Noise	< −121 dBc/Hz @ 600 kHz
Spur Level	< −68 dBc @ 600 kHz < −88 dBc @ 3 MHz

다음과 같은 4단계를 거쳐서 PLL의 설계 파라미터들을 구할 수 있다.

Step 1 VCO 설계 파라미터 결정

Process variation이 발생하더라도 주파수 범위에 해당되는 출력을 내기 위해서, VCO 튜닝 범위는 설계 사양의 2배로 잡는다. 즉, 852 ~ 902 MHz에 해당되는 주파수 범위를 가지도록 정한다. 따라서 50 MHz의 VCO 튜닝 범위를 가지도록 정한다. VCO 튜닝 전압의 범위가 1 V이라고 하면, VCO conversion gain(K_{vco})는 평균적으로 50 MHz/V가 된다. K_{vco}를 결정 시 600 kHz에서 Phase Noise가 −121 dBc/Hz 이하인지 확인할 필요가 있다.

Step 2 Reference clock 주파수와 분주비 범위 결정

Reference Clock이 13 MHz이고, Delta-Sigma Modulator 구조를 사용하기로 하였으므로, 분주비는 66.54 ~ 68.46의 값을 가질 수 있다. PFD 비교 주파수(f_{PFD})도 13 MHz이다. MASH 1-1-1 구조의 출력 범위는 -3 ~ +4이므로, 분주기의 N 값의 범위는 63 ~ 71의 값을 가져야 한다. 분주기에 의해서 In-Band Phase Noise는 20 log(N) ≈ 37 dB 만큼 향상될 수 있다.

Step 3 Loop Filter 설계

Settling Time 조건으로부터 최소 loop bandwidth를 구할 수 있다. 577 μs의 settling time을 가지기 위해서는 최소의 Loop Bandwidth는 6.9 kHz이다. 하지만, loop filter capacitance의 크기를 줄이고, In-Band VCO noise를 억제하기 위해서 Loop Bandwidth를 50 kHz를 선택하였다. Loop bandwidth의 위쪽 제약 조건은 Delta-Sigma Modulator에 의한 고주파 Noise를 억제해야 한다는 조건에 의해서 결정된다. 고주파 Noise를 억제하기 위해서 3차 Passive Loop Filter를 사용하였다. loop stability를 만족하기 위해서 loop bandwidth가 reference clock 주파수의 1/10 이하가 되는 조건을 만족해야 하는데, 현재 설계 파라미터들로 만족함을 알 수 있다.

60°의 Phase Margin을 확보하기 위해서는 식 (16.5.1)과 같이 ω_Z, ω_{P2}의 위치를 잡는

것이 일반적이다. 식 (16.5.1)로부터 f_Z와 f_{P2}를 계산하면 식 (16.5.2)와 같다.

$$f_Z = f_C/3 \text{ and } f_{P2} = 3f_C \text{ and} f_{P3} = 15f_C \tag{16.5.1}$$

$$f_Z = f_C/(3) = 16.7\,\text{kHz and} f_{P2} = 3f_C = 150\,\text{kHz and} f_{P3} = 15f_C = 750\,\text{kHz} \tag{16.5.2}$$

Charge pump 전류를 20 μA로 잡으면, loop filter 소자들, R_1, R_3, C_1, C_2, C_3의 값을 식 (16.5.3) ~ 식 (16.5.6)과 같이 구할 수 있다.

$$\omega_C = \frac{I_{CP}R_1K_{vco}}{2\pi N} \times \frac{C_1}{C_1 + C_2} = 2\pi \times 50 \times 10^3\,\text{rad/s} \tag{16.5.3}$$

60°의 Phase Margin을 확보하기 위해서는 $C_2 \approx (1/10) \times C_1$이므로, 식 (16.5.3) 으로부터 R_1를 계산할 수 있다. 식 (16.5.3) 으로부터 R_1을 구하면 24 kΩ의 값을 얻을 수 있다.

$$C_1 = \frac{1}{\omega_Z R_1} = 397\,\text{pF} \tag{16.5.4}$$

$$C_2 + C_3 = \frac{1}{\omega_{P2} R_1} = 44\,\text{pF} \tag{16.5.5}$$

식 (16.5.5)에서 C_2를 24 pF으로 잡으면, C_3는 20 pF의 값을 가진다.

$$R_3 \approx 1/\{\omega_{p3} C_2 C_3/(C_2 + C_3)\} = 19\,\text{k}\Omega \tag{16.5.6}$$

표 16.5.2는 Step 1 ~ Step 3을 거쳐서 얻어진 설계 파라미터를 정리한 표이다.

표 16.5.2 GSM용 Frequency Synthesizer의 설계 파라미터

On-chip VCO	Tuning range	852 ~ 902 MHz
	Conversion gain	50 MHz/V
	Phase noise	< −121 dBc/Hz @ 600 kHz
Reference frequency		13 MHz
Loop bandwidth		50 kHz
ΣΔ Modulator topology		Mash 1-1-1
Divide Ratio		63 ~ 71
Charge pump current		20 μA
Passive Loop filter	R1	24 kΩ
	C1	397 pF
	C2	24 pF
	R3	19 kΩ
	C3	20 pF

Step 4 Phase Noise Transfer Function 체크

Phase Noise 특성을 만족하는지 확인하기 위해서 PLL의 Transfer Function을 체크할 필요가 있다. 그림 16.5.1의 Open-Loop Transfer Function의 Bode Plot을 바탕으로 그림 16.5.2의 Closed-Loop Transfer Function의 Bode Plot을 그릴 수 있다.

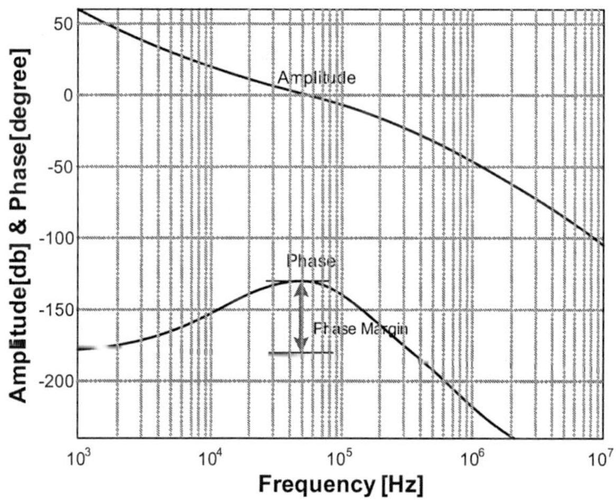

그림 16.5.1 PLL Open-Loop Transfer Function의 Bode Plot

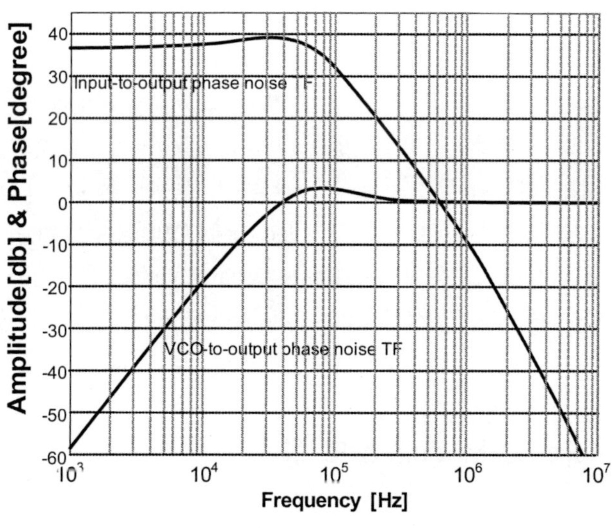

그림 16.5.2 PLL Closed-Loop Transfer Function의 Bode Plot

그림 16.5.2는 PLL의 Closed-Loop Transfer Function의 Bode Plot을 보여주고 있다. Input-to-Output Phase Noise의 Transfer Function은 600 kHz에서 0 dB의 Gain를 가지며, VCO-to-Output Phase Noise의 Transfer Function은 600 kHz에서 0 dB의 Gain을 가진다. 따라서 Input의 Phase Noise는 600 kHz에서 −124 dBc/Hz 이하를 가지면 되고, VCO 자체의 Phase Noise는 3 MHz에서 −124 dBc/Hz 이하를 가지면 된다.

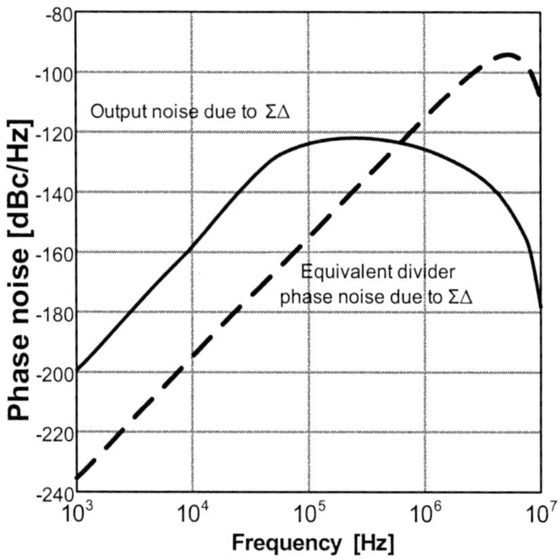

그림 16.5.3 ΣΔ Modulator의 PLL Phase Noise에 대한 영향

그림 16.5.3은 ΣΔ Modulator의 PLL Phase Noise에 대한 영향을 보여주고 있다. 1 MHz에서의 Input-Referred ΣΔ Phase Noise는 −115 dBc/Hz이며, 600 kHz에서의 Output-Referred ΣΔ Phase Noise는 −123 dBc/Hz임을 알 수 있다. ΣΔ Phase Noise를 줄이기 위해서는 작은 Loop Bandwidth가 유리함을 알 수 있다.

본 설계에서는 다양한 Reference Clock을 입력받아 동일한 LO 주파수를 출력하여 Mixer 단으로 보내줘야 하므로, 일반적인 Integer-N 형태의 분주기를 사용할 수가 없다. 따라서 Fractional-N 형태, 그 중에서도 Sigma-Delta Modulator를 사용하여 출력 주파수의 성능을 향상시키고, In-Band 위상 잡음과 Reference Spur를 줄일 수 있도록 하였다[10].

16.6 Delta-Sigma Modulator의 설계 사례

그림 16.6.1은 Σ△ Modulator의 동작을 보여준다. SPI(Serial Peripheral interface)로부터

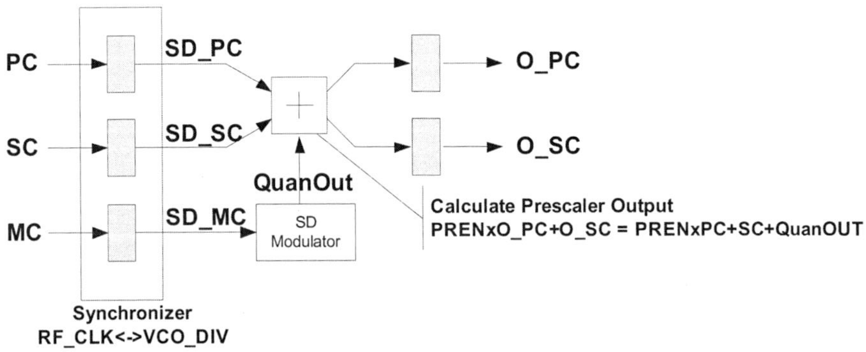

그림 16.6.1 ΣΔ Modulator의 동작

입력 받은 기본 값의 PC, SC, MC가 Synchronizer 블록과 식 (16.6.1)과 식 (16.6.2)을 통해 계산되어 Prescaler의 입력으로 들어갈 O_PC, O_SC를 출력한다.

$$PREN \times O\_PC + SC = PREN \times PC + SC + QuanOut \tag{16.6.1}$$

이때, QuanOut은 −3부터 +3까지 값을 가지며, PREN의 기본 설정 값은 4이다.

$$f_{LO} = f_{ref} \times \left(o\_pc \times pren + o\_sc + \frac{mc}{2^{22}} \right) \tag{16.6.2}$$

그림 16.6.2는 위의 ΣΔ Modulator 동작을 보여주는 simulation 결과이다. 기본 값인 PC (10111), SC (0011)는 Coarse Tuning을 통해 VCO 출력 주파수가 LO 주파수에 근접하는 동안 1차 Modulation을 거쳐 일정한 값이 결정되고, Fine Tuning 동안에는 평균값이 최종 LO 주파수에 일치하도록 PC, SC 값의 2차 Modulation을 진행하는 것을 확인할 수 있다.

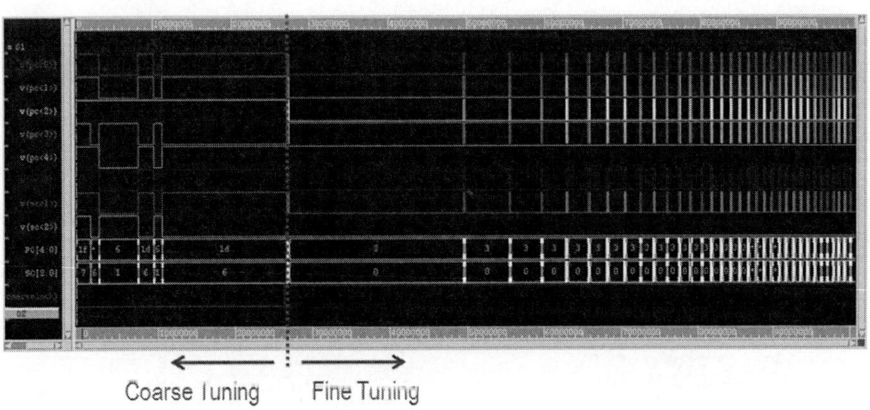

그림 16.6.2 ΣΔ Modulator를 통한 Modulation 결과

참고문헌

[1] Keliu Shu, "CMOS PLL Synthesizers", Springer, 2000.

[2] Richard Schreier, "Understanding Delta-Sigma Data Converters".

[3] Steven R. Norsworthy, "Delta-Sigma Data Converters".

[4] Behzad Razavi, "Principles of Data Conversion System Design".

[5] B. Razavi, *RF Microelectronics, Upper Saddle River,* NJ: Prentice-Hall, 1998.

[6] R. Best, *Phase-Locked Loops,* McGraw-Hill, 1993.

[7] F. Gardner, *Phaselock Techniques,* 2nd Edition, New York, Wiley & Sons, 1979.

찾아보기

Q

R

S

T

U

V

[저자약력]

노정진

1978 한양대학교 전기공학과 공학사
1980 미국 Pennsylvania State Univ. 전자공학과 공학석사
1990 미국 University of Texas at Austin 전자공학과 공학박사, 전자공학전공
현재 한양대학교 전자통신공학과 교수(회로설계 전공)
http://soc.hanyang.ac.kr

송민규

1982 서울대학교 전자공학과 공학사
1986 서울대학교 전자공학과 공학석사
1993 서울대학교 전자공학과 공학박사
1993~1995 일본 동경대학교 전자공학부 초빙연구원
1995~1997 삼성전자 반도체총괄 선임연구원
1997~현재 동국대학교 반도체학과 교수(아날로그회로설계)
http://sidl.dongguk.edu

윤광섭

1981 인하대학교 전자공학과 공학사
1983 미국 Georgia Tech 전자공학과 공학석사
1990 미국 Georgia Tech 전자공학과 공학박사(아날로그 회로설계 전공)
현재 인하대학교 전자공학부 교수(전자공학 전공)

이강윤

1996 서울대학교 전기공학부 공학사
1998 서울대학교 전기공학부 공학석사
2003 서울대학교 전기공학부 공학박사
현재 성균관대학교 교수 전자전기 공학부
http://iclab.skku.ac.kr

본 교재는 2011년~2012년 지식경제부 시스템 반도체 설계인력 양성 사업의 지원으로 IDEC Platform Center(한양대학교)에서 수행된 결과물입니다.

정가 27,000원

데이터 변환기 및 PLL 설계

2013년 2월 20일 초판 인쇄
2013년 2월 27일 초판 발행

저　자 : 윤광섭·송민규·노정진·이강윤
발행자 : 우명찬·송　준
발행처 : 홍릉과학출판사
주　소 : ㊄142-885 서울시 강북구 인수동 455-60
등　록 : 1976년 10월 21일 제5-66호
전　화 : 999-2274~5, 996-8341, 903-7037
팩　스 : 905-6729
ISBN : 978-89-97570-51-5

저자와의 협의하에 인지생략

hongpub@hongpub.co.kr
www.hongpub.co.kr